U0555617

西南政法大学刑事检察研究中心（最高人民检察院刑事检察研究基地）研究成果
国家社科基金一般项目"认罪认罚从宽实施程序研究"（15BFX072）结题成果

崇明中青年刑事法文库
吴宏耀 主编

合作式司法的中国模式

认罪认罚从宽研究

闫召华 著

中国政法大学出版社

2022·北京

声　明　1. 版权所有，侵权必究。
　　　　2. 如有缺页、倒装问题，由出版社负责退换。

图书在版编目（CIP）数据

合作式司法的中国模式：认罪认罚从宽研究/闫召华著. —北京：中国政法大学出版社，2022.4
ISBN 978-7-5764-0171-4

Ⅰ.①合… Ⅱ.①闫… Ⅲ.①刑事诉讼－司法制度－研究－中国 Ⅳ.①D925.210.4

中国版本图书馆CIP数据核字(2021)第227408号

	合作式司法的中国模式：认罪认罚从宽研究
书　名	HEZUOSHI SIFA DE ZHONGGUO MOSHI RENZUIRENFA CONGKUAN YANJIU
出版者	中国政法大学出版社
地　址	北京市海淀区西土城路 25 号
邮　箱	fadapress@163.com
网　址	http://www.cuplpress.com（网络实名：中国政法大学出版社）
电　话	010-58908466(第七编辑部) 010-58908334(邮购部)
承　印	固安华明印业有限公司
开　本	720mm×960mm　1/16
印　张	26.75
字　数	460 千字
版　次	2022 年 4 月第 1 版
印　次	2022 年 4 月第 1 次印刷
定　价	120.00 元

序 言
正装的"补丁",还是流行的"便装"
——认罪认罚从宽制度的特点和挑战

2018年修改的《刑事诉讼法》第15条规定:"犯罪嫌疑人、被告人自愿如实供述自己的罪行,承认指控的犯罪事实,愿意接受处罚的,可以依法从宽处理。"据此,"认罪认罚从宽"成为我国刑事诉讼的一项基本原则。为了贯彻这一原则,全国人大常委会对《刑事诉讼法》关于侦查、审查起诉和审判程序以及强制措施的规定进行了一并修改,修改后的规定与《刑法》《监察法》等法律的相关规定一起,形成了系统的"认罪认罚从宽制度"。

从比较法角度看来,我国的认罪认罚从宽制度既不同于英美法系的答辩交易制度,也不同于大陆法系的认罪或者量刑协商制度。与答辩交易相比,我国的认罪认罚从宽制度的特点在于,原则上不允许对案件事实、罪名、罪数进行协商(《刑事诉讼法》第182条的规定例外),甚至根本就不存在平等的控辩协商机制。与大陆法系的意大利"应当事人请求适用刑罚的程序"、德国处罚令程序和庭审认罪协商程序、法国庭前认罪答辩程序等相比,我国认罪认罚从宽制度在适用范围上没有限制,而且完全由检察官主导,但不包含处罚令的从宽形式,同时将"认罚"与"认罪"捆绑在一起;被追诉人仅仅"认罪"或者仅仅"认罚",均不适用这一制度。除此以外,我国认罪认罚从宽制度还有以下五个明显的特点。

第一,对认罪认罚案件的从宽处理具有"职权裁量性",不具有"权利性",因而认罪认罚与从宽处理之间不存在必然的对应关系。因为法律明确规定,对认罪认罚的被追诉人,公安司法机关"可以"依法从宽处理。"两高三部"《关于适用认罪认罚从宽制度的指导意见》规定,"可以从宽不是一律从宽,对犯罪性质和危害后果特别严重、犯罪手段特别残忍、社会影响特别恶劣的犯罪嫌疑人、被告人，认罪认罚不足以从轻处罚的，依法不予从宽处罚"。在司法实践中，司法官员不仅对是否从宽处理具有裁量权，也对是否适用认罪认罚从宽制度具有裁量权。对某一特定的被追诉人是否适用这一制度，绝大多数情况下取决于检察官的决定，少数情况下取决于法官的决定。

第二，被追诉人认罪认罚的意思表示主要在检察机关提起公诉以前作出，而不是在检察机关提起公诉以后作出。虽然认罪认罚从宽制度的适用没有诉讼阶段的限制，但从法定程序和实践操作来看，被追诉人在审查起诉阶段表示认罪认罚并且在律师见证下签署具结书，是一种惯常程序，只有极少数案件的被告人因为在审判阶段才表示认罪认罚获得从宽处罚。这意味着，被追诉人在表示认罪认罚时一般不知道检察机关指控自己犯罪所依据的证据，至于能够知道多少被指控的犯罪事实也完全取决于检察官的口头告知。

第三，多数案件的被追诉人没有辩护律师，他们在决定认罪认罚的意思表示前没有获得过专业律师的有效法律帮助，而只能在听取侦查、检察人员的"权利"告知和认罪认罚从宽规定告知后自行决定是否"自愿认罪认罚"。

第四，进入审判阶段的认罪认罚案件缺乏统一的适用程序。按照《刑事诉讼法》的规定，被告人认罪认罚的案件，根据被告人可能被判处的刑罚以及管辖法院的级别，可以分别适用速裁程序、简易程序和普通程序，不同审判程序中审判组织、庭审简化程度有所不同，但审理的重点不再是指控犯罪是否成立，而是认罪认罚的自愿性和认罪认罚具结书的真实性和合法性。

第五，检察官享有巨大的特殊权力。在认罪认罚案件中，检察官不仅仅是公诉人，同时也是批准逮捕的官员；而且检察机关所指控的罪名和提出的量刑建议，法院"一般应当采纳"；如果检察机关提出的量刑建议不属于"明显不当"，法院却拒绝采纳，检察机关有权提出抗诉，要求二审法院根据量刑建议予以改判。因此，检察官集侦查监督权、批准逮捕权或者取保候审权、公诉权（包括不起诉权）、实质上的裁判权、审判监督权于一身，在起诉前可以监督制约侦查人员，在起诉后可以监督约束法官。他既可以决定取保候审、不起诉和建议从宽量刑（包括缓刑）"引诱"被追诉人"自愿"认罪认罚，也可以批准逮捕、提起公诉和建议从重处罚"威胁"被追诉人认罪认罚。其结果是，无罪辩护希望渺茫的被追诉人，除了认罪认罚，没有其他合理的选择。

正是基于对上述特点的认识，加上对实证调研结果的分析，笔者曾经提出，有关部门对认罪认罚从宽制度的设计缺乏系统思维和整体考虑，以至于在适用范围、职权配置、从宽标准及其建议程序、救济程序等问题上缺乏协调一致的规定。更重要的是，认罪认罚从宽制度的运行环境远远没有达到正当程序的基本要求，该制度不可避免地存在"先天不足"的问题。尽管如此，在最高人民检察院的强力推动（包括严格的考核机制）下，我国认罪认罚从宽制度的适用率却迅速攀升。2019年12月，全国检察机关对认罪认罚从宽制度的适用率达到83.1%，量刑建议采纳率79.8%；一审服判率96.2%。2020年，全国检察机关认罪认罚从宽制度适用率超过85%；量刑建议采纳率接近95%；一审服判率超过95%，高出其他刑事案件21.7个百分点。在最高人民检察院看来，适用这一制度，司法效率更高，办案效果更好。

然而，无论是从历史经验还是现实需要来看，我国刑事司法的根本问题并不在于效率不高，而是司法不公。《中共中央关于全面推进依法治国若干重大问题的决定》指出："公正是法治的生命线。司法公正对社会公正具有重要引领作用，司法不公对社会公正具有致命破坏作用。必须完善司法管理体制和司法权力运行机制，规范司法行为，加强对司法活动的监督，努力让人民群众在每一个司法案件中感受到公平正义。"完善刑事诉讼中认罪认罚从宽制度，绝不是为了片面地追求司法效率，而轻视司法公正。正因为如此，上述中央决定同时提出了"完善刑事诉讼中认罪认罚从宽制度"和"推进以审判为中心的诉讼制度改革"等多项改革任务。党的十九届三中全会通过的《中共中央关于深化党和国家机构改革的决定》进一步要求："深化司法体制改革，优化司法职权配置，全面落实司法责任制，完善法官、检察官员额制，推进以审判为中心的诉讼制度改革，推进法院、检察院内设机构改革，提高司法公信力，更好维护社会公平正义，努力让人民群众在每一个司法案件中感受到公平正义。"人们只要回顾一下十八大以来纠正的冤假错案以及近年来政法机关教育整顿中披露出来的司法腐败问题，便可清楚地理解中央的决策是多么的英明。但在法治实践中，被法学界寄予厚望的"以审判为中心"的诉讼制度改革裹足不前，而认罪认罚从宽制度却在争议中一路"高歌猛进"，其适用率直逼美国的答辩交易，高于英国的有罪答辩率；至于大陆法系，则没有哪个国家或地区有我国这么高的认罪认罚比例。这不禁让法学界和实务界的有识之士感到异常忧虑。

自2014年以来，围绕认罪认罚从宽制度的试点、立法和实施问题，法学界和法律实务界进行了大量的研究，形成了一批高质量的研究成果。其中既有共识，也有分歧，在有的问题上分歧还比较严重。例如，如何理解认罪认罚从宽制度的内涵和特点？如何看待认罪认罚从宽制度的推进模式？如何理解"从宽"的形式和兑现机制？如何理解认罪认罚案件的审理程序？如何在办理认罪认罚案件中充分保障被追诉人和被害人的合法权益？如何妥善处理检察院和法院关于认罪认罚案件事实认定、法律适用方面的意见冲突以及认罪认罚被告人与其辩护人之间关于辩护立场的冲突？如何评价认罪认罚情节，以便对认罪认罚的被告人做到公平量刑？……对于诸如此类的问题，不同程度上都存在分歧意见。在多种因素的综合作用下，在有些案件中，不仅控辩双方关于是否认罪认罚、如何从宽处罚等问题存在尖锐的冲突，而且检察院、法院之间关于事实、情节的认定和法律适用及量刑是否"明显不当"也出现激烈的争论，影响了制度的实施效果。如何通过扎实的研究，进一步扩大共识，减少分歧，推动认罪认罚从宽制度的公正实施和持续完善，将是我国法学界面临的一个长期任务。

在此背景下，闫召华教授主持完成国家社科基金一般项目"认罪认罚从宽制度实施程序研究"，并形成这部三十余万字的著作，即将交付出版。这是值得庆贺的一件事。该书以实证调研结果为基础，综合运用规范分析、实证分析、比较分析等多种方法，从程序法角度对认罪认罚从宽制度进行了系统的研究。全书分为七章，依次是认罪认罚从宽的内涵与逻辑、基本程序模式、从宽形式及其兑现、程序的简化与轻缓、权利保障机制、冲突疏解机制以及合作式司法中的恢复逻辑。书稿的核心内容大多已经以学术论文的形式发表于法学类 CSSCI 期刊，其中提出了很多独到的见解，读起来令人耳目一新。例如，召华教授把我国认罪认罚从宽制度的实施程序概括为"听取意见式司法"，认为较之于协商模式，听取意见模式更加契合我国的司法传统和诉讼构造，在保障被追诉人权利、满足被害人诉求、兼顾公共利益、增强裁判社会认可度等方面也具有无可比拟的优势。但是，该模式在听取意见的有效性、不一致意见的处理、被害人意见的影响限度、专门机关的权能调整等问题上隐藏着一定风险，对此，亟待通过制度完善予以克服。召华教授还提出，我国在完善认罪认罚从宽制度的过程中，实质上形成了一种检察主导的刑事案件处理模式，这一模式既可以充分发挥我国层层把关的诉讼模式的优势，又可以尽早实现繁简分流，推动认罪认罚案件的高效处理，但其在实施中也面临着权力失序的潜在风险。关于认罪认罚自愿性问题，召华教授认为，认罪认罚的自愿性是相对的，具有不同层次、情态和类型。认罪认罚的自愿性既不同于认罪认罚的真实性、明知性、合法性，亦有别于有罪供述的自愿性。从长远来看，选择以权利抗衡与权力保障相结合，而以权利抗衡为主的自愿性审查与保障模式是大势所趋，但受强制性刑事取供机制及刑事诉讼构造的制约，在很长的一段时间内，"权力保障模式"依然会占主导地位。细心的读者不难发现，召华教授在每一章中，均从我国国情出发,站在"同情式理解"的角度,对我国的规定和实践进行了积极的解读,同时也指出了可能存在的风险,并根据现有条件提出了有针对性的改进建议,体现了一个学者求真务实的态度和开放进取的精神。

由于认罪认罚从宽制度的实施时间较短,很多问题目前暴露得尚不够充分,法学界的现有研究还远远不够深入,包括召华教授在本书中提出的一些观点,也未必都那么令人信服。例如,针对司法实践中存在的"技术性认罪认罚"现象,召华教授主张:"应当将真诚悔罪明确列为认罪认罚的构成要件,并将之作为适用认罪认罚从宽制度的前提。换言之,只有真诚悔罪的被追诉人才可以根据认罪认罚从宽制度被依法从宽处理。"从"家长制司法模式"的期待来看,当然希望每一个犯了罪的人都有悔罪表现,《关于适用认罪认罚从宽制度的指导意见》指出,"'认罚',是指犯罪嫌疑人、被告人真诚悔罪,愿意接受处罚。……'认罚'考察的重点是犯罪嫌疑人、被告人的悔罪态度和悔罪表现,应当结合退赃退赔、赔偿损失、赔礼道歉等因素来考量"。因此,召华教授的上述观点具有充分的现实基础。但是,只要想一想目前认罪认罚从宽制度的适用率,这样的期待很难变为现实。试问,85%以上的被追诉人都认罪认罚了,但每一个人都"悔罪"吗?如果召华教授的主张得到采纳(姑且不论识别技术上的难度),那么,目前对认罪认罚从宽制度的适用可能有一半是"不合格的",因为根据经验观察,真正"悔罪"的被追诉人可能不到一半。何况,刑之于罪,并不以"悔罪"为前提,效率导向的认罪认罚从宽制度更不可能在悔罪与否的识别上花费太多的时间。

事实上,是否把悔罪作为认罪认罚的构成要素,还涉及刑罚的正当根据问题。根据传统的刑罚根据理论,责任刑决定刑罚的上限,预防刑决定刑罚的下限。认罪认罚属于犯罪后的态度,在绝大多数情况下,只会影响预防刑,而不能影响责任刑。而衡量预防刑的关键因素是行为人的人身危险性(包括再犯可能性)。如果悔罪不是认罪认罚的构成要素,那么按照现有的刑罚根据理论,认罪认罚作为一个独立于自首、坦白、当庭认罪、退赃退赔、赔偿谅解、刑事和解的量刑情节将缺乏从宽处罚的正当性,因为一个人只是认罪并且愿意接受处罚,并不等于悔罪。可以说,认罪认罚从宽制度对传统的刑罚根据理论提出了明显的挑战,单纯的并合主义理论已经不能解释认罪认罚从宽制度下的量刑根据。

认罪认罚从宽制度带来的理论挑战,远远不限于刑罚根据理论。供述自愿性理论、有效辩护理论、审判中心理论等,其实都受到了不同程度的挑战。就供述自愿性理论而言,正当法律程序要求,有罪供述只有当出于被追诉人的自由意志时才具有证据能力。我国的认罪认罚从宽制度要求被追诉人"自愿如实供述自己的罪行，承认指控的犯罪事实，愿意接受处罚"，但我国法律上并未确立有罪供述的自愿性规则，有罪供述是否可采并不以自愿性为标准，而是以是否符合非法证据排除条件为标准。这意味着，即使不符合供述自愿性规则的要求，只要不属于依法应当排除的有罪供述，都符合"认罪""供述"的条件。正因为如此，如果被追诉人经公安、检察机关告知认罪认罚从宽处罚规定并在办案人员"教育"下如实供述了犯罪事实，哪怕是在检察机关答应从宽处罚的前提下转变态度供述犯罪事实的，一旦检察机关最终拒绝提出从宽处罚的量刑建议或者法院拒绝采纳量刑建议，被追诉人并没有权利撤回先前受从宽处罚的诱惑而作出的有罪供述。在这种情况下，如何理解"自愿"如实供述自己的罪行？就有效辩护理论而言，第八届联合国预防犯罪和罪犯待遇大会1990年9月7日通过的《关于律师作用的基本原则》第2条规定："各国政府应确保向在其境内并受其管辖的所有的人，不加任何区分，……提供关于平等有效地获得律师协助的迅捷有效的程序和机制。"我国认罪认罚从宽制度从试点开始到正式实施至今，主要依赖值班律师向被追诉人提供有限的法律帮助。从实践情况看，值班律师不太可能提供"有效的法律帮助"，在通常情况下值班律师既不阅卷也不会见在押被追诉人，而只是被追诉人签署认罪认罚具结书的见证人，尽管如此，值班律师却成为被追诉人获得法律帮助的主要形式，支撑了司法机关适用认罪认罚从宽制度的绝大部分"业绩"。至于审判中心理论，本意是指通过公正、公开的实质化庭审决定案件的事实认定和法律适用，充分保障被告人的辩护权，但在检察官主导的认罪认罚案件中实际上并不存在审判中心的问题，因为定罪量刑权至少在95%左右的认罪认罚案件中已经转移到检察官手中。召华教授说："检察主导程序模式的构建不是否定审判中心，恰是要维护审判中心诉讼结构的有效运作。"但在我看来，所谓"检察主导程序模式"本质上是一种"检察官司法"模式，它与"审判中心诉讼结构的有效运作"之间存在不可调和的矛盾。换言之，检察官司法必然威胁到审判的中心地位。

还需要指出的是，认罪认罚从宽制度不仅对传统的刑事法理论提出了挑战，还对实体真实原则、审判独立原则、罪责刑相适应原则、在适用法律上一律平等原则等法治原则带来严重威胁。在现有认罪认罚从宽制度中，有什么办法能够有效防止有罪证据不足的案件适用认罪认罚从宽制度处理？在"批发式"远程视频速裁的案件中，公众能够相信法官会依法独立、中立、实质性地审查认罪认罚的自愿性、真实性、合法性吗？在是否适用认罪认罚从宽制度、是否从宽处罚、如何从宽处理问题主要取决于同时享有逮捕、起诉和实质裁判权的检察官的情况下，罪责刑相适应原则和法律平等原则能够得到落实吗？

美国法律界很多人曾经长期把对抗式的陪审团审判制度视为刑事司法的正统模式，而把答辩交易制度视为常态刑事司法的异化，即使在1970年美国联邦最高法院宣布答辩交易符合联邦宪法之后，法学界和实务界对答辩交易仍然存在巨大的争议。然而，在97%的联邦刑事案件和94%的州刑事案件都通过有罪答辩制度得以解决的情况下，与其说答辩交易只是美国刑事司法制度这套"西装上的补丁"，不如说它已经成为美国刑事司法中最为流行的"便装"。肯尼迪大法官代表美国联邦最高法院在2012年3月关于Missouri v. Frye一案的判决中明确指出："因为我们的制度主要是答辩制度，而不是审判制度，简单地说有公正审判的保障作为后盾用来预防审前程序的任何错误是不够的。在很大程度上，控辩双方的讨价还价决定了谁去坐牢、坐多久。这就是答辩交易。它不是刑事司法制度的附件，它就是刑事司法制度本身。"基于这种认识，美国联邦最高法院将辩护律师的有效法律帮助延伸至答辩协商程序，从而使答辩交易制度逐步正当化。如今，我国认罪认罚从宽制度也面临着类似的争议，尽管批评之声不断，但适用率却节节攀升。在85%左右的刑事案件适用这一制度办结、95%左右的量刑建议得到法官采纳的情况下，认罪认罚从宽制度不可能被视为我国刑事诉讼制度的"补丁"。如果把不认罪案件或者认罪不认罚案件的我国刑事诉讼程序比作"中山装"，那么认罪认罚案件的诉讼程序无疑已是我国刑事诉讼中最为流行的"便装"，其中速裁程序可能更像是"休闲装"。然而，多数案件的程序简化了，但是被追诉人及其辩护人和被害人的权利保障如何呢？相信召华教授的这部著作对读者认真思考这些问题以及公安司法机关妥善处理个案中的争议会有所帮助。希望对法治仍然有所期待的法律人与召华教授一起，共同推动认罪认罚从宽制度的正当化。

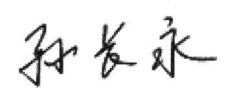

孙长永

中国刑事诉讼法学研究会副会长

西南政法大学诉讼法与司法改革研究中心教授

目 录

第一章
认罪认罚从宽：内涵与逻辑 001

第一节　认罪认罚从宽的基本内涵　001
第二节　认罪认罚从宽改革的基本逻辑　034

第二章
基本程序模式 057

第一节　专门机关与诉讼参与人的沟通模式：听取意见　057
第二节　三机关职权关系模式：检察主导　089

第三章
从宽形式及其兑现 108

第一节　侦查阶段的从宽机制　108
第二节　认罪认罚不起诉：审查起诉环节从宽路径的反思与再造　129
第三节　量刑建议的裁判制约力：从宽利益的跨阶段兑现　158

第四章
程序的简化与轻缓　　　　　　　　　　　　　　　　　177

第一节　审前程序的简化及其限度　　　　　　　　　　177
第二节　合意式庭审：认罪认罚案件审判简化的路径与界限　　202
第三节　强制措施的轻缓：认罪认罚案件的非羁押化　　221

第五章
权利保障机制　　　　　　　　　　　　　　　　　　241

第一节　认罪认罚自愿性的保障　　　　　　　　　　　241
第二节　认罪认罚案件法律帮助的层次与限度　　　　　275
第三节　认罪认罚后"反悔"的保障与规制　　　　　　295

第六章
冲突疏解机制　　　　　　　　　　　　　　　　　　317

第一节　"一般应当采纳"条款适用中"检法冲突"的应对　　317
第二节　意见独立原则：认罪认罚案件辩护冲突的化解　　337

第七章
合作式司法中的恢复逻辑　　　　　　　　　　　　　366

第一节　认罪认罚案件被害人的参与及其限度　　　　　366
第二节　技术性认罪认罚的隐忧及其防治　　　　　　　390

跋　繁华落尽见真淳　　　　　　　　　　　　　　　413

第一章

认罪认罚从宽：内涵与逻辑

认罪认罚从宽制度是合作式司法的中国经验。该制度的中国性既体现于其特殊的形成背景、特殊的功能定位、特殊的构建思路、特殊的制度基础，也体现于其特殊的内涵和适用条件。对认罪、认罚及其联结方式的严格解释和对从宽的宽松理解有助于将认罪认罚从宽制度的适用范围和效果控制在一个相对合理的范围内，降低制度泛化适用和僵化适用的潜在风险。

第一节 认罪认罚从宽的基本内涵

自认罪认罚从宽制度改革推行以来，相关的研究成果已有数千篇。其中，相当一部分成果都会涉及认罪认罚从宽之内涵的界定问题，以之为题的专门研究亦有四十余篇。虽然在这一牵涉认罪认罚从宽制度合理建构与有效运行的最为基础的问题上，共识越来越多，但整体上看，依然处于众说纷纭、莫衷一是的状态。对认罪认罚从宽内涵理解上的分歧体现在多个层面：一是学界的内部分歧。如对于如何理解认罪，学界就至少有"认事说""认事+认罪说""认事+认罪+认罪名说"三种明显不同的观点。[1]二是理论和实践的分歧。立法者和司法者在解读认罪认罚从宽时主要着眼于中国模式和中国实际，[2]而部分研究者的解读则主要以所谓的基本法理和域外经验为参照，甚至将认罪认罚从宽理解为中国版的辩诉交易，[3]或者视控辩协商为认罪认罚的当然内涵。[4]三是顶层设计与具体操作的分歧。如《关于适用认罪认罚从宽制度的指导意见》（以下

---

[1] 参见孙长永："认罪认罚从宽制度的基本内涵"，载《中国法学》2019年第3期，第205-206页。

[2] 参见胡云腾主编：《认罪认罚从宽制度的理解与适用》，人民法院出版社2018年版，第4-5页。

[3] 参见易延友："从周文斌案看中国的辩诉交易与辩审协商"，载《中国案例法评论》2017年第2期，第167页。

[4] 类似观点可参见樊崇义："认罪认罚从宽协商程序的独立地位与保障机制"，载《国家检察官学院学报》2018年第1期，第121页；胡铭："认罪协商程序：模式、问题与底线"，载《法学》2017年第1期，第170页等。

简称《指导意见》）明确了认罚内涵中的真诚悔罪要求，但司法机关在办案实践中普遍未将真诚悔罪视为认罚的必备要素，普遍未开展认罪认罚真诚性的审查工作。四是专门机关之间的认识分歧。检察机关和法院对于认罪认罚也有不同理解，由此导致的"检""法"冲突时有发生，前不久引起现象级讨论的"余金平交通肇事案"便属一例。即便局限于规范层面，也还存在立法与司法解释、顶层设计与地方规则的背离。《关于在部分地区开展刑事案件认罪认罚从宽制度试点工作的办法》（以下简称《认罪认罚从宽试点办法》）、2018 年《中华人民共和国刑事诉讼法》（以下简称《刑事诉讼法》）及《指导意见》不管对认罪的表述，还是对认罚的诠释，都不尽一致。不仅如此，各地出台的"实施细则"在把握认罪认罚从宽的基本内涵时，也是一地一策，差别较大。对认罪认罚从宽理解上的差异，势必极大地制约认罪认罚从宽制度的运行效果。鉴于此，本节拟以《刑事诉讼法》及司法解释相关条文的教义分析为中心，结合改革背景以及认罪认罚案件办理实践中的问题，在系统梳理已有研究成果的基础上，对认罪认罚从宽探求一个更加合法、合情、合理的解释。

一、何谓认罪

按照《刑事诉讼法》第 15 条的规定，所谓认罪，是指"犯罪嫌疑人、被告人自愿如实供述自己的罪行，承认指控的犯罪事实"。也就是说，构成认罪认罚从宽意义上的认罪，必须具备三个要素。

其一是自愿性。尽管绝大多数研究者和公安司法人员均重视认罪认罚的自愿性，并将对认罪认罚自愿性的审查与保障视为认罪认罚从宽程序的核心和基石。但是，在理解自愿性与认罪认罚的关系时，通常是割裂性的，仅将自愿性视为认罪认罚的外在的非本质属性。然而，这种理解可能并不符合立法的精神和初衷。与作为程序法意义上的量刑情节的"当庭自愿认罪"类似，认罪认罚中的认罪与自愿也是融合在一起的。可以说，对自愿性的内在要求是认罪认罚从宽制度中的认罪区别于实体法上广义的认罪的一个重要特征。《刑事诉讼法》第 15 条中的自愿性规定是对《认罪认罚从宽试点办法》第 1 条相关表述的认可。而《指导意见》第 6 条再次强调了"认罪"的自愿性内涵。相比之下，广义上的认罪在这方面的要求则较为模糊和宽松。一般自首只是强调投案的自动性，并未明确要求如实供述自己罪行的自愿性。坦白则只要求如实供述自己的罪行，不要求投案的自动性和供述的主动性，也没有提及供述的自愿性。

可能有人质疑区分自愿作为认罪之内在属性与外在要求的实际意义，认为不管采取何种理解，自愿性的审查方法和保障机制都是一样的。其实不然。《刑事诉讼法》之所以明确要求和更加看重认罪认罚中认罪的自愿性，进而将自愿列为认罪的当然内涵，既着眼于被追诉人的"悔罪和改造"，[1]也是为了增强实体从宽和程序从简的正当性。特别是认罪认罚案件诉讼程序的大幅简化，意味着被追诉人诉讼权利的克减，必须以被追诉人的自愿认同为基础。而如果仅将自愿性理解为认罪的外在要求，很容易混淆与广义认罪在自愿性要求方面的差异，进而有意无意地放松对认罪自愿性要素的审查。而且，对自愿性的不同定位也会直接影响自愿性审查和保障的方法与思路。如果将其理解为认罪的内在属性，非自愿认罪认罚根本就不再是认罪认罚，可以直接排除认罪认罚从宽制度的适用。但若将其理解为外在要求的话，自愿性可能影响的只是认罪认罚的具体效果。应当指出，非自愿的供述虽然不能构成认罪认罚意义上的认罪，但不一定必然丧失作为供述的证据资格，不一定妨碍其构成坦白等广义上的认罪情节。这是因为，《刑事诉讼法》虽然已经规定了反对强迫任何人证实自己有罪条款，但并没有明确将自愿性列为供述的要素。《关于办理刑事案件严格排除非法证据若干问题的规定》（以下简称《严格排除非法证据规定》）虽然在界定非法供述时增加了"违背意愿"这一要件，但并未将"非自愿"作为独立的排除事由，而依然是以"痛苦规则"为主、兼顾"自白任意性"。[2]

但需要注意的是，认罪的自愿性不同于认罪的主动性。如牛津大学海曼教授所言，不能混淆主动与自愿，自愿的被动与非自愿的主动都是存在的。[3]自愿性更加看重被追诉人认罪的内在的意志自由，主动性则强调被追诉人认罪的外在的行为及态度。因此，《指导意见》第9条在规定从宽幅度的把握时提到"主动认罪优于被动认罪"。虽然供述可能是被追诉人基于控方的有力证据或劝说才作出的，或者是被追诉人供述控方已经掌握的事实，只要未侵犯被追诉人供述的意志自由，都不妨碍认罪认罚意义上认罪的成立。

其二是如实供述自己的罪行（以下简称"如实供述"）。即被追诉人向公安司法机关客观地交代自己的犯罪行为。在实体法意义上，"如实供述"反映

---

[1] 王爱立主编：《中华人民共和国刑事诉讼法修改条文解读》，中国法制出版社2018年版，第4页。

[2] 卞建林、谢澍："我国非法证据排除规则的重大发展——以《严格排除非法证据规定》之颁布为视角"，载《浙江工商大学学报》2017年第5期，第18页。

[3] 参见郑伟："自由意志中的主动与自愿关系研究——对海曼新观点适用性的辨析"，载《兰州学刊》2013年第8期，第24页。

的是被追诉人在实施罪行后积极承认的态度,是从宽处罚的正当根据之一。而《刑事诉讼法》及相关司法解释也为如实供述设置了特定的内涵:被追诉人不能只是概括地承认罪行,还必须如实、具体地叙述出罪行是如何实施的,涉嫌一罪的,至少要供述出主要犯罪事实,[1]而涉嫌数罪的,则要供述出各罪的事实。而且,供述一词的使用也有证据法意义,事实上是要求被追诉人提供口供这样一份自证其罪的控诉证据。这意味着认罪认罚中的认罪是将形式上的承认(自认)和实质上或行动上的承认(自证)二者融合在一起的,从而明显有别于英美法中的有罪答辩。无疑,重视认罪的证据法内涵,有利于准确查明事实、有效惩罚犯罪,确保认罪案件办理的公正底线。

一个至关重要的问题是,"如实供述自己的罪行"中的"罪行"一词到底是在描述被追诉人行为性质的客观状态,还是在描述被追诉人对自己行为性质的主观认识呢?换言之,"如实供述"是否要求被追诉人必须承认自己的行为构成犯罪呢?通常认为,认罪认罚中的认罪与自首、坦白等情节之间是概念交叉关系,而"如实供述"则是这些相近情节的交叉点,也就是说,"如实供述"普遍存在于认罪、自首、坦白等情节之中,但除此之外,这些情节又有各自不同的构成要件。[2]而从司法解释对自首、坦白等的要求来看,"如实供述"中的"罪行"似乎并不反映被追诉人的主观认识。《最高人民法院关于被告人对行为性质的辩解是否影响自首成立问题的批复》规定,"被告人对行为性质的辩解不影响自首的成立"。有人据此主张将该精神适用于对坦白、认罪中"如实供述"的理解,[3]并认为,在实体法意义上,不同形态的认罪本质上就是"认事",承认实施了某种行为,并不以承认有罪为必要条件。[4]认罪认罚中的认罪核心要素也是客观供述所犯罪行,除此之外,不应附加任何冗余的内容。[5]但笔者对此不敢苟同。"认事说"的局限性可能恰恰在于其理解认罪的偏狭的实体法视野。虽然从表面看来,认罪认罚中的"如实供述"与自首、坦白等情

---

[1] 主要犯罪事实包括定罪事实、量刑事实和身份信息。《关于处理自首和立功若干具体问题的意见》等司法解释对三类事实确立了不同的认定标准。理解认罪认罚中的"如实供述自己的罪行"时可以参照适用,在此不再赘述。

[2] 参见赵恒:"'认罪认罚从宽'内涵再辨析",载《法学评论》2019年第4期,第177页。

[3] 李正文:"拒绝签字且辩解不构成犯罪的亦可认定为坦白",载《人民法院报》2018年5月3日,第6版。

[4] 参见孙长永:"认罪认罚从宽制度的基本内涵",载《中国法学》2019年第3期,第207-208页。

[5] 参见黄京平:"认罪认罚从宽制度的若干实体法问题",载《中国法学》2017年第5期,第181页。

节中的表述并无二致，但与自首、坦白等情节不同的是，认罪认罚中的认罪是与认罚绑定在一起的，不能抛开认罚孤立地研究认罪的内涵。而如果不认可犯罪性质，认罚一般也就无从谈起。而且，按照《指导意见》的要求，认罚的核心是真诚悔罪，如果连构成犯罪都不承认，何来悔罪之说。加之，被追诉人承认事实存在但是不承认自己有罪，"司法实践中往往不视为认罪"[1]。因此，认罪认罚中的认罪要求被追诉人认可自己行为的犯罪性质，其"如实供述自己的罪行"中的"罪行"也是被追诉人的主观认识。不承认犯罪的"如实供述"只可能构成坦白或自首，不能成立认罪认罚意义上的认罪。

有论者提出，被追诉人"认事服判"的，即承认事实，否认有罪，但表示接受法院裁判，依然属于认罪认罚案件。[2]《指导意见》似乎也采纳了类似观点，其在第6条明确规定，被追诉人"虽然对行为性质提出辩解但表示接受司法机关认定意见的，不影响'认罪'的认定"。该条文一方面暗示了被追诉人对行为性质的辩解（不接受司法机关认定意见）影响认罪的认定，同时也表明，可以接受被追诉人言不由衷（否认犯罪但接受司法机关认定意见）的认罪。但这显然是对认罪的形式化理解，本质上还是割裂了认罪与认罚的联系，忽视了认罪认罚的悔罪要求，不符合认罪认罚从宽制度的价值导向和思想基础。

其三是承认指控的犯罪事实（以下简称"承认指控"）。即被追诉人对指控事实表示认可。有人认为，认罪认罚中的"如实供述"与"承认指控"没有实质区别，因为，二者均是根据统一的司法标准判定的。[3]但在笔者看来，这可能是对认罪的重大误解。诚然，"承认指控"与"如实供述"在结构上确有类似之处，"承认指控"既包括承认事实，也包括承认控方对犯罪的定性。但二者的区别亦非常明显：（1）"如实供述"侧重的是实体法和证据法意义上被追诉人对自己犯罪行为的认识和态度，而"承认指控"侧重的则是程序法意义上被追诉人对指控的配合。被追诉人如实供述的事实和指控的犯罪事实完全有可能在数量上或性质上出现不一致的情形，如供述少罪、指控多罪，或者供述轻罪、指控重罪，因此，成立"如实供述"，不代表着被追诉人必然"承认指控"，未成立"如实供述"甚或不供述，也不代表被追诉人必然不承认指控的

---

[1] 张建伟："认罪认罚从宽处理：内涵解读与技术分析"，载《法律适用》2016年第11期，第3页。

[2] 参见黄京平："认罪认罚从宽制度的若干实体法问题"，载《中国法学》2017年第5期，第185页。

[3] 参见黄京平："认罪认罚从宽制度的若干实体法问题"，载《中国法学》2017年第5期，第182页。

犯罪事实。（2）从性质上讲，"如实供述"是一种积极的实体配合，"承认指控"则是一种相对消极的程序合作。值得注意的是，《认罪认罚从宽试点办法》及《指导意见》对"承认指控"采取的都是"对指控的犯罪事实没有异议"（以下简称"没有异议"）的表述方式。与"承认指控"相比，"没有异议"要求更为宽松，反映的配合态度也更为消极，甚至不要求被追诉人明确表示承认或者同意，其本身也不要求有具体的有罪供述作为支撑，只要被追诉人不对指控事实提出不同意见即可。（3）在改变或撤回的限制上。作为一种程序性的选择，"承认指控"及"没有异议"可以随时改变，即时成立，被追诉人原来"承认指控"或"没有异议"，但现在不承认或有异议，即便原来的态度是自愿的，也不能以原来的"承认指控"或"没有异议"否定现在的不承认或有异议。但"如实供述"作为一种既有事实和证据，只要是自愿作出的，即便被追诉人之后反言，也不能轻易推翻。（4）"承认指控"蕴含着一定的控辩互动因素，隐含的要求是专门机关应当就指控事实听取被追诉人的意见。但听取意见不可简单地等同于控辩协商，"如实供述"作为"承认指控"的并列要求，既限制了指控事实，也在一定程度上限制了被追诉人的意见，控辩双方的合意必须建立在"如实供述"的基础之上。

既然"承认指控"针对的是指控的犯罪事实，这是不是说只有形成明确的指控犯罪事实以后"承认指控"才能成立呢？事实上，确有论者以此为据提出了分阶段的认罪观，认为，认罪在不同的诉讼阶段具有不同的要求，在侦查阶段和审查起诉阶段初期，被追诉人只要"如实供述"即构成认罪。只有在指控事实确定以后，认罪才以"承认指控"为要件。[1]但这种观点值得商榷。虽然严格意义上的指控事实确定的时间较晚，但早在立案侦查阶段，专门机关就已经形成了初步的指控意见。实践中，专门机关通常不会认为被追诉人"如实供述"，但否认指控意见依然可以成立认罪认罚意义上的认罪。不承认指控的"如实供述"在效果上远弱于"承认指控"的"如实供述"，即便认定成立认罪，实际意义也不大。而且，如果对专门机关初步指控意见有异议，认罚通常也很难成立。因此，"承认指控"的要求并不是阶段性的，而应当是贯穿始终的。当然，"如实供述"可能存在于形成任何指控意见之前，但在这种情况下，可考虑其他广义上的认罪形态，不适宜认定认罪认罚意义上的认罪。

对于"承认指控"，争议最大的一个问题是其是否包含被追诉人对指控罪

---

[1] 参见孙长永："认罪认罚从宽制度的基本内涵"，载《中国法学》2019年第3期，第208页。

名的认可。"概括认罪说"主张,"承认指控"中的指控犯罪事实,主要包括事实和犯罪性质,不包括具体的罪名以及犯罪形态。[1]而"具体犯罪说则提出,"承认指控"中的指控犯罪事实包括指控的罪名。[2]还有论者考虑到不同诉讼程序的适用条件[3]和简化程度,认为,对指控罪名态度的定位应当与诉讼程序的类型相衔接,在速裁程序和简易程序中,被追诉人必须在认可事实和犯罪性质的同时,接受控诉机关对罪名的评价。[4]相比而言,笔者倾向于"具体犯罪说"。理由是:首先,由于检察机关的量刑建议是基于指控的罪名提出的,否认指控的罪名,必然影响到被追诉人对量刑建议的认可,妨碍认罚的认定。其次,从最高人民检察院规定的具结书的格式看,不管采用何种表述,一般均会将罪名或直接或间接地列为被追诉人"知悉或认可"的对象。即使当事人未提出撤回具结书的申请,但如对具结书确认的起诉书中载明的指控罪名提出异议的,会被视为撤回具结书。[5]再次,从认罪认罚从宽制度的立法精神看,认罪认罚案件主要适用于犯罪事实清楚的控辩合意案件,如果被追诉人对指控罪名有异议,会大大影响控辩合意的程度,使案件成为争议案件,不再适合以非对抗的认罪认罚从宽程序模式进行。而人民法院适用《刑事诉讼法》第201条时,也可能以第1款第3项"被告人否认指控的犯罪事实的"或者第4项"起诉指控的罪名与审理认定的罪名不一致的"为由拒绝采纳指控意见。值得一提的是,有学者提出,此处"否认指控的犯罪事实"仅指否认指控的罪名,而不包括否认犯罪事实,因为第3项与其他四项例外在性质上是一致的,据以作出的判决"依然属于认罪认罚从宽处罚的判决"。[6]言下之意,否认指控罪名并不会构成对认罪的否定。但其实,恰恰相反,《刑事诉讼法》第201条第1款规定的五种例外特别是前四种例外,不管是被追诉人的行为不构成犯罪,还是违背意愿认

---

[1] 参见陈光中、马康:"认罪认罚从宽制度若干重要问题探讨",载《法学》2016年第8期,第4页。

[2] 参见陈瑞华:"'认罪认罚从宽'改革的理论反思——基于刑事速裁程序运行经验的考察",载《当代法学》2016年第4期,第4页。

[3] 部分立法参与者在解读简易程序和速裁程序适用条件中的"承认自己所犯罪行,对指控的犯罪事实没有异议"这一条件时指出,该条件既要求被追诉人对起诉书对其指控的罪名和犯罪行为供认不讳,也要求对起诉书指控的犯罪行为和犯罪证据没有异议。参见王爱立、雷建斌主编:《〈中华人民共和国刑事诉讼法〉释解与适用》,人民法院出版社2018年版,第401页。

[4] 参见孙长永:"认罪认罚从宽制度的基本内涵",载《中国法学》2019年第3期,第209页;赵恒:"'认罪认罚从宽'内涵再辨析",载《法学评论》2019年第4期,第177页等。

[5] 参见最高人民检察院《关于印发〈人民检察院认罪认罚案件法律文书格式(试行)的通知〉》。

[6] 黄京平:"认罪认罚从宽制度的若干实体法问题",载《中国法学》2017年第5期,第183页。

罪认罚，抑或是否认指控的犯罪事实，或者是否定指控罪名，均从根本上否定了认罪认罚从宽制度的现时适用性。[1]被追诉人否认指控的罪名构成了认罪认罚从宽制度适用的障碍，而不是在肯定认罪认罚案件性质的前提下只影响认定的罪名和从宽幅度。最后，同上述对指控事实的扩张解释同理，指控罪名也包括立案侦查阶段公安机关关于指控罪名的意见，因此，即便在侦查阶段，也可以存在对指控罪名无异议的情形。而在专门机关未形成任何关于指控罪名的意见之前，则没有认定认罪认罚意义上认罪的必要。

综上，认罪认罚意义上的认罪是指被追诉人自愿供述自己的罪行，并认可指控的事实以及犯罪性质、罪名等指控机关的法律评价。该内涵应当一以贯之，适用于各个诉讼阶段。但应当承认，由于立法技术等方面的原因，个别法律条文在使用认罪认罚一词时，可能会有特定的内涵，必须结合具体的语境理解。

二、何谓认罚[2]

认罪认罚从宽制度的改革完善是建立在我国已有的认罪从宽制度之上的，可以说，增加要求的认罚要件在一定意义上决定着整个改革的独特思路与内涵。而在对认罚的把握上，通常认为，被追诉人愿意接受检察机关提出的量刑建议是认罚的典型表现。但遗憾的是，综观相关的学术讨论和司法实践，除在认罚核心要求上达成这一少有的共识之外，对涉及认罚内涵与外延的诸多重要问题，都还是聚讼不已。概言之，这些争论主要集中在以下五个方面。

（一）如何理解认罚之"罚"

在理解"罚"的范围时，主要存在四种不同观点，即量刑建议论、刑事处罚论、处罚论和处理论。量刑建议论主要受《认罪认罚从宽试点办法》中对认罚严格表述的影响，认为认罚仅指被追诉人同意量刑建议，签署具结书。[3]刑事处罚论则坚持认罚中的"罚"应限于刑事处罚，或者说是"所认之罪在实体法上带来的刑罚后果"。[4]而在处罚论看来，刑罚的确是"罚"的主体，但"罚"也

---

[1] 当然不能排除在否定认罪认罚后重新促成认罪认罚，更新认罪认罚从宽程序。
[2] 感谢北京尚权律师事务所（厦门）邱祖芳主任为本部分的写作提供材料和思路。
[3] 参见黄京平："认罪认罚从宽制度的若干实体法问题"，载《中国法学》2017年第5期，第190页。
[4] 陈卫东："认罪认罚从宽制度研究"，载《中国法学》2016年第2期，第53页。

包括其他性质的处罚。[1]有立法人员似乎也持这种立场，认为，认罚就是"明确表示愿意接受司法机关给予的刑罚等处罚"，一般是指接受刑罚，特别是接受量刑建议。[2]但"等"字的使用表明，被追诉人无须刻意明确愿意所受之"罚"的性质。此理论更进一步认为，"罚"除刑罚外，还应包括非刑罚，乃至非处罚的处理方法，而非刑罚后果的核心是不起诉决定。[3]笔者赞同处罚论的基本思路。《刑事诉讼法》之所以用"愿意接受处罚"替代了《认罪认罚从宽试点办法》中的"同意量刑建议，签署具结书"，就是以相对动态的要求提高认罚在各阶段的适用性，克服《认罪认罚试点办法》规定导致的没有量刑建议就无法认罚的窘境。而且，"愿意接受处罚"而非"愿意接受刑罚"的表述显然也是有心之举，意在降低认罚的门槛，提高认罚的灵活性。

而笔者不赞成处罚论不是因为不起诉不可以作为对认罪认罚者的从宽方式，也不是因为不起诉肯定不属于认罚中的"罚"，而是源自处罚论对"罚"与不起诉之关系的错误定位，特别是对认罪与从宽两个范畴的混淆。

认罪认罚与不起诉之间似乎存在一个明显的逻辑矛盾：如果认罚是被追诉人对司法机关处罚方案的接受，又何谈被追诉人接受不起诉决定？如果检察机关想作出不起诉决定，又有什么必要提出处罚方案？对此，处理论认为，如果坚持处罚论，就会排除认罪认罚后做撤销案件或不起诉处理的可能性，是不合理的。[4]合理的做法是对认罚作更为广义的理解，即并不局限于接受处罚，而是指被追诉人接受公安司法机关的处理意见，包括起诉或不起诉决定及具体的量刑建议等所有这些体现控辩合意的表现形式。[5]该类主张还得到了《指导意见》的支持，其在第7条明确规定，认罚在审查起诉阶段的表现之一就是"接受人民检察院拟作出的不起诉决定"。这种认识貌似解决了认罚与不起诉的兼容问题，但其实可能只是以武断的扩大解释回避了问题。

事实上，认罚和不起诉的关系是相对独立的，认罚是被追诉人的积极表现，而不起诉只是基于其积极表现而采取的从宽处理的一种方式。尽管认同司法机

---

[1] 参见魏晓娜："完善认罪认罚从宽制度：中国语境下的关键词展开"，载《法学研究》2016年第4期，第83页。

[2] 王爱立主编：《中华人民共和国刑事诉讼法修改条文解读》，中国法制出版社2018年版，第6页。

[3] 参见赵恒："'认罪认罚从宽'内涵再辨析"，载《法学评论》2019年第4期，第179页。

[4] 参见何挺："附条件不起诉扩大适用于成年人案件的新思考"，载《中国刑事法杂志》2019年第4期，第50页。

[5] 参见史卫忠、王佳："未成年人刑事案件适用认罪认罚从宽制度的思考"，载《人民检察》2017年第22期，第23页。

关的从宽处理意见是认罚的一般形式，但是认罚并不要求被追诉人必须预判并认同最终的从宽处理意见。不排除被追诉人要求更重处罚而司法机关给予较轻处罚的可能性。被追诉人愿意接受刑罚（处罚）也不意味着司法机关必须施加刑罚（处罚），司法机关完全可以依法作出决定不起诉或者免予刑事处罚。

当然，从另一个方面谈，如果未将不起诉视为一种非处罚的处理，而是将其理解为一种处罚，则将接受不起诉视为认罚的一种表现也未尝不可。因为，作为一种酌定不起诉，认罪认罚不起诉的实质是在确认被追诉人应当承担刑事责任基础上的一种宽宥处理，是被追诉人从宽承担刑事责任的方式，带有一定的惩罚性。

（二）如何理解认罚之"认"

认罚，按照《现代汉语词典》的解释，就是"同意受罚"。《刑事诉讼法》第15条将其表述为"愿意接受处罚"。认罚中的"认"意为"愿意接受"。当然，"认"字本身不能直接反映出"认"的背景和原因。被追诉人可能完全主动、没有任何异议地接受司法机关给予的任何处罚，也可能是在与专门机关充分沟通、提出意见之后同意受罚。但不管专门机关与被追诉人对于"罚"有没有一个沟通过程，被追诉人的"认"必须是自愿的。《刑事诉讼法》第15条中的"自愿"一词，限定的不仅仅是"如实供述""没有异议"，也同样限定"愿意接受处罚"。因此，同认罪一样，认罚的内涵中也明确融入了自愿性的要求。问题是，认罚中的"认"既然有可能基于沟通，是否意味着其包含了协商的意蕴呢？答案是否定的。从《刑事诉讼法》现有规定看，认罪认罚中的认罚是动态的，以一定的时序存在于两个层面上，一是被追诉人明确而概括地表示愿意接受处罚（《刑事诉讼法》第173条第2款及第176条第2款中的"认罚"），二是被追诉人同意或接受司法机关作出的具体处罚或处罚方案（《刑事诉讼法》第174条第2款中的"认罚"）。没有概括的认罚，就没有具体的认罚，而没有具体的认罚，概括的认罚有可能成立，但也有可能无法充足认罚的条件。[1] 但不管是概括地"认"，还是具体地"认"，都没有协商的空间。

一方面，被追诉人概括地"认"是单方面的、无附加条件的。《刑事诉讼法》第173条第2款规定，"犯罪嫌疑人认罪认罚的"，人民检察院应当听取被追诉人对从宽处罚的建议等事项的意见。第176条又规定，"犯罪嫌疑人认罪认

---

[1] 事实上，认罪也存在一个从概括到具体的过程，即从笼统地认罪到供述及认可事实，再到认可具体的指控罪名、犯罪形态等。

罚的"，人民检察院应当提出量刑建议。这两条规定极易引起困惑：如果审查起诉阶段的认罚就是同意量刑建议，在量刑建议形成之前，或者在检察机关就量刑建议听取被追诉人等的意见之前，怎么可能已经认罚了呢；既然已经认罚，又何必再听取其对量刑建议的意见呢。其实，该困惑源于对认罚内涵的误解。即便在审查起诉阶段，认罚也兼有概括与具体两个层面，只有被追诉人概括地认罚之后，检察机关才会启动认罪认罚从宽制度中的量刑建议及听取意见机制。而第173条第2款及第176条第2款中的认罚就是概括层面上的。从这两条规定不难看出，专门机关掌握着认罪认罚从宽制度启动的主动权，被追诉人概括地认罪认罚是启动认罪认罚从宽制度的前提，但并不是充分条件。被追诉人只能以单方面、无条件的认罪（概括地）认罚争取专门机关启动，根本没有协商空间。

另一方面，被追诉人在具体地"认"的过程中，尽管可能有互动，被追诉人可以提出意见，专门机关也应当听取被追诉人的意见，但该机制并不是协商。上已述及，不少学者认为认罚中是存在也是允许控辩协商的。不仅如此，在最高司法机关的文件中也多次提及"量刑协商"一词。[1]而个别立法参与者似乎也认为，检察机关可以就量刑建议与辩方进行"协商"。[2]但这些论述中所谓的协商具体到制度层面其实就是检察机关在提出量刑建议时，要听取被追诉人及其辩护人的意见，被追诉人及其辩护人可以根据案件情况要求检察机关适当调整量刑建议。事实上，量刑建议形成中的听取意见机制并未改变认罪认罚利益"官方定价"的本性，将听取意见机制称为协商反而会掩盖我国认罪认罚从宽制度中认罚的特质。检察机关确定量刑建议的最终依据是事实与法律，被追诉人及其辩护人提出的意见要接受事实与法律的考量，而不能相反，将事实与法律作为讨价还价的对象，这同辩诉交易中的控辩协商有本质差异。的确，量刑建议可以在听取被追诉人及其辩护人意见之后调整，但这只能作为一种对不合理的量刑建议矫偏的途径。检察机关在对量刑建议进行调整时，只能基于影响量刑的各种法定、酌定情节，而不能仅为了满足被追诉人的诉求，追求合意

---

〔1〕参见周斌："最高检：探索建立辩护律师参与下的认罪量刑协商制"，载 https://www.thepaper.cn/news Detail_ forward_ 1431844，最后访问日期：2020年5月10日。

〔2〕参见王爱立主编：《中华人民共和国刑事诉讼法修改条文解读》，中国法制出版社2018年版，第6页。

的达成。[1]

(三) 认罚与悔罪

认罚是愿意接受处罚,而悔罪是后悔、悔恨自己的罪过行为及改恶从善的意愿。那么,认罚中是否包含了悔罪的要求呢? 从字面或者法律的形式要求来看,认罚似乎也没有明确要求被追诉人必须悔罪。而且,从实践情况看,认罚与悔罪的联系也是或然性的。一方面,悔罪者不一定认罚。并不是所有的悔罪者都愿意承担自己的罪过责任。有的人悔罪恰是出于对惩罚的恐惧,或者是为了免于惩罚。[2]另一方面,认罚者也不一定悔罪。完全有可能存在这种情形:被追诉人虽然接受惩罚,但是内心却并不认可支撑惩罚的裁判逻辑,认罚更多只是一个"纸牌游戏中对政府的策略性举措"。[3]

然而,悔罪的核心要素,如"表示悔过和悔恨"和"保证将来不再犯罪",更适合从认罚的行为表示上进行分析和审查。[4]而且,从立法的精神和相关司法解释的要求看,悔罪已经被赋予在认罚内涵之中。按照立法参与者的解释,认罪认罚从宽制度强调犯罪人的认罪悔罪态度,[5]而认罚一般就是指被追诉人"对司法机关根据其犯罪事实、情节、认罪、悔罪、赔偿或者和解等情况所给予的刑罚表示明确接受"。[6]伴随着《指导意见》的出台,认罚的悔罪要求已经由暗含转为明确规定。基于对立法精神的实质理解,《指导意见》第7条将认罚限定为被追诉人"真诚悔罪,愿意接受处罚",并强调,认罚考察的重点就是被追诉人的悔罪态度和悔罪表现。如果被追诉人实施了反映其没有悔罪态度的行为,譬如,有赔偿能力而不赔偿被害人,那么,就不能对其适用认罪认罚从

---

[1] 参见闫召华:"听取意见式司法的理性建构——以认罪认罚从宽制度为中心",载《法制与社会发展》2019年第4期,第59页。

[2] See Alexander Chitov, "The Communicative Theory of Punishment and Repentance", *Law*: *Journal of the Higher School of Economics*, Vol. 2018, No. 4 (2018), p. 174.

[3] Sherry F. Colb, "Oil and Water: Why Retribution and Repentance Do Not Mix", *Quinnipac Law Review*, Vol. 22, No. 1 (2003), p. 69.

[4] 参见董坤:"认罪认罚从宽制度下'认罪'问题的实践分析",载《内蒙古社会科学(汉文版)》2017年第5期,第100页。

[5] 参见王爱立主编:《〈中华人民共和国刑事诉讼法〉修改与适用》,中国民主法制出版社2019年版,第45页。

[6] 王爱立主编:《中华人民共和国刑事诉讼法释义》,法律出版社2018年版,第27页。

宽制度。[1]

与认罚的悔罪内涵相关的一个问题是认罚是否包括"退赃退赔""赔偿损失""赔礼道歉"等内容。有研究者认为，"积极退赃退赔"是认罚具有的"不完全依附于'认罪'的独立的含义"之一。[2]还有人认为，以"狭义认罚为基础的民事赔偿和解"是广义的认罚。[3]当然，也有人持不同意见，认为有些情况下赔偿损失等情节适合单独评价，而不一定非要借助认罚情节。[4]而各地认罪认罚从宽制度的实施细则中一般将这些情节列为选择性内容，有些地方还明确规定了拒不赔偿等相反性质的情节具有否定认罚的效果。其实，这一类论争的核心还是认罚是否有悔罪的要求这一问题。只要肯定了认罚的悔罪内涵，相关争议也将不复存在。"退赃退赔""赔偿损失"等是悔罪的支撑性表现，而"拒不赔偿""拒不道歉"等则是悔罪的否定性表现，否定性表现对悔罪的认定往往可以产生"一票否决"效果。公安司法人员必须从悔罪的支撑性表现和否定性表现两大角度，全面关注，综合权衡，才能对被追诉人是否真诚悔罪、是否成立认罚，作出更加贴近事实的判断。

还有个别论者提出，认罪中也包含着悔罪要求，因为，"认罪"本质上是指"认罪悔过，即被告人或者犯罪嫌疑人对于指控犯罪的基本事实和基本证据予以认可并悔过的行为"。[5]该观点其实是对认罪内涵的无谓扩展。诚然，认罪与悔罪关系密切，认罪经常伴随着悔罪，认罪也可能促进悔罪，因为，借助供述罪行时的言语和情感，认罪可以成为被追诉人改恶从善的自我提醒或暗示。[6]而且，悔罪必须以对罪过的承认为前提。但是，认罪与悔罪并没有必然联系，认罪的要求都是针对被追诉人的外在行为，而不问其自主供述或承认罪行的内心起因。被追诉人是否悔罪并不是认罪的必备条件，不悔罪不会影响认罪的成立。[7]

---

[1] 参见闫召华："虚假的忏悔：技术性认罪认罚的隐忧及其应对"，载《法制与社会发展》2020年第3期，第96页。

[2] 朱孝清："认罪认罚从宽制度的几个问题"，载《法治研究》2016年第5期，第37页。

[3] 黄京平："认罪认罚从宽制度的若干实体法问题"，载《中国法学》2017年第5期，第191页。

[4] 参见赵恒："'认罪认罚从宽'内涵再辨析"，载《法学评论》2019年第4期，第179页。

[5] 魏东、李红："认罪认罚从宽制度的检讨与完善"，载《法治研究》2017年第1期，第79页。

[6] See Minjung Koo & Ayelet Fishbach, "Dynamics of Self-regulation: How (un) Accomplished Goal Actions Affect Motivation", *Journal of Personality and Social Psychology*, Vol. 94, No. 2 (Mar, 2008), p. 183.

[7] 参见闫召华："虚假的忏悔：技术性认罪认罚的隐忧及其应对"，载《法制与社会发展》2020年第3期，第95页。

(四) 认罚与同意程序适用

根据《刑事诉讼法》第174条第1款规定，被追诉人签署认罪认罚具结书的前提条件是"自愿认罪，同意量刑建议和程序适用"。对此，有论者认为，应当将同意程序适用解释为同意适用速裁程序、简易程序或者普通程序简化审，并与同意量刑建议一起，作为认罚的内容；[1]认罚理应包含同意程序的简化，其实质就是被追诉人"放弃其在普通程序中所具有的部分法定诉讼权利，同意通过适用克减部分如法庭调查与辩论等诉讼环节的诉讼权利来对自己定罪量刑"。[2]上述论点的主要依据是：（1）提高诉讼效率是认罪认罚从宽制度改革一个重要的政策目标，如果认罚不要求同意程序简化，增速提效的政策目标难以实现，认罚的价值会大打折扣。（2）不以同意程序简化作为认罚的内容，将导致这一情节在从宽幅度上难以体现，不利于激励被追诉人同意程序简化。（3）"程序即是惩罚"，刑事追诉整体上属于国家的制裁活动，肯定会对被追诉人产生诸多不利影响，将其纳入可"认"之"罚"的范围内也是正常的。[3]（4）认罚所认之"罚"一般是适用简化审理程序办理案件之后的处罚，接受处罚必然要先认可程序简化。[4]但这些论据其实都不足以支撑认罚涵盖同意程序简化这一观点。首先，提高诉讼效率需要诉讼程序简化，诉讼程序简化也可能以被追诉人的同意为条件，但同意程序简化完全可以作为一个独立的要素，而不是说只有纳入认罚的内涵才能实现其功能。其次，将同意程序简化设为独立于同意量刑建议的从宽情节，而不是将二者混在一起，可能更有利于从宽幅度的明确，更有利于发挥从宽的激励作用。再次，被追诉人所认之"罚"确实可能考量了被追诉人对程序适用的态度，但被追诉人认可"罚"不一定必然认可"罚"作出的程序，就像不认可"罚"不一定不认可"罚"作出的程序一样，不应该完全将被追诉人对处罚和程序的态度绑定在一起，否则，不仅不利于认罚的成立，还变相地限制了被追诉人的程序选择权。至于将程序理解为广义上的惩罚和制裁，从而将其解释为认罚之"罚"，则更是牵强。照此思路，被追诉人认可严格的程序和认可简化的程序都是认罚，这一条件实则被架空了。笔者认为，认罚与同意程序适用性质不同，一个是对实体的态度，另一个是程序

---

[1] 参见孙长永："认罪认罚从宽制度的基本内涵"，载《中国法学》2019年第3期，第215页。
[2] 陈卫东："认罪认罚从宽制度研究"，载《中国法学》2016年第2期，第53页。
[3] 参见赵恒："'认罪认罚从宽'内涵再辨析"，载《法学评论》2019年第4期，第180页。
[4] 参见孙长永："认罪认罚从宽制度的基本内涵"，载《中国法学》2019年第3期，第214页。

选择权，适宜分开评价。[1]

而《刑事诉讼法》及相关司法解释事实上也是将认罚与同意程序适用区分规定的，《指导意见》更是明确提出，被追诉人享有程序选择权，"不同意适用速裁程序、简易程序的，不影响'认罚'的认定"。虽然《刑事诉讼法》第174条将同意程序适用列为签署具结书的前提条件，但从《刑事诉讼法》对各类型审判程序适用的具体要求看，仅对适用简易程序要求被告人没有异议，以及对适用速裁程序要求被告人同意，并没有要求适用普通程序需要经过被告人同意。而认罪认罚案件完全可能适用普通程序审理。因此，第174条中的同意程序适用主要指的是同意适用简易程序和速裁程序。[2]但为什么不用同意适用简易程序和速裁程序替代同意程序适用的表述呢，最可能的原因是，立法者考虑到，即便被追诉人不同意适用简易程序和速裁程序，也不妨碍适用认罪认罚从宽制度，也可能需要签署具结书。而且，同样是因为考虑到普通程序的适用，立法者使用的表述是同意程序适用而不是同意程序简化。适用普通程序审理认罪认罚案件在程序上肯定也会有所简化，但这种简化是被追诉人认罪认罚导致的当然简化，无须被追诉人同意。尽管在有些地方的具结书中将速裁程序、简易程序和普通程序简化审列为可供被追诉人认可的三个选项，但被追诉人对第三个选项并不能像对前两个选项一样自由地行使拒绝权。而且，第174条第2款同时规定了几类不需要签署具结书的情形。对于这些情形而言，同意程序适用并不是适用认罪认罚从宽制度的要素。换言之，即便被追诉人不同意适用速裁程序和简易程序，甚至反对适用普通程序简化审，也不影响认罚的成立。

（五）认罚与反悔

被追诉人认罚之后能否反悔？对此，绝大多数论者持肯定态度。但同时认为，从长远看，考虑到认罪认罚从宽制度的价值取向、控诉意见及处罚结果的合意性、庭审实质化的要求、落实被追诉人主体地位和诉讼诚信的需要以及对域外立法经验的借鉴等，应当对被追诉人上诉权及反悔权进行一定的限制。[3]

---

[1] 有论者提出类似观点，认为，认罚之"罚"属于法定惩罚，而同意程序适用则属于法定权利，应分别具有独立评价意义。参见何秉群、何炜："认罪认罚从宽制度之公正价值考量"，载胡卫列等主编：《认罪认罚从宽制度的理论与实践》，中国检察出版社2017年版，第20页。

[2] 参见王爱立主编：《中华人民共和国刑事诉讼法修改条文解读》，中国法制出版社2018年版，第104页。

[3] 参见孙长永："比较法视野下认罪认罚案件被告人的上诉权"，载《比较法研究》2019年第3期，第51页。

而且，不少论者引入了"域外认罪协商程序中的主流分析框架"，将具结书定义为"被追诉人与检察官围绕罪刑的实体问题与诉讼程序的适用问题所达成的刑事协议"，并运用合同法的基本原理分析其法律效力，特别是对被追诉人的约束力。[1]其认为，应当赋予具结书双务公法契约的属性，[2]被追诉人在享有认罪认罚利益的同时，也应该承担与之相应的义务。整体上看，这些观点对认罚、反悔的概念及认罪认罚从宽制度的基本定位存在一些偏差，导致结论都不够准确。笔者认为，认罚后的反悔问题可以从以下三个方面理解。

第一，应当明确反悔是认罪认罚被追诉人的基本诉讼权利。被追诉人既然有自愿认罪认罚的权利，当然，也可以自愿作出相反的选择。被追诉人不管是一开始就不认罪不认罚，还是在认罪认罚后反悔，本质上都是在行使辩护权。[3]允许被追诉人在认罪认罚后反悔是认罪认罚自愿性的重要保障机制之一。[4]这也是《刑事诉讼法》及《指导意见》等只规定司法机关在认罪认罚的被追诉人反悔的情况下应依法追诉和裁判，而没有规定制裁或惩戒措施的主要原因。

第二，具结书确实有一定的效力，但具结书不是协议书，具结书的效力也不同于双务合同的拘束力。认罪认罚的具结书是对被追诉人认罪认罚内容和态度的确认，可以在一定程度上表明被追诉人认罪认罚的明知性、自愿性及认罪认罚程序上的合法性，也可以记录和固定专门机关的指控意见，特别是从宽处理的方案。所以，对于被追诉人而言，具结书的直接效力是其不能任意否认原来的认罪认罚的明知性、自愿性及程序合法性，而对于专门机关而言，具结书的效力则是除非有正当理由，不能随意改变从宽处理方案。在性质上，具结书只是被追诉人对自愿认罪、接受量刑建议和同意程序适用的书面确认，只是被追诉人的单方承诺书和忏悔书，不具有契约性质。[5]专门机关的从宽处理是针对被追诉人认罪认罚的态度而作出的，如果被追诉人签署了具结书之后又反悔，有可能签署具结书时的认罪认罚是自愿的，而现在的不认罪认罚也是其真实自

---

[1] 马明亮："认罪认罚从宽制度中的协议破裂与程序反转研究"，载《法学家》2020年第2期，第121页。

[2] 钱春："认罪认罚从宽制度的检视与完善"，载《政治与法律》2018年第2期，第153页。

[3] 参见王爱立主编：《中华人民共和国刑事诉讼法修改条文解读》，中国法制出版社2018年版，第146页。

[4] 参见杨立新："认罪认罚从宽制度理解与适用"，载《国家检察官学院学报》2019年第1期，第58页。

[5] 参见闫召华："听取意见式司法的理性建构——以认罪认罚从宽制度为中心"，载《法制与社会发展》2019年第4期，第61页。

愿的意思表示，虽然具结书的效力要求被追诉人不能随意否认签署具结书时认罪认罚的自愿性，但也不能以签署具结书时自愿的认罪认罚否定现在自愿的不认罪认罚，当然，专门机关有必要根据被追诉人目前的态度调整处理方案或采取应对措施，但被追诉人不应承担所谓的违约责任。而且，从形成的过程看，认罪认罚具结书也并非控辩双方直接经协商达成的，而是经历了一个特殊的互动过程，由被追诉人"笼统"认罪认罚，到检察机关在听取意见的基础上提出从宽意见，然后被追诉人具体认罪认罚、签署具结书。因此，在理解具结书的性质时，不能孤立地审视这一法律文书，更不能简单套用域外的认罪协商法理，而应放在被追诉人以认罪认罚争取从宽这一改革定位之下，[1]放在我国听取意见式的司法模式中，放在以被追诉人认罪认罚为前提的被追诉人与专门机关的持续互动关系之中。

第三，确实应该区分情形建立反悔的应对机制，但并非被追诉人所有的态度改变都是反悔，也并非所有态度改变都构成对认罚的否定。被追诉人推翻认罚的情形多种多样，大体可以分为两类：一是基于正当的理由对原先认可的罚提出异议，比如因为出现了可能影响罚的新情况，或者检察机关在未征求被追诉人意见的情况下调整了量刑建议等。二是无正当理由的情况下不认可原已认可的罚。对于第二种情形，有可能是反悔，即原来是真诚悔罪的认罪认罚，现在改变了态度；也有可能不是反悔，比如说，被追诉人原来是真诚悔罪的认罪认罚，现在依然如此，只不过因为留所服刑等技术原因才提起上诉，或者被追诉人原来就是表演性的认罪认罚，现在只是暴露出了不真诚悔罪的真实状况。被追诉人反悔或提出上诉是他的权利，被追诉人现在不认罚，或者有明显不真诚悔罪的表现，不能想当然地认为原来根据其认罪认罚态度确定的从宽处理也必然是不合适的。只有在综合现在的表现和证据能证明被追诉人原来的认罪认罚是技术性、表演性的情况下，也就是说原来的从宽判决是基于错误认定的错误判决的时候，检察机关才能据此提出抗诉以纠正错误判决，确有必要时，司法机关也可以启动再审程序进行纠错。对于第一种情形，由于是不应归责于被追诉人的原因导致的，严格说来，不应称之为反悔。被追诉人认罚的基本态度可能并没有改变，专门机关应结合新情况对罚适当调整，被追诉人如果认可调整结果的，可以继续适用认罪认罚从宽制度。

综上，认罚是指被追诉人愿意接受处罚的态度。认罚的"罚"指广义上的

---

[1] 参见胡云腾主编：《认罪认罚从宽制度的理解与适用》，人民法院出版社2018年版，第5页。

处罚,认罚的"认"主要是一种单方表态,被追诉人可以在认的过程中提出意见,但并不是协商。真诚悔罪是认罚的核心要求,而是否同意程序适用与认罚没有必然联系。认罚是概括认罚与具体认罚的统一体,通常要经历从概括认罚到具体认罚的发展过程。被追诉人认罚后反悔,不一定影响原认罚认定的准确性。应当注意,在法院裁判采纳量刑建议的情况下,认可量刑建议与认可裁判是一致的,都是具体认罚的表现。但在法院裁判不采纳量刑建议的情况下,比如法院发现量刑建议明显不当,但检察机关拒不调整而法院依法判决时,不管被追诉人是否认可法院的意见,都不应当因为检察机关、法院的认识冲突影响认罚的认定。如果被追诉人不认可法院的意见,可以通过提出上诉寻求救济,不属于认罚后的反悔;如果被追诉人认可法院的意见,而不再认可原量刑建议,认罚同样成立。

三、认罪与认罚如何联结

要准确把握认罪认罚的内涵,避免断章取义,仅分别解读认罪、认罚是不够的,还需要一个系统性、总体性的界定,特别是要从认罪与认罚的组合结构、逻辑关系中理解。

(一)认罪与认罚的联结:或然还是绑定?

认罪认罚是认罪、认罚基于严密逻辑关系的概念组合,还是缺乏内在联系的或然堆砌?对此,通常认为,认罪认罚之间是绑定关系,即认罪且认罚,被追诉人必须同时具备认罪与认罚两个方面的要求,才能适用认罪认罚从宽制度,[1]而那些认罪而不认罚的,或者不认罪而"认罚"的(如不认罪但对量刑建议不置可否),虽然也有可能获得从宽处理,但不构成认罪认罚从宽制度中的认罪认罚。但是,有个别论者提出,认罪与认罚性质不同,认罪而不认罚的现象比较正常,是否认罚也不会影响被追诉人根本的认罪态度,要求认罪且认罚只会限制该制度适用的案件范围和诉讼阶段,而域外的认罪快处程序中,也没有要求认罪且认罚的先例,因此,不管是基于我国的司法经验,还是比较法的考察,都表明,将"认罪"与"认罚"捆绑在一起,"不仅在理论上是难以成立的,而且在司法实践中是难以行得通的"。[2]也有人考虑到认罪认罚需要涵盖执行

---

[1] 参见王爱立主编:《中华人民共和国刑事诉讼法修改条文解读》,中国法制出版社2018年版,第8页。

[2] 陈瑞华:"'认罪认罚从宽'改革的理论反思——基于刑事速裁程序运行经验的考察",载《当代法学》2016年第4期,第5页。

阶段，将其进一步解读为"认罪量刑从宽"、"认罚执行从宽"的或然结合。[1]还有论者虽然并未明确提出认罪与认罚的或然关系论，甚至也承认确实存在认罪且认罚的情形，但却从非常广泛的意义上理解认罪认罚从宽制度，进而认为，认罪认罚是包含实体法和程序法已然规定的自首、坦白、当庭自愿认罪、赔偿和解在内的，也就是说，凡是具备这些情节之一，都可成立认罪认罚，适用认罪认罚从宽制度。[2]其实，认罪与认罚的或然关系论只看到了认罪认罚从宽制度与我国原有的认罪从宽或坦白从宽制度的联系，并未充分关注之间的区别。认罪认罚从宽制度中，程序的极大简化和幅度更大的从宽处理等都是建立在一种要求更加严格的罪后态度——认罪认罚之上的，这决定了认罪认罚中认罪、认罚及其结合之后概念的独特内涵。当然，我们也注意到，认罪认罚或然论主要存在于改革初期的试点阶段，随着认罪认罚从宽制度正式入法及《指导意见》等相关司法解释对立法精神的明确，或然论的支持者已比较少见。

而且，立法者并不是将认罪认罚机械地绑定在一起，而是在二者之间搭建起了内在的联系，认罪与认罚不仅相互不可分，而且，在内涵上也是互相界定的。

一方面，认罚以认罪为前提，认罚是愿意接受已认之罪的处罚。实践中，被追诉人对罚的态度与对罪的态度确实没有必然联系，愿意接受处罚也不一定就认可自己有罪，那些坚不承招但又不对法院的重判提起上诉的被追诉人是存在的。但在认罪认罚的语境下，认罚与认罪的联系是特定的，形式上的联系表现为，《刑事诉讼法》第15条对认罪认罚的具体要求是连贯的、一体的，"如实供述""承认指控"与愿意接受处罚是并列而不可分割的。认罚虽然可能经历笼统的认罚阶段，但即便在笼统阶段，也是需要被追诉人表示愿意接受所认之罪的处罚，而不是在对受控罪行不置可否情况下表示愿意接受任何处罚。而二者的内在联系在于认罚对真诚悔罪的要求上。悔罪的基础是被追诉人的负罪感，[3]而产生负罪感则首先需要被追诉人认识到自己有罪。不认识到自己有罪就很难悔罪，不悔罪也就不可能认罚。

另一方面，认罪以认罚为尺度，认罪需要体现出与认罚一致的配合追诉的

---

[1] 周青莹："认罪认罚从宽制度的概念辨析"，载《河套学院学报》2016年第2期，第18-19页。

[2] 参见顾永忠："关于'完善认罪认罚从宽制度'的几个理论问题"，载《当代法学》2016年第6期，第130页。

[3] See John Tasioulas, "Repentance and the Liberal State", *Ohio State Journal of Criminal Law*, Vol. 4, No. 2 (Spr., 2007), p. 490.

态度。认罪可以限定认罚的内涵,而且,由于罪责相连,认罚是认罪的必然逻辑,[1]认罪本身就在一定程度上暗含着认罚之意。但认罚的内涵远不止于此,它还要求对具体处罚方案的认可或者至少需要有向具体认罚发展的倾向,即使是笼统的认罚,也需要被追诉人明确表示,并通过一定的方式固定,而不能只是默认。这就是认罚独立于认罪的特殊内涵,也是对被追诉人在认罪基础上提出的更高要求。当然,该内涵反过来又会构成对认罪内涵的限定。即认罪认罚意义上的认罪必须体现出与认罚一致的真诚悔罪、充分配合追诉的态度。

(二)认罪与认罚联结的完成形态与过程形态

从侦查到审判,认罪认罚从宽制度适用于每一个主要的诉讼阶段,而作为不同诉讼阶段的主持者,侦查机关、审查起诉机关和审判机关等均有认定认罪认罚的权力。但由于在诉讼程序的不断推进中,指控意见和被追诉人的"罪后"态度——不管是认罪的态度,还是认罚的态度——都处于一个动态的演进过程,因此,每一个阶段的认罪认罚形态也各具特点,就此而言,《刑事诉讼法》中在每个诉讼阶段提及的认罪认罚在表现形式上其实都不尽相同。如果将审判阶段认罪与认罚均发展至完整状态的认罪认罚,即被追诉人既认事实、认犯罪、认罪名,又在表示愿意接受处罚的基础上认量刑建议、认法院判罚,视为认罪认罚的完成形态的话,则侦查阶段、审查起诉阶段的认罪认罚都是认罪认罚的过程形态,而如果再具体到每一个诉讼阶段,认罪认罚又可进一步区分为阶段性的完成形态——作为每一个阶段从宽处理根据的认罪认罚和阶段性的过程形态——在各阶段处于发展状态的认罪认罚。

1. 侦查阶段的认罪认罚

《认罪认罚从宽试点办法》曾一度将认罚限定为"同意量刑建议",从而为认罪认罚制度的适用设置了严格的诉讼节点,排除了侦查阶段认罚及认罪与认罚联结的可能性,而《刑事诉讼法》则调整和充实了认罚的内涵,将"同意量刑建议"改为"愿意接受处罚",留出了认罪认罚在侦查阶段的形成空间。

事实上,在公安机关立案之前,也是有可能存在"认罪认罚"的,即行为人到案后或者在接受初查询问时笼统表示认罪并笼统认罚,或者自愿如实供述自己的罪行并笼统认罚。由于公安机关尚未立案,尚未确定犯罪嫌疑人及其涉嫌的罪行或罪名,还牵涉不到对指控或拟指控的犯罪事实的承认问题。

---

[1] 参见朱孝清:"认罪认罚从宽制度的几个问题",载《法治研究》2016年第5期,第37页。

在公安机关立案之后以及在侦查的过程，被追诉人的认罪认罚既可以是笼统地表示愿意认罪加笼统的认罚，如《指导意见》第22条第2款意义上的认罪认罚；也可以表现为自愿如实供述自己的罪行、认可公安机关初步确定的涉嫌罪名和犯罪事实并笼统认罚，如《刑事诉讼法》第81条第2款意义上的认罪认罚。与认罚在侦查阶段始终处于笼统认罚的状态明显不同，由于侦查阶段处于收集证据、查明事实阶段，公安机关确定的涉嫌罪名和犯罪事实也在不断地变动之中，被追诉人认罪的内容也会有相应的变化，总体上越来越具体。

在侦查终结时，被追诉人的认罪认罚主要表现为自愿如实供述自己的罪行、认可公安机关起诉意见书中确定的罪名和犯罪事实并笼统认罚，这是认罪认罚在侦查阶段基本的完成形态。值得注意的是，在规定公安机关在侦查终结时对认罪认罚案件的处理程序时，《刑事诉讼法》第162条对认罪认罚使用的表述仅仅是"犯罪嫌疑人自愿认罪的"。显然，这一表述根本没有谈及认罚，甚至都没有限定到认罪认罚意义上的认罪。而如此处理的理由据说是考虑到，"犯罪嫌疑人在侦查阶段主要还是应当自愿如实供述自己的犯罪事实及所犯罪行，至于是否认罚，包括是否同意指控的罪名及刑罚建议，应当是在人民检察院审查起诉阶段"。[1] 不难看出，部分立法者理解的认罚仍然只是停留在具体认罚上，特别是同意量刑建议的层面，这不仅是对认罚内涵的不当限制，还与《刑事诉讼法》第15条及第81条的立法精神相悖。而《指导意见》第24条要求在起诉意见书中写明犯罪嫌疑人自愿认罪认罚情况则更为合理。

与《刑事诉讼法》对侦查阶段认罪认罚的规定相比，《中华人民共和国监察法》（以下简称《监察法》）中提及监察调查阶段认罪认罚的规定虽然只有一条，但内容上却颇具特点。该法第31条不仅明确规定了被调查人认罪认罚的从宽处理程序，还特别要求认罪认罚的主动性。而且，该条还列举了一些适用认罪认罚从宽程序的具体情形。当然，从其所列举到的具体情形看，这些情形与认罪认罚的关系还稍显混乱，如"自动投案，真诚悔罪悔过""积极退赃、减少损失"等，自动投案并不能为认罪认罚情节所完全包含，而真诚悔罪悔过、积极退赃退赔等却是认罚的内在要求和具体表现。但这些列举本身对于细化对认罚的理解还是有促进作用。

2. 审查起诉阶段的认罪认罚

在检察主导的认罪认罚从宽程序中，审查起诉环节是促进、充实和固定认

---

[1] 王爱立主编：《中华人民共和国刑事诉讼法修改条文解读》，中国法制出版社2018年版，第76页。

罪认罚情节的关键阶段。[1]检察机关通过对认罪认罚案件的审查起诉，确定指控的犯罪事实和罪名，并据以提出体现从宽处罚的量刑建议，或者选择其他从宽处理机制，因此，较之于侦查阶段，审查起诉阶段认罪认罚的内容都更为明确。但审查起诉阶段的认罪认罚形式和形态也是多样化的、动态性的。有论者将审查起诉阶段的认罪直接等同于承认检察机关指控的事实，将认罚等同于"接受量刑建议或者不起诉决定"。[2]而《指导意见》在界定认罪时不区分诉讼阶段，并且将审查起诉阶段的认罚只理解为接受检察机关拟作出的起诉或不起诉决定，认可人民检察院的量刑建议，签署认罪认罚具结书。应当说，这些认识都较为片面，其所描述的认罪认罚可能只是审查起诉阶段完成形态的认罪认罚，而且，其对完成形态的认罪认罚的理解也不尽完整。事实上，根据审查起诉工作的进程，认罪认罚至少可分为三种形态。

其一是被追诉人自愿如实供述自己的罪行、认可公安机关起诉意见书中确定的罪名和犯罪事实并笼统认罚。这是侦查阶段认罪认罚的完成形态，也是审查起诉阶段认罪认罚的初始形态。在审查起诉阶段伊始，检察机关既没有确定指控事实，又没有提出量刑建议，被追诉人的认罪认罚主要还是停留在侦查终结时的状态。《刑事诉讼法》第173条第2款在规定认罪认罚案件检察机关审查起诉的方式时提到，被追诉人认罪认罚的，检察机关应当在告知权利的基础上，听取被追诉人等就涉嫌的犯罪事实、从宽处罚的建议等事项提出的意见。此处的认罪认罚即属认罪认罚的初始形态。而《指导意见》第27条"听取意见机制"及第28条"自愿性、合法性审查"提及的认罪认罚也主要指初始形态的认罪认罚。

其二是被追诉人自愿如实供述自己的罪行、承认指控事实或检察机关对指控事实的初步意见并笼统认罚。该种形态的认罪认罚主要存在于检察机关确定或初步确定指控事实之后，在正式提出量刑建议之前。在认罪方面，被追诉人由认可公安机关确定的犯罪事实转变为认可检察机关的指控事实。而在认罚方面，由于检察机关尚未提出量刑建议，依然处于笼统的意思表示层面。《刑事诉讼法》第176条第2款、《指导意见》第29条"证据开示"及第33条"量刑建议的提出"等在规定认罪认罚案件量刑建议的内容和形式时使用的"认罪认

---

[1] 参见闫召华："检察主导：认罪认罚从宽程序模式的构建"，载《现代法学》2020年第4期，第52页。

[2] 岳向阳、吴波："检察机关适用认罪认罚从宽制度实务研究"，载《中国检察官》2020年第5期，第30页。

罚"就属于这种过程形态的认罪认罚。

其三是被追诉人自愿如实供述自己的罪行、承认指控的犯罪事实并且同意量刑建议。这是审查起诉阶段认罪认罚主要的完成形态，存在于检察机关基本完成审查工作，确定指控事实和提出量刑建议之后。检察机关一般会将完成形态的认罪认罚固定在具结书中。《刑事诉讼法》第174条第2款及《指导意见》第31条在规定具结书签署时提到的"认罪认罚"就是在完成形态的意义上使用。当然，对于认罪认罚案件，检察机关不一定都会选择提起公诉，部分案件也会选择以酌定不起诉、附条件不起诉或者特别不起诉的方式在程序上予以终结。如果以不起诉方式结案的，检察机关没有必要提出量刑建议，[1]被追诉人的认罚仍然可能处于笼统认罚的形态，或者如果将不起诉视为一种带有一定惩罚性质的刑事责任的实现方式的话，认罚则具体化为认可检察机关的不起诉处理。

当然，有些法条中使用的"认罪认罚"有可能指涉审查起诉阶段认罪认罚的多种形态。如《刑事诉讼法》第172条第1款及《指导意见》第34条在规定速裁程序的办案期限时提到的认罪认罚，其具体的形态就与检察机关的分案机制及程序确定机制有关，如果该种程序选择及办案期限的确定是在办案伊始，则此处的认罪认罚可能只是初始形态的，如果是审查起诉过程中或者是接近结束时确定的程序和期限，则认罪认罚可能是过程乃至完成形态的认罪认罚。

而且，在理解审查起诉阶段的认罪认罚，特别是理解其中的认罪时还应注意，认可公安机关起诉意见书中确定的犯罪事实与认可检察机关确定的指控事实在多数情况下是一致的，前后只是形式上的变化，两个专门机关确定的犯罪事实广义上均属于指控事实。但二者也有可能出现不一致，比如检察机关的指控事实调整、改变了公安机关确定的犯罪事实。在这种情况下，是否认罪认罚以及属于何种形态的认罪认罚须以对检察机关指控事实的态度为准，认可公安机关确定的犯罪事实而否认检察机关的指控事实的，不能成立认罪认罚。

---

[1] 有论者困惑于认罪认罚案件不起诉时具结书中量刑建议如何填写问题，提出：在签署具结书的过程中，"若直接签与犯罪嫌疑人达成的量刑建议，但案件最终没有诉至法院，那么认罪认罚从宽相当于空置了，从宽的量刑建议并未得到法院确认。若直接签署不起诉，又在逻辑上出现了混乱，不起诉显然不属于量刑意见。"参见李大槐、师索："认罪认罚从宽与不起诉的逻辑关联"，载《西南政法大学学报》，第113-114页。其实，该种困惑的产生是因为没有准确理解立法原意。其实，《刑事诉讼法》第176条第2款"提出量刑建议"是以第1款"提起公诉"为前提的，如果不起诉，自然没有提量刑建议之必要。而如果没提量刑建议，具结书中自然也不用填写相关内容。

3. 审判阶段的认罪认罚

一般情况下，审判阶段的认罪认罚体现为审查起诉阶段完成形态的认罪认罚，即被追诉人自愿如实供述自己的罪行、承认指控的犯罪事实并且同意量刑建议。可以说，《刑事诉讼法》第 190 条第 2 款、第 201 条及《指导意见》第 37 条、第 39 条、第 42 条、第 46 条、第 47 条等，这些调整审判阶段认罪认罚的主要法律或司法解释条文中使用的认罪认罚概念，均是该种形态的认罪认罚。这也是《刑事诉讼法》第 15 条规定的认罪认罚从宽原则中认罪认罚的典型形态，甚至一度被《认罪认罚从宽试点办法》规定为认罪认罚的唯一形式。但事实上，在以下几种特殊的情况下，审判阶段的认罪认罚会有特定的内涵及表现。

一是当改变指控罪名时，认罪认罚意味着被追诉人对新的罪名及基于新罪名的刑罚（量刑建议）的认可。认罪包含着对指控罪名的认同，改变指控罪名必然直接影响到认罪的认定。但改变指控罪名，不管是检察机关改变，还是法院按审理认定的罪名作出判决，都不能由此轻易否定被追诉人的认罪认罚。因为，专门机关对罪名的改变不同于被追诉人对罪名的异议，被追诉人完全可能继续认可改变之后的罪名。而且，改变指控罪名不仅会影响到认罪，还会影响到认罚。因为，当罪名被改变时，"人民检察院基于原指控的罪名提出的量刑建议也不再具有参考价值"。[1]因此，改变罪名之后，认罪认罚的内容均需更新，法院应充分保障被追诉人了解情况、提出意见及更新认罪认罚的权利。[2]

二是当法院不认可量刑建议时，认罪认罚中的认罚既可以是被追诉人对量刑建议的认可，也可以是被追诉人对法院意见的接受。在量刑建议明显不当时，法院有拒绝采纳的权力。而是否属于"量刑建议明显不当"，如何处理此类案件，是"认罪认罚案件量刑裁判中检、法两院争议最大的问题"。[3]但是，不应将这种两个机关之间的冲突（非可归责于被追诉人原因）导致的不利益转嫁给被追诉人。也就是说，如果这种冲突不可调和，被追诉人认可量刑建议也好，接受法院最新的处罚意见也罢，都可成立认罚。如果被追诉人依然认可检察机

---

〔1〕 王爱立、雷建斌主编：《〈中华人民共和国刑事诉讼法〉释解与适用》，人民法院出版社 2018 年版，第 380 页。

〔2〕 参见吴纪奎："法院变更指控罪名应充分保障被告人的辩护权"，载《中国司法（案例）》2016 年第 11 期，第 26 页。

〔3〕 孙长永："认罪认罚案件'量刑从宽'若干问题探讨"，载《法律适用》2019 年第 13 期，第 13 页。

关的量刑建议，法院作出不采纳量刑建议的裁判后，被追诉人可以提起上诉。如果被追诉人改而认可法院的意见，可以继续适用认罪认罚从宽制度，甚至无需转换诉讼程序。

三是在被追诉人当庭认罪认罚的情况下，认罪认罚有可能只指自愿如实供述、承认指控的犯罪事实及愿意接受法院的判罚。如果被追诉人在审判阶段特别是开庭时才选择认罪认罚，从《指导意见》第49条的规定看，这种情形不再以检察主导（提出量刑建议）、法院审查的程序模式进行，而改由法院全权负责，即由法院在听取控辩双方意见的基础上直接依法裁判。《指导意见》第50条对第二审程序中被告人认罪认罚案件的处理程序也作出了类似规定。这两个条文确立了一种认罚的新形式，即在没有量刑建议的情况直接表示愿意接受法院的判罚。[1]

四、何谓从宽

从宽是专门机关对认罪认罚的积极评价和肯定性回应。质言之，从宽就是认罪认罚的利益。该利益主要表现为实体上的轻缓处罚，但也有可能表现为程序上的宽缓处理。

（一）实体从宽的形式

类似于自首从宽、坦白从宽，认罪认罚从宽首先是一种刑法规范，认罪认罚是罪后情节，而从宽则是在量刑、行刑等方面的宽缓处置。[2]因此，毫无疑问，量刑、行刑上的从宽是实体从宽的主要形式。而实体从宽的本质是在刑事责任的追究和刑罚的承担方面给予认罪认罚的被追诉人以利益。因此，除了体现在判决中从轻、减轻乃至免除被追诉人的刑罚或者适用轻缓的执行方式，广义上的实体从宽还应该包括在审前程序中对被追诉人的停止追诉或不追诉。

停止追诉是对认罪认罚者从宽处理的常见形式。停止追诉主要是指专门机关在已经启动追诉程序的情况下，停止追诉程序，主要包括作出不起诉决定和撤销案件两种方式。停止追诉特别是不起诉表面上只是追诉机关的程序选择，

---

[1] 应当指出，《指导意见》中的这两条规定不一定符合立法精神，且存在权力失范的风险。由检察机关在听取意见的基础上向法院提出有一定制约力的量刑建议，可能是认罪认罚从宽程序不可缺少的环节。参见闫召华："检察主导：认罪认罚从宽程序模式的构建"，载《现代法学》2020年第4期，第68页。

[2] 参见熊秋红："认罪认罚从宽制度的理论审视与制度完善"，载《法学家》2016年第10期，第106页。

而且，受法院统一定罪原则的约束，追诉机关也不享有定罪免予追诉的权力。正因此，有不少学者虽然认可停止追诉是从宽的措施，但认为其在性质上只是程序从宽。[1]这种观点显然忽略了停止追究所具有的实体免责的客观效果，从而漠视了其作为"出罪"措施的实体从宽的本质。[2]此外，对于停止追诉的从宽功能，有论者提出，停止追诉在法教义学上仅具有分流案件、防范错案、防止不必要入罪以及为公安机关和社会提供指导性行为模式的功能，并不具有明确的从宽功能，因此，很难将其纳入认罪认罚之后的从宽范畴。[3]但笔者认为，对此不可一概而论。以不起诉为例。一般而言，相对不起诉、附条件不起诉和特别不起诉都是考虑到案件情节对本来可以起诉的被追诉人而做出了不起诉的宽松处理，都可以视为从宽的形式。而法定不起诉和存疑不起诉则着眼于维护刑事法的准确实施，对那些因证据缺陷或欠缺实体法追诉根据而本来就不符合起诉条件作出不起诉决定，没有体现从宽。当然，这一点也并不绝对。当一个案件具有免除处罚的情节，"量刑情节同向竞合时的叠加效应"有可能使得案件的整体评价由"情节轻微"转变为"情节显著轻微"，从而成为相对不起诉转化或过渡为法定不起诉的通道，[4]进而使该种法定不起诉带有一定的从宽属性。但归根结底，刑法中的从宽规定为审查起诉阶段的从宽不起诉和审判阶段的从宽处罚提供了共同的实体法根据，不起诉从宽和从宽处罚是实体法中从宽处罚规定在不同诉讼阶段的落实和表现。

停止追诉还有一种极为特殊的表现形式，即《刑事诉讼法》第182条规定的特别撤销案件和特别不起诉，可称之为特别停止追诉制度。有人认为该条"规定了现行法律没有的、实际突破现行法律规定的停止追诉制度"。[5]其实，该条规定的突破性并不在于创立了停止追诉制度，而是扩大了停止追诉制度适用的案件范围，使其不再局限于轻微刑事案件，当然，前提是要符合特定的条

---

[1] 参见陈光中、马康："认罪认罚从宽制度若干重要问题探讨"，载《法学》2016年第8期，第6页；施静春、孙本雄："认罪认罚从宽的内涵及表现研究"，载《云南民族大学学报（哲学社会科学版）》2018年第2期，第147页；胡云腾主编：《认罪认罚从宽制度的理解与适用》，人民法院出版社2018年版，第3页；王爱立主编：《中华人民共和国刑事诉讼法修改条文解读》，中国法制出版社2018年版，第7页等。

[2] 孙长永："认罪认罚从宽制度的基本内涵"，载《中国法学》2019年第3期，第217页。

[3] 参见李大槐、师索："认罪认罚从宽与不起诉的逻辑关联"，载《西南政法大学学报》2020年第1期，第111-112页。

[4] 李继华："不起诉的实体根据研究"，载《中国检察出版社》2013年版，黄京平序言第12页。

[5] 黄京平："认罪认罚从宽制度的若干实体法问题"，载《中国法学》2017年第5期，第175页。

件。需要特别指出的是，由于第 182 条的规定事实上是对《认罪认罚从宽试点办法》第 9 条和第 13 条规定的调整和吸收，因此，有不少论者将第 182 条放在认罪认罚从宽视角下理解，并认为该条文是"立法在审前程序中对特殊案件贯彻认罪认罚从宽的具体规定"。[1]然而，从特别停止追诉制度的具体适用条件看，二者的联系可能只是宏观政策层面和立法精神上的部分契合，制度层面的具体连接点非常少。在特别停止追诉制度中，其对认罪的要求只有"如实供述"，没有"承认指控"，更没有明确提出对认罚的要求，而且，"自愿如实供述"只是特别停止追诉制度适用的一道门槛，真正的决定性因素是"重大立功或者案件涉及国家重大利益"。这决定了，特别停止追诉制度在认罪认罚实体从宽措施方面的作用非常有限。

此外，不立案、撤销案件和宣告无罪等也可能成为特定情况下实体从宽的形式。《最高人民法院关于贯彻宽严相济刑事政策的若干意见》中明确将适用《中华人民共和国刑法》（以下简称《刑法》）第 13 条但书出罪列为从宽处理的措施之一。也有个别学者提出类似的主张。[2]笔者亦认为，就那些已经达成和解的轻微案件（特别是属于自诉范围的案件）而言，刑事诉讼法并未要求一定要按照公诉案件立案处理，如果被害人再不要求公安机关立案或要求撤案，虽然行为人认罪认罚，但公安机关可以综合全案情况，以及其认罪认罚表现，直接适用《刑法》的但书规定，认定为不构成犯罪从而不予立案或撤销案件。另一种情形是，被追诉人有可能在审判阶段才认罪认罚，或者虽然被追诉人在审前就已认罪认罚，而人民法院结合全案情况认为案件符合《刑法》第 13 条的但书规定，也可以宣告无罪。但需要注意，以不立案或宣告无罪的方式从宽处理的根据是《刑法》第 13 条的但书规定，而赋予不立案或宣告无罪以从宽属性的关键是将认罪认罚这一罪后情节纳入第 13 条"情节显著轻微"中的情节范围。

(二) 是否存在程序从宽

对于认罪认罚从宽措施中是否包含程序从宽，存在两类截然不同的观点。一类是否定论，即认为不管是程序简化，还是强制措施的非羁押化，都不具有

---

[1] 董坤："认罪认罚从宽中的特别不起诉"，载《法学研究》2019 年第 6 期，第 172 页。
[2] 参见熊秋红："认罪认罚从宽制度的理论审视与制度完善"，载《法学》2016 年第 10 期，第 109 页。

任何程序从宽的意味。[1]否定论在司法实践中有一定的影响。个别试点地区仅将从宽理解为从轻处罚，[2]也有试点地区的实施细则中将从宽限定于从轻、减轻或免除处罚，[3]或者在从轻、减轻或免除处罚之外再加上停止追诉。[4]而大多数人对程序从宽的存在及其正当性表示认可，认为认罪认罚从宽"不仅应当体现在实体法上使其得到从宽处罚，还应当体现在程序法上使其获得从宽处理"，譬如不予逮捕、适用简易程序等。[5]来自立法参与者和最高司法机关的一些权威解读中均明确提出从宽包括程序上的从宽，具体表现为适用轻缓的强制措施，或者适用更为便利的诉讼程序等。[6]笔者认为后一种观点更符合立法原意、政策导向和实践需要，而且也并不违背诉讼法理。主要依据是：（1）不管是"授权认罪认罚试点的决定"，还是《认罪认罚从宽试点办法》《刑事诉讼法》，或是《指导意见》，在描述对认罪认罚者的从宽时使用的概念皆是"从宽处理"而非"从宽处罚"，从而有意为程序从宽留出了制度空间。不仅如此，《刑事诉讼法》及相关司法解释还将认罪认罚明确纳入逮捕审查和程序选择的重要考量因素，为程序从宽的实现提供了条件。（2）认罪认罚从宽制度是对宽严相济刑事司法政策的落实，在《最高人民检察院关于在检察工作中贯彻宽严相济刑事司法政策的若干意见》及《最高人民法院关于贯彻宽严相济刑事政策的若干意见》中都提到了简易程序的适用问题，赋予了"宽"较为丰富的实体法和程序法内涵，并且明确将不予逮捕列为从宽的形式。完整准确地理解宽严

---

[1] 参见孙长永："认罪认罚从宽制度的基本内涵"，载《中国法学》2019年第3期，第217-218页。

[2] 山东省高级人民法院的课题组在一个调研报告中提出，认罪认罚的从宽是应当从轻处罚，而非减轻处罚。

[3] 如《大连市刑事案件认罪认罚从宽制度试点工作实施办法》第4条第3款规定："从宽是指对认罪认罚的犯罪嫌疑人、被告人，应当从轻或者减轻处罚。对于具有法定减轻处罚情节的，犯罪嫌疑人、被告人认罪认罚的，根据犯罪的性质、情节和对社会的危害程度，应当减轻处罚；对于犯罪嫌疑人、被告人认罪认罚的，不具有法定减轻处罚情节的，应当在法定量刑幅度以内从轻处罚。"

[4] 如《深圳市刑事案件认罪认罚从宽制度试点工作实施办法（试行）》第1条第2款规定："从宽处理包括因犯罪情节显著轻微，不认为是犯罪的，直接撤销案件、不起诉或者宣告无罪；犯罪情节轻微，不需要判处刑罚或者免除刑罚的，依法不起诉或宣告免于刑事处罚；同意人民检察院量刑建议，或者在审判阶段认罪认罚，签署具结书，可以免于刑事处罚、判处缓刑，或者依法从轻、减轻处罚。虽无上述情节，但犯罪嫌疑人自愿如实供述涉嫌犯罪的事实，有重大立功或者案件涉及国家重大利益的，可以按照《试点办法》的规定层报最高人民检察院撤销案件、不起诉。"

[5] 顾永忠："关于'完善认罪认罚从宽制度'的几个理论问题"，载《当代法学》2016年第6期，第131页。

[6] 参见胡云腾主编：《认罪认罚从宽制度的理解与适用》，人民法院出版社2018年版，第3页；王爱立主编：《中华人民共和国刑事诉讼法修改条文解读》，中国法制出版社2018年版，第7页等。

相济的刑事司法政策，必须既要从实体法的规定区分宽与严，也要从《刑事诉讼法》规定的强制措施、诉讼程序和诉讼期限等方面区分宽与严。[1]（3）诚然，实践中，程序措施的宽缓带有一定的相对性，而且，即便在认罪认罚案件中，程序措施的宽缓也不一定与认罪认罚情节之间存在必然联系。[2]因此，判断一种程序措施是否具有从宽性质主要取决于两方面的考量：一是该措施是否对被追诉人而言更为宽缓、有利，这既指该措施对被追诉人客观上的便利性，但更重要的是指被追诉人本人对该措施便利性的认可。二是该措施与认罪认罚情节的逻辑关联。所谓从宽处理，实质上就是指在处理认罪认罚案件时遵循一种对被追诉人而言更符合其利益，更为宽松、宽缓的思路和原则。如果专门机关于裁量权的范围内，在程序问题采取了宽缓化的思路，并符合被追诉人的利益，而且，在确定宽缓化的具体措施时，又考虑到了认罪认罚情节，则不管认罪认罚是否是宽缓程序措施的唯一根据，该宽缓措施其实已经具有了认罪认罚程序从宽的性质，成为认罪认罚者获得的优惠对待——一种从宽处遇。具体说来，程序从宽主要包括诉讼程序上的简便和强制措施上的宽缓两种形式。

1. 诉讼程序上的简便

所谓诉讼程序上的简便，主要表现为程序上的从快、从简，以及由此带来的诉讼结果的及时性。但有论者认为，将程序简化视为一种从宽措施不符合正当程序的基本原理。理由是："如果对认罪认罚案件适用简化的诉讼程序进行审理属于对被告人的'程序从宽'，那么，为什么要赋予否认指控犯罪事实的被告人通过普通程序接受公正审判并且在律师帮助下进行有效辩护的权利？难道对案件适用普通程序进行审理是对被告人的一种程序性不利处置？"[3]诚然，不能说适用普通程序审理就是对被追诉人的"从严处理"，就像不能一般性地说适用简化审理程序就是对被追诉人的"从宽处理"一样。然而，不同繁简程度的诉讼程序的选择绝不仅仅是繁简分流的具体体现，对于被追诉人等诉讼主体确实存在一个利与不利的问题，而且，正是对这些利与不利因素的权衡取舍，支配着被追诉人等诉讼主体的程序选择。而不同的诉讼程序对于被追诉人的意

---

[1] 参见张智辉主编：《简易程序改革研究——辩诉交易制度研究结题报告》，中国检察出版社2010年版，第253页。

[2] 其实，一些实体性的措施也同样存在类似问题。比如，认罪认罚案件中的酌定不起诉就不一定是基于被追诉人认罪认罚而作出的，二者之间可能没有任何逻辑关联。

[3] 孙长永："认罪认罚从宽制度的基本内涵"，载《中国法学》2019年第3期，第217页。类似的观点还可参见熊秋红："认罪认罚从宽制度的理论审视和制度完善"，载《法学》2016年第10期，第107页。

味因案而异，主要取决于在具体案件中被追诉人对程序功能的期待。严格的诉讼程序有利于充分保障被追诉人的各项诉讼权利，强化其与控方的争辩、对抗时的主体性和防御力，但可能给被追诉人带来更多的诉累；简化的诉讼程序可以大大减少被追诉人所要遭受的程序折磨，但通常要以放弃诸多诉讼权利和严格诉讼程序的保护为代价。如果被追诉人选择与控方彻底对抗，如作无罪辩护，那么，严格的诉讼程序更加有利，诉累可能不值一提，对于被追诉人而言，此时适用普通程序显然不是"不利处置"或"从严处理"。但如果被追诉人选择与控方充分配合，认罪认罚，那么，在对抗中获得全面程序保护的欲求就会大为降低，程序选择时主要就是对诉累和诉讼结果及时性、确定性的考量，简化的诉讼程序显然更加有利，放弃严格程序中享有的大量诉讼权利不再是代价，而变为被追诉人的内在需要和理性选择。所以，那种认为程序简化对被追诉人是减损权利，与其说是对被追诉人的从宽，倒不如说是对专门机关的减负，[1]甚至说是对专门机关的从宽的说法[2]很难成立。

当然，由于程序简化也可以为国家节约司法资源，在案多人少的压力下，专门机关对简化诉讼程序的需求也相当强烈。所以，如果将程序简化放在控辩双方的交涉关系中理解，实践中可能会存在两种情形：一是被追诉人直接以程序简化为交换对象，以认罪认罚争取实体从宽和程序从简；二是被追诉人以认罪认罚和同意程序简化为筹码，争取更大幅度的实体从宽。第一种情形下，程序简化就是被追诉人直接追求的认罪认罚的程序利益，其程序从宽的性质非常明显。在第二种情形下，虽然表面上看同意程序简化只是被追诉人为了获得实体从宽而支付的对价，事实上，程序简化对被追诉人与专门机关而言是一种"双赢"结局，不仅对专门机关有利，也是被追诉人认罪认罚的潜在利益。在双方均有程序简化需求的情况下，认罪认罚的被追诉人只是（对程序简化需求可能更为强烈的专门机关）顺水推舟而已。如果认罪认罚是自愿的，程序选择也是自愿的，被追诉人认罪认罚却放弃程序简化（减少诉累）的利益而要求适用严格程序将是难以理解的。

而且，作为程序从宽的形式，程序上的简便并非仅限于诉讼程序的从快、从简，也包括在具体的诉讼程序或机制上放宽对被追诉人的某些强行性要求，

---

[1] 参见天津市滨海新区汉沽人民检察院编：《检察实务若干问题研究》，经济日报出版社2018年版，第49页。

[2] 参见钱春："认罪认罚从宽制度的检视与完善"，载《政治与法律》2018年第2期，第154页。

或者以一种更为宽和的氛围、更为和缓的模式推进程序。就此而言，《刑事诉讼法》第 174 条第 2 款规定盲、聋、哑或尚未完全丧失辨认或者控制自己行为能力的犯罪嫌疑人认罪认罚的不需要签署具结书，其实也可以在一定意义上理解为对这类人认罪认罚时的进一步的程序从宽措施。

2. 强制措施上的宽缓

所谓强制措施上的宽缓，主要是指在对认罪认罚的被追诉人适用强制措施时，优先考虑对其人身自由限制更少，特别是非羁押性的强制措施。在我国，强制措施的宽缓之所以可以成为认罪认罚案件程序从宽的一种形式，至少与以下四个要素密切相关：（1）《认罪认罚从宽试点办法》《刑事诉讼法》及相关司法解释明确将"认罪认罚情况"列为批准或者决定逮捕时评价是否可能发生社会危险性的考虑因素之一。这意味着认罪认罚情况已经成为影响逮捕适用的"法定情节"。（2）理论上而言，认罪认罚不仅会直接降低被追诉人的社会危险性，进而降低羁押的必要性，认罪认罚案件的非羁押化也符合社会交换理论，能够在整体上提高诉讼经济，更为重要的是，其也是司法宽容精神的一种体现。[1]（3）最高人民法院和最高人民检察院在贯彻宽严相济刑事司法政策的过程中，一直将不予逮捕或适用取保候审等非羁押措施视为"从宽"的形式和途径。（4）实践中，在逮捕与非羁押强制措施之间，绝大多数被追诉人更为期待非羁押措施，也就是说，强制措施上的宽缓是绝大多数被追诉人渴求的程序利益，也是驱使被追诉人认罪认罚的动能之一。（5）虽然近年来，特别是 2012 年《刑事诉讼法》建立了捕后羁押必要性审查制度之后，司法机关一直致力于推进非羁押诉讼，但整体上看，我国的刑事诉讼依然是羁押性的，表现在司法人员的羁押观上就是，可捕可不捕的，一般倾向于逮捕，可变更羁押措施也可以不变更的，一般倾向于不变更。在这种情况下，对认罪认罚者优先适用非羁押措施，无疑是一种宽宥。

然而，也有个别论者对强制措施宽缓论提出强烈质疑，认为，所谓的强制措施从宽，既不符合立法精神，也不符合司法实践和相关国际准则：立法只是将认罪认罚作为被追诉人社会危险性评价的因素之一，而未赋予其导致不捕或变更逮捕措施的当然效力；实践中，认罪认罚因素对适用逮捕措施的影响非常有

---

[1] 参见闫召华："'从速兼从宽'：认罪案件非羁押化研究"，载《上海政法学院学报（法治论丛）》2017 年第 3 期，第 82 页。

限;强制措施从宽是惩罚性适用逮捕措施的表现,有违未决羁押的国际准则。[1]但在笔者看来,上述质疑的三点理由本身有可能是正确的,但都不足以构成对强制措施从宽的否定。

首先,在性质上,认罪认罚作为影响逮捕的"法定情节",与认罪认罚作为影响刑罚的"法定情节"是一致的,不同的只是前者影响的是强制措施,后者影响的是实体处罚。两种情况下认罪认罚的影响力可能会有所不同,但即便是后一种情况,其影响也不是必然性的,仍然是"可以"从宽,司法机关在决定是否从宽以及从宽幅度时还要权衡多种因素。事实上,仅就规范层面而言,在对逮捕和羁押的影响上,认罪认罚也并不只是"影响因素之一"这么简单。《指导意见》第 20 条规定,"犯罪嫌疑人认罪认罚,公安机关认为罪行较轻、没有社会危险性的,应当不再提请人民检察院审查逮捕"。《指导意见》第 21 条及《人民检察院刑事诉讼规则》第 270 条第 2 款均强调,认罪认罚的被追诉人已经逮捕的,应当及时启动羁押必要性审查,对无继续羁押必要的,予以释放或变更强制措施。部分试点地区的认罪认罚实施细则中甚至直接要求,对于认罪认罚案件,应当优先适用非羁押强制措施。

其次,从官方公布的统计数据看,的确,认罪认罚案件的逮捕率与非认罪认罚案件相比并没有太大差异,认罪认罚对逮捕适用的实践影响并不明显。笔者基于无讼网公布的判决书粗略统计后同样发现,2017—2020 年,认罪认罚案件的逮捕率分别为 43.9%、48.7%、49.5%、48.7%,不同年度有所起伏,但较之于认罪认罚从宽制度实施以前的逮捕率并没有明显下降。然而,即便如此,也不宜以实践影响的有限性否定强制措施从宽的正当性。这些数据反映的实际情况说明了提升认罪认罚案件的非羁押化尚面临诸多有形、无形的阻力,认罪认罚从宽制度的适用并没有降低或改变专门机关对羁押措施特殊的功能期待,强制措施从宽还有极大地拓展空间,这正是推进认罪认罚从宽制度改革完善的下一步努力的方向之一。

最后,强制措施从宽并不是一项实体从宽措施,因此,不能说强制措施从宽默认了强制措施就是对被追诉人的一种实体处罚。而且,上已述及,强制措施从宽不是从宽处罚,而是从宽处理,从宽的对象不一定都是处罚,在程序从宽方面尤其如此。强制措施从宽着眼于认罪认罚的被追诉人权利的保障,针对和解决的就是"从严"适用逮捕羁押措施问题,有助于维护程序的正当性。因

---

[1] 参见孙长永:"认罪认罚从宽制度的基本内涵",载《中国法学》2019 年第 3 期,第 218-220 页。

此，不宜想当然地认为以一种更加宽缓的精神把握逮捕羁押的标准就会强化逮捕羁押措施的惩罚性质，从而违背了国际准则的相关要求。惩罚性适用逮捕羁押措施是一个原因复杂的历史遗留问题。而随着认罪认罚从宽制度适用率的提高，通过切实保障认罪认罚强制措施从宽的效果，有可能大大降低逮捕羁押率，最终促成羁押性诉讼成为例外，而非羁押诉讼成为常态，达至未决羁押的国际准则。可以说，即使在羁押性诉讼成为例外之后，还是部分被追诉人可以争取的认罪认罚利益，毕竟羁押还是一项不利于被追诉人的程序措施，强制措施从宽依然有存在的空间。

五、以严格解释防止泛化适用

不难看出，以上对于认罪认罚的解释是严格的，而对从宽的理解则是宽松的。之所以如此，主要基于对认罪认罚从宽制度功能的整体考量。对我国的刑事诉讼模式而言，不管是从立法定位还是从实践运用看，认罪认罚从宽制度的建立与完善都是一次具有里程碑意义的重大变革。认罪认罚案件将以更快的速度办理，将适用一套检察主导的特殊程序机制，将给予被追诉人更大的从宽力度，同时，也将采取有别于非认罪认罚案件的事实认定与保障机制。但是，对于这样一个影响刑事诉讼结构方向的极为特殊的制度，我们却并没有限制其适用的案件范围，即便是死刑案件也有适用的可能性。据统计，2020年全国检察机关适用认罪认罚从宽制度办理案件数，已占同期审结数的80%以上，[1]其中，个别省市认罪认罚从宽制度的适用率甚至接近90%。认罪认罚从宽制度的高适用率固然能够带来一系列积极效果，然而，也不能忽略过度追求适用率、泛化适用认罪认罚从宽制度的潜在风险，包括其对认罪自愿性、真实性的不利影响，对实体公正的可能侵蚀作用，对庭审实质化及一般刑事诉讼原则的解构效应等。从一定意义上而言，认罪认罚从宽内涵的合理界定就是认罪认罚从宽制度适用上的一种有效控制机制。对认罪认罚的严格解释可以提高认罪认罚从宽制度的适用门槛，而对从宽的宽松理解可以增强专门机关应对认罪认罚案件的灵活性，两者结合，有助于将认罪认罚从宽制度的适用比率和效果控制在一个相对合理的范围之内。

---

[1] 参见2020年《最高人民检察院工作报告》（第十三届全国人民代表大会第四次会议，张军，2021年3月8日）。

第二节 认罪认罚从宽改革的基本逻辑

一、改革背景

《中共中央关于全面推进依法治国若干重大问题的决定》（以下简称《依法治国决定》）明确提出，要"完善刑事诉讼中认罪认罚从宽制度"。诚然，刑事诉讼中认罪认罚从宽制度的完善是一个融合实体法与程序法的综合性刑事司法制度变革，理顺认罪认罚从宽与坦白从宽等实体法已有的认罪从宽规定的关系，准确定位各认罪从宽情节的性质，合理设定从宽的幅度和标准，是认罪认罚从宽制度顺畅运行的前提和基础。但是，从改革的动因和背景来看，《依法治国决定》中对改革的终极功能定位——"优化司法职权配置"，两个试点办法[1]的核心内容——"程序完善"，以及目前入法的方式——仅将"认罪认罚"规定于《刑事诉讼法》中，这些情况表明，认罪认罚从宽制度的出发点和落脚点主要是构建一套能满足我国现阶段刑事司法的多元价值目标，且具有高效的案件分流能力的、多层次的刑事案件快速办理程序体系。而这也正是本书选择以实施程序视角研究认罪认罚从宽制度的原因。

可以说，完善认罪认罚从宽制度是我国刑事司法改革进入深水区后突破改革瓶颈的必然选择。它首先着眼于解决我国刑事司法中日益突出的案多人少矛盾。据统计，[2]2003年至2011年，我国各级人民法院审结刑事案件338.9万件，较前五年增长19.6%，2008年至2012年，审结刑事案件414.1万件，同比增长22.2%，而2013年至2017年，审结刑事案件548.9万件，同比增幅达到了32.6%。相比而言，法官数量虽然也有增长，但与案件的增速明显不成比例。2005年，我国法官总人数为18.9万人；2010年，法官总人数为19.3万人，约增长了2.1%；2017年，法官总人数显著增加，达到21.1万人，但增幅也仅为9.3%，而且，员额制改革后，法官人数又减少为12万人。[3]一方面，经济社会发展变化所带来的矛盾多发、刑法修改对犯罪圈的扩大、矛盾纠纷排查化解

---

[1] 指的是2014年最高人民法院、最高人民检察院、公安部、司法部印发的《关于在部分地区开展刑事案件速裁程序试点工作的办法》（以下简称《速裁程序试点办法》）和《认罪认罚从宽试点办法》。

[2] 数据来源主要为2003年至2018年最高人民法院年度及5年工作报告及中国法律年鉴。

[3] 据介绍，虽然绝量上法官人数减少了9万人，但一线办案法官数量没有明显减少，多数法院办案法官数量均有所增加。参见鲁明：《让法官从事务性工作中解脱》，载《新民晚报》2017年7月3日，第A11版。

及犯罪预防机制的不健全、犯罪打击力度的加强特别是专项犯罪治理活动的常态化等因素,导致了刑事案件数量激增。此外,由于经济发展、社会安定,我国的犯罪结构也发生了明显变化,"重罪占比持续下降,轻罪案件不断增多"。[1]另一方面,法官准入制度的不合理以及法官队伍的结构性缺陷(具有法官资格的人在一线办理案件的少,办理案件的法官中刑事法官占比低)等,又导致刑事法官数量不足。而严格的司法责任制、司法辅助人员的严重不足、不尽科学的考核或非考核指标、因职业保障和体制因素带来的"简单难办案件"的增多等,[2]进一步加大了刑事法官的办案压力,加剧了人员流失现象,[3]进而导致案多人少矛盾的激化。很多人对员额制改革寄予厚望,并将提高办案效率视为员额制改革的成效。事实似乎也确实如此,员额制推行后,法官个人年均审结案件的数量已从2008年的52件提高到2017年的150多件,[4]直逼员额法官的办案极限。[5]但是,在一线办案法官人数及法官专业素质没有明显增长的情况下,仅靠增加员额津贴增进的积极性很难真正消解法官的重压,也难以有效应对法官承担的极限重压对办案质量、诉讼公正、司法公信力的负面影响。因此,解决案多人少矛盾,除了考虑司法体制方面的配套性、基础性改革外,更需要以繁简分流、优化资源配置等为理念改革刑事诉讼程序本身。而"完善刑事诉讼中的认罪认罚制度"正是在此背景下提出的。

然而,解决案多人少矛盾、提高诉讼效率显然不是认罪认罚从宽制度唯一的价值目标。其一,认罪认罚从宽不但不能妨碍犯罪治理,反而应当强化犯罪控制的有效性,通过平复社会冲突,化解严重矛盾,增强人民群众的安全感,确保实现维护社会大局稳定这一我国政法工作的基本任务。其二,认罪认罚从宽不但不能妨害诉讼参与人的合法权益,反而应该加强对人权的司法保障。既要更好地落实宽严相济的刑事政策,确保被追诉人获得实体上的从宽利益,又

---

[1] 参见2020年《最高人民检察院工作报告》(第十三届全国人民代表大会第四次会议,张军,2021年3月8日)。

[2] 张洪涛:《法律的嵌入性》,东南大学出版社2016年版,第204页。

[3] 据报道,"最高院表示,2015年,全国法院系统新增1.9万人,减少1.77万人,其中,离职人数10%,即1700多人从法院离职。"参见敏敏之音:"法官数量锐减了9万,会带来什么后果?",载 http://www.xuefa.com/article-10904-1.html,最后访问日期:2019年4月20日。

[4] 林平:"最高法:全国法官人数少4成,今年上半年结案量同比上升近1成",载 https://www.thepaper.cn/newsDetail_forward_1747748,最后访问日期:2019年4月20日。

[5] 有基层法院在详实调研和认真论证的基础上,测算出员额法官的办案极限为年均178件。参见钟菁、陈华:"关于法官合理工作量的调研",载 http://www.360doc.com/content/17/0622/11/39717550_665459459.shtml,最后访问日期:2019年4月20日。

要重视被追诉人的诉讼主体地位，维护被追诉人的诉讼权利，还要通过听取被害人及其代理人的意见，并将赔偿、谅解、和解等情节作为是否适用认罪认罚从宽及量刑的重要考虑因素，切实保障被害人的合法权益。其三，认罪认罚从宽不能牺牲办案质量，反而应当通过认罪认罚从宽提高办案质量，实现公正与效率的统一。既要通过合理的程序设计，做好"简案快办"的质量控制，又要通过司法资源的倾斜，做到"难案精办"，提升非认罪认罚案件的办案质量。这是因为，虽然在诉累方面体现出我国与域外刑事协商性司法改革实践背景的相似性，但不同的是，我国是在刑事司法体制的合理性和刑事诉讼程序的正当性方面尚存在一些不足的情况下解决诉累问题的，而且，司法改革的社会土壤和法治环境也有很大差异。这要求认罪认罚从宽制度改革必须兼顾更多的价值目标，甚至需要在一些看似冲突的目标中审慎权衡。而如何在认罪认罚从宽制度实施程序中体现出这些审慎的权衡，以充分实现改革预期，便是完善认罪认罚从宽制度的关键所在，也是本书需要深度探析的核心问题。

2018年10月，《刑事诉讼法》吸收了试点经验和相关研究成果，在法律层面正式确立了认罪认罚从宽制度，并以认罪认罚与否、情节轻重、案件难易等为标准，初步构建起了"普通程序简化审—简易程序—速裁程序"的三级"递简"的程序体系。但是，值得强调的是，不管是对于认罪认罚从宽实施程序的完善，还是对于认罪认罚从宽实施程序的研究而言，制度入法都绝非终点，事实上，一切才刚刚开始。整体而言，2018年《刑事诉讼法》中的一些相关规定还比较粗疏，特别是在认罪认罚的激励、认罪认罚自愿性的保障、认罪真实性的保障、从宽的兑现机制等方面均存在不少缺陷，而且，其碎片化的立法方式不仅导致部分条文的法典位置尴尬，还使得关于认罪认罚从宽的一些重要的标准、要求没有得到凸显和提炼，很容易引起认罪认罚从宽制度在实施中的误解、冲突。认罪认罚案件的办理实践中已经暴露出很多问题。而其最大的隐患可能是，在认罪认罚自愿性、明智性等无法切实保障的情况下就简化认罪认罚案件办理程序，这不仅容易侵害被追诉者权利，也大大增加了误判的风险，直接影响办案质量和司法公正。因此，如何进一步完善认罪认罚从宽程序，即便在2018年《刑事诉讼法》颁行后，仍然是一个亟待研究的重大课题。

二、制度定位

(一) 认罪认罚从宽：理念、原则、制度抑或程序？

认罪认罚从宽通常被定位为一种制度，正如顶层设计者"完善刑事诉讼中认罪认罚从宽制度"表述所反映的那样。这种定位并无不妥。但如果仅止于此，对于全面理解认罪认罚从宽的性质，是远远不够的。事实上，认罪认罚从宽绝非一项普通的制度安排，而是融汇了理念、原则、规则、程序的一项综合性、系统性的改革要求，也因此能够发挥其对于我国刑事诉讼方式的全局性影响。

首先，认罪认罚从宽是制度，且是一种反映刑事一体化和贯穿刑事诉讼全程的制度。一方面，认罪认罚从宽是一项刑事法制度，既有实体法的规范，如认罪认罚作为量刑情节的性质，实体从宽的标准和幅度，认罪认罚对于定罪的影响及其与罪刑法定、罪责刑相适应原则的关系等；又需要程序法的支撑，包括何谓适格的认罪认罚，如何促成，如何从宽，程序简化的原则和方式等。另一方面，具体到刑事诉讼法中，认罪认罚从宽不仅仅是一项抽象的原则，也不仅仅是具体的操作程序，而是同时包含着一些超越诉讼阶段的基本要求、纲领、标准和底线，是一项基本的刑事诉讼制度。但从2018年《刑事诉讼法》对认罪认罚从宽的规定看，对这一点似乎还缺乏准确的认识。该法增修了与认罪认罚从宽密切相关的条（款），具体参见表1-1，除第15条对"认罪认罚从宽"原则的规定带有统领功能外，其他各条（款）均分散规定于强制措施、侦查、提起公诉、审判等制度与程序中，并没有在总则中专门辟出一章规定认罪认罚从宽，显得无序和零乱。这种碎片化的立法方式导致的直接后果是：(1) 关于认罪认罚从宽的一些重要的标准、要求没有得到凸显和提炼，如认罪认罚的自愿性界定及其全程保障；三机关的职能衔接；认罪真实性的全程保障；辩护人或值班律师的全程帮助；程序全程提速的原则和底线；认罪认罚案件的证据规则等。(2) 由于未在总则中明确合适的制度归属，部分条文的位置非常尴尬。例如，将第182条特定情况下的认罪撤案也放在第二编第三章（提起公诉）中。[1]再如，将第190条第2款认罪认罚案件中法官的告知义务和审查重点规定只放在审判编第一审程序章第一节公诉案件中，试问按第三节的简易程序或第四节的速裁程序审理案件法官是否还需要遵循该条要求？还有，将审判编第一审程

---

[1] 当然，2018年《刑事诉讼法》第182条与认罪认罚从宽制度的关系本身也值得推敲。

序章第四节的名称规定为速裁程序，是否可以理解为速裁程序等于速裁审程序？检察机关对于符合速裁程序适用条件的案件简化审查起诉属不属于速裁程序？可以说，这些问题主要都是由于认罪认罚从宽在《刑事诉讼法》制度层面的立法缺失导致的。而且，碎片化立法的间接后果更为严重，由于缺乏内在协调和规则提炼，很容易导致认罪认罚从宽实施中的误解、冲突和混乱，从而极大地影响该制度预期功能的实现。

表 1-1 2018 年《刑事诉讼法》中认罪认罚从宽条文分布一览表

编	章	节	条	内容
第一编 总则	第一章 任务和基本原则		第 15 条	认罪认罚从宽原则
	第六章 强制措施		第 81 条第 2 款	强制措施从缓
第二编 立案、侦查和提起公诉	第二章 侦查	第二节 讯问犯罪嫌疑人	第 120 条第 2 款	告知义务
		第十节 侦查终结	第 162 条第 2 款	记录与移送要求
	第三章 提起公诉		第 172 条第 1 款	审查起诉期限
			第 173 条第 2 款	审查起诉方法
			第 174 条	签署具结书要求
			第 176 条第 2 款	量刑建议的提出
			第 182 条	认罪撤案或不起诉
第三编 审判	第二章 第一审程序	第一节 公诉案件	第 190 条第 2 款	告知内容和审查重点
			第 201 条	量刑建议的拘束力及其调整
		第四节 速裁程序	第 222 条到第 226 条	速裁案件审理程序

其次，认罪认罚从宽是理念，且是一种符合时代要求、有独特内涵、既有传承又有创新的理念。该理念反映于认罪认罚从宽原则，体现和落实在认罪认罚从宽规则和程序中。所谓的传承，是指该理念与坦白从宽、自首从宽、当庭自愿认罪从宽、和解从宽等在精神上有相通之处，均体现了我国刑事司法制度鼓励改过自新、注重挽救、"原心"定责、和缓宽容的一面。所谓的创新，则是指该理念在传统认罪从宽理念的基础上，结合我国诉讼模式、实践需要和诉

讼法理,融入了新的内涵:从宽不限定案件范围,但也不是一律从宽、过度从宽;从宽不是毫无确定力的空头支票,而是有实体法和程序法双重支撑的从宽;从宽是多层次的,认罪可以从宽,认罪且认罚更可以从宽;认罪认罚从宽不以"抗拒从严"为"威胁",而是自愿认罪认罚基础上的从宽;从宽不是唯一目的,认罪认罚不仅仅影响实体处理,重要的是还能以此促进程序的简化和资源的优化配置。仅就被追诉人而言,认罪认罚就不仅能带来刑罚上的减免,还意味着强制措施的轻缓,以及获得更加及时、迅速的处理。

再次,认罪认罚从宽是原则,且是我国刑事诉讼的特有原则。2018年《刑事诉讼法》在第15条规定了"认罪认罚从宽"原则,这无疑是对认罪认罚从宽在我国刑事诉讼运行中的基础性、科学性、纲领性和重要性的明确认可。因为,作为刑事诉讼的基本原则,按照通说,必须能够"反映刑事诉讼的基本规律,体现刑事诉讼的基本理念,对刑事诉讼立法和司法具有重要的指导意义"。[1]多数国家并没有在刑事诉讼法典中以专章规定刑事诉讼的基本原则,而且,据笔者目前掌握的有限材料看,即便那些专章规定有基本原则的国家,也很难像我们国家将认罪认罚从宽原则化一样,将辩诉交易或认罪协商规定为基本原则。这是因为,协商型刑事司法与传统型刑事司法在"价值理念、基本原则和适用领域等方面既相互矛盾、又相互竞争",二者很难和谐共存。[2]英美法系的辩诉交易常被视为其刑事审判体系不良运作的产物,而选择辩诉交易极有可能是从一个极端走向了另一个极端,[3]不仅可能腐蚀对抗制的基本价值,也容易淡化、模糊刑事司法的底线要求。在大陆法系国家,协商模式对传统型司法带来的冲击更是颠覆性的,甚至对刑事法的基本原则构成重大挑战。而我国的认罪认罚从宽是构建在我国的诉讼传统和诉讼构造的基础之上、嵌于常规诉讼方式之中的,它并未从根本上改变三机关层层把关式的诉讼模式和职权信赖的司法理念,也不涉及刑事诉讼目的论和价值观的重大调整,而仅仅是对传统模式的优化和发展。因此,将其纳入基本原则也不会与既有原则发生任何抵牾。

最后,认罪认罚从宽是程序,其核心是快速办理程序。虽然"完善刑事诉讼中认罪认罚从宽制度"是《依法治国决定》中正式提出的,但其实这并不是认罪认罚从宽在官方文件中的首次出现。认罪认罚从宽最初是以简化审程序的

---

〔1〕 陈卫东主编:《刑事诉讼法学》,高等教育出版社2018年版,第64页。

〔2〕 施鹏鹏:"法、意辩诉交易制度比较研究——兼论美国经验在欧陆的推行与阻碍",载《中国刑事法杂志》2007年第5期,第118页。

〔3〕 参见裴苍龄:"辩诉交易'易'什么",载《河北法学》2017年第8期,第9页。

面貌出现在《速裁程序试点办法》之中。相关部门在发布《速裁程序试点办法》的通知时，并没有明确提出认罪认罚从宽的概念，但《速裁程序试点办法》中其实已包含认罪认罚从宽：其第 1 条在规定速裁程序的适用条件时，既包含了认罪，即"犯罪嫌疑人、被告人承认自己所犯罪行，对指控的犯罪事实没有异议的"，也包含了认罚，即"当事人对适用法律没有争议，犯罪嫌疑人、被告人同意人民检察院提出的量刑建议的"。而其第 13 条则规定了认罪认罚案件的效果，即"可以依法从宽处罚"。正因此，2016 年开始认罪认罚从宽制度试点后，速裁程序被毫无障碍地纳入了认罪认罚从宽制度框架。而不管是最高人民检察院《关于深化检察改革的意见（2013—2017 年工作规划）》（2015 年修订版），还是最高人民法院《人民法院第四个五年改革纲要（2014—2018）》，在提及完善认罪认罚从宽制度时，均将健全"认罪案件和不认罪案件的分流机制"列为改革要义。就此而言，有论者将刑事诉讼法意义上的认罪认罚从宽视为一种特殊的简易程序也不无道理。[1]在程序法的视野下，认罪认罚从宽制度的核心就是认罪认罚案件在处理时的分流和简化。因此，没有侦查、审查起诉和审判环节的具体规定，仅靠理念、原则或者总则中的一般要求，认罪认罚从宽只是枉谈。

（二）认罪认罚从宽的独立性：两个维度的观察

由于认罪认罚从宽涵盖实体与程序两方面内容，因此，认罪认罚从宽的独立性也至少应该从这样两个方面认识。

就认罪认罚从宽实体法意义上的独立性而言，关键是要判断它与刑事法（含相关司法解释）中已有的坦白从宽、自首从宽、当庭自愿认罪从宽、赔偿损失从宽、获得谅解从宽、和解从宽等的关系。如上所述，2014 年《依法治国决定》中提出的是"完善刑事诉讼中认罪认罚从宽制度"，其潜台词是我国本就存在认罪认罚从宽，现在需要做的是完善，而非创建。这说明，顶层设计者刚开始是从广义上理解认罪认罚从宽，即将其理解为一个富有包容性的制度体系，而所谓的认罪认罚，则囊括了所有包含认罪因素的被追诉人的罪后表现，如坦白、自首、当庭自愿认罪、认罪并赔偿损失、认罪并获得被害人谅解、认罪并与被害人达成和解、认罪认罚等。从制度整合特别是激活原有制度活力的角度看，这样理解是合适的。也就是说，广义上的认罪认罚从宽的确不是完全

---

[1] 参见陈瑞华："认罪认罚从宽制度的若干争议问题"，载《中国法学》2017 年第 1 期，第 35 页。

独立于自首从宽、坦白从宽等的新制度。但需要注意的，如此理解其实并不构成对狭义上认罪认罚从宽独立性的否定。事实上，2018年《刑事诉讼法》增加的有关认罪认罚的规定绝大多数都是针对狭义上认罪认罚从宽。狭义上认罪认罚从宽中的认罪同实体法中原有的多种形态的认罪的内涵不完全相同，除了要求被追诉人自愿如实供述自己的罪行，还要求其承认指控的犯罪事实，相比之下，那些只"认事"不认罪名的，或者认罪但对指控的主要事实提出异议的，显然都达不到要求。而且，狭义上的认罪认罚要求的是认罪并认罚，即被追诉人在认罪的基础上还要愿意接受处罚，这更使得认罪认罚不能轻易为已有的认罪情节所替代。狭义上的认罪认罚的特异性决定了认罪认罚应该成为一个独立的量刑情节，并因此获得更多的量刑优惠，[1]虽然这一情节目前还仅仅规定在程序法中。而广义上的认罪认罚所重视的"认罪因素"则决定了认罪认罚作为独立量刑情节的相对性，因为不管是哪一个层次的认罪，本质上都是认罪，彼此之间存在复杂的交叉或包容关系。一般而言，作为体现认罪因素的较高层次的量刑情节，狭义上的认罪认罚具有更强的吸收能力，其中的认罪能吸收坦白、自首中的如实供述情节、当庭自愿认罪等，其中的认罚则可吸收赔礼道歉、赔偿损失、积极退赃等（参见图1-1）。因此，我们既不能将狭义上的认罪认罚排除在量刑情节之外，又要避免量刑时对认罪因素的重复评价。

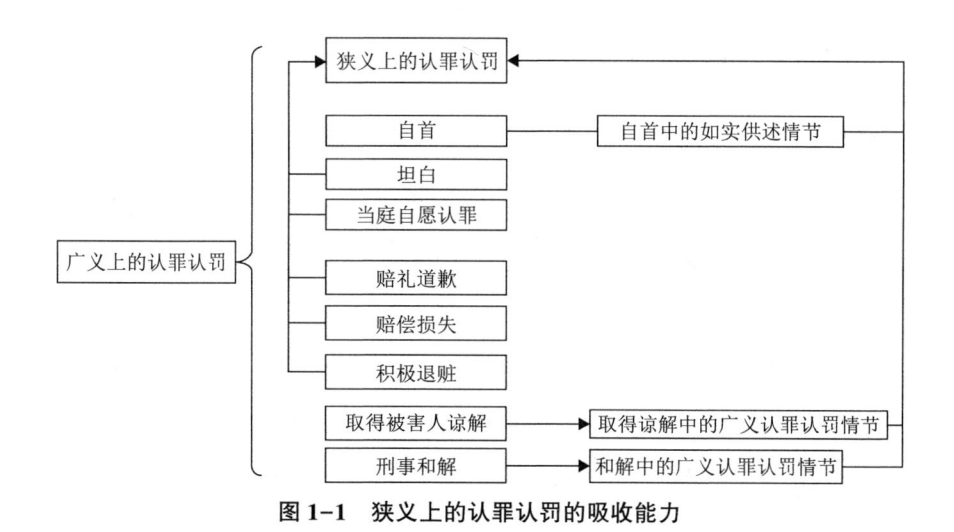

图1-1 狭义上的认罪认罚的吸收能力

〔1〕 参见李立峰、闵丰锦："'认罪认罚'应视为独立的量刑情节"，载《检察日报》2019年5月21日，第3版。

就认罪认罚从宽程序法意义上的独立性而言，关键是要准确理解狭义上的认罪认罚案件与普通程序、简易程序及速裁程序的关系问题。目前以认罪认罚从宽为切入点推行的"认罪案件和不认罪案件的分流机制"对于其中"认罪"的理解主要是狭义上的，广义上的认罪认罚案件尚缺乏应有的程序法配套，譬如，单纯的坦白案件并不符合简易程序或速裁程序的适用条件，甚至也达不到普通程序简化审对认罪的要求。因此，广义上的认罪认罚从宽并没有独立的诉讼程序可言。由于立法并未限制狭义的认罪认罚从宽的适用范围，加之简易程序和速裁程序的适用要求被追诉人同意或没有异议，这决定了狭义上的认罪认罚从宽既可能适用速裁程序，也可能适用简易程序或普通程序。其中，速裁程序是只有认罪认罚案件才能适用的快速办理程序，即认罪认罚案件的专用诉讼程序，从而在一定程度上体现出认罪认罚案件诉讼程序的独立性。而简易程序和速裁程序则是狭义上的认罪（承认自己所犯罪行，对指控的犯罪事实没有异议）案件专用诉讼程序，其中的速裁程序只能适用于同时符合认罚要求的案件。尽管简易程序或普通程序并不为认罪认罚案件所专用，但是，认罪认罚案件程序提速的精神是贯穿所有认罪认罚案件诉讼程序的，换言之，当认罪认罚案件适用于这两种程序时，审理程序较之于狭义上的认罪（但不认罚）案件或广义上的认罪案件或不认罪案件仍会有所简化。

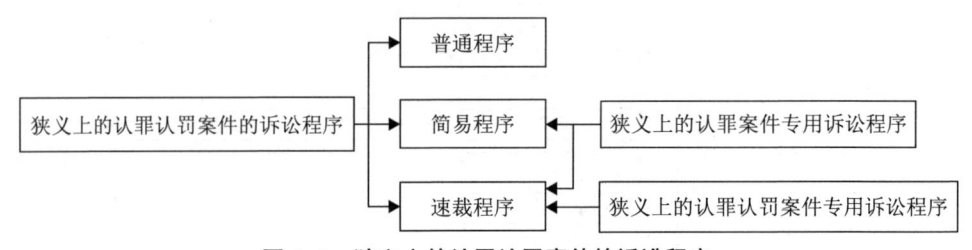

图1-2 狭义上的认罪认罚案件的诉讼程序

三、价值目标

伦敦大学知名法律评论人L. H. 利认为，"所有自由的社会都必须在刑事诉讼中平衡这些标准"，即"自由、效率和合法"。"区别首先在于平衡点，其次在于构建制约的模式。"[1]同样道理，在价值目标的多元性上，认罪认罚从宽

---

[1] [英]L. H. 利:"刑事诉讼中的自由与效率：模式的重要性"，载［美］虞平:《争鸣与思辨——刑事诉讼模式经典论文选译》，郭志媛编译，北京大学出版社2013年版，第133页。

程序与辩诉交易或认罪协商其实并无太大差异。没有任何一个国家将效率作为协商司法的唯一诉求，而区别仅仅在于价值权衡的具体标准以及为了实现基于特定标准的价值平衡而设置的约束机制。我国的认罪认罚从宽制度反映着我国刑事诉讼对犯罪治理、人权保障、诉讼效率、司法公正等价值的综合平衡，其追求的是在更高层次上实现多种价值目标的有机统一。

首先是犯罪治理的及时性、有效性。维护社会大局稳定一直被视为我国政法工作的基本任务。而通过有力地打击犯罪，平复冲突，化解矛盾，增强人民群众的安全感，是"维稳"的重要途径。正因此，我国《刑法》和《刑事诉讼法》均在第1条开宗明义地将"惩罚犯罪，保护人民"规定为立法的直接目的，而"惩罚犯罪就是为了保护人民的人身、财产权及生活安宁，维护社会秩序和经济秩序"[1]。需要注意的是，从"惩罚犯罪"的法条序位，"人民"这一特定术语的使用，以及随后规定的根本目的看，"惩罚犯罪，保护人民"这一定位隐含着对安全、秩序和稳定等价值的偏爱。换言之，追求效率或者保护被追诉人的个体权利等均是以不影响犯罪控制的有效性为前提的。毋庸置疑，认罪认罚从宽制度非常契合及时、有效地控制犯罪的维稳要求。通过认罪认罚从宽制度，专门机关可以及时获得自愿的有罪供述，并可以通过自愿供述，"由供到证"，获取其他证据乃至搜集到破获其他相关案件的重要线索；可以满足《刑法》分则对于犯罪主观要件及《刑事诉讼法》对证明标准的严格要求，迅速形成以口供为中心的相互印证的证据体系；可以促使被追诉人真诚悔罪，强化特殊预防，有利于罪犯改造，减少社会对立面。而且，认罪认罚从宽制度的各个要素也都有对这一基本价值目标的体现：（1）在基本程序模式上，认罪认罚从宽不是协商，亦非交易，而是被追诉人通过自愿认罪认罚以争取专门机关作出从宽处理。（2）所谓认罪认罚，不仅要求被追诉人认罪，还要求被追诉人愿意接受处罚。（3）在认罪的确定上，不仅要求被追诉人自愿如实供述自己的罪行，还要求其承认指控的犯罪事实。（4）除几种特殊情况外，进入审查起诉阶段之后，认罪认罚的被追诉人均被要求签署记录认罪认罚意思、反映悔罪态度的具结书。（5）人民检察院是在被追诉人认罪认罚后提出量刑建议。（6）从宽主要以法院判决采纳检察机关量刑建议的途径进行。在侦查或审查起诉阶段仅能在极其特殊的情况下（如有重大立功或者案件涉及国家重大利益的），才能以撤销案件、不起诉或者减少起诉罪数的方式从宽处理，而且，还要层层上

---

[1] 闫召华：《口供中心主义研究》，法律出版社2013年版，第311页。

报，经最高人民检察院核准。

其次是诉讼效率。上已述及，解决案累是推进速裁程序和认罪认罚从宽制度试点的直接动因。而认罪认罚从宽制度的基本思路就是对认罪认罚案件简化程序、从速办理。其实，早在十余年前，各地基层司法机关针对案多人少矛盾就已经纷纷开始探索微罪快处机制，并形成了不少地方性的刑事案件繁简分流规则。为呼应这一实践需求，突破改革瓶颈，《关于深化司法体制和社会体制改革的意见及其贯彻实施分工方案》中明确提出了完善轻微刑事案件快速办理机制的改革要求。随后，全国人大开"实验性立法"之先河，分别于2014年6月和2016年9月授权最高人民法院和最高人民检察院开始速裁程序和认罪认罚从宽制度试点，两个试点决定也均将合理配置司法资源，提高办理刑事案件的质量与效率列为改革试点的重要目的。而按照周强在对《关于授权在部分地区开展刑事案件认罪认罚从宽制度试点工作的决定（草案）》的说明中的解读，实现认罪认罚案件的快速办理，则是合理配置司法资源的有效方法和必然要求。[1]只有认罪认罚案件足够简，适用率足够高，才有可能将足够的司法资源节省到疑案、难案和不认罪案件上，从而形成"简案快办""难案精办"的双轨制诉讼程序。[2]因此，《认罪认罚从宽试点办法》及2018年《刑事诉讼法》中的认罪认罚从宽程序充分体现了认罪认罚案件的处理全程简化、充分简化的立法精神：侦查阶段可以适用认罪认罚，鼓励自愿认罪，提高侦查效能；检察机关应在10日内完成对符合速裁程序适用条件的认罪认罚案件的审查起诉，部分案件最多延长至15日；法院适用速裁程序审理案件，与审查起诉一样适用上述极短期限；法院进行速裁审，贯彻独任审判、当庭宣判，通常可以省略法庭调查和法庭辩论程序；适用简易程序或普通程序的认罪认罚案件，较之于认罪不认罚案件或不认罪认罚案件，运行程序上更加简化。数据显示，自改革以来，认罪认罚从宽程序确实促进了诉讼效率的明显提升，专门机关平均办案用时大为缩短，当庭宣判率显著提高。[3]而且，不少地区通过设置专门办案组织，简化工

---

[1] 参见周强2016年8月29日在第十二届全国人大常委会第二十二次会议上对《关于授权在部分地区开展刑事案件认罪认罚从宽制度试点工作的决定（草案）》的说明。

[2] 参见胡云腾主编：《认罪认罚从宽制度的理解与适用》，人民法院出版社2018年版，序言。

[3] "对于认罪认罚案件，检察机关审查起诉平均用时26天，人民法院15日内审结的占83.5%。适用速裁程序审结的占68.5%，适用简易程序审结的占24.9%，适用普通程序审结的占6.7%；当庭宣判率为79.8%，其中速裁案件当庭宣判率达93.8%。"具体可参见最高人民法院院长周强2017年12月23日在第十二届全国人大常委会第三十一次会议上所作《关于在部分地区开展刑事案件认罪认罚从宽制度试点工作情况的中期报告》。

作流程，探索"刑拘直诉"，实行集中办理，研发智能辅助，〔1〕更加淋漓尽致地发挥出了速裁程序全程提速的优势。

再次是人权的司法保障和司法的恢复性。诚然，适用认罪认罚从宽程序意味着被追诉人在一定程度上放弃辩解权、质证权、参与法庭辩论权，也可能包括放弃接受合议庭审理的权利等。但不能由此认为认罪认罚从宽程序在控制犯罪有效性及诉讼效率方面的提升就是以限制被追诉人权利为代价，相反，认罪认罚从宽程序不仅没有忽略或者限制被追诉人的权利，反而加强了对被追诉人合法权益的司法保障。这集中表现在两个方面：一是认罪认罚从宽程序可以更好地落实宽严相济刑事政策，确保被追诉人获得实体上的从宽利益。对于被追诉人而言，认罪认罚的利益不仅因此变得更加优厚，也更具有可预期性和确定性。相关统计表明，自改革试点以来，认罪认罚案件中的被追诉人已确确实实地得到了改革"红利"，不起诉率、免罚率、非监禁刑适用率、三年有期徒刑以下刑罚判处率等都有明显提高。〔2〕二是认罪认罚从宽程序更加凸显了被追诉人的诉讼主体地位，更有利于维护被追诉人的诉讼权利。认罪认罚从宽程序强调被追诉人认罪、认罚和同意适用快审程序的自愿性，强调在各个诉讼阶段被追诉人获得及时告知（诉讼权利和相关规定）的权利；认罪认罚的被追诉人有权就定罪、量刑和有关程序问题等向专门机关提出意见；没有委托辩护人的被追诉人有约见值班律师并寻求法律帮助的权利；认罪认罚的被追诉人在签署具结书时有要求辩护人或值班律师在场的权利，并有在特定情况下不签署具结书仍可获得从宽处理的权利；认罪认罚的被追诉人有决定是否同意法院适用速裁程序或简易程序审理案件的权利，有获得及时、迅速审判的权利；认罪认罚是批准或决定逮捕时判断其是否可能具有社会危险性的考量因素之一，认罪认罚的被追诉人更有可能被适用非羁押强制措施；认罪认罚的被追诉人有一定意义上的反悔权，而且，根据《刑事诉讼法》第 227 条第 3 款的规定，认罪认罚被追诉人的上诉权也"不得以任何借口加以剥夺"。此外，认罪认罚对真诚悔罪的要求体现了我国的认罪认罚从宽制度既重视加害恢复，又重视被害恢复和

---

〔1〕 据报道，"武汉市硚口区和汉阳区检察院试点运用'智慧公诉'系统办理认罪认罚案件 418 件，占已诉罪认罚案件的 65%"。具体可参见张伯晋、李春薇、花耀兰、周庆华："检察机关落实认罪认罚从宽制度助力社会治理创新"，载 http://news.jcrb.com/jxsw/201905/t20190506_ 1998056.html，最后访问日期：2019 年 5 月 6 日。

〔2〕 "判处不满三年有期徒刑及以下刑罚案件，从 2000 年占 53.9%上升至 2020 年的 77.4%"。参见 2020 年《最高人民检察院工作报告》（第十三届全国人民代表大会第四次会议，张军，2021 年 3 月 8 日）。

社会恢复，强调刑事司法的恢复性，并且将恢复性司法的理念融入了合作式司法——认罪认罚从宽制度之中。

最后但却尤为重要的是办案质量。我国的认罪认罚从宽程序不允许以牺牲公正为代价追求效率，而是追求在更高层次上实现公正与效率的统一。认罪认罚从宽程序首先会提高非认罪认罚案件的办案质量，因为，在司法资源有限的前提下，只有"简案快办"，才能"难案精办"，只有实现认罪认罚案件的庭审简化和全程提速，才能实现非认罪认罚案件的庭审实质化，进而为"深入推进以审判为中心的刑事诉讼制度改革创造条件"。[1]不仅如此，认罪认罚从宽程序也注重保障认罪认罚案件的办案质量。在基本的设计理念和思路上，我国的认罪认罚从宽程序依然坚持"保证刑法的正确实施，惩罚犯罪，保护人民"的直接目的，依然遵循罪刑法定、罪责刑相适应、程序法定等刑事法基本原则，依然不改变实质真实的目标，不降低对定罪事实和量刑事实的证明标准和要求，依然要经历开庭审理，而且，听取意见模式的职权主导性可以在最大程度上促进量刑均衡和司法统一，而那些确保职权值得信赖的机制（如职权法定）又何尝不能同时理解为公正保障机制。而上述理念在具体程序规则中的体现比比皆是：对于认罪认罚的被追诉人，法律规定的是可以依法从宽处理而不是必须从宽，在是否从宽方面加入了裁量正义，避免一味从宽；对于满足特定条件，拟对认罪认罚的被追诉人作撤销案件、不起诉或减少起诉罪数处理的，要求必须层报最高人民检察院核准，防止过度从宽、放纵犯罪；要求专门机关及时、充分告知被追诉人享有的诉讼权利、认罪认罚的后果及相关法律规定，确保认罪认罚的明知、自愿、明智；对于认罪认罚案件，要求检察机关在审查起诉阶段就相关事项听取被追诉人、辩护人或者值班律师、被害人等的意见，并记录在案；要求专门机关在被追诉人签署认罪认罚具结书时确保辩护人或者值班律师在场；要求法院在审理认罪认罚案件时必须审查认罪认罚的自愿性和认罪认罚具结书内容的真实性、合法性；法律也规定了人民法院不采纳人民检察院指控的罪名和量刑建议的情形，凸显了人民法院对指控罪名和量刑建议实质审查的责任；采取列举的方式明确规定了不能适用速裁程序的情形；要求法院即便进行速裁审，也必须在判决宣告前听取辩护人的意见和被告人的最后陈述意见；规定了速裁审中发现存在不适宜速裁审情形时速裁程序向普通程序、简易程序

---

[1] 参见胡云腾主编：《认罪认罚从宽制度的理解与适用》，人民法院出版社2018年版，序言。

的转化机制。其实,在延长速裁程序的办案期限这样的细节中,[1]也能反映出在追求效率价值的同时对办案质量的关注。

四、基本思路

认罪认罚从宽制度扎根于我国当下刑事司法的现实土壤,也吸收了域外辩诉交易或认罪协商程序的合理内核,同时也是历史的产物,带有鲜明的传统法律文化烙印。因此,完善刑事诉讼中的认罪认罚从宽制度,关键就是要准确定位与合理平衡中国国情、域外经验及文化传统这三种因素的关系。

(一) 基于国情

完善认罪认罚从宽制度是基于当前我国刑事司法场域的现实选择。可以肯定的是,那种完全置国情于不顾而主张照搬美国辩诉交易程序的想法是不可行的。一般而言,"任何深层次的制度转型都可能带来不可预期的风险",[2]简单化的制度移植很容易导致"南橘北枳"的结果,不一定能够真正解决中国问题,而为中国模式所包容的、基于国情的制度建设必然引发的冲突更小,效果更好,耗费更少。

但应当注意,在这里,国情绝非一套抽象、空洞的说辞,而是实实在在地作用于认罪认罚从宽制度各个层面的,"实用的、不可或缺的基础"。[3]那么,在建构认罪认罚从宽制度时,我们到底面对着怎样的不容忽视的国情呢?简言之,至少需考虑以下五个层面。

在观念层面,我们在很大程度上依然坚持着实事求是的指导思想和不枉不纵、有罪必罚的诉讼理念。不管是社会公众,还是专门机关,都还不能完全接受存疑有利于被告的思想,也很难接受犯罪分子与国家在罪刑问题上讨价还价,或者以牺牲实体公正的方式换取程序正义、诉讼效率。近年来,伴随着一系列

---

[1] 《速裁程序试点办法》规定,"人民检察院一般应当在受理案件后八个工作日内作出是否提起公诉的决定";"人民法院适用速裁程序审理案件,一般应当在受理后七个工作日内审结"。而按照《认罪认罚从宽试点办法》及2018年《刑事诉讼法》的规定,人民检察院在审查起诉时,"犯罪嫌疑人认罪认罚,符合速裁程序适用条件的,应当在十日以内作出决定,对可能判处的有期徒刑超过一年的,可以延长至十五日";"适用速裁程序审理案件,人民法院应当在受理后十日以内审结;对可能判处的有期徒刑超过一年的,可以延长至十五日"。

[2] 施鹏鹏:"法、意辩诉交易制度比较研究——兼论美国经验在欧陆的推行与阻碍",载《中国刑事法杂志》2007年第5期,第110页。

[3] 费孝通:《乡土中国》,华东师范大学出版社2018年版,第16页。

刑事司法改革措施的推行，重实体、轻程序，重国家、轻两造，重惩罚、轻保护等观念已经开始向合理的方向转变，但彻底完成这一转变尚待时日。而在对刑事诉讼"真实"的理解上，我国理论界和实务界的传统观点是客观真实论，[1]虽然绝对化的论调已不复存在，但其现实影响将长期存在。此外，对于以审判为中心的诉讼制度改革与认罪认罚从宽制度改革的关系上，各界认识不一，甚至各个专门机关的认识都不尽一致，在2020年最高人民法院和最高人民检察院的工作报告中，对于认罪认罚从宽制度实施情况的描述有着鲜明区别，一个浓墨重彩，另一个一笔带过。

在政策层面，作为对坦白从宽、抗拒从严政策的承继和发展，宽严相济已经成为我国的基本刑事政策。所谓宽严相济，不仅仅指对严重犯罪依法从严打击，对轻微犯罪依法从宽处理，即使对于同一种类型的犯罪也应该根据不同的犯罪情节、诉讼阶段以及认罪态度和悔过表现分别予以宽严体现，能挽救的尽量挽救，最大限度地化解不和谐因素，促进社会和谐。按照该政策的要求，"宽"不是要法外施恩，"严"也不是无限加重，必须在法律规定的范围内把握宽严的尺度。该政策既不能理解为美国和北欧国家提出的"轻轻重重"的两极化刑事政策，[2]即从重打击严重刑事犯罪，从轻处理轻微刑事犯罪，也不能简单地理解为以宽为主，以严为辅，即所谓适应轻刑化的世界潮流，以宽为价值倾向的政策。宽严相济政策强调的是"相济"，即"宽"与"严"的协调和结合，通过"宽"化解矛盾，瓦解犯罪分子，发挥教育和挽救作用，而通过"严"有力震慑和预防职务犯罪，在"宽"和"严"的相互衔接、良性互动中和谐司法的精神得以贯彻，刑事司法的根本目的得以实现。

在制度层面，尊重和保障人权已经明确写入《中华人民共和国宪法》（以下简称《宪法》）和《刑事诉讼法》，但《刑事诉讼法》第1条对刑事诉讼立法直接目的的表述依然是"惩罚犯罪，保护人民"，且没有在第一章明确规定无罪推定原则。尽管自1996年《刑事诉讼法》修改时在庭审方式上就开始借鉴当事人主义，近年来又开始大力推行以审判为中心的诉讼制度改革，但我国的刑事诉讼模式在整体上还是层层把关的职权主义。而且，我国的职权模式是奉行职权法定原则的职权模式，是更加注重对职权施加形式要求和外在限制的职

---

〔1〕 陈一云主编：《证据学》，中国人民大学出版社1991年版，第115页。

〔2〕 钱叶六、郭健："西方国家'轻轻重重'两极化刑事政策评介"，载《政法论丛》2007年第3期，第91页。

权模式,是建立在对具体职权不信赖基础之上的职权模式。除逮捕外,公安机关的侦查活动特别是强制性的侦查措施不受司法审查,亦缺乏有效的同步监督机制。检察机关既是公诉机关,又是专门的法律监督机关,还是负责审查批准逮捕的机关,行使着公诉权、法律监督权以及一定意义上的司法审查权,而且,最高人民检察院正在着力推进"捕诉一体"和大部制改革。辩护律师自侦查阶段即可介入刑事诉讼,值班律师制度已经建立,且国家正在大力推行审判阶段刑事辩护全覆盖的试点。此外,监察体制改革后,监察委员会承担了大部分职务犯罪案件的立案调查职能,而且,根据《监察法》的规定,监察委员会调查的职务犯罪案件同样可以适用认罪认罚从宽制度,但辩护律师在监察调查阶段不能介入。在证据与证明方面,坚持证据形式上的法定;强调印证的证明模式;确立了客观化、一元化的证明标准;明确专门机关对于案件事实的职权调查原则;虽然规定了"不得强迫任何人证实自己有罪"条款,但依然保留着犯罪嫌疑人"如实回答侦查人员提问"的义务,没有明确规定自愿供述原则;规定了非法证据排除规则,但对于言词证据,重点排除的是非法手段获取的证据,且需要达到"剧烈痛苦"程度。

在实践层面,客观证据(线索)常规化生成机制存在不足,口供中心主义的证据运用理念尚未彻底转变;[1]大多数犯罪嫌疑人在侦查阶段就已经承认罪行,而侦查机关还存在着对强迫型取供机制的路径依赖,缺少适用认罪认罚从宽制度的积极性,这同时说明,审查起诉阶段启动认罪认罚从宽制度,以从宽交换的绝不仅仅是犯罪嫌疑人承认罪行。被追诉人的羁押率有所下降,但羁押率还是维持在50%以上,[2]这意味着一半以上被提起公诉的被追诉人处在专门机关的人身控制之下。认罪认罚案件目前已占同期起诉刑事案件总量的85%以上,[3]而在认罪认罚案件中,绝大多数是由检察机关启动或建议适用,而检察机关提出的接近95%的量刑建议得到法院采纳。[4]审查起诉阶段启动认罪认罚从宽程序通常是在犯罪嫌疑人于侦查阶段在所有认罪认罚案件中基本能够做到有值班律师的参与的前提下进行,但由于定位不清、职责不明、激励不足,值

---

[1] 参见闫召华:《口供中心主义研究》,法律出版社2013年版,第257页。
[2] 参见2020年《最高人民检察院工作报告》(第十三届全国人民代表大会第四次会议,张军,2021年3月8日)。
[3] 参见2020年《最高人民检察院工作报告》(第十三届全国人民代表大会第四次会议,张军,2021年3月8日)。
[4] 参见2020年《最高人民检察院工作报告》(第十三届全国人民代表大会第四次会议,张军,2021年3月8日)。

班律师仅沦为具结书签署过程的"见证人",而且,值班律师的参与还主要限于审查起诉阶段。认罪认罚案件辩护律师的参与率不足,辩护律师全覆盖试点局限于审判阶段,而且,全覆盖下提供的法律援助辩护通常无法保证有效性。

在专门机关的综合配套和工作机制层面,目前正在有序推进司法责任制改革、人员分类管理制度改革、完善职业保障以及省以下地方司法机关人财物统一管理等综合改革,在一定程度上改变了以往层层审批的办案模式,初步建立了"谁办案、谁负责"的权责明晰、监管有效、保障有力的司法权运行新机制。司法机关的考评机制整体上也日趋合理,取消了一些不恰当的办案要求和评价指标,但无罪判决率、不起诉率、撤销案件率等依然被严格控制,对量刑建议采纳率、上诉率等的理解和运用导向上不尽合理,考核指标还带有明显的追诉倾向,各个专门机关的考评机制缺乏有效的协调衔接。特别是,各专门机关通常是以后一诉讼环节的结果作为验证前一诉讼环节处理是否正确的考评方式,不仅忽略了诉讼行为的内在合理性和过程价值,也容易"混淆侦查、审查逮捕、起诉、审判的功能诉求"。[1]公安司法人员的专业化程度和综合素质有大幅提升,但层级差异、地区差异明显,职业核心能力不足,公安司法人员不够重视与律师的良性互动,法律职业共同体尚未建立。

(二) 以域外立法与实践为镜鉴

在构建认罪认罚从宽制度时,我们当然不能坚持机械的条件论或文化决定论,不能"对有益的变化视而不见并且强迫人们满足于现状",[2]因为,进入现代社会以后,几乎每一种国内刑事司法制度的变革都不能完全抛开域外相关立法及实践的影响。

首先,我国的认罪认罚从宽制度与域外的辩诉交易、认罪协商等制度均孕育于相似的实践需求。美国辩诉交易制度的兴起,离不开特定的文化背景,即实用主义的法律文化、高度发达的契约观念以及当事人主义的诉讼模式。乔治·费希尔在详尽地梳理辩诉交易的历史后认为:"辩诉交易之所以取胜,在很大程

---

[1] 么宁:"检察业务考评机制研究",西南政法大学 2014 年博士学位论文,第 84 页。
[2] [美]米尔伊安·R.达玛什卡:《司法和国家权力的多种面孔:比较视野中的法律程序》,郑戈译,中国政法大学出版社 2015 年,第 19 页。

度上是因为它符合当权者的利益",[1]"它增加了检察官的定罪率,减少了被撤销的法官裁判,同时也省去了仔细检查'陪审团合意室的黑箱'的程序"。[2]玛丽·E.沃格尔则从法社会学的视角提出,辩诉交易是在工业化、移民以及城市化带来严峻社会冲突的背景下,作为政治稳定化过程的一部分以及一种有效的社会控制手段而出现。[3]也有学者从对抗制所导致的案件审理结果的高度不确定性或者庭审的阴影解释交易的动力。[4]但上述分歧并不影响他们在辩诉交易产生的直接原因(有人则称之为浅层原因或者表面原因[5])达成的共识:不断增长的案件量或诉讼压力"导致了更有效率的案件处理模式代替了对抗制审判"。[6]乔治·费希尔甚至认为,移民或工业化对于辩诉交易的助推作用,也只不过是增加了刑事案件和民事案件的数量,进而改变了检察官和法官的利益与选择。[7]辩诉交易是刑事案件越来越复杂以及法官面临案件工作量压力等因素综合作用下的结果。在德国,虽然20世纪70年代至20世纪90年代,面对不断增长的诉累,采取了不同于普通法系的解决思路,即以轻罪非犯罪化或者扩大检察官免于起诉的裁量权或刑事处罚令等措施应对,随着复杂性犯罪增长和司法资源有限之间矛盾的不断激化,"检察官和法官感受到被驱使在更少的时间内处理更复杂的案件",而协商性司法则给了他们"一个令人欢迎的喘息机会"。[8]同样,我国之所以完善刑事诉讼中的认罪认罚从宽制度,除有落实宽严政策、加强人权保障、促进公平正义的综合考量之外,实现刑事诉讼程序在认罪基础上的繁简分流,促进刑事案件处理程序的多样化、多层次化,以解决

---

[1] [美]乔治·费希尔:《辩诉交易的胜利——美国辩诉交易史》,郭志媛译,中国政法大学出版社2012年版,序言,第6页。

[2] [美]乔治·费希尔:《辩诉交易的胜利——美国辩诉交易史》,郭志媛译,中国政法大学出版社2012年版,译者序。

[3] Vogel M E. The Social Origins of Plea Bargaining: Conflict and the Law in the Process of State Formation, 1830–1860. *Law & Society Review*, Vol. 33, No. 1 (1999), pp. 161–165.

[4] [美]斯蒂芬诺斯·毕贝斯:《庭审之外的辩诉交易》,杨先德、廖钰译,中国法制出版社2018年版,引言第3页。

[5] 参见王禄生:《美国司法体制的数据观察》,法律出版社2018年版,第143页。

[6] [美]马尔科姆·菲利:"法律复杂性和刑事诉讼程序的转变:辩诉交易的起源",郑曦译,载《刑事司法论坛(第4辑)》,中国人民公安大学出版社2011年版,第173页。

[7] [美]乔治·费希尔:《辩诉交易的胜利——美国辩诉交易史》,郭志媛译,中国政法大学出版社2012年版,序言第7页。

[8] [德]托马斯·魏根特、[美]吉安娜·朗其瓦·特纳:"德国协商性刑事裁判的合宪性",载彭海青、吕泽华、[德]彼得·吉勒斯编著:《德国司法危机与改革——中德司法改革比较与相互启示》,法律出版社2018年版,第153页。

案多人少的矛盾，提高刑事诉讼效率，也是最重要的目标之一。而且，在一定意义上，诉累之所以成为各国刑事司法不能承受之重，本质上都是因为刑事诉讼程序本身已不能满足实践需求，比如证明要求过于严格、诉讼程序过于繁琐，程序模式过于单一等。

其次，认罪认罚从宽制度与域外的协商性司法在内核上有相通之处。中央政法委早在改革之初就明确了制定认罪认罚从宽制度试点方案的基本思路，即要以借鉴辩诉交易等制度中的合理元素为基础。[1]作为一种新的刑事司法模式，协商性司法在一片质疑声中，冲破诸多固有的刑事司法观念、原则和制度的重重阻力，产生并保持旺盛的生命力，从美国的辩诉交易到英国、意大利、德国的认罪协商，从日本的司法交易到法国的庭前认罪答辩及警察刑事交易，许多国家均已通过不同形式建立起了刑事协商制度。协商性司法的生命力必然是有一定的理论基础和现实根据的。各国的协商性司法虽然在具体的制度设计上有些许差异，但其合理内核是相通的，即均以一种非对抗的方式处理案件，重视对话与沟通，重视控辩双方乃至控辩审三方的沟通与协商，尽管协商的内容和自由度不尽相同；均体现出对效率价值的刻意追求，达成合意的案件在处理上会简化提速，不再适用一般的诉讼规则，当然，对被追诉人而言，可能意味着需要放弃一些重要的诉讼权利；均有对被追诉人的宽缓处理，并以之作为被追诉人选择合作策略的收益；均强调认罪的自愿性、明智性，并重视对认罪自愿性的审查和保障；均关注到认罪的真实性，并对司法者对认罪事实基础的审查提出了不同程度的要求；虽然一般不会在法律中明确要求法官必须接受或遵守协议，相反，法律反而强调裁判者的自由裁量权，但各国还是都有建立保障被追诉人从宽利益得以兑现的柔性制约机制；均重视对协商中的被追诉人的法律帮助，辩护律师的参与通常都是不可或缺的。虽然在达玛什卡看来，我国的认罪认罚从宽是迥异于协商性司法的另一种新兴的程序模式，[2]但不可否认，两种程序模式在本质属性上还是有相通之处，即均是以自愿认罪换取官方轻处的速审程序。因此，认罪认罚从宽制度在权利保障和公权控制方面借鉴协

---

[1] "试水中国版'辩诉交易'"，载 http://finance.sina.com.cn/roll/2016-10-08/doc-ifxwrhpn9365369.shtml，最后访问日期：2018年11月14日。

[2] 达玛什卡认为，"有两种新兴的程序模式正在迅速发展：一种是官方给出固定的认罪利益，而被追诉人'要么接受，要么放弃'，前一种是官方与被追诉人就其认罪利益予以协商。后一种模式包含多种形式，并不仅限于辩诉交易。"MirjanDamaška, "Negotiated Justice in International Courts", *J. Int'l Crim. Just.*, Vol.2（2004），p.1019.

商性司法是完全必要和可行的。

最后，国外的协商性司法运作实践中暴露出的问题值得警醒。在域外，协商性司法对传统型司法带来的冲击是颠覆性的，容易腐蚀司法的基本价值，淡化底线要求，挑战基本原则。由于以效率为"本质偏好"，[1]协商性司法也极大地滋生了各种公正风险，如冤假错案、量刑失衡、法律可预期性缺失等。而且，在契约化理念之下，协商双方都在逐利，作为协商主体的官方一般并不会从被追诉人角度考虑问题，案件及被追诉人的个体差异得不到应有的关注，[2]被追诉人可能会基于能力不足、认识错误等原因自愿接受一种不佳的协商结果；官方可能利用信息优势、地位优势特别是起诉、定罪问题上的自由裁量权优势，误导、胁迫乃至欺骗被追诉人认罪，导致无辜者入罪或有罪者利益受损。特别是在事实上定罪可能性不大时，面对官方给出的巨大利益，被追诉人就会陷入选择上的两难困境。交易压力有可能"压倒正寻求有罪答辩的替代方法的无辜被告人的自由意志"，迫使他们"作出有罪答辩，即便他们并未实施犯罪，或者仅仅实施了比被指控的罪行轻缓或与被指控罪行有本质区别的犯罪行为"。[3]而当协商失败时，被追诉人极有可能面临报复性起诉或报复性裁判。协商性司法对被害人利益也关注不足，被害人的参与权通常会受到严格限制。此外，在协商性司法中，具体参与人的双赢或者多赢很有可能是以牺牲公共利益为代价，可能会影响罪责刑相适应原则以及刑罚的特殊预防、一般预防和教育功能的实现，损害司法权威，影响社会公正。这些弊端均应是我们在设计认罪认罚从宽制度时所着力避免的。

（三）对传统的挖掘与反思

刑事司法改革必须立足于本土文化特质之上。我国的认罪认罚从宽制度既没有称为"交易"，也没有称为"协商"，本身就反映出对国家机关与被追诉人关系的特殊定位，彰显着传统法律文化的深刻影响。因此，在构建认罪认罚从宽的实施程序时，总结和反思我国古代律法中的认罪规范和古代司法实践中认罪对于刑罚的影响，以史为鉴，"善可为法，恶可为戒"，对于解决当前认罪认

---

〔1〕 吴思远："论协商性司法的价值立场"，载《当代法学》2018年第2期，第138页。

〔2〕 See Regina Rauxloh, Plea Bargaining in National and International Law: A Comparative Study, London: Routledge Press, 2012, p.59.

〔3〕 Michael O. Finkelstein, "A Statistical Analysis of Guilty Plea Practices in Federal Courts", Harv. L. Rev., Vol. 89 (1975), p.309.

罚从宽制度实施中暴露出的重要问题具有现实意义。

以认罪认罚从宽制度的适用阶段为例。调研发现，试点地区的专门机关特别是侦查机关，对以实体从宽激励自愿认罪的理念缺乏认同，认罪认罚从宽制度在侦查阶段的适用情况很不乐观。这种现象看似怪异，但其实"它充满了历史"，如果不将其置于我国"坦白难以从宽"的法律传统下观察，也许就无法真正理解这种现象。我国古代通常以"犯罪未发"为核心时间节点，辅之以"归案""首陈"情况，区别认罪的性质，确定是否宽宥及宽宥的程度。"犯罪未发"时的自首可以获得减刑乃至"原罪"，而"犯罪已发"的坦白却连酌定从宽情节也不是，几乎对实判刑罚没有任何影响。这种极富特点的制度安排与当时特殊的自新观念、高昂的捕亡成本、强迫型的取供机制、刑罚配置及情法关系模式密切相关。

正如梅特兰所言，"我们虽然埋葬了这些诉讼形式"，"但它们仍然从坟墓中支配着我们"。[1]而探寻认罪认罚从宽的立法、实践与法律传统间隐藏的历史联系，可能就是突破认罪认罚从宽制度改革瓶颈的关键因素之一。古代自首从宽制度中对于"犯罪未发"的强调至少在以下两大方面对当前我国认罪认罚从宽制度的构建有启发意义。

一是认罪认罚从宽制度应着力防范"心不伏辜"的技术性认罪。我国古代的认罪法则及实践中处处体现着"春秋决狱"及"原心定罪"的痕迹。按照董仲舒的解释，"春秋决狱"就是要探求犯罪人主观心态，只要主观邪恶，即便未遂也要处罚，对首恶还要重处，而对主观无恶意的应从轻处理。其核心就是"原心定罪"，即重视人的主观因素，以犯罪人的思想动机作为定罪量刑的主要根据，所谓"志善而违于法者，免；志恶而合于法者，诛"。[2]而犯罪之后的表现即有无弃恶从善之心当然也会直接影响刑罚处断。历代关于自首范围的争论基本上都是围绕"悔过之心"的理解展开的。直至清末，沈家本还认为，故意犯罪就是有"恶"心，"有心为恶，即不准首，律之意如此"。[3]不可否认，由于过于看重动机，强调人情，"原心定罪"很容易"把主观归罪推向极端"，[4]并导致任意释法，罪行擅断。但在克服法条僵化，弥补律法不足，缓解立法与社会现实的冲突，增进个案正义方面，"原心定罪"也有其积极意义。

---

[1] [美]本杰明·卡多佐：《司法过程的性质》，苏力译，商务印书馆1998年版，第30页。
[2] 张衍田编著：《中国古代法学文选注译》，人民日报出版社2015年版，第185页。
[3] 李光灿：《评〈寄簃文存〉》，群众出版社1985年版，第319页。
[4] 赵晓耕：《传统司法的智慧 历代名案解析》，清华大学出版社2016年版，第43页。

当前，在认罪认罚从宽制度的改革完善中，增强规则的明确性和可操作性成为首要追求，客观的规范效果也成为核心目标。一般认为，只要被追诉人自愿如实供述罪行，对指控的犯罪事实没有异议，同意量刑建议，愿意签署具结书，就可以适用认罪认罚从宽制度。而专门机关在对上述条件进行审查时，也通常青睐于比较客观化的尺度或标准，比如说，被追诉人是否得到了权利告知，是否得到了有效的法律帮助，追诉机关有没有采取法律禁止的强迫性取供手段，被追诉人有无口头的认罪表示或在具结书上签字，等等。这些外在指标虽然能在一定程度上反映出认罪的自觉自主性，但由于撕裂了主客观的有机统一，完全忽略了对被追诉人内在心理因素的考察，很容易违背认罪认罚从宽制度的改革初衷。实践中，被追诉人认罪认罚的动因是非常复杂的：有的是出于愧疚感和罪恶感压迫下的心理排解，有的则是出于对案件处理结果的精心算计，有的因悔罪而认罪，有的虽然认罪但并不悔罪。调研发现，有相当一部分的被追诉人属于"心不伏辜"的技术性、表演性认罪认罚，特别是一些惯犯：认罪时避重就轻，只承认专门机关拿到确凿证据而无可辩解的部分罪行；对被害人表面上道歉，但通常以赔偿能力不足为借口不尽实质上的赔偿责任；认罪认罚后一旦得不到自己期待的从宽幅度，马上反悔，并对一审判决提出上诉；即便得到预期的从宽处理，出于获得更轻处理的侥幸，也可能提出上诉。无疑，不同的认罪动机反映着被追诉人的人身危险性和特殊预防必要性上的差异，进而影响着认罪认罚案件从轻从简的合理性、正当性。认罪认罚既不同于自首，也不同于坦白，而是有认罪与认罚的双重要求，实质上是非常重视被追诉人的悔罪心态的。尽管不太可能做到像有些论者主张的那样，根据认罪认罚动机划分层级并区分不同的从宽幅度。[1]但专门机关在适用认罪认罚从宽时理应坚持主客观相统一的标准，合理"原心"，适当考量认罪认罚的动机，不符合认罪认罚的条件时坚决不用，以使该制度最大程度上发挥出"宽严相济""鼓励自新"的功效。

二是真正实现取供机制由强迫到激励的转型。古代司法中坦白之所以不能从宽，从制度层面来看，最关键的原因就是强迫型取供机制的存在：在以"五听"和"刑讯"为基础的坐堂问案式诉讼模式中，在"抗拒必然从严"政策的震慑下，取供接近零成本，官吏怎么可能产生自降身份拿"刑罚宽宥"交换被

---

[1] 虞惠静："认罪认罚从宽制度下被告人的自愿性及其考察方式"，载《中共南京市委党校学报》2017年第2期，第99—100页。

告口供的意愿。欧洲中世纪的纠问制诉讼中何尝不是如此。只有在不自证己罪原则和沉默权制度普遍确立之后，各国才最终形成以"从宽处理"的合法利益换取被追诉人自愿认罪的激励型取供机制。美国的辩诉交易，德国的"认罪协商"，法国的"认罪速裁程序"等均建立在这样的思路之上。而它同样也是支撑我国认罪认罚从宽制度的基本逻辑。然而，现在最大的障碍是，我国《刑事诉讼法》虽然规定了"不得强迫任何人证实自己有罪"，强化了对于被追诉人辩护权等诉讼权利的保障和主体地位的尊重，强调对于刑讯、严重威胁等非法手段获取的证据的排除，但整体上看，我国的刑事取供机制依然带有明显的强制性。在这样的强制性取供机制下，处于"来源""方法""对象"地位的被追诉人缺少"协商"或交换的资本，[1]而强势的侦查机关通过适度的强迫或内在的程序强制就可以维持较高的认罪率，当然就会缺少通过合意程序获取口供的动力。只有实现取供机制的彻底转型，系统确立供述自愿规则，使"合法交换"成为追诉机关主动获取认罪认罚的唯一途径，才能真正调动公安司法机关适用认罪认罚从宽制度的积极性。

---

[1] 闫召华："'从速兼从宽'：认罪案件非羁押化研究"，载《上海政法学院学报（法治论丛）》2017年第3期，第92页。

第二章
基本程序模式

我国认罪认罚从宽制度的实施程序合理借鉴了域外辩诉交易、认罪协商制度的有益成分，但同时也有鉴别地承继了我国的刑事司法传统，并充分考虑了当前的实际需要和现实基础，体现出鲜明的中国特色。其在专门机关与当事人及其他诉讼参与人的沟通关系上采取的是听取意见模式，即由被追诉人通过认罪认罚争取从宽，专门机关则在吸收被追诉人等合理意见的基础上依法确定从宽利益，这显然有别于交易或契约。而在不同专门机关在程序推进中的职权关系上采取的则是检察主导模式，而且，与域外不同，这是一种建立在三机关分工、配合、制约关系之上的检察主导。

第一节 专门机关与诉讼参与人的沟通模式：听取意见

1996年《刑事诉讼法》对庭审方式的对抗化改造曾经引发对是否应该引入辩诉交易制度问题的热烈讨论，支持者、反对者各执一词。[1]但2012年《刑事诉讼法》颁行后，特别是伴随着速裁程序、认罪认罚从宽制度的改革试点，学界对辩诉交易和认罪协商的态度有了明显转变，尽管还是存在个别言辞激烈的反对，[2]但似乎已成为多数学人的共识。有人提出，"控辩协商是认罪认罚从

---

[1] 支持的观点可参见冀祥德："借鉴域外经验，建立控辩协商制度——兼与陈国庆先生商榷"，载《环球法律评论》2007年第4期；龙宗智："正义是有代价的——论我国刑事司法中的辩诉交易兼论一种新的诉讼观"，载《政法论坛》2002年第6期；汪建成："辩诉交易的理论基础"，载《政法论坛（中国政法大学学报）》2002年第6期等。反对的观点可参见孙长永："珍视正当程序，拒绝辩诉交易"，载《政法论坛（中国政法大学学报）》2002年第6期；张建伟："辩诉交易的历史溯源及现实分析"，载《国家检察官学院学报》2008年第5期；马明亮："辩诉交易在中国的发展前景——以契约为分析框架"，载《中国刑事法杂志》2003年第2期等。

[2] 参见裴苍龄："辩诉交易'易'什么"，载《河北法学》2017年第8期，第2页。

宽诉讼程序的本质内核",〔1〕"建立标准化的认罪协商制度是落实认罪认罚从宽制度的必然要求",〔2〕而认罪认罚从宽就是认罪协商的过程,"是一种协商式刑事司法,亦是一种合作式刑事司法",而且从实践看,"我国刑事司法早已自下而上地践行认罪协商",〔3〕隐性的辩诉交易或审辩交易并不显见。还有人提出,由于适用速裁程序要求被追诉人认可检察机关指控的犯罪事实和罪名,且同意检察机关提出的量刑建议,所以刑事速裁案件必然存在认罪、量刑协商。〔4〕甚至有人认为,2012年《刑事诉讼法》通过刑事简易程序、未成年人附条件不起诉制度、刑事和解程序,就已经确立了以认罪案件为基础的多元协商性刑事司法程序。〔5〕尤其值得一提的是,2016年2月,最高人民检察院还曾明确表示,将探索建立检察环节辩护律师参与下的认罪、量刑协商制度,此后还在部分地区进行了试点。

2018年10月26日,十三届全国人大常委会正式表决通过了修改《刑事诉讼法》的决定,吸收试点经验,确立认罪认罚从宽制度则是本次修法的重要内容之一。但需要注意,不管是《认罪认罚从宽试点办法》,还是2018年《刑事诉讼法》,在描述认罪认罚从宽程序中专门机关与诉讼参与人的关系模式时使用的核心概念是"听取意见",全文并未出现"交易"或者"协商"这些字眼。这显然是有意为之。那么,亟待探究的问题是,听取意见的真正内涵是什么?听取意见就是协商吗,还是另一种司法模式?"使公权力机关与认罪的被追诉人平等协商开展合作"〔6〕真是决策者的意图?如果听取意见是一种独特的司法模式,这种模式是否正当?有何局限?又该如何评价司法实践中的"协商"探索?

一、听取意见模式的内涵与特性

从《认罪认罚从宽试点办法》及《刑事诉讼法》的相关规定看,听取意见

---

〔1〕 樊崇义:"认罪认罚从宽协商程序的独立地位与保障机制",载《国家检察官学院学报》2018年第1期,第121页。

〔2〕 杜雨泽:"认罪认罚从宽制度下认罪协商制度之探究",载《湖北经济学院学报(社科版)》2018年第3期,第85页。

〔3〕 胡铭:"认罪协商程序:模式、问题与底线",载《法学》2017年第1期,第170页。

〔4〕 李永航:"检察环节律师参与下的认罪、量刑协商制度建构",载《江苏警官学院学报》2017年第3期,第36页。

〔5〕 谢登科:"论协商性司法的事实基础",载《学术界》2013年第9期,第90页。

〔6〕 陈瑞华:"'认罪认罚从宽'改革的理论反思——基于刑事速裁程序运行经验的考察",载《当代法学》2016年第4期,第7页。

是我国认罪认罚从宽制度实施程序的关键环节和核心机制。《认罪认罚从宽试点办法》第 8 条要求，在侦查过程中，侦查机关应当告知犯罪嫌疑人享有的诉讼权利和认罪认罚可能导致的法律后果，听取犯罪嫌疑人及其辩护人或者值班律师的意见。第 10 条又规定，在审查起诉过程中，人民检察院也应当在上述权利及法律后果告知的基础上，就指控的罪名及适用的法律条款，从轻、减轻或者免除处罚等从宽处罚的建议，认罪认罚后案件审查适用的程序等听取犯罪嫌疑人及其辩护人或者值班律师的意见。而《刑事诉讼法》第 173 条第 2 款在肯定《认罪认罚从宽试点办法》第 10 条规定的前提下，将涉嫌的犯罪事实也纳入听取意见的事项范围，同时将被害人及其诉讼代理人增列为特定事项听取意见的对象。当然，犯罪嫌疑人、辩护人或者值班律师、被害人及其诉讼代理人虽同为检察机关就特定事项听取意见的对象，但是，听取意见的功能和要求并不完全一致。作为认罪认罚的促成和评价方式，听取被追诉人的意见带有明确的指向性，即要确认被追诉人是否自愿如实供述，是否承认指控的犯罪事实，是否愿意接受处罚。只有当被追诉人对上列事项均有肯定性的回应，才能按照认罪认罚案件予以程序推进和实体处理。实质上就是在"同意适用"的意义上赋予了被追诉人选择适用认罪认罚从宽制度的权利。

事实上，听取意见在一定程度上已经发展成为我国刑事诉讼中专门机关的一种决策模式，而认罪认罚从宽制度中的听取意见机制只是这种独具特色的司法模式的组成部分。对于所有移送审查起诉的刑事案件，按照《刑事诉讼法》第 173 条的要求，人民检察院在审查时均应讯问犯罪嫌疑人，听取辩护人或者值班律师、被害人及其诉讼代理人的意见。其中，对未成年人涉嫌特定犯罪，人民检察院在附条件不起诉的决定以前，必须听取公安机关、被害人的意见。而且，听取意见并不限于检察机关和审查起诉阶段，而是适用于各个专门机关，并且贯穿诉讼全程。根据《刑事诉讼法》及相关司法解释的规定，在案件侦查终结前，侦查机关可以听取辩护律师的意见，辩护律师提出要求的，应当听取辩护律师的意见；对于自诉案件，人民检察院决定撤销案件的，应当告知控告人、举报人，听取其意见；检察机关办理审查逮捕案件，可以讯问犯罪嫌疑人，在特定情形下，应当讯问犯罪嫌疑人，如果犯罪嫌疑人委托的辩护律师要求提出意见的，应当听取；人民法院在开庭以前，可以召开庭前会议，就与审判相关的问题，了解情况，听取意见；适用简易程序审理案件，审判人员应当询问被告人对指控的犯罪事实和程序适用的意见，且在判决宣告前必须听取被告人的最后陈述意见；适用速裁程序审理案件，虽然可以不进行法庭调查、法庭辩论,但必须在宣判前听取辩护人的意见和被告人的最后陈述意见;最高人民法院复核死刑案件,除应讯问被告人外,在辩护律师提出要求的情况下,也应当听取辩护律师意见。尤需指出的是,专门机关在各诉讼环节对被追诉人的讯问不仅仅是为了获取作为证据的供述与辩解,听取被追诉人对案件实体与程序等各方面问题的意见也是其重要目的。因此,2012年《人民检察院刑事诉讼规则(试行)》曾规定,在审查批准逮捕和审查决定逮捕中,对已被拘留的犯罪嫌疑人不予讯问的,应当送达听取犯罪嫌疑人意见书,由犯罪嫌疑人填写后收回附卷。

可见,在我国刑事诉讼中,除了最终的定罪处罚问题须经庭审解决之外,专门机关的其他诸多决定均有听取意见的程序要求。而听取意见的要旨就是,刑事诉讼中的专门机关在适用认罪认罚从宽等重要制度,作出涉及当事人重要实体权利及程序利益的决定前,应当考虑当事人及相关其他诉讼参与人的意见,给利害关系人提供发表观点、影响决定的机会。较之于审判程序与听证程序,[1] 听取意见通常无须遵守仪式化的程序、充分的对抗、职能分离等原则,操作时也会更加灵活。一般而言,听取意见主要被定位为专门机关的一种决策模式和工作方式,虽然缺少明确、严密的法律原则的支撑,但是在原则性的制度安排之下,还是能够提炼出一些相对确定的内在观念预设和程序运行逻辑。

其一,听取意见模式是一种专门机关主导的决定机制。所谓听取意见,是专门机关听取当事人及诉讼参与人的意见,并在考量其意见的基础上作出相关决定。因此,它是以决定的单方性为前提的,而诉讼参与人意见仅仅是决定的根据之一。在整个裁决程序中,专门机关是绝对的主导者,而诉讼参与人只是决定程序的参与者,二者是权力主体与权力对象的关系。当然,这并不是说诉讼参与人的意见就不重要。在认罪认罚从宽制度适用中,被追诉人的意见可能直接影响程序的走向:接受量刑建议,则程序得以继续推进;而不接受量刑建议,则案件有可能就不再适用认罪认罚从宽制度。听取意见的过程虽然也会有双方的动态交互,可以有对话,但却难有实质性的协商,因为协商颠覆了听取意见模式内含的职权调查逻辑——专门机关对诉讼的主导和控制。听取意见尽

---

[1] 有学者认为听取意见程序本身就是从听证程序中分化出来的一个概念,听证程序实质就是听取利害关系人的意见。参见马怀德:"论行政听证程序的基本原则",载《政法论坛》1998年第2期,第82页。

管重要，但专门机关作出决定的最终依据是事实与法律，诉讼参与人提出的意见要接受事实与法律的考量，而不能相反，将事实与法律作为协商的对象。譬如，实践中确实存在这种情形：检察机关提出量刑建议后，被追诉人在接受时提出附加条件，要求改得更轻，检察机关遂据此对量刑建议作出调整。但问题是，虽然在提出量刑建议上检察机关有一定的裁量空间，但对于个案中特定的被追诉人而言，合理的量刑建议必须是具体的、特定的，不可能同时存在两个以上合理的量刑建议。如果最初的量刑建议已经充分考虑了各种量刑情节，包括被追诉人认罪认罚的情况，那么之后仅仅因为被追诉人讨价还价就调整量刑建议，这显然就是不正当的。而如果调整后的量刑建议才是合理的，那么调整前的量刑建议肯定就是不合理的，除非案件出现了新的情况。因此，量刑建议可以在听取意见后调整，但这不是协商，它只能作为一种矫偏的手段，调整后的量刑建议也只能基于影响量刑的各种法定、酌定情节，而不是仅仅为了满足被追诉人的诉求，追求所谓的达成合意。

其二，职权信赖是听取意见模式的观念基础。听取意见模式决定于我国职权主义的诉讼构造，反映了贯穿于我国刑事诉讼法的"职权信赖"理念。而且，与大陆法系国家审判中心语境下的职权信赖不同，我国的职权信赖是层层把关式的，即尤为注重在各个诉讼阶段发挥不同专门机关的职权作用，强调充分运用国家权力，准确查明真相，正确适用法律，实现诉讼目的。各专门机关以更加积极、更加主动的面貌出现，而国家也表现出对专门机关公正行使职权的高度信赖。[1]为了确保职权值得信赖，一方面，刑事诉讼法确立了法定主义为主的职权行使原则，通过起诉法定、客观化的证明标准、证明力评价法定等大大压缩了专门机关在事实认定、法律适用上的裁量空间；另一方面，又严格规定了专门机关的客观义务和居中立场，要求专门机关"收集能够证实被追诉人有罪或者无罪、犯罪情节轻重的各种证据"，"保证一切与案件有关或者了解案情的公民，有客观地充分地提供证据的条件"，"忠实于事实真相"，同时，在不同诉讼阶段、对于不同的诉讼参与人，在专门机关听取意见方面也提出了不同程度的要求。但是，法定主义为主的职权行使原则也同时限定了听取意见的限度。因为，在这种彰显"职权信赖"的诉讼程序中，听取诉讼参与人意见以不影响职权的专属性和依法独立行使为前提。认罪认罚从宽程序中的听取意见

---

[1] 参见闫召华："刑事非法证据'柔性排除'研究"，载《中外法学》2018年第4期，第1045页。

机制就是对其"职权式"从宽[1]性质的突出反映。听取意见并非必须采纳意见，可以从宽也不是一律从宽。这意味着需要信赖职权，而认罪认罚后的听取意见，与认罪认罚后告知权利和法律后果等规定一样，是专门机关需要遵循的职权行使规范，旨在保障职权值得信赖。

其三，刑事司法权行使的民主性、公正性是听取意见模式独特的价值皈依。通过简化程序提高认罪案件的诉讼效率是认罪认罚从宽制度的基本思路，但听取意见本身不会增加效率，原来坦白从宽政策的执行中早已有听取意见机制。既然权力专属，为何需要对话？既然追求职权信赖，又为何强调听取意见呢？质言之，首先，这与我国刑事诉讼的人民司法理念及群众路线有关。专门机关通过听取意见，充分尊重包括诉讼参与人在内的社会公众的知情和对话要求，广纳群众参与，在法律允许的范围内尽量满足群众的利益诉求，可以确保相关裁决能够真正"回应民声、体现民意"，[2]增强裁决的可接受性和说服力，从而实现法律效果、社会效果与政治效果的统一。其次，听取意见是我国职权信赖诉讼模式下维系程序公正性的有效措施，对职权行使构成一定的程序制约。"任何人或团体在行使权利可能使别人受到不利影响时必须听取对方意见，每一个人都有为自己辩护和防卫的权利。"[3]可以说，程序的参与性是程序正义的核心准则。在我国，虽然职权信赖限定了诉讼参与人提出意见的途径与效果，但还是考虑了当事人的程序主体性，给予了诉讼参与人充分、全面阐述自己的看法、诉求、抗辩的机会，而诉讼参与人提出的意见也是专门机关裁决时的重要考量因素之一。最后，听取意见亦能促进实体公正，提升裁决的合理性。通过听取被追诉人等多方面的意见，全面掌握各种与案件处理相关的信息材料，有助于专门机关兼听则明，审查案件时更加客观、全面，作出相关裁决时更加慎重、准确，从而提高办案质量，增益结果公正。

二、为什么不是协商模式

听取意见模式，更准确地说，就是以听取意见为基础的职权决定模式。作为刑事诉讼中针对个人作出决定的司法模式的一种，它不同于传统意义上强调

---

[1] 王乐龙："理性的否定：程序多元化需求与认罪协商程序之引进"，载《行政与法》2018年第4期，第127页。

[2] 陈日涛："听取意见把握'四点'"，载《人民法院报》2013年7月21日，第2版。

[3] 栾盈菊："听取对方意见制度的法理基础及制度完善"，载《甘肃政法成人教育学院学报》2006年第3期，第67页。

控辩平等武装、裁判者消极中立的对抗模式，也不同于只注重司法主导、职权强加的纠问模式，或者以对案卷笔录的静态审查为中心的官僚调查模式。对抗模式和纠问模式等这些常规的司法模式通常都是以控辩双方的对立关系为预设条件的，特别是在不认罪案件中，对抗必然成为程序运行的基调。但是，随着刑罚观、程序正义观及司法现实需求的改变，一种以利害关系人"意思自治"为运作理念的新的司法模式——协商模式逐渐形成。这是一种"诉讼主体通过对话与磋商，达成互惠的协议，以此来解决刑事争端的"司法模式。[1]该模式自产生以来就争议不断，但在争议中依然表现出旺盛的生命力，从美国的辩诉交易到英国、意大利、德国的认罪协商，从日本的司法交易到法国的庭前认罪答辩及警察刑事交易，可以说，部分典型法治国家已通过不同形式建立起了刑事协商制度。我国的听取意见模式也依赖对话、沟通机制，并在一种非对抗的氛围中展开，这是不是意味着听取意见模式属于协商模式呢？答案显然是否定的。听取意见模式更多的只是对职权决定方式的完善。具体到认罪案件的诉讼程序，虽然协商模式和听取意见模式均有官方轻处，且该轻处均以被追诉人认罪为条件，但协商模式允许司法者与被追诉人就认罪行为的利益进行谈判、协商，而认罪认罚从宽制度中的听取意见，则是官方单方面地给出固定的认罪认罚利益，听取被追诉人"要么接受要么放弃"的意见，是"犯罪嫌疑人、被告人通过认罪认罚争取从宽"。[2]按照达玛什卡的分类，[3]这显然是一种不同于协商模式的独立程序范式。

上述以认罪换取官方轻处的程序模式可以通过七个特征来定义。一是程序由谁发起，也即谁能或者谁应该积极追求适用这种程序模式；二是谁来作出承诺，是相互承诺还是单方承诺；三是被追诉人将要获得的认罪利益是否确定，以及官方关于认罪利益的建议对建议者或裁判者有何种拘束力；四是在确定认罪利益时适用什么标准，是由法律规定、政府定价还是双方议定，决定者是否有以及有何种自由裁量权；五是法律有无限定认罪利益的范围，被追诉人是仅能获得量刑折扣，还是在定罪上也能获得优惠；六是程序模式赖以运行的事实

---

〔1〕 马明亮：《协商性司法　一种新程序主义理念》，法律出版社2007年版，第26页。

〔2〕 "刑事诉讼中认罪认罚从宽制度的适用"，载 http://www.360doc.com/content/18/1218/07/39717550_802564805.shtml，最后访问日期：2018年12月19日。

〔3〕 达玛什卡认为，"有两种新兴的程序模式正在迅速发展：一种是官方给出固定的认罪利益，而被追诉人'要么接受，要么放弃'，一种是官方与被追诉人就其认罪利益予以协商。后一种模式包含多种形式，并不仅限于辩诉交易。" Mirjan Damaška, "Negotiated Justice in International Courts", *Journal of International Criminal Justice*, Vol. 2, No. 4（2004）, p. 1019.

基础与常规程序有无区别，是证据事实，还是意思事实；七是与事实基础联系尤为密切的一个特征，即该程序模式是不是一种独立的程序类型，以及其与传统诉讼程序的关系。以下，我们试从这七个方面进一步分析认罪认罚从宽制度中的听取意见模式与美国辩诉交易制度以及德国刑事协商制度的诸多差异。

听取意见模式在启动上完全由专门机关决定，且以被追诉人认罪认罚为前提。因为按照《刑事诉讼法》第173条、第176条的要求，只有"犯罪嫌疑人认罪认罚的"，人民检察院才应当提出量刑建议，才能够就特定事项听取意见。换言之，被追诉人只能以认罪认罚的实际行动来启动认罪认罚从宽程序，而非以单纯的启动申请来博得专门机关的考虑。但在协商模式之下，控辩双方均可主动发出协商提议（即便德国把启动协商规定为法院的权力），而认罪答辩（或自白）仅是协议的必要内容，并不是协商的前提条件，[1]一方不会因为主动提出协商提议就陷入劣势地位。其实，在德国，法官经常主动发起协商以便取得被追诉人的供述。[2]

听取意见模式中最重要的法律文件之一是被追诉人的具结书，它既是被追诉人对自愿认罪、接受量刑建议和同意程序适用的书面确认，也是被追诉人的单方承诺书和忏悔书。尽管量刑建议对专门机关有一定的拘束力，但量刑建议并非专门机关的承诺，事实上，专门机关无须作出任何承诺。而在协商模式中，确定协商结果的法律文件则是体现双方乃至多方承诺的协议书。当然，协议对于承诺方的拘束力在美国、德国并不相同。在美国，作为协议的一方，检察官必须恪守合同义务，但《德国刑事诉讼法典》第257条c（4）却赋予了法官背离先前承诺、摆脱协议限制的极大自由，而在法官背离承诺后，对被追诉人的保护措施仅仅是其供认不得作为证据使用，而且，被追诉人还有在审判中再次遭遇曾经参加协商程序的法官的可能性。

听取意见模式下，对于认罪认罚的被追诉人，专门机关是"可以"依法从宽处理。所谓可以，就是将认罪认罚的情况包括听取来的各方意见作为是否从宽处理的考量因素之一，而非唯一的决定因素，认罪认罚不是一律从宽。就此

---

[1] 有学者在解读《德国刑事诉讼法典》第257条c（2）"任何协议应当包含供认"的内涵时，阐释为"协商的前提条件是被告人自白，即被告人承认被指控的犯罪事实"。参见黄河："德国刑事诉讼中协商制度浅析"，载《环球法律评论》2010年第1期，第126页。这有可能是因为翻译原因导致的误读。这样理解就排除了不认罪案件适用协商程序（协商后认罪）的可能性。

[2] 参见［德］克里斯托夫·扎费林、埃莉萨·霍芬："联邦宪法法院裁判后的德国辩诉交易"，载彭海青、吕泽华、［德］彼得·吉勒斯编著：《德国司法危机与改革——中德司法改革比较与相互启示》，法律出版社2018年版，第145页。

而言，听取意见以及以之为关键的认罪认罚从宽制度与其说是被追诉人的权利机制，不如说是专门机关的权力行使规范，而通过"可以"二字凸显的主要是职权的专属性和严格性，这必然会影响到认罪利益的确定性。相比而言，"降低不确定性通常是选择辩诉交易的一个理由"，因为对追诉人而言，"辩诉交易是可估算的庭审定罪风险与答辩后一个确定的但不那么严厉的刑罚之间的交换"。[1]而将认罪利益写入答辩协议，加之一系列制度措施的保证，可以将被追诉人对诉讼结果不确定的恐慌降低到最低限度。但在德国的刑事协商程序中，法院的背离权使得协议对被追诉人"只不过是一个高度反复无常的量刑建议"。[2]当然，为了增强认罪利益的确定性，法律也明确要求法院应当告知被追诉人依据《德国刑事诉讼法典》第 257 条 c（4）背离承诺的前提条件和后果。

听取意见模式中的官方轻处采取的是"官方定价"方式，是以事实为根据，以法律为准绳的，因为"认罪认罚案件也必须确保宽严有据、罚当其罪"。[3]专门机关在确定具体的认罪认罚利益前，虽然需要听取被追诉人的意见，但除了选择同意或不同意，被追诉人的观点或要求并不能直接影响认罪利益，因此也就不存在实质意义上的讨价还价。专门机关提出的认罪认罪利益在听取意见后可以进行调整，但此时的调整只能基于个人罪责情况，而不会是讨价还价的结果。而协商模式中认罪利益的确定采取的则是"议价"方式，即协议各方经由初步接触交换信息，提议与反提议，谈判与磋商，各自作出妥协与让步，最终在认罪利益上达成共识。在美国，控辩双方在交易方案上的角力同商业交易几乎没有差别。但在德国，"议价"虽然已经成为合法合宪的认罪利益确定方式，但法律也同时规定了有"定价"色彩的原则限制，即通常只能采取"法院提议——被告人和检察院同意"的方式形成协议，只不过在此过程中，要充分保证诉讼参与人有发表意见的机会，而且，法院只能在对案件所有情况及综合量刑考虑进行自由评断的情况下，提出刑罚的上限与下限。

与"官方定价"方式相呼应，法律也限定了听取意见模式下认罪认罚利益的范围，即主要是从轻、减轻或者免除处罚等量刑上的从宽，而且，相关规范

---

〔1〕［美］斯蒂芬诺斯·毕贝斯：《庭审之外的辩诉交易》，杨先德、廖钰译，中国法制出版社2018年版，第63页。

〔2〕［德］托马斯·魏根特，［美］吉安娜·朗其瓦·特纳：《德国协商性刑事裁判的合宪性》，载彭海青、吕泽华、［德］彼得·吉勒斯编著：《德国司法危机与改革——中德司法改革比较与相互启示》，法律出版社2018年版，第157页。

〔3〕彭东昱："认罪认罚从宽必须把握两个关键点"，载《中国人大》2016年第18期，第43页。

还严格限制了从宽的幅度。此外,认罪认罚利益广义上还包括强制措施上的轻缓,因为,被追诉人的认罪认罚情况是专门机关在批准或者决定逮捕时评价其社会危险性的考虑因素。根据《刑事诉讼法》第182条之规定,认罪认罚利益还有可能包括撤销案件或不起诉,但其实体条件(有重大立功或者案件涉及国家重大利益)和程序要求(经最高人民检察院核准)都相当苛刻。总之,在职权法定主义的导向之下,专门机关在认罪认罚利益上的自由裁量空间极为有限。但在辩诉交易制度中,刑期、指控的罪名、罪数都可成为交易的对象,而且交易的内容和形式复杂多样。以量刑交易为例,仅检察官的承诺就可以包括但不限于:就适当的特定量刑或量刑区间提出建议,或者同意某些具体的刑期或量刑区间对处理本案是适当的,同意量刑指南的某条规定、某项刑事政策或某项量刑因素不适用于本案,或者就此向法院提出建议,不向法院请求判处法定最高刑,同意在量刑时保持沉默等。而且,美国的量刑指南及法典中最低刑、最高刑通常幅差很大,甚至包含了一些"断崖式"的量刑梯度,[1]蕴含了丰富的协商空间。对于德国的被追诉人而言,协商标的可以是"能够构成判决及其所属裁定之内容的法律后果、在据以采取措施的认识查明程序中其他涉及程序的措施、诉讼参与人的诉讼行为",[2]但有罪宣告和矫正及保安处分都不能成为协商的对象,除此以外,德国联邦宪法法院还通过判决进一步限定了协商范围,明确提出量刑幅度的调整和检察官的"一揽子交易"[3]不得作为协商的内容,而且,禁止《德国刑事诉讼法典》第257条c以外的一切非正式协商。

至少在法律层面,听取意见模式并未明确降低"案件事实清楚,证据确实、充分"的证明标准,只是结合认罪认罚案件的特点,适当调整了专门机关证据运用和证据审查的途径和方法,如要求审判人员重点审查认罪认罚的自愿性和认罪认罚具结书内容的真实性、合法性,即以具结书内容的审查为基点,并以认罪的自愿性确保认罪的真实性。而在美国的辩诉交易制度中,虽然《美国联邦刑事诉讼规则》规定,"在对有罪答辩作出判决前,法庭必须确定答辩是否

---

[1] 参见[美]斯蒂芬诺斯·毕贝斯:《庭审之外的辩诉交易》,杨先德、廖钰译,中国法制出版社2018年版,第23页。

[2] 宗玉琨译注:《德国刑事诉讼法典》,知识产权出版社2013年版,第204-205页。

[3] 所谓"一揽子"交易,是指作为起诉指控的一个组成部分,以放弃在其他程序上的指控(包括对其他被告人的指控)来换得被告人的供述。参见[德]托马斯·魏根特、[美]吉安娜·朗其瓦·特纳:《德国协商性刑事裁判的合宪性》,载彭海青、吕泽华、[德]彼得·吉勒斯编著:《德国司法危机与改革——中德司法改革比较与相互启示》,法律出版社2018年版,第161-162页。

存在事实基础",[1]但对事实基础的具体要求较之于正式审判有显著降低。而且,当意思事实与证据事实出现背离的时候,允许以意思事实替代证据事实成为司法裁判的小前提。[2]美国联邦最高法院在"阿尔弗德案"中就支持了一个可能事实上无罪的有罪答辩。[3]但这种情况绝不会在德国刑事协商制度中出现。自白并没有免除法官查明案件事实真相的义务,法官仍然需要调查与自白相关的事实和证据。德国联邦宪法法院在2013年的判决中进一步强调了法官发现真实的义务,并且提出,该义务是基于"定罪原则"由宪法强制赋予的,定罪不可能仅由诉讼参与方的合意而不对案件事实进行独立调查从而实现合法化。[4]

虽然听取意见是认罪认罚从宽制度中的独立环节,但以听取意见模式为支撑的认罪认罚从宽制度"并非一种独立的诉讼制度,更非独立的诉讼程序类型",[5]它是一套内嵌于传统诉讼模式之中的具有整体性、融贯性的制度安排。它之所以没有完全独立,根本原因是,它仅仅优化了我国的传统诉讼理念和模式,而并不是实质性地改变。但美国的辩诉交易和德国刑事协商却是一套独立的程序。协商模式已经明显超出了对抗制或审问制的基本预设和固有框架,从而对美国、德国传统诉讼理念、模式、原则带来了空前的冲击和挑战。但二者之间不同的是,在缺乏专门宪法性规范的情况下,美国联邦最高法院也不愿从相关宪法原则中推导出对辩诉交易有意义的限制,经过半个多世纪的实践,尽管一直被抨击,但辩诉交易已经成为美国刑事司法体系中必不可少、最有特色的制度之一。而在德国,目前才初步解决了刑事协商制度的合法性、合宪性问题,立法对协商制度的立场还相当谨慎,德国联邦宪法法院也在尽力回避从宪法立场全面审查协商制度的问题。

通过比较,不难发现,如果把这种借助于对话、以认罪换取官方轻处的程序模式比作一把标尺,那么,美国的辩诉交易制度和我国的听取意见模式显然

---

[1] [美]约书亚·德雷斯勒、艾伦·C.迈克尔斯:《美国刑事诉讼法精解》(第二卷·刑事审判),魏晓娜译,北京大学出版社2009年版,第177页。

[2] 参见谢登科:"论协商性司法的事实基础",载《学术界》2013年第9期,第88页。

[3] 参见John H. Blume& Rebecca K. Helm:"'认假罪':那些事实无罪的有罪答辩人",郭烁、刘欢译,载《中国刑事法杂志》2017年第5期,第129页。

[4] 参见[德]托马斯·魏根特、[美]吉安娜·朗其瓦·特纳:"德国协商性刑事裁判的合宪性",载彭海青、吕泽华、[德]彼得·吉勒斯编著:《德国司法危机与改革——中德司法改革比较与相互启示》,法律出版社2018年版,第163页。

[5] 樊崇义:"认罪认罚从宽协商程序的独立地位与保障机制",载《国家检察官学院学报》2018年第1期,第111页。

处于尺子的两端,而德国的刑事协商制度则处于辩诉交易制度和听取意见模式之间的某个刻度上,而法国、日本、意大利等国协商程序的刻度也大致在德国或上或下的中间区域。而真正决定一种程序模式在对话模式标尺上刻度位置的因素就是当事人意思与职权干预因素在这种程序模式中的影响之比重。当事人意思自治程度越高,职权的干预越少,协商模式表现得就越典型,反之,当职权因素占据压倒性优势,被追诉人意见只能通过职权响应而发挥间接影响时,就很难再称之为协商模式。

三、以协商为名的听取意见实践

当然,法律是简单的,但实践是多样的,专门机关对于听取意见概念的理解也不尽相同。因此,司法实践中的听取意见不一定完全按照《认罪认罚从宽试点办法》和《刑事诉讼法》规定的听取意见模式进行。近年来,特别是速裁程序试点及认罪认罚从宽改革试点启动之后,隐性的"辩诉协商"或"审辩交易"正在顶层设计的助推下在更大的范围自下而上地展开,而北京朝阳区、广州南沙区等地的基层司法机关已经在试水显性的刑事"协商"机制。

(一)"协商"实践的类型

以"协商"中被追诉人的"协商"筹码或借以博取官方轻处的表现为标准,实践中的刑事"协商"主要呈现为以下五种形式。

一是同意适用简化程序及认罚型。即被追诉人在已认罪的前提下,为获得单纯认罪利益(坦白从宽、自首从宽或当庭自愿认罪等)之外的更多利益,进一步同意适用认罪认罚从宽制度,承认指控的犯罪事实和罪名,同意程序简化,认可量刑建议,以获取专门机关更宽缓的处理。对于被追诉人而言,暂且不论案件的快速办理本身是否是一种利益,如果被追诉人同意了程序简化,可能就无法再行使质证权等许多防御性的诉讼权利。如果认罚,可能就不会再因不服量刑而上诉。实质上,在这里作为被追诉人"协商"筹码的是因放弃诉讼权利而能给专门机关带来的追诉效率的提升。

如果把被追诉人与专门机关的此类沟通视为"协商"的话,那"协商"便是认罪认罚从宽制度实施的常态,这类案件也俯拾皆是。如吴某涉嫌盗窃一案。吴某到案后即如实供述了自己的罪行。检察机关审查后认为,可以适用认罪认罚从宽制度,询问吴某是否同意适用速裁程序,吴某表示同意。检察机关遂对其提出有期徒刑8个月、罚金1000元的量刑建议,该建议最终被法院采纳。从吴某 2 月 23 日被刑拘,到同年 3 月 16 日被移送起诉,再到同年 3 月 20 日被宣判,该案前后不超过一个月。[1]

二是提出新情节型。即在检察机关提出量刑建议后,被追诉人及其辩护人提出一些新的量刑情节,检察机关在考虑这些情节的基础上,对量刑建议进行了调整。实践中,被追诉人及其辩护人提出的新量刑情节以酌定情节为主,如被追诉人家里有老人需要赡养或幼儿需要照顾等,但也有可能是法定情节。

以林某危险驾驶一案为例。犯罪嫌疑人林某涉嫌醉驾并与一辆摩托车发生刮擦,林某归案后供认不讳,且对指控的事实和罪名均无异议并同意适用速裁程序。检察官对其提出的量刑建议为 2 个月至 4 个月拘役,宣告缓刑,并处罚金。但值班律师指出,在摩托车驾驶员报警后,林某一直停留在现场等候民警来处理,构成自首情节,刑期应降低至 1 个月至 3 个月拘役。林某也同意律师意见。检察官遂将案件退回补充侦查。补充侦查后的证据表明,林某确实有自首情节,于是,检察官在值班律师在场的情况下再次提审林某,并表示同意辩方意见,调整量刑建议为拘役 1 个月至 3 个月,宣告缓刑,并处罚金。此案诉至法院后,法院在量刑建议幅度内作出了判决。[2]

三是赔偿和解型。即在专门机关的主持或协调之下,由被追诉人及其亲属赔偿被害方的损失,获得被害方谅解,专门机关据以对被追诉人作出从宽处理。赔偿和解型"协商"最大的特点是多方"协商",以被害方为重要的参与主体。此类"协商"既可以发生在刑事附带民事案件中,也可能出现于当事人和解的公诉案件诉讼程序。

曾经引起舆论高度关注的陕西聂某某故意杀人一案可谓是这类"协商"的典型。聂某某偶遇被害人俩姐妹乘出租车回家,起性侵之念,遂持自己车内的一把榔头猛击两被害人头部,致一人死亡,一人重伤。一审法院考虑到聂某某属于累犯,且对被害人的赔偿不到位,因此,虽有自首但不足以轻判,故以故意杀人罪判处聂某某死刑。聂某某不服提起上诉。二审法院"对该案民事部分进行了'背对背'调解",由聂某某家属赔偿被害人家属 90 万元,尽管被害人家属依然难以写出谅解书,但法院最终改判聂某某死刑,缓期两年执行。[3]

---

〔1〕参见萧法、黄洪连:"杭州首批适用认罪认罚从宽制度的刑事案件前日审结",载《杭州日报》2017 年 3 月 22 日,第 7 版。

〔2〕参见郑敏、陈玉官、方俊民:"刑事速裁程序量刑协商制度若干问题研究——基于福建省福清市人民法院试点观察",载《法律适用》2016 年第 4 期,第 24 页。

〔3〕参见崔永利:"聂李强终审改判死缓 赔偿 90 万元",载《华商报》2018 年 1 月 22 日,A1 版。

四是预缴罚金型。即被追诉人与法院经过沟通，由被追诉人主动预缴罚金或积极上缴非法所得等，法院在量刑时予以从宽。被追诉人的筹码其实就是罚金刑的执行难问题。为此，有的地方还专门出台了《被告人主动履行财产刑从宽制度》，[1]将其纳入认罪认罚从宽制度之中。

刘某出售非法制造的发票案即为一例。被告人刘某以伪造印章等方式制造、贩卖假发票牟利。根据其涉嫌的事实，依法本应在3年以上7年以下有期徒刑幅度内处刑，但在法院审理期间，刘某家属表示，只要能判刘某缓刑，愿意预交罚金。法院认可该提议，在被告人家属预交10万元罚金后，以出售非法制造的发票罪判处刘某有期徒刑3年，缓刑5年，并处罚金10万元。[2]

五是附条件认罪型。即被追诉人本不认罪，在适用认罪认罚从宽制度后，以认罪认罚博取从宽处理。由于口供在专门机关的有罪证据体系中占据重要地位，因此，这类"协商"通常能为被追诉人带来更为丰厚的从宽利益。根据不认罪时全案证据情况，认罪型"协商"还可进一步区分为两种情况：案件主要事实不清，不认罪就难以定罪时的认罪"协商"与案件主要事实清楚，不认罪也不妨碍定罪时的认罪"协商"。前一种情况下被追诉人的"协商"资本就是控方的定罪障碍，而后一种情况下其"协商"资本则主要是诉讼的效率与效果。

第一种情况的认罪"协商"数量不多，中国"辩诉交易"第一案即为典型。被追诉人孟某某在因车辆争道与被害人王某某发生冲突后，喊来六名同伙一起将被害人打成重伤。但案发后，公安机关只抓获了孟某某，一直未能抓到其余六名同伙，孟某某又不认罪，全案证据薄弱，难以达到"事实清楚，证据确实、充分"的证明标准。无奈之下，检察机关经与孟某某及其辩护人、被害人"协商"，提出只要孟某某认罪，并自愿赔偿被害人损失，控方将建议法院对其适用缓刑。最后，法院采纳了控方建议，对孟某某以故意伤害罪判处有期徒刑3年，缓刑3年。[3]

第二种情况的认罪"协商"较为常见。如李某涉嫌诈骗、盗窃案中，李某

---

〔1〕"主动缴纳罚金从宽"，载http://www.zjcourt.cn/art/2017/6/9/art_3_11556.html，最后访问日期：2018年12月7日。

〔2〕参见孙长永、王彪："刑事诉讼中的'审辩交易'现象研究"，载《现代法学》2013年第1期，第127页。

〔3〕参见郭毅："法院试用新审理方式 国内诉辩交易第一案审结"，载《法制日报》2002年4月19日，第3版。

虽能如实供述诈骗的犯罪事实，但对盗窃事实一直不承认。但由于还有其他证据，检察机关还是以李某涉嫌诈骗罪、盗窃罪提起公诉。在案件审理过程中，李某通过其辩护人提出认罪"协商"的想法，即承认盗窃，以换取更轻处罚。检察机关审查后认为，李某主动认罪系其自愿，且其供述能够与案件其他证据相互印证，在要求李某及其辩护人出具《认罪协商承诺书》，并与被告方"量刑协商"后，将李某涉嫌盗窃罪部分的量刑建议由 6 个月以上 1 年以下有期徒刑并处罚金调整为 10 个月有期徒刑并处罚金，后为法院所采纳。[1]

应当指出，以上五种形式的"协商"实践，除预缴罚金型外，均不局限于审判阶段，"同意适用简化程序及认罚型""提出新情节型"等甚至主要存在于审查起诉阶段。而且，实践中，不同形式的"协商"还经常交叉在一起。

（二）是协商还是听取意见

事实上，各地在实践中探索"协商"机制时，甚至中央在设计认罪认罚从宽制度的过程中，也有意参考了域外的协商模式。在启动完善认罪认罚从宽制度改革试点时，中央政法委曾明确提出，要"借鉴辩诉交易等制度的合理元素"。[2]之后，最高人民检察院还将探索认罪、量刑协商制度列为公诉部门的年度任务。因此，上述种种实践的"协商"之名并非毫无根据，它们与辩诉交易等域外刑事司法中的协商模式确实存在很多相似之处。具体而言，这些相似的元素包括：（1）均要求被追诉人认罪，并且强调认罪的自愿性，重视对认罪自愿性的保障与审查。（2）均以效率为重要的价值向度之一，诉讼会在不同程度上简化提速，不再适用一般的诉讼规则。当然，对被追诉人而言，就需要放弃一些重要的诉讼权利。（3）均有对被追诉人的宽缓处理，并以之作为被追诉人放弃对抗的利益。（4）均建立有被追诉人放弃对抗利益的兑现机制，不管是控方直接处理，还是控方提议、法官认可，抑或法官提议并在裁判中确认，通常都能有效兑现被追诉人放弃对抗的利益。（5）均建立有对话机制，都重视沟通，而且，可能还不止一次。甚至，与辩诉交易一样，我国部分地区的"协商"实践也允许控方双方互相承诺，并以认罪认罚协议的形式书面确认"协

---

[1] 参见许梦诗："认罪认罚量刑协商的实践困境与法院审查机制构建——从 Y 市李某诈骗、盗窃案说开去"，载《江西警察学院学报》2017 年第 2 期，第 109 页。

[2] 周斌、蔡长春："借鉴诉辩交易元素试点认罪从宽制度"，载《法制日报》2016 年 1 月 23 日，第 2 版。

商"成果。[1] (6) 均重视对"协商"案件中被追诉人的法律帮助，辩护人或值班律师不可或缺，一般均不允许在被追诉人缺少法律帮助人的情况下与其"协商"，以确保被追诉人选择的自愿、明知与明智。

但这些元素是否能够决定一种司法模式的"协商"性质，或者说，具备这些元素中的部分或全部就必然是"协商"模式吗？答案取决于对于"协商"本质的理解。整体上看，实践中多数所谓的"协商"可能只是徒具虚名，对于"协商"的理解尚不够准确，或者以词害意，或者过于宽泛，其本质上还是听取意见模式。

假如既有被追诉人认罪又有专门机关从宽就是"协商"模式，那么，我国的刑事诉讼历来如此。因为，作为表征认罪态度与实体处理关系的一项刑事政策，从革命时代的"镇压与宽大相结合"，到继续革命时代的"惩办与宽大相结合"，再到之后的"坦白从宽，抗拒从严"，直到现在的"宽严相济"及"认罪认罚从宽"，其认罪宽处的内核一以贯之。而事实恰恰相反，该内核曾在很长的一段历史时期被定位为"义务本位"型强制取供机制的有机组成部分。

假如有对话、有沟通就是"协商"模式，那么，我国刑事诉讼中的"协商"模式不仅长期存在，还普遍适用。因为，听取意见必然有对话，而基于司法的群众路线和人民司法理念的要求，听取意见已贯穿于刑事司法活动的方方面面。再者，假如赋予被追诉人选择接受或不接受量刑建议、同意或者不同意适用简化程序的权利就是"协商"，那么，所有适用认罪认罚从宽制度的案件都必然有"协商"，而那些没有适用认罪认罚从宽制度但适用了简易程序的案件也必然有"协商"。允许这样的"协商"存在似乎无可置疑，但这就很难理解，为什么其正当性问题还会产生如此大的争议，为什么立法者还是不愿或惧于在法典中提及"协商"。

假如有被追诉人赔偿、有被害方的谅解就是"协商"模式，或者诉讼中有协商因素就是"协商"模式，而不问"协商"主体特别是专门机关的角色，那么，"协商"模式不仅是现代诉讼的常规方式，甚至还可以追溯至有赔偿和解

---

[1] 如北京朝阳区2015年构建的适用于速裁程序的"认罪协商"机制中，作为关键性的一环，检察官与被追诉人需要共同签署《认罪协商承诺书》。参见黄洁："北京朝阳区检察院推认罪协商机制"，载《法制日报》2016年2月14日，第2版。再如，以"认罪认罚协议"为关键词，在无讼案例网可以找到4件判决书，其中温州鹿城区人民法院在步某、高某犯故意伤害罪一审刑事判决书（案号为（2016）浙0302刑初500号）中直接写入了辩诉认罪认罚协议的主要内容，即被告人、辩护人的3项承诺与公诉机关的3项承诺和要求，并以"辩诉双方自愿达成认罪认罚协议，且协议内容不违反法律规定，符合被告人认罪认罚从宽处罚的刑事政策"为根据，直接在判决书中对该协议予以确认。

传统的古代诉讼。

然而，如果上述多种元素都不能决定认罪轻处司法模式的协商性质，到底哪一项要求才是协商模式的决定性因素呢？笔者认为，核心还在于"定价权"问题，即认罪认罚利益是由专门机关依照职权确定，还是由专门机关和被追诉人商定，是"官方定价"还是"双方议价"。但需要强调的是，对话和沟通虽然是"议价"的必然途径，但并不是有对话和沟通就是"议价"。专门机关在"定价"时听取甚至采纳被追诉人及其辩护人或值班律师的意见也不一定是"议价"，区分的关键在于专门机关采纳的是辩方纯粹的观点和态度，还是支撑其态度的事实与法律。如果是后者，也就是专门机关认为辩方的要求有理有据，然后据此调整认罪认罚利益，这依然属于"官方定价"的范畴，但如果是前者，即允许专门机关可以仅仅因为辩方不接受专门机关的提议就重新调整量刑建议，不管调整的空间有多大，都是"议价"，因为作为最终量刑建议根据的除了事实和法律，还有辩方的意志。而且，如以"官方定价"为前提，则听取意见模式中也不会存在真正意义上的合意或者合作。如果一定要说其中有合意，那也只能是被追诉人对"官方定价"的同意与接受，如果一定要说其中有合作，那也主要是被追诉人对专门机关的配合。

可能有人认为，不管对于认罪认罚利益采取何种"定价"方式，即便是"官方定价"，有价格本身就足以说明这是专门机关与被追诉人进行的是一类交易。[1]但是，即便把它真的理解为一种交易关系，这又是一种什么样的交易呢？第一，刑罚权的垄断性决定了，卖方进行的是"专属经营"，作为买方的被追诉人不能选择也无法选择卖方；第二，刑罚权的法定性决定了，买方不能选择买与不买，交易是必须进行的；第三，卖方本来可以以不打任何折扣的方式售卖该商品；第四，当卖方视买方的表现决定给予优惠时，买方无权选择优惠的商品（只能是量刑，不能是罪名和罪数）；第五，买方无权和卖方商量具体的优惠额度，因为"拒绝还价"是卖方的销售原则，买方能够选择的是愿不愿意接受这样的优惠；第六，当买方不接受优惠价格时，卖方将以正常价格将商品售予买方。不言而喻，这是一种没有商谈空间的强行销售，协商无从谈起。

---

[1] 不少学者认为，我国理应构建中国式辩诉交易制度，而名称上之所以改称协商而非交易，只是考虑到"交易"一词"浓重的商业化色彩"及不易为公众所理解和接受等。参见冀祥德："借鉴域外经验，建立控辩协商制度——兼与陈国庆先生商榷"，载《环球法律评论》2007年第4期，第65页；谭世贵："构建中国认罪协商制度研究"，载《浙江工商大学学报》2010年第2期，第7页。

四、听取意见模式的功能优势

就我国现有的诉讼生态和社会需求而言，采取听取意见模式之认罪认罚从宽制度是非常适宜的。应当说，较之于协商模式，其在功能发挥的诸多向度上都具有无可比拟的优势。

听取意见模式更加契合我国的诉讼传统和诉讼构造，可以有效避免刑事司法改革中的价值失序和机制冲突。由于协商型刑事司法与传统型刑事司法在"价值理念、基本原则和适用领域等方面既相互矛盾、又相互竞争"，二者很难和谐共存。[1]英美法系的辩诉交易本来就是严格而繁杂的正当法律程序在面对现实困境时的无奈选择，是其刑事审判体系不良运作的产物，[2]但选择辩诉交易极有可能是从一个极端走向了另一个极端。从"恶性对抗"到交易事实和刑罚，从繁到不能再繁变至简到不能再简，[3]从极端重视程序的正当性到效率至上，程序正义的诸原则鲜有适用。[4]事实表明，辩诉交易不仅可能腐蚀对抗制的基本价值，也容易淡化、模糊刑事司法的底线要求。而在大陆法系国家，协商模式对传统型司法带来的冲击更是颠覆性的，甚至对刑事法的基本原则构成重大挑战。虽然德国联邦宪法法院和法国宪法委员会等对协商模式作出了相当保守的解释，但也只是在掩盖或者说是回避冲突，并不能真正减少或解决两种司法模式的抵牾。但在我国的听取意见模式下，这样的情形不会出现。上已述及，听取意见模式是构建在我国的诉讼传统和诉讼构造的基础之上、嵌于常规诉讼程序之中的，它并未从根本上改变三机关层层把关式的诉讼模式和职权信赖的司法理念，也不涉及刑事诉讼目的论和价值观的调整，而仅仅是对传统模式的优化和发展，整体上依然属于传统型刑事司法。这也恰恰符合中央对认罪认罚从宽制度改革是"完善"，而非"建立"或"重构"的基本认识和

---

[1] 参见施鹏鹏："法、意辩诉交易制度比较研究——兼论美国经验在欧陆的推行与阻碍"，载《中国刑事法杂志》2007年第5期，第118页。

[2] 有学者曾经提出过一个形象的比喻："如果将美国司法制度比作一套西装，那么，辩诉交易就是西装上的补丁"。张建伟："能从辩诉交易中学到些什么"，载《人民检察》2018年第3期，第39页。

[3] 参见裴苍龄："辩诉交易'易'什么"，载《河北法学》2017年第8期，第9页。

[4] 迈克尔·D.贝勒斯指出，只要协议是自愿达成的，"程序正义诸原则鲜有适用于协商模式的"。参见[美]迈克尔·D.贝勒斯：《程序正义——向个人的分配》，邓海平译，高等教育出版社2005年版，第215页。当然，美国联邦法院似乎也已经意识到这一点，近年来，先后通过Padilla案、Lafler案、Frye案等的多个开创性判决对辩诉交易予以规范，意图将辩诉交易与有效辩护、公正审判挂钩，有人甚至认为这可能预示着美国刑事司法制度的转型（Russell D. Covey, "Plea-Bargaining Law after Lafler and Frye", Duquesne Law Review, Vol. 51 (2013), p. 608），但其实际效果尚有待观察。

定位。[1]

听取意见模式更能在追求效率的同时确保司法公正。不可否认，面对与日俱增的案件压力，对认罪案件从轻从速处理，以优化司法资源配置，实现简案快办、繁案精办，已成为当今世界各国刑事司法改革的大势所趋。这也是协商模式兴起的原因之一。但不管是英美法系的辩诉交易，还是大陆法系的刑事协商，效率都是协商模式的"本质偏好"，而效率至上的价值取向也极大地滋生了协商模式的各种公正风险，[2]如冤假错案、量刑失衡、法律可预期性缺失等。与之不同，听取意见模式更容易找到效率与公正的平衡点。在体现效率方面，听取意见模式不仅同样能实现协商模式的案件分化、繁简分流功能，而且，由于其本质上属于职权调查模式，无须耗时耗力地进行谈判、磋商，及时性以及对直接成本的节约是其固有优势。因此，正如迈克尔·D.贝勒斯所言，"及时性可能并不是一种能为协商所实现的过程利益"，在协商模式与调查模式之间，"如果存在客观标准和时间压力的话"，人们肯定会偏向于后者。[3]而在保障公正方面，听取意见模式的优势更是彰明较著。听取意见模式依然坚持"保证刑法的正确实施，惩罚犯罪，保护人民"的直接目的，依然遵循罪刑法定、罪责刑相适应、程序法定等刑事法基本原则，依然不改变实质真实的目标，不降低对定罪事实和量刑事实的标准和要求，依然要经历开庭审理，当然不允许以牺牲公正为代价追求效率。而且，听取意见模式的职权主导性可以在最大程度上促进量刑均衡和司法统一，而那些确保职权值得信赖的机制又何尝不能同时理解为公正保障机制。

听取意见模式更有利于保障被追诉人的权利。从表面上，协商模式充分尊重了被追诉人的主体地位和自由意志，而体现其自主选择的认罪契约当然符合其自身利益。然而，在契约化理念之下，协商双方都在逐利，协商模式的权利保障功能势必受到以下几种潜在危险的极大制约：作为协商主体的官方一般并不会从被追诉人角度考虑问题，被追诉人可能会基于能力不足、认识错误等原因自愿接受一种不佳的协商结果；官方可能利用信息优势、地位优势，特别是起诉、定罪问题上的自由裁量权优势，误导、胁迫乃至欺骗被追诉人认罪，导

---

[1]《依法治国决定》明确提出，要"完善刑事诉讼中认罪认罚从宽制度"，这意味着认罪认罚从宽制度在刑事诉讼中并不是一个新生事物。

[2] 参见吴思远："论协商性司法的价值立场"，载《当代法学》2018年第2期，第138页。

[3] 参见[美]迈克尔·D.贝勒斯：《程序正义——向个人的分配》，邓海平译，高等教育出版社2005年版，第216页。

致无辜者入罪或有罪者利益受损。特别是在事实上定罪可能性不大时,面对官方给出的巨大利益,被追诉人就会陷入选择上的两难困境。而当协商失败时,被追诉人极有可能面临报复性起诉或报复性裁判。较早的一个统计显示,在美国,接受辩诉交易而被定罪的无辜者的数量甚至要多于重罪案件的被追诉人,有些杀人或强奸案件中的无辜者寻求辩诉交易被判处较长时期的监禁仅是为了避免被判无期徒刑或死刑的风险。[1] 而在德国,法官凭借刑罚报价要求被追诉人提供口供,更容易侵犯被追诉人的供述自由;[2] 辩诉交易一旦形成格式合同和固定模式,案件及被追诉人的个体差异将得不到应有关注;[3] 辩诉人有可能为了促成协商,违背当事人利益,劝说被追诉人接受一个糟糕方案。但上述协商模式下由契约理念导致的特有问题一般不会在听取意见模式下产生。听取意见模式在价值取向上本来就是多元的,不仅着眼于办案效率和司法公正,也包含着对被追诉人的合法权益保障上的强化。首先,它改变了原来被追诉人完全被动地接受从宽恩惠的做法,重视被追诉人提出的有根据的合理意见,在一定程度上认可了被追诉人在刑事诉讼中的话语权,给予其影响诉讼进程和结果的机会,彰显了被追诉人的主体性。其次,在基本目标上,其是要通过听取意见,结合案情,由专门机关对于认罪认罚的被追诉人确定一个恰如其分的惩罚,一改过去从重从严打击犯罪的诉讼观,做到区别对待,宽严相济。而对被追诉人而言,合理的、恰当的处罚无疑就是最有利的结果。同时,在专门机关的职能定位上,听取意见模式所强调的是,专门机关不能单纯扮演将被追诉人入罪施罚的角色,它也不是类似于协商模式中的契约关系中的一方当事人——追求契约利益而且能从达成协议中获取自身利益,而应当定位为司法者,是被追诉人合法权益的保护者,是某一阶段公正诉讼的主导者和把关者,听取意见时需要始终坚持客观公正立场,全面履行告知义务,尊重被追诉人自愿、明智的选择。

听取意见模式更为关注被害人诉求,通过化解刑事纠纷,体现恢复性司法的理念。协商模式之下,被害人的参与权通常会受到严格限制。在美国,虽然部分州的宪法修正案及州、联邦的成文法中赋予了被害人决定是否接受有罪答

---

〔1〕 参见 [美] 萨缪尔·格罗斯等:"美国的无罪裁决——从1989年到2003年",刘静坤译,载《中国刑事法杂志》2006年第6期,第115页。

〔2〕 徐美君:"德国辩诉交易的实践与启示",载《法学家》2009年第2期,第120页。

〔3〕 See Regina Rauxloh, Plea Bargaining in National and International Law: A Comparative Study, New York: Routledge Press, 2012, p.59.

辩的权利以及对辩诉交易方案发表意见的权利，但一般仅限于暴力犯罪中，且由于争议过大，至今尚未载入联邦宪法。而且，实践中，大多数被害人被排除在辩诉交易程序之外，即便允许被害人参与，因为被害人的反对而改变辩诉交易内容的情况极为罕见。[1]而之所以限制被害人参与协商，部分原因在于协商模式本身，比如多方参与将大大增加协商的难度，妨碍认罪协议的达成；部分原因又在协商模式之外，与被害人在刑事诉讼中的边缘化地位有关，比如强化被害人权利会极大影响宪法为被告人提供的保护。[2]在德国，尽管当被害人以附加诉讼人身份参与诉讼时，依照《德国刑事诉讼法典》第257条c的规定，作为程序的正式参与人，其会被给予参与协商和发表意见的机会。但是，并非所有被害人都有资格或有能力成为附加诉讼人，"无论是立法还是法院裁判都没有处理被害人在协商裁判案件中的边缘地位问题"，"被害人在协商性案件中的地位表现得（确实是）太羸弱了"。[3]然而，在我国，被害人在刑事诉讼中具有当事人的程序地位。在听取意见模式中，听取被害人及其诉讼代理人的意见是认罪认罚从宽制度的必不可少的内容，且没有案件范围的限制。虽然法律并未要求适用认罪认罚从宽制度以被害人的同意为条件，但实践中，作为一种潜规则，认罪认罚从宽一般都是在被追诉人与被害人和解、被追诉人获得被害人谅解或至少是在被害人不反对从宽处理被追诉人的基础上进行的。听取被害人及其诉讼代理人的意见不仅可以使专门机关的考虑更加全面、客观，提出的量刑建议和作出的相关决定更加慎重、准确，从而增强决定的合理性，更为重要的是，它也同时成了改善不满、治愈伤害、矫正犯罪、化解矛盾、修复受损社会关系的恢复性司法过程。

听取意见模式能更好地兼顾公共利益，提高裁判的社会认可度，维护司法威信。协商模式之所以存在、盛行，主流观点认为，"完全是因为该制度对案件的关系人都提供某些利益"，[4]即理性的双方通过预测庭审结果，共同节约庭审

---

[1] 参见［美］虞平：《争鸣与思辨　刑事诉讼模式经典论文选译》，郭志媛编译，北京大学出版社2013年版，第413页。

[2] 参见［美］虞平：《争鸣与思辨　刑事诉讼模式经典论文选译》，郭志媛编译，北京大学出版社2013年版，第421页。

[3] ［德］托马斯·魏根特、［美］吉安娜·朗其瓦·特纳："德国协商性刑事裁判的合宪性"，载彭海青、吕泽华、［德］彼得·吉勒斯编著：《德国司法危机与改革——中德司法改革比较与相互启示》，法律出版社2018年版，第165页。

[4] 王兆鹏：《美国刑事诉讼法》，北京大学出版社2014年版，第676页。

成本，避免不确定性的风险，达成双赢的交易。[1]而协商模式之所以遭受质疑，主要原因之一就是，关系人的"双赢"很有可能是以牺牲公共利益为代价。[2]理由显而易见：被追诉人的认罪动机经常是逃避重罚，而并不是真诚悔罪，刑罚的特殊预防功能无法实现；辩护人也会滥用协商权，譬如以提出上诉威胁检察官或法官，得到不应有的从轻，而检察官或法官有可能单纯为了追逐效率和确定性，提出违反罪责原则的不恰当建议；普通人经常站在被害人角度看待问题，其期望通过刑事司法程序获得的，可能并非或远不止案件得到快速处理或就刑罚讨价还价那么简单，[3]而协商程序既没有严肃的庭审，也没有旁听的民众，通常也没有被害人的参与，交易之下的罪刑折扣，很难实现刑罚的一般预防和教育功能，也有损司法机关的威信。尽管部分欧陆国家在立法中专门强调了检察官及法官在协商程序中的说明、教育、告诫义务，但其实际效果受到了普遍质疑。[4]相比而言，听取意见模式既无协商或交易之名，也无协商或交易之实，整个模式是由在规则制约和多元监督之下的专门机关依法推进，并由专门机关在平衡人权保障与犯罪控制、个人权益与公共利益的基础上作出决定。该精神可谓贯穿于听取意见模式的方方面面。在程序的参与性上，将被害人及诉讼代理人也规定为听取意见的对象；在是否从宽及从宽尺度上，由专门机关在听取意见的基础上依职权确定，不是一律从宽从缓。虽认罪认罚不足以从宽从缓的理应从严，但也不是一味从宽从缓，从宽从缓的幅度应体现被追诉人的罪责和社会危险性等情况，且必须在法律允许的范围之内；在诉讼程序上，也是在尊重被追诉人意见的前提下合理选择，并非片面追求从简从快，认罪认罚案件既可能适用速裁程序，也有可能适用简易程序，

---

[1] [美]斯蒂芬诺斯·毕贝斯：《庭审之外的辩诉交易》，杨先德、廖钰译，中国法制出版社2018年版，序言第1页。

[2] 有学者不赞成"辩诉交易危害了公共利益"的观点，理由是，由于司法资源有限，不采用辩诉交易，大量的犯罪者可能逃脱惩罚，这才是严重危害公共利益，辩诉交易反倒是把对公共利益的损害降低了合理限度，维护了公共利益。还提出，用罪刑相适应这个实体原则来衡量程序制度也是不恰当的，"因为如果说辩诉交易违背了罪刑相适应原则无法容忍，那么很多根本无法侦破的刑事案件中的犯罪嫌疑人无法被追究任何刑事责任，是更不能容忍的"。简言之，其根据就是，"两害相较取其轻"。参见马贵翔："辩诉交易程序结构解析"，载《政法论坛》2002年第6期，第41页。笔者认为这种思路值得商榷。最根本的问题是，难道可供选择的只有这"两害"？用可能带来更大损害的制度就能论证可能带来较小损害制度的正当性？或者那个较小的损害就不是损害？

[3] See Stephanos Bibas, The Machinery of Criminal Justice, Oxford: Oxford University Press, 2012, p. 83.

[4] 参见施鹏鹏："法、意辩诉交易制度比较研究——兼论美国经验在欧陆的推行与阻碍"，载《中国刑事法杂志》2007年第5期，第120页。

甚至可能适用普通程序，即便是适用速裁程序，也不能省略开庭审理。

五、听取意见模式的隐患及其克制

如上所述，职权因素是听取意见模式的优势，但有时，它又可能影响听取意见模式的效果。甚至可以说，听取意见模式中隐藏的问题与风险在不同程度上都与对职权的倚重和信赖有关。而这些问题又大致可以分为两类，一类问题是结构性的，为我国三机关层层把关式的诉讼模式和职权信赖的司法理念所固有，普遍存在于各个诉讼阶段和环节。这类问题在听取意见模式中也同样存在但缺乏特异性，如部分司法人员不够客观中立，对认罪认罚的被追诉人带有偏见，没有以应有的措施和幅度给被追诉人从宽优惠；还有部分司法人员在适用认罪认罚从宽制度时缺乏积极态度，自己不主动适用，对于辩方的适用提议也不予回应，或者选择性司法，甚至在决定是否适用时完全取决于其对被追诉人及其辩护人的好感或反感。出现这些问题，主要是因为职权信赖的保障机制未能奏效，所以，在职权信赖的语境中，解决这些问题时，除职权的自觉自律之外，基本途径就是在一般意义上完善职权行使的实体标准、法定程序和多元监督体系。在此不再赘述。另一类问题虽然本质上也是由第一类结构性问题引发，但在听取意见模式中表现得尤为突出和关键，仅以一般治理思路应对是远远不够的，有必要对其中的几个重要问题逐一讨论。

一是听取意见的有效性问题。听取意见的初衷是实现被追诉人及其辩护人或值班律师、被害人及其诉讼代理人等对专门机关司法过程的富有意义的参与，让参与人能在实体结论或程序决定的形成过程中施加自己的影响。但实践表明，以下因素很容易导致听取意见流于形式：除征求同意的事项外，法律及司法解释没有也不能具体规定参与人意见的影响力或听取意见有效性的评价标准。因为，听取意见并不是要求专门机关必须听命于或受控于这些意见，这不符合专门机关依法独立行使职权不受个人干预原则。而且，专门机关虽然有义务考虑这些意见，但如何考虑或者应在何种程度上考虑只能依靠其自由裁量；被追诉人及被害人虽然有表达意见的欲望，但限于立场、知识、信息和能力，不能有效发表意见，或者只能发表情绪化、非理性的意见；辩护人、诉讼代理人特别是认罪认罚从宽制度实施中参与率较高的值班律师，可能由于缺乏责任心或者不了解案情等，提不出有效意见，甚至沦为被追诉人签署具结书时单纯的"见证人"。解决这些问题，可以尝试从六个方面着手。第一，要求专门机关在听取意见合理时间之前通知参与人或者设置适当的听取意见期限，以充分保障参与人准备意见的时间。第二，规定专门机关的全面告知义务，除告知参与人享有的诉讼权利和认罪认罚的法律规定外，还应告知相关案情及专门机关的相关建议、决定和根据，因为参与人只有充分知晓与自身利益有关的所有信息才有可能对这些事项充分表达意见。第三，通过改善待遇、完善权利、明确责任，提高值班律师法律帮助的有效性。第四，规定专门机关听取意见中的透明义务和记录义务。"协商程序的透明性、公开性，以及完整的书面性"被德国联邦宪法法院视为管控刑事协商的"核心支柱"，违反透明和记录义务有可能导致裁判被推翻。[1]对此，听取意见模式有必要适度借鉴。专门机关应尽量在公开、多方参与人在场的情况下听取意见，而且，不管听取意见是以何种方式进行，必须形成书面记录或录音录像记录，并放入卷宗，随案移送，确保听取意见的可审查性。第五，明确要求专门机关在相关文书中对听取到的意见作出回应，对于不采纳的，需要说明理由。第六，规定法院对检察机关听取意见有效性的审查义务，事实上也是要求法院通过审查听取意见笔录，审查认罪认罚的自愿性、明智性和量刑建议的合理性等。

二是不一致意见的处理问题。一般情况下，不同参与人对于同一问题意见不一是比较正常的，需要专门机关结合具体情况统筹考量、权衡取舍，多数情况下都不影响认罪认罚从宽制度的适用。我国《刑事诉讼法》只将被告人的选择确定为适用认罪认罚从宽制度的硬性条件，因此，只要被追诉人自愿认罪认罚，不管辩护人、值班律师、被害人等是否认可专门机关指控的犯罪事实、罪名或提出的量刑建议，依然可以适用该制度对被追诉人作出从宽处理。虽然《刑事诉讼法》第201条第2款规定，当被告人、辩护人对量刑建议提出异议，而人民检察院拒不调整或调整后仍然明显不当时，人民法院应当依法作出判决。但此时，人民法院基于被告人或辩护人的异议而否定的只是人民检察院的量刑建议，而不是认罪认罚从宽制度，法院作出的还是对认罪认罚被告人的从宽判决。然而，《认罪认罚从宽试点办法》和《刑事诉讼法》都同时规定了一种特殊情况，即"未成年犯罪嫌疑人的法定代理人、辩护人对未成年人认罪认罚有异议"，且采取了两种截然不同的处理思路。依照《认罪认罚从宽试点办法》第2条的要求，出现这种情况，不能适用认罪认罚从宽制度，但按照《刑事诉

---

[1] 参见［德］托马斯·魏根特、［美］吉安娜·朗其瓦·特纳："德国协商性刑事裁判的合宪性"，载彭海青、吕泽华、［德］彼得·吉勒斯编著：《德国司法危机与改革——中德司法改革比较与相互启示》，法律出版社2018年版，第161页。

讼法》第174条的要求,这种情况下不妨碍认罪认罚从宽制度的适用,只是不需要签署认罪认罚具结书。其实,该情况与在同一条中提及的另一种特殊情况"犯罪嫌疑人是盲、聋、哑人,或者是尚未完全丧失辨认或者控制自己行为能力的精神病人"在理论根据上完全一致,那就是被追诉人的身体、精神上的障碍或年龄因素很可能影响到认罪认罚的自愿性、明智性等。未成年人即便认罪认罚,但考虑到其心智不成熟,认识能力有限,其认罪认罚的明智性很难保证,只有同时得到法定代理人和辩护人认可,才能确认认罪认罚符合该未成年人的利益。所以,当未成年人认罪认罚但法定代理人、辩护人对其认罪认罚有异议时,显然就不再符合适用认罪认罚从宽制度的条件。就此而言,《认罪认罚从宽试点办法》第2条的规定显然更加合理,而《刑事诉讼法》第174条的逻辑与法定代理制度和强制辩护制度的设立宗旨相悖。此外,不一致意见还有可能影响程序的适用。例如,被告人认罪认罚但辩护人作无罪辩护的,不能适用简易程序。[1]除了法律明确规定的情形外,不一致意见对程序适用的影响取决于专门机关对作为简化审核心条件的"案件事实清楚"的职权把握。

　　三是被害人意见的影响限度问题。作为制度的一大亮点,听取意见模式强调被害人的有效参与,要求专门机关必须听取被害方的意见,并将是否达成谅解协议或和解协议作为量刑的重要考量因素。但需要注意,听取被害人意见并非部分人坚持的"征得被害人同意",[2]将谅解协议或和解协议作为考量因素也不是某些试点地区要求的"将被追诉人与被害人能否达成谅解赔偿协议作为该程序启动的前提条件"。[3]这是因为,保护被害人权益不是认罪认罚从宽制度的唯一目的。如果不能将被害人参与控制在合理的限度之内,将被害人意见异化为认罪认罚从宽制度中的决定性因素,不仅会从根本上彻底改变该制度的基本属性,使刑事责任蜕变为民事赔偿问题,也会影响专门机关专属职权的正常行使,妨碍被追诉人权利的保护,并大大降低认罪认罚从宽制度的效率。正是出于上述顾虑,协商模式才对被害人参与作了非常严格的限制。因此,笔者

---

[1] 根据《刑事诉讼法》第215条、第223条及相关司法解释的规定,类似情况还有:共同犯罪案件中部分被告人不认罪或对适用简易程序有异议时,不能适用简易程序;被告人与被害人或者其法定代理人没有就附带民事诉讼赔偿等事项达成调解或者和解协议,或者共同犯罪案件中部分被告人对指控的犯罪事实、罪名、量刑建议或者适用速裁程序有异议的,不能适用速裁程序。

[2] 梁雅丽:"律师视角下的'认罪认罚从宽'制度",载http://www.chinalawedu.com/web/23183/jx1701053587.shtml,最后访问日期:2018年12月15日。另可参见陈国庆:"试论构建中国式的认罪协商制度",载《环球法律评论》2006年第5期,第542页。

[3] 陈建军:"认罪认罚从宽改革中的被害人参与",载《法制日报》2017年1月25日,第12版。

认为，听取意见模式在考虑被害人意见时，总的原则应当以不影响专门机关的主导地位和对被追诉人基本权利的保护为前提。具体来说，一方面，专门机关在案件处理上"不能被被害人意志所左右",[1]无须征得被害人同意，被追诉人未能满足被害人的不合理要求不影响认罪认罚从宽制度的适用。另一方面，专门机关应当充分考虑被害人受损利益的弥补、是否谅解及以此为基础的是否同意适用的意见等情况，在把握如何从宽上有所区别。但在理解该尺度时有一个至关重要的问题，即认罪认罚到底有没有悔罪要求？如果没有，对于认罪认罚的被追诉人，其对被害人的行为、态度以及被害人意见至多影响从宽方式与幅度。但如果有的话，就需要区分情况：被追诉人拒不赔礼道歉，或者有条件而不赔偿，即便被害人不反对，也很难认定为认罪认罚，即使得到从宽处理，也不再是适用认罪认罚从宽制度的结果；被追诉人真诚悔罪，但在赔偿问题上有心无力，也因此没有获得被害人谅解的，依然可以适用认罪认罚从宽制度。而从认罪认罚从宽制度中的被害人条款及被追诉人具结书等要求来看，悔罪应当是认罪认罚的内在要求。

四是专门机关的权能调整问题。作为一种司法模式，控辩双方的协商会重构参与机关的职能定位，法官从"裁判者"变为"审查者"，检察官则从"公诉人"变为"裁判者"。在美国，辩诉交易制度使得检察官在一定程度上行使了法官的裁判权，特别是联邦量刑指南"通过几乎完全剥夺法官轻判的权力","使辩诉交易变成了检察官的特权"。[2]而法国的学者也认为，适用庭前认罪答辩程序的案件，由于法官对检察官量刑建议的审查"大抵流于形式","检察官事实上分享了法官的裁判权"。[3]听取意见模式下，类似的问题也同样存在，即在认罪认罚案件中，对法院裁量权的限制，事实上扩张了检察机关的诉讼权能。虽然听取意见模式的认罪认罚从宽制度并没有明确限制适用阶段和启动主体，但《刑事诉讼法》只是系统地规定了检察机关的在听取意见，并将检察机关在听取意见基础上提出量刑建议并由被追诉人签署具结书规定为核心环节。而对于检察机关指控的罪名和量刑建议，除特定情况下，法院均应采纳，而且，

---

[1] 董凡超："最高检副检察长孙谦解读修改后的刑事诉讼法有关问题：认罪认罚从宽贯穿整个刑诉程序"，载《法制日报》2018年12月13日，第3版。

[2] [美]乔治·费舍尔：《辩诉交易的胜利 美国辩诉交易史》，郭志媛译，中国政法大学出版社2012年版，第223页。

[3] 施鹏鹏："法、意辩诉交易制度比较研究——兼论美国经验在欧陆的推行与阻碍"，载《中国刑事法杂志》2007年第5期，第119页。

审判工作的重点也变为审查认罪认罚的自愿性和具结书内容的真实性、合法性。换言之，检察机关集追诉者、程序的启动与推动者、一定意义上的裁判者等多种角色于一身，在认罪认罚案件的诉讼程序中居于主导乃至支配地位，而这类案件目前已占同期起诉刑事案件总量的80%以上。此外，检察机关既负有诉讼监督职责，又享有审查批准逮捕和决定逮捕这种司法性质的权力，而且，在职权信赖模式下，较之于被追诉人，检察机关拥有巨大的信息、知识优势，这无疑会进一步加大其权力失范的风险。其中，最大的风险就是检察官听取意见时以较高的量刑建议胁迫被追诉人认罪认罚，以及在胁迫失败后提出报复性的量刑建议。对此，可以考虑通过以下途径予以合理规制：丰富认罪认罚从宽制度的启动方式，明确规定审判阶段法院建议启动或决定启动的权力，从而对检察机关的启动权形成某种牵制。但法院建议或决定的启动仍应以检察机关听取意见、提出量刑建议的方式进行，法院更适合做最后的把关者。因为，法院是层层把关式诉讼构造的最后环节，一旦出现报复性司法等权力失范，其危害将更为严重，德国审辩协商中暴露出的报复性裁判现象堪为警醒；[1]检察机关量刑建议的形式应以幅度型为主、精确型为辅，借以平衡量刑建议权与量刑裁判权的关系；强化法院对量刑建议合理性的审查，当量刑建议明显过重时，可以直接依法判决，量刑建议明显过轻时，允许检察机关在听取相关人意见后对量刑建议予以调整；法院在审查认罪认罚自愿性、明智性时，除详细问询及审查具结书外，应全面审查检察机关听取意见的全程记录材料；法院应重视对案件事实的审查，在速裁程序乃至简易程序中，事实审查应以庭前阅卷、听取意见等为主要方式；保障被追诉人获得有效的法律帮助，减少控辩双方信息、知识上的不对称；进一步完善检察机关审查批准逮捕制度中审查主体中立性的保障机制。

六、以协商替代听取意见：障碍及前景

通过以上对两种模式的功效比较不难看出，至少在目前，以协商模式取代

---

[1] 德国审辩协商中存在法官强迫协商的现象。据介绍："2000年在德国曾有一个轰动一时的案例，在此案中，被告人被指控无任何理由而对其妻子进行人身伤害，导致其妻子死于脑震荡，被告人的该行为构成了《德国刑法典》第227条人身伤害致人死亡罪，依据该法条，在并不严重情形下，处以1年以上10年以下的自由刑。达姆斯特地方法院在审理本案时提出如果被告人自白则处以2年自由刑缓期执行，否则，将处以7年自由刑。由于被告人拒绝自白协商，最后法院对被告人处以7年自由刑。本案上诉至德国联邦最高法院，联邦最高法院推翻了地方法院的判决，指令其他地方法院重审此案。"参见黄河："德国刑事诉讼中协商制度浅析"，载《环球法律评论》2010年第1期，第128页。

听取意见模式并不是更优选择。事实上，在立法中确立协商模式目前还面临着多重难以逾越的障碍。

首先，协商模式无法兼容我国实事求是的指导思想和不枉不纵的诉讼理念。实事求是要求专门机关必须查明真相，坚持证据裁判；不枉不纵强调既不冤枉无辜，也不放纵犯罪，应据实定罪，罚当其罪。而协商模式"不是建立在努力查明事实真相的基础上，而是基于假定的案件事实和被告人对这种处理的认可上"，[1]"以有条件的'放纵犯罪'为运作前提"，[2]这显然与上述要求背道而驰。诚然，在略显残酷的司法现实面前，这些带有理想色彩的主导观念也在发生微调，但即便社会公众开始接受无法查明真相因而"放纵犯罪"的无奈，或者正义可以打折实现，也很难接受犯罪分子与国家在罪刑问题上讨价还价，或者正义以交易的方式打折实现，或者以牺牲实体公正的方式换取诉讼效率。

其次，协商模式与我国职权主义的诉讼构造格格不入。对当事人主义的合理借鉴并没有改变我国刑事诉讼的职权主义属性，因此，那些在职权主义诉讼中引入协商模式的国家所引发的一系列结构性冲突，比如职权调查原则与合意真实的紧张关系，基本上也会同时构成我国建立协商模式的羁绊。此外，在我国，协商模式面临的更大结构性阻力在于，作为对形式理性的反叛，协商模式追求裁量正义和交往理性，然而，层层把关的基本布局、职权法定原则、强调印证的证明模式、客观化的证明标准等都在反复说明一个事实，我们比欧陆职权主义国家更为笃信"裁量越少，正义就越多"，[3]我国的职权主义是注重对职权施加形式要求和外在限制的职权主义。

而且，我国的刑事法制度安排也没有为协商模式的运行提供必要条件，具体表现为：（1）专门机关与被追诉人地位不对等，缺乏协商前提。我国《刑事诉讼法》对被追诉人权利保障的基本思路主要是以职权保障权利，而不是让被追诉人通过对抗维护权利。因此，刑事诉讼法虽然赋予了被追诉人辩护权和当事人地位，但同时也设定了一定的配合义务，比如对专门机关的提问被追诉人应如实回答；虽然规定了"不得强迫任何人证实自己有罪"条款，但仅仅是作为专门机关的职权调查规范，并未确立被追诉人不自证己罪的特权，也没有确

---

[1] 刘少军：《刑事审判中的对抗与合意》，中国人民公安大学出版社2009年版，第193页。
[2] 马明亮：《协商性司法——一种新程序主义理念》，法律出版社2007年版，第239页。
[3] [美]肯尼斯·卡尔普·戴维斯：《裁量正义》，商务印书馆2009年版，第218页。

立沉默权，甚至没有明确供述自愿原则；虽然建立了非法证据排除规则，但从非法供述的排除标准看，其侧重保护的还只是被追诉人的人身权利，而不是意志自由。这种状况并非仅靠规定阅卷权或法律帮助权等提高被追诉人交涉能力的措施就能改变。(2) 专门机关几乎无结果不确定性带来的风险，欠缺协商动力。协商模式是当事各方减少不确定性和可能受挫造成的损失的有效途径，协商其实就是在交换风险，以"实现己方合理的诉讼预期"。[1]但在我国，专门机关几乎不存在这样的协商动机。以如实回答义务为中心的口供获取机制，认罪从宽的正面激励，三机关分工负责、相互配合、相互制约的权力配置关系，侦查终结、提起公诉和有罪判决证明标准的统一性，补充侦查、补充起诉、重复追诉的合法化及常规化，检察机关的法律监督地位及提出再审抗诉的权力，等等，这些制度设计在保障实体公正的同时也保障了结果的确定性，不认罪的被追诉人少之又少，无罪判决很难产生，就连不起诉率都非常低，检察官无须为败诉担心。(3) 专门机关自由裁量权较小，缺少协商空间。在我国，专门机关刑事自由裁量权受到来自实体法与程序法的双重限制。在实体法方面，"刑法对犯罪的规定模式是既定性又定量，且刑法分则中大多数条款都明示了社会危害性的定量因素"，[2]同时，还有很多阐释刑法适用中的模糊概念和定量因素的立法解释和司法解释，而且，刑事制裁体系也比较单一，缺少可选择的刑罚替代手段。而在程序法方面，刑事诉讼法及相关司法解释详细规定了证据运用、事实认定和程序选择的客观化的原则、规则和标准，甚至包括证明力如何比较、事实不清如何认定，在立案、撤案、逮捕、起诉、不起诉、定罪等的决定模式上均采取了法定主义为主的原则。

当然，部分论者可能也会罗列引入协商模式的有利因素，其中，经常被谈及的有：我国自古以来追求"和为贵""无讼""息讼"的和合文化可以为协商模式提供深层支持，[3]而且，协商模式也符合当前构建社会主义和谐社会的政策需要；[4]协商模式是域外解决司法资源有限性与刑事案件巨大负担之间的冲

---

[1] 参见林喜芬、成凯："程序如何衍生：辩诉协商的制度逻辑与程序改良"，载《厦大法律评论》2008年第1期，第32页。

[2] 喻贵英、张纵华："论社会危害性理论与实质刑法观的关联关系与风险防范"，载陈泽宪等主编：《中国刑法学年会文集（2010年度）：刑法理论与实务热点聚焦》（上卷），中国人民公安大学出版社2010年版，第164页。

[3] 参见张可："辩诉交易之本土适用：一场未完成的变革"，载《河南大学学报（社会科学版）》2017年第3期，第73页。

[4] 参见谭世贵："构建中国认罪协商制度研究"，载《浙江工商大学学报》2010年第2期，第9页。

突的有效途径，而我国案多人少的矛盾也非常突出，可以说，认罪认罚从宽制度改革就是在对效率的渴求下催生的，[1]就是为了"在不降低办案质量的同时有效节约司法资源"，[2]所以，引入协商模式符合改革目标；虽然自法律层面而言，专门机关刑事自由裁量权小，但"小胜于无"，至少说明还是有协商空间的，特别是在量刑方面，而且，实践中，自由裁量权还有一定的扩张；[3]专门机关虽然欠缺结果不确定性方面的风险，但是，程序的简化、认罪认罚的社会效果等都可以构成协商的动机。其实，这些因素与协商并无必然联系，自然也不适宜用以论证协商模式的正当性甚至是必要性，它们支撑的是以认罪换取轻处的快速处理程序模式。除协商模式外，听取意见模式同样属于这种非对抗的程序类型。

但不容忽略的是，我国确实已经出现隐性的协商实践。以颇具社会影响的周文斌案为例。[4]周文斌之所以能从一审被判处无期徒刑，到二审被改判为12年有期徒刑，主要就是因为二审阶段的审辩协商。辩护律师与专门机关进行了多次实质意义上的正式协商和交涉，每一次都制作有双方签字的协商笔录，而辩方意见也直接影响了裁判结果。第一次交涉，辩护律师约见主审法官，并提出，如果能降低被告人刑期，减少一个罪名，去掉一些证据不足的事实，则辩护律师会劝说被告人认罪。法官则表态，如果被告人认罪，则判处一定会从轻。第二次交涉，辩护律师找到公诉方，先是指出本案一审中存在的一些问题，并提出了协商请求。公诉方表示，如果被告人真诚认罪，即使最后一些事实不予认定或量刑上从轻一些，也没有意见。随后进行的多轮协商中，辩方逐渐明确和收缩谈判的底线，而法官考虑的最高量刑也从最初的有期徒刑20年以下，到16年以下有期徒刑，再到15年以下有期徒刑，直到最后的最高12年有期徒刑。在该案中，专门机关之所以接受协商，一是因为本案一审在事实认定、法律适用及诉讼程序上可能有些瑕疵，被告人认罪会有较好的法律效果；二是本案社会关注度高，一审中专门机关与辩方又对抗激烈，如果被告人认罪会有较好的社会效果。此类协商案例的存在似乎印证了以下观点：辩诉交易在世界范围内

---

[1] 参见汪建成："以效率为价值导向的刑事速裁程序论纲"，载《政法论坛》2016年第1期，第119页。

[2] 孟建柱："为党的十九大胜利召开营造安全稳定的社会环境"，载www.cpcnews.cn，最后访问日期：2018年12月18日。

[3] 参见朱森："刑事法官自由裁量权的行使"，载《人民论坛》2014年第5期，第114页。

[4] 该案协商过程的详细介绍可参见易延友："从周文斌案看中国的辩诉交易与审辩协商"，载《中国案例法评论》，2017年第1期，清华大学出版社2018年版，第176-181页。

的迅猛发展"所呈现出的不同体系下解决方式的一致性,可能归因于相似的实践需求,这种相似性说明了辩诉交易实践发展具有不可逆转性"。[1]的确,协商模式几乎都是慢慢从实践中衍生然后合法化的。特别是在德国,与我国的情况颇为类似,其应对案累的最初思路并不是引入协商模式,而是走与职权主义传统更加具有亲和力的简化程序的改良进路:一方面缩小犯罪圈,将一些轻罪转化为行政违法处理,另一方面拓展检察官免予起诉的裁量权,同时,借助刑事处罚令程序处理一些非严重案件。然而,随着复杂性犯罪的增长、辩护能力的提升等,司法者在重压之下,"开始从事程序法所没有预见的事情",[2]即通过宽大量刑交易供述。经过数十年的实践,协商模式最终进入德国刑事诉讼法典并得到德国联邦宪法法院的认可。

诚然,我们很难预言我国的刑事司法改革是否会重蹈德国建立协商制度"程序演进模式"[3]的旧路。迄今为止,德国国内对协商模式渗透司法制度的方式和明确原因都是不清楚的,甚至也说不清协商模式的最终走向,因为,协商模式入法和德国联邦宪法法院作出合宪裁决,与其说是基于协商模式的正当性,不如说反映了德国刑事司法系统对于司法实践的极大依赖,"以至于完全地禁止将产生不可预见和难以控制的后果",[4]而且,即便合法化,协商实践也并没有完全按照立法者想象的方式实施。但可以肯定的是,尽管需求相似,我国与德国的改革基础还是有径庭之差,这决定了,不管是在实践中还是在立法中,现在强行引入协商模式都孕育着巨大风险。德国刑事协商制度一定程度上是其严格的证明要求和注重人权保障的程序规则的产物。在应对日益增长的复杂案件上,德国刑事诉讼法中这些复杂的要求和笨重的程序显得非常无力,而协商模式则提供了一条高效处理案件的捷径。体现后现代契约式司法理念的协商模式是对严格的程序规则的解构,但严格的程序规则反过来又构成了对协商模式的有效限制。而在我国,刑事诉讼制度的现代化转型尚未完全实现,程序

---

[1] 徐美君:"德国辩诉交易的实践与启示",载《法学家》2009年第2期,第122页。

[2] 参见[德]克里斯托夫·扎费林、埃莉萨·霍芬:"联邦宪法法院裁判后的德国辩诉交易",载彭海青、吕泽华、[德]彼得·吉勒斯编著:《德国司法危机与改革——中德司法改革比较与相互启示》,法律出版社2018年版,第145页。

[3] 林喜芬、成凯:"程序如何衍生:辩诉协商的制度逻辑与程序改良",载《厦大法律评论》2008年第15辑,第29页。

[4] 参见[德]托马斯·魏根特、[美]吉安娜·朗其瓦·特纳:"德国协商性刑事裁判的合宪性",载彭海青、吕泽华、[德]彼得·吉勒斯编著:《德国司法危机与改革——中德司法改革比较与相互启示》,法律出版社2018年版,第148页。

正义理念还未真正确立，正当的程序规则还不健全，更没有形成类似于德国协商模式合宪性审查时所用的"公正审判""无罪推定""法官中立"及"被告人与辩护律师间信任关系"等评价标准。[1]如果在没有成功建构的时候就引入协商模式这种解构性的力量，势必不利于程序法治的理念培育和制度建设，模糊改革目标和正义尺度，阻碍我国刑事诉讼的现代化进程。而且，在被追诉人程序主体地位和权利保障规则系统建立，以及法律帮助的改革重点从普遍性转到有效性之前，职权调查及其所依据的严格标准，包括实质真实的要求，仍是实现案件实体公正的最核心的屏障，而协商模式蕴含的基于同意而定罪、基于协商而处刑的理念必然会冲击职权运行的基本规范，增大寻租机会和腐败风险，破坏职权信赖，损害司法权威，同时也会不可避免地动摇，乃至降低有罪事实的证明标准，影响案件质量，增加错误成本。

  在刑事司法模式的选择上，我们当然不会坚持机械的条件论或文化决定论，也不能"对有益的变化视而不见并且强迫人们满足于现状"。[2]因为，进入现代社会以后，几乎每一个刑事司法模式的衍生都会受到当下需求、制度实践、诉讼传统和域外经验的综合影响。但是，我们也不能忽略本土资源的基础性作用。因此，虽然有不少国家借鉴美国辩诉交易制度引入了协商模式，但均进行了本土化改造，没有任何一个国家照抄美国模式。其实，听取意见模式和协商模式并没有内在品质的优劣之分，而采取听取意见模式更多的是基于当前我国刑事司法场域的现实选择。吸收辩方合理意见，拒绝辩方无理要求，以法律许可的最大化宽缓促成被追诉人认罪认罚，同时又须坚守原则和底线，这就是听取意见模式的精髓。以这样的思路去解决周文斌类案件中存在的强烈沟通需求应该更有利于实现公正与效率、法律效果与社会效果的统一。"任何深层次的制度转型都可能带来不可预期的风险。"[3]如果基于程序改良的听取意见模式就能够解决现实问题，而且冲突更小，效果更好，耗费更少，又有何必要进行司法模式的再造？

---

  [1] 高通："德国刑事协商制度的新发展及其启示"，载《环球法律评论》2017年第3期，第155页。

  [2] [美]米尔伊安·R.达玛什卡：《司法和国家权力的多种面孔：比较视野中的法律程序》，郑戈译，中国政法大学出版社2015年版，第19页。

  [3] 施鹏程："法、意辩诉交易制度比较研究——兼论美国经验在欧陆的推行与阻碍"，载《中国刑事法杂志》2007年第5期，第118页。

第二节 三机关职权关系模式：检察主导

如果将由"侦查中心"向"审判中心"转变的刑事诉讼程序改革看作主旋律的话，认罪认罚从宽制度的完善可谓这一改革的变奏曲。这是因为，认罪认罚从宽制度建构了一套全新的刑事诉讼职能关系和行权模式。在认罪认罚案件的处理中，从检察机关在听取意见的基础上提出量刑建议，到被追诉人认可量刑建议签署具结书，再到法院采纳量刑建议，这一过程是认罪认罚从宽程序的中心环节。而在裁判结论的形成方式上，根据《刑事诉讼法》第201条的规定，除几种法定例外情形，对于认罪认罚案件，人民法院一般应当采纳人民检察院指控的罪名和量刑建议。显然，就专门机关的职能关系而言，这既不是"各管一段"的"无中心"，也不是盲从侦查结论的"侦查中心"，更不是在强调"审判中心"，其处处体现出的是对审查起诉职能和检察机关诉讼角色的倚重。一言以蔽之，就是让检察机关成为认罪认罚从宽程序的主导者，从而使程序运行表现出某种程度上的"起诉中心"。但问题是，在"审判中心"的改革主旋律下，"检察主导"的变奏是如何发生的？检察机关何以成为认罪认罚从宽程序的主导者？检察机关又该如何主导认罪认罚从宽程序的运行？怎样认识"检察主导"的优势和隐患？如何协调"检察主导"与"审判中心"的关系？不厘清这些问题，就很难准确把握认罪认罚从宽制度的程序要义。

一、检察主导：一种新程序模式的形成

一般而言，不管是将检察官视为刑事诉讼的一方当事人，还是将其描述为地位超然的"法律卫士"，检察官作为侦控主体、案件管理者和刑事政策的制定者和执行者，都是一国刑事司法体系中最有权力者之一，对该体系的运行产生着重大影响。但传统意义上检察官的主导或核心地位不是排他性的，特别是其并不以否定法官（实体处分权层面）的主导或核心地位为前提。如果案件进入审判阶段，检察官的主导地位就会转移给法官。[1]然而，这一状况正在逐渐被实践改变。"检察官在大量的案件中事实上已经演变为决定是否科处制裁，以

---

[1] [德]托马斯·魏根特：《德国刑事诉讼程序》，岳礼玲、温小洁译，中国政法大学出版社2004年版，第38页。

及制裁的严厉性或宽大程度的官员",成为"法官之前的裁判者"。[1]至少在部分程序中刑事诉讼权力出现了"从法官决定向检方决定的强烈转变",[2]检察官的支配地位从推进程序延伸到决定实体结果,从审前阶段拓展到审判阶段,进而形成一种检察主导的刑事司法运行模式。归纳起来,该种程序模式中的检察主导主要表现为以下三种形态。

其一是起诉替代措施选择中的检察主导。裁量权是检控权的应有之义,各国的检察官均在不同程度上被赋予了基于法律和政策终结案件的权力。在奉行起诉便宜主义的国家,如美国,检察官拥有广泛的裁量权决定何种案件应当起诉,其不起诉的决定几乎不受任何审查。[3]而在规定起诉法定或强制起诉原则的国家,如德国,也为轻微犯罪规定了起诉例外,审查起诉中撤销案件非证据上的法定理由就多达12个,强制起诉只适用于可能判处1年监禁刑以上的所谓重罪。[4]事实上,有时已经很难从一些粗略的统计数据中看出二者在起诉裁量权上的巨大差异:德国警方移送检察机关的案件,只有约十分之一的案件通过庭审程序结案。检察机关对约54%的案件都作了撤销案件处理;荷兰警方移送给检察机关的半数案件也没有进入审判程序,而由检察机关自行处理;[5]在美国的部分州,38%的被告人也被检察官撤销指控,[6]"许多检察官事务所审查的1/3或更多的案件都不起诉",个别管辖区能达到50%;[7]在日本,做不起诉(含起诉犹豫)决定的案件占检察官处理案件总量的62%。[8]而更为重要的是,检察官不仅在起诉或不起诉问题上拥有"全有全无"的决定权,可对部分

---

[1] 参见[德]托马斯·魏根特:"换了名字的法官?:比较视野下的检察官角色",载[美]艾瑞克·卢拉、[英]玛丽安·L.韦德主编:《跨国视角下的检察官》,杨先德译,法律出版社2016年版,第359页。

[2] [瑞士]古尔蒂斯·里恩:《美国和欧洲的检察官——瑞士、法国和德国的比较分析》,王新玥等译,法律出版社2019年版,第1页、第8页。

[3] 参见[美]爱伦·豪切斯泰勒·斯黛丽、南希·弗兰克:《美国刑事法院诉讼程序》,陈卫东、季美君译,中国人民大学出版社2002年版,第219页。

[4] 参见[德]托马斯·魏根特:《德国刑事诉讼程序》,岳礼玲、温小洁译,中国政法大学出版社2004年版,第45页。

[5] 参见[荷兰]彼得·J.P.达克:"荷兰检察官:公诉与量刑官员",载[美]艾瑞克·卢拉、[英]玛丽安·L.韦德主编:《跨国视角下的检察官》,杨先德译,法律出版社2016年版,第136页。

[6] 参见[美]马尔科姆·M.菲利:《程序即是惩罚:基层刑事法院的案件处理》,魏晓娜译,中国政法大学出版社2014年版,第120页。

[7] [美]爱伦·豪切斯泰勒·斯黛丽、南希·弗兰克:《美国刑事法院诉讼程序》,陈卫东、季美君译,中国人民大学出版社2002年版,第219页、第273页。

[8] 参见[日]田口守一:《刑事诉讼法》,张凌、于秀峰译,法律出版社2019年版,第207页。

轻微犯罪无条件地不起诉,而且可直接决定许多替代起诉的措施,这无疑是在一定意义上赋予了检察官裁判性质的权力。这些替代措施主要包括:要求犯罪嫌疑人在一定期限内履行一定的负担或指示,如向慈善机构捐款或向被害人赔偿,检察官可以经犯罪嫌疑人同意后作出撤销案件、延缓起诉、中止起诉或者附条件不起诉的决定;要求犯罪嫌疑人参加正式或非正式的审前分流项目,如自愿接受毒品治疗、工作培训、和解等,视效果决定是否撤销案件;直接科处罚金、社区服务刑等监禁刑以外的刑事制裁。

其二是轻罪快处程序中的检察主导。为了解决案件量激增带来的刑事司法资源,特别是审判资源供给不足的问题,不少国家都建立有高效处理轻罪案件的诉讼程序。该类轻罪快处程序的共同特征通常是由检察官主导案件的解决,并在事实上享有对案件的处置权,而(如果需要的话)法官仅在形式上审核把关。最为典型的当属刑事处罚令程序。目前,德国、意大利、挪威、克罗地亚等国以刑事处罚令的方式处理案件的比例都在逐年上升。在德国,三分之一的定罪案件是以刑事处罚令的方式处理的。[1]根据德国刑事诉讼法,对于部分轻微犯罪案件,如果检察官认为无法庭审理必要,可以向法院提出书面申请(开启审判程序后也可以口头提出),法官依据该申请,径行以签发书面处罚令的方式确定犯罪行为的法律后果。只要被告人在收到处罚令后的两周内未提出异议,则处罚令等同于确定判决。[2]检察官的书面申请中已包含了具体的案件处理提议,这是法官签发处罚令的基础,法官虽有拒绝签发权但并不会轻易行使。在有的国家,刑事处罚令程序甚至没有法官参与,而是完全由检察官负责,由其直接向犯罪嫌疑人发出案件处理的提议,如未被拒绝,就会成为终局处理。[3]这种完全抛开法官的刑事处罚令亦可归入上文论及的起诉替代程序。

其三是协商模式下的检察主导。近年来,以自愿认罪、诉讼合作、放弃正式审判等为特征的协商性刑事司法在世界范围得到迅猛发展。由于更加倚赖检察官在积极斡旋和塑造诉讼结果方面的作用,协商性司法进一步强化了检察官的准法官角色。对此,美国的辩诉交易体现得最为充分。检察官在与辩方就指

---

[1] 参见[美]史蒂芬·C. 撒曼:"刑事处罚令:检察裁决作为一种刑事司法改革的模式?",载[美]艾瑞克·卢拉、[英]玛丽安·L. 韦德主编:《跨国视角下的检察官》,杨先德译,法律出版社2016年版,第148页。

[2] 宗玉琨译注:《德国刑事诉讼法典》,知识产权出版社2013年版,第283-286页。

[3] 参见[荷兰]彼得·J.P. 达克:"荷兰检察官:公诉与量刑官员",载[美]艾瑞克·卢拉、[英]玛丽安·L. 韦德主编:《跨国视角下的检察官》,杨先德译,法律出版社2016年版,第141页。

控或量刑问题展开协商时占据绝对主导地位，法官通常不会参与协商过程，在辩诉交易中扮演非常"边缘性的角色"。[1]面对协商结果，虽然法官在理论上和法律上还保留着自由决定是否接受的权力。但实践中，法官一般不会轻易拒绝控辩协议，有时庭审像是"走过场"，"法官几乎会毫无例外地听从建议"。[2]在美国诉安米唐一案中，对于法官应当在多大程度上考虑检察官同意的处理方式，二审法院虽然没有给出明确的标准，但却强调："审判法官必须合理地使用自己的自由裁量权，以使自己作出的、有别于控辩双方达成协议的决定合理化。"[3]许多欧陆国家也都引入了协商模式，检察官在与辩方协商的基础上向法庭提出量刑建议，法官一般都会采纳这一建议，除非认为该建议明显不当。不管是美国的辩诉交易，还是欧陆国家的量刑协商，虽然极少有国家在法律上直接规定检察官量刑建议对法官量刑裁判的必然拘束力，从而在形式上否定法官的量刑权，但协商实践中，量刑建议对量刑裁判产生了高度影响力或"预决"效果，法官对检察官的建议都会认真考虑，并乐意与检察官在事实上分享量刑权。值得一提的是，协商模式并不必然意味着检察主导。德国的认罪协商就主要发生在法官与辩方之间，检察官仅有一定意义上的否决权。

同样，伴随着认罪认罚从宽制度的建立健全，我国也出现了"检察官法官化"的权力转移现象，并在实质上形成了一种"检察主导"的刑事案件处理模式。按照我国《刑事诉讼法》及相关司法解释的要求，在认罪认罚案件中，检察机关主要通过以下途径发挥主导作用：在审查逮捕期间或者重大案件提前介入时，向侦查机关提出开展认罪认罚工作的意见或建议；将被追诉人认罪认罚情况纳入批准或者决定逮捕时的重要考量因素；在审查起诉阶段对认罪认罚的被追诉人依职权启动认罪认罚从宽程序，告知权利和相关法律规定，听取相关诉讼参与人的意见；对认罪认罚的被追诉人提出具体的量刑建议；决定认罪认罚案件的程序适用，或者向人民法院提出程序适用或程序转换的建议；主持签署认罪认罚具结书；对被追诉人认罪认罚，但不需要判处刑罚的轻微刑事案件，依法作出不起诉决定；对符合有重大立功或案件涉及国家重大利益

---

〔1〕 Darryl K. Brown, Judicial Power to Regulate Plea Bargaining, William & Mary Law Review, Vol. 57 (2016), p. 1225.

〔2〕 [美]克雷格·布兰德利："检察官的角色：辩诉交易与证据排除"，载[美]艾瑞克·卢拉、[英]玛丽安·L. 韦德主编：《跨国视角下的检察官》，杨先德译，法律出版社2016年版，第80-81页。

〔3〕 [美]伟恩·R. 拉费弗、杰罗德·H. 伊斯雷尔、南西·J. 金：《刑事诉讼法》（下册），卞建林、沙丽金等译，中国政法大学出版社2003年版，第1079页。

等特定条件的认罪认罚被追诉人,依法作出特别不起诉决定;审核公安机关对认罪认罚被追诉人拟作的特别撤案决定;检察机关指控的罪名和提出的量刑建议对法院产生"一般应当采纳"的效果;负责对认罪认罚案件办理全过程的监督。

与域外相比,我国在认罪认罚从宽制度中构建的检察主导的程序模式有几个鲜明特点:(1)检察官能以不起诉或附条件不起诉的方式直接处理一些认罪认罚案件,但没有创立检察官可直接科处刑事制裁的起诉替代程序。(2)其适用的案件范围不局限于轻微犯罪,因此不能简单地归结为轻罪快处程序。(3)在专门机关与诉讼参会人的沟通方式上,我国采取的是听取意见方式,不具备协商模式的要素与结构,不以协商为必要条件。[1](4)在适用条件上不仅要求被追诉人认罪,还通过要求认罚强调被追诉人的真诚悔罪及充分配合追诉的态度。(5)域外检察主导的替代程序是一种反传统路径,而我国的检察主导则契合传统的流水线作业模式。(6)法律明确规定了检察机关量刑建议对人民法院量刑裁判的刚性制约力。(7)检察机关既是主导者,又是监督者。

应当注意,有不少论者在非常宽泛的意义上使用"检察主导"这一概念。如认为检察机关之所以需要充分发挥在认罪认罚从宽制度执行中的主导作用,因为其是"国家的法律监督机关和刑事诉讼中上承侦查下启审判的司法机关",[2]或是因为其是"国家追诉的执行者、刑事政策的调控者、程序分流的主导者、诉讼活动的监督者、案件质量的把关者"。[3]有论者还根据具体的检察职能分门别类地研究了检察机关的全程性、阶段性、环节性和结构性的主导作用。[4]其实,这里的"主导"几乎已和"主角"或"重要"等词无异。正因为如此,有论者表示很难理解检察主导的提出在我国学界及实务界引发的巨大争议。在这些论者看来,检察官在刑事诉讼中"位高权重",且其职权足以影响或决定案件走向,检察主导这一论断不过是"对检察官在刑事诉讼程序中的法律地位和职责权限的一种形象描述","是德、日等大陆法系国家刑事诉讼理论和检察

---

[1] 参见闫召华:"听取意见式司法的理性建构——以认罪认罚从宽制度为中心",载《法制与社会发展》2019年第4期,第56页。

[2] 王祺国:"在执行'认罪认罚从宽'中发挥检察主导作用",载《检察日报》2019年4月23日,第3版。

[3] 卞建林:"在落实认罪认罚从宽制度中承担好检察主导责任",载《检察日报》2019年4月22日,第3版。

[4] 参见张建伟:"检察机关主导作用论",载《中国刑事法杂志》2019年第6期,第30页。

制度研究中一个众所周知、耳熟而详的常识"。[1]当然,从"主导"的字面意思或者检察职能的重要性角度理解检察机关在认罪认罚从宽中的主导地位虽无不可,但这样理解并不足以揭示由认罪认罚从宽制度推动的刑事诉讼职能关系和行权模式变革之要旨,即"检察官的法官化"。

二、检察何以主导

之所以将检察机关塑造为认罪认罚从宽制度实施的主导者,以检控权为中心构建一种新的程序模式,并赋予检察机关对于认罪认罚案件一定意义上的定案权,可以说,这既与"检察官的法官化"之权力转移的国际趋势有关,也决定于我国的刑事诉讼构造、专门权力配置和检察机关的特殊定位。

(一)为何不是法院

认罪认罚从宽制度本质上是以从宽利益激励来换取被追诉人的认罪认罚,进而实现诉讼程序的全程简化,特别是审判程序的简化。以法院为主导不仅不符合改革初衷,还可能产生以下诸多负面效果。首先,以法院为主导意味着认罪认罚案件仍旧采取法庭中心的程序路径处理,办案的关键环节和重点工作需要法院完成。也就是说,法院既要按"繁案精审"的要求实现非认罪认罚案件庭审的实质化、正当化,又要腾出大量的人力物力在法律要求的较短期限内应对庞杂的认罪认罚案件。相比于之前层层把关程序模式下的审判工作,法院主导模式无益于缓解审判资源上的供需矛盾,反而可能加重法院的办案负担。其次,当前我国对专门机关权力的配置还是各管一段式的,审判权基本不介入侦查和审查起诉阶段。在这种权力配置格局下,以法院为主导意味着认罪认罚从宽制度只有在审判阶段才能得到有效实施,认罪认罚引发的程序简化也只会简化审判程序。认罪认罚案件的侦查和审查起诉工作依然会耗费大量司法资源,改革的经济效果势必大打折扣。再次,法院掌握着裁判权,以法院为主导可能促使法院过于积极地追求被追诉人认罪认罚,丧失作为裁判者所应有的客观立场和中立地位。而且,法院的地位和权力使得审辩沟通与控辩沟通有着本质不同,法官的许诺可以在审判阶段得到同步兑现,当然,无视法官的建议也会确定无疑地导致不利后果,这必然会给被追诉人带来更为直接的压迫效果,威胁到认罪的真实性和认罪认罚的自愿性、明智性。出于此种担心,实行辩诉交易

---

[1] 万毅:"论检察官在刑事程序中的主导地位及其限度",载《中国刑事法杂志》2019年第6期,第42-43页。

制度的国家通常对于法官参与交易过程问题都表现得非常谨慎,美国联邦法院的规则是"法院不应该参加任何这种交易"。[1]而德国的审辩交易模式也因此备受质疑,"量刑选择之间的突出差异削弱了被告人供述的自愿性",而且也无法保障不愿协商或协商失败的被追诉人接受无偏倚的法官审判的权利。[2]最后,检察主导之下,法院由审判者变成了审核把关者,检察主导的程序模式毕竟还包含着法院的审核把关,在简化程序的同时,多了一道防范权力滥用的屏障。而以法院为主导,就缺少了一道阶段性的程序制约。

(二) 为何不是公安机关

我国公安机关的立案侦查权固然强势,但也受到极为严格的条件要求和外在限制。《刑事诉讼法》在立案、撤案等的决定模式上均采取法定主义为主的原则:公安机关只能在认为"有"而不是"可能有"犯罪事实的前提下立案,而在立案后也只能在"不应"追究而不是"可以"不追究的前提下撤案,甚至其不能在证据不足、可能没有犯罪事实的情况下终止追究,即便发现侦查终结的案件可能属于检察机关酌定不起诉适用范围,也只能向检察机关移送起诉意见书。对于认罪认罚案件,除在极其特殊的情况下,经最高人民检察院核准可以撤销案件外,公安机关所能做的只是"记录在案,随案移送并在起诉意见书中写明有关情况"。换言之,法律严格限制了公安机关以终止追究方式分流认罪认罚案件的权力,甚至都没有明确其向司法机提出从宽处罚建议的权力。而且,更为关键的是,认罪认罚从宽是一个贯穿诉讼全程、统摄多种诉讼职能、兼容程序与实体的综合性制度安排,认罪认罚不一定发生在侦查阶段,认罪认罚案件的从宽处罚也主要是在量刑建议与量刑裁判的互动中兑现。而公安机关虽主导侦查,但基本不参与审查起诉和审判,既没有量刑建议权,也没有定罪和量刑裁判权,缺乏从宽的话语权,不可能也不适宜向被追诉人提出过于具体且能拘束司法机关的从宽承诺,无法应被追诉人要求提供相对确定的认罪认罚利益预期。因此,公安机关虽然可以在特定环节参与认罪认罚从宽程序,但无权决定案件的走向和结果,没有条件主导认罪认罚从宽制度的整体实施。

---

[1] [美] 伟恩·R. 拉费弗、杰罗德·H. 伊斯雷尔、南西·J. 金:《刑事诉讼法》(下册),卞建林、沙丽金等译,中国政法大学出版社2003年版,第1052页。

[2] [德] 托马斯·魏根特、[美] 吉安娜·朗其瓦、特纳:"德国协商性刑事裁判的合宪性",载彭海青、吕泽华、[德] 彼得·吉勒斯编著:《德国司法危机与改革——中德司法改革比较与相互启示》,法律出版社2018年版,第164-165页。

(三) 检察机关自身的定位与条件

由于刑事司法体制的差异,各国检察制度存在多样性,检察官承担的具体诉讼职能、检察组织设置及检察权的运行方式有一定的差异。但是在面对一些共同性问题时,譬如与日俱增的案件压力,各国在探索正式庭审的替代程序方面,呈现出检察自由裁量权和决策权扩张的趋同倾向。这种趋同性,至少可以从两方面理解:一方面是节省司法资源的经济考量。如果每个起诉案件都要经过正式审判,没有哪一个国家的刑事司法体系能够承受。正式审判程序的高耗费催生了由检察机关主导的放弃正式审判的替代程序,而有效发挥这些替代程序的作用也恰是正式审判程序得以正常运行的前提条件。可以说,域外检察主导的程序模式一定程度上都是正式审判程序中严格的证明要求和人权保障规则的产物。在应对日益增长的复杂案件上,这些复杂的要求和笨重的程序显得非常无力,而检察主导模式则提供了一条高效处理案件的捷径。另一方面是检察官的职能和属性。检察官作为刑事司法体系的守门员,通过行使起诉权,"连接着警方侦查和法庭裁判这两端,有影响这一进程中的每一个决定的权力"。[1] 而且,绝大多数法律体系中的检察官都不仅仅承担起诉职能,它们通常还有权指导、参与或领导侦查,选择程序,决定审判范围和导向,管理案件,制定政策,这些权力使得检察官成为刑事司法体系中最强势的角色,进而成为主导多数替代程序的不二人选。

具体到我国而言,每一次《刑事诉讼法》修改几乎都涉及检察权的调整,检察裁量权和决策权整体上也呈现出扩张趋势。应当说,上述支撑域外检察权扩张现象的动力和条件在我国也同样存在,不仅如此,检察机关能够成为认罪认罚从宽制度实施的主导者,也与以下三个因素密切相关:(1) 检察机关掌握着相当强势的控诉权,虽然要受起诉法定原则的约束,但其约束主要是来自法律。检察机关提起公诉的案件,只要起诉书中有明确的指控犯罪事实,人民法院均应开庭审判。在一审宣判之前,检察机关还可以申请撤诉,法院一般都会准许。(2) 检察机关是我国的司法机关,也是宪法意义上的法律监督机关,承担的客观义务不亚于人民法院。尽管自 1996 年《刑事诉讼法》颁行以来,我国刑事诉讼方式进行了以当事人主义为方向的改革,但作为控诉方的检察机关并没有也不可能完全当事人化。检察机关除了是层层把关诉讼模式中审查起诉阶

---

[1] [美] 艾瑞克·卢拉、[英] 玛丽安·L. 韦德主编:《跨国视角下的检察官》,杨先德译,法律出版社 2016 年版,引言第 3 页。

段的主导者，还要通过审查批准逮捕实现对强制措施的司法控制，同时担负着通过法律监督保障诉讼活动合法性的职责，有足够的能力和条件保障客观公正地履行认罪认罚从宽程序中的主导责任。(3) 检察主导认罪认罚从宽程序有法律基础和现实基础。虽然我国通过规定法院统一定罪原则和取消免予起诉制度明确否定了检察机关的定罪权，但酌定不起诉以及附条件不起诉制度的存在足以表明，法律依然认可检察机关对于部分轻微案件的被追诉人，有权在认为其构成犯罪的情况下作程序上的灵活处理，不起诉的情况下附设被追诉人必须遵守的一定条件。除不起诉外，检察机关还有量刑建议权。同域外一般意义上控辩双方的量刑建议或意见不同，在我国，量刑建议通常专指检察机关提出的量刑意见。"是一项专属检察机关的法定职权",[1] 甚至被看作事前开展审判监督的重要途径。[2] 而且，在认罪认罚从宽制度试点以前，量刑建议的采纳率就非常高。各地量刑建议的采纳率基本上能维持在90%以上,[3] "部分基层检察院甚至出现了提出率和采纳率的'双百'现象"。[4] 这表明，在量刑建议的拘束力问题上，检察机关与法院之间早就有了一定的默契，这无疑为认罪认罚案件量刑建议拘束力的强化奠定了基础。

三、检察主导程序模式的结构与要素

域外的检察主导模式通常体现于一种或几种独立的程序类型，而该类程序有别于正式审判程序，且有特定的适用范围，一般仅适用于认罪案件、轻罪案件或者认罪的轻罪案件等。而我国检察主导的认罪认罚从宽程序则仅以犯罪严重程度作为程序选择而非制度准用的基准，而且，也没有在法律上明确规定通用于认罪认罚案件的独立程序类型，在程序模式的外形和内核上有自己的鲜明特点。

（一）检察主导程序模式的独立性

与域外不同，我国并没有限制检察主导模式适用的案件范围。因此，就我

---

[1] 潘申明、刘浪、周耀凤：《量刑建议：前沿理论与实战技能》，中国检察出版社2016年版，第6页。

[2] 参见林喜芬："论量刑建议的运行原理与实践疑难破解——基于公诉精密化的本土考察"，载《法律科学（西北政法大学学报）》2011年第1期，第125页。

[3] 参见张洪超、梁昭、张龙："山东冠县：82份量刑建议全部被采纳"，载http://www.sdjcy.gov.cn/html/2012/sxyjj_ 0727/5777.html，最后访问日期：2020年2月15日；刘宜俭："98%量刑建议被采纳"，载http://news.sina.com.cn/o/2012-06-13/063924583182.shtml，最后访问日期：2020年2月15日。

[4] 饶冠俊："检察机关量刑建议的规范化——基于实证分析的视角"，载《甘肃理论学刊》2017年第6期，第125页。

国检察主导的认罪认罚从宽程序模式的独立性而言，关键是要准确理解检察主导的程序模式与普通程序、简易程序及速裁程序的关系。从表面上看，认罪认罚案件并没有独立的诉讼程序，特别是在审判阶段，既可能适用速裁程序，也可能适用普通程序或简易程序。其中，普通程序带有普适性，简易程序只是限定于认罪（承认自己所犯罪行，对指控的犯罪事实没有异议）案件，只有速裁程序属于认罪认罚案件的专用诉讼程序，从而在一定程度上体现出检察主导程序模式的独立性。尽管简易程序或普通程序并不为认罪认罚案件所专用，但是，从《刑事诉讼法》及相关司法解释的规定（法律中直接相关的规定，特别是《刑事诉讼法》第201条等）看，认罪认罚案件处理的核心要求是贯穿所有认罪认罚案件诉讼程序的。换言之，即便认罪认罚案件适用普通程序和简易程序，其检察主导的程序内核依然没有改变，其审理程序较之于非认罪认罚案件仍会有很大差异，从而凸显出检察主导程序模式的相对独立性。

（二）检察主导程序模式的基本构造

所谓检察主导程序模式的构造，就是体现检察主导的认罪认罚从宽基本程序要素的组合和结构。如果基于动态的认罪认罚从宽制度实施过程，检察主导的认罪认罚程序则应包括认罪认罚的激励机制、认罪认罚的达成机制、认罪认罚的确认机制、认罪认罚的保障机制、认罪认罚的效果机制以及认罪认罚的救济机制。但如果去繁就简，就刑事程序所要求的最低限度的要素而言，检察主导的认罪认罚从宽程序至少应由以下四个部分组成。[1]

其一是如何认罪认罚，即检察主导的疏导、激励、确认认罪认罚的控辩沟通程序。该程序的要旨就是，检察机关在适用认罪认罚从宽制度进而作出涉及当事人重要实体权利及程序利益的决定前，应当充分考虑当事人及其他相关诉讼参与人的意见，给利害关系人提供发表观点、影响决定的机会。与交易模式相比，认罪认罚从宽制度中的听取意见则更多的是由官方单方面地给出固定的认罪认罚利益。也就是说，专门机关仅听取被追诉人"要么接受，要么放弃"的意见，实际上是由犯罪嫌疑人、被告人通过认罪认罚来争取从宽。按照达玛

---

[1] 当然，这种划分主要着眼于程序的功能，但程序功能的确定不可能有一个公认或完全客观的标准，因此，上述划分是相对的，某项具体程序在基于功能的性质归属上也绝不是非此即彼的关系。以认罪认罚案件上诉程序为例，从权利保障和救济的视角看，属于被追诉人认罪认罚后反悔权的保障程序，从运行程序的特色构造看，属于认罪认罚案件的快速处理程序的一部分，而从我国认罪认罚案件中被追诉人与专门机关的交往关系及具结性质而言，则属于沟通程序的组成部分。

什卡的分类,〔1〕这显然是一种不同于协商模式的独立程序范式。

其二是如何从宽,核心是检察主导的从宽兑现程序。从宽兑现程序是认罪认罚从宽程序的核心模块,能否通过检察主导,建立起有效增强被追诉人认罪认罚利益确定性的从宽兑现机制是决定认罪认罚从宽制度能否有效运行的关键。阶段分明、层层把关式的诉讼模式决定了从宽的兑现程序至少应该包括两类,即从宽决定在当前诉讼阶段的同步兑现程序和从宽建议跨阶段的异步兑现程序。前者包括在三大阶段中被追诉人认罪认罚利益的即时兑现,但主要发生在审前阶段,重点是审查起诉阶段检察机关以不起诉方式兑现。后者则是指通过人民法院以判决认可指控意见,主要是在检察机关量刑建议权与审判机关量刑裁判权之间的良性互动中兑现。〔2〕

其三是如何从快、从简、从缓,即检察主导的案件速办程序。之所以针对认罪认罚案件构建检察主导的程序模式,就是为了推动"刑事诉讼程序制度的层次化改造",完善刑事案件繁简分流的程序机制,建立认罪认罚案件多元化的全程快速办理程序。〔3〕通过检察机关发挥主导作用,可以减少审判环节人民法院的实质性工作。而且,在审前阶段,检察机关就可以通过强化侦诉协作、控辩沟通、非羁押诉讼等措施和途径,以非对抗方式促进侦查、审查起诉的增速提速,最终实现认罪认罚案件刑事诉讼的全程简化或"跳跃"式简化。〔4〕

其四是如何确保程序效果不偏离预期目标,即检察主导的审查和监督程序。认罪认罚从宽制度预期功能的发挥是以认罪认罚的自愿性、明智性、真诚性,认罪的真实性,程序的沟通性,从宽的妥当性,以及从快的适度等为前提和基础的。因此,有效的保障程序是检察主导程序模式的重中之重。目前,在检察主导程序模式效果的保障上,我国主要采取的是权力关照模式,即一方面通过

---

〔1〕 达玛什卡认为:"有两种新兴的程序模式正在迅速发展:一种是官方给出固定的认罪利益,而被追诉人'要么接受,要么放弃',一种是官方与被追诉人就其认罪利益予以协商。后一种模式包含多种形式,并不仅限于辩诉交易。" Mirjan Damaška, "Negotiated Justice in International Courts", *J. Int'l Crim. Just.*, Vol. 2 (2004), p. 1019.

〔2〕 参见闫召华:"论认罪认罚案件量刑建议的裁判制约力",载《中国刑事法杂志》2020年第1期,第17页。

〔3〕 参见周强2016年8月29日在第十二届全国人大常委会第二十二次会议上对《关于授权在部分地区开展刑事案件认罪认罚从宽制度试点工作的决定(草案)》的说明。

〔4〕 孔令勇:"诉讼程序的'压缩'与'跳跃'——刑事简易程序改革的新思路",载《北京社会科学》2017年第3期,第40页。

职权法定或者积极倡导职权的道德自觉,以有形或无形规则的直接控制,减少专门机关,特别是发挥主导作用的检察机关在"事中"怠用、乱用、滥用职权的可能性;另一方面,通过不同诉讼环节的层层把关和"事后"的职权审查,借助程序制约或监督机制,特别是检察机关贯穿全程的法律监督,实现权利保障和权力控制。

(三) 检察主导程序模式的内核

诚然,我国检察主导程序模式构建的直接目的就是实现认罪认罚案件的分流和简化。就此而言,有论者将刑事诉讼法意义上的认罪认罚从宽视为一种特殊的简易程序[1]也不无道理。但仅仅认识到检察主导程序模式的简易特征是远远不够的,认罪认罚案件不同于诉讼程序的共性绝不止于程度不同的简化,检察主导的程序模式必然有更加充实的内核。基于当前的改革背景和程序模式的内在要求,该内核至少应当具有以下几个特征:(1)普适性,即能无例外地适用于处理认罪认罚案件的专属程序和非专属程序。(2)系统性,即具备一个相对较为完整的案件处理流程,具备基本的程序要素,可以自成体系。(3)非常规性,即打破常规的机制和原则,有别于一般诉讼程序的要求。(4)法定性,即一般均由法律明文规定,既不违反程序法定原则的要求,也契合我国职权法定的控权机制。

对照上述特征,就我国《刑事诉讼法》确立的检察主导的认罪认罚从宽程序看,其最基本、最核心的要求是:在侦查环节,侦查人员在讯问被追诉人时应当告知认罪认罚从宽相关法律规定,将被追诉人自愿认罪情况记录在案,随案移送检察机关;在审查起诉环节,被追诉人认罪认罚的,检察机关告知其相关法律规定,听取被追诉人等的意见,提出量刑建议,主持具结书的签署,并在起诉时将认罪认罚具结书随案移送;审判环节,法院向认罪认罚的被追诉人告知相关法律规定,并审查其认罪认罚的自愿性以及具结书内容的真实性、合法性,在依法判决时一般应采纳检察机关指控的罪名和量刑建议。归纳起来就是,通常情况下,对于认罪认罚案件,侦查机关告知权利、如实记录,移送检察机关;检察机关告知权利、听取各方意见、提出量刑建议、主持具结书签署,移送法院;法院告知权利、审查核准。一言以蔽之,就是"公安记录、检察建议、法院审核",检察机关在其中的主导地位不言而喻。

---

[1] 参见陈瑞华:"认罪认罚从宽制度的若干争议问题",载《中国法学》2017年第1期,第35页。

四、检察如何主导：非检察环节的实现途径

检察主导程序模式中的检察主导既不是在强调诉讼模式意义上检察机关阶段性的主导作用，也并不是在刻意凸显检察机关实施认罪认罚从宽制度之检察环节中的主导地位，而是着眼于检察机关在整个认罪认罚从宽程序中属于最核心角色的基本定位。该定位适用于认罪认罚案件中的诉辩关系，当然也适用于诉侦关系、诉审关系，而且，相比而言，更为看重专门机关关系中的检察主导，更为重视检察机关在非检察环节的主导作用。检察机关在非检察环节中的主导作用，或者更确切地说，检察机关的工作对其他专门机关工作发挥的引领性和"预决"性的作用，才真正决定着认罪认罚从宽程序之检察主导的性质。

（一）"预决"：审判环节的检察主导

审判环节认罪认罚从宽制度的适用主要有两种情形：一是在审判环节前启动，而在审判环节继续推进。二是到审判环节才启动认罪认罚从宽程序。在这两种情形下，按照刑事诉讼法的要求，检察机关均应发挥主导作用。检察机关的主导作用主要体现于检察机关的指控意见对于审判机关裁判的制约力，或者说是对诉讼结果的"预决"力。但在检察主导作用的实现途径上两种情形略有不同。

如果认罪认罚从宽程序是在审判环节之前启动，法律对检、法互动模式规定得比较清晰。《刑事诉讼法》第201条从三个方面明确规定了认罪认罚案件中指控意见（指控的罪名和提出的量刑建议）对人民法院的约束力，即原则上，人民法院均应采纳检察机关的指控意见；如果存在五种法定情形之一的，可以不采纳指控意见；在人民法院认为量刑建议"明显不当"，或者辩方对量刑建议提出异议时，给予检察机关调整量刑建议的机会。但综观该条列举的五种不采纳指控意见的例外情形，其实大多已不再符合认罪认罚从宽制度的适用条件，而被告人对检察机关量刑建议的异议否定的也是认罪条件的符合性，也就是说，规定法院面对这些情形时拒采指控意见，其用意不在否定检察机关指控意见对裁判的制约力，而是强调人民法院对认罪认罚案件基本适用条件的审查职责。因此，关于指控意见对量刑裁判的约束力，《刑事诉讼法》第201条的主旨可以概括为，对于符合认罪认罚制度适用条件且适宜适用该制度处理的案件，人民法院在判决时应当采纳人民检察院的指控意见，除非量刑建议"明显不当"且人民检察院拒不调整或调整后仍然明显不当。不难看出，在规范层面，认罪认罚案件中检察机关的指控意见具有一定的刚性制约力，限制了法院裁判的裁量

空间。指控意见的刚性制约力直接改变了认罪认罚案件中刑事司法权的基本配置，决定了审判权的行使方式，在一定程度上使得人民法院在该类案件中的角色从裁判者变为了审核者，更为重要的是，它还直接限定了人民法院审核结论的倾向性。[1]因此，在速裁程序中，法庭调查和法庭辩论都可以省略，审判的重心就是对认罪认罚自愿性和具结书的真实性、合法性的审查。在普通程序或简易程序中，尽管还可能存在法庭调查和法庭辩论阶段，但审判的重心与速裁程序并无本质差异，只不过需要法院在行使审查职责时更加谨慎。

如果被追诉人在审判阶段特别是开庭时才选择认罪认罚，《刑事诉讼法》并未明确程序应以何种方式推进。但《指导意见》第49条规定，"被告人在侦查、审查起诉阶段没有认罪认罚，但当庭认罪，愿意接受处罚的，人民法院应当根据审理查明的事实，就定罪和量刑听取控辩双方意见，依法作出裁判"。也就是说，当庭认罪认罚的案件，不再以检察主导、法院审查的程序模式进行，而改由法院全权负责，即由法院在听取控辩双方意见的基础上直接依法裁判。该条解释可能是考虑到，当庭认罪认罚在价值、作用上已大打折扣，由法院直接裁判更有效率。基于相同的理由，《指导意见》第50条对第二审程序中被告人认罪认罚案件的处理程序也作出了类似规定。仅从程序的直接成本角度观察，《指导意见》第49条的规定似乎不无道理，但事实上，笔者认为该处理方式既不合法，也不尽合理。一方面，《刑事诉讼法》虽然没有明确规定当庭认罪认罚的处理程序，但该法第190条第2款及第201条规定的认罪认罚案件审查和裁判方式并没有设置"当庭认罪认罚"的例外，换言之，除法定情形外，量刑建议、具结书等也应当是审判环节认罪认罚从宽程序的必备要素。《指导意见》中的处理方式有违立法精神。另一方面，法院直接裁判方式实质上是允许审判机关抛开检察机关，直接与被追诉人就当庭认罪认罚问题进行沟通，较之于检察主导、检法互动的程序模式，不仅少了一道防范权力滥用的审查关卡，也直接威胁到被追诉人认罪认罚的自愿性，更无法保障被追诉人认罪认罚所能得到的从宽利益。因此，对于审判环节当庭认罪认罚的案件，同样应当采取检察主导的程序模式。不管程序是不是由法院启动，不可缺少的一环是，均应由检察机关在听取意见的基础上向法院提出有一定制约力的量刑建议。

---

[1] 参见闫召华："论认罪认罚案件量刑建议的裁判制约力"，载《中国刑事法杂志》2020年第1期，第23页。

(二) 引领：侦查环节的检察主导

质疑我国检察机关主导地位观点的主要理由之一就是，公安机关是负责侦查的主要专门机关，检察机关很难称得上是侦查程序的主导者。而不少认可检察机关刑事程序主导地位的论者也承认，侦查阶段确有其特殊性，"检察官主导刑事诉讼程序，是一种总体性和盖然性描述，并不意味着检察官在每一个诉讼阶段和程序中都占据绝对的支配性地位"。[1]但需要注意的是，上述争论是在刑事诉讼的一般程序层面上展开的，即便不能在一般意义上说检察官是侦查程序的主导者，也不能由此否定检察机关在认罪认罚从宽程序中的主导地位。

事实上，我国的公安机关与检察机关之间的关系模式已经为检察机关主导认罪认罚从宽程序中的侦查环节奠定了坚实基础。第一，侦查是为起诉作准备的，检察机关通过行使审查起诉权，对公安机关搜集的材料和提出的意见审查把关，决定是否符合起诉条件，并可直接以不起诉终结公安机关移送的案件。第二，检察机关通过行使审查批捕权，控制公安机关剥夺人身自由的强制措施。第三，检察机关通过行使法律监督权，确保公安机关立案及侦查行为的合法性，纠正公安机关的违法行为。第四，检察机关通过行使提前介入权，在一些重大案件中指导公安机关侦查，引导取证。通过合理地行使这些职权，检察机关成为审前程序中"当之无愧的主导者"。[2]还有学者据此提出，审判中心主义视野下构建新型诉侦关系，也"应当以公诉职能为中心，指导、监督和制约侦查权运行"，进一步明确了检察机关在审前程序中的主导地位。[3]

在认罪认罚从宽程序中，检察机关对侦查环节的主导作用侧重于引领，主要体现在三个方面。(1) 犯罪嫌疑人在侦查环节认罪认罚的，公安机关只能告知权利，听取意见，记录在案，随案移送，既不能作出具体的从宽承诺，也无权以要求签署具结书的形式对认罪认罚作法律上的正式确认，而只能待由检察机关在审查起诉环节就认罪认罚的具体内容与辩方沟通，确定指控罪名和量刑建议，审查、认定具结书的内容。(2) 在审查批捕和羁押必要性审查时，检察机关将认罪认罚情况作为社会危险性评价的重要考虑因素，通过不批捕没有社

---

[1] 万毅："论检察官在刑事程序中的主导地位及其限度"，载《中国刑事法杂志》2019年第6期，第46页。

[2] 朱孝清："检察机关在认罪认罚从宽制度中的地位和作用"，载《检察日报》2019年5月13日，第3版。

[3] 卞建林、谢澍："'以审判为中心'视野下的诉讼关系"，载《国家检察官学院学报》2016年第1期，第38页。

会危险性的认罪认罚者,或者建议变更为非羁押措施,直接参与和推动侦查环节的认罪认罚从宽工作。(3)按照《指导意见》第 24 条的规定,检察机关还可以在审查逮捕期间或者重大案件提前介入(听取意见)时向公安机关提出开展认罪认罚工作的意见或建议,对于该意见或建议,公安机关应当认真听取,积极开展相关工作。事实上,基于监督职责,检察机关还负有确保在整个侦查环节认罪认罚从宽程序合法运行的权力和责任。

五、检察主导程序模式的潜在风险及其防范

检察主导的认罪认罚从宽程序转移了诉讼阶段的重心,局部改变了刑事司法权的基本配置,并在一定程度上重塑了专门机关的配合制约关系,既可以充分发挥我国层层把关诉讼模式的优势,又可以尽早实现繁简分流,在确保公正和人权的基础上,实现认罪认罚案件的高效处理。但是,应当看到,检察主导的程序模式在实施中也面临着权力失序的风险,需要建立起相应的风险防控机制。

一是主导权滥用风险。检察主导的认罪认罚从宽程序本质上属于里恩教授所谓的"替代程序",在这一程序中,"虽然法院可能参与最后阶段的制裁,但发挥核心作用的是检察官"。[1]居于主导地位的检察机关在替代程序中可谓"大权独揽"。而且,与域外"替代程序"相比,我国的认罪认罚从宽程序由于以下三个特点的存在而更有可能放大检察机关滥用主导权的风险:(1)我国法律直接规定了认罪认罚案件中量刑建议对法院裁判的刚性约束。(2)我国不区分轻罪、重罪,只要被追诉人认罪认罚,就可以适用检察主导的程序模式,从而予以从宽处理。(3)检察机关是法律监督机关,但其法律监督权是外向型的,即检察机关自身不是法律监督的对象。鉴于此,有必要考虑以下控权措施。首先,从严把握认罪认罚从宽制度的适用条件,特别是要从严界定认罪认罚,以此适当控制检察主导程序模式的适用范围。其次,淡化量刑建议的刚性制约,通过畅通控辩双方的异议途径,增强量刑沟通的公开性,以及强化量刑裁判的说理,构建以柔性制约为核心的量刑建议增效机制。再次,应允许检察官根据个案的具体情况(轻罪还是重罪)灵活选择量刑建议的形式,整体上宜采取以幅度建议为主,精准建议为辅的量刑建议形式。最后,建立健全对检察主导权

---

[1] [瑞士]古尔蒂斯·里恩:《美国和欧洲的检察官——瑞士、法国和德国的比较分析》,王新玥等译,法律出版社 2019 年版,第 8 页。

的内外部监督制约机制。在内部，通过明确的权力清单、合理的绩效考核、有效的案件管理机制等规范检察主导权的运行。在外部，应重视审判环节的审核把关功能，同时，在监察体制改革背景下，可激发监察监督效能，使其成为检察主导权异体监督的主要途径。

二是认罪真实性保障风险。在检察主导的程序模式下，对于案件的证据审查和事实认定问题，审查起诉环节发挥关键作用，审判环节只是审核把关。通常认为，认罪认罚从宽制度虽然改变了程序的推进方式，但并未降低而且也不应该降低认罪认罚案件的证明标准。[1]但应当看到，在认罪认罚案件证明标准的内涵以及判断方式上，已经发生了微妙而又十分重要的变化，即检察机关主导着案件证据与事实的审查认定，而且，这一工作主要是在审查起诉环节完成，法院事实上不再担负通过审判查明案件事实的主要责任。表现在庭审环节，检察机关在法庭上的举证责任被显著减轻了，"在一定意义上甚至可以说，在认罪认罚案件中，检察机关在法庭上的举证责任基本被免除"。[2]而《刑事诉讼法》第201条也限定了认罪认罚案件法院判决形式的选择空间。当然，也有论者认为，检察机关举证责任的减轻并不意味着法院查明事实真相责任的减轻，"法院认定被告人有罪的心证门槛不能降低"。[3]但问题是，如果举证、质证被简化乃至省略，法院又该如何达到这样的心证门槛？达不到这样的心证门槛怎么办？归根结底，该论点还是没有看到认罪认罚案件事实认定上的检察主导特征。

可以说，改变事实认定方式、转变诉讼重心是检察主导程序模式的优势所在，但也恰恰隐藏着案件发生冤错的风险。因为，就被追诉人而言，只有认罪认罚才能适用从宽程序，其对事实和证据的异议权受到了限制；而就法院而言，在审查检察机关的指控事实和证据时，方向特定，程序迅速，内容简略，结论受限，这些因素均有可能导致案件办理质量的下降。如果检察机关自身再不能准确理解认罪认罚案件中事实认定方式的转变，认识不到自己在认罪认罚案件认罪真实性保障中的主导地位和关键作用，仍然把自己简单定位为类似于非认罪认罚案件中的控方角色，无疑更会将认罪认罚案件中的事实保障陷于"两不管"的危险境地。实践中，个别认罪认罚案件的处理程序已经出现了这样的苗头：由于过于追求效率，检察院简化了对事实和证据的审查，而法院的审核也

---

[1] 参见肖沛权："论认罪认罚案件的证明标准"，载《法学杂志》2019年第10期，第24页。
[2] 孙长永："认罪认罚案件的证明标准"，载《法学研究》2018年第1期，第181页。
[3] 孙长永："认罪认罚案件的证明标准"，载《法学研究》2018年第1期，第181页。

流于形式。对此,一方面,需要检察机关准确定位自己在认罪真实性保障中的主导地位,在认罪认罚案件中更加谨慎地行使证据审查与事实认定的权力,确保案件符合事实清楚,证据确实、充分的标准。另一方面,需要法院围绕认罪认罚庭审的重点任务,审核相关的事实问题,确保被追诉人的认罪认罚和检察机关的指控意见具有事实基础。

三是从宽激励功能异化风险。检察主导的程序模式严格控制了公安机关的程序性权力。对于认罪认罚案件,公安机关在程序处理上只能"如实记录""随卷移送",充当了"搬运工"的角色。这意味着,至少在侦查环节,从宽尚很难成为公安机关激励被追诉人认罪认罚的有效手段。这进一步导致,实践中,公安机关普遍缺少适用认罪认罚从宽制度的积极性,仍然依赖带有强制性的机制确保取供效果,而审查起诉环节适用认罪认罚从宽制度时被追诉人基本上都已在侦查环节认罪。公安机关程序参与的过度弱化不仅人为地限制了认罪认罚从宽制度的适用效果,也会严重制约甚至可能异化认罪激励这一认罪认罚从宽制度的核心功能,并可能影响到从宽处罚本身的正当性。有鉴于此,目前可以考虑主要从以下两个方面强化公安机关在检察主导模式中的程序参与:(1)在法律及相关司法解释上明确公安机关向检察机关提出从宽处罚建议的职责,并将其作为认罪认罚从宽程序中公安机关程序参与的基本形式。既然"从宽承诺"可以跨阶段兑现,[1]公安机关也完全可以在"从宽承诺"的形成中发挥一定作用。当然,考虑到检察机关的主导地位,公安机关提出的从宽处理建议不能过于肯定和具体,[2]在内容上要留有余地,但也不能太过笼统,否则与不提无异。(2)允许公安机关提出不起诉意见书。按照目前的规定,只要构成犯罪,需要追究刑事责任,不管案件性质及被追诉人是否需要从宽处理,即便是那些犯罪情节轻微且认罪认罚,依照刑罚规定不需要判处刑罚或者免除刑罚的被追诉人,公安机关仍需像其他案件一样,写出起诉意见书,移送检察院审查起诉。如此处理显然不符合实事求是原则,无法体现司法处遇个别化的精神。因此,有必要修改公安机关侦查终结的处理机制,对于符合酌定不起诉条件的案件,特别是符合酌定不起诉条件的认罪认罚案件,允许公安机关向检察机关移送不起诉意见书。

---

[1] 参见顾永忠、肖沛权:"完善认罪认罚从宽制度的亲历观察与思考、建议——基于福清市等地刑事速裁程序中认罪认罚从宽制度的调研",载《法治研究》2017年第1期,第63页。

[2] 参见朱孝清:"侦查阶段是否可以适用认罪认罚从宽制度",载《中国刑事法杂志》2018年第1期,第122页。

六、检察主导与"以审判为中心"之协调

为了应对刑事司法系统的超负荷，构建检察主导的替代程序已经成为一种世界趋势，进而引发了刑事司法的结构性变革，并正在由此形成一种新的刑事诉讼范式。[1]而我国的认罪认罚从宽制度本质上也属于检察主导的替代程序。认罪认罚从宽程序的检察主导特征直接影响了审判环节的性质和功能，即不管认罪认罚案件最终在形式上适用何种审判程序进行，其本质上均是以检察机关提出建议，法院加以审查和核准的方式进行的，审判在一定程度上转变为审核。在这一环节，法院的工作重点是审查认罪认罚的自愿性和具结书内容的真实性与合法性，其对案件事实或证据问题的关注点也与非认罪认罚案件有明显不同。从《刑事诉讼法》第201条的表述看，对于认罪认罚案件，法院"一般应当采纳"指控意见的前提是作出有罪判决。也就是说，除非不符合认罪认罚从宽制度的适用条件，法院一般应判处有罪。第201条的裁决标准根本没有涉及证据特别是证据的充分性问题。之所以如此，反映出的还是"检察建议，法院审核"的检察主导特征。认罪认罚案件既不应该也无必要与非认罪认罚案件一样，将对案件事实与证据的法庭调查与法庭辩论作为庭审的重心。《刑事诉讼法》第222条将"案件事实清楚，证据确实、充分"列为适用速裁程序的条件。这一规定的意义并不止于限定速裁程序的适用范围，而是表明：（1）案件事实是否清楚，证据是否确实、充分，可以在庭前甚至可能在审前阶段形成有拘束力的判断。（2）审判不一定必须解决案件事实和证据认定问题，或者必须以事实和证据的认定为核心。因此，在司法权配置层面，检察主导的认罪认罚从宽程序与"以审判为中心"的用力方向并不一致。但这并不是说检察主导与"以审判为中心"完全对立。构建检察主导的程序模式毕竟只是应对司法超负荷的无奈选择，改革目的不仅不是否定"以审判为中心"，反而是要维护"以审判为中心"这种现代法治社会基本诉讼结构的有效运作。而且，从域外经验看，创立检察主导的替代程序的国家普遍注重从两个方面控制该程序对"以审判为中心"的影响：一是严格限制该程序适用的案件范围，二是严格区分事实与法律，不在法律中明确规定检察建议对法官的刚性约束力。这些做法值得我国在完善认罪认罚从宽程序时合理借鉴。

---

[1] 参见熊秋红："比较法视野下的认罪认罚从宽制度——兼论刑事诉讼'第四范式'"，载《比较法研究》2019年第5期，第2页。

第三章

从宽形式及其兑现

从宽机制是认罪认罚从宽制度的引擎。合理的从宽机制不仅能够激励被追诉人认罪认罚，提高追诉效率，更加及时、有效地惩罚犯罪，还有利于加害恢复与被害恢复，促进真诚悔罪，化解社会矛盾，更加全面、充分地保障人权。而从宽机制要想达致合理化，其既要能确保从宽利益的适当性，也要能保障从宽利益的灵活性、多元性、可预期性；既要设计有可由主导当前诉讼阶段的专门机关及时兑现的从宽利益，如认罪认罚撤案、认罪认罚不起诉等，也要使那些只能跨阶段兑现的从宽利益在专门机关的良性互动中能够切实得以兑现，如法院判决采纳检察机关提出的从宽处罚的量刑建议。

第一节 侦查阶段的从宽机制

从宽处理是认罪认罚的被追诉人追求的核心利益。但从我国《刑事诉讼法》的规定看，认罪认罚后的从宽处理通常是以检察机关提出量刑建议、法院予以采纳的途径实现的。而在侦查阶段，对于自愿认罪的犯罪嫌疑人，除在极其特殊的情况下，经最高人民检察院核准可以撤销案件外，公安机关所能做的只是"应当记录在案，随案移送并在起诉意见书中写明有关情况"。《刑事诉讼法》构建的认罪认罚从宽制度既未调整公安机关的从宽处理权限，也没有改变侦查取供机制，这意味着，至少在侦查阶段，从宽处理很难成为公安机关激励被追诉人认罪认罚的有效手段。这进一步导致，在实践中，公安机关普遍缺少适用认罪认罚从宽制度的积极性，而审查起诉阶段适用认罪认罚从宽制度的被追诉人基本上都已在侦查阶段认罪。换言之，在大多数情况下，司法机关以从宽处罚"交换"的并非认罪认罚，而仅仅是被追诉人同意适用速裁程序或简易程序。而在域外，辩诉交易也好，认罪协商也好，官方让步的主要目的就是换取被追诉人的有罪答辩或自愿认罪。因此，侦查阶段从宽处理机制的缺失不仅人为地限制了认罪认罚从宽制度的适用效果，也会严重制约甚至可能异化认罪认罚从宽制度的核心功能，并可能影响到从宽处罚本身的正当性。

一、域外司法警察的从宽处理模式

从比较法视野看，或明或暗、或广或狭地允许负有侦查职责的警察在刑事诉讼初期进行一些直接影响被追诉人实体责任的程序处理——通常是终止程序——几乎已成为各国刑事司法实践中普遍的事实。而对于警察而言，能够适用该途径解决的案件，一种主要的情形就是轻罪案件的认罪从宽。概括起来，各国警察从宽处理的具体处置模式主要有以下四种。

一是微罪处分模式。在多数国家，警察虽然没有决定起诉或撤销案件的权力，但依然可以通过非刑事的方法或各种替代措施直接处理案件，以避免被追诉人进入正式的刑事司法程序。在美国、德国，该模式被称为警察转处，而在日本则被称为司法前处理。当然，警察的不移送处分只是日本司法前处理的方式之一，检察官的起诉犹豫处分也属于司法前处理。《日本刑事诉讼法》第246条关于警察卷证移送的例外规定为警察作出不移送处分提供了法典根据，而《日本犯罪侦查规范》则规定了警察对于轻微案件在不移送情况下可以采取的诸多替代处理措施，如"对于犯罪嫌疑人进行严重训诫，鼓励犯罪嫌疑人赔偿损失、向被害人道歉，要求亲权人、雇主等实行监督管理等"。[1]根据黛希塞尔早期的统计，替代性争议解决方法已经在美国、挪威、法国、加拿大、德国、英格兰、芬兰及澳大利亚的多个司法管辖区普遍使用。[2]除了该方法，毒品治疗、社区服务令、家庭危机干预等也是常见的微罪处分方式。顾名思义，微罪处分模式主要适用于轻微刑事案件和未成年人案件，但有时候也可能扩展到初次实施重罪的犯罪人。作为对认罪案件的恢复性处理，微罪处分模式的价值非常明显，不仅客观上实现了案件的分流，还能减少刑事司法程序对犯罪人产生的"标签效应"，同时还有助于被害补偿和社会秩序的平复。

二是不指控决定模式。英国最为典型。在英格兰和威尔士，悠久的私诉传统、根深蒂固的起诉自由主义观念和国家起诉机关的晚产使得警察长期担负侦查和起诉双重职能。绝大多数指控都是由警察提起的，"在决定怎样处理那些触

---

[1] [日]松尾浩也:《日本刑事诉讼法》，丁相顺译，中国人民大学出版社2005年版，第90页。
[2] 参见吴宗宪:《吴宗宪文集》，中国法制出版社2016年版，第524页。

犯刑事法律者时,警察拥有自由裁量权",[1]警察当局,甚至法院都无权干涉具体案件中警察是否开始起诉的决定权。而警察主要以两种方式发起控诉:一种是控告书及传票方式,即侦查警察向未被逮捕的嫌疑人发出起诉警告,之后根据证据情况和其他因素决定是起诉还是用其他方式解决。如果决定起诉,则向法院递交书面的控告书,并由法院签发传票。另一种则是无令状逮捕及指控方式,即侦查警官以无令状逮捕将嫌疑人带至警局,如果认为掌握的证据足以成功控诉,则交由羁押警官决定是否指控。前者主要适用于轻微犯罪。1985 年《英国犯罪起诉法》颁行后,皇家检控署的成立对警察的控诉权形成了一定的制约,对于警察不正当的控诉,皇家检控署可以将其终止,但皇家检控署也只是在警察发起控诉后才能接管起诉,而在此之前,如果警察没有提出控告,皇家检控署并无有效的牵制手段。作为正式控告的替代方式,除绝对不作为外,警察也被明确允许采用一些其他处分措施,如适用于成年人的警告,适用于未成年人的训诫和警示,以及主要适用于道路交通犯罪的定罚通知等。在决定是否使用这些替代方式时,警察尤为重视嫌疑人的认罪、道歉或赔偿情况及被害人的态度等公共利益因素。[2]

三是警察交易模式。在法国,司法警察在刑事诉讼中的立法定位与实践角色的背离比较突出。在法律上,司法警察没有独立的侦查权,而只是检察官或预审法官的侦查助手,司法警察有义务接受告诉和告发,并将其接受的所有告诉和告发转送检察官。[3]但事实上,"在许多案件中,尤其是在较轻的案件中,通常是侦查结束之后司法警察才向检察官报告",[4]这隐含着司法警察以不作为或替代方式从宽处理微罪嫌疑人的可能性,但较之于后来出现的警察交易模式,这显然不是真正有特异性的警察从宽处理方式。2014 年 8 月,法国修改《法国刑事诉讼法》,将辩诉交易的理念向诉前延展,创立了由司法警察主导的刑事交易制度。对于大部分违警罪及单处罚金或量刑不超过 1 年的轻罪,司法警察可向嫌疑人提出包括要求缴纳押金、罚金等在内的交易建议,如果嫌疑人

---

[1][英]麦高伟、杰弗里·威尔逊主编:《英国刑事司法程序》,姚永吉译,法律出版社 2003 年版,第 155 页。

[2]参见[英]约翰·斯普莱克:《英国刑事诉讼程序》,徐美君、杨立涛译,中国人民大学出版社 2006 年版,第 88-95 页。

[3]参见[法]贝尔纳·布洛克:《法国刑事诉讼法》,罗结珍译,中国政法大学出版社 2009 年版,第 219 页。

[4]周欣主编:《外国刑事诉讼特色制度与变革》,中国人民公安大学出版社 2014 年版,第 128 页。

接受该建议，并经检察官批准，法官审核通过，协议即告成立。嫌疑人如果在期限内履行了协议设定的义务，则公诉权归于消灭。虽然立法者将这一制度规定在法典的"共和国检察官的职权"一节，似乎是在强调这依然是检察官负责的特殊的公诉替代程序。但不少学者认为这其实是在"遮人耳目"，司法警察决定着交易的启动并负责确定交易方案，在刑事交易中居于主导地位。因此，刑事交易宜定性为司法警察的直接处罚程序。[1]

四是消极处理模式。不管把警察行使的权力界定为行政权还是司法权，只要警察权力的实际界限在可能的作为或不作为方案中留出了选择空间，那么他就拥有裁量权。[2]法律对警察权的行使设定再明确的标准，施加再严格的限制，也无法改变这一事实，即警察最终是在按照自己理解和接受的标准决定是否记录、报告犯罪或移送案件，而且，违法犯罪行为越是轻微，警察行使自由裁量权的空间和可能性也越大。警察不一定考虑转处措施，只需要采取不追究、不移送的冷处理，就不可能发生后续的刑事司法程序。被追诉人是否认罪及犯罪后的表现、案件性质及严重程度等都是警察决定是否终止程序的重要考量因素。在美国，虽然警察的逮捕决定和移送的材料要在随后的程序中遭受多重审查，但不逮捕、不移送决定却极少受到核查。[3]而且，警察的斟酌权已不限于轻微案件，加利福尼亚州的一项统计显示，在因重罪嫌疑被逮捕的成年嫌疑人中被警察撤销案件的占到3.4%。[4]在德国，虽然根据《德国刑事诉讼法典》的规定，侦查完全由检察机关主导，警察只是侦查辅助人员，既无权拒绝接受告发，也没有撤销案件的自由裁量权，即使他们认为被追诉人是无辜的，[5]但在实践中，上述规则并未被严格遵循，警察执行了绝大部分的侦查任务，而且，在大多数情况下，"只有在警察侦查终结之后，检察官才获知刑事案件的存在"。[6]对此，德国法学家较为一致的认识是，"在与警察的关系上，检察院仍

---

[1] 参见施鹏鹏：《警察刑事交易制度研究——法国模式及其中国化改造》，载《法学杂志》2017年第2期，第117页。

[2] 参见[美]肯尼斯·卡尔普·戴维斯：《裁量正义》，毕洪海译，商务印书馆2009年版，第2页。

[3] 参见周欣主编：《外国刑事诉讼特色制度与变革》，中国人民公安大学出版社2014年版，第81页。

[4] 参见[美]弗洛伊德·菲尼、[德]约阿希姆·赫尔曼、岳礼玲：《一个案例 两种制度——美德刑事司法比较》，郭志媛译，中国法制出版社2006年版，第420页。

[5] 参见[美]弗洛伊德·菲尼、[德]约阿希姆·赫尔曼、岳礼玲：《一个案例 两种制度——美德刑事司法比较》，郭志媛译，中国法制出版社2006年版，第2150页。

[6] [德]托马斯·魏根特：《德国刑事诉讼程序》，岳礼玲、温小洁译，中国政法大学出版社2004年版，第51页。

拥有程序的引领地位。但不能忽视警察自身的停止权力"。[1]对于警察的消极处理模式，一些国际公约也持鼓励态度。如《联合国非拘禁措施最低限度标准规则（东京规则）》第5条规定："在适当时并在不违反法律制度的情况下，应授权警察、检察部门或其他处理刑事案件的机构，在它们认为从保护社会、预防犯罪或促进对法律或受害者权利的尊重的角度来看，没有必要对案件开展诉讼程序时，可撤销对该罪犯的诉讼。"[2]

二、我国侦查阶段从宽处理的基础

作为刑事案件的主要侦查机关，公安机关并非拥有裁判职能的司法机关，不可能直接通过定罪处刑实现对被追诉人的从宽处理。因此，如果实体处置仅指定罪处刑的话，公安机关显然没有、也不应该有这种权力。但是，域外警察的从宽处理模式充分表明，裁判结果上的罪刑减让并非从宽处理的唯一方式。由于处在刑事司法程序的入口，公安机关从宽处理的可行途径是以不启动或者终止程序的方式来实现不予追究被追诉人刑事责任的效果。但问题是，我国有没有在一定程度上赋予公安机关在被追诉人认罪情况下决定追究与否的裁量权，特别是在有犯罪事实的情况下不予追究的权力？到底该不该赋予公安机关这种权力？

事实上，对于我国刑事诉讼中的公安机关而言，域外司法警察选择从宽处理的客观条件和实践动力同样存在。"作为一种固有权力，裁量权几乎贯穿于警察的所有工作，即便是那些看似最普通、最简单的任务。"[3]这意味着，不管如何定性刑事诉讼中警察行使的权力，不管采取哪一种控权机制，警察在启动和终结追诉程序会不可避免地运用裁量权，而且，大多数情况下，控权机制只能防止警察决定过于严厉，却无法防止警察放宽标准，甚至自行了结案件。而大量研究表明，刑事司法中确实存在"漏斗效应"，[4]即从犯罪发生，到警察、

---

[1] [德]马蒂尔斯·雅恩："学科及司法视野下的现代刑事诉讼侦查程序：过去30年发展以及法律政策的建构"，载彭海青、吕泽华、[德]彼得·吉勒斯编著：《德国刑事司法危机与改革——中德司法改革比较与相互启示》，法律出版社2018年版，第65页。

[2] 《联合国非拘禁措施最低限度标准规则（东京规则）》，载 http://www.un.org/zh/documents/treaty/files/A-RES-45-110.shtml，最后访问日期：2019年1月4日。

[3] Jerome H. Skolnick. Justice Without Trial: Law Enforcement in Democratic Society (3rd ed). New York: Macmillan College Publishing Company, 2011, p. 72.

[4] [德]汉斯·约阿希姆·施奈德：《犯罪学》，吴鑫涛、马君玉译，中国人民公安大学出版社1990年版，第188页。

检察官、法官处理案件，直到最后犯罪人被判刑，通过不同环节的过滤，犯罪人不断递减，其数量变化呈现出漏斗形状。[1]其中，警察通过自主处理案件实现着启动环节的过滤。因此，尽管我国刑事诉讼法对于公安机关撤销案件作出了严格限制，即使在犯罪行为人与受害人达成和解协议的情况下，公安机关依法也只能提出从宽处理的建议，没有直接撤案的权力。但在实践中，公安机关对轻微刑事案件特别是轻伤害案件的和解撤案非常普遍。调研显示，广东省公安机关对于侦查阶段达成和解的案件，作撤销案件处理的比例高达62.7%；[2]山东某县，侦查阶段刑事和解后公安机关撤案的比例为54%；[3]河南某市，自2014年至2016年，侦查阶段因刑事和解而被公安机关撤销的案件多达550起。[4]而且，自1996年《刑事诉讼法》实施以来，各地公安机关还纷纷出台了地方性的刑事和解撤案规则，[5]不少地方规则中都明确规定，对于轻伤害案件，受理后立案前双方达成和解的，公安机关可以不予立案，而立案后双方达成和解的，则公安机关可以撤销案件。

不仅如此，较之于域外司法警察，我国公安机关在从宽处理上还有检警关系、诉讼构造方面的坚实基础和犯罪定义、警察权限方面的明显优势。

公安机关的从宽处理首先可以得到我国特殊的检警关系和诉讼构造的支撑。域外刑事诉讼中的检警关系模式虽然有独立合作型与有限控制型之分，[6]而且，即便是同一类型，不同国家的检警关系也不是完全相同、一成不变的。然而，绝大多数国家的一个共同特点是，强调警察侦查权力的有限性，即"所谓

---

[1] 莱特克里菲以英国2007年刑事司法实例对"漏斗效应"进行了说明，以实际犯罪数1000起计算，报警数为410起，警方记录287起，破案75起，移送起诉或传唤到庭37起，进入庭审21起，判决有罪15起，判处徒刑4起。参见[英]杰瑞·莱特克里菲：《情报主导警务》，崔嵩译，中国人民公安大学出版社2010年版，第44-45页。

[2] 参见徐启明、孔祥参："公安机关刑事和解实证研究——以广东公安机关刑事和解实践为样本"，载《中国人民公安大学学报（社会科学版）》2014年第2期，第46-47页。

[3] 于蕾："新刑诉法视域下侦查阶段的刑事和解程序研究"，山东大学2015年硕士学位论文，第7页。

[4] 刘鲲："公安机关撤销刑事案件调研报告——以H省X市公安局为样本"，西南政法大学2018年硕士学位论文，第11页。

[5] 如2003年北京市政法委《关于处理轻伤害案件的会议纪要》；2004年浙江省《关于当前办理轻伤犯罪案件适用法律若干问题的意见》；2004年江苏省《关于办理轻伤害案件的暂行规定》；2005年安徽省《关于办理故意伤害案（轻伤）若干问题的意见》；2013年河南省公安厅《河南省公安机关办理伤害案件工作细则》等。

[6] 参见孙长永：《侦查程序与人权——比较法考察》，中国方正出版社2000年版，第67页。

的警察的抑制功能"。[1]在规范层面表现为，检察官或预审法官负责掌控程序，警察几乎不能作出任何程序性的法律决定，比如停止侦查、撤销案件，尽管该立法定位正在"面临着警察日益增长的自我意识以及在技术、人力和信息等占优势的侦查能力的压力"。[2]之所以如此，至少有两个因素不容忽视：（1）由于奉行审判中心主义，对于审前活动通常在整体上视为审判的准备阶段，检警共担控诉职能，刑事诉讼的启动以随机为主，多无专门的立案程序，侦查也没有阶段上的绝对独立性，通常被"裹挟"在检察官的控诉权之下。（2）警察在组织上隶属于行政部门，因此一般被视为执行者和辅助者，其职责就是平等地适用法律，实施调查和采取必要措施，其权力行使过程独立性、透明性不足，不宜自己决定案件，不宜享有自由裁量权。但在我国，情况大不相同。我国的刑事诉讼构造称为层层把关也好，流水作业也好，其基本的特征就是阶段分明，而且，每一个诉讼阶段都相对独立，都被赋予特定的诉讼职能，且每一个诉讼阶段都由一个专门机关主持程序运行，而各个专门机关的关系则是分工负责、互相配合、互相制约。因此，立案、侦查被塑造为独立的诉讼阶段，而主导立案、侦查的公安机关不仅享有完全自主的调查取证权和少有限制的适用强制措施权，而且还可以独立决定立案、撤销案件、侦查终结及移送审查起诉。而且，我国刑事诉讼构造所凸显的专门机关共同任务下分工负责的理念也淡化了专门机关权力属性上的差异。值得一提的是，我国当前正在推进以审判为中心的诉讼制度改革，有论者提出，允许公安机关撤销特定认罪认罚案件"与以审判为中心的精神相违背"。[3]但事实上，"以审判为中心"并没有否定公安机关依法撤销案件的权力，也并不是要求所有案件，包括认罪认罚案件都要经历审判程序。正如习总书记在十八届四中全会《依法治国决定》说明中强调的：公检法三机关在刑事诉讼活动中各司其职、互相配合、互相制约，"这是符合中国国情、具有中国特色的诉讼制度，必须坚持"。也就是说，"以审判为中心"的诉讼制度改革也不会从根本上改变我国层层把关的刑事诉讼构造和专门机关的基本权力配置。[4]

---

〔1〕［德］托马斯·魏根特：《德国刑事诉讼程序》，岳礼玲、温小洁译，中国政法大学出版社2004年版，第50页。

〔2〕［德］马蒂尔斯·雅恩："学科及司法视野下的现代刑事诉讼侦查程序：过去30年发展以及法律政策的建构"，载彭海青、吕泽华、［德］彼得·吉勒斯编著：《德国刑事司法危机与改革——中德司法改革比较与相互启示》，北京：法律出版社2018年版，第66页。

〔3〕陈光中："认罪认罚从宽制度实施问题研究"，载《法律适用》2016年第11期，第11页。

〔4〕参见闫召华："刑事非法证据柔性排除研究"，载《中外法学》2018年第4期，第1050页。

而在犯罪定义和警察权限方面，公安机关也有从宽处理的便利条件。我国刑法对犯罪的定义与很多国家有显著差异。从《刑法》第 13 条特别是其中的但书规定以及刑法分则的相关规定看，其对犯罪圈的划定采取了"定性加定量"的方式，[1] 即在实体法上严格区分犯罪与违法，将情节显著轻微、危害不大的违法行为从犯罪圈中划分出去，对于违法行为主要适用行政处罚程序处理。而我国刑事立案程序的一大功能就是对违法行为的筛选与过滤，将违法行为直接拦截于刑事诉讼程序之外。当然，立案后的程序阶段也能对误入刑事程序的违法发挥弥补性的分流作用。但在其他一些国家，对犯罪的理解采取定性方式，犯罪外延广泛，而情节影响的只是犯罪等级（轻罪还是重罪），其中的轻罪主要通过刑事诉讼程序内的案件分流和繁简分化解决。而且，我国的公安机关整体上既负责治安行政管理，又担负着刑事侦查任务，公安机关内部虽然设有刑事侦查部门，但同时还有治安部门、禁毒部门、网安部门等既享有行政权又享有侦查权的"两权共享机构"。[2] 不管在制度层面还是在组织层面，公安行政权与侦查权都处于交错状态。两权的"交错"诚然可能带来实践中警察权的失范与滥用，但只要合理控制，就不仅有利于公安机关违法追究与犯罪追诉措施上的相互弥补，还能促进行政程序与刑事程序的灵活转换，更好地发挥公安机关的案件分流职能。其实，美国等一些大犯罪圈国家早已开始反思自己的轻罪追诉制度，《美国模范刑法典》的起草者就提出并推进了把部分轻罪转化为非刑事案件处理的思路，美国律师协会也认为，如果把轻罪"移除出刑事司法体系，转而纳入行政民事违法行为，那么很多附随后果及昂贵的程序保障问题会立即得到解决"。[3]

从刑事诉讼法规定的立案、撤案条件看，公安机关在刑事追诉程序的启动和终止上均有裁量空间，公安机关从宽处理整体上符合现有的法律框架。不可否认，我国层层把关的诉讼构造蕴含的职权主义理念较之于欧陆国家的职权主义更为笃信"裁量越少，正义就越多"，[4] 更为重视对职权施加形式要求和外

---

[1] 喻贵英、张纵华：《论社会危害性理论与实质刑法观的关联关系与风险防范》，陈泽宪等主编：《中国刑法学年会文集（2010 年度）：刑法理论与实务热点聚焦》（上卷），中国人民公安大学出版社 2010 年版，第 164 页。

[2] 蒋勇、陈刚："公安行政权与侦查权的错位现象研究——基于警察权控制的视角"，载《法律科学（西北政法大学学报）》2014 年第 6 期，第 78 页。

[3] [美] 约翰·D. 金："程序正义、附随后果和美国的轻罪裁判制度"，载 [美] 艾瑞克·卢拉、[英] 玛丽安·L. 韦德主编：《跨国视角下的检察官》，杨先德译，法律出版社 2016 年版，第 23 页。

[4] [美] 肯尼斯·卡尔普·戴维斯：《裁量正义》，毕洪海译，商务印书馆 2009 年版，第 218 页。

在限制，其赖以维系的职权信赖是在对具体职权不信赖的前提下，通过形式保障即职权法定而实现的对整体职权的信赖，以将司法中的人为因素减少到可以想象的最低程度，因此，《刑事诉讼法》及相关司法解释详细规定了证据运用、事实认定和程序选择的客观化的原则、规则和标准，甚至包括证明力如何比较、事实不清如何认定，在立案、撤案等的决定模式上均采取法定主义为主的原则。然而，事实表明，在程序决定模式上，完全客观化的操作标准是不存在的，以标准的具体化彻底排除实施者主观因素的影响也是不可能的。我国刑事立案的条件是"认为有犯罪事实需要追究刑事责任"，撤销案件的条件则是"发现不应对犯罪嫌疑人追究刑事责任"。较之于域外部分国家启动侦查时要求的"初始嫌疑"或"合理根据"，上述条件显然更具确定性和外在性：公安机关只能在"有"，而不是"可能有"犯罪事实的前提下立案，而在立案后也只能在"不应"追究，而不是"可以"不追究的前提下撤案，甚至都不能在证据不足、可能没有犯罪事实的情况下终止追究。但即便如此，是否满足上述条件最终依然要借助程序主导者的"认为"或"发现"，即公安机关的主观判断，特别是在案件事实本身处于模糊区域时，"是否有犯罪事实"或者"是否需要追究刑事责任"只能由公安机关裁量决定。这即是说，立案、撤案条件已经为公安机关对轻罪案件的从宽处理提供了两条路径：综合考虑各情节，适用《刑法》第13条但书规定，不认为是犯罪，或者适用《刑事诉讼法》第112条、第163条规定，认定"犯罪事实显著轻微，不需要追究刑事责任"或"不应对犯罪嫌疑人追究刑事责任"，从而不立案或者撤销案件。而《刑事诉讼法》第182条规定的认罪撤案制度进一步拓宽了公安机关裁量撤案的权限，即在被追诉人"有重大立功或者案件涉及国家重大利益"时，公安机关裁量撤案的情形不再局限于情节或犯罪事实显著轻微。

三、侦查阶段何以更需要从宽处理机制

侦查阶段不仅需要从宽处理机制，就我国刑事司法的理性构造和现实情况而言，较之于审查起诉与审判阶段，侦查阶段的从宽处理机制更加重要，也更为迫切。

首先，侦查阶段的从宽处理可以强化对被追诉人的认罪激励，促进我国刑事取供机制从强制型到自愿型的根本转变。"犯罪分子——那些在实施犯罪时被当场抓获的人当然除外——一般都不会供认自己的罪行。"[1]而刑事取供实质上

---

[1]［美］弗雷德·E. 英博等：《审讯与供述》，何家弘等译，群众出版社1992年版，第5页。

就是通过强迫或激励使被追诉者违反不"自我谴责和自我毁灭"的人类天性。[1]
整体上而言，我国刑事取供机制带有明显的强制性。具体表现在：虽然规定了"不得强迫任何人证实自己有罪"，但仅仅作为公安司法人员取供行为的职权规范，并未明确要求供述的自愿性或任意性，未确立被追诉人"不被强迫"或者"不自我控告"的权利；不仅没有规定沉默权，相反，却规定了犯罪嫌疑人"如实回答"侦查人员提问的义务；我国的非法言词证据排除规则也并未将自愿性作为排除的主要标准，这意味着，大量非自愿的供述仍然可能成为定案的根据。强制型取供机制虽然可以兼容"坦白从宽，抗拒从严"的刑事政策，但通常不够重视，也难以保证被追诉人获得明确且必然能兑现的认罪利益，从而导致上述政策变异为"坦白可能从宽，抗拒必然从严"。但正是在如此不确定的认罪激励之下，在"坦白从宽，牢底坐穿"的怪诞理解之下，大多数被追诉人依然选择认罪，初次讯问时的认罪率基本能维持在70%以上，侦查终结时的认罪率约为90.4%，[2]而个别地区侦查阶段的整体认罪率甚至达到98.91%。[3]这主要与对强制型取供机制的依赖有关。如果强制取供机制依然有效，而侦查人员也无法通过及时的从宽处理给予被追诉人确定的认罪激励，调研中发现的公安机关在侦查阶段适用认罪认罚从宽制度积极性不高的现象[4]就完全可以理解了。但问题是，强制型取供机制是以被追诉人一定程度上的客体化或权利的抑制为前提的。而且，如果认罪认罚从宽制度只是认罪后适用，专门机关只是以"从宽"换"从快"，就人为地限制了认罪认罚从宽制度的认罪激励功能，并可能影响到从宽的正当性。因此，完善侦查阶段的从宽处理机制，强化认罪激励，不仅可以大大改善认罪认罚从宽制度的功效，也有助于刑事取供机制的合理转型。

其次，侦查阶段的从宽处理可以更为有效地优化刑事司法资源配置，更好地兼顾公正与效率。一方面，如果采取分流或转处的从宽处理方式，相当于加密刑事司法程序入口的滤网，能以"釜底抽薪"的方式解决"案多人少"问题。虽然我国的犯罪圈相对较小，但也不是所有构成犯罪的行为都有追究刑事

---

[1] 参见闫召华："论拒供困局及其突破"，载《中国人民公安大学学报（社会科学版）》2011年第3期，第78页。
[2] 参见闫召华：《口供中心主义研究》，法律出版社2013年版，第139页。
[3] 参见左卫民等：《中国刑事诉讼运行机制实证研究》，法律出版社2007年版，第41页。
[4] 参见孙展明："论认罪认罚从宽制度在侦查阶段的构建"，载《湖南警察学院学报》2018年第4期，第89页。

责任的必要性，这一点在《刑事诉讼法》规定的立案、撤案条件及依法不予追究刑事责任的情形中均有体现。对于那些没有必要追究刑事责任的案件，最合适的处理就是尽快从刑事司法系统中移除出去，以避免司法资源的浪费。将被追诉人认罪的轻微案件分流于侦查阶段，"虽牺牲少数案件之程序利益，但可以累积更多的时间、体力、精力，形成司法资源之'资本累积'，以便处理其他更为复杂、繁重、重大、更需要时间处理之案件，以提高整体司法功能，增进司法效率，以更多更公平之审判机会，使司法资源得到最有效之利用"，[1]在宏观上有利于公正与效率的平衡。另一方面，即使采取侦查阶段认罪、其他阶段从宽的不同步从宽处理方式，只要充分发挥自愿供述的证据及证据线索功能，也可以破解侦查困境，降低取证难度，简化侦查流程，实现刑事诉讼全程提速。如果认罪案件与非认罪案件、认罪的轻微案件与严重案件都要按部就班地经历同样的侦查程序，如果仅仅在审查起诉和审判阶段才有速裁程序的适用问题，那么对于尚在推进审判中心主义改革但具有长期侦查中心主义传统的我国刑事诉讼而言，对司法资源的节约相当有限。当然，简化侦查工作并不是降低公安机关取证的标准，而是突出重点，明确思路，有所侧重。公安机关对于通过从宽激励促成认罪的案件，一要确保供述的自愿性并固定好证明供述自愿性的材料，二是尽快以"由供到证"思路收集口供的必要补强证据，特别是隐蔽性很强的物证、书证，以达到相关司法解释要求的口供补强的最低标准。[2]只要保证了供述的自愿性，且形成了以自愿供述为中心的印证体系，即便被追诉人之后翻供也不会产生实质影响。

第三，侦查阶段的从宽处理符合刑事司法的谦抑原则，也是宽严相济刑事司法政策的必然要求。刑罚是不得已的恶，是制裁不法行为的最后手段，用之不当，则国家与个人将两受其害。这就要求，刑罚的实施必须注重必要性和有效性，应"努力寻求刑罚成为其他法律制裁手段功能不足时的补充手段"。[3]刑事司法的谦抑原则推动了世界各国刑事司法中的非犯罪化、非刑罚化趋势，即通过各个诉讼环节的分流实现案件的非刑事化处理，适时终止刑法干预，特

---

[1] 林俊益：《程序正义与诉讼经济》，元照出版公司2000年版，第90页。

[2] 根据最高人民法院《关于适用〈中华人民共和国刑事诉讼法〉的解释》（以下简称《高法解释》）第141条及《关于办理死刑案件审查判断证据若干问题的规定》第34条的规定，根据被告人的供述、指认提到了隐蔽性很强的物证、书证，且被告人的供述与其他证明犯罪事实发生的证据相互印证，并排除串供、逼供、诱供等可能性的，可以认定被告人有罪。

[3] 李晶：《程序法视野下的非犯罪化研究》，中国人民公安大学出版社2016年版，第19页。

别是在程序的初始阶段，以其他手段处理轻微刑事案件，放弃刑法干预。因此，侦查阶段的从宽处理充分体现了能不用刑罚尽量不用、必须用刑罚时尽量少用的谦抑精神。从刑罚的目的和功能角度考虑，侦查阶段的从宽处理顺应了刑罚观从报应刑到目的刑的转变，也契合司法处遇个别化原则和宽严相济的刑事司法政策的要求。对于被追诉人而言，从侦查到起诉再到审判，追诉程序的推进是对其犯罪者身份的不断提醒，会逐步强化其对罪犯身份的自我认同。[1]而且，越是轻微案件，犯罪标签化的负面影响越是明显。因此，严格的程序和严厉的刑罚只应适用于严重的犯罪，那些认罪认罚、犯罪情节轻微、积极赔偿、获得被害人谅解的被追诉人，其主观恶性和人身危险性都比较低，可改造性和再社会化的可能性也比较强，理应在司法处遇上予以区别对待，即尽量避免刑法干预，及时终止追诉程序，或尽量适用相对轻缓的刑罚，以淡化标签效应，鼓励其更好地回归社会，最终实现对犯罪的有效预防和治理。此外，中国传统法文化注重和合，强调"约法省禁、刑不厌轻、罚不患薄"，[2]追求所谓的宽和司法，青睐以调解或和解等非对抗的方式解决争端。即使到了今天，在熟人社会的农村地区，都还存在公诉犯罪的私了现象，这反映部分国人对冲突和秩序的特殊理解。就宽和司法的文化契合而言，侦查阶段从宽处理可以尽早消弭刑事冲突，恢复社会和谐，或者至少能尽早确定刑事司法程序的非对抗基调，抑制社会冲突在诉讼中的加剧。

最后，侦查阶段的从宽处理有利于被追诉人认罪认罚利益的最大化，减少对被追诉人的程序折磨及追诉、定罪所产生的附随后果。我国的认罪认罚从宽制度是被追诉人通过认罪认罚的方式争取得到专门机关的宽大处理，但在程序的不同阶段，被追诉人用以争取宽大处理的筹码有很大差异。上已述及，侦查终结时多数被追诉人已经认罪，因此，在审查起诉或审判阶段，专门机关适用认罪认罚从宽制度的动力或者被追诉人能够争取从宽的筹码其实主要就是认罚以及被追诉人同意专门机关简化诉讼程序，被追诉人借助该制度能够直接争取的主要是认罚利益及同意程序简化的利益，认罪的实体利益即使有体现，也会受到较大影响。根据认罪认罚的时点区分从宽幅度，就是要用更优的从宽待遇鼓励被追诉人更早地认罪认罚，避免被追诉人形成"早认罪不如晚认罪"的观

---

[1] 参见宋远升："未成年人案件侦查分流机制的价值探微和比较考察"，载《青少年犯罪问题》2008年第1期，第55页。

[2] 洪艳、曾俊森、彭一伶编：《执法治要》，东方出版社2014年版，第311页。

望心理。[1]目前，厦门、济南等地在探索阶梯式从宽量刑机制，杭州、广州等地也在试行分级量刑激励，而且，均将认罪认罚的诉讼阶段作为确定具体从宽幅度的重要指标，侦查阶段认罪认罚的从宽幅度最大。[2]而且，侦查阶段的从宽处理，特别是被追诉人认罪的轻微案件的非刑事化处理，能够使被追诉人尽快摆脱刑事追诉程序的煎熬。"实际上，程序本身就是惩罚。作为陷入这一制度的直接后果，损失的时间、精力、金钱和机会可能很快地超出来自裁判或者量刑的惩罚。"[3]除了这些直接损失，刑事追诉和定罪还总是伴随着各种形式的附随制裁和后果，它们既包括丧失权利、剥夺资格的正式制裁，还包括各种非正式后果，比如社会污名、就业影响，以及给个人生活带来的其他严重妨碍。在轻微案件中，对于被追诉人而言，最麻烦的就是进入刑事程序本身的成本。而侦查阶段的从宽处理能在一定程度上减弱司法程序带来的不确定性和紧张，减少甚至使被追诉人彻底摆脱刑事诉讼带来的滋扰。

四、侦查阶段如何从宽处理

虽然刑事诉讼法整体上认可认罪认罚从宽制度在侦查阶段的适用性，但在如何从宽，特别是如何从宽处理问题上缺乏细致、系统的规定。要想使从宽处理能够切实在侦查阶段就发挥出认罪激励作用，侦查阶段的从宽处理至少应满足两个方面的要求。一是标准要明确，尽量保证被追诉人能够获得相对确定的认罪认罚利益预期，并在从宽幅度上体现出与不适用认罪认罚从宽制度时处理后果上的鲜明差异，去除被追诉人坦白难以从宽的犹疑心理与"抗拒从严，回家过年"的侥幸心理。二是形式要多样，即针对严重程度不同的案件、被追诉人不同的认罪认罚表现等，适用不同性质、不同种类的从宽处理方式，增强从宽利益的个别化，以激励被追诉人更早、更充分地作出务实选择。

（一）提出从宽处理建议：侦查阶段从宽处理基本途径的优化

一般而言，定罪量刑上的官方让步是从宽处理的基本形式。虽然公安机关没有定罪量刑的裁判权，但是，侦查阶段的从宽处理不一定必须以侦查阶段认罪认

---

[1] 北京市海淀区人民法院课题组："关于北京海淀全流程刑事案件速裁程序试点的调研——以认罪认罚为基础的资源配置模式"，载《法律适用》2016年第4期，第34页。

[2] 参见周强2017年12月23日在第十二届全国人大常委会第三十一次会议上所作的《关于在部分地区开展刑事案件认罪认罚从宽制度试点工作情况的中期报告》。

[3] [美]马尔科姆·M.菲利：《程序即是惩罚——基层刑事法院的案件处理》，魏晓娜译，中国政法大学出版社2014年版，第31页。

罚、侦查阶段从宽处理的同步方式实现,因为,"如何从宽并非由办案机关或办案人员随心所欲,而必须依法从宽。这就决定了对认罪认罚者的从宽可以发生在同一诉讼阶段,也可能体现在不同诉讼阶段"。[1]比如,自首主要出现于立案侦查阶段,但自首的从宽处罚却主要发生在审判阶段。其实,只要不是被追诉人在审判阶段才认罪认罚,只要从宽程序不是完全由法院主导,认罪认罚与从宽处罚在诉讼阶段上的分离就是认罪认罚从宽制度适用的常态。即便是"检察机关提出量刑建议、法院予以采纳"的主流方式,认罪认罚与从宽处罚也是在不同诉讼阶段完成的。而且,虽然被追诉人在侦查阶段认罪认罚,其实体上的从宽处理可能需要在后续诉讼阶段才能实现,但这并不意味着公安机关不能或不需向人民检察院提出从宽处理的实质建议。相反,从专门机关的相互关系和我国层层把关的诉讼构造看,公安机关向检察机关提出从宽处理的建议应当成为侦查阶段从宽处理的基本途径。但遗憾的是,《刑事诉讼法》目前仅规定对于达成和解协议的案件,公安机关可以向人民检察院提出从宽处理的建议。

有鉴于此,可从以下几个层面对该从宽处理途径予以优化。(1)在法律及相关司法解释上明确公安机关向检察机关提出从宽建议的职责,并将其作为侦查阶段从宽处理的基本形式,普适于广义认罪认罚的所有情形——从作为最低形态的坦白到作为最高形态的认罪认罚。应当指出,认罚并非如有些论者所言局限于被追诉人对司法机关提出的处罚方案的接受,[2]它的内涵是动态的,"随着诉讼程序的推进而逐步具体、明晰"。[3]侦查阶段的认罚主要指被追诉人通过陈述(如愿意接受公安司法机关处罚的明确意思表示)或行为(如退赃退赔)表现出的对将来可能遭受的刑事处罚的概括接受,包括对公安机关拟向检察机关提出的从宽处理建议的认可。就具体案件范围而言,公安机关提出从宽建议主要适用于不适宜采取同步从宽处理或其他从宽处理方式的被追诉人。(2)公安机关提出的从宽建议在内容上既要留有余地,又不能过于抽象。有论者提出,考虑到公安机关仅仅是提出建议,不是最终的决定者,加之辩方参与度弱,公安机关难以准确认定事实、理解法律,以及案件尚处程序的初始阶段,变数比较大等,公安机关向检

---

[1] 顾永忠、肖沛权:"'完善认罪认罚从宽制度'的亲历观察与思考、建议——基于福清市等地刑事速裁程序中认罪认罚从宽制度的调研",载《法治研究》2017年第1期,第63页。

[2] 参见魏晓娜:"完善认罪认罚从宽制度:中国语境下的关键词展开",载《法学研究》2016年第4期,第83页。

[3] 朱孝清:"认罪认罚从宽制度的几个问题",载《法治研究》2016年第5期,第37页。

察机关提出的从宽处理建议不能过于肯定和具体。[1]笔者深表赞同。但是，如果公安机关提出的从宽建议仅止于"建议依法从宽处理"的笼统表述，或者只是介绍从宽处理的相关规定，这与不提任何从宽处理建议没有实质差别，难以在侦查阶段形成对被追诉人更为有效的认罪激励。因此，在统一量刑基准，特别是明确侦查阶段认罪认罚可以获得更大的量刑折扣的前提下，应当允许公安机关向检察机关提出幅度型的量刑意见或者留有选择空间的处理意见。（3）明确公安机关提出的从宽处理建议的效力。对于公安机关提出的从宽处理建议，检察机关应当充分考虑。不采纳公安机关建议的，检察机关应当说明理由。（4）在一些重大案件中，必要时，公安机关可以考虑邀请检察机关提前介入，帮助公安机关形成更加具体的量刑意见，为被追诉人提供更加确定的预期利益。

（二）不起诉意见书与撤销案件：侦查阶段从宽处理途径的拓展

应当确立作为从宽处理方式的不起诉意见书的地位，并简化其运作程序。按照目前的规定，公安机关侦查之后只有两种处理方式：犯罪事实清楚，证据确实、充分的，公安机关写出起诉意见书，连同案件材料、证据移送检察机关审查决定；侦查过程中发现不应对被追诉人追究刑事责任的，则应撤销案件。也就是说，只要构成犯罪，需要追究刑事责任，不管案件性质及被追诉人是否需要从宽处理，即便是那些犯罪情节轻微，依照刑法规定不需要判处刑罚或者免除刑罚的被追诉人，公安机关仍需像其他案件一样，写出起诉意见书，移送检察机关审查起诉，（在当事人达成和解协议的情况下）顶多在起诉意见书中提出从宽处理的建议。如此处理在形式上显然不符合实事求是原则，在程序上无法体现司法处遇个别化和诉讼程序繁简分流的精神，无疑是对司法资源的浪费。因此，应在尊重诉讼法理，并借鉴《人民检察院刑事诉讼规则》规定的自侦案件侦查终结方式的基础上，修改侦查终结的条件，完善公安机关侦查终结的处理机制，即公安机关侦查终结后可区分情况写出起诉意见书或不起诉意见书。不起诉意见书适用于公安机关认为符合酌定不起诉条件的案件，或者在侦查期限（如果有）内或者现有条件下已不可能获得充分证据、适合作存疑不起诉处理的案件。其中的酌定不起诉意见书可以塑造为认罪认罚案件侦查阶段从宽处理的重要方式。而且，对于此类提出不起诉意见书的案件，程序推进上应

---

［1］参见朱孝清："侦查阶段是否可以适用认罪认罚从宽制度"，载《中国刑事法杂志》2018年第1期，第122页。

当充分贯彻"诉讼程序的省略和跳跃"[1]理念,不必对被追诉人采取刑事拘留措施,不必提请逮捕,应当缩短期限,简化流程,尽快直接交付检察机关审查决定。

同时,应在完善《刑事诉讼法》第182条规定的特殊撤案的基础上,适度扩大认罪认罚撤销案件制度的适用范围。特殊撤案制度的创立是基于反腐败和打击恐怖犯罪等的特殊需要,因此,对作为其适用条件的"重大立功"和"案件涉及国家重大利益"两个重要范畴,理应从这一根本需要出发,统一标准,明确内涵。根据《刑法》第68条及第390条第2款的规定,对于"有重大立功表现的"或者"犯罪较轻的,对侦破重大案件起关键作用的",[2]其处理的原则均为"可以减轻或免除处罚",而非不予追究刑事责任。显然,在此种情况下做特殊撤案处理确实是对刑法一般原则的突破。但只要特殊撤案范围特定(以保证其目的和功能的特殊性)、程序严格(要求经最高人民检察院核准),也并不违反《刑法》立法精神。譬如,根据《刑法》规定,经最高人民检察院核准,可以突破追诉时效期限追诉;经最高人民法院核准,可以在法定刑以下判处刑罚。而且,特殊撤案制度虽然不能为《刑事诉讼法》第16条依法不予追究刑事责任的情形所涵盖,但并没有违反该条规定。如果说第16条规定列举的是法定的不应追究刑事责任情形的话,特殊撤案制度所针对的则是法律允许的酌定不予追究刑事责任的情形。特殊撤案是可以撤案而不是应当撤案,其中的"可以"赋予了侦查机关一定的裁量权。当然,特殊撤案制度只是针对出现特定情形的特定种类的认罪认罚案件,适用范围特别狭窄,程序耗费又非常高,并不能真正满足侦查机关从宽处理的现实需要。笔者认为,对于轻微刑事案件,被追诉人认罪认罚,积极退赃退赔,能够获得被害人谅解,达成和解协议的,也应当允许公安机关撤销案件。在界定轻微刑事案件的范围时,标准应当明确,宜与《刑事诉讼法》第210条规定的第二类自诉案件相一致,即刑法分则第四章、第五章规定的,对被追诉人可能判处3年有期徒刑以下刑罚的案件。这类案件性质和后果并不严重,可恢复性强,立法将其规定为"可自诉可公诉"就已经部分认可了当事人的处分权。因此,人民法院对于这类自诉案件,可以进行调解,而自诉人在人民法院宣告判决前均可以同被告人自行和解或者撤回自

---

[1] 陈瑞华:"认罪认罚从宽制度的若干争议问题",载《中国法学》2017年第1期,第51页。

[2] 《刑法》第390条第2款规定:"行贿人在被追诉前主动交待行贿行为的,可以从轻或者减轻处罚。其中,犯罪较轻的,对侦破重大案件起关键作用的,或者有重大立功表现的,可以减轻或者免除处罚。"

诉。即便这类案件进入公诉程序,"案件的本质属性并没有改变",[1]在被追诉人认罪认罚,双方自愿和解,特别是被害人要求不再追究其刑事责任后,不管着眼于及时化解社会矛盾还是节约司法资源,法律强硬要求公安机关必须继续追诉都不尽合理。这也是近年来各地公安机关纷纷积极探索轻罪撤销案件制度的根本原因。

值得一提的是,《监察法》并未吸收特殊撤案制度。较之于侦查,《监察法》对监察机关在职务犯罪调查阶段的从宽处理作出了更为严苛的限制。只要监察机关经调查认为犯罪事实清楚,证据确实、充分的,必须移送检察机关审查起诉。即使被调查人主动认罪认罚,或者具有重大立功表现等,最多也是经领导人员集体研究并报上一级监察机关批准后,向检察机关提出从宽处罚的建议。

(三) 两种特殊的从宽处理情形

以上对从宽处理途径的讨论主要局限于立案之后、审查起诉之前的侦查阶段,但有些案件的从宽处理可以在相同甚至更早的诉讼环节以更隐性、更直接或更特殊的形式实现,而且大部分还是法律允许的审前分流方式。虽然严格说来这些诉讼环节不再是纯粹的侦查阶段,但这些环节的从宽处理形式与侦查主体的从宽处理权限或侦查阶段的从宽途径密切相关。具体说来,至少包括以下两种情况。

一是认罪认罚不立案。众所周知,在我国刑事诉讼中,立案环节发挥着案件初筛、入口分流的重要功用。那么,如果上述符合侦查阶段撤销案件要求的情况出现在立案之前,侦查机关能否直接以不启动刑事追诉程序的方式从宽处理呢？笔者认为,对此不可一概而论。就符合特殊撤案要求的情况而言,其涉及的案件既可能是轻微犯罪也可能是严重犯罪,而不予追诉也已经突破了《刑法》"可以减轻或免除刑罚"的原则规定,按照程序法治的要求,只能在立案后走特殊撤案程序。但就已经达成和解的轻微刑事案件(自诉案件)而言,由于还未进入公诉程序,《刑事诉讼法》并未要求此类案件一定要按照公诉案件处理,如果被害人并不要求公安机关立案,完全可以纳入《刑事诉讼法》第112条规定的虽然有犯罪事实但事实显著轻微、不需要追究刑事责任的不立案情形。应当注意,允许认罪认罚不立案,其实就是承认认罪认罚可以存在于立案之前。

---

[1] 顾永忠:"关于'完善认罪认罚从宽制度'的几个理论问题",载《当代法学》2016年第6期,第137页。

如果仅把认罪理解为承认指控的犯罪事实,[1]立案之前还没有专门机关的指控,认罪似乎也就无从谈起。其实,同认罚一样,认罪也是一个动态的概念,立案之前的认罪就是指行为人对涉嫌的犯罪的承认或供述。因此,实践中甚至存在另一种实质从宽的情形,即行为人认罪认罚,但公安机关综合全案情况,特别是其认罪认罚表现,直接适用《刑法》的但书规定,认定为不构成犯罪从而不予立案。

二是检察机关自侦案件的从宽处理。监察体制改革后,检察机关依然保留了一小部分职务犯罪案件的侦查权。检察机关对职务犯罪案件的侦查与公安机关对一般刑事案件的侦查在程序构造上有很大差异。尽管《人民检察院刑事诉讼规则》等司法解释参照公安机关一般刑事案件的诉讼流程,拟造出自侦案件的侦查、审查起诉两个阶段,尽管这种拟造还有检察机关内设机构的组织支撑,但这些都只在检察机关内部工作机制层面,不属于狭义上的法定程序。事实上,《刑事诉讼法》是把自侦案件的侦查、审查起诉阶段合二为一的,审查起诉与侦查活动相互融合,更准确地说,是前者为后者所吸收,表现在:该法第168条要求,人民检察院侦查终结时应当作出三种决定,即提起公诉、不起诉或者撤销案件,而该法的"提起公诉"一章,也根本未谈及自侦案件的审查起诉问题。也就是说,至少在法典层面,自侦案件侦查阶段可以采取的从宽处理方式比较独特:对于大多数认罪认罚案件,可以直接使用起诉并提出从宽量刑建议的方式,而对于轻微刑事案件,则可以直接适用酌定不起诉。但对于"有重大立功或者案件涉及国家重大利益的"特殊认罪认罚案件,根据《刑事诉讼法》第182条的规定,检察机关只可作出不起诉决定,不能直接撤销案件。

五、侦查机关从宽处理权的法律规制

不可否认,侦查机关的从宽处理更是一个权力极易被滥用的领域。实践中,违法的从宽处理,如以"行"代"刑"或者重罪转轻罪降格处理并不少见,[2]更何况还有些欠缺合理性或者只是合法性存疑的从宽处理。在从宽处理方面,侦查机关的权力滥用主要表现为对一些认罪认罚案件的无底线从宽,即应当立案而不立案,或者立案后不应当撤销案件而撤销案件,或者立案后不移送审查

---

[1] 参见陈卫东:"认罪认罚从宽制度研究",载《中国法学》2016年第2期,第55页。
[2] 参见雷鑫洪:"刑事立案监督实证研究",载《国家检察官学院学报》2016年第6期,第71页。

起诉。从《中国法律年鉴》中统计的检察监督数据看，尽管近年来检察机关监督公安机关不应当立案而立案的案件数呈上升趋势，但还是远低于应当立案而不立案或追加起诉的监督数。[1]当然，应立不立，不应撤而撤，或者立而不送，可能出于多种原因，比如单纯的失职、寻租下的不作为等，不能完全与认罪认罚后的从宽处理问题画等号。但是，这更能反映出从宽处理权被侦查机关滥用的现实风险。因为担心权力滥用就否定侦查机关的从宽处理权无异于因噎废食，合理规制从宽处理权，最为重要的不是谁来行使权力，而是有没有建立起防范权力滥用的监督制约机制。针对我国的诉讼模式和侦查权的特点，可以主要从以下四个方面系统地构建起我国侦查机关从宽处理的控权机制。

其一是内部控制。虽然与多数国家一样，我国在侦查权控权机制的基本构成上，也包含外部控制与内部控制两部分。但不同的是，层层把关的诉讼模式决定了，我们的外部控制更为倚重监督而非权力制衡，这是因为，监督既能控权，还基本不会影响侦查权的独立性及侦查机关在立案侦查阶段的主导地位。因此，不管在程序推进还是强制处分的决定上，侦查机关都有很大的自主权，这进而导致内部控制在整个控权体系中具有明显的优势地位。该控权体系与侦查权的秘密性、封闭性、扩张性和强制性互为因果、相互裹挟，使侦查权的控制陷入了"内卷化"的低效状态。[2]而在这种控权体系发生根本改变之前，在防范侦查机关从宽处理权的滥用上，我们固然不能忽略外部控制的作用，但加强内部控制可能是最直接、最便捷的手段。而在内部控制的基本思路上，也宜从结果导向转向过程控制。当然，在强调侦查人员办案责任制和侦查程序繁简分流的背景下，要求每一个认罪认罚案件都要三级审批，或者如监察机关那样集体研究、上级批准，显然是不合理的。但对于认罪认罚后不立案或者轻微刑事案件认罪认罚撤销的，应当要求经过县级以上公安机关负责人批准，甚至是上一级公安机关批准。而且，对于所有做从宽处理处理的认罪认罚案件，均应要求公安机关全方位做好办案过程记录，并将相关信息及时录入综合警务信息平台，以保证内部监督控制的有效性和动态性。对于信息平台上记录的认罪认罚案件，特别是那些立而不侦或久侦不送的案件，法制部门应定期、不定期地

---

[1]《中国法律年鉴》（2014年、2015年、2016年）显示：2014年，人民检察院督促侦查机关立案 21 236 件，追加起诉 32 280 人，督促撤案 17 673 件；2015 年，督促立案 14 509 件，追加起诉 23 722 人，督促撤案 10 384 件；2016年，督促立案 14 650 件，追加起诉 43 960 人，督促撤案 10 661 件。

[2] 参见汪家宝：“审判中心主义下侦查权控权内卷化问题研究”，载《西南大学学报（社会科学版）》2016年第6期，第45页。

开展监督检查、核实清理。

其二是检察监督。作为我国职权把关诉讼模式最重要也是最有特色的组成部分之一，检察机关的诉讼监督是刑事诉讼中专门机关依法行使职权的基本保障。但从检察机关立案监督及侦查监督的实际情况看，还存在运行被动、时间滞后、范围狭窄、调查不力、效力有限等问题，效果不是特别理想。为了避免对侦查机关从宽处理监督中出现类似问题，除一般性的事后监督，以及特殊撤案须经最高人民检察院核准的要求外，应当区分不同从宽处理途径，采取合适的监督控制措施。（1）对于公安机关在被追诉人认罪认罚后作不予追诉处理的案件，避免犯罪的"纵"与"漏"是检察监督的重点。因此，凡是因认罪认罚不立案、轻微刑事案件认罪认罚后撤销案件或未移送审查起诉的，均应要求公安机关将相关材料报送人民检察院备案。而且，检察机关还应将对公安机关的立案侦查监督与行政执法监督相联结，依托综合警务系统，建立检警案件信息共享平台，[1]提前监督时点，拓宽监督的信息来源，防止公安机关对案件进行"体外循环"或者违法降格处理。（2）对于公安机关适用认罪认罚从宽制度后移送检察机关的案件，检察机关应重点监督公安机关对被追诉人认罪认罚自愿性、明智性的保障。一些重大的认罪认罚案件，检察机关可以以提前介入的方式履行监督职责。此外，凡公安机关向检察机关提出从宽处理建议或者不起诉意见的认罪认罚案件，均应要求公安机关随案全面移送证明被追诉人认罪认罚自愿性、明智性的材料，以核查诉讼权利及认罪认罚后果的告知情况、律师帮助权的实现情况，被追诉人认罪悔罪的具体表现及其自愿供述情况等。

其三是职权法定。我国与德国、法国等国在诉讼构造上虽同为职权主义，但德国、法国等国的职权主义建构在司法理性的充分解放之上，而我国的职权主义则是建立在对各专门机关职权的严格限制之上，限制的主要方式包括：制定规范权力行使的缜密规则即职权法定原则，行政化的决策机制，以及对遵守规则情况的外在监督。其中，职权法定原则甚至已经导致部分公安司法人员对形式化、客观化规则的路径依赖。[2]因此，每一次刑事诉讼法修改之后，公安

---

〔1〕 据报道，部分地区积极响应中央政法委提出的加强司法工作信息化建设要求，在检察机关的牵头下，已经建立了政法信息共享平台。参见张梦娇："三个'首个'引领信息化建设——江苏省昆山市人民检察院"，载《检察日报》2017年7月26日，第11版。

〔2〕 参见马贵翔："证明模式转换的必要性与现代证据规则"，载《证据科学》2009年第2期，第140页。

司法机关都会各自或联合推出数倍于法条的实施细则，而公安司法人员还是感觉规则不细、不全。过度倚赖规则当然有其弊端，但也应该看到，在现有的制度环境下，放松规则限制蕴藏着更大风险。职权法定在将来很长一段时间内依然会是我国职权主义刑事诉讼的关键保障。具体到侦查机关从宽处理权的规制而言，虽然规则控权只是一种静态的约束，但如果没有精细的规则，内部控权、监督控权以及权力制约根本就无从谈起。侦查机关从宽处理的职权法定包括实体要素的法定和程序要素的法定两大方面。在实体要素上，法律既要明确侦查阶段从宽处理的具体方式，又要规定每一种从宽处理方式的适用条件和效力。以轻微刑事案件的认罪认罚撤销为例，不管法律是不是认可，实践中已普遍存在，只不过做法混乱，问题丛生，如果明确入法，不仅解决了该类从宽处理方式的合法性、正当性问题，减少了司法与立法的冲突与背离，还能增强运作的规范性，改善从宽效果。在程序要素上，法律应在兼顾正义与效率价值的基础上，为侦查阶段的每一种从宽处理方式构建细致的运行程序，特别是要明确，如何简化和终止程序及简化程序的底线要求，如何保障认罪认罚的自愿性、真实性，如何保障被追诉人获得律师帮助的权利及被害人的权益等。

其四是权利救济。通过赋予诉讼参与人充分的程序参与权，以及权利受到侵害时的救济机会和手段，也能起到对侦查机关从宽处理权的控制效果。当然，权利不可能直接控制权力，通过权利救济实现的权力控制必定是间接的，最终还是要借助于其他控权机制。"权利救济的关键在于以一种什么样的方式、方法和程序应用于实体权利及冲突主体中。"[1]而在我国层层把关的诉讼模式下，法院不会介入审前阶段，因而也不可能在侦查阶段提供司法救济，各专门机关提供的救济机制带有非常明显的权力关照特征。[2]具体说来，在我国，面对从宽处理中侦查权的侵害，权利主体可行的救济途径主要有三类。第一类是借助内部控权的救济。例如，控告人不服公安机关的不立案决定，可以申请复议，对不予立案的复议决定不服，还可以再向上一级公安机关申请复核；当事人和辩护人、诉讼代理人、利害关系人可以依据《刑事诉讼法》第117条的规定，就认罪认罚案件中的特定失范侦查行为向公安机关申诉或者控告；诉讼参与人可以依据《刑事诉讼法》第14条第2款的规定，对认罪认罚案件中侦查人员侵犯自己诉讼权利和人身侮辱的行为，提出控告（不限于向公安机关提出）。目

---

[1] 王人博、程燎原:《权利论》，广西师范大学出版社2014年版，第383页。
[2] 闫召华:"论认罪认罚自愿性及其保障"，载《人大法律评论》2018年第1期，第191页。

前，在这方面，亟待明确的是对撤销案件、终止侦查等的异议权问题。第二类是借助检察监督的救济。例如，被害人及其法定代理人、近亲属认为公安机关应当立案而不立案，或者当事人认为不应当立案而立案的，可以向人民检察院提出申诉或控告；当事人和辩护人、诉讼代理人、利害关系人依据《刑事诉讼法》第117条的规定就特定失范侦查行为向公安机关申诉或者控告后，对公安机关处理不服的，可以向同级人民检察院申诉。但遗憾的是，还是没有明确对撤销案件、终止追诉等的监督问题。第三类是借助审判程序的救济，即对侵犯人身、财产权利的案件，如被害人在有证据证明应当追究被告人刑事责任，而公安机关不予追究的情况下，其可以直接向人民法院提起自诉。就此而言，公安机关不予追究的决定虽然直接影响被追诉人实体责任的承担，但至少在侵犯人身、财产权利案件中，还只是一个程序决定，并不能发生有论者提出的所谓"超越刑法"的"免予定罪"效果。[1]第三类救济虽然看似有力，但对于被害人而言，难度很大。而且，在层层把关模式中，法院的审判（包括排除非法证据）对侦查阶段的影响不可与审判中心下的情况同日而语，其影响的程度在有些时候要取决于公安机关有没有设置相关的考核指标，也就是说，审判权对侦查权的控制一定程度上还是要借力于侦查权的内部控制。

第二节 认罪认罚不起诉：审查起诉环节从宽路径的反思与再造

从宽从简处理认罪案件已成为当前世界各国改革刑事诉讼模式和优化刑事司法资源配置的基本思路。整体上看，该思路主要有两种实现途径。一是放弃正式审判，即通过交易或协商，以从宽处理促使被追诉人自愿认罪，并且同意以快速审判乃至形式审核替代正式审判。美国的辩诉交易制度、法国的庭前认罪答辩制度、德国的认罪协商制度以及刑事处罚令程序等皆属此类。二是彻底放弃审判，即对认罪的被追诉人直接在审前程序分流，其中，一种普遍的做法是，由检察官运用起诉裁量权对认罪的被追诉人作出不起诉处理，并为检察官提供了微罪不诉、暂缓起诉或者暂缓起诉并附带处分等多个选项。美国检察官通过"拒绝"和"转处"等非起诉方式过滤掉了17.1%的警察移送

---

[1] 陈光中："认罪认罚从宽制度实施问题研究"，载《法律适用》2016年第11期，第11页。

案件，[1]而《司法部联邦起诉原则》《联邦检察官手册》等有关起诉的内部标准或示范标准中，明确将被追诉人"在调查或起诉中合作的意愿""在逮捕或定罪方面的合作"等列为决定不起诉时需要考虑的因素。[2]法国的刑事和解程序允许检察官对认罪的被追诉人以转处措施替代起诉，该程序的适用率"在过去数年间呈指数级增长"。[3]在瑞士，对于在预审程序中表示愿意就案件事实承担罪责且刑期不超过6个月的被追诉人，检察官甚至可以直接根据警方卷宗签发处罚令。据统计，瑞士目前约有90%（个别州高达98.6%）以上的案件是通过这种没有法官参与的程序解决，起诉率不到10%。[4]

2018年《刑事诉讼法》正式确立了认罪认罚从宽制度，标志着我国也开始深入探索和系统构建认罪认罚案件从宽从简的处理机制。但从新增或修改的条文看，法典中的认罪认罚从宽更为看重"放弃正式审判型"的从宽从简，几乎没有涉及审前分流，特别是不起诉在认罪认罚案件中的适用问题。认罪认罚从宽程序只是凸显了检察机关过程性的主导作用，而未充分重视不起诉决定的实质效果，未足够关注检察机关带有程序处分性质的从宽处理权限。《刑事诉讼法》第182条规定的特别不起诉虽然以"犯罪嫌疑人自愿如实供述"为前提，但并不以被追诉人认罚为条件，因此，很难称之为严格意义上的认罪认罚不起诉。《指导意见》虽然注意到了不起诉的审前分流和过滤作用，并提出要逐步扩大相对不起诉在认罪认罚案件中的适用，但却没有明确，在不改变原有相对不起诉适用条件的情况下，如何扩大相对不起诉的适用，以及认罪认罚因素对相对不起诉的适用有何种影响。《刑事诉讼法》及《指导意见》也未就认罪认罚案件如何适用附条件不起诉作任何特殊规定。立法上的粗疏导致了实践操作中的混乱，检察机关难以厘清认罪认罚从宽与不起诉之间的制度关联，也不能区分认罪认罚不起诉与认罪认罚案件的不起诉，即便是被追诉人认罪认罚后最终以不起诉处理的案件，亦难以评估认罪认罚情节对不起诉决定产生了何种程度的影响。可以说，这种立法及司法层面的逻辑混沌严重制约了我国认罪

---

[1] 参见王禄生：《刑事诉讼的案件过滤机制——基于中美两国实证材料的考察》，北京大学出版社2014年版，第46页。

[2] [瑞士] 古尔蒂斯·里恩：《美国和欧洲的检察官——瑞士、法国和德国的比较分析》，王新玥、陈涛等译，法律出版社2019年版，第60-62页。

[3] [法] 杰奎琳·霍奇森："有罪答辩与法国刑事司法中检察官角色的变化"，载 [美] 艾瑞克·卢拉、[英] 玛丽安·L. 韦德主编：《跨国视角下的检察官》，杨先德译，法律出版社2016年版，第116页。

[4] 参见 [瑞士] 古尔蒂斯·里恩：《美国和欧洲的检察官——瑞士、法国和德国的比较分析》，王新玥、陈涛等译，法律出版社2019年版，第175-176页。

认罚从宽制度的程序路径与作用空间，不利于发展多层次的程序体系和多元化的从宽从简处理机制。鉴于此，在大力推行认罪认罚从宽制度的背景下，加强对认罪认罚不起诉的研究，讨论认罪认罚在审前阶段的程序效果和实体意义，挖掘不起诉的从宽功能，探究检察机关从宽处理权的拓展及规制之道，确保检察机关能用、敢用、善用不起诉权处理认罪认罚案件，显得格外紧迫和重要。

一、认罪认罚对不起诉的有限影响：实践观察

（一）总体的适用率

在控、辩、审的高效互动中兑现认罪认罚者的从宽利益是我国认罪认罚从宽的基本程序模式，即由检察机关在听取意见的基础上提出量刑建议，被追诉人认可量刑建议并签署具结书，然后再由法院在采纳量刑建议的基础上作出从宽判决。然而，我国认罪认罚从宽制度并不排斥在审前程序中分流认罪认罚案件，而不起诉又通常被认为是对被追诉人从宽处理的一种形式，因此，如何将不起诉制度充分运用于认罪认罚案件一直是司法机关和学界颇为关注的问题。认罪认罚从宽制度开始试点后，各地检察机关也积极探索，并纷纷在媒体上发布本院首例被追诉人认罪认罚的不起诉案件。从统计数据反映的情况看，认罪认罚案件的不起诉适用情况总体上呈现不断提升的态势，具体表现在：（1）以不起诉方式处理的认罪认罚案件在所有认罪认罚案件中的占比稳中有升。周强同志在《关于在部分地区开展刑事案件认罪认罚从宽制度试点工作情况的中期报告》中也指出，认罪认罚案件犯罪嫌疑人被不起诉处理的已占到全部认罪认罚案件的4.5%。在个别地方，认罪认罚案件的不起诉率甚至高达13%。[1]最高人民检察院最新的统计数据显示，2019年前三个季度，9.1%的认罪认罚案件以不起诉处理。[2]（2）认罪认罚案件的不起诉在所有不起诉案件中的占比呈现指数级增长。笔者基于最高人民检察院案件信息公开网及把手案例网的数据，通过对2016年至2020年公开发布的不起诉决定书检索分析后发现，认罪认罚案

---

[1] 据统计，2018年1月至2018年10月，某直辖市检察系统审结案件10 744件，适用认罪认罚6052件，认罪认罚不起诉795件，在认罪认罚案件中有13%的案件作了不起诉处理。参见邓楚开："警惕认罪认罚挤压甚至替代酌定不起诉"，载https://www.sohu.com/a/278556253_653338，最后访问日期：2020年3月10日。

[2] 左力、石云松："最高检等：准确适用认罪认罚从宽制度"，载http://news.cctv.com/2019/10/24/ARTI57Z6roLD3LpkihJd7XmS191024.shtml，最后访问日期：2020年4月2日。

件不起诉的数量占比增速极快,从试点期间的不足2%,到2019年一跃达到29.68%,而2020年第一季度该比率已飞升至57.50%(参见表3-1)。但必须指出的是,由于笔者在不起诉决定书中确定认罪认罚案件的方法主要是以"认罪认罚"关键词搜索的方式,因此,此处的认罪认罚不起诉案件更准确地说是不起诉决定(绝大多数是在理由部分)中明确提及被追诉人认罪认罚情节的案件。

表3-1 2016—2020年不起诉决定与认罪认罚案件不起诉决定数量与比例[1]

年 度	2016年	2017年	2018年	2019年	2020年
不起诉决定数量(件)	50 676	56 450	118 016	142 933	11 355
认罪认罚案件不起诉决定数量(件)	29	1024	6316	42 426	6529
认罪认罚案件不起诉决定占比	0.57%	1.81%	5.35%	29.68%	57.50%

注:2020年是指2020年第一季度的相关数据。

(二)认罪认罚案件的不起诉类型

就理论上而言,以不起诉处理的认罪认罚案件可能覆盖不起诉的各种类型。被追诉人认罪认罚,但犯罪情节轻微,依照刑法规定不需要判处刑罚或免除刑罚的,可以适用相对不起诉。如果认罪认罚的是未成年的被追诉人,其涉嫌的又是刑法分则第四章、第五章、第六章规定的犯罪,且可能判处1年有期徒刑以下刑罚的,可以适用附条件不起诉。不管犯罪轻重,如果认罪认罚的被追诉人有重大立功,或者案件涉及国家重大利益,均可以经法定程序,作出特别不起诉决定。被追诉人虽然认罪认罚,但其实施的行为不构成犯罪或者属于《刑事诉讼法》第16条规定的依法不追究刑事责任的情形之一的,则应适用法定不起诉。此外,认罪认罚的案件同样可能适用存疑不起诉。《指导意见》还特别强调,犯罪嫌疑人认罪认罚,但证据不足,不能认定其有罪的,检察机关在审查起诉阶段应当依法作出不起诉决定。当然,对于不同类型的不起诉,认罪认罚情节可能会有不同的定位和影响:在特别不起诉、相对不起诉或附条件不起诉中,认罪认罚情节对不起诉决定主要起到的是促进作用,而在存疑不起诉和

---

[1] 需要注意,2016年11月才开始认罪认罚从宽制度的试点,因此,不起诉决定书2016年认罪认罚案件的数量较少。2020年的数据主要统计到2020年4月(决定书的落款日期)。

法定不起诉中，认罪认罚情节则会对不起诉决定有潜在的制约作用，是作为反向牵制的情节而存在的。

统计表明，实践中，认罪认罚案件绝大多数适用的还是相对不起诉。自2017年以后，相对不起诉在认罪认罚案件不起诉中的占比基本稳定在98%左右，存疑不起诉的占比约在1%至3%之间，而法定不起诉在认罪认罚案件中只是零星地出现，基本上在0.3%以下（参见表3-2）。至于特别不起诉，至少在笔者收集的两个数据平台公开的不起诉决定书中，尚未见收录。除借助大数据平台的统计外，笔者又随机汇集了30起见诸报端的被追诉人认罪认罚后的不起诉案件（以下简称"报端案件"），这些案件基本上都是各地所谓首例以不起诉处理的认罪认罚案件。在这30个案件中，29个案件适用了相对不起诉，只有1个案件适用的是附条件不起诉。[1]这与上述大数据统计的结果基本一致。而且，该统计结果也能得到部分检察机关实际适用情况的印证。以C市N区检察机关为例。该院自2017年至今已对36件被追诉人认罪认罚的案件作出了不起诉处理，其中，相对不起诉32件，存疑不起诉4件。[2]

---

[1] 这30个案件分别为杨某鹏、张某盗窃案（吉林通化市二道江区人民检察院）；章某盗窃案（陕西省柞水县人民检察院）；杜某危险驾驶案（山东省曲阜市人民检察院）；张某危险驾驶案（福建省周宁县人民检察院）；宋某盗窃案（浙江省义乌市人民检察院）；王某某故意伤害案（山东省济南市天桥区检察院）；秦某诈骗案（浙江省绍兴市越城区人民检察院）；张某某故意伤害案（陕西省大荔县人民检察院）；张某放火案（福建省南安市人民检察院）；刘某危险驾驶案（陕西省镇坪县人民检察院）；齐某非法持有枪支案（湖北省建始县人民检察院）；童某等三人盗窃案（浙江省象山县人民检察院）；张某故意伤害案（湖北省荆门市掇刀区人民检察院）；黄某毁坏财物案（湖南省湘潭市岳塘区人民检察院）；杜某某交通肇事案（黑龙江省勃利县人民检察院）；张某某电信诈骗案（甘肃省白银市平川区人民检察院）；覃某故意伤害案（湖北省襄阳市樊城区人民检察院）；苏某测故意伤害案（广西壮族自治区南宁市武鸣区人民检察院）；杨某诈骗案（浙江省海宁市人民检察院）；秦某某盗窃案（四川省广元市昭化区人民检察院）；王某某盗伐林木案（内蒙古自治区正蓝旗人民检察院）；汪某盗窃案（湖北省团风县人民检察院）；索某某危险驾驶案（陕西省潼关县人民检察院）；易某某盗窃案（广东省人民检察院广州铁路运输分院）；岳某、汪某盗窃案（山西省曲沃县人民检察院）；朱某某盗窃案（福建省南平市建阳区人民检察院）；杨某盗窃案（湖北省宜昌市西陵区人民检察院）；王某盗窃案（江苏省常州市新北区人民检察院）；高某、周某协助组织卖淫罪（山东省诸城市人民检察院）；孔某走私案（深圳市人民检察院）。

[2] 相关数据请参见李大槐、师索："认罪认罚从宽与不起诉的逻辑关联"，载《西南政法大学学报》2020年第1期，第112页。

表 3-2　认罪认罚案件适用的不起诉类型分布情况[1]

（单位：件）

年度 不起诉的类型	2016年	2017年	2018年	2019年	2020年
相对不起诉数（占比）	26（89.66%）	1011（98.73%）	6220（98.48%）	41 639（98.15%）	6383（97.76%）
存疑不起诉数（占比）	3（10.34%）	12（1.17%）	88（1.39%）	691（1.63%）	139（2.13%）
法定不起诉数（占比）	0（0）	1（0.1）	8（0.13%）	96（0.22%）	7（0.11%）
特别不起诉数（占比）	0（0）	0（0）	0（0）	0（0）	0（0）
数量合计	29	1024	6316	42 426	6529

（三）认罪认罚对不起诉决定的实际影响

当然，即便是适用了不起诉的认罪认罚案件，也并不意味着检察机关必然在不起诉的决定中考虑了认罪认罚情节。具体到在认罪认罚案件不起诉中占绝对主体地位的相对不起诉而言，即使适用了相对不起诉，也不能说认罪认罚情节的存在就肯定对不起诉决定的作出起到了实质性的促进作用。事实上，在具体案件中，认罪认罚情节到底在何种程度上影响了相对不起诉决定是很难确切评估的，但是从不起诉决定书中对不起诉理由的说明部分还是可以略窥其端倪。笔者通过梳理大数据平台的不起诉决定书及随机汇集的 30 个"报端案件"的不起诉决定发现，检察机关不起诉说理中对认罪认罚情节的描述大致可以概括为以下三种模式。

一是并列理由模式。即将认罪认罚与其他多种罪前、罪中、罪后情节罗列，概括性地得出一个"不需要判处刑罚"或可以"免除刑罚"的结论。这些常被与认罪认罚一起罗列的法定和酌定情节主要包括被害人谅解、积极退赃、自首、初犯、赔偿损失、坦白、偶犯等（参见表 3-3）。而且，根据不起诉决定书对认罪认罚情节与犯罪情节轻微条件之关系的不同认识，并列理由模式又可进一步划分为区分式与合一式两种表述形式。区分式通常不将认罪认罚视为犯罪情节，而将其列在犯罪情节轻微条件之后。其一般采用的句式为："被不起诉人×××实施了××行为，但系初犯、偶犯，……，犯罪情节轻微，且表示认罪认罚，……，

---

[1] 作为统计源的数据平台未收录附条件不起诉决定书，因此，在统计表中不再专门列出。

不需要判处刑罚。"[1]而合一式则将包括认罪认罚在内的所有从宽情节一并列为犯罪情节轻微的判断根据,其常用句式为:"被不起诉人×××实施了××行为,但鉴于其,……,认罪认罚,犯罪情节轻微,可以免除刑罚。"[2]或者是,"被不起诉人×××实施了××行为,但犯罪情节轻微,理由如下:第一,……;第二,……;第三,认罪认罚;……。因此,不需要判处刑罚",[3]有时甚至会将"犯罪情节轻微"的表述直接省略。[4]并列理由模式的特点是,可以明确反映出检察机关在决定不起诉时考虑到了认罪认罚情节,但不能反映认罪认罚情节在诸多情节中的分量和权重。极个别起诉决定书也有对认罪认罚效果的具体描述,诸如"被不起诉人自愿认罪认罚,可以进一步从轻处罚"之类,[5]但依然不足以廓清其影响力。

表3-3　30个"报端案件"不起诉理由(认罪认罚情节外)分布情况

并列情节	被害人谅解	初犯	自首	积极退赃	赔偿损失	坦白	偶犯	不具备从重情节	刑事和解	与被害人有亲戚关系	犯罪时未成年	被害人过错	未遂	提交忏悔书	家人需要照顾	精神发育迟滞	确有悔改表现
频次	15	9	9	9	7	5	3	2	2	2	2	2	1	1	1	1	1

二是唯一理由模式。即在不起诉决定书的理由部分未谈及任何其他具体情节,只将认罪认罚明确列为不起诉决定的唯一情节和理由。其通常的句式为:"被不起诉人×××实施了××行为,但犯罪情节轻微,自愿认罪认罚,根据……,

---

[1] 参见魏某某非法吸收公众存款案不起诉决定书(北京市朝阳区人民检察院,京朝检公诉刑不诉〔2017〕79号);张某甲故意伤害案不起诉决定书(湖南省道县人民检察院,道检公诉刑不诉〔2019〕75号)等。

[2] 参见杨某甲故意伤害案不起诉决定书(重庆市涪陵区人民检察院,渝涪检公诉刑不诉〔2017〕115号)。

[3] 参见庹某某盗伐林木案不起诉决定书(重庆市涪陵区人民检察院,渝涪检执检刑不诉〔2017〕5号)。

[4] 参见李某某危险驾驶案不起诉决定书(河北省石家庄市新华区人民检察院,石新检一部刑不诉〔2019〕54号)。

[5] 参见刘某某非法吸收公众存款案不起诉决定书(重庆市垫江县人民检察院,渝垫检刑不诉〔2018〕2号)。

不需要判处刑罚。"〔1〕此外，还有一种情况是，虽然表面上列举了两个或两个以上的其他情节或理由，比如自愿如实供述罪行、对指控事实没有异议等，但这些情节均能为认罪认罚情节所包含，〔2〕所以，这种决定书形式上是并列理由模式，实质上还是唯一理由模式。应当看到，唯一理由模式确实能够凸显出认罪认罚对不起诉决定形成的重要作用。

三是不列理由模式。即虽然在不起诉决定书中提到了认罪认罚，但并未将认罪认罚放在不起诉决定书的理由部分阐述，而只是将其列为"本院查明"的事实或在案由部分说明。〔3〕该模式在形式上难以体现认罪认罚情节对不起诉决定的影响。

实践中，对于认罪认罚案件的不起诉，并列理由模式是通用模式，唯一理由模式和不列理由模式均较为鲜见。笔者收集的 30 个"报端案件"，由于均以认罪认罚与不起诉的结合为宣传亮点，因此，在不起诉的理由中无一例外地提到了认罪认罚，但绝大多数案件说理时采用的是并列理由模式，将认罪认罚与其他多个情节并列，作为不起诉的考量因素之一，只有三起案件采取了唯一理由模式。上文提及的 C 市 N 区的不起诉决定书情况颇为独特，据统计，在其 32 个认罪认罚案件相对不起诉的决定书中，在理由部分明确提及认罪认罚的仅有 2 个。〔4〕综合以上情况，可以说，在以相对不起诉处理的认罪认罚案件中，不起诉决定也不一定与认罪认罚情节有必然联系。即使有关联，也通常是将认罪认罚作为一个可以并行考虑的影响因素，很少有不起诉决定书能够直接反映认罪认罚在其中起到了主导性的作用。

二、认罪认罚在不起诉条件中的模糊定位：规范分析

《刑事诉讼法》规定的三种体现起诉便宜原则的不起诉，即相对不起诉、特别不起诉和附条件不起诉，均有可能考虑被追诉人的罪后表现，甚至明确要求以被追诉人特定的罪后表现作为适用条件，这为认罪认罚发挥促进作用留出

---

〔1〕 参见刘某某盗窃案不起诉决定书（重庆市合川区人民检察院，渝合检刑不诉〔2017〕11 号）。

〔2〕 参见王某某非法持有枪支案不起诉决定书（北京市顺义区人民检察院，京顺检公诉刑不诉〔2017〕259 号）。

〔3〕 参见於某某代替考试案不起诉决定书（福建省泉州市鲤城区人民检察院，泉鲤检刑不诉〔2017〕7 号）。

〔4〕 相关数据请参见李大槐、师索："认罪认罚从宽与不起诉的逻辑关联"，载《西南政法大学学报》2020 年第 1 期，第 112 页。

了空间。但从相关条文对三类不起诉的具体要求看，认罪认罚的作用空间极为有限。

(一) 相对不起诉与认罪认罚

根据《刑事诉讼法》第177条第2款的规定，适用相对不起诉需要具备的条件是：犯罪情节轻微，依照刑法规定不需要判处刑罚或者免除刑罚，前半句是"情节"条件，后半句为"免罚"条件。而认罪认罚对相对不起诉的影响力取决于认罪认罚与这两个条件的关系。

一方面，就"情节"条件而言，需要考虑的是，认罪认罚是否属于犯罪情节，是否能使本来严重的犯罪情节轻微，或者使轻微的犯罪情节更加轻微，进而增进相对不起诉在个案中的适用性。有论者认为，此处的犯罪情节着眼于被追诉人的刑罚考量，因此，需要"结合涉及犯罪行为人的所有情节"，"包括全案中所有的能够体现行为的社会危害性、行为人的人身危险性的主客观情况，既包括罪中情况，也包括犯罪行为人的罪前一贯表现和犯罪后的认识态度等影响量刑的因素"。[1]按照这种理解，认罪认罚理应属于影响犯罪情节轻微性的因素之一。但该种理解可能不太符合立法原意，而且，弊端重重。首先，容易破坏《刑法》中对于犯罪情节规定的梯度关系。因为，对此处犯罪情节的泛化解读意味着，即使罪中情节符合《刑法》中规定的犯罪情节严重、情节特别严重（《刑法》中还规定了不少只有情节严重才能构成的犯罪），也可以结合罪前、罪后情节，评判为犯罪情节轻微，从而就会出现所谓的情节严重的情节轻微，不合逻辑。其次，扰乱刑罚裁量的步骤。刑罚裁量一般的顺序就是先区分情节的性质，再确定不同情节的功能，然后依序分别确定刑罚：先根据与本次犯罪行为有关的情节即犯罪情节决定责任刑，后根据与犯罪行为本身无直接关系的其他情节决定预防刑。将认罪认罚在内的其他情节一概纳入犯罪情节，将无以区分责任刑与预防刑，不利于刑罚裁量的规范化和精准化。最后，易使"情节"条件和"免罚"条件融为一体，导致相对不起诉权的不当扩张。从《刑事诉讼法》及《刑法》的规定看，相对不起诉的"情节"条件与"免罚"条件相对独立，二者之间"不具有必然的因果关系"。[2]犯罪情节轻微的不一定"不需要判处刑罚或者免除刑罚"，完全有可能需要处以轻罚，否则，《刑事

---

[1] 袁江华："刑法中情节、犯罪情节的辨别与比较"，载《人民司法》2018年第7期，第66页。
[2] 王进琪、刘礼军、谢直波："相对不起诉中'犯罪情节轻微'的认定"，载《中国检察官》2010年第16期，第58页。

诉讼法》第177条也无须刻意写入"免罚条件",《刑法》第37条也不必专门强调"不需要判处刑罚"。而"不需要判处刑罚"或"免除刑罚"的也不一定就是"犯罪情节轻微",属于犯罪情节严重的罪行,也可能因为自首、重大立功、被追诉前主动交代行贿或介绍贿赂行为等罪后情节而免除处罚。但"情节"条件是"免罚"条件的先决条件,即只有在符合"情节"条件的前提下,才考虑是否符合"免罚"条件的问题。但如果将认罪认罚理解为犯罪情节,实质上是直接以全案情节衡量"免罚"条件,犯罪情节是否轻微问题与是否需要免罚问题一并纳入了裁量范围。特别是,如果再像部分论者提出的,《刑法》第37条可以作为独立的免罚根据,相对不起诉"只需检察官心证判断符合《刑法》第37条要求即可",[1]无疑会使相对不起诉权可以轻易突破犯罪性质和情节的限制,导致权力的膨胀和失序。其实,按照字面意思理解"情节"条件中的犯罪情节,主要指称的也应该是与本次犯罪行为直接相关的罪中情节,而不应该包括罪前或罪后情节,对其作泛化理解不利于刑法概念的统一。简言之,作为相对不起诉"情节"条件的犯罪情节,应当是罪中情节,认罪认罚不能直接影响"情节"条件。

另一方面,就"免罚"条件而言,认罪认罚将来有纳入其中的可能性,但目前还缺乏充分的实体法根据。"免罚"条件规定了"免罚"的两种情形:一是依照《刑法》规定不需要判处刑罚,二是依照《刑法》规定免除刑罚。但不管哪一种情形,都必须依照《刑法》的规定。而《刑法》对于"免罚"既有一个原则性的规定,即《刑法》第37条,"对于犯罪情节轻微不需要判处刑罚的,可以免予刑事处罚",又规定了16个可以或应当"免除处罚"的具体情节。对于在适用相对不起诉时如何协调原则规定与具体规定之间的关系,学界、实务界等有不同的理解。有人认为被追诉人只有符合具体规定,才能适用原则规定,[2]也有人认为即便不符合具体规定,也可以直接以原则规定为根据。[3]由于《刑法》中目前并没有明确将认罪认罚规定为可以从轻、减轻或免除处罚的情节,按照前一种观点,即要求相对不起诉必须根据《刑法》具体情节规定的话,根本就不可能产生单独根据认罪认罚情节的"免除刑罚"。那么,如果按照后一种观点,认罪认罚是不是可以通过《刑法》第37条而理所当然地成为

---

[1] 郭烁:"酌定不起诉制度的再考查",载《中国法学》2018年第3期,第230-231页。
[2] 参见张开骏:"刑法第37条不是独立免除刑罚事由",载《检察日报》2015年2月11日,第3版;张明楷:《刑法学》(上册),法律出版社2016年版,第635页。
[3] 参见何秉松:《刑法教科书》,中国法制出版社2000年版,第578页。

"免除刑罚"的重要根据呢？其实不然。《刑法》第 37 条中的"犯罪情节轻微不需要判处刑罚"是一个整体，"不需要判处刑罚"是因为"犯罪情节轻微"，而且，"不需要判处刑罚"不同于需要判处刑罚因为其他情节而免除刑罚。换言之，不需要判处刑罚只是免予刑事处罚或免除刑罚的根据之一，而不需要判处刑罚则是由犯罪情节轻微这一内在属性直接决定的。上已述及，认罪认罚不是犯罪情节，不可能套用《刑法》第 37 条而产生"不需要判处刑罚"的效力。同样，个别司法解释中规定被追诉人"认罪、悔罪"可以直接根据《刑法》第 37 条不起诉不尽合理。[1]事实上，《刑法》第 37 条与 16 个"免除处罚"并不是原则与具体规定的简单对应关系。16 个"免除处罚"条文中确实有因为罪中情节轻微不需要判处刑罚而免除处罚的情形，但也有本来需要判处刑罚（犯罪情节也不一定轻微）但由于存在特定的罪中情节而免除处罚的，还有因为罪后情节而免除处罚的。当然，将来可以通过增加《刑法》中的具体"免除处罚"规定解决认罪认罚相对不起诉的实体法根据问题。但在《刑法》修改之前，认罪认罚对相对不起诉"免罚"条件的影响尚无法可依，或者只能通过影响《刑法》中已经规定的有"免除处罚"效果的罪后情节间接实现。

值得一提的是，对于如何理解相对不起诉适用条件中的"犯罪情节轻微"，一直存在不同意见。一种观点认为，该条件将相对不起诉限制于轻罪案件，原则上只能是法定刑为 3 年以下有期徒刑的案件。[2]另一种观点则认为，重罪案件也存在犯罪情节轻微问题，因此，重罪也有可能适用相对不起诉。[3]笔者认为，这两种观点都不够完整，相对不起诉确实不排除涉嫌严重罪名案件的适用，因此，不宜将相对不起诉称为"微罪不诉"或"轻罪不诉"。但相对不起诉的适用必须同时符合相对不起诉的"情节"和"免罚"两个条件，这两个条件也将相对不起诉的适用范围限制在极为狭小的范围内——轻微刑事案件，不仅犯罪情节要轻微，结合所有情节，案件必须达到可以"免罚"的程度。当然，这

---

[1] 例如，最高人民法院、最高人民检察院《关于办理诈骗刑事案件具体应用法律若干问题的解释》（法释〔2011〕7 号）第 3 条规定："诈骗公私财物虽已达到本解释第一条规定的'数额较大'的标准，但具有下列情形之一，且行为人认罪、悔罪的，可以根据刑法第三十七条、刑事诉讼法第一百四十二条的规定不起诉或者免予刑事处罚：（一）具有法定从宽处罚情节的；（二）一审宣判前全部退赃、退赔的；（三）没有参与分赃或者获赃较少且不是主犯的；（四）被害人谅解的；（五）其他情节轻微、危害不大的。"

[2] 参见彭东、张寒玉：《检察机关不起诉工作实务》，中国检察出版社 2005 年版，第 76 页。

[3] 参见梁平："如何理解相对不起诉标准中的'犯罪情节轻微'"，载《中国检察官》2008 年第 4 期，第 65 页。

也同时表明，即使认罪认罚将来可以成为《刑法》中有"免罚"效果的法定情节，适用于相对不起诉的认罪认罚案件也会极为有限。

(二) 特别不起诉与认罪认罚

2018年修正《刑事诉讼法》时，在第182条增加规定了一种新类型的不起诉，主要适用于被追诉人自愿如实供述涉嫌犯罪的事实且有重大立功或者案件涉及国家重大利益的案件。由于该种不起诉立法背景和法条位置特殊、适用范围有限、适用条件苛刻、审批程序严格，学界通常称之为特别不起诉。第182条的规定事实上是对《认罪认罚从宽制度试点办法》第9条和第13条规定的调整和吸收，因此，有不少论者将第182条放在认罪认罚从宽视角下理解，并认为该条文是"立法在审前程序中对特殊案件贯彻认罪认罚从宽的具体规定"。[1]然而，从特别不起诉的具体适用条件看，特别不起诉和认罪认罚从宽制度的联系可能只是宏观政策层面和立法精神上的部分契合，制度层面的具体连接点非常少，从而限定了认罪认罚对特别不起诉的影响。有论者提出，有别于与其他类型不起诉间的模糊关系，认罪认罚与特别不起诉之间有确定的逻辑关联，即"认罪认罚+重大立功或涉及国家重大利益+最高人民检察院审批＝不起诉"。[2]暂且不论"自愿如实供述"只是特别不起诉适用的一道门槛，真正的决定性因素是"重大立功或者案件涉及国家重大利益"，即便其作用关键，"自愿如实供述涉嫌犯罪的事实"真的能等同于认罪认罚吗？答案显然是否定的。按照《刑事诉讼法》第15条的规定，认罪认罚中的认罪是指被追诉人"自愿如实供述自己的罪行，承认指控的犯罪事实"，而《指导意见》对认罪的界定是"自愿如实供述自己的罪行，对指控的犯罪事实没有异议"，但特别不起诉中则只是要求被追诉人"自愿如实供述涉嫌犯罪的事实"，并未明确要求被追诉人认可指控的犯罪事实，不同于认罪认罚中的认罪内涵。更何况，严格意义上的认罪认罚是认罪加认罚，除了认罪以外，还要求被追诉人愿意接受处罚，《指导意见》甚至还将真诚悔罪明确为认罚的内涵，但是，特别不起诉中对被追诉人并无认罚的要求。

那么，到底是出于何种考虑，使得特别不起诉既不要求被追诉人认可指控事实，也不要求其认罪呢？我们认为，可能与以下两个因素有关：(1) 特别不

---

[1] 董坤："认罪认罚从宽中的特殊不起诉"，载《法学研究》2019年第6期，第172页。

[2] 李大槐、师索："认罪认罚从宽与不起诉的逻辑关联"，载《西南政法大学学报》2020年第1期，第112页。

起诉与认罪认罚从宽在制度定位上的差异。不同于域外的辩诉交易或认罪协商，我国的认罪认罚从宽制度采取的是专门机关主导的听取意见模式，〔1〕强调被追诉人通过认罪认罚争取从宽，主要适用于事实清楚的案件，贯彻的是宽严相济的刑事政策。而特别不起诉则理路不同，特别是其中的"重大立功型"不起诉，虽然也能体现宽严相济，但其吸收了域外"污点证人"制度中的合理因素，着眼于以"丢卒保车"的方式攻克重大疑难案件，为了确保重大案件的追诉突破法律的一般规定，带有更强的国家妥协和控辩协商的性质。至于"涉及国家重大利益"的不起诉，其侧重衡量的并非宽严相济，而是追诉犯罪与国家重大利益之间的平衡问题，旨在以不起诉的方式降低对国家重大利益的消极影响，与认罪认罚从宽制度的联系更为微弱。整体上看，特别不起诉没有体现出对被追诉人真诚悔罪的要求。(2) 在认罪认罚从宽制度的设计中，被追诉人认罪认罚是制度适用的前提而不是结果，只有被追诉人认罪认罚，专门机关才考虑给予从宽处理，特别是在认罪问题上，没有协商空间。但是特别不起诉不同，获得不起诉（至少是部分罪名的不起诉）而非接受处罚，可能是被追诉人"自愿如实供述"的直接目的。而且，《刑事诉讼法》第 182 条还明确授权检察机关"可以对涉嫌数罪中的一项或者多项不起诉"，该选择性起诉条款的存在暗含了罪数协商的可能，也就是检察机关指控哪些犯罪，可能是控辩协商的结果。因此，考虑到被追诉人完全配合追诉需要的充足动力，特别不起诉的适用很难以被追诉人认可指控事实和愿意接受处罚为前提。

需要进一步思考的是，《刑事诉讼法》第 182 条虽然没有要求被追诉人认罪认罚，但被追诉人认罪认罚是否会促进特别不起诉的适用呢？事实上，被追诉人是否认可指控事实和愿意接受处罚对"涉及国家重大利益型"不起诉影响甚微，因为其并非法定的考量因素。而对"重大立功型"的特别不起诉而言，被追诉人认罪认罚反而有可能产生阻碍适用的效果，因为对于认罪认罚的被追诉人，专门机关自然就会减少突破一般法律规定和适用繁琐审批程序的动力。

（三）附条件不起诉与认罪认罚

附条件不起诉以被追诉人"有悔罪表现"为适用条件，而悔罪又以承认犯罪为前提。尽管承认犯罪不一定构成认罪认罚意义上的认罪，悔罪也与认罚有一定差别，但附条件不起诉对被追诉人承认犯罪加悔罪的双阶要求与认罪认罚

---

〔1〕 参见闫召华："听取意见式司法的理性建构——以认罪认罚从宽制度为中心"，载《法制与社会发展》2019 年第 4 期，第 56 页。

的二元结构颇为相似,且前者的内容又能为后者所包含。可以说,被追诉人只要认罪认罚,就肯定符合承认犯罪+悔罪的要求。因此,附条件不起诉可以成为认罪认罚案件不起诉的模式之一。[1]但是,遗憾的是,附条件不起诉的适用除了被追诉人"有悔罪表现"的要求之外,还设置有四重限制:一是适用的对象必须是未成年人;二是涉嫌的只能是刑法分则第四章、第五章、第六章规定的罪名;三是可能判处的刑罚必须在1年有期徒刑以下;四是被追诉人及其法定代理人没有异议。在重重限制之下,附条件不起诉适用率一直处于低位。统计显示,2013年至2017年间,在所有被审查起诉的未成年人中,附条件不起诉的平均适用率仅为6%左右。[2]而对于没有适用罪名和刑期限制的认罪认罚案件而言,通过附条件不起诉所能分流的只能是其中极少的一部分。

而且,除了严格的适用范围限制外,还有另外两个不利于认罪认罚案件适用附条件不起诉的因素:其一,由于附条件不起诉是2012年《刑事诉讼法》增设的,当时还没有开始认罪认罚从宽制度的改革试点,不可能顾及与认罪认罚从宽制度的衔接,而2018年修正的《刑事诉讼法》也没有规定衔接机制,这导致,被追诉人认罪认罚顶多属于附条件不起诉适用时的一个酌情考虑的情节,只能通过影响"有悔罪表现"和可能判处的刑罚两个条件间接发挥作用。而一旦检察机关决定结合适用认罪认罚从宽与附条件不起诉制度,不管认罪认罚情节是否对附条件不起诉决定产生了实质影响,都须同时遵循两套程序要求,既要走认罪认罚从宽程序,又要走设置考验期、监督考察等附条件不起诉程序。其二,附条件不起诉与相对不起诉有一定的交叉,而按照立法机关的权威解释和最高人民检察院的意见,当一个案件同时符合这两类不起诉的法定条件时,优先考虑相对不起诉。这意味着,附条件不起诉一般适用于需要判处刑罚且可能判处1年有期徒刑以下刑罚的案件,而事实上,可能判处1年有期徒刑以下刑罚与不需要判处刑罚或免除刑罚在裁量实践中的差别也并不是那么明显,这势必进一步压缩了附条件不起诉的适用空间,促使检察机关在面对既可以相对不起诉也可以附条件不起诉的认罪认罚案件时,通常都会适用前者,直接作出不起诉决定。

---

[1] 参见刘刚学:"浅析认罪认罚案件不起诉的三种模式",载《中国检察官(经典案例)》2019年第12期,第38页。

[2] 参见何挺:"附条件不起诉制度实施状况研究",载《法学研究》2019年第6期,第153页。

三、从认罪认罚案件的不起诉到认罪认罚不起诉：变革的意义与空间

(一) 什么才是认罪认罚不起诉

认罪认罚不起诉，顾名思义，是指以认罪认罚情节为主要根据的不起诉。它当然属于认罪认罚案件不起诉的一种形式，但又与认罪认罚案件的不起诉有一定区别。前者要求认罪认罚与不起诉的决定之间有相对确定的联系，而后者只能反映不起诉的案件是认罪认罚案件。如上所述，认罪认罚案件的不起诉也不一定考虑到了认罪认罚情节，案件的其他情节可能已经完全具备了不起诉的法定条件，就不起诉决定的依据而言，认罪认罚情节的存在可有可无。也有可能虽然在不起诉的理由中提及了认罪认罚情节，但只是形式上的考虑，或者如并列理由型的相对不起诉那样，仅将认罪认罚作为不起诉的难以明确具体影响力的助力因素之一。或者类似于特别不起诉的适用思路，只将认罪认罚视为不起诉决定的前提条件，而真正的决定性因素则是重大立功或案件涉及国家重大利益等其他情节。

较之于认罪认罚案件的不起诉，认罪认罚不起诉至少有以下几个特点。(1) 认罪认罚是决定不起诉的主导因素。如果没有认罪认罚情节的存在，案件本应起诉。而认罪认罚情节的存在，增强了案件不再追诉或寻求替代处理机制的必要性，使得案件处于可以起诉也可以不起诉之间。(2) 认罪认罚不起诉既是不起诉的一种形式，在认罪认罚从宽制度的视野下，更是对认罪认罚者从宽处理的方式，是被追诉人的认罪认罚利益，同时也是以认罪认罚为核心基准构建的多层次刑事案件快速处理体系的一部分，以及避免正式审判的方式之一。(3) 认罪认罚不起诉主要是一种裁量不起诉。"认罪认罚从宽制度的推行无疑进一步强化了检察机关选择性不起诉的权力。"[1]在基于某些有利于被追诉人的案件情节，作出（至少追诉机关认为）相对有利于被追诉人的处理上，认罪认罚不起诉与相对不起诉、附条件不起诉和"重大立功型"的特别不起诉等体现起诉便宜原则的不起诉在精神上是相通的，而法定不起诉和存疑不起诉中的认罪认罚不可能成为不起诉的主导因素。因此，认罪认罚不起诉的适用范围与检察机关的起诉裁量权和从宽处理权限关系密切。(4) 认罪认罚不起诉需要被追诉人的认可和接受。我国的认罪认罚从宽制度是采取以专门机关听取意见为基

---

[1] 周长军：" 认罪认罚从宽制度推行中的选择性不起诉"，载《政法论丛》2019 年第 5 期，第 81 页。

础的合意模式,被追诉人认可不起诉处理是保障从宽效果和诉讼效率的双重需要,因此,认罪认罚不起诉不能在未听取被追诉人意见的情况下直接依职权作出。

(二) 为什么需要认罪认罚不起诉:独立化的必要性

认罪认罚不起诉有其独特的性质、功能定位和适用根据,而我国现有的不起诉制度不管是在规范层面还是在实践层面,都无法提供认罪认罚不起诉有效运作的足够空间。因此,有必要将认罪认罚不起诉塑造为一种独立的不起诉类型,并以此为契机重构我国的不起诉制度体系。

其一,认罪认罚不起诉的独立化可以减少认罪认罚从宽与不起诉的制度的冲撞与衔接耗费。目前的认罪认罚案件的不起诉与其说是认罪认罚从宽制度与不起诉制度衔接之体现,不如说只是二者的简单拼接、叠加甚至是耦合,两种制度很大程度上仅仅是在形式上或者"物理"上混杂在一起,没有发生化学反应。认罪认罚从宽制度与不起诉制度的机械结合使得认罪认罚案件的不起诉既要恪守认罪认罚从宽程序,又要符合不起诉程序的要求。也就是说,一个认罪认罚案件的处理要遵循两套相对独立的程序要求和工作机制,这当然意味着专门机关的重复劳动和更高的司法成本。即便不考虑成本,机械结合也很容易导致三个方面的问题:(1)规则层面或操作层面的直接冲突。比如,按照《刑事诉讼法》的要求,在审查起诉阶段,对认罪认罚的被追诉人检察机关应当提出量刑建议,但按照不起诉的制度安排,不起诉是追诉程序的终止,案件不再移送法院,控方不再求刑,作为具体求刑意见的量刑建议根本无从谈起。(2)不起诉制度成为适用认罪认罚从宽制度的妨碍。那些需要以不起诉(特别是相对不起诉)方式处理的案件,如果适用认罪认罚从宽制度,检察机关就需要围绕认罪认罚多做很多工作,比如,权利告知、听取意见、协调联系值班律师等,在案多人少的压力之下,这无疑会削弱检察官在不起诉的案件中适用认罪认罚从宽制度的动力。(3)认罪认罚从宽制度成为不起诉制度适用的潜在障碍,甚至可能起到反作用,将不起诉案件转为起诉案件。[1]这是因为,被追诉人认罪认罚之后案件在证据上更有利于提起诉讼,且走速裁程序的话也很有效率,但要做不起诉处理不仅程序繁琐,还有一定的职业风险。而且,在未实现认罪认罚不起诉独立化的情况下,通过认罪认罚案件的不起诉过度呈现认罪认罚与不

---

[1] 参见李大槐、师索:"认罪认罚从宽与不起诉的逻辑关联",载《西南政法大学学报》2020年第1期,第113页。

起诉的关联,有可能在无形中提升不起诉的适用标准,对非认罪认罚案件适用不起诉造成不利影响。

其二,认罪认罚不起诉的独立化可以增强不起诉的审前分流效果。尽管世界各国的刑事诉讼制度应对案累的思路不尽相同,但都毫无例外地基于宽宥和效率设立了各种审前分流机制,确保交付审判的只是有审判必要性的尽可能小的案件。但我国的刑事程序在审前分流方面还相当薄弱,表现在,侦查机关未被明确赋予分流有罪案件的权力,检察机关裁量不起诉的范围较为狭窄,而认罪认罚从宽程序未给予审前分流足够关注。而创设相对独立的认罪认罚不起诉,则可以促进认罪认罚从宽与不起诉的深度融合,一方面能健全认罪认罚从宽程序的审前分流功能,形成案件分流和程序简化互补的增速提效机制,另一方面能扩大不起诉的适用率,特别是不起诉适用于认罪认罚案件的比率,从而更加充分地发挥出不起诉在程序分流方面的"调控"作用,[1]通过这两方面直达"病灶"的"靶向治疗",势必会增强审查起诉阶段的繁简分流效果。

其三,认罪认罚不起诉的独立化可以充实被追诉人的认罪认罚利益,丰富从宽的形式。认罪认罚从宽中的从宽,按照《指导意见》第8条的解释,既包括实体上从宽处罚,也包括程序上从简处理。对于不起诉应该归属哪一种从宽,学界认识不一。[2]但笔者认为,认罪认罚不起诉兼具程序从宽与实体从宽的双重属性。在程序从宽方面,不起诉作为检察机关提前终止追诉程序的决定,可以使被追诉人尽快摆脱刑事程序的"折磨",及早脱离人身权利受限制和诉讼结果不确定的状态,大大减少审判和定罪带来的"附随效果"。[3]在实体从宽方面,裁判结果上的罪刑减让并非对认罪认罚者从宽处理的唯一方式,检察机关以不起诉等终止程序的方式也能够实现程序上的"出罪"效果。当然,这种"因公诉机关放弃诉权而形成的无罪",[4]并非实体意义上的非犯罪化,它的程序意义上的"出罪"(不予追诉)是以程序意义上的"定罪"(对被追诉人犯

---

〔1〕 朱孝清:"检察机关在认罪认罚从宽制度中的地位和作用",载《检察日报》2019年5月13日,第3版。

〔2〕 相关的争论可参见孙长永:"认罪认罚从宽制度的基本内涵",载《中国法学》2019年第3期,第210页;朱孝清:"认罪认罚从宽制度的几个问题",载《法治研究》2016年第5期,第37页;顾永忠、肖沛权:"'完善认罪认罚从宽制度'的亲历观察与思考、建议——基于福清市等地刑事速裁程序中认罪认罚从宽制度的调研",载《法治研究》2017年第1期,第60页;等等。

〔3〕 [美] 约翰·D. 金:"程序正义、附随后果和美国的轻罪裁判制度",载 [美] 艾瑞克·卢拉、[英] 玛丽安·L. 韦德主编:《跨国视角下的检察官》,杨先德译,法律出版社2016年版,第15页。

〔4〕 姜伟主编:《专项业务培训教材》,中国检察出版社2004年版,第230页。

罪行为的否定评价）为前提的，所以，严格说来，这也是一种刑事责任非常特殊的实现方式，是在确认应当追究刑事责任的基础上对被追诉人的宽宥处理。[1]

其四，认罪认罚不起诉的独立化契合认罪认罚从宽的程序模式。构建检察主导的替代程序已经成为各国应对刑事司法超负荷的一种趋势。而我国的认罪认罚从宽制度本质上也属于检察主导的替代程序。认罪认罚从宽程序的检察主导特征使得整个诉讼的重心向审查起诉阶段转移，即不管认罪认罚案件最终在形式上适用何种审判程序（普通程序、简易程序或速裁程序）进行审理，其本质上均是以检察机关提出建议，法院加以审查和核准的方式进行的。检察主导的认罪认罚从宽程序局部改变了刑事司法权的基本配置，并在一定程度上重塑了专门机关的配合制约关系，通过一定意义上的裁判权"让渡"，使得检察机关成为事实上的决定者，以此实现认罪认罚案件的分流简化和高效处理。而认罪认罚不起诉的独立化符合检察机关主导作用的基本定位，可以有效激活起诉裁量权在认罪认罚从宽制度中的潜在功用，进一步推动分流与简化、从简与从宽的有机统一。

（三）认罪认罚不起诉独立化的制度空间

在推行认罪认罚案件不起诉的过程中，也有一些质疑或反对的声音，主要集中在制度支撑方面，具体表现为以下三个争议问题。而对这三个问题的认识也在很大程度上决定着对认罪认罚不起诉可行性的判断。

（1）不起诉是否具有从宽功能？只有不起诉具有从宽功能，认罪认罚不起诉才有可能找到更为坚实的立足点。但是，有论者提出，不起诉在法教义学上仅具有分流案件、防范错案、防止不必要入罪以及为公安机关和社会提供指导性行为模式的功能，并不具有明确的从宽功能，因此，很难将其纳入认罪认罚之后的从宽范畴。[2]笔者对此不敢苟同。所谓从宽，是指在处理案件时采用一种较为宽松、宽缓的思路和原则，其通常与从严相对，均是因为某些情节、因素的存在或者特定的政策要求而采取的不同于正常处理的方式和措施。不起诉有无从宽属性不能一概而论，而是与不起诉的类型密切相关。一般而言，相对不起诉、附条件不起诉和特别不起诉都是考虑到案件情节而对本来可以起诉

---

[1] 参见李继华：《不起诉的实体根据研究》，中国检察出版社2013年版，黄京平序言第3页。
[2] 参见李大槐、师索："认罪认罚从宽与不起诉的逻辑关联"，载《西南政法大学学报》2020年第1期，第111–112页。

(正常处理)的被追诉人作出了不起诉处理(宽松处理),都可以视为从宽的形式。而法定不起诉和存疑不起诉则着眼于维护刑事法的准确实施,对那些因证据缺陷或欠缺实体法追诉根据而本来就不符合起诉条件(正常处理)的案件作出不起诉决定,没有体现从宽。就此而言,不起诉的从宽属性也和检察机关的不起诉裁量权联系紧密,只有反映起诉便宜原则的裁量不起诉才有在正常处理和宽松处理之间选择的可能,并因此具有从宽属性,而起诉法定原则下的不起诉案件中检察机关没有裁量空间,只能作出不起诉的正常处理。当然,这一点也并不绝对。相对不起诉和法定不起诉之间虽然在适用范围和起诉裁量权上有很大差异,但也不是完全隔绝的。当一个案件具有免除处罚的情节,"量刑情节同向竞合时的叠加效应"有可能使得案件的整体评价由"情节轻微"转变为"情节显著轻微",从而成为相对不起诉转化或过渡为法定不起诉的通道,[1]进而使该种法定不起诉带有一定的从宽属性。但归根结底,刑法中的从宽规定为审查起诉阶段的从宽不起诉和审判阶段的从宽处罚提供了共同的实体法根据,不起诉从宽和从宽处罚是实体法中从宽处罚规定在不同诉讼阶段的落实和表现。需要注意的是,不起诉的从宽属性还可以依从宽根据不同区分为两种不同性质的从宽,即奖励性从宽和外因性从宽。前一种从宽主要基于被追诉人的向善表现,带有奖善性质,后一种从宽则是基于被追诉人表现以外的因素,比如特定时期对某类案件的特殊从宽政策,带有普惠性。

(2)认罚能否兼容对不起诉的认可?认罪认罚与不起诉之间似乎存在一个明显的逻辑矛盾:如果认罚是被追诉人对司法机关处罚方案的接受,又何谈被追诉人接受不起诉决定?如果检察机关想作出不起诉决定,又有什么必要提出处罚方案?对此,有论者指出,如果认罚仅指接受刑罚处罚,可能就排除了认罪认罚后作撤销案件或不起诉处理的可能性,因此,并不合理。[2]较为合理的选择是对认罚中的罚作广义解释,即主要指刑罚处罚,但也包括刑罚以外的处罚措施,[3]甚至还包括对被害人的退赃、退赔等。[4]但是,由于该论点还是以不起诉本身不是处罚为逻辑前提,并以其他性质的非刑罚处罚是处罚为论证的

---

〔1〕 参见李继华:《不起诉的实体根据研究》,中国检察出版社2013年版,黄京平序言第12页。

〔2〕 参见何挺:"附条件不起诉扩大适用于成年人案件的新思考",载《中国刑事法杂志》2019年第4期,第50页。

〔3〕 参见魏晓娜:"完善认罪认罚从宽制度:中国语境下的关键词展开",载《法学研究》2016年第4期,第83页。

〔4〕 参见周光权:"论刑法与认罪认罚从宽制度的衔接",载《清华法学》2019年第3期,第38页。

着力点，因此，只适合用以说明那些附带其他性质处罚措施的不起诉，解释能力非常有限。另有论者主张应该对认罚作更为广义的理解，其并不局限于接受处罚，而是指被追诉人接受公安司法机关的处理意见，包括起诉或不起诉决定及具体的量刑建议等所有体现控辩合意的表现形式。[1]该类主张还得到了《指导意见》的支持，其在第7条明确规定，认罚在审查起诉阶段的表现之一就是"接受人民检察院拟作出的不起诉决定"。这种认识貌似解决了认罚与不起诉的兼容问题，但其实是直接以超越文义解释的方式回避了问题。笔者认为，认罚与接受不起诉事实上并不矛盾。如上所述，裁量不起诉的实质是在确认被追诉人应当承担刑事责任基础上的一种宽宥处理，是被追诉人从宽承担刑事责任的方式，带有一定的惩罚性。因此，将接受不起诉纳入认罚外延未尝不可。而且，认罚反映的只是被追诉人愿意接受处罚的态度，它可以具体表现为接受司法机关的刑事处罚方案，在不存在具体处罚方案时也可以表现为概括性认罚的声明。所以，即便将认罚中的罚限为刑事处罚，或者否定不起诉的处罚性，被追诉人愿意接受刑罚也不意味着司法机关必须施加刑罚，检察机关完全可以依法作出不起诉决定。

（3）不起诉决定可否对接量刑建议？《刑事诉讼法》第176条第2款要求，被追诉人认罪认罚的，检察机关应当就主刑、附加刑、是否适用缓刑等提出量刑建议。而《刑事诉讼法》第174条第1款又规定，被追诉人自愿认罪，同意量刑建议和程序适用的，应当签署具结书。个别论者提出，根据这些规定，认罪认罚的案件，检察机关必须提出量刑建议，犯罪嫌疑人应当同意量刑建议，这就意味着被追诉人放弃了不起诉这一选择，因此，认罪认罚与裁量不起诉在性质上存在内在冲突。[2]还有人提出，认罪认罚后作不起诉的案件，具结书的签署和不起诉决定书的制作应相对独立，具结书中必须包含量刑建议，不能空置，也不能在量刑建议部分填写不起诉决定。而不起诉的理由及认罪认罚对不起诉的影响则在不起诉决定书中客观评价。[3]但笔者认为，该观点是对法条的刻板解读，意在坚持认罪认罚从宽制度与不起诉制度是两套相互独立的逻辑体

---

〔1〕 参见史卫忠、王佳："未成年人刑事案件适用认罪认罚从宽制度的思考"，载《人民检察》2017年第22期，第23页。

〔2〕 参见邓楚开："警惕认罪认罚挤压甚至替代酌定不起诉"，载https://www.sohu.com/a/278556253_653338，最后访问日期：2020年3月10日。

〔3〕 参见李大槐、师索："认罪认罚从宽与不起诉的逻辑关联"，载《西南政法大学学报》2020年第1期，第122页。

系，其提出的协调量刑建议与不起诉关系的思路也是缺乏内在融合的机械对接。其实，《刑事诉讼法》第176条第2款并不是要求所有认罪认罚案件都要提出量刑建议。对第176条第2款的理解不能脱离第1款，或者说，第2款的要求是以案件符合第1款的要求为前提的。而第1款的要求就是案件属于依法应当起诉的情形。因此，第2款的准确含义是，对于依法应当提起公诉的认罪认罚案件，检察机关应当提出量刑建议。对于不起诉案件，不管被追诉人是否认罪认罚，根本没有提出量刑建议的必要。而且，《刑事诉讼法》是否要求认罪认罚的被追诉人都必须签署具结书也值得推敲。按照第174条第1款的要求，只有在认罪的同时同意量刑建议和程序适用的，才应签署具结书。该款中的认罚显然有特定的内涵，即同意量刑建议。当然，只在有量刑建议时才会存在是否同意量刑建议的问题。而拟以不起诉方式处理的认罪认罚案件中的认罚则只是概括认罚，也没有可供同意的量刑建议，自然也就不属于第174条第1款应当签署具结书的情形。总之，《刑事诉讼法》第15条规定的"从宽处理"既包括从宽处罚，也包括不起诉等追诉程序的终止，而量刑建议只属于需要法院参与的从宽处罚模式的要素之一，并非所有认罪认罚案件从宽处理模式的必备机制。

四、认罪认罚不起诉的制度构建

（一）基本思路：对附条件不起诉的改造

就目前我国已初成体系的不起诉制度而言，创立一种完全脱离已有不起诉类型的全新的不起诉既无必要，也不可能。构建认罪认罚不起诉的较为可行且成本较低的路径是改造现有的不起诉类型，增强其对认罪认罚案件的兼容性。具体而言，就是将附条件不起诉的适用对象扩大于成年人，并将认罪认罚作为适用附条件不起诉的必要条件，将附条件不起诉改造为专门的认罪认罚不起诉。之所以如此，主要基于以下几点考虑。

首先，在对被追诉人罪后表现要求方面，附条件不起诉是唯一一种明确要求认罪加悔罪的不起诉，而按照《指导意见》的规定，真诚悔罪是被追诉人认罚的心理基础，因此，认罪加悔罪的要求与认罪认罚的内涵最为接近。而从政策目标层面，附条件不起诉制度和认罪认罚从宽制度均体现了以被追诉人认罪态度为基础、以教育挽救为目标的当宽则宽政策。这表明，附条件不起诉具备改造为独立的认罪认罚不起诉的"先天"条件。

其次，德国等的附条件不起诉均未限定适用的行为主体。[1]在我国附条件不起诉的立法论证阶段，学界的主流观点也是附条件不起诉不应限于未成年人案件。[2]但立法者出于稳妥，又鉴于司法机关对未成年人犯罪附条件不起诉的实践探索，只将其作为办理未成年人刑事案件的一项特殊制度加以规定，[3]导致附条件不起诉的适用对象极为狭窄。将附条件不起诉扩大至适用于成年人是大势所趋，而认罪认罚从宽制度的推行则为其提供了难得的契机。[4]

再次，认罪认罚不起诉不可能只适用于不需要判处刑罚或可免除刑罚的轻微案件，这也是创设独立的认罪认罚不起诉的主要动因。换言之，认罪认罚不起诉的案件有可能是本来需要判处刑罚的案件，但现在却要以不起诉的方式终止追究程序，这就要求在程序设计上充分体现严格和谨慎，而附条件不起诉的附加条件可以成为应判刑罚的合适替代（转处）措施，考验期机制则可以保证认罪认罚包括悔罪的真诚性和替代措施的实际效果。

最后，将附条件不起诉改造为认罪认罚不起诉也方便协调其与其他类型不起诉的适用关系。改造之后，认罪认罚不起诉除了有作为独立不起诉类型的附条件认罪认罚不起诉外，广义上还包括附着于其他裁量不起诉类型中不附条件的认罪认罚不起诉。认罪认罚案件当然也有不需要判处刑罚的轻微案件，如果一个案件既符合相对不起诉的适用条件，又符合认罪认罚不起诉（附条件不起诉）的适用条件，应优先适用相对不起诉。同样，鉴于附带条件和考验期对被追诉人的限制，如果一个案件同时符合认罪认罚不起诉和特别不起诉的适用条件，也应优先考虑特别不起诉，尽管后者对检察机关而言程序繁琐。

(二) 如何改造：认罪认罚不起诉的制度要素

(1) 认罪认罚条件的嵌入。附条件不起诉中对被追诉人罪后表现的要求仅仅是"有悔罪表现"，虽然可以据此推导出认罪加悔罪的要求，但毕竟法条中既没有明确谈到认罪，也没有明确规定认罚，而认罪加悔罪同认罪认罚在内涵

---

[1] 参见兰跃军："论附条件不起诉"，载《法律科学（西北政法学院学报）》2006年第5期，第122页。

[2] 参见陈光中："关于附条件不起诉问题的思考"，载《人民检察》2007年第24期，第7页；顾永忠："刑事案件繁简分流的新视角——论附条件不起诉和被告人认罪案件程序的立法建构"，载《中外法学》2007年第6期，第717页等。

[3] 参见王尚新、李寿伟主编：《〈关于修改刑事诉讼法的决定〉释解与适用》，人民法院出版社2012年版，第275页。

[4] 参见何挺："附条件不起诉扩大适用于成年人案件的新思考"，载《中国刑事法杂志》2019年第4期，第46页。

与外延上还是存在一定差异,不利于认罪认罚从宽制度与附条件不起诉的衔接。因此,将附条件不起诉改造为认罪认罚不起诉的第一步就是将认罪认罚明确规定为附条件不起诉的实质条件。但需要注意的是,认罪认罚不仅在不同的诉讼阶段有不同的体现,即便在同一诉讼阶段,认罪认罚在不同的案件中的表现形式也不尽相同。[1]对拟作不起诉处理的案件而言,严格说来检察机关并没有决定指控,自然就不存在指控的犯罪事实,更无需提出附带于指控决定的量刑建议,因此,认罪认罚亦有特定的内涵。认罪认罚不起诉中的认罪主要指自愿如实供述自己的罪行,而其中的认罚则是指被追诉人有真诚悔罪的实际表现和愿意接受处罚的概括表示。此外,被追诉人对不起诉决定的认可也是认罪认罚不起诉适用的必要条件,这既可以理解为广义上被追诉人认罚的一种表现,也能体现被追诉人的程序参与权,还可以确保认罪认罚不起诉的可执行性与实际效果。当然,不能排除被追诉人拒绝接受认罪认罚不起诉的情形。出现这种情况,一般有两种可能,一是被追诉人不是真正地认罪认罚,不再符合认罪认罚从宽制度的适用条件。二是被追诉人认罪认罚且只愿意接受法院的定罪处罚(可能认为自己罪有应得),对此,检察机关可继续适用认罪认罚从宽制度,向法院起诉时提出从宽处罚的量刑建议。

(2)罪名与刑罚条件的调整。将附条件不起诉改造为认罪认罚不起诉后,有必要放宽对适用罪名和刑罚条件的限制。首先就是要取消罪名条件。认罪认罚从宽作为一项贯穿刑事司法的基本原则,适用于所有刑事案件,不应有特殊的范围限制。按照《指导意见》第5条的精神,不能仅仅因为罪名特殊等原因而剥夺被追诉人自愿认罪认罚而获得从宽不起诉的机会。同时,为了增强从宽不起诉的分流效果,应当适当放松刑罚条件。当然,认罪认罚不起诉是对本应追究刑事责任和判处刑罚的被追诉人的宽大处理,只能是起诉法定原则的例外,这就决定了其只能适用于罪行较轻的被追诉人。那么,如何确定罪行较轻的范围呢?笔者认为,以3年有期徒刑以下刑罚为标准比较科学。理由是:①3年有期徒刑是我国《刑法》中常用的刑罚分界点,通常将3年以下的有期徒刑称为"短期徒刑",[2]较之于3年至10年的"中期徒刑"、10年以上的长期徒刑

---

[1] 有论者虽然看到了认罪认罚内涵阶段性的差异,但却认为在同一阶段认罪认罚有固定内涵,比如,认为认罚在审查起诉阶段只能表现为同意量刑建议和程序适用、签署认罪认罚具结书,这种观点显然失之绝对。类似观点可参见胡云腾主编:《认罪认罚从宽制度的理解与适用》,人民法院出版社2018年版,第78页。

[2] 参见陈兴良:《刑法适用总论(下册)》,中国人民大学出版社2017年版,第535页。

直至死刑，反映出涉及的罪行相对较轻。②我国《刑法》中一般缓刑适用的刑罚条件就是判处拘役或者3年以下有期徒刑。在附条件地不要求被追诉人实际承受刑罚，让被追诉人接受社会的考察、改造和教育，体现宽严相济刑事政策方面，认罪认罚不起诉和缓刑有相通之处，刑期条件上对接是可行的。③我国《刑事诉讼法》中规定的公诉案件刑事和解适用于故意犯罪案件时，刑罚条件也是可能判处3年以下有期徒刑。而刑事和解和认罪认罚不起诉在确定适用对象范围时有诸多共性考虑，因此，该规定也有一定的借鉴意义。

（3）附带条件与被追诉人的异议权。认罪认罚不起诉主要适用于本应判处刑罚但可能判处轻刑的被追诉人，因此，不宜像酌定不起诉那样直接作出不起诉决定，而不附带任何条件，否则很容易形成对被追诉人的反向激励。其所附条件既要形成对被追诉人必要的外在约束，促使其改造自新，以"消除刑事追诉的公共利益"，〔1〕又不能过分限制被追诉人的人身自由和财产权利。根据性质和目的之不同，附带条件可分为三种类型：一是社会矫治类，如向社区等提供公益劳动，戒瘾治疗，接受相关教育；二是关系修复类，如赔偿损失，赔礼道歉；三是限制自由类，该类附带条件又可进一步区分为令行类和禁止类，前者如经批准才能离开居住的市、县，按规定报告自己的活动情况，后者如不得进入特定场所，不得从事特定的活动等。从我国《刑事诉讼法》及《人民检察院刑事诉讼规则》的相关规定看，附带条件的内容和种类已经相当充实，将附条件不起诉改造为认罪认罚不起诉后，几乎无需作出调整。但值得强调的是，附带条件是一种着眼于评估悔罪表现、观察教育矫治效果的特别处遇措施，不宜理解为惩罚和制裁。附带条件的约束强度不能超过缓刑管束措施的强度，而且，在个案中设置附带条件时应该遵循比例原则。当然，附带条件虽然不是惩罚，但大多数带有拘束性，考虑到法官保留原则，应当将被追诉人无异议作为程序要件，并确保个案中附带条件内容和程序的正当性。〔2〕被追诉人对附带条件提出异议的，检察机关可以在听取其合理意见的基础上适当调整，如果被追诉认的意见不合理或者被追诉人对调整后的附带条件依然有异议，可以视为其对适用附条件不起诉有异议，检察机关应提起公诉。

（4）考验期及对被追诉人的监督管束。认罪认罚不起诉对附条件不起诉适

---

〔1〕 宗玉琨译注：《德国刑事诉讼法典》，知识产权出版社2013年版，第147页。

〔2〕 参见刘学敏："检察机关附条件不起诉裁量权运用之探讨"，载《中国法学》2014年第6期，第212-213页。

用范围（特别是可能刑期范围）的扩大虽然基本不会影响附带条件的种类和强度，但必然会影响到考验期。当前的附条件不起诉考验期为6个月以上、1年以下，相对于预估刑罚（可能判处1年有期徒刑以下刑罚）而言，考察时间偏短，不利于对被追诉人的教育矫治。而且，该规定在立法精神上也与缓刑考验期等不太统一。《刑法》中对缓刑考验期的规定是以原判刑期为起点，不同刑种区别对待，且合理设置考验期上限。其主旨是，"一般情况下，缓刑考验期限都应当略高于原判刑期"。[1]鉴此，认罪认罚不起诉考验期可以直接参考缓刑考验期，规定可能判处有期徒刑的考验期为预估刑期以上、5年以下，但不得少于1年。可能判处拘役（或其他刑罚）的考验期为预估刑期（如果有的话）以上、1年以下，但不得少于2个月。同时，考验期的加长，检察工作的高负荷，部分矫治工作的专业性等决定了不太适合将检察机关规定为唯一的监督考察机关。可以根据附带条件的类型，确定相应的考察机关。对于限制自由类和关系恢复类中工作量较小、可以迅即完成的监督工作，交由检察机关承担。而对于教育矫治类等需要长期督促和不间断管束的工作，可以交由社区矫正机构或基层组织承担。

（5）不起诉从宽的特殊效力。基于认罪认罚的裁量不起诉的确属于对被追诉人的一种宽大处理。但是，同人民法院作出的融实体处分和程序终结于一体的终局性从宽处罚裁判相比，不起诉从宽在效力上有一定的特殊性。不起诉决定虽然在客观上能够"免除有罪之人因起诉而受到刑罚制裁的可能性"，[2]变相产生类似实体裁决的效果，但其本质上只是程序意义上的决定，实体上的未施加刑罚制裁只是追诉程序终结衍生的阻断效果，带有间接性。而且，其从宽效果的确定力也相对较弱：法律未明确，检察机关在作出不起诉从宽的决定之后，是否能就同一案件再次裁量起诉。而被害人则可以通过公诉转自诉，重新启动追诉程序，再次陷被追诉人于程序折磨和刑罚制裁的风险之中。为此，一方面，应借鉴日本的经验，在法律中明确规定裁量不起诉之禁止重新起诉的程序效力。另一方面，认罪认罚不起诉应当尽量与刑事和解结合，检察机关在作出不起诉决定时，促成刑事和解，或者要求被追诉人至少要获得被害人的谅解，以使不起诉决定能够得到被害人的认同，从而增强从宽效果的确定性。需要注

---

[1] 陈兴良：《刑法适用总论（下册）》，中国人民大学出版社2017年版，第548页。
[2] 陈卫东："检察机关适用不起诉权的问题与对策研究"，载《中国刑事法杂志》2019年第4期，第37页。

意，附条件认罪认罚不起诉决定在性质和效力上更加特殊。该类不起诉决定虽然也有一定的确定力，[1]但其确定的只是附条件的程序路径及其方法、内容，而不是最终的对追诉权的处分。相对于考验期结束后作出的起诉或不起诉决定，附条件不起诉决定只是一种带有过渡性质的中间决定。考验期结束后的不起诉决定无疑属于检察机关的从宽处理，但这也不能否定附条件不起诉决定本身的从宽性质。即便检察机关最后撤销附条件不起诉决定，在性质上也是撤销从宽处理措施。当然，完整意义上的附条件不起诉从宽是由前后两个决定共同塑造的。此外，附条件不起诉中的附带条件其实反映的是从宽的力度，附条件的从宽不起诉与不附条件的从宽不起诉的关系，类似于定罪免罚的从宽裁判与判处刑罚但适用缓刑的从宽裁判的关系。

五、检察机关从宽不起诉权的合理规制

认罪认罚案件的一般从宽模式是围绕量刑建议的提出、审查与采纳的"检法互动"式，该模式可以充分发挥我国层层把关式诉讼构造的特点，在不同专门机关的高效配合、制约下从速、从宽处理认罪认罚案件。与之相比，对认罪认罚案件的从宽不起诉是把双刃剑，它虽然能够进一步提高案件分流能力、丰富从宽形式，但却少了一层来自法院的把关，是层层把关模式的非常态运作，增加了权力滥用的风险。因此，应当通过制度、规则乃至工作机制层面的一些防范措施，合理规制检察机关从宽不起诉裁量权，确保认罪认罚不起诉的正当性。

（一）法官保留原则的贯彻

对被追诉人定罪及判处刑罚的权力专属于法官，这既是我国法院统一定罪原则的要求，也是公理性的法官保留原则的当然内涵。在免予起诉制度废除后，尊重法院的定罪处刑权是检察机关裁量不起诉的底线。认罪认罚不起诉在一定程度上扩张了检察机关的起诉裁量权，但"不能僭越裁判权"依然是不起诉权不容撼动的行使基准。为此，构建认罪认罚不起诉规则时至少应重视以下三个方面。一是适用范围明确，且局限于轻罪。在我国，起诉法定是原则，起诉便宜只是补充。如果认罪认罚不起诉适用的范围模糊或者过大，可能导致起诉裁量权的膨胀，使得本应接受审判、采取检法互动从宽模式的案件无法进入审判

---

[1] 参见邓思清："建立我国的附条件不起诉制度"，载《国家检察官学院学报》2012年第1期，第103页。

阶段，架空审判权。二是附带条件或教育矫治措施的非刑事惩罚性。检察机关没有认定犯罪、裁处刑罚的权力，因此，不能在不起诉决定中附加罚金等刑事处罚。三是附加条件或教育矫治措施的设置应听取被追诉人意见，确保其没有异议。即便是非刑罚处置措施，有些也不可避免地带有惩罚性，检察机关也不宜以命令方式直接列为认罪认罚不起诉的处遇。特别是在作出附条件不起诉决定（而非最终的不起诉决定时），检察机关更不宜直接援引《刑法》第37条或《刑事诉讼法》第177条，直接以命令方式科处义务，或者向其他有权机关提出给予相关处分的检察建议。这些带有制裁性质的措施，实质上也是默认有罪才会发生的效力。只有获得了被追诉人的自愿认同，这些附带处置措施的性质才能由制裁转换为教育矫治，由单方强加转变为合意履行。在这方面，德国的部分做法可资借鉴。德国的附条件不起诉允许检察院科处被指控人履行一定的负担和指示，但是必须经负责开启审判程序的法院和被指控人同意。而且，经被指控人同意，检察院可以事后科处（增加）或变更负担与指示。[1]《德国刑事诉讼法典》中的这些规定体现了对法官保留原则的重视和兼顾。

（二）从宽不起诉裁量标准的细化

从宽不起诉裁量的本质是利益权衡，即检察机关需要在裁量决定是否起诉时综合考虑被追诉人特殊预防和重返社会的需要、被害人的恢复以及对整个社会的影响，只有在不起诉的综合利益超过或消除了起诉的利益时，从宽不起诉的决定才是合理的。但利益权衡原则只能为不起诉裁量权的行使提供一个政策性、原则性的指引。如果没有相对具体的裁量标准，将裁量权通过一些外在的、客观的尺度限制在一定的范围内，就很难实现对裁量权的有效控制。在这方面，最高人民检察院2007年修订的《人民检察院办理不起诉案件质量标准（试行）》曾经发挥了积极作用，但该标准显然已经严重滞后于立法和刑事政策。目前，很多基层检察院正在明确不起诉裁量权界限方面作有益探索。如张家港市人民检察院制定了《不起诉工作标准化手册》，规定了常见罪名的不起诉标准，建立了附条件不起诉的积分考评制度。[2]但需要注意的是，建立在对附条件不起诉改造基础上的认罪认罚不起诉在裁量内容上有自己的特点，需要建立特殊的评价机制。比如在启动环节，认罪认罚特别是作为认罚要义的真诚悔罪的裁量认定是核心问题。可以考虑在有关认罪认罚不起诉的指导意见或操作规

---

[1] 参见宗玉琨译注：《德国刑事诉讼法典》，知识产权出版社2013年版，第147-149页。

[2] 参见邓根宝："依法规范适用不起诉权"，载《人民检察》2019年第10期，第48页。

程中，详细地归纳列举悔罪的支撑性表现和否定性表现，规定衡量取舍的原则和基准。进一步细化在运用悔罪真诚性主要指标时所需要具体考量的因素，以方便检察机关更为准确地使用各种变量评估被追诉人的悔罪指数。[1]

(三) 内部质量控制机制的完善

检察机关应在不限制适用比率、淡化数量控制的同时，强化对认罪认罚不起诉的质量控制。具体可以采取的措施主要包括但不限于以下"五个重视"。(1) 重视对认罪认罚自愿性、真实性的保障。检察机关应当按认罪认罚从宽制度的要求告知权利，听取意见，为被追诉人提供必要的法律帮助。被追诉人自愿认罪认罚的，检察机关应以同步录音录像等方式固定认罪认罚过程。而且，不能降低证据审查的标准，尽量保证认罪认罚不起诉的事实基础。(2) 重视对认罪认罚不起诉的释法说理。在说理形式上，可以在不起诉决定书中详细阐述认罪认罚不起诉的事实和法律根据，必要时也可以专门制作不起诉理由说明书。在说理内容上，既要说明认罪认罚等情节与不起诉决定及其类型的逻辑关系，又要说明附带条件及考验期设置的合理性；既要说明附条件不起诉的理由，又要说明最终的不起诉决定的理由。(3) 重视认罪认罚不起诉决定书的公开。在决定不起诉后，应及时将不起诉决定书送达给被追诉人及其法定代理人和辩护人、被害人及其诉讼代理人以及公安机关，向有关诉讼主体公开。同时，只要不属于依法不应当公开的案件，不起诉决定书应当在最高人民检察院信息公开网上公开发布，接受社会监督。对于个别拟作不起诉处理但社会影响大、社会关注度高的案件，可以以公开听证的方式进行审查，以透明化的处理过程回应社会关切。(4) 重视对认罪认罚不起诉案件的事后质量评查。充分运用数据和网络，结合人民监督员制度，探索认罪认罚不起诉案件的质量评查体系，用"以案件质量评查为主的事后监督机制"，逐步替代"事前控制为主的决定方式"，[2]在保障质量和提高效率之间求得平衡。(5) 重视对认罪认罚不起诉工作的案例指导。最高人民检察院可以选择发布若干带有典型意义的指导案例，凝练认罪认罚不起诉的裁量规则和基准，作为下级检察机关办案的参考。

---

[1] 有论者在研究社区服刑人员的悔罪程度时，将社区服刑人员的悔罪意愿具体化为若干指标，利用多元线性回归分析方法对影响社区服刑人员的悔罪程度的相关因素进行了检验。该思路对于真诚悔罪的司法认定有借鉴意义。参见陈娜："社区服刑人员悔罪程度及影响因素实证研究——基于上海的问卷调查"，载《法学论坛》2016年第5期，第90-98页。

[2] 苏云等："不起诉裁量权行使的影响因素与发展路径"，载《人民检察》2019年第8期，第66页。

(四) 外部制约的强化

上已述及，附条件的认罪认罚不起诉在流程上通常会经历两个阶段，即过渡决定阶段和最终决定阶段，其外部的制约机制也应分别针对这两个阶段设置。而公安机关和被害人则是重要的外部制约主体。由于法院不能主动介入刑事审前程序，对于不起诉权的规范运行及"三机关原则"在其中的贯彻而言，来自公安机关的制约至关重要。那种认为"侦查反制起诉"是"不必要的制约和回流"，进而主张取消公安机关对不起诉决定的申请复议复核权的观点缺少说服力。[1] 检察机关在作出两个阶段的决定前，均应听取公安机关的意见。公安机关如果认为决定错误的，在两个阶段均有权要求复议，并在意见不被接受时有权向上一级检察机关提请复核。而且，检察机关在作出两个阶段的决定前，也均应听取被害人的意见，但被害人对不同阶段决定所享有的救济权应该有所区分。对于过渡阶段决定——附条件不起诉决定，被害人不服的，有权向上一级检察机关申诉，请求取消考验期，直接提起公诉。但此时不宜赋予被害人直接向人民法院起诉的权利。因为一旦被害人的自诉获法院受理，而同一案件尚在检察机关的过渡处理中，就会出现案件的系属冲突。对于最终的不起诉决定，被害人既有向上一级检察机关申诉的权利，也可以不经申诉直接向人民法院提起自诉。当然，受制于被害人的诉讼能力，以自诉制约不起诉的效果一般。对此，有论者建议可以借鉴德国的强制起诉程序或日本的准起诉程序，通过法院对不起诉决定的司法审查和指令公诉，如指令律师担当公诉，以此制约检察机关的不起诉权。[2] 但问题是，我国目前的刑事司法体制和诉讼模式不支持法院指令公诉（特别是指令检察院提起公诉），而指令律师起诉同样不能解决取证能力不足问题。因此，笔者认为，较为合理的方案是在公诉转自诉的框架下，通过强化被害人的申请调取证据权和获得法律帮助权，增强其自诉能力。而且，应当指出，案件转为自诉以后，被追诉人认罪认罚的，法院也应依法从宽处理。此外，被追诉人不仅在两个阶段的决定作出前有异议权，在最终的不起诉决定作出后，也有反悔权，不服决定的，可以向检察机关提出申诉。

效率是认罪认罚从宽制度改革的重要价值目标之一。而同一般的相对不起

---

[1] 刘少军、马玉婷："认罪认罚从宽制度中不起诉裁量权的扩张与规制"，载《鲁东大学学报（哲学社会科学版）》2018年第3期，第76页。

[2] 参见万毅："刑事不起诉制度改革若干问题研究"，载《政法论坛（中国政法大学学报）》2004年第6期，第88-89页。

诉相比，主要建构在附条件不起诉之上的认罪认罚不起诉似乎在效率上并无优势，相反，其对考验期的要求和监督考察的规定会不可避免地增加检察机关的工作量，甚至可能让部分被追诉人产生与其附条件不起诉还不如直接起诉的排斥感。这也是 2012 年《刑事诉讼法》增设附条件不起诉后该制度适用率不高的重要原因。事实上，从整体上看，附设考验期的不起诉与经过审判定罪后判处实刑和缓刑相比，司法资源的投入相对还是要少一些，而且，还在很大程度上避免了被追诉人定罪的附随后果。而附加条件的设置和监督考察的要求也是因为出于预估刑期所反映的罪行严重性的考量，是抵消案件起诉的利益所必须的。在附条件不起诉改造为独立类型的认罪认罚不起诉后，特别是将其适用的案件范围扩大之后，会更加突显附加条件和设置考验期的必要性。

当然，这并不是说为了实体效果、避免审判以及防范不起诉裁量权的滥用，认罪认罚不起诉程序可以不厌其"繁"。恰恰相反，在认罪认罚不起诉具体运行程序的设计上，应当充分体现从简从快的程序分流精神。在事中控制的基本思路上，原则上应以司法责任制取代三级审批制，不能再回到以繁琐的科层审查控权的老路。而在审查起诉的基本模式上，原则上应建立听取意见与书面审查相结合的快速审查模式，采取公开听证或者诉讼式审查方式的只能是极少数。仅当如此，才更有利于探寻认罪认罚从宽制度与不起诉制度、公正与效率的最佳结合点。

第三节 量刑建议的裁判制约力：从宽利益的跨阶段兑现

从检察机关在听取意见的基础上提出量刑建议，到被追诉人认可量刑建议签署具结书，再到法院采纳量刑建议，这一过程既是对被追诉人认罪认罚的促成、确认，也是对被追诉人从宽利益的确定和兑现，是认罪认罚从宽程序的核心。这意味着，在大多数认罪认罚案件中，从宽利益的提出和兑现都不是由一个专门机关在一个诉讼阶段独立完成的，而是由控诉机关和审判机关在求刑权和量刑权的跨阶段互动中实现的，其中，量刑建议对于量刑裁判的制约力是从宽利益异步兑现的关键。然而，问题是，过于强调量刑建议对量刑裁判的制约容易导致求刑权对量刑权的僭越，反之，过度弱化量刑建议的制约力则会增大从宽利益的不确定性，从而破坏认罪认罚从宽制度的动力机制。因此，如何合理规制量刑建议与量刑裁判的关系，破解从宽利益的异步兑现困局，已经成为当前完善认罪认罚从宽制度不容回避的重要课题。

一、认罪认罚案件量刑建议裁判制约力的根基

量刑建议，顾名思义，是有关主体就被追诉人应处的刑罚向法官提出的建议。在依传统模式构建的刑事诉讼制度中，不管是大陆法系的职权式，还是英美法系的控诉式，至少在法律层面，均未刻意强调量刑建议的概念。这是因为，作为一个底线性的要求，法官虽然掌握着量刑裁判权，但并不能独断地行使该权力，作出判罚时应结合具体案情和被告人的个体情况，通过公正的程序，并充分考虑诉讼参与人特别是控辩双方的意见。相应地，检察官、辩护人以及制作量刑报告的官员等对量刑陈述具体意见，"可以说这是当然的职责"。[1]值得一提的是，作为例外，在英国，由于过度强调量刑阶段控方的中立态度，一直以来，检察官不能建议任何具体的刑罚。[2]但在近期，随着英国皇家检察署影响力的增强，这一状况已经开始改变：检察署不仅将在法庭量刑程序中提供协助列为本机构的"核心品质标准"，还制定具体的指引，鼓励公诉人准备"答辩和量刑文件"，以协助法官作出判决。[3]

整体而言，在各国的刑事诉讼中，由于量刑建议的提出可能依附于不同的诉讼职能，譬如检察官的控诉职能，辩护人的辩护职能，缓刑官的量刑辅助职能等，因此，量刑建议虽然有特定的场域、对象和内容，但却并未限定提出的主体。当然，不容否认，在诸多建议主体中，检察官作为政府代理人、法律守护者或诉讼监督者，其提出的量刑建议必然会对量刑裁判产生举足轻重的影响。但建议终究是建议，其效力不能超越求刑权与量刑权的合理界限。然而，该理念正在案件压力所带来的繁简分流的现实需求下被动摇。最直接的表现是，在以下两类特别程序中，检察官的量刑建议越来越带有量刑裁判色彩：一是对轻微刑事案件的书面裁决程序，如德国的刑事处罚令程序，由检察官决定处罚令的内容，而法官在大多数案件中都会按照检察官提出的草案直接签发。[4]而一些北欧国家，甚至明确赋予了检察机关以刑事处罚令的形式对轻微案件科处刑

---

[1] [日]松尾浩也：《日本刑事诉讼法》，丁相顺译，中国人民大学出版社2005年版，第289页、第306页。

[2] 参见[英]约翰·斯普莱克：《英国刑事诉讼程序》，徐美君、杨立涛译，中国人民大学出版社2006年版，第468页。

[3] 参见[英]克里斯·路易斯："英国皇家检察署的演进"，载[美]艾瑞克·卢拉、[英]玛丽安·L.韦626主编：《跨国视角下的检察官》，杨先德译，法律出版社2016年版，第209页、第217页。

[4] [德]托马斯·魏根特：《德国刑事诉讼程序》，岳礼玲、温小洁译，中国政法大学出版社2004年版，第210页。

罚的权力，且该处罚令与刑事判决具有同样的效力。[1]二是协商性诉讼程序，如英美的辩诉交易、德国的认罪协商及法国的庭前认罪答辩程序，对于控方基于被告人认罪和同意而提出的量刑意见，法官拒绝采纳的情形极为罕见。在这两类日渐交融的程序中，法官对检察官意见的签发或接纳似乎只是一个形式，量刑裁判的实质内容事实上是由检察官决定的。

同样，在我国，不管是在法律的规定中，还是实践中，量刑意见的提出主体并不限于检察机关。《刑事诉讼法》规定，公诉人、当事人和辩护人、诉讼代理人在经审判长许可后可以对证据和案件情况发表意见。而2010年印发的《关于规范量刑程序若干问题的意见（试行）》也要求，在法庭审理过程中，审判人员应当注意听取公诉人、当事人、辩护人和诉讼代理人提出的量刑意见。据此，公诉人、当事人、辩护人和诉讼代理人等都有权提出量刑意见。但与域外不同的是，考虑到检察机关的特殊定位，我们在习惯上对量刑意见与量刑建议两个概念作了一定的区分。量刑建议通常专指检察机关提出的量刑意见。量刑建议权则被等同于检察机关的求刑权，[2]或者被视为检察机关"求刑的主要方式"，[3] "是一项专属检察机关的法定职权"，[4]甚至被看作事前开展审判监督的重要途径。[5]但即便如此，在检察机关量刑建议效力上的基本共识是，量刑建议只是控诉机关的程序性请求，对法院的量刑裁判并无必然约束力，仅供其在量刑时参考。然而，随着认罪认罚从宽制度改革的推进，上述认识也在发生改变。按照《认罪认罚试点办法》和2018年《刑事诉讼法》的要求，人民法院在对认罪认罚案件作出判决时，除出现几种法定的特殊情形外，一般应当采纳人民检察院提出的量刑建议。显然，对于法院而言，在认罪认罚案件中，检察机关提出的量刑建议已绝不仅仅是量刑裁判的参考那么简单了。那么，到底是什么因素，使得认罪认罚案件中的量刑建议如此特殊呢？

首先，检察机关提出量刑建议是认罪认罚从宽程序的关键环节。与非认罪认罚案件中量刑建议的"可有可无"截然不同，在认罪认罚案件中，量刑建议

---

[1] 参见［英］克里斯·路易斯："英国皇家检察署的演进"，载［美］艾瑞克·卢拉、［英］玛丽安·L. 韦德主编：《跨国视角下的检察官》，杨先德译，法律出版社2016年版，第232页。

[2] 参见施业家："论检察机关量刑建议权"，载《湖北行政学院学报》2016年第1期，第65页。

[3] 朱孝清："论量刑建议"，载《中国法学》2010年第3期，第5页。

[4] 潘申明、刘浪、周耀凤：《量刑建议：前沿理论与实战技能》，中国检察出版社2016年版，第6页。

[5] 林喜芬："论量刑建议的运行原理与实践疑难破解——基于公诉精密化的本土考察"，载《法律科学（西北政法大学学报）》2011年第1期，第125页。

既关系到作为前提的"认罪认罚"的促成,又影响着作为结果的"从宽承诺"的兑现,其必要性和重要性不言而喻。就认罪认罚案件的程序推进而言,提出量刑建议是基础,对量刑建议的审核、采纳则是归宿。《认罪认罚试点办法》第1条将"认罚"定义为被追诉人同意人民检察院的量刑建议。2018年《刑事诉讼法》虽然改将"认罚"界定为愿意接受处罚,但在新法的制度框架下,除了极个别认罪认罚案件可以根据其第182条规定作撤销案件或不起诉处理外,提出量刑建议依然是认罪认罚从宽程序的关键要素和基本环节。犯罪嫌疑人认罪认罚的,人民检察院应当提出量刑建议,审查起诉阶段是这样,其他阶段促成的认罪认罚案件也同样如此,侦查阶段认罪认罚的,需要检察机关在审查起诉阶段提出量刑建议,审判阶段认罪认罚的,检察机关也应当提出量刑建议,否则,《刑事诉讼法》对具结书审查和采纳量刑建议的规定将无以实现,认罪认罚的程序结构也会陷入无序。

其次,认罪认罚从宽程序中量刑建议的首要功能是激励被追诉人。规范法官的自由裁量,促进量刑公正,也被视为量刑建议的基本功能。检察官提出的量刑建议虽然不能直接拘束法官的量刑,但毕竟是国家追诉机关提出的意见,必然会对量刑裁判产生潜移默化的影响,"某种程度上有助于带来量刑的划一性"。[1]特别是在我国,人民检察院作为法律监督机关,其提出量刑建议还具有"预设监督标尺"、[2]减少不必要的量刑抗诉的功效。[3]而在认罪认罚程序中,量刑建议的上述功效固然存在,但其最为重要的作用已从促进量刑规范化转化为激励被追诉人认罪认罚,并自愿同意程序简化。这进而决定了:(1)在量刑建议的导向上,不能像一般案件那样站在完全中立的立场,不考虑辩方态度,提出或从宽或从严的意见,更不能受追诉者身份的影响,带有从严从重的偏向性,[4]而必须依法提出从宽的处罚建议;(2)在量刑建议的内容上,不能只是笼统地请求从轻、减轻处罚,而必须对刑种、刑度、执行方式提出具体意见,进而以相对乃至绝对确定的从宽建议保障激励效果;(3)在量刑建议提出的时机上,认罪认罚程序中也是宜早不宜迟,以促使被追诉人在更早的诉讼阶段认罪认罚、签署具结书,实现程序分化。

---

[1] [日]西原春夫主编:《日本刑事法的形成与特色》,李海东等译,法律出版社、日本成文堂联合出版1997年版,第151页。

[2] 朱孝清:"论量刑建议",载《中国法学》2010年第3期,第6-7页。

[3] 参见张国轩:《检察机关量刑建议问题研究》,中国公安大学出版社2010年版,第28页。

[4] 参见陈瑞华:"论量刑建议",载《政法论坛》2011年第2期,第21页。

最后，认罪认罚从宽程序中的量刑建议得到了辩方的认可，本质上是控辩双方关于量刑的共同意见。近年来，伴随着协商性司法的兴起，很多国家已经认可或引入以协商精神处理刑事案件的思路。在协商模式中，量刑建议是合意的产物，相当于控辩双方联合向法庭提出一项建议，在量刑上已经不存在需要法庭解决的控辩争议。而且，对于法院而言，还隐含着另一层交换关系：如果法庭接受联合量刑建议，控辩双方也将接受法庭的判决。因此，除非量刑建议明显不当，法庭通常倾向于采纳该建议。我国认罪认罚从宽制度采取的是以听取意见为基础的职权从宽模式，即由被追诉人通过认罪认罚争取从宽，专门机关则在吸收被追诉人等合理意见的前提下依法建议或确定认罪认罚利益。检察机关的量刑建议虽然不是交易——甚至很难称得上是协商——的结果，但它是在听取辩方及其他诉讼参与人意见的基础上提出的，被追诉人同意量刑建议即是认罚的表现，也是签署具结书的前提。因此，认罪认罚程序中的量刑建议包含着被追诉人对认罪认罚利益的明确期待，不再是检察机关单方的量刑请求。

二、与协商模式下量刑建议裁判制约力的比较

协商模式中检察机关量刑建议对法院量刑裁判的制约力，在实践和理论以及构建于理论之上的量刑规则之间，存在非常明显的抵牾：实践中，法官不会轻易拒绝检察官和辩方达成的量刑协议，庭审有时更像是"走过场"，成为"对早先'暗中'作出的交易的正式批准和宣布而已"，"法官几乎会毫无例外地听从建议"。[1] 其实，协商模式的高适用率也必然反映着量刑建议的高采纳率和量刑协议在法官审判中的受欢迎程度，因为，虽然量刑交易可以由控辩双方谈判达成，但缺少了法院的参与、认可，协商司法就不可能实现。而在理论上，量刑权是法官的专有职权，法官有责任确保量刑适当，为此，法官不必受检察官量刑建议的拘束，也无须与任何一方参与人的量刑意见保持一致。虽然有国家允许法官直接参与量刑协商，但却没有任何一个国家把检察官的量刑建议完全等效于法官的量刑裁判，或者在法律中赋予量刑建议对量刑裁判的必然拘束力，从而在形式上否定法官对量刑建议的自由审查权。

例如，在美国，法律上，"法官很明显不会仅仅因为协议是双方当事人达成

---

[1] [美] 克雷格·布兰德利："检察官的角色：辩诉交易与证据排除"，载 [美] 艾瑞克·卢拉、[英] 玛丽安·L. 韦德主编：《跨国视角下的检察官》，杨先德译，法律出版社 2016 年版，第 80-81 页。

的，而背负批准量刑减让的义务"，[1]他可以在对量刑协议审查后，选择接受、拒绝或者推迟决定，至于接受或拒绝的标准，则完全交由法官自由裁量。而且，法官也可以选择接受认罪答辩，却不接受量刑协议。[2]《美国联邦刑事诉讼规则》还详细区分了两种量刑协议，即建议或不反对被告方的量刑请求，或者同意某一具体量刑是合适的处理方式。并且强调，对于前一种协议，对法院没有约束力，而后一种协议，在批准后对法院产生约束力。[3]事实上，两种量刑协议的最大差别并不在其能否拘束法院上，因为在它们被接受或批准之前，都不会对法院产生拘束力。只是，由于两种协议中控方量刑意见的性质和内容不同，影响到控方不同的协议责任、辩方不同的履约风险，进而决定了法院不同的告知义务以及被告人是否享有撤回有罪答辩的权利。当然，完全鼓励法官自由地拒绝辩诉协议也是不合理的，但难题在于，法官对量刑协议该给予何种程度的考虑才算合理？这恐怕很难通过法律确定。"美国诉安米唐案"可谓是这方面的一个独特案例。在该案中，二审法院认为："审判法官必须合理地使用自己的自由裁量权，以使自己作出的、有别于控辩双方达成协议的决定合理化。"[4]但即便是"安米唐规则"的支持者中也有不少人承认，不是安米唐一案中的指控减让，而是量刑交易，恰当量刑的最终决定权还是在法院手中。这些人想通过区分指控交易和量刑交易来确定法院自由裁量的范围。但批评者认为，指控交易也必然影响量刑，否定法官的裁量自由就相当于承认了检察官在量刑上的权力。[5]

  不难看出，协商实践中量刑建议对量刑裁判的高度影响力或"预决"效果，在性质上属于一种缺乏强行规则支撑的柔性制约，更多的是基于法官与检察官之间的默契，即法官对双方达成的量刑协议都会认真考虑，法官乐意与检察官在事实上分享科刑权。而该默契的产生，至少可以从以下几个方面理解。（1）刑事案件数量特别是复杂犯罪与日俱增，传统诉讼程序却拖沓冗长，在巨大的办案压力下，法官并不希望每一个案件都开庭审理，因此，以接受控辩双

---

[1]［美］伟恩·R. 拉费弗、杰罗德·H. 伊斯雷尔、南西·J. 金：《刑事诉讼法》（下册），卞建林、沙丽金等译，中国政法大学出版社2003年版，第1079页。

[2] 参见王禄生：《美国司法体制的数据观察》，法律出版社2018年版，第167页。

[3] See Federal Rules of Criminal Procedure, Rule 11 c (1).

[4]［美］伟恩·R. 拉费弗、杰罗德·H. 伊斯雷尔、南西·J. 金：《刑事诉讼法》（下册），卞建林、沙丽金等译，中国政法大学出版社2003年版，第1079页。

[5]［美］伟恩·R. 拉费弗、杰罗德·H. 伊斯雷尔、南西·J. 金：《刑事诉讼法》（下册），卞建林、沙丽金等译，中国政法大学出版社2003年版，第1080页。

方联合量刑建议的方式快速结案"符合组织利益，也符合个人利益"。[1]立法者也往往首先从公共开支的节约上寻求协商司法的合法性，[2]而对效率的追求甚至会促使法官直接参与协商，以量刑折扣换取有罪答辩。[3]（2）法官的确有责任确保量刑适当，确保协商符合公共利益，但以不符合公共利益为由拒绝联合量刑建议是尴尬的，因为，该项建议通常由代表公共利益的检察官根据基于公共利益制定的量刑指引提出。特别是在对抗制体系下，如果控辩双方均认为协商是适当的，量刑意见是合适的，"消极而中立的裁判员"又何来动力去拒绝？[4]（3）各国的法律通常对被告人针对法院根据认罪协议所作判决的上诉权作出了严格限制，不同程度地认可被告人在协议中对上诉权的放弃。在德国，虽然刑事诉讼法不允许放弃上诉权，但在实践中，协议放弃上诉权的情况还是经常出现，在达成协议的案件中，被告人提出上诉的情形极为罕见。[5]相反，一旦法院拒绝认罪协议，或在协议的量刑范围之外作出判决，不管法律上是否允许被告人撤回有罪答辩，通常都不会限制被告人提起上诉的权利，而且，被告人一般都会选择通过该途径寻求救济。

同协商模式一样，我国认罪认罚从宽程序中也在一定程度上存在理论与实践的背离现象。理论上，量刑建议只是一种"建议"，属于求刑权，"最终对案件作出裁判的是审判机关，而非检察机关"。[6]而实践中，认罪认罚案件中的量刑建议得到了审判机关的普遍采纳，量刑建议不仅存在对量刑裁判的柔性制约，还存在着较之于协商模式下更强的制约力。认罪认罚从宽程序中量刑建议被强化的制约力，除了能从办案的现实压力、量刑建议的合意性等上述共性因素得到解释外，以下几种特有因素也不容忽视。

---

[1] [美] 斯蒂芬诺斯·毕贝斯：《庭审之外的辩诉交易》，杨先德、廖钰译，中国法制出版社2018年版，译者序第20页。

[2] 参见 [英] 麦高伟、路加·马什：《英国的刑事法官——正当性、法院与国家诱导的认罪答辩》，付欣译，商务印书馆2018年版，第356页。

[3] 参见 [德] 托马斯·魏根特、[美] 吉安娜·朗其瓦·特纳："德国协商性刑事裁判的合宪性"，载彭海青、吕泽华、[德] 彼得·吉勒斯编著：《德国司法危机与改革——中德司法改革比较与相互启示》，法律出版社2018年版，第154页。

[4] [美] 威廉 T. 皮兹："完美风暴：美国的检察自由裁量权"，载 [美] 艾瑞克·卢拉、[英] 玛丽安·L. 韦德主编：《跨国视角下的检察官》，杨先德译，法律出版社2016年版，第180页。

[5] Alexander Schemmel, Christian Corell & Natalie Richter, "Plea Bargaining in Criminal Proceedings: Changes to Criminal Defense Counsel Practice as a Result of the German Constitutional Court Verdict of 19 March 2013", *German L. J.*, Vol. 15, No. 1 (2014), p. 48.

[6] 胡云腾主编：《认罪认罚从宽制度的理解与适用》，人民法院出版社2018年版，第103页。

其一，检察机关提出量刑建议的根据是事实与法律，其对量刑公正负有特殊责任，最大程度地保障了量刑建议的合理性。检察机关提出量刑建议时虽然需要听取被追诉人等的意见，但听取意见不是协商，更不是交易。在认罪认罚利益的确定上，我国采取的是"官方定价"模式。[1]检察机关提出的量刑建议在听取意见后可以进行调整，但此时的调整只能基于个人罪责情况，而不会是讨价还价的结果。检察机关采纳的不是辩方纯粹的观点和态度，而是支撑其态度的事实与法律。换言之，如果辩方的要求有理有据，然后检察机关据此调整量刑建议，这依然属于"官方定价"的范畴。检察机关在进行"官方定价"时当然需要遵循罪刑法定、罪责刑相适应等刑事法的基本原则，其职权主导性可以促进量刑均衡，确保量刑公正，有效避免协商模式下效率至上价值取向所滋生的各种量刑风险。

其二，作为对认罪认罚者的承诺的，不是检察机关提出的从宽处罚的量刑建议，而是制度层面的"可以依法从宽处理"，作为一种法律承诺，需要公安司法机关共同兑现。有论者认为，在认罪认罚案件中，检察机关提出的从宽建议"是基于犯罪嫌疑人'认罪认罚'所允诺的'对价'"，[2]"是一种具有司法公信力性质的承诺"。[3]但如上所述，在我国的听取意见模式中，专门机关与被追诉人之间不是要约承诺的协议关系，专门机关无须承诺。检察机关只有量刑请求权，没有权力对最终的判罚替审判机关作出承诺。如果非要从承诺的视角解读认罪认罚案件中的从宽机制，"可以依法从宽处理"更接近于制度层面对认罪认罚者的法律承诺，需要司法机关在量刑建议与量刑裁判的职权互动中共同兑现，而检察机关的量刑建议是兑现机制的一部分。

其三，检察机关提出的量刑建议带有权力属性，而且以公诉权与法律监督权等多重权力为支撑，构成法院审查量刑建议时的无形压力。一方面，检察机关代表国家、社会进行刑事诉讼，量刑建议权是其公诉权的合理延伸。检察机关提出量刑建议时是以社会利益和法律利益为标准，当法院拒绝采纳量刑建议时，检察机关如果认为量刑裁判不符合社会利益和法律利益，基于诉权，可以

---

[1] 达玛什卡认为，"有两种新兴的程序模式正在迅速发展：一种是官方给出固定的认罪利益，而被追诉人'要么接受，要么放弃'，一种是官方与被追诉人就其认罪利益予以协商。后一种模式包含多种形式，并不仅限于辩诉交易"。Mirjan Damaška, "Negotiated Justice in International Courts", *J. Int'l Crim. Just.*, Vol. 4（2004），p. 1019.

[2] 孔杰、王强、孙娟："认罪认罚从宽制度中的量刑建议"，载胡卫列、董桂文、韩大元主编：《认罪认罚从宽制度的理论与实践》，中国检察出版社2017年版，第493页。

[3] 胡云腾主编：《认罪认罚从宽制度的理解与适用》，人民法院出版社2018年版，第103页。

对未生效的量刑裁判提起抗诉。而更为重要的，检察机关是我国的法律监督机关，有权对包括法院量刑在内的诉讼活动进行法律监督。量刑建议制度使得检察机关对法院量刑活动的监督向事前拓展，"变为事前监督与事后监督相结合的方式"。[1]在法院不采纳量刑建议时，人民检察院很有可能以抗诉等方式启动审判监督机制。

其四，在我国层层把关式的刑事诉讼模式中，检察机关有着极为特殊的定位，而在认罪认罚案件中，诉讼重心的前移进一步凸显了检察机关的主导作用。在我国层层把关式的刑事诉讼构造中，检察机关除担负通过法律监督以保障诉讼活动合法性的职责外，还是审查起诉阶段的主导者，还要通过审查批准逮捕实现对强制措施的司法控制。这足以表明，检察机关提出的量刑建议绝非单纯的一方当事人提出的仅供参考的量刑意见。特别是在认罪认罚案件中，认罪认罚的达成、事实基础的审查、诉讼程序的选择等核心任务多数需要在审查起诉阶段完成，庭审的重点也转变为审查认罪认罚的自愿性以及具结书的合法性、真实性。尽管不应据此极端地认为"定罪和量刑的权力已在程序上提前让渡给检察机关"，[2]但还是能够看出制度设计者对检察机关在认罪认罚从宽程序中所扮演角色的特殊期待。

三、认罪认罚案件量刑建议裁判制约力的规范分析

2018年《刑事诉讼法》第201条吸收了《认罪认罚试点办法》第20条、第21条的内容，从三个方面明确规定了认罪认罚案件中量刑建议对人民法院的约束力，即，原则上，人民法院均应采纳检察机关的量刑建议；如果存在五种法定情形之一的，可以不采纳量刑建议；在人民法院认为量刑建议明显不当，或者辩方对量刑建议提出异议时，给予检察机关调整量刑建议的机会。但综观该条列举的五种不采纳量刑建议的情形，其实多已不再符合认罪认罚从宽制度的适用条件，而被告人对检察机关量刑建议的异议动摇的也是认罚的认定，也就是说，规定法院面对这些情形时拒采量刑建议，其用意不在否定量刑建议的约束力，而是为了凸显人民法院对认罪认罚案件基本适用条件的审查职责。因此，关于量刑建议对量刑裁判的约束力，《刑事诉讼法》第201条的主旨可以概

---

[1] 纵博："量刑建议制度构建中的几个难题"，载陈兵、古立峰主编：《量刑正义的程序之维：量刑建议的"眉山模式"》，中国检察出版社2012年版，第178页。

[2] 吴冬、张东武、吴海伦："认罪认罚从宽制度改革中量刑建议研究"，载《人民检察》2017年第17期，第22页。

括为，对于符合认罪认罚制度适用条件的案件，人民法院在判决时应当采纳人民检察院提出的量刑建议，除非量刑建议明显不当且人民检察院拒不调整或调整后仍然明显不当。不难看出，在规范层面，认罪认罚案件中检察机关的量刑建议具有一定的强制性，构成了对人民法院量刑裁判权的严格限制。这一点集中体现在第 201 条的以下两个关键词上。

一是"一般应当"。这一关键词不仅明确了认罪认罚案件量刑程序中法官角色从量刑裁判者到量刑建议审核者的过渡，更为紧要的是，它还直接限定了法官审核结论的倾向性。该种立法方式在域外的认罪协商制度中难寻先例。在法国的事先认罪出庭程序中，对于检察官提议的刑罚，法官"可以决定认可"。〔1〕在意大利依当事人请求适用刑罚程序中，只有当法官经过对侦查卷宗和双方协议的书面审核，认为当事人请求的刑罚较为适当时，才会用判决形式予以确认。〔2〕在加拿大，法庭接受被告人有罪答辩的必要条件之一是，其相信被告人能够理解："控辩双方达成的协议并不能约束法院。"〔3〕而在俄罗斯的辩诉交易程序中，检察官只是提出从轻、减轻的量刑情节，最后由法官依法裁决应当给予被告人的量刑折扣。其实，不仅在协商模式下，在世界各国的各类刑事审判程序中，以直接规定"应当"认可量刑意见的形式正面限制法官量刑裁判权的做法也极为罕见。因为，当量刑建议具有"应当"或"一般应当"被采纳的效力时，性质上已经超越了建议或意见。

二是"明显不当"。"明显不当"进一步明确了量刑建议对量刑裁判的约束程度，即法院无权在量刑建议仅仅存在微小偏差或不太适当时予以拒绝。而且，即便法院经审理认为量刑建议明显不当，也不能直接拒绝，因为法律并没有将量刑建议明显不当直接列为不得采纳量刑建议的情形，而是还给了检察机关补救机会，规定检察院有权在量刑建议被法院认为明显不当时调整量刑建议。而只有在检察机关拒不调整或者调整后仍然明显不当的，人民法院才可以不再受量刑建议的限制，依法作出判决。无疑，这是对不采纳量刑建议的进一步限制。

值得一提的是，《刑事诉讼法》第 201 条第 2 款将辩护人对量刑建议提出异

---

〔1〕 孙谦主编：《刑事审判制度　外国刑事诉讼法有关规定》（下），中国检察出版社 2017 年版，第 903 页。

〔2〕 参见陈超："比较法视野下的意大利辩诉交易制度"，载《人民司法（应用）》2014 年第 19 期，第 100 页。

〔3〕 孙谦主编：《刑事审判制度　外国刑事诉讼法有关规定》（上），中国检察出版社 2017 年版，第 529 页。

议与量刑建议明显不当并列,作为不能直接采纳检察院量刑建议的情形之一。这实际上也构成了对法院行使量刑裁判权的外在限制。因为,当辩护人对量刑建议提出异议,即便法院认为量刑建议适当,而且,被告人对量刑建议没有异议,法院也不能直接采纳量刑建议。上述条文并未明确规定,在辩护人提出异议而检察院对量刑建议进行调整后,如果辩护人依然提出异议的,法院该如何处理。但根据立法精神,法院似乎也只能像面对"检察院拒不调整"或"调整后量刑建议仍然明显不当"时一样,选择"依法作出判决"。

不可否认,《刑事诉讼法》"将检察机关的量刑建议定性为对法庭量刑具有一定影响力和预决效力的实体性权力",[1]即在法律上直接赋予量刑建议对量刑裁判的拘束力,可以促进"检察机关量刑建议与审判机关量刑决定一致性的最大化",[2]增强从宽利益的确定性和可预期性,确保制度层面从宽承诺的兑现,强化对被追诉人认罪认罚和同意程序简化的激励,从而保证认罪认罚从宽制度功能和价值的最终实现。然而,这种立法方式可能产生的负面效果也不容小觑。仅仅用"明显不当"等几种法定例外情形来"体现"量刑建议的求刑性质和量刑裁判的司法属性,[3]其实更多地体现出对量刑裁判权的限制。而该种限制有可能导致检察机关求刑权能的扩张,减弱法院对量刑建议审查的全面性、实质性和有效性,使得在认罪认罚案件中——而这类案件目前已占同期起诉刑事案件总量的将近一半[4]——检察机关成为一定意义上的裁判者,从而改变刑事诉讼的基本权力配置,加大检察机关权力失范的风险。但检察环节的控辩沟通毕竟不同于庭审,加之受到律师帮助有效性、量刑规则统一性、量刑事实动态性以及一些结构性因素、心理因素的影响,量刑建议偏离庭审结果是非常正常的,因此,规定"一般应当"采纳有可能削弱法院防范非自愿认罪和量刑不公的终局把关作用。

---

[1] 贺卫:"认罪认罚从宽量刑建议机制的检视与完善",载《中国检察官》2018 年第 23 期,第 33 页。

[2] 孔杰、王强、孙娟:"认罪认罚从宽制度中的量刑建议",载胡卫列、董桂文、韩大元主编:《认罪认罚从宽制度的理论与实践》,中国检察出版社 2017 年版,第 493 页。

[3] 胡云腾主编:《认罪认罚从宽制度的理解与适用》,人民法院出版社 2018 年版,第 112 页。

[4] 据介绍,认罪认罚从宽制度从 2016 年 9 月开始试点到 2018 年 10 月,"试点地区适用认罪认罚从宽制度起诉的案件数,占同期起诉刑事案件总数的 50% 左右,其中绝大部分是检察机关建议适用"。参见董凡超:"最高检副检察长孙谦解读修改后的刑事诉讼法有关问题:认罪认罚从宽贯穿整个刑诉程序",载《法制日报》2018 年 12 月 13 日,第 3 版。

四、认罪认罚案件量刑建议的实践制约力及其异化

实践中,各地认罪认罚案件量刑建议的采纳率普遍较高。[1]有论者认为,量刑建议的高采纳率足以反映出量刑建议的高质量,[2]也能反映出法院对建立在控辩合意基础上的量刑建议的充分尊重,以及检察官与法官量刑观念的趋近。[3]但上述论断显然失之偏狭。事实上,之所以量刑建议采纳率高,固然可能与检察机关的业务水平、量刑建议的规范化和法院的重视相关,但以下几个因素也不可忽视(甚至更为重要)。(1)幅度型量刑建议是检察机关提出量刑建议的主要形式,而且,检察机关建议的量刑幅度通常比较宽。以广州某区法院为例,在该院2017年前4个月审理的242件认罪认罚案件中,量刑建议幅度达6个月的占82.64%,有些甚至已经接近法定刑幅度,沦为无效建议。[4](2)大多数检察机关将量刑建议采纳率作为业务考核指标,"并作为自身履行法律监督职能的标志和业绩"。[5]相应地,部分法院也将抗诉率等纳入绩效考核,当检察机关认为法院不采纳量刑建议缺乏根据而提起抗诉时会导致对承办法官的不利评价。(3)个别地方的检察机关专门出台了强化量刑监督和确保量刑建议实效性的措施。如某市人民检察院在其《量刑建议精准化操作规程》中规定,对于人民法院不采纳量刑建议,且未听取检察机关意见而直接判决的,应当依法提出抗诉;对于听取意见时检察机关明确不予修改量刑建议,案件不存在违背意愿认罪认罚等法定理由,人民法院仍然不采纳量刑建议,也应当依法提出抗诉。(4)个别地方的检察机关还与法院建立了所谓的量刑建议提出前的会商制度,即检察机关在提出量刑建议前先听取法院意见,以确保尺度统一。不难发现,保障认罪认罚案件量刑建议高采纳率的关键因素既非认罪认罚案件量刑建议的合意性,也主要不是法律规定的"一般应当"采纳的约束机制,而是量刑建议

---

[1] 统计表明,截至2018年9月,试点地区检察机关量刑建议的采纳率达到了96.3%。其中,广州地区量刑建议采纳率约为97.33%,而南京地区量刑建议采纳率则高达99.62%。参见胡云腾主编:《认罪认罚从宽制度的理解与适用》,人民法院出版社2018年版,第278页、第374页、第335页。

[2] 参见于天敏:"量刑建议:实践、问题和对策——以重庆市某检察分院及辖区检察机关的实践探索为例",载《西南政法大学学报》2011年第6期,第84页。

[3] 胡云腾主编:《认罪认罚从宽制度的理解与适用》,人民法院出版社2018年版,第278页、第335页。

[4] 胡云腾主编:《认罪认罚从宽制度的理解与适用》,人民法院出版社2018年版,第374页。

[5] 刘宁、史栋梁:"量刑建议制度:现实与未来——一个实证角度的研究",载《北方法学》2012年第6期,第129页。

制度实施以来就存在的一些实践性的因素和措施。这反过来也可以解释为什么量刑建议的高采纳率并不是认罪认罚从宽制度试点以后的新现象。其实，早在2016年之前，各地量刑建议的采纳率也基本上能维持在90%以上，[1]"部分基层检察院甚至出现了提出率和采纳率的'双百'现象"。[2]而且，2012年《刑事诉讼法》的修改颁行也没有对量刑建议的采纳率造成太大影响。[3]

不管是在认罪认罚从宽制度改革试点之前，还是试点之后，量刑建议未被采纳的案件都是极少数。调研发现，这些案件中量刑建议未被采纳的主要原因有四个。一是检察院和法院对于量刑情节、量刑标准及从宽幅度存在主观认识差异。检察机关对于"量刑起点所依据的犯罪构成事实""基准刑所赖以确定的其他犯罪事实"以及"宣告刑所据以形成的量刑情节"，极有可能与法院产生不同认识。[4]而司法解释也没有提供统一而明确的标准，很难保证量刑建议与量刑裁判形成于对全部量刑情节的一致的、适当的法律评价之上。二是部分法官对于检察机关提出的量刑建议，特别是精准型量刑建议有抵触情绪。虽然检察机关一直在积极推进量刑建议的精准化，[5]但部分法官对此并不是特别认同，天津市、福建省福清市等地法院的认罪认罚从宽制度试点报告中均提到，"对某类案件要求一律提出精准量刑建议"，或者过度追求量刑建议精准化，不符合量刑规律，容易造成量刑不均衡。[6]三是量刑建议的形成中辩方的参与不充分。个别检察机关在提出量刑建议时对辩方的意见也不够重视，被追诉人通常也无法提出有效的量刑意见，[7]从而影响了量刑建议的合意性，致使少数案件中的辩方在庭审时才提出新的量刑情节，或者对量刑建议提出异议，导致量刑建议无法被采纳。四是量刑情节或事实基础发生了客观变化。检察机关提出

---

〔1〕 参见张洪超、梁昭、张龙："山东冠县：82份量刑建议全部被法院采纳"，载《检察日报》2012年8月8日，第1版；刘宜俭："98%量刑建议被采纳"，载《检察日报》2012年6月13日，第10版。

〔2〕 饶冠俊："检察机关量刑建议的规范化——基于实证分析的视角"，载《甘肃理论学刊》2017年第6期，第125页。

〔3〕 参见张国轩："刑事诉讼法修改对量刑建议带来的转变"，载中国检察学研究会检察基础理论专业委员会编：《诉讼法修改与检察制度的发展完善——第三届中国检察基础理论论坛文集》，中国检察出版社2013年版，第501页。

〔4〕 参见陈瑞华："论量刑建议"，载《政法论坛》2011年第2期，第20页。

〔5〕 参见江伟："探索建立精准量刑建议模式"，载《检察日报》2018年7月25日，第11版。

〔6〕 胡云腾主编：《认罪认罚从宽制度的理解与适用》，人民法院出版社2018年版，第324页、第404页。

〔7〕 参见王志坚："论认罪认罚速裁程序中的量刑建议——以C市J区检察院为样本"，载《司法改革论评》2017年第1期，第59页。

量刑建议所依据的量刑信息未经举证、质证、辩论，且主要依据控方收集的证据，有可能不够准确、完整，审判阶段也有可能出现新的量刑情节（如预缴了罚金、赔偿了损失），或者发现了新的量刑证据，从而直接改变了支撑量刑建议的事实基础。

而在采纳量刑建议的案件中，"贴底量刑"现象则非常值得关注，即法院通常会在检察院建议的量刑幅度内就低判决，甚至经常按照量刑幅度的下限作出判罚。例如，在重庆市某区法院采纳量刑建议的判决中，在建议的量刑幅度内就低判罚的案件数量高达41.7%。[1]可以说，"贴底量刑"现象自量刑建议制度实施以来就一直存在。该现象至少可以从检察院、法院的立场、职能差异和法院的息诉心理两个角度理解。一方面，检察院在提出量刑建议时虽然担负客观义务，立足量刑标准，着眼量刑公正，但受制于其刑事追诉立场，会不可避免地带有偏向性，更多地考虑国家、社会利益和被害方需求，更为关注从重、加重的量刑情节，从而倾向于提出幅度更高的量刑建议。[2]而法院立场相对中立，在庭审中掌握的量刑信息更为完整，更能兼顾各方的利益和诉求，所以一般会在控方建议的偏重的量刑幅度内就低量刑，甚至在建议的幅度以下判罚，"'高求低判'情形远远多于'低求高判'情形"。[3]另一方面，法院在量刑时无疑会考虑到被告人的诉求，特别是其上诉的可能性，而在控方建议的量刑幅度内就低判罚，有利于消解被告人的对抗情绪，增强裁判的可接受性，避免上诉审。需要特别指出的是，在认罪认罚从宽程序中，"贴底量刑"现象更为突出。这是因为，对认罪认罚的被告人"贴底量刑"带有从宽性质，契合立法精神和政策导向。而且，认罪认罚从宽制度追求程序从简从快，在此背景下，法院对避免上诉审有更为强烈的现实需求。但应当看到，"贴底量刑"现象其实隐含着对案情的不加区分，对量刑建议的过度依赖，以及对诉讼效率的盲目追求。公正是效率的前提，通过量刑建议机制中的互相制约而实现的检、法良性互动是实现认罪认罚案件量刑公正的基础，如果法院仅仅为了功利目的而放弃对量刑建议的实质审查责任，不仅有碍量刑公正，也必将异化认罪认罚从宽制度的基本功能。

---

[1] 林喜芬："论量刑建议的运行原理与实践疑难破解——基于公诉精密化的本土考察"，载《法律科学（西北政法大学学报）》2011年第1期，第125页。

[2] 参见陈瑞华："论量刑建议"，载《政法论坛》2011年第2期，第21页。

[3] 潘申明："论量刑建议模式的选择"，载《华东政法大学学报》2013年第6期，第75页。

五、认罪认罚案件量刑建议裁判制约力的合理规制

在认罪认罚从宽程序中，法院对量刑建议的采纳是实现认罪认罚案件实体从宽和程序从快的关键，这必然要求认罪认罚案件中的量刑建议应产生对量刑裁判更强的制约力，以使被采纳成为常态。但量刑毕竟是法院的权力，尊重控辩双方在量刑上的"合意"但不能放弃法院对量刑建议的实质审查，追求量刑效率不能以牺牲量刑公正为代价。不管是从基本法理、实践情况，还是从比较法的视角看，都不适宜在法律上直接限制法院对于量刑的最终决定权。认罪认罚从宽程序中量刑建议对量刑裁判的限制应主要通过柔性制约实现。

（一）柔性制约的核心机制

不管是否调整法律中"一般应当采纳"的刚性规定，都不妨碍柔性制约机制合理地发挥作用。量刑建议至少可以通过以下三种途径对量刑裁判发挥柔性制约作用。

一是控辩双方对判决的异议权及由此带来的复审压力。在美国的辩诉交易程序中，尽管法官在法律上并没有批准或接受辩诉协议的当然义务，但实践中法官拒绝采纳辩诉协议的非常罕见，因为法官知道这样"能使得刑事案件快速审结"。[1]在我国的认罪认罚从宽程序中也同样如此，真正防范法官滥用拒绝权的，可能并不是违反"一般应当采纳"的法定义务而招致的不利法律后果（至于会招致何种不利后果，法律没有也很难明确规定），而是拒绝后可能引发抗诉、上诉，进而带来诉讼效率的下降及考核上的不利评价。而且，由于认罪认罚案件量刑建议的合意性及其作为认罪认罚激励的特殊定位，法院的拒绝意味着检察机关失信于被追诉人，很容易同时激起控辩双方的对抗情绪，控辩双方提出抗诉、上诉的概率远远大于非认罪认罚案件。更何况，在我国，法院裁决时还必须顾及，检察机关面对法院的拒绝，不仅可以基于诉权作为当事方提起抗诉引发二审，还可以基于法律监督权作为监督者提起抗诉启动审判监督程序。但需要注意，不管是基于诉权，还是基于法律监督权，检察机关不能仅仅因为法院不采纳量刑建议而随意提起抗诉，而应视量刑裁判是否确有错误或存在明显不当决定。

二是量刑程序的独立化所带来的场域压力。最高司法机关积极推动的量刑

---

〔1〕 张智辉主编：《辩诉交易制度比较研究》，中国方正出版社2009年版，第126页。

规范化改革,其基本目的就是要规制法官的量刑裁量权,防范量刑失衡,而为此采取的措施可概括为两个方面:在实体上,推行"以定性分析为主、定量分析为辅"的量刑方法,而在程序上,就是将量刑纳入庭审中,构建相对独立的量刑程序。不管是否赋予量刑建议刚性制约力,量刑建议的提出均有利于规范量刑程序,促进量刑公正。在认罪认罚案件中,量刑程序对量刑裁判权行使的场域压力同样存在。虽然认罚的要求在一定意义上消除了量刑程序的两造对抗,但依然要求公开性、透明性和多方参与性:已经认罚的被告人有反悔的权利,法庭不接受量刑建议时也应重新听取控辩双方的量刑意见。而更加不容忽略的是,量刑建议的提出是一个动态的过程,不排除有些案件在庭审阶段乃至量刑调查或辩论阶段才促成认罪认罚,还有些案件则需要检察机关在量刑程序启动后根据新情况,在听取被告人意见,以及与法院沟通的基础上对量刑建议进行调整,所以,即便适用速裁程序审理的认罪认罚案件,也不能说没有量刑程序。

三是不采纳的判决说理对裁量自由度的内在限制。如果不要求量刑说理,不公示刑罚裁量过程,再精密的"量刑指南"也无法构成对量刑裁判的实质限制,再富有逻辑的量刑推理也难以摆脱估堆量刑的嫌疑。当然,对量刑说理的要求确实应当根据案件不同,特别是相关问题是否存在争议而有所区分。由于认罪认罚案件控辩双方在量刑方面已经形成合意,整体上属于"弱需说理"案件。〔1〕但这是针对认罪认罚案件运行的常态而言的,即法院接受体现控辩合意的量刑建议。一旦法院拒绝量刑建议,否定控辩在量刑方面的一致意见,就很容易使量刑成为审判方与控辩之间乃至控辩相互之间的一个争议问题,在这种情况下,说理不仅成为促使两造息诉服判的需要,也成为法院以反常态方式处理认罪认罚案件的必要牵制。法院在判决中对不采纳量刑建议的说理,既要说明量刑的法律标准和事实依据,又要说明依法确定宣告刑的具体理由。而且,不能想当然地将采纳量刑建议的案件视为"弱需说理"案件,对于检察机关量刑建议本身说理不足的,法院即使采纳量刑建议,也应当充分说理,以解释从宽处罚的合理性。此外,不管法院是否采纳量刑建议,法院均应将量刑建议载入判决书中。

(二) 柔性制约的保障

要确保柔性制约机制发挥出正当而适度的制约力,单靠上述柔性制约机制

---

〔1〕 李滇、樊华中:"刚弱两需分野下我国判决说理模式新探——以 S 市 F 区法院判决书为样本的研究",载《法制与社会发展》2015 年第 3 期,第 95 页。

本身是远远不够的,还需要程序、实体以及考核制度等方面的有力支撑。

首先,应明确认罪认罚案件的量刑标准,正确理解量刑建议的智能化,畅通量刑信息的获取途径,重视听取意见,增强量刑建议的准确性和合意性。在认罪认罚案件中,法院由量刑者转变为量刑建议的审查者,明显有别于普通案件中"将量刑纳入庭审程序"的量刑规范化改革要求。〔1〕换言之,认罪认罚从宽案件的量刑规范化实现于诉讼全流程,〔2〕量刑规范化的核心问题已经在很大程度上转化为量刑建议的规范化。为此,在实体上,可以考虑制定认罪认罚案件专门的量刑指导意见,细化量刑标准,统一裁量尺度,重点需要明确认罪、认罚和同意程序适用是否作为独立的量刑情节,以及作为量刑情节时的从宽幅度或者从宽上限,防止认罪情节与自首、坦白、当庭自愿认罪等相关量刑情节的重复评价,凸显认罪而不认罚、认罪认罚但不同意程序适用、认罪认罚且同意程序适用等不同情形的量刑差异,增强从宽幅度的可预见性。当然,量刑指导意见也并非越具体越好,司法者的裁量空间是量刑标准统一性和个案复杂性之矛盾的调和剂。当下,合理运用大数据,不仅可以增强量刑建议的科学化和智能化,也可以使量刑建议的提出更加高效、准确。但需要特别注意的是,不管是法院的量刑辅助系统,还是检察机关的量刑建议辅助系统,由于其固有的价值判断上的缺陷和机械化的风险,〔3〕不应该也不可能完全替代司法裁量,只能定位为辅助性的工具和手段。在程序上,应完善社会调查和听取意见机制。检察机关在提出量刑建议时,除要考虑被追诉人涉嫌的犯罪事实及案后表现以外,还可以通过委托社会调查等全面收集其他影响量刑的被追诉人信息。当然,最为重要的是听取被追诉人及其辩护人的意见,即充分尊重被追诉人及其辩护人的知情权和参与权,给予其全面阐述自己看法和诉求的机会,并将其提出的情况和意见作为提出量刑建议时的重要考量因素,在法律允许的范围内,尽量满足其正当的利益诉求,以提升量刑建议的科学性、合理性和合意性。

其次,应合理选择量刑建议的形式。精准化的量刑建议和幅度型的量刑建议,两种建议形式各有优势,但也都有缺陷。精准化的量刑建议虽然更符合增

---

〔1〕 参见张国轩:"认罪认罚从宽中量刑规范化的特殊性",载《中国检察官》2018年第15期,第41页。

〔2〕 参见游涛:"认罪认罚从宽制度中量刑规范化的全流程实现——以海淀区全流程刑事案件速裁程序试点为研究视角",载《法律适用》2016年第11期,第30页。

〔3〕 参见张富利、郑海山:"大数据时代人工智能辅助量刑的定位、前景及风险防控",载《广西社会科学》2019年第1期,第94-95页。

速提效的改革需求，但它是以建议立场的客观性、量刑信息的充分性、量刑情节的稳定性、量刑标准的明确性为前提的，但这一前提条件在实践中并不总是具备，即使是类案判决的大数据分析也不可能完全替代个案情节的综合裁量。面对精准化的量刑建议，裁判意识强的法官可能产生排斥心理，裁判意识弱的法官则容易产生依赖心理，不管是排斥还是依赖，都不是量刑建议与量刑裁判的良性互动。幅度型量刑建议虽然更能兼顾量刑情节的复杂性和动态性以及量刑裁判的独立性，但过于宽幅的量刑建议必然会削弱对被追诉人的激励效果和建议的有效性。因此，应当允许检察官根据个案的具体情况灵活选择量刑建议的形式，精准化的建议原则上可考虑主要适用于可能判处一定刑期（如3年有期徒刑）以下的案件，或者适用了速裁程序及简易程序的认罪认罚案件。还应当允许检察官考虑到审判环节的可变因素，如是否预交罚金等，提出更加灵活的附条件的量刑建议。

再次，应构建价值导向合理的刑事司法业务考评机制。量刑建议是否被法院采纳其实并不能直接反映量刑建议的质量，不采纳可能是因为出现了新情况，采纳则可能是因为量刑建议的幅度过于宽松或法官怠于进行实质审查，过高的采纳率反而可能"凸显的是量刑建议在认罪认罚从宽制度中的作用弱化"，[1]因此，以采纳率作为核心乃至唯一的考核指标反映了机械的结果主义导向，不仅容易扭曲量刑建议的"建议"功能，也给量刑裁判制造了不合理的压力。另有论者提出，检察机关不应大肆渲染量刑建议的采纳率，而应"渲染未采纳量刑建议的抗诉率，以此彰显量刑建议之制约功能"。[2]事实上，强调不采纳的抗诉率与强调采纳率在价值导向和客观效果上并无二致。我们认为，检察机关对量刑建议的考核，应当尽量摒弃结果主义的评价标准，从结果评价转向过程评价，从形式评价转向实质评价，即重点考核量刑建议的形式选择是否合理，依据是否科学，说理是否充分，信息获取途径是否广泛，是否尊重了辩方的参与权等，而不是量刑建议是否被采纳，是否被写入判决，是否得到了法官的回应，是否提起了抗诉。相应地，在认罪认罚案件量刑建议制度实施方面，法院也不应当主要以抗诉率、上诉率、申诉率等作为终极尺度，而应重点考核量刑裁判本身的合理性及其说理情况。

---

[1] 钟政："认罪认罚案件量刑建议工作机制研究——以构建大数据量刑建议系统为视角"，载《贵州警官职业学院学报》2018年第6期，第45页。

[2] 刘宁、史栋梁："量刑建议制度：现实与未来——一个实证角度的研究"，载《北方法学》2012年第6期，第129页。

最后，应完善量刑建议提出后的调整机制。在认罪认罚从宽程序中，人民法院是否采纳量刑建议不是一个单纯的量刑问题，还牵涉认罪认罚的激励与兑现，以及不同性质审判程序的选择与转换。人民法院在对检察机关量刑建议有不同意见时，既不适合直接不予采纳而依法裁判，也不适合罔顾分歧直接采纳量刑建议。为此，量刑建议调整机制就显得至关重要。根据法院在其中发挥的作用，量刑建议的调整可分为主动调整和被动调整两种情况。前者是检察机关考虑到新的事实或情节，或者发现先前提出的量刑建议不当时，在征求被追诉人意见的基础上主动调整建议的刑罚。后者则是检察机关在了解到法院的不同意见后，根据事实和法律，结合被追诉人的意见，对量刑建议作出调整。应当明确的是，在法院作出判决前，调整量刑建议是检察机关的权力，但这并不是说询问是否调整或建议调整量刑建议是法院依法裁判前的必经程序，拒绝采纳量刑建议而依法裁判是法院量刑裁判权的应有之义。在完善量刑建议提出后的调整机制时，同样应当体现柔性制约的精神。

第四章

程序的简化与轻缓

提高认罪认罚案件的办理效率,实现认罪案件与不认罪案件的繁简分流,形成多层次的刑事诉讼程序体系,是认罪认罚从宽制度改革完善的重要目标之一。认罪认罚案件诉讼程序的简化不仅仅指庭审程序的简化,即形成"普通程序简化审—简易程序—速裁程序"等多元化的快速审理程序,还包括简化审前程序,即针对认罪、合意、简单、轻微、现行犯等各种简化根据的排列组合,系统构建层级递简、简略结合的审前程序体系。而强制措施的轻缓化既是认罪认罚案件全流程提速的要求,也是在认罪认罚案件中强化人权保障和贯彻宽严相济刑事司法政策的体现。

第一节 审前程序的简化及其限度

设置简易程序、推进正当程序的简易化是合理配置刑事司法资源的有效方法和必然要求。我国在 1996 年修订《刑事诉讼法》时加入了简易程序的规定。但长期以来,简易程序在实际运行中暴露出"简而不'简'""简而不'易'""'易'而不'简'"等一系列问题,难以满足案多人少矛盾对简易程序繁简分流功能的现实期待。究其原因,忽略审前程序的简化可谓是制约我国简易程序实践功能的最为重要的因素之一。申言之,我国的简易程序仅仅局限于对审理程序特别是庭审程序的简化,而在层层把关的诉讼模式下,在审前程序区分一个案件审判阶段可能适用的诉讼程序意义不大,即便是审判阶段可能适用简易程序审理的案件,也不会降低侦查阶段和审查起诉阶段证据搜集和审查的程序和标准。在我国真正实现从侦查中心到审判中心的诉讼制度转型之前,如果审前程序依然耗时耗力,简易程序的简化效果可想而知。

为了进一步促进刑事案件简繁分流、提高诉讼效率,中央积极推进速裁程序及认罪认罚从宽制度改革,旨在通过简化认罪认罚案件的办理程序,健全认罪案件与不认罪案件的分流机制,优化配置司法资源。[1]特别是速裁程序的制度设计,主要就是着眼于"进一步推动诉讼全程简化,强化职能衔接,简化工作流程,完善程序运行机制,在确保办案质量的基础上全程提速"。[2]但遗憾的是,《刑事诉讼法》几乎没有涉及对认罪认罚案件审前程序的简化,相关的实践探索仍处于"于法无据"的尴尬境地。而部分司法解释及规范性文件对此虽有涉及,但整体上看,思路过于简单,偏重于期限限制和规模化处理,远未搭建起完善的审前程序简化机制。[3]殊不知,只减期限不简程序反而可能会大大增加公安司法人员的办案压力,影响办案的质量和效果。而学界对应否简化及如何简化审前程序仍争议颇大,在许多基本问题上都尚未达成共识。鉴于此,本节拟以认罪认罚从宽制度为视阈,对审前程序的简化问题作一系统研讨。

一、为何需要简化审前程序

与审判程序一样,审前程序同样需要耗费大量司法资源,同样存在对效益最大化的强烈追求,因此,以优化资源配置为重要目标的刑事程序的简易化当然不能漠视审前程序。而且,从被追诉人权利保障角度而言,被追诉人所期待的迅速审判绝不仅仅是庭审时间的短暂,而是能使案件全程得到快速处理。对于许多被追诉人来说,"真正的惩罚是审前程序本身",放慢审前程序并使之精致化的努力可能会造成更严厉的惩罚,这也是他们通常愿意选择与司法机关合作的原因。[4]因此,大多数国家的刑事诉讼法中都规定有简化审前程序的措施。这些措施主要表现为如下三种形式:一是被追诉人放弃适用严格审前程序的权利导致的程序简化。如在美国,根据《美国联邦刑事诉讼规则》第5.1条的规定,被告人被控可由联邦治安法官审判的轻微罪行以外的罪行时,有权要

---

[1] 该改革精神的相关表述可参见孟建柱:"完善司法管理体制和司法权力运行机制",载《人民日报》2014年11月7日,第6版;《最高人民法院关于全面深化人民法院改革的意见——人民法院第四个五年改革纲要(2014—2018)》第13条;《最高人民检察院关于深化检察改革的意见(2013—2017年工作规划)》第26条。

[2] 胡云腾:"准确适用认罪认罚从宽制度 在更高层次上实现刑事司法公正与效率相统一",载胡云腾主编:《认罪认罚从宽制度的理解与适用》,人民法院出版社2018年版,序言第7页。

[3] 值得一提的是,2007年《关于依法快速办理轻微刑事案件的意见》中涉及对轻微刑事案件审前程序的简化提速问题。而且,在最高人民检察院的推动下,部分地区还进行了轻案快办程序的试点。但最后这一改革探索因多种原因而无疾而终。

[4] [美]马尔科姆·M.菲利:《程序即是惩罚——基层刑事法院的案件处理》,魏晓娜译,中国政法大学出版社2014年版,第230页。

求预审,但被告人可以放弃该种权利。[1]被告人弃权后,治安法官可立即将被告人押至地区法院接受询问。二是基于法定根据的简化。如根据《法国刑事诉讼法》的规定,如果检察官认为没有必要进行侦查的,可以在确认当事人身份及告知其指控的犯罪事实后,要求当事人限期出庭,乃至立即提交法庭审判。[2]而意大利的快速审判和立即审判程序也包含有对案件移送审判程序的大幅简化。[3]再如,《美国联邦刑事诉讼规则》第58条(b)(1)要求,对轻罪的审判可以直接根据控告书进行,而对轻微犯罪的审判则可根据传票或违法通知书进行。三是上述两种形式结合。该种简化既需要满足特定条件,又需要征得被追诉人的同意。如在法国,对于当处6个月以上监禁刑的轻罪现行犯,可以适用立即出庭程序,但被告人必须同意当天接受审判,否则,案件将会推迟两周到六周审理。[4]而在俄罗斯的公诉审查程序中,如果被追诉人"承认自身过错及其犯罪行为所致损害的性质与程度,以及对在刑事案件提起裁决中指定的行为在法律评价上没有异议"的情况下,可以申请对自己的案件进行简易调查,该简易调查程序必须以被追诉人的申请为根据。[5]以上提及的立法例多是对侦查、预审等主要程序的简化,事实上,各国刑事诉讼法中对具体审前措施的简化更是不胜枚举。譬如,《德国刑事诉讼法典》第163条a规定,在案情简单时,侦查终结前可以不询问被指控人,只需给予被指控人书面陈述的机会即可。[6]而且,对审前程序简化的关注不仅体现在法律规则中,在有些国家,审前程序的成本也在塑造着司法机关的性质和行权方式,"在大量的情形下,这些程序成本将刑事诉讼原则变得形同虚设,将设定的程序、裁判和量刑的目标和最终的结果变成偶然的行动"。[7]

---

[1] See Federal Rules of Criminal Procedure (As amended to December 1, 2019), https://www.law.cornell.edu/rules/frcrmp/rule_ 5.1, 2020-09-20.

[2] 参见[法]贝尔纳·布洛克:《法国刑事诉讼法》,罗结珍译,中国政法大学出版社2009年版,第104页。

[3] 参见孙谦主编:《刑事审判制度 外国刑事诉讼法有关规定(下)》,中国检察出版社2017年版,第1094、1096页。

[4] 参见[瑞士]古尔蒂斯·里恩:《美国和欧洲的检察官——瑞士、法国和德国的比较分析》,王新玥、陈涛等译,法律出版社2019年版,第234页。

[5] 孙谦主编:《刑事起诉制度 外国刑事诉讼法有关规定》,中国检察出版社2017年版,第118-119页。

[6] 参见宗玉琨译注:《德国刑事诉讼法典》,知识产权出版社2013年版,第164页。

[7] [美]马尔科姆·M.菲利:《程序即是惩罚——基层刑事法院的案件处理》,魏晓娜译,中国政法大学出版社2014年版,导论第18页。

但也应当看到，域外主要法律体系中的刑事诉讼制度基本上都是以审判为中心的。这决定了，在整体刑事司法资源的配置上，必然会向审判程序倾斜，因此，虽然审前程序也是简化的对象，但无疑审判程序才是简化的重点。这与我国的情况截然不同。我国传统的刑事诉讼模式是层层把关式的，在诉讼关系层面采取的是专门机关与诉讼参与人的二元构造，"'公''检''法'同为主导诉讼的专门机关，没有中心与辅助之分，只是分工不同。三机关'分工负责、互相配合、互相制约'不仅是刑事诉讼的基本原则，更是一项宪法原则"。[1]三机关原则决定了，专门机关之间特别是"检""法"之间是分工、合作、制约的平权关系，各专门机关具有一定的平等性和同质性。[2]而且，即便是近年来大力推行的"以审判为中心"的诉讼制度改革也不会撼动这项"符合中国国情""具有中国特色""必须坚持"的原则，进而从根本上改变我国刑事诉讼中专门机关的基本权力配置，相反，三机关原则反而会成为"以审判为中心"诉讼制度改革的底线。而三机关原则在对待专门机关相互关系的问题上本质上是"无中心"的，甚至可以说是"反中心"的。

在以三机关原则为基础构建的诉讼格局中，审前程序在承担的实质任务及其重要性上丝毫不亚于审判程序，在司法资源的耗费上较之于审判程序也是有过之而无不及。笔者从中国裁判文书网随机抽选了基层法院2020年度作出的1000份一审刑事判决书，统计后发现，在这1000个案件中，从对犯罪嫌疑人采取强制措施到检察机关提起公诉的平均时长约为134天，而从提起公诉到法院作出判决的平均时长约为46天，审前程序与审判程序用时比约为2.9。而在个别案件中，这一比率甚至高达30以上，如辽宁吕学盗窃一案，[3]审前程序耗时101天，审判程序仅耗时3天，而更有甚者，如雷长兵妨碍公务一案，[4]审前程序用时79天，审判仅用时一天。而且，这些审前程序用时比非常大的案件，通常还是速裁案件。尽管不能简单从程序的运行时间判断程序运行的内容、难度和成本，但运行时间是对司法资源耗费情况的一个最直接的反映。事实上，

---

[1] 闫召华："'一般应当采纳'条款适用中的'检''法'冲突及其化解——基于对《刑事诉讼法》第201条的规范分析"，载《环球法律评论》2020年第5期，第135页。

[2] 参见闫召华："'一般应当采纳'条款适用中的'检''法'冲突及其化解——基于对《刑事诉讼法发》第201条的规范分析"，载《环球法律评论》2020年第5期，第135页。

[3] 参见辽宁省锦州市古塔区人民法院"吕学盗窃案"一审刑事判决书，判决书为（2020）辽0702刑初105号。

[4] 参见湖南省桃江县人民法院"雷长兵妨碍公务"案一审刑事判决书，判决书为（2020）湘0922刑初286号。

不管是程序的实际参与者，还是程序的创建者和观察者，几乎没有人否认我国审前程序的耗时耗力。这意味着，在我国刑事案件快速办理程序体系的构建中，如何简化审前程序成为一个尤为迫切和重要的议题。

需要注意的是，认罪认罚从宽制度的建立和运行将使我国审前程序的简化问题变得更加必要，也更加复杂。这是因为，认罪认罚从宽制度建构了一套全新的刑事诉讼职能关系和行权模式。在认罪认罚案件的办理中，就专门机关的职能关系而言，既不是"各管一段"的"无中心"，也不是在强调"审判中心"，其处处体现出的是对审查起诉职能和检察机关诉讼角色的倚重。事实上是让检察机关成为程序的主导者，从而表现出某种程度上的"起诉中心"。[1] 换言之，审查起诉环节将成为认罪认罚从宽程序的重中之重，检察机关的诉讼任务和责任加大，势必需要投入更多成本，以保证办案质量。但效率又是认罪认罚从宽制度的重要价值目标，特别是在速裁程序中，在审查起诉环节的司法资源耗费上，只宜作减法而不宜作加法，在这种情况下，在平衡质量与效率目标的基础上如何简化审查起诉程序需要深入研究、审慎推进。

而且，从《刑事诉讼法》当前的规定看，虽然侦查阶段也可能存在认罪认罚，也可以适用认罪认罚从宽制度，但并没有涉及侦查阶段的程序简化问题。根据规定，对于认罪认罚案件，侦查机关所能做的只是"记录在案，随案移送，并在起诉意见书中写明有关情况"。而单就速裁程序而言，虽然其建立是以促进刑事诉讼全程提速为导向，但从《刑事诉讼法》第172条及第222条的表述看，与简易程序一样，速裁程序也只被定位为一种速审程序。检察机关并没有适用速裁程序的问题，对于符合审判阶段速裁程序适用条件的案件，审查起诉的"速"主要体现为办案期限的压缩。至于侦查阶段，既没有直接适用速裁程序的问题，也根本没有任何"速"的体现。在此之前，《速裁程序试点办法》第1条、第3条、第5条以及《认罪认罚从宽试点办法》第12条曾将速裁程序理解为不局限于审判阶段适用的速办程序，但前者只是提及侦查机关在移送审查起诉时，可以建议检察机关按速裁程序办理，[2] 并鼓励侦查机关自己在适用速裁程序时采用取保候审、监视居住等非羁押性的强制措施，而后者则只是谈到检察机关适用速裁程序，并未将速裁程序与侦查阶段联系起来。然而，事实表明，

---

〔1〕 参见闫召华：《检察主导：认罪认罚从宽程序模式的构建》，载《现代法学》2020年第4期，第37页。

〔2〕《公安机关办理刑事案件程序规定》第289条第2款也规定：公安机关在将案件向检察机关移送审查起诉时，"认为案件符合速裁程序适用条件的，可以向人民检察院提出适用速裁程序的建议"。

上述试点办法中的全程速办，特别是侦查阶段，能够适用速裁程序的思路并未获得立法机关的最终认可。但立法者对于侦查程序简化问题的忽视其实并不合理。在我国层层把关的诉讼模式下，侦查阶段处于刑事诉讼的第一个关口，而侦查终结的要求则是犯罪事实清楚，证据确实、充分，这就要求公安机关完成大量的实质性工作，而公安机关制作的卷宗（作为侦查的成果）又是审查起诉和审判工作的基础，所谓的层层把关在一定意义上表现为审查起诉和审判为侦查卷宗把关。就此而论，在我国刑事诉讼中长期形成的侦查中心是有强大的制度支撑的。而侦查中心恰恰能够反映出侦查任务之重。这也是在刑事拘留期限可达37天、侦查羁押期限长达2个月并可延长至7个月的情况下，侦查人员仍时常感觉办案期限捉襟见肘的原因。而立法在配置资源方面向侦查阶段的倾斜也可以在侦查期限的设置中略见一斑：如果犯罪嫌疑人被拘留和逮捕，侦查期限可达到8个多月；如果犯罪嫌疑人只是被采取了取保候审措施，则侦查期限可长达1年；如果犯罪嫌疑人未被采取任何强制措施，侦查甚至可以没有期限。面对办案压力，有的侦查人员的惯常思路是通过各种合法的操作"争取更长办案时间"，[1]不管多么简单轻微的案件总会用尽期限。但如此长的侦查时限不仅意味着司法资源的巨大耗费，也意味着犯罪嫌疑人的无尽诉累和附带影响，构成了对其获得迅速审判权益的极大限制。简化侦查程序的必要性和紧迫性显而易见。

二、审前程序简化的根据

审前程序的确可能需要付出巨大成本，但这并不能证明简化审前程序就必然具有正当性。因为程序是现代法的基本特征和制度化的基石，[2]而正当的程序并不廉价。而且，除了追求结果正确，诉讼程序还有诸多独立的内在价值，即过程利益。这些过程利益可以抵消大量的直接成本，"因此一个适当复杂且昂贵的程序可能依旧是合理的"。[3]当然，过简的程序导致草率，而过繁的程序则导致拖延。合理的程序应该具备及时性，而及时的程序"介于草率和拖延两个极端之间"。[4]但评价程序及时性的标准是相对的，对于普通案件非常高效

---

〔1〕 张泼瀚："论权利语境下的侦查程序简化"，载《西部法学评论》2016年第6期，第25页。

〔2〕 参见孙笑侠：《程序的法理》，社会科学文献出版社2017年版，第49页。

〔3〕 [美]迈克尔·D.贝勒斯：《程序正义——向个人的分配》，邓海平译，高等教育出版社2005年版，第157页。

〔4〕 [美]迈克尔·D.贝勒斯：《程序正义——向个人的分配》，邓海平译，高等教育出版社2005年版，第161页。

的程序在处理某些特殊案件时可能会显得繁冗拖延。对于审前程序而言，在一些特定的情形下，也会产生简化一般规则的正当性。从各国的立法例看，不同的审前程序简化情形蕴含着不同的简化理据。

其一是现行犯案件的简化。所谓现行犯，"是指因正在实施犯罪或犯罪后即时被发觉，根据当时的情形足以确认他就是犯罪人的自然人"。[1]对于现行犯，各国通常都建立有特殊的紧急应对机制，概括起来，主要有"快速移送"和"紧急抓捕"两种模式。在前一种模式下，建立有专门针对现行犯的快速审前准备程序。如在法国，除了不能签发执法签证，现行犯的案件几乎赋予了司法警察享有预审法官的各种权力。[2]而且，对于现行轻罪案件，可以省略预审，适用直接出庭程序。意大利刑事诉讼法也创立有适用于现行犯的快速送审程序。而在后一种模式下，允许执法人员在未持有司法令状的情况下对现行犯径行采取剥夺或限制人身自由的强制措施，同时也赋予公众对现行犯进行无证逮捕的权利。但不管是哪一种模式，都是对一般规则的放松或简化，只是程度上有所差异。而之所以要简化现行犯的审前程序，主要取决于现行犯案件的两大特点：一是事态的紧急性，即情况急迫，不简化办案流程会加大证据散失或嫌疑人逃逸的风险。建立快速应对机制，不仅有利于捕获嫌疑人，终止犯罪，避免或减少损失，还有利于及时固定和运用证据。二是事实的显著性，即案件多发生在众人目击之下，有被害人指认、作案凶器等直接证据，行为人通常无从抵赖，发生冤错的可能性小。如一位我国台湾地区的学者所言，"于犯罪发觉之际，经过时日常属无多，因之罪证尚未散逸，而犯人亦比较容易逮捕。在此种好机会中，而权行特别之处分，不特手续经济，且其结果亦足减少无辜之株连焉"。[3]但值得一提的是，现行犯审前程序的简化，是基于上述两大特点的共同作用。各国一般均未建立现行犯的专门简化审程序。究其原因，至审判阶段，随着时空链的延长，现行犯案件的紧急性已不突出，而其事实的显著性则可以并入审判程序简化的其他根据，如案件简单、被追诉人认罪等。

其二是轻微案件的简化。毋庸置疑，情节轻重是刑事案件分流的重要尺度

---

[1] 吴宏耀："现行犯：一个亟待解释的法律概念"，载《现代法学》2016年第1期，第122页。
[2] 参见［法］贝尔纳·布洛克：《法国刑事诉讼法》，罗结珍译，中国政法大学出版社2009年版，第228页。
[3] 陈士诚："论现行犯"，载《法律评论》第371期。转引自吴宏耀："中国近现代立法中的现行犯制度——基于法律移植的考察"，载《中国政法大学学报》2016年第1期，第62页。

之一。英国早在《1879年犯罪起诉法》中就针对轻微犯罪设置了简易程序。[1]德国的处罚令程序也仅适用于可能判处罚金等有期徒刑实刑以外处罚的不严重案件。[2]美国治安法官管辖的轻微罪行无须考虑预审程序。法国则允许对部分违警罪案件适用刑事裁定书程序和定额罚金程序等。[3]而轻微案件之所以成为程序简化的重点,至少出于以下三点考虑:(1)刑事司法权运行的经济性。较之于严重犯罪,轻微犯罪对统治秩序的威胁和社会秩序的破坏程度轻,国家通过追诉、制裁轻微犯罪所产生的报应、预防、震慑、教育效果也相对较弱,在权力行使的收益有限的情况下,通过简化程序节约权力运行的成本是必然选择。而且,如果一定时期内刑事司法资源相对稳定,追诉严重犯罪的成本越高,则简化轻微犯罪追诉程序的动力就越强。(2)被追诉人的得失。对于轻微案件中的被追诉人而言,"在刑事司法制度中,最麻烦的经常是被抓起来本身的成本"。[4]所以,他们也普遍期待以"节省费用,不浪费时间,在不引起轰动的情况下解决诉讼"。[5](3)轻微案件的过渡性与边缘性。虽然不同国家对轻微犯罪的理解和定位各不相同,但整体上看,轻微犯罪介于犯罪与违法、罪与非罪、公诉罪与自诉罪等范畴之间,处于犯罪圈的边缘地带,因此,各国轻微犯罪追诉程序的设计通常以追诉权的高效便捷运行为原则,甚至淡化司法介入,允许检察裁判,[6]从而使其带有强烈的行政程序特征。

其三是简单案件的简化。所谓简单案件,是相对于困难(复杂)案件而言的,是指事实比较清楚、证据较为充分的案件。简单案件不可与轻微案件混为一谈。轻微案件着眼于犯罪行为本身的性质、危害后果和可能判处的刑罚,而简单案件则着眼于案件的事实与证据情况。一般来说,轻微案件更有条件成为简单案件,但轻微案件不一定简单,而严重案件也不一定复杂。在各国的刑事案件速办程序中,案件简单也是程序简化的一种重要根据。例如,法国的立即出庭程序除了适用于现行轻罪案件,也同样适用于那些检察官认为"证据充分

---

[1] 参见《牛津法律大辞典》,光明日报出版社1988年版,第866页。

[2] 参见宗玉琨译注:《德国刑事诉讼法典》,知识产权出版社2013年版,第283页。

[3] 参见[法]贝尔纳·布洛克:《法国刑事诉讼法》,罗结珍译,中国政法大学出版社2009年版,第480页。

[4] [美]马尔科姆·M. 菲利:《程序即是惩罚——基层刑事法院的案件处理》,中国政法大学出版社2014年版,第27页。

[5] 宗玉琨译注:《德国刑事诉讼法典》,知识产权出版社2013年版,第283页。

[6] 参见[瑞典]约瑟夫·齐拉:"瑞典和北欧国家的检察权及其决策",载[美]艾瑞克·卢拉、[英]玛丽安·L. 韦德主编:《跨国视角下的检察官》,杨先德译,法律出版社2016年版,第232页。

并且案件已经备妥、可以进行审判"的部分轻罪案件。[1]意大利的立即审判程序的适用仅限于"证据清楚"的案件。[2]而我国简易程序也只适用于案件事实清楚、证据充分的案件,而适用速裁程序的案件更是要求证据必须达到确实、充分的程度。对于简单案件的程序简化可以从两方面理解:一方面,它是程序机制正常运行的当然结果。诉讼的核心就是事实与证据,作为审判程序的准备程序,如果在审前程序的某个阶段,证据已经充分,实质上也就满足了审判的证据条件,实现了审前程序的证据准备功能,也就没有继续严格推进证据准备程序的必要。而法院在受理案件时,如果认为证据已经满足了定罪处刑的要求,也会降低适用严格程序的必要性。另一方面,在简单案件中,由于证据充分,即便被追诉人不认罪,也会大大减弱程序的对抗性,增强诉讼结果的确定性,降低诉讼的直接成本和错误成本,追诉机关和裁判机关得以快速推进程序。

其四是认罪案件的简化。所谓认罪的案件,即被追诉人作出有罪供述的案件。被追诉人可能出于悔罪心态主动认罪,可能是慑于外在的压力而被动认罪,也可能是出于外界的利诱而作出认罪选择,不管是何种动机,只要被追诉人自愿如实供述了自己的罪行,就会使案件的性质向简单化的方向转变,从而具备简化程序的条件。这是因为:(1)被追诉人的有罪供述即口供可以成为有罪证据体系的中心。在认定案件事实上,有罪供述是一种难以替代的原始证据和直接证据。有罪供述不仅自身具有较强的证明力,在反映被追诉人认罪态度、收集和印证其他证据、发现漏罪和犯罪线索、发现和抓获共犯或其他犯罪分子等方面也有独特的价值,正是这些重大的刑事司法利益的存在,有罪供述才会在中外诉讼法史上攫取"证据之王"的地位。[3]其特殊的证明价值决定了,自愿有罪供述的存在会大为降低事实认定的难度。(2)认罪案件会大大降低诉讼的对抗性。诚然,不认罪的案件可能其他证据充分从而依然是简单案件,而认罪的案件也可能因为缺少其他证据的印证、支撑而成为困难案件,但只要被追诉人自愿认罪,就会在一定程度上消除为防范有罪推定而设置的规则障碍,减少控辩双方的争议点以及适用对抗性制度安排的意义和机会。

其五是合意案件的简化。所谓合意案件,即控辩或审辩双方就案件的实体

---

〔1〕[法]贝尔纳·布洛克:《法国刑事诉讼法》,罗结珍译,中国政法大学出版社2009年版,第473页。

〔2〕孙谦主编:《刑事审判制度 外国刑事诉讼法有关规定(下)》,中国检察出版社2017年版,第1096页。

〔3〕参见闫召华:《口供中心主义研究》,法律出版社2013年版,第363页。

与程序问题达成共识的案件。合意可以分为消极的合意与积极的合意两种形态。消极的合意是指双方没有经过沟通而形成的无争议状态或者是被追诉方对控审方的意见或做法没有异议，积极的合意则是双方经过沟通、协商而形成一致认识。美国的辩诉交易、德国的认罪协商、法国的庭前认罪答辩等程序中的诉讼合意属于积极的合意，合意的形成有赖于专门的沟通机制，而日本的略式程序和即决裁判程序要求的合意则属于消极的合意，要求被追诉人对程序的适用作出"没有异议"的意思表示，但即便如此，这些程序依然被视为"反映当事人意思的程序"。[1]诉讼合意的对象既可以针对是否认罪等实体问题，又可以针对程序选择。因此，认罪属于合意的一种情形，但合意案件不一定是认罪案件。单就认罪方面的合意而言，也存在不同的层次，德国的认罪协商既要求被追诉人同意指控意见，又要求其作出有罪供述，而美国的辩诉交易仅要求被追诉人作出有罪答辩，而不要求其必须在事实上承认有罪。尽管情形各异，但合意案件程序简化的机理是共通的，即通过排除攻防对抗机制的适用，节约对抗成本。但需要特别指出的是，合意案件特别是积极的合意的案件有可能在降低对抗成本的同时增加协商成本，而该协商成本又主要加诸审前程序。

上述五种因素是各国设计刑事案件简化办理程序的重要根据。而且，整体上看，只基于一种因素的简化办理程序只是个别现象，绝大多数情况下，简化办理程序的根据都是多种因素的融合。如日本略式程序的简化根据主要是轻微、合意，德国简易程序的简化根据是轻微、简单，法国立即出庭程序的简化根据是现行犯、轻微、简单等，而庭前认罪答辩程序的简化根据则囊括了认罪、合意、轻微等因素。建构于多种因素的简化办理程序不仅可以充足简化的正当性，而且也会增强程序简化的力度和可行性。而从五种简化根据对各国刑事诉讼程序的现实影响来看，近年来，合意正在程序简化中扮演越来越关键的作用，一种建构于合意之上的新的刑事司法模式正在世界范围内形成。

简化刑事程序的探索在我国起步较晚，直到1996年《刑事诉讼法》修改时才增加有关简易程序的六条规定，而且仅止于对审判程序的简化。从1996年有关简易程序的规定看，当时的简化根据主要是轻微和简单两种因素。不以认罪为根据，虽然貌似更容易促成简易程序的适用，但如果被追诉人不认罪，轻微案件也很可能成为复杂、难办案件，会大大削弱简化程序的基础。有学者在立法修改研讨中确实也提出了将简易程序适用范围限定于"被告人已作出有罪供

---

〔1〕 [日]田口守一：《刑事诉讼法》，张凌、于秀峰译，法律出版社2019年版，第279页。

述的刑事案件"的建议,但最终未获立法者采纳。[1]当然,相关司法解释对此作了一些弥补。2003年《关于适用简易程序审理公诉案件的若干意见》及《关于适用普通程序审理"被告人认罪案件"的若干意见(试行)》都开始强调程序简化中的认罪因素。2012年《刑事诉讼法》"简易程序"一节虽然仅比1996年《刑事诉讼法》增加了两个条文,但在简化思路上有非常重要的调整。简化的根据不再单纯考虑轻微和简单,同时也考虑"认罪"与"合意",既要求被追诉人认罪,也要求被追诉人对指控事实没有异议且同意适用简易程序。而2018《刑事诉讼法》对程序简化的根据作了进一步的发展,虽然在形式上依然表现为"简单""轻微""认罪""合意"等四种因素,但至少在认罪认罚案件的程序简化中,强化和充实了"合意"的内容,要求被追诉人必须愿意接受处罚。自理论上而言,程序简化的程度应当与简化根据的性质和数量相一致,具备一种简化因素也能引起程序的简化,但和同时具备两种、三种、四种乃至五种简化根据相比,在简化程度上必然存在差异,而不同程度的简化程序应当因简化根据的不同而呈现出合理的梯级关系。伴随着认罪认罚从宽制度的健全,特别是速裁程序的构建,我国也开始考虑不同的简化根据来构建多层次的程序简化体系,但目前还处于初步探索阶段,尤其是在审前程序简化的梯级建构方面,尚未引起应有的重视。

三、审前程序简化的空间

不可否认,在应对疑难、复杂案件时,我国以职权主导为特征的审前程序有独特的优势,不仅可以防冤杜错,还可促使刑事诉讼在整体上保持相对较高的运行效率。这也是长期以来我国刑事诉讼制度对简易程序需求不足的重要原因之一。[2]但是,一旦需要处理认罪认罚等具有多种简化根据的案件时,该种审前程序便会在诸多方面不同程度上暴露拖沓冗繁的弊端,而这些制约认罪认罚案件处理效能的方面恰恰可能成为程序简化的着力点。

(一)多道工序的重复审查

上已述及,由三机关原则所决定,我国的刑事诉讼依然是层层把关式的。在这种诉讼模式下,每一个案件都要经历立案、侦查(审查批捕)、审查起诉等多道工序,每一道工序都具有相对独立的程序地位,不同的专门机关分别主

---

[1] 李新建:"简易程序的选择和设计及问题",载《政法论坛》1994年第4期,第91页。
[2] 参见左卫民:"刑事诉讼的经济分析",载《法学研究》2005年第4期,第129页。

持不同工序,"充当事实上的权威裁判者",而后一道工序的中心任务就是要对前一道工序的质量进行反复审查和检验,从而一定程度上"造成三机关诉讼活动的大量重复,埋下了诉讼拖延的隐患"。[1]诚然,与域外审判中心主义诉讼方式中的审前程序相比,无论在结果准确性的实现方面,还是在程序正当性的(不依赖于司法控制的)自主保障方面,我国的审前程序都更胜一筹。甚至可以说,在结果准确性的评价标准之下,我国审前程序中的一道工序都可能强于审判中心主义诉讼方式下的整个审前程序。但是,也要看到,一道工序意味着一重成本,固定化的工序意味着固定化的成本,而这种叠床架屋式的程序构造其实已经设定了审前程序的最低投入,从而大大压缩了成本控制的弹性空间。层层把关模式有可能在大量机械性处理普通案件方面能够达到效率与其他诉讼价值的平衡,但在案件具有简化根据的情况下,也极易导致司法资源的无谓消耗。因为,对于现行犯、简单、轻微的案件,又有何必要在结果准确性上大费周章,通过多道工序进行重复性的调查核实证据工作;而对于认罪、合意案件,又有多大必要通过多道工序保障其对抗公权力的正当程序权利。

(二) 事无巨细的内部把关

在公安机关、检察机关内部,即便是认罪认罚案件,也需要按照复杂的内部审批程序按部就班地处理,使得案件长时间在一个机关内部流转。如在立案侦查阶段,按照《公安机关办理刑事案件程序规定》的要求,案件就要经历七个环节:(1) 公安机关接受案件,问明情况;(2) 审查受案材料,必要时,经办案部门负责人批准,启动调查核实程序;(3) 经审查符合立案条件的,经县级以上公安机关负责人批准,予以立案;(4) 开展侦查,全面、客观地收集、调取证据材料,在采取各类强制措施和侦查措施时,均需依法定程序办理申请、审批手续;(5) 启动预审程序,对收集、调取的证据材料予以审查、核实;(6) 侦查终结,全面审查证明证据收集合法性的证据材料,依法排除非法证据,制作结案报告;(7) 制作起诉意见书,记录犯罪嫌疑人自愿认罪认罚的情况,经县级以上公安机关负责人批准(重大、复杂、疑难案件应当经过集体讨论),将案卷材料移送检察机关审查决定。而《人民检察院刑事诉讼规则》已经对审查起诉的内部流程进行了大幅精简,但一个认罪认罚案件在审查起诉阶

---

〔1〕 陈瑞华:"论刑事诉讼的全流程简化——从刑事诉讼纵向构造角度的分析",载《华东政法大学学报》2017年第4期,第14页。

段还是要经历以下程序：（1）检察机关接受和审查案卷材料，认为符合条件的，进行受案登记；（2）案管部门将案卷材料等移送负责捕诉的部门；（3）负责捕诉的部门对案件全面审查，审查时应当讯问犯罪嫌疑人，并应当听取辩护人或者值班律师、被害人及其诉讼代理人的意见；（4）重点审查认罪认罚的相关要素，保障具结书的签署；（5）作出起诉决定，制作起诉书，提出量刑建议，并将案卷材料移送至法院。不难看出，上述两个文件在涉及认罪认罚案件办案流程的规定上均采取了作加法的思路，其内部审批程序不仅没有因为认罪认罚而减少，反而多出了一些任务。

（三）务必用尽的办案期限

办案期限的"顶格"适用现象在我国刑事诉讼中较为普遍，在审前程序特别是侦查程序中尤为严重。主要表现在：采取传唤、拘传措施时，一概视为属于"案情特别重大、复杂，需要采取拘留、逮捕措施的"的情形，从而将传唤、拘传持续的时间从 12 小时延长至 24 小时；采取拘留措施后，一概默认为可以一般延期的"特殊情况"，将提请批捕的期限由 3 日延长至 7 日，而只要有两地以上、三次以上或两人以上作案情形的，不问必要性，惯常列为"流窜作案、多次作案、结伙作案的重大嫌疑分子"，进而将提请批捕的期限再延长至 30 日；采取取保候审、监视居住措施后，一般都会在到期之后才解除或转换强制措施；对于法律要求专门机关在一定期限内作出某种决定的，通常会在临近截止期限才作出决定，甚至直到期限届满时才着手处理。上述现象本质上还是由案多人少的矛盾所导致的，用尽一个案件的期限多数情况下是为其他案件的办理赢得时间。但是，专门机关不尽合理的分案机制是"顶格"适用办案期限的直接原因。在现有的分案机制下，公安司法人员一般不会在单位时间内只办一个案件或只做一项工作，"自然会将手中的所有事情按照轻重缓急进行排期，而轻重缓急的时间依据就是合法的办案期限"。[1]当然，办案期限"顶格"适用现象也与专门机关缺乏合理的绩效考核机制和有的公安司法人员的工作惰性有关，当前的考核机制针对的主要是单位时间内的总量考核，而不够重视单个案件的办理效率，而在工作惰性的影响下，轻、缓的案件也总会被拖延为需要优先处理的重、急案件，从而长期陷入不得不用尽期限的恶性循环。

---

[1] 参见张泽瀚：" 论权利语境下的侦查程序简化"，载《西部法学评论》2016 年第 6 期，第 29 页。

（四）不合比例的羁押措施

虽然最高人民检察院的工作报告显示，近年来，全国检察机关批准、决定逮捕的犯罪嫌疑人与提起公诉的被告人的比率即捕诉比呈现出不断下降趋势，从 2013 年的 65.4% 降低为 2020 年的 59.8%，[1]但依然维持在 60% 左右。而且，从每 10 万人逮捕的平均适用人数看，自 1996 年以来，我国的未决羁押率没有明显的下降势头，而是始终在 43.5 以上的高位徘徊。[2]因此，可以说，我国的刑事诉讼中仍然存在对羁押措施的路径依赖。而一旦适用逮捕等羁押性强制措施，不仅必然增加案件的办理环节——审查批准（决定）逮捕，增加一道重复审查的工序，而且，也直接导致被追诉人需要在漫长的羁押中准备辩护、等候起诉和判决。更为关键的是，刑事诉讼法为逮捕设定了很高的实体条件，即有证据证明被追诉人有犯罪事实。这一要求为侦查机关制造了巨大压力，30 天的满格提捕时间看似宽裕，但侦查机关也经常在期限上捉襟见肘。为满足这一严格的实体要求，侦查机关通常会在申请逮捕前竭尽全力，从而导致，在很多案件中，侦查机关在 30 天的提捕期内，基本上已将案件的主要证据材料收集完备，而检察机关批捕后的数月内，侦查机关除了多几次讯问外，"其他调查取证活动基本上陷入停滞状态"，[3]但侦查机关还是会等到侦查羁押期限届满时才将案件移交检察机关审查起诉。所以，同样是用尽期限，未采取逮捕措施的案件通常是将侦查期限浪费在前端，而采取了逮捕措施的案件则主要将侦查期限浪费在后端。

（五）连篇累牍的文书制作

层层把关式的诉讼模式其实就是"公""检""法"接力推进刑事诉讼，而无疑，书面材料是最方便的接力方式。因此，我国刑事诉讼带有一定的书面主义特征。《刑事诉讼法》不仅对每一道关口的法律文书要求严格，而且也普遍认可书面证据的证据能力和证明力，使得专门机关形成了以案卷笔录为中心的

---

[1] 参见 2019 年《最高人民检察院工作报告》（第十三届全国人民代表大会第三次会议，张军，2020 年 5 月 25 日）；2012 年《最高人民检察院工作报告》（第十二届全国人民代表大会第一次会议，曹建明，2013 年 3 月 10 日）。

[2] 参见闫召华："'从速兼从宽'：认罪案件非羁押化研究"，载《上海政法学院学报（法治论丛）》2017 年第 3 期，第 84 页。

[3] 陈瑞华："论刑事诉讼的全流程简化——从刑事诉讼纵向构造角度的分析"，载《华东政法大学学报》2017 年第 4 期，第 15 页。

办案方式。[1] 侦查卷宗既是对侦查成果的集中反映，也是审查起诉和审判的基础，人民检察院和人民法院还会在对侦查卷宗补充完善的基础上形成审查起诉卷和审判卷。因此，制作笔录和文书成为公安司法人员一项繁重的日常工作：在采取每一种调查、取证、审查或强制措施时，除可能需要申请签发令状，作为固定证据的方式，还必须制作能够如实反映相关情况的笔录；对于被追诉人、证人、被害人等证据来源，同一个机关不仅在内部把关时需在不同节点制作多份笔录，不同专门机关在不同工序上也往往需要重复讯问（询问），形成新的笔录，导致一个案件中的供述笔录等通常都在五份以上。此外，专门机关还需要先后制作《受理刑事案件登记表》《立案报告书》《立案决定书》《侦查结案报告》《起诉意见书》《受理审查起诉案件登记表》《案件审查报告》《起诉书》等名目繁多的法律文书。当然，书面主义的诉讼方式在运行效率上不一定弱于直接言词的诉讼方式，特别是与后者包含实质化庭审的普通诉讼程序相比，书面主义诉讼方式反而可能更加高效。但是，当面对具备多种简化根据的案件时，部分文书和笔录的制作可能会变得毫无实际意义，徒增诉讼成本。

（六）整齐划一的证据要求

层层把关的诉讼构造决定了，"每一个诉讼阶段都分解承担了特定的诉讼任务和真实责任。每一个阶段都有定案问题，都有取证、认证，都有证据规则的适用以及证明标准的要求"。[2] 而且，不同专门机关在各个阶段把关的证据要求也基本一致，即，不管是侦查终结，还是审查起诉，都要求达到案件事实清楚，证据确实、充分的程度。而这种整齐划一的高证据要求在整体上不利于程序的简化，特别是不利于审前程序的简化。一方面，它迫使诉讼的重心由审判程序向审前程序转移，越早的程序阶段越要承担全面的、基础性的真实责任，越需要更加严格、不容简化的程序保障。另一方面，它固化了程序简化的根据，将简单（达到证据要求）设定为程序简化的基础和前提，从而不合理地限制了虽不一定简单但具备其他简化因素时简化程序的可能性，因为当案件不简单时，甚至达不到程序流转的要求，程序简化无从谈起。其实，不仅是证据要求的整齐划一，对证据的高要求本身就同程序的简化之间存在难以调和的矛盾。一般认为，认罪认罚案件的诉讼程序无须严格遵循全面、严格的证据规则

---

[1] 参见陈瑞华：《刑事诉讼的中国模式》，法律出版社 2018 年版，第 266 页。
[2] 闫召华："刑事非法证据'柔性排除'研究"，载《中外法学》2018 年第 4 期，第 1044 页。

和证明程序。[1]然而,我国《刑事诉讼法》没有明确降低认罪认罚案件的证明标准,而《指导意见》中也特别强调,办理认罪认罚案件,同样应该坚持证据裁判原则和法定证明标准,不能因为被追诉人认罪而降低证据要求和证明标准。不少学者着眼于冤假错案的防范,也强调绝不能因为程序简化而降低证明标准。[2]但问题是,证明标准不可能成为无根之木,严格标准通常需要严格程序的支撑,如果简化了证据规则和证明程序,又该如何保障司法人员能够达到心证的高门槛?或者说,维持如此高的证明标准又如何能简化证据规则和证明程序?

四、审前程序简化的路径

(一)整体的简化思路

如上所述,我国的刑事审前程序既有简化的必要性,又有简化的空间,而认罪认罚从宽制度改革则为审前简化程序的系统建构提供了难得的历史契机。而当务之急就是找到一条既契合我国的刑事诉讼构造,又符合一般诉讼规律,而且还能迎合世界各国审前程序简化的大趋势,能够兼顾本土性、科学性和前瞻性的审前程序简化之道。基于该要求,选择我国认罪认罚案件审前程序简化的具体路径时至少应当遵循以下三项原则。

一是模式多元。上文提及了域外简化审前程序的三种模式,即被追诉人放弃适用严格审前程序的权利导致的程序简化,基于法定根据的简化,以及结合上述两种情形的混合模式。也有论者将前两种模式分别概括为"权利放弃模式"与"事由预设模式",并认为,虽然"权利放弃模式"似乎是大势所趋,但审前程序之于简易程序的极端重要性等因素决定了,采取"权利放弃模式"的国家要明显少于"事由预设模式",中国现阶段也宜适用"事由预设模式"。只有当辩护制度和法律援助制度能为认罪的自愿性和明智性提供充分保障时才可以转换为"权利放弃模式"。[3]对此,笔者不敢苟同。从世界范围看,包含程序选择与放弃的诉讼合意已经成为程序简化的重要根据之一,而程序简化的

---

[1]参见步洋洋:"简化审理程序的意蕴与重构:基于认罪认罚从宽的应然向度",载《暨南学报(哲学社会科学版)》2018年第6期,第74页。

[2]参见孙长永:"认罪认罚案件的证明标准",载《法学研究》2018年第1期,第181页;肖沛权:"论认罪认罚案件的证明标准",载《法学杂志》2019年第10期,第28页。

[3]参见孔令勇:"诉讼程序的'压缩'与'跳跃'——刑事简易程序改革的新思路",载《北京社会科学》2017年第3期,第51-52页。

其他根据与合意并无本质冲突,因此,"事由预设模式"与"权利放弃模式"是具有兼容性的,这也是混合模式得以发展的重要原因。具体到我国,至少在认罪认罚从宽制度的视野中,认罪认罚中已经蕴含了程序的选择与放弃,合意是程序简化的前提之一。就此而言,混合模式应成为认罪认罚案件程序简化的基本模式。而且,可以预见的是,只要不改变我国刑事诉讼的职权主义特征,单纯的"权利放弃模式"在我国刑事诉讼中很难立足。当然,如果不局限于认罪认罚从宽视阈,"事由预设模式"也可以成为与混合模式并行不悖的简化思路。

二是层级递简。现行犯、简单、轻微、认罪、合意等都是审前程序简化的重要根据,而且,在个案中,上述简化根据又往往以不同的排列组合交融在一起。这就要求在设计简化程序时必须针对各种简化根据的主要排列组合形式,以使得程序简化的方式和程度能够适应简化根据的性质和数量,并使审前简化的程序体系呈现出合理的梯级关系,对于各种需要简化审前程序的实践情形均有较强的适用力。目前,我国对于审前程序的简化尚未形成一种明晰的方案,更遑论审前简化的程序体系。即便是审判程序的简化,只区分为速裁程序、简易程序与普通程序简化审三个层级也是远远不够的,没有充分权衡五种简化根据。有不少论者已经认识到这一问题,提出,"刑事速裁程序未能拉开与简易程序间的应有差距,现有二元'递简'式简化审理程序的层级、梯度特征不够明显","刑事速裁程序在审理方式上存在明显的'一刀切'特征,丧失了此一程序建构的独立品格与程序建构伊始的效率导向"。[1]需要注意的是,对于认罪认罚案件而言,作为简化根据的认罪与合意已然固定,需要分级应对的简化根据排列组合主要表现为五种情形:(1)认罪+合意+简单+轻微+现行犯,即同时具备五种简化根据的情形;(2)认罪+合意+简单+轻微,即具备四种简化根据的情形。当然,对其中的轻微还可以根据可能判处的刑期进一步区分;(3)认罪+合意+简单,即虽然简单但不轻微的情形;(4)认罪+合意+轻微,即虽然轻微但不简单的情形;(5)只具有认罪与合意两种简化根据,既不轻微又不简单的情形。

三是简、略结合。取消某些设置与否无关大局的诉讼程序、合并程序等是很多国家和地区提升诉讼效率的主要方式之一。而我国当前的刑事程序简化始终没能走出单纯压缩办案期限、扩大程序适用范围及新增程序类型等固有范式,[2]

---

[1] 步洋洋:"认罪认罚从宽视域下刑事简化审理程序的本土化省察",载《法学杂志》2019年第1期,第118页。

[2] 参见闵春雷:"认罪认罚从宽制度中的程序简化",载《法学杂志》2019年第1期,第121页。

不论案件具备何种或多少简化根据，均需各个诉讼阶段的层层把关。最高人民检察院《关于依法快速办理轻微刑事案件的意见》提出的审前程序简化措施也主要局限于简化办案手续或流程方面，而不少实务部门近年来在审前程序简化试点探索中的一些措施本质上还是只简办案流程、不简法定程序、不降低法定标准。[1]应当说，这些制度、理念与实践都是有效构建审前简化程序体系的现实障碍。简化根据的多样性和交融性决定了，简化审前程序的形式也必须多样，否则必然陷入"一刀切"的困局，从而无法实现司法资源的优化配置。根据简化程度不同，审前程序简化的形式可以依次表现为简化办案流程（含优化办案模式），简化办案程序（含缩短办案期限）以及省略诉讼环节（含合并诉讼程序）等。只有将简化与省略深度融合，才能适应实践中简化根据的复杂排列组合。而且，能否实现诉讼环节的省略是决定我国程序简化能否突破层层把关模式之桎梏的关键所在。不是每一个案件的办理都需要经历多道工序，部分案件中可以不再有严格的诉讼阶段的划分，诉讼环节可以根据不同简化根据选择性适用，单一环节内部的程序也可以适时省略。[2]这已经成为得到多数学者认可的审前程序简化的新路径。

（二）具体的程序构造

（1）认罪认罚+简单+轻微+现行犯：刑事处罚令程序。如果认罪认罚案件同时又属于简单、轻微及现行犯案件，即同时具备了五种简化的根据，可以考虑借鉴瑞士的做法，构建我国最为简化的刑事追诉程序——刑事处罚令程序。侦查机关遇到该类案件，可以在拘留甚至拘传的期限内，将案卷立即移送检察机关，如果检察机关对案卷审查后认为符合适用条件，可以根据侦查机关的卷宗直接签发刑事处罚令。如果被追诉人对刑事处罚令在10日以内没有提出异议，该处罚令产生法律效力。如果被追诉人提出异议，则转为其他简化程序继续进行诉讼。被害人和侦查机关也有权对刑事处罚令提出异议，但这并不必然导致处罚令失效，其后果由检察机关审查后裁量决定。侦查机关可以在移送案卷时建议适用处罚令程序，但检察机关也可以对侦查机关依刑拘直诉等其他简化程序移送的案件签发刑事处罚令。考虑到程序的大幅简缩及严重刑罚的不利

---

[1]参见贾丽英："被告人认罪审程序的'破'与'立'——以刑事速裁程序实践性考证为切入点"，载《人民法治》2017年第1期，第38页。

[2]参见李利、陈诗慧："认罪认罚从宽程序流程简化：传统模式V.新路径"，载谢进杰主编：《中山大学法律评论》（第16卷第1辑），中国民主法制出版社2019年，第188页。

影响等，适用刑事处罚令程序中的案件轻微适宜限定为可能判处有期徒刑以下刑罚。检察机关在签发刑事处罚令之前，应当讯问被追诉人，并且应听取辩护律师或值班律师以及被害人及其诉讼代理人的意见。刑事处罚令程序乍一看似乎有损审判权威，或者可能妨碍被追诉人的获得公正审判权。但事实上，对于符合多重简化根据的案件在一定意义上承认检察裁判权已经成为一种刑事诉讼制度发展的大趋势，〔1〕而且，在异议权的有效保障下，刑事处罚令程序其实并不会影响被追诉人接受审判的权利。正因此，欧洲人权法院在斯特拉斯堡案的裁决中指明，该类程序没有违反《欧洲人权公约》。〔2〕从目前的情况看，不少认罪认罚的醉驾案件都可以纳入刑事处罚令程序的适用范围。

（2）认罪认罚+简单+轻微：刑拘直诉程序与快速送审程序。如果认罪认罚案件同时又属于简单、轻微案件，即具备四种简化根据的时候，可以考虑对应于现有的速裁程序，构建两类审前简化程序，即刑拘直诉程序和快速送审程序。刑拘直诉程序可考虑适用于可能判处 1 年有期徒刑以下刑罚的简单认罪认罚案件。对于这类案件，可在刑事拘留措施的期限之内，快速侦查取证，快速审查起诉，快速作出判决。刑拘直诉模式不仅省略了审查逮捕环节，而且，可以推进三道工序的高效衔接，推动侦查、审查起诉和审判环节事实上的合并与重叠，大幅提高诉讼效率。该种模式已经在郑州、北京、南京等多地试点，并取得了积极效果。山东等地省级公安司法机关还联合出台了适用刑拘直诉程序的专门规定。〔3〕个别地方甚至还在摸索更加快捷的直诉程序，如北京市海淀区推出的"48 小时全流程结案速裁模式"，〔4〕即从公安机关传唤被追诉人，制作侦查卷

---

〔1〕 参见闫召华："检察主导：认罪认罚从宽程序模式的构建"，载《现代法学》2020 年第 4 期，第 38 页。

〔2〕 参见［瑞士］古尔蒂斯·里恩：《美国和欧洲的检察官——瑞士、法国和德国的比较分析》，王新玥、陈涛等译，法律出版社 2019 年版，第 177 页。

〔3〕 据报道，山东省高级人民法院、山东省人民检察院、山东省公安厅、山东省司法厅于 2020 年 7 月 17 日联合印发《关于适用刑拘直诉机制办理刑事案件的若干意见（试行）》，明确规定："对于基层人民法院管辖的可能判处三年以下有期徒刑以下刑罚的案件，案件事实清楚，证据确实、充分，犯罪嫌疑人认罪认罚的，公安机关经犯罪嫌疑人同意，对其拘留后可以不再提请审查批准逮捕或者变更强制措施，在侦查终结后直接移送人民检察院审查起诉，公安机关、人民检察院、人民法院应当在刑事拘留期限内完成侦查、起诉、审判工作。"参见王希玉："让公正司法走上'快车道'——山东聊城法院适用刑拘直诉机制办理刑事案件纪实"，载 https：//www.chinacourt.org/index.php/article/detail/2020/09/id/5513026.shtml，最后访问日期：访问日期：2020 年 9 月 30 日。

〔4〕 简洁："'48 小时全流程结案'如何做到？——北京海淀：公检法司合署办公实现简案快办"，载《检察日报》2019 年 5 月 10 日，第 2 版。

宗，移送检察机关，到检察机关讯问被追诉人，听取各方意见，形成量刑建议，并提起公诉，再到法院当庭宣判，历时不超过48小时。该模式充分利用拘传后的24小时及拘留后送看守所前的24小时，完成了整个刑事诉讼流程，堪称我国高效追诉程序之最。

而可能判处1年有期徒刑以上、3年有期徒刑以下刑罚的简单认罪认罚案件则可以适用快速送审程序，即通过简化侦查和审查起诉，将侦查期限和审查起诉活动分别控制在15日以内。快速送审程序中，在符合条件时可以对被追诉人采取逮捕措施，但原则上不适用延长拘留期限、侦查羁押期限及办案期限的各类规定。不管是刑拘直诉程序，还是快速送审程序，都需要对审查起诉程序进行大幅简化。审查起诉主要围绕认罪认罚自愿性的保障、具结书的签署和量刑建议的提出等认罪认罚从宽的核心程序要素进行，不再将审查起诉的重点放在案件事实与证据本身。当然，刑拘直诉程序与快速送审程序的实现还有赖于专门机关合署办公机制、案件信息共享机制、简化内部审批和文书制作等一系列配套措施的支撑。

（3）认罪认罚+简单：快速侦查程序。严重犯罪案件不一定是难办案件，当严重犯罪案件因被追诉人认罪认罚等因素而成为简单案件时，可以考虑主要通过加速推进侦查程序，提高审前程序的效率。侦查机关在办理这类案件时，务必将侦查期限控制在15日以内，在对被追诉人采取拘留措施后，尽量在提请审查批准逮捕的一般期限（7日）内，完成侦查工作，将案件直接移送检察机关审查起诉。侦查机关不仅可以省略提捕程序及捕后24小时内讯问，甚至包括拘留后24小时内讯问等工作，也可以省略侦查结束后、移送审查起诉前的预审程序。而侦查机关简化侦查的主要途径就是充分发挥自愿供述的证据及证据线索功能，具体而言，就是要在拘留后的提捕期限内，重点完成两项基本工作：一要以更少次数的讯问获取被追诉人的自愿有罪供述，并全面固定好证明供述自愿性的相关材料；二是尽快以"由供到证"思路收集有罪供述的必要补强证据，特别是隐蔽性很强的物证、书证，以达到相关司法解释要求的口供补强的最低标准。[1]只要保证了供述的自愿性，且形成了以自愿供述为中心的印证体系，即便被追诉人之后翻供或反悔也不会对有罪证据体系产生实质影响。由于

---

[1] 根据《高法解释》第141条及《关于办理死刑案件审查判断证据若干问题的规定》第34条的规定，根据被告人的供述、指认提取到了隐蔽性很强的物证、书证，且被告人的供述与其他证明犯罪事实发生的证据相互印证，并排除串供、逼供、诱供等可能性的，可以认定被告人有罪。

此类案件虽然严重但仍属简单案件，可以考虑适当借鉴部分论者提出的"以羁押为基础的全程速审程序"思路，[1]限定全程办案期限为两个半月（非羁押案件同样适用），其中侦查阶段15天，审查起诉阶段和审判阶段各为1个月。但是，需要审慎控制侦查之后各把关环节的程序简化程度，以确保案件的准确、公正处理。

（4）认罪认罚+轻微：只简流程，不简程序。从《刑事诉讼法》设定的简易程序适用的证据条件（案件事实清楚，证据充分）及速裁程序适用的证据条件（案件事实清楚，证据确实、充分）看，案件达不到简单（至少是证据充分）要求的话，就不会考虑简易程序或速裁程序的适用。但是，虽然案件不简单，如果具备了认罪认罚，且又属轻微，还是存在多种程序简化根据的，因此，在审判这类案件时可以在适用普通程序的基础上简化审理。就其审前程序而言，鉴于证据上尚未达到各阶段基本的定案要求，甚至有可能属于疑难案件，谨慎起见，不应简化《刑事诉讼法》要求的侦查和审查起诉的法定程序，但可以适当简化此类案件的内部办理程式，在不影响证据收集和审查上的多层把关格局的前提下，尽量提高审前程序的效率。具体而言，轻微认罪认罚案件内部办理流程的简化至少可以从三个方面展开：①专人办理认罪认罚案件。对刑事案件及早分流，分工办理，指定人员专门负责认罪认罚案件，条件具备时可以成立专门的办案组。②简化内部审批。以司法责任制和员额制改革为基础，强化具体办案主体独立自主的办案权，将认罪认罚等简化根据合理融入权力清单，[2]减少直至逐步取消对此类案件内部行政审批的要求。③简化法律文书的制作。随着内部审批制的改革，对此类案件可以不再要求专门机关提交侦查终结报告、审查起诉报告等内部请示性材料，对于提捕书、起诉意见书、起诉书等必备的法律文书尽量采用统一的简略格式。而且，内部办理流程的简化可以同时适用于上述快速侦查程序以及其他具备更多简化根据的认罪认罚案件。

（5）认罪认罚：只简审判，不简审前。此类案件的简化根据只有认罪认罚，既不属于轻微案件，又不属于简单案件，因此，原则上只可在审判阶段适

---

[1] 马静华："逮捕率变化的影响因素研究"，载左卫民、马静华等：《中国刑事诉讼运行机制实证研究（六）：以新〈刑事诉讼法〉实施中的重点问题为关注点》，法律出版社2015年版，第51页。

[2] 在司法责任制推行过程中，地方各级检察机关出台了一些明确检察官办案权责的清单，例如《江苏省人民检察院检察官职权清单》。而最高人民检察院也印发了《最高人民检察院机关检察官司法办案权力清单》（2017年版），进一步规范和明确了最高人民检察院机关各层级检察官的司法办案职权。但整体上看，这些清单中尚未充分考虑认罪认罚等简化根据，检察官（检察官办案组）的权限尚有扩展空间，分权的尺度还不尽合理。

用普通程序简化审，而在审前阶段，既不宜放松证据收集和审查上的层层把关，也不宜适用轻微案件的快速办理程序。即便是在内部办理流程的简化上，也应当相当慎重，可以纳入专人（组）办理机制，但不可随意简化法律文书的制作，也不可轻易否定内部审批（集体讨论）的制约作用。认罪认罚虽然也是程序简化的根据，但案件的严重性以及事实的复杂性在很大程度上抵消了程序简化的必要性，显然，在证据不足、事实不清的情况下简化严重犯罪的追诉程序是不明智的。当然，认罪认罚的严重、复杂案件在办理难度上毕竟要好过于案件严重、复杂而被追诉人不认罪、不认罚的情形，因为，认罪认罚必然会降低程序的对抗性，减少追诉的障碍，更有利于全案证据尽快达到定案要求，缩短办案期限，从而在客观上实现不简而简的效果。

五、审前程序简化的限度

简化认罪认罚案件审前程序既是出于对效率的考量，也体现了对被追诉人切身利益的关注，但在任何一个法律体系中，效率都不是刑事诉讼的唯一甚至也很难称得上是最重要的价值目标，而被追诉人权益得失与刑事程序的简化程度之间也并不只是一个简单的同向变化关系。特别是在我国，对审前程序有着特殊的功能定位，简化审前程序必须守住公正底线，契合认罪认罚从宽的程序模式，并在保障被追诉人权利的程序繁简的取舍中找到最恰当的平衡点。

（一）审前程序的简化不宜强行限缩被追诉人的权利

在推行速裁程序的试点中，有人曾经提出"简"程序不"减"权利的观点，[1]并且还得到了实务界的普遍认同。该观点认为，速裁程序强化了对被追诉人的权利保障，虽然程序简化，但被追诉人的各项权利仍旧能够依法得到保护。该观点貌似着眼于人权保障，力图寻求效率与公正的平衡，但这显然过于理想化，完全脱离了实际情况。因为，程序是权利的载体，"在程序形式上的删减同时意味着被告人权利的牺牲"。[2]而且，片面强调不"减"权利极有可能形成对被追诉人的误导，使其不能准确认识到认罪认罚可能带来的诉讼权利受抑

---

[1] 参见袁定波："刑事速裁试点过半'简'程序不'减'权利"，载《中国审判》2015年第17期；薛应军、战磊："简程序不减权利——北京市东城区人民检察院'刑事案件速裁'程序实践"，载《民主与法制时报》2015年1月24日，第7版。

[2] [德]克里斯托夫·扎费林、埃莉萨·霍芬："联邦宪法法院裁判后的德国辩诉交易"，载彭海青、吕泽华、[德]彼得·吉勒斯编著：《德国司法危机与改革——中德司法改革比较与相互启示》，法律出版社2018年版，第146页。

制的法律后果，进而影响到认罪认罚的自愿性和明智性，究其本质是有害的。[1]与简化审判程序一样，简化审前程序也必然造成被追诉人权利的限缩。譬如，缩短办案期限，其实也会减少被追诉人准备辩护的时间；减少讯问的次数，也减少了被追诉人为自己辩解的机会；简化案卷材料与法律文书，可能影响被追诉人了解证据与案情的权利；合并内部审批环节或者合并外部工序，可能是以追诉人降低对结果准确性的期待、放弃对程序合法性的异议等为机会成本，甚至影响被追诉人获得法庭审判的权利。显然，如果考虑到对被追诉人这些重要诉讼权利的广泛限制，仅以诉讼效率或惩罚犯罪有效性的提升尚不足以支撑程序简化的正当性，还须以权利保障权利，即通过程序选择的权利化，从被追诉人明知、明智、自愿的认可中增强审前程序简化的内在合理性。而国际人权公约对待程序简化的思路，其实也是通过强化一部分基本诉讼权利的保障，来弥补抑制另一部分基本权利之失。[2]结合我国实际，作为对被追诉人权利限缩的折冲，这些在审前程序中不能简化反而应该得到强化的权利包括：（1）知悉权。审前程序中的专门机关应在一般告知的基础上，特别告知被追诉人认罪认罚的法律规定，确保其理解认罪认罚的性质及可能导致的法律后果。（2）自愿认罪认罚权。被追诉人的认罪认罚必须基于自主意愿，专门机关不能采用有碍认罪认罚自愿性的方法或措施，并应保存好证明认罪认罚自愿性的过程证据。（3）同意简化审前程序权及程序选择权。专门机关在决定简化审前程序之前，只要该简化构成对被追诉人基本诉讼权利的限制，原则上就需要征得被追诉人同意或者要求被追诉人没有异议。而且，对于将来审判程序的简化，也应当赋予被追诉人程序选择权。（4）法律帮助权。专门机关应当保障被追诉人获得有效的法律帮助，特别是在认罪认罚的关键环节，在被追诉人没有辩护人的情况下，应当通知值班律师为其提供法律帮助。（5）提出意见权。在整个审前程序中，被追诉人及其辩护人、值班律师均有权就案件的事实认定、法律适用、程序选择等问题提出意见，专门机关应当听取。

（二）审前程序的简化不能妨碍检察机关的主导地位

就《刑事诉讼法》确立的认罪认罚从宽程序看，不管严重案件，还是轻微

---

[1] 参见闵春雷："认罪认罚从宽制度中的程序简化"，载《苏州大学学报（哲学社会科学版）》2017年第2期，第50页。

[2] 参见高一飞："不能简化的权利——评刑事简易程序中的国际人权标准"，载《现代法学》2002年第4期，第65页。

案件，其最基本的程序要求是：侦查环节，侦查人员告知权利和相关法律规定，引导认罪认罚，如实记录认罪认罚情况，将材料移送检察机关；审查起诉环节，检察机关告知权利和相关法律规定，充分听取各方意见，主持具结书的签署，提出能对法院产生一定"预决"效力的指控罪名和量刑建议；审判环节，法院在告知权利和相关法律规定的基础上，秉持着"一般应当采纳"原则，对检察机关的指控意见进行审查核准。不难看出，认罪认罚从宽程序的内核就是"公安记录、检察建议、法院审核"，[1] 审查起诉阶段成为诉讼的重心，认罪认罚从宽的核心工作由检察机关主导完成。虽然根据《刑事诉讼法》第201条的规定，人民法院依然要对"认罪认罚的自愿性、具结书内容的真实性与合法性、定性定罪的可靠性以及量刑建议的适当性进行审查，仍要对案件的定性处理负最终把关的责任"，[2] 但较之于非认罪认罚案件，法院的把关责任已有所减轻：在"一般应当采纳"条款的限定下，法院应奉行有所侧重的实质审查理念，并不需要对认罪认罚案件如同对非认罪认罚案件般地全面审查，只需针对涉及认罪认罚从宽制度适用性的几个重大问题（第201条规定中提及的几种特殊情形）进行排除性地审查，并从宽进行实体性判断。[3] 可以说，"检察主导"已经成为认罪认罚案件诉讼程序区别于非认罪认罚案件的重要特征之一。而"检察主导"自然也成为认罪认罚案件审前程序简化的一个底线性要求。也就是说，不论如何简化审前程序，都不能妨碍检察机关主导作用的发挥。因此，各类审前简化程序的设计必须充分体现检察主导特色：在刑事处罚令程序中，由检察机关负责直接签发"无异议即生效"的处罚令；对于简单却不轻微、轻微而不简单或者既不简单又不轻微的认罪认罚案件，可以根据案件情况相应地简化侦查程序或者内部审批流程，但不能简化或省略审查起诉的法定程序；在刑拘直诉或快速送审程序中，即便可以对审查起诉程序进行大幅简化，但简化的只能是审查起诉一般性的程序要求或审查措施，检察机关借以发挥主导作用的认罪认罚核心工作不能简化，更不能省略。换言之，只要是认罪认罚案件，检察机关在审查起诉时均应告知被追诉人其享有的权利和相关法律规定，在控辩沟通及听取各方意见的基础上，主持具结书签署，提出量刑建议，既要保障认罪认罚

---

[1] 闫召华："检察主导：认罪认罚从宽程序模式的构建"，载《现代法学》2020年第4期，第37页。

[2] 朱孝清："认罪认罚从宽制度相关制度机制的完善"，载《中国刑事法杂志》2020年第4期，第14页。

[3] 参见闫召华：" '一般应当采纳'条款适用中的'检''法'冲突及其化解——基于对《刑事诉讼法》第201条的规范分析"，载《环球法律评论》2020年第5期，第139页。

的自愿性，又要保障认罪认罚的事实基础，还要保障被追诉人从宽利益的兑现。

(三) 审前程序的简化不可影响案件事实的查明

在我国刑事诉讼的价值目标中，公正是优先于效率的。如果案件的事实认定出现了错误，再高的效率也没有意义，反而是以更快的速度制造错案。因此，审前程序的简化显然不能以牺牲办案的质量为代价。可以说，层层把关的诉讼结构以及认罪认罚从宽的程序模式已经为认罪认罚案件审前程序的简化设定了两条难以触碰的公正底线。第一条底线是，简化认罪认罚案件的审前程序不能妨碍侦查环节基本取证职能的实现。侦查的任务就是为指控犯罪准备确实、充分的证据，一旦案件达到了这样的证据要求就可以简化侦查程序，如果程序简化不影响案件最终能够达到这样的证据要求也可以简化侦查程序，但不能因为简化程序而导致无法达到这样的证据要求。第二条底线是，简化审前程序不能妨碍审查起诉环节在认罪认罚从宽程序中的中心地位，特别是其在事实把关方面的中心地位。事实上，在认罪认罚从宽程序中，是由检察机关主导案件证据与事实的审查认定（尤其是在速裁程序中），而且，这一工作主要是在审查起诉环节完成的。相应地，法院只对证据进行重点审查，不再担负全面审查型的事实把关责任。如果审前程序的简化不能兼顾认罪认罚案件中事实认定方式的转变，不能认识检察机关在认罪真实性保障中的主导地位和关键作用，而仍然将其定位为一般的审查起诉者，无疑就会将案件事实认定问题陷于"两不管"的危险境地。鉴于认罪认罚从宽程序的特殊性质，在这两条底线中，第二条底线更加不可动摇。对于大多数简单的认罪认罚案件而言，这两条底线并不会构成审前程序简化的太大障碍，专门机关可以因案件简单而简化程序，也可以以简化程序促成简单案件。但这两条底线还是大大限制了程序简化的程度，它至少决定了，不管是省略侦查程序，还是省略审查起诉程序，都是不可能的。事实上，如果不调整证据确实、充分的证明标准，不改变根深蒂固的实体真实观，不变革各程序关口整体划一的证据要求，毋庸说审前程序的简化，就连审判程序简化的空间都较为有限。在这样的前提下，程序的省略与跳跃很难具备合法性，程序简化的主要途径只能是精简内部程序和加速外部衔接，减少侦查机关和检察机关在事实查明方面的重复劳动，从而以最简的审前程序确保全案证据达到定案的要求，并由此大幅简化审判机关的事实把关程序。当然，检察机关也可以通过提前介入等方式，促进审查起诉环节与侦查环节的实质融合，在部分认罪认罚案件中间接实现程序合并或跳跃的简化效果。

可以预见，"刑事处罚令"等快速办理程序的设想可能会遭到一些强烈的质疑甚或反对，就像《刑事诉讼法》第 201 条面临的质疑一样。因为该提议在简化审前程序的同时，强化了检察机关的主导地位。有些人会认为这是在片面地强调检察主导权，实质上是以求刑权或建议权僭越裁判权，[1]"对控审分离这一刑事诉讼基本原则造成了相当程度的冲击"，[2]亦不符合以审判为中心的诉讼制度改革的大方向。然而，这类观点忽略乃至有意淡化了两个事实：一是，从世界范围看，"检察官在大量的案件中事实上已经演变为决定是否科处制裁以及制裁的严厉性或宽大程度的官员"，成为"法官之前的裁判者"。[3]至少在部分程序中刑事诉讼权力出现了"从法官决定向检方决定的强烈转变"，[4]进而形成一种检察主导的刑事司法运行模式。二是，认罪认罚从宽的程序模式，特别是将来可能构建的种类繁多的全程快处程序，虽然适用的案件数量不少，但在性质上与域外的辩诉交易等类似，只是有别于普通程序的特别程序，或者说是应对司法超负荷的无奈选择，不宜直接套用一般的诉讼原则，这些程序奉行特别化的程序理念恰是为了促进一般诉讼原则在普通程序中的充分贯彻。

第二节 合意式庭审：认罪认罚案件审判简化的路径与界限

刑事诉讼事关被追诉人基本权利的剥夺或者限制。因此，不管采取何种诉讼模式，现代法治国家均为刑事责任追究设定了严格的程序障碍。而在刑事诉讼法所提供的程序保障中，审判程序又是重中之重。"人人有权利由一个依法设立的、合格的、独立的和无偏倚的法庭进行公正的和公开的审讯"，[5]即所谓的公正审判权被国际人权公约列为被追诉人最基本的公民权利。然而，正式审判程序提供的保障措施多是以控辩争讼、对立、对抗为逻辑预设，多数保障性

---

[1] 参见侣化强："余金平案的历史意义与认罪认罚制度的完善"，载 http://www.jmkdwh.com/NewsDetail.aspx?ID=1668，最后访问日期：2020 年 5 月 9 日。

[2] 孙远："'一般应当采纳'条款的立法失误及解释论应对"，载《法学杂志》2020 年第 6 期，第 112 页。

[3] 参见［德］托马斯·魏根特："换了名字的法官？：比较视野下的检察官角色"，载［美］艾瑞克·卢拉、［英］玛丽安·L.韦德主编：《跨国视角下的检察官》，杨先德译，法律出版社 2016 年版，第 359 页。

[4] ［瑞士］古尔蒂斯·里恩：《美国和欧洲的检察官——瑞士、法国和德国的比较分析》，王新玥、陈涛等译，法律出版社 2019 年版，第 1 页、第 8 页。

[5] 《公民权利与政治权利国际公约》第 14 条（一）。

权利的援用也主要取决于被追诉人的自主意志，一旦被追诉人在定罪量刑问题上采取完全合作的立场，控辩双方乃至控辩审三方就处理方案达成了合意，从而使案件呈现无争议状态，则适用该种审判程序的必要性可能就不复存在。特别是在刑事司法系统超负荷的背景之下，对诉讼效率的日益重视，更加突显出简化审理合意案件的特殊价值。在美国，辩诉交易于不断争议中表现出旺盛的生命力，成为替代陪审团审判的最主要的案件处理方式，每年超过94%的州法院和联邦法院系统的案件是通过辩诉交易的方式结案的。[1]德国联邦宪法法院也于2013年明确支持了《德国刑事诉讼法典》第257条c中规定的协商性裁判方式的合宪性，地方基层法院和地区州法院20%左右的案件都是通过该种正式协商方式进行的，另有数量相仿的案件采取了非正式协商。[2]公正审判国际组织在对90个国家和地区的认罪案件处理机制研究后发现，有66个国家已经采用了类似的合意型非正式审判方式。[3]

我国2018年《刑事诉讼法》吸收域外合意式程序的合理因素，并充分考虑了我国实际，正式确立了认罪认罚从宽制度，创建了专用于认罪认罚案件审理的速裁程序，形成了"普通程序简化审—简易程序—速裁程序"三级递简的合意审程序体系。据统计，目前认罪认罚从宽制度的适用率已达85%以上，[4]而且，绝大多数的认罪认罚案件适用了速裁程序和简易程序，这已初步显示出合意式庭审增速提效的优势。但是，合意式庭审实践中同时也暴露一些亟待重视和解决的问题。譬如，如何简化认罪认罚案件的非专用程序，特别是普通程序？庭审程序的简化有无限度，哪些是不能简化的最低保障？庭审程序简化是否影响证明标准，特别是在极简的速裁程序中法庭该如何保障合意式裁判的事实基础？如何应对合意式庭审中的冲突与对抗？这些问题的存在一定程度上制约了合意式庭审的功效。鉴于此，本节拟对这些问题进行审视和反思，提出一些改进的建议。

---

[1] 参见王禄生：《美国司法体制的数据观察》，法律出版社2018年版，第184-186页。

[2] See Thomas Weigend & Jenia Lontcheva Turner, "The Constitutionality of Negotiated Criminal Judgments in Germany", *German L. J.* Vol. 15, No. 1 (2014), p. 88.

[3] 参见熊秋红："比较法视野下的认罪认罚从宽制度——兼论刑事诉讼'第四范式'"，载《比较法研究》2019年第5期，第82页。

[4] 参见2020年《最高人民检察院工作报告》（第十三届全国人民代表大会第四次会议，张军，2021年3月8日）。

一、合意式庭审：职权关照模式下的特殊性

所谓合意式庭审，广义上是指认罪案件的庭审程序，狭义上则是指合意、认罪案件的特殊审判程序。而本节研究的合意式庭审偏重于狭义，具体到我国，主要指认罪认罚案件的简化审程序。尽管合意式庭审在任何一个现代法律体系的刑事审判中都不同程度地存在，但其存在的样态直接受到特定法律体系的具体诉讼模式的影响。实行当事人主义诉讼模式的美国，刑事审判程序以对抗性闻名。控辩双方的平等武装，裁判者的消极中立，针锋相对的交叉询问等，均为积极的庭审对抗营造了氛围和空间。但正是在如此注重对抗的诉讼模式下，合意式庭审的根基要比在其他任何国家都要牢固，绝大多数刑事案件都是通过有罪答辩程序解决的，而被追诉人的有罪答辩又通常是隐性或显性的辩诉交易的结果。而辩诉交易之所以发展到今天这样普遍的程度，甚至成为美国刑事司法的常态，主流观点认为，并不是它比正式审判程序更有能力生产正确而公正的结果，而是因为"该制度对案件的关系人都提供某些利益"。[1]对于法院而言，可以由此避免冗长、繁杂的正式审判；对于控辩双方而言，不仅可以节约诉讼成本，基于对庭审的定罪可能性及量刑的预期，在庭审阴影下达成双赢的协议，可以有效降低不确定性带来的风险。[2]实践中，"刑事法院系统主要的工作形式是合作与谈判，而并非与对方争斗"。[3]从一定意义上可以说，恰恰是斗争促进了谈判，对抗催生了合意。"对抗的空间有多大，合意的范围与可能也就有多大。对抗的程度越高……合意的程度也相应提高。"[4]事实上，不管是对抗还是合意，都是控辩双方的自主选择，而当事人主义诉讼模式的内在特质，即控方几乎不受限制的裁量权和辩方对于实体问题及程序事项的较大处分权，同时为最尖锐的对抗和最市场化的合意提供了现实条件。显然，合意式庭审已不再是对抗式诉讼的附属物，而是成了主导性程序。

在欧陆职权主义的刑事司法体系中，传统审判程序"基本类似于一项官方调查"，完全由法官主导、推动的调查活动。按照托马斯·魏根特教授的说法，

---

〔1〕 王兆鹏：《美国刑事诉讼法》，北京大学出版社2014年版，第676页。

〔2〕 参见［美］斯蒂芬诺斯·毕贝斯：《庭审之外的辩诉交易》，杨先德、廖钰译，中国法制出版社2018年版，引言第2页。

〔3〕 ［美］爱伦·豪切斯特勒·斯黛丽、南希·弗兰克：《美国刑事法院诉讼程序》，陈卫东、徐美君译，中国人民大学出版社2002年版，第248页。

〔4〕 刘少军：《刑事审判中的对抗与合意》，中国人民公安大学出版社2009年版，第189页。

这种官方调查式庭审"是一个由法院权威性地裁判是否有罪和处以刑罚的程序，而不能是对这些问题达成协议或者调解的程序"。[1]特别是在德国，法官职权作用构成了对控辩双方对抗与合意的极大制约，几乎排除了控辩双方在无法院参与的情况下协商或交易的可能性。德国刑事司法体系面对增长的案累，第一反应不是引入合意式的简化审程序，而是借助审前转处措施和书面程序处理非严重案件。之所以如此，一方面是因为审问制本身具有一定的效率优势，另一方面则是因为两个基本原则即审问原则和罪刑相适应原则的"羁绊"。审问原则要求法庭的裁决必须建立在自己通过事实调查构建起来的实质真实之上，"当事人双方关于事实的合意并不能约束法庭，法官仍有义务去查明真正发生了什么"。[2]而罪刑相适应原则要求既不能仅仅因为合意加快诉讼进程而减轻处罚，也不能因为被追诉人拒绝合意而加重处罚。但最终，德国的审判制度还是无力承受复杂性犯罪的与日俱增和辩方权利不断拓展等带来的重压，确立了合意式庭审的法律地位。然而，受到职权主义的限制，德国合意式庭审中的合意主要是法官与辩方的合意，控方仅有一个非正式的否决权。而且，由于审辩地位悬殊，合意的程度也相对较弱，法院的背离权使得审辩协议对被追诉人"只不过是一个高度反复无常的量刑建议"。[3]

我国的刑事诉讼模式既不同于英美法系的当事人主义，也不同于欧陆的职权主义，而是吸收了当事人主义因素的职权关照模式。就专门机关的权力配置而言，我国刑事诉讼采取的分工负责、层层把关的职权主导模式，即诉讼阶段分明，专门机关各管一段，通过层层过滤、协同作战，共同完成刑事诉讼任务。而就专门机关与当事人及其他诉讼参与人的诉讼关系而言，我国采取的则是以听取各方意见为基础的职权决定模式，即专门机关在作出涉及当事人重要实体权利及程序利益的决定前，会适当考虑当事人及其他诉讼参与人的意见，给利害关系人提供发表观点、影响决定的机会。在职权关照模式下，我国的合意式庭审呈现出一种颇为独特的样态。

其一，合意的程度低。所谓合意，就是由专门机关单方面地给出相对固定的认罪认罚利益，然后听取被追诉人"要么接受要么放弃"的意见，由被追诉

---

[1]　［德］托马斯·魏根特：《德国刑事诉讼程序》，中国政法大学出版社2004年版，第165页。
[2]　See Thomas Weigend & Jenia Lontcheva Turner, "The Constitutionality of Negotiated Criminal Judgments in Germany", *German L. J.*, Vol. 15, No. 1 (2014), p. 83.
[3]　See Thomas Weigend & Jenia Lontcheva Turner, "The Constitutionality of Negotiated Criminal Judgments in Germany", *German L. J.*, Vol. 15, No. 1 (2014), p. 87.

人通过认罪认罚来争取从宽。被追诉人及其他诉讼参与人的意见仅仅是专门机关裁决的根据之一。专门机关虽然可以在听取意见之后调整认罪认罚利益,但这只能作为一种矫偏的手段,调整的根据只能是事实和法律,而不能单纯为了满足被追诉人等的诉求,或者仅仅为了追求合意的达成。由于以"官方定价"为前提,因此,在听取意见模式下,很难有真正意义上的交易或者协商。如果说其中有合意,那也只能是被追诉人对"官方定价"的同意与接受;如果要说其中有合作,那也主要是被追诉人对专门机关的配合。[1]

其二,程序的独立性弱。域外的合意式庭审实质上就是一种"放弃审判制度",[2]通常表现为一套独立的,且完全不同于正式审判程序的裁决机制。然而,在我国,合意式庭审与一般审判程序的关系非常复杂。因为,认罪认罚案件既可能适用速裁程序,又可能适用简易程序和普通程序。其中,速裁程序是只有部分认罪认罚案件才能适用的专属程序,而简易程序可同时适用于认罪但不认罚的案件,普通程序可同时适用于非认罪认罚案件。换言之,合意案件根据具体情况,既可能适用一套完全独立的庭审程序,也可能用传统庭审程序解决。诚然,刑事诉讼法中处理合意案件的部分程序要求普适于所有认罪认罚案件,也因而能够体现出合意式庭审一定程度的独立内涵,但这与"放弃审判"的理路还是大相径庭。

其三,内在的效率优势。对于已经认罪认罚的部分严重刑事案件,庭审依然按照普通程序进行,而不会仅仅因为合意就适用简易程序或速裁程序,这反映出我国的合意式庭审并不以效率为唯一重要的价值导向,而是全面考虑了公正与人权保障的需要,以及宽严相济刑事政策的要求。但是,这并不是说,我国的合意式庭审(特别是普通程序简化审)没有效率。职权关照模式在经济性和效率方面本来就有优势。[3]和大陆法系强调审判中心的职权主义不同,我国的职权关照模式更加注重专门机关之间的协调、配合,更加仰赖卷宗,更加重视国家的主导作用,从而最大限度地减少了来自辩方的对抗以及专门机关相互之间的牵制,使诉讼资源更加集中、有效地投入专门机关主导的查明真相、惩罚犯罪的活动中。因此,作为诉讼的一个环节,审判程序也只是承担了一道把

---

〔1〕 参见闫召华:"听取意见式司法的理性建构——以认罪认罚从宽制度为中心",载《法制与社会发展》2019年第4期,第68页。

〔2〕 熊秋红:"比较法视野下的认罪认罚从宽制度——兼论刑事诉讼'第四范式'",载《比较法研究》2019年第5期,第82页。

〔3〕 参见左卫民:"刑事诉讼的经济分析",载《法学研究》2005年第4期,第129页。

关作用，本来就不是那么拖沓冗长，效率优势非常明显。这也是1996年之前《刑事诉讼法》没有规定简易程序的重要原因之一。

二、合意下的庭审程序分型

刑事审判本质上是控、辩、审三方围绕事实认定和法律适用依法定程序展开的一系列交涉活动，各方交涉的基本立场（是对抗还是合意），必然会影响交涉的方式、进程和效果。如上所述，在我国，合意侧重指辩方对专门机关的合作态度，主要表现为认罪认罚。但需要注意的是，直到1996年《刑事诉讼法》，我国尚未将被告人认罪列为简易程序的适用条件。有学者在立法修改研讨中提出将简易程序适用范围限定于"被告人已作出有罪供述的刑事案件"的建议，但未获立法者采纳。[1]不以认罪为条件，貌似更容易促成简化审程序的适用，但如果被告人不认罪，轻罪案件也极有可能成为复杂、难办案件，简化审判程序的基础将会大大削弱。2018年《刑事诉讼法》开始将认罪（认罚）作为审判程序设计和适用的重要考量因素，根据被追诉人可能判处的刑罚、案件的事实证据情况以及合意的程度（是否认罪，是否同时认罚，是否同意程序适用），决定对被追诉人的审判如何进行。但合意毕竟只是决定审判程序的因素之一，这意味着，合意案件既可能适用速裁程序，也可能适用普通程序或简易程序。

（一）合意式庭审的共同要求

应当看到，对于合意式庭审，我国采取了依附式的简化思路，即，并没有在普通程序之外设计出一种完全独立的诉讼程序，而是在普通程序的基础上，适当简化某些步骤和环节，但仍需"一律开庭"。[2]即便是速裁程序，也只是对普通程序的大幅简化，而没有完全脱离普通审判程序的一般要求。换言之，《刑事诉讼法》"速裁程序"一节有特殊规定的适用特殊规定，没有特殊规定的情况下，通常还是要适用公诉案件一审程序的基础性规定。该种思路决定了，不管具体采用何种庭审程序，我国的合意式庭审在运行程序上有两大共性：一是需要共同遵循一些不能任意背离的底线规则，如控、辩、审三方均需到场，判决宣告前均应听取被告人的最后陈述意见等；二是虽然程序简化的程度有所不同，但实质上都是对普通程序的简化。合意案件即使适用普通程序，事实上

---

[1] 李新建："简易程序的选择和设计及问题"，载《政法论坛》1994年第4期，第91页。
[2] 艾静：《我国刑事简易程序的改革与完善》，法律出版社2013年版，第161页。

也是普通程序简化审,而不会完全按照审理非合意案件的普通程序进行。

从《刑事诉讼法》对认罪认罚案件庭审程序的具体规定看,所有认罪认罚案件的合意式庭审均需共同遵守如下规则。(1)法庭的特殊告知义务。在非认罪认罚案件中,审判长只需告知当事人有权申请回避,告知被告人享有辩护权利。而在认罪认罚案件中,审判长则应告知被告人享有的诉讼权利和认罪认罚的法律规定。(2)法庭的特殊审查义务。法庭通过讯问、询问或听取意见的方式审查认罪认罚的自愿性以及认罪认罚具结书的真实性、合法性。《指导意见》还对法庭特殊审查的内容进行了细化,归纳为被告人认罪认罚时有无受到暴力、威胁、引诱(自愿性审查),被告人认罪认罚时的认知能力和精神状态(认罪能力审查),被告人认罪认罚的明知性(知悉性审查),追诉机关是否已履行告知义务和听取意见以及值班律师或辩护人的法律帮助情况(保障情况审查)等几个方面。(3)指控意见对法庭的拘束力规则。对于认罪认罚案件,除非属于法定例外情形,法院依法判决时一般应当采纳指控意见。即使法院经审理认为量刑建议明显不当,也须给予检察机关调整量刑建议的机会,只有在检察机关拒不调整或调整后依然明显不当时,法院才能依法判决。该要求被规定在《刑事诉讼法》"第一审程序"一章"公诉案件"一节,属于审理所有认罪认罚案件均需恪守的底线规则。

(二)不同合意式庭审程序的差异

根据《刑事诉讼法》及《指导意见》的规定,我国的合意式庭审分为三个简化层级:一是认罪认罚案件专用程序——"极简"的速裁程序。适用该程序审理认罪认罚案件,不受送达期限限制,以便缩短送达文书与开庭之间的间隔;原则上不再进行法庭调查、法庭辩论;法院可以集中送达,集中开庭,逐案审理;案件应当当庭宣判,并可以简化裁判文书。但作为一个额外要求,法庭在判决宣告前除应听取被告人的最后陈述意见外,还应当听取辩护人的意见。速裁程序审限一般为10日,符合法定条件时可延长至15日。二是"中简"的简易程序,即认罪认罚案件简易审程序。在审判时,也不受送达期限限制,起诉书只需简要宣读,法庭调查和法庭辩论程序可以大幅简化,不再适用普通程序中讯问、询问、出示证据等规定,且主要围绕有争议的事实和证据、有争议的问题进行,可以简化裁判文书。该程序审限一般为20日,符合法定条件时可延长至一个半月。三是"微简"的认罪认罚案件普通程序简化审。适用该程序时,法庭调查、法庭辩论程序可以适当简化。对被告人的讯问、发问可以简化。

对控辩双方无异议的证据，可以简化举证，但对双方有异议的证据，或者法庭认为有必要调查核实的证据，应当出示并进行质证。可以适当简化裁判文书。值得一提的是，《速裁程序试点办法》和《认罪认罚从宽试点办法》均规定，速裁程序"不进行"或"不再进行"法庭调查、法庭辩论，但在《刑事诉讼法》修改征求意见过程中，有人提出，如此规定过于绝对，建议将表述改为"可以不进行"，立法者在研讨时认为，的确应该考虑到个别例外情况，但如此规定，"口子开得太大"，会使"速裁程序与简易程序难以区分"，最终将"不进行"改为"一般不进行"。[1]

而我国之所以构建分层简化的合意式庭审程序体系，而不是统一采用一套简化审程序，可能主要考虑到了以下五个因素。其一，我国合意式庭审程序适用的案件范围极广，一套整齐划一的简化程序难以灵活应对。考虑到交易或协商模式的潜在风险，不少国家都限定了该模式适用的案件范围。但我国不同，认罪认罚从宽制度与原来的自首从宽、坦白从宽等一脉相承，本质上是一种职权式从宽。而认罪认罚只是被追诉人的自愿选择，不应也很难作出限制，而应该由且能够由职权决定的只有对认罪认罚者是否及如何从宽。因此，正如《指导意见》指出的，该制度没有适用罪名和可能判处刑罚的限定，所有刑事案件均可适用，不能任意剥夺被追诉人通过自愿认罪认罚获得从宽处理的机会。这意味着，认罪认罚案件不一定就是简单案件，有可能是严重案件，也可能是疑难、复杂案件，甚至有可能是证据存在重大瑕疵的问题案件，一套简化审程序缺乏足够的应对能力。其二，对庭审程序教化效果和认罪认罚之悔罪内涵的重视，决定了庭审可以简化但不能完全省略。实践中，适用速裁程序在几分钟内就可以审结一个案件，简单问答式的审理过程已无可再简，即便是适用普通程序和简易程序审理认罪认罚案件，既然庭审的关键——罪与罚的问题已无争议，法庭调查和法庭辩论通常也是形式大于实质。因此，可能有人会质疑，合意式庭审中，进行不争论罪与罚的审判，出示没有任何争议的证据，到底有何意义？其实，这与我国对刑事庭审的功能定位有关。"通过'表态——展示——教育——忏悔'四部曲的方式来教化被告人和其他公民"是我国刑事庭审的主要功能之一，在某些案件中其重要性甚至超越了查明案件事实。[2]即便是在没有争议的

---

[1] 王爱立、雷建斌主编：《〈中华人民共和国刑事诉讼法〉释解与适用》，人民法院出版社2018年版，第425页。

[2] 李昌盛："刑事庭审的中国模式：教化型庭审"，载《法律科学》2011年第1期，第130页。

庭审中,通过这些看似毫无意义的形式或仪式,也有利于特殊预防,促进加害恢复、被害恢复和社会平复。而促使被追诉人真诚悔罪,弃恶从善,化解社会矛盾,也是我国健全认罪认罚从宽制度的重要目的。其三,更好地贯彻宽严相济。在我国,程序上的从简也被认为是从宽处理的一种形式,而根据宽严相济刑事司法政策的要求,应当根据犯罪的具体情况,区别对待,当宽则宽,当严则严,探索与案件情况相适应的处理原则和办案方式。而合意式庭审程序的分层简化恰好体现了区别对待的宽严相济精神。其四,体现出简化程序的同时对实体公正的兼顾。按照《指导意见》的要求,审理认罪认罚案件,同样需要坚持证据裁判原则,作出有罪裁判时也不能降低证明标准。而适用简易程序或普通程序审理那些相对严重的认罪认罚案件,特别是那些严重危害国家安全、公共安全犯罪和严重暴力犯罪案件,可促使法院在审查事实、定罪处罚时更加慎重,确保案件办理的质量。其五,分层简化还顾及了合意式裁判的社会认可度。当前,公众不仅无法接受在实体结果层面对严重犯罪的无节制从宽,而且也不能接受在程序层面对重大案件的过度简化,不能接受诉讼程序选择上的过度私权化,不能接受以牺牲公正为代价追求效率。审理社会普遍关注的重大敏感案件时显然不能一味从简从快。因此,分层简化可以使庭审过程更加符合人民群众的公平正义观念。事实上,《刑事诉讼法》第215条和第223条分别列举的不能适用简易程序和速裁程序的法定情形,概而观之,均是出于对以上一个或多个因素的考虑。

三、合意式庭审中的权利抑制及保障

构建正当而严格的刑事程序的重要目的之一就是要保障被追诉人的权利。因此,"在程序形式上的删减同时意味着被告人权利的牺牲"。[1]在域外的协商模式下,合意的本质其实就是相互让步,被追诉人以自己在程序和实体问题上的妥协来换取控诉方、审判方在指控和裁判上的一定折扣。在德国,被追诉人选择了认罪协商就意味着其可能无法继续得到诸多基本审判原则的保护。同样,在美国,以辩诉交易的方式处理案件,被告人实际上也放弃了一系列宪法权利,包括"不受强迫自证其罪的权利、陪审团审判权、对质和交叉询问权、强制取得

---

[1] [德]克里斯托夫·扎费林、埃莉萨·霍芬:"联邦宪法法院裁判后的德国辩诉交易",载彭海青、吕泽华、[德]彼得·吉勒斯编著:《德国司法危机与改革——中德司法改革比较与相互启示》,法律出版社2018年版,第146页。

对自己有利的证人权、作证权、上诉权等"。〔1〕不可否认，与审判中心的刑事司法体系相比，我国层层把关的刑事诉讼模式在某种意义上分化了作为定罪程序关卡之一的审判环节在事实查明和权利保障上的责任。就连我国的普通程序也尚不具备严格的形式化特征，对直接言词、辩方有效参与等原则体现得不够充分，权利保障规则尚不够全面、系统。正因如此，在当前我国的庭审程序改革中，普通程序的简易化和普通程序的正当化是在同时推进的。但即便如此，适用合意式庭审程序依然会对被追诉人的诉讼权利造成很大影响：如果不受送达期限的限制，在提前开庭的同时势必也缩短了辩护准备时间；简化乃至省略法庭调查、法庭辩论，构成了对被追诉人质证权、辩论权的限制；审判组织简化后，被追诉人可能不再享有接受合议庭审理的权利。而更为关键的是，合意式庭审程序的适用以被追诉人认罪认罚为前提，这必然会抑制被追诉人在"罪"与"罚"的问题上任意提出异议的权利。即使可以反悔，被追诉人也不会随意行使这种权利，因为，被追诉人与专门机关的交涉并不是"一个在哈贝马斯论述意义上的没有权力影响的辩论"，〔2〕面对拥有权力、权威并且已视程序简化为既得利益的专门机关，被追诉人推翻认罪认罚面临着巨大压力。显然，如果考虑到对被追诉人这些重要诉讼权利的广泛限制，仅以诉讼效率或惩罚犯罪有效性的提升尚不足以支撑合意式庭审的正当性，还须以权利保障权利，即通过一定程度上的程序选择的权利化，从被追诉人对合意式庭审明知、明智、自愿、真实、稳定的认同中增强程序适用的内在合理性。

但需要注意的是，与刑事程序权利化和刑事诉讼权利宪法化程度比较高的国家相比，我国庭审程序简化所影响到的被追诉人诉讼权利主要是一些隐性的或间接性的权利。这些权利有的是从刑事诉讼法关于庭审应当如何进行的硬性程序规定中推导而来，如从普通程序的法庭调查程序规定中得出被告人有依照该程序受审的权利，有些则是对应于专门机关的法定义务，如从专门机关不得强迫任何人证实自己有罪的义务推导出被追诉人有不受强迫证实自己有罪的权利。这些权利（也许叫利益更为合适）虽可享有，但却不能自由放弃。在立法者看来，通过简化庭审程序进一步提升诉讼效率需要建立"在确保司法公正的

---

〔1〕［美］斯蒂芬诺斯·毕贝斯：《庭审之外的辩诉交易》，杨先德、廖钰译，中国法制出版社2018年版，译者序第3页。

〔2〕［德］克里斯托夫·扎费林、埃莉萨·霍芬："联邦宪法法院裁判后的德国辩诉交易"，载彭海青、吕泽华、［德］彼得·吉勒斯编著：《德国司法危机与改革——中德司法改革比较与相互启示》，法律出版社2018年版，第145页。

基础上"。[1]因而,被追诉人同意不再享有某些程序利益也只是合意式庭审正当化的基础之一,专门机关还需要从及时准确惩罚犯罪、贯彻刑事政策等方面寻求更多根据。

整体上看,我国的合意式庭审已围绕"被追诉人自愿认同"这一要素,初步构建了一个诉讼权利保障体系,这一体系由以下相互关联的要素权利构成。(1)知悉权。法院对认罪认罚的被追诉人负有特别告知(释明)义务,要在告知被追诉人一般诉讼权利的基础上,专门告知认罪认罚的法律规定,审查追诉机关在审前阶段的特别告知情况,确保被追诉人理解认罪认罚的性质及可能导致的法律后果——包括将适用何种庭审程序。法院之所以要特别告知,主要是为了防止追诉机关未充分说明认罪认罚的后果,而只对被追诉人强调认罪认罚带来的程序和结果上的好处。(2)自愿认罪认罚权。《刑事诉讼法》既规定了被追诉人自愿认罪认罚以获得从宽处理的权利,又规定了法院等专门机关的自愿性审查义务。对于法院而言,需要在保证被追诉人知悉的前提下,审查其认罪认罚时有没有因为受到暴力、威胁、引诱或者其他非法方法的影响而违背自主意愿,是否具有正常的认知能力和精神状态。(3)同意程序适用权。法院在适用合意式庭审程序时,需要征得被告人同意或确认被告人没有异议。这一方面要求在认罪认罚具结书中,需要载明被追诉人本人的声明:其知悉本案将适用何种合意审程序,并同意适用该程序。另一方面,法院需要通过审查具结书的真实性、合法性确保被追诉人同意程序适用声明的真实性、自愿性。(4)法律帮助权。法院应当保障被追诉人获得有效的法律帮助,在被追诉人没有辩护人的情况下,应当通知值班律师为其提供程序适用建议等法律帮助,告知被追诉人有权为寻求法律帮助而约见值班律师,并为二者的会见交流提供便利。而值班律师也被《指导意见》赋予了会见权和阅卷权。(5)异议权和反悔权。合意式庭审也不完全排斥被追诉人的异议。根据所涉及问题的性质,被追诉人的异议可以分为两类,一是在认罪、认罚和同意程序适用的前提下提出的异议,这种异议可能形成需要法庭调查或法庭辩论的争议问题,从而影响庭审程序的简略程度;二是在是否认罪认罚和程序适用的关键问题上提出异议(乃至上诉),如不认可指控的犯罪事实,不接受量刑建议,不同意适用速裁程序,该种异议可能直接导致程序的转换。(6)提出意见权。由于我国的认罪认罚从宽制

---

[1] 王爱立主编:《中华人民共和国刑事诉讼法修改条文解读》,中国法制出版社2018年版,第149页。

度采取了听取意见模式,对于被追诉人而言,提出意见而非谈判、交易是其程序参与的重要形式。《指导意见》也明确要求,法院应在进行特别告知之后,听取被追诉人及其辩护人或者值班律师的意见。提出意见权与异议权和反悔权关系密切,但不能相互替代,前者是后者的平台型权利,异议和反悔可以是提出意见的具体内容,但提出意见绝不仅限于异议和反悔,也可以是同意程序适用、认可指控意见和量刑建议等。(7)最后陈述权。这是任何一种合意审程序都不能省略的审判环节,是所有刑事庭审"程序公正之底线要求"之一,[1]除非被追诉人自己明确放弃陈述。通过最后陈述权,可以在实现快速审判的同时,保障被追诉人充分表达自己对案件事实、实体处理和程序适用的真实想法和意见。

然而,客观地说,合意式庭审的现有权利保障机制同克制程序简化之弊的应然要求相比,还存在一定差距。从规范层面看,部分保障性权利的结构和内容尚不够充实、完整。以同意程序适用权为例,一种权威解释将该种权利称为"程序选择权",[2]但事实上,法律既没有规定被追诉人可以主动申请适用某种合意审程序,也没有赋予被追诉人自由选择庭审程序的权利,适用何种合意审程序主要还是基于专门机关对案件是否符合特定程序适用条件的判断,当事人仅能对专门机关的建议或提议被动地表达其是否赞同的意见,尽管该意见确实会产生一定的法律效力。而且,根据《刑事诉讼法》的规定,专门机关选择不同的合意审程序时,被追诉人的参与度也有显著差别。对于速裁程序,需要被追诉人明确表示"同意适用";对于"简易程序",只需被追诉人对程序适用没有异议即可;而对于普通程序简化审理,根本不以被追诉人的赞成或反对为程序适用的必要条件。因此,"程序选择权"之说似乎有点言过其实。而从实施层面看,也存在重形式、轻实效的倾向,最突出的问题是一定程度上法庭审查的形式化和法律帮助的形式化。法庭审查主要是以特殊告知和讯问(听取意见)的方式进行,在特殊告知时,法庭通常只会根据认罪认罚的法律规定笼统告知认罪认罚的可能后果,而不能有效告知本案的事实与证据情况、指控的性质、量刑的考量因素、被追诉人享有的一系列权利及认罪认罚带来的权利限制或其他影响。法庭在审查自愿性时,通常也是直接讯问被追诉人是否自愿或是

---

[1] 王敏远等:《重构诉讼体制——以审判为中心的诉讼制度改革》,中国政法大学出版社2016年版,第183页。

[2] 王爱立主编:《中华人民共和国刑事诉讼法修改条文解读》,中国法制出版社2018年版,第151页。

否同意,而很少问一些具体的问题,如被追诉人是否受到专门机关的强制,专门机关有没有向被追诉人作一些未公开(具结书之外)的承诺,被追诉人是否真的理解认罪与认可指控事实、合法的从宽利益与非法的从宽允诺等的区别,被追诉人的决定是否是在了解案件证据情况、获得有效法律帮助的情况下作出的。在法律帮助方面,庭审环节,认罪认罚案件辩护律师的参与率低,缺乏实质辩护意见的套路性辩护多,发挥的实际作用不大。[1]值班律师的定位还是不够清晰,工作动力欠缺,参与不足,即使有阅卷权和会见权,通常也怠于行使,在审判阶段主要是为被追诉人提供一般性的法律咨询。

四、合意式庭审中的事实认定

合意或对抗针对的核心问题是指控事实,因此,合意必然影响事实认定的程序和方式,且可能波及有罪判决的证明标准。在美国的辩诉交易制度中,虽然要求法官必须审查被告人的有罪答辩是否具备事实基础,但并未对事实基础的主旨及如何审查提出具体要求,允许当事人较为随意地对事实协商,[2]甚至允许法官接受被追诉人声称自己事实上无罪的有罪答辩。[3]法官对事实基础的审查基本上是形式上的审查,主要方式是"在明确告知被告人伪证罪的责任之后要求检察官或者被告人复述案件事实",[4]很少超出指控书以及被追诉人答辩记录上的简单陈述的审查范围。[5]尽管有罪答辩的事实基础需要达到什么样的证明程度在美国还是一个充满争议的问题,[6]但大多数法院都不要求达到正式审判所要求的排除合理怀疑标准。[7]与美国不同,至少在规范层面,德国法院的真实发现义务并不因案件是否采取认罪协商制度而有所区分。德国联邦宪法法院早在1987年的一份原则性声明中就提出,只要遵循一定的原则,协商性裁判不一定违宪,而法庭全面调查事实原则被认为是必须恪守的原则之一。德

---

[1] 参见闫召华:"论认罪认罚的自愿性及其保障",载《人大法律评论》2018年第1期,第184页。

[2] Jenia Iontcheva Turner, "Judicial Participation in Plea Negotions: A Comparative View", *Am. J. Comp. L.*, Vol. 54 (2006), pp. 212-213.

[3] North Carolina v. Alford, 400 U. S. 25, 38 (1970).

[4] 王禄生:《美国司法体制的数据观察》,法律出版社2018年版,第161页。

[5] Jenia Iontcheva Turner, "Judicial Participation in Plea Negotions: A Comparative View", *Am. J. Comp. L.*, Vol. 54 (2006), pp. 212-213.

[6] Richard L. Lippke, "Plea Bargaining in the shadow of the Constitution", *DUQ. L. REV.*, Vol. 51 (2013), pp. 720-721.

[7] 参见史立梅:"美国有罪答辩的事实基础制度对我国的启示",载《国家检察官学院学报》2017年第1期,第34页。

国联邦最高法院在1997年的一份裁决中强调，职权调查原则等是协商性裁判的合理基础，即便被追诉人认罪，法院也应当查明裁判所必须的事实。[1]2009年《德国刑事诉讼法典》新增的认罪协商条款明确引用了职权调查原则，规定法院裁判前应独立调查，收集足够的事实根据，而不能仅靠控辩双方提供的事实（包括被追诉人供述）定案。[2]之后，德国联邦宪法法院在2013年的裁决中再次表达了对有罪判决可以根据合意而非法院独立调查而合法化观点的明确反对。[3]然而，在理解德国合意式庭审的事实要求和证明标准时，以下几点值得特别注意：（1）有相当一部分学者认为，德国联邦宪法法院还是回避了问题，并没有解决当前的案累和传统审判原则之间的基本矛盾，而法院本来可以探寻到一个不经正式审判处理刑事案件的更好的解决方案：如果被追诉人同意法院基于审前卷宗的定罪和量刑，完全可能不需要审判且能保障判决建立在相当可靠的事实基础之上。[4]如果不缩减对真相的寻求，协议就会丧失意义和目的。[5]（2）尽管表面上没有降低证明标准，但德国联邦宪法法院允许法官以自读调查卷宗和当庭质问的简略方式核实被追诉人的供述，而这种简化不可避免地会影响法官的心证标准。就此而言，德国协商性裁判普遍存在的对职权调查原则的违反也是一种必然现象。同样，在美国，个别法院虽然对基于有罪答辩的定罪依然采取了"排除合理怀疑"标准，但由于有罪答辩事实基础的审查程序毕竟迥异于对抗制审判程序，裁判者很难达到这样的心证程度。[6]换言之，最高证明标准的实现很大程度上要依赖于最严格的庭审程序，没有可以依赖的严格程序，要求再高的标准也只是空中楼阁。（3）不管采用何种证明标准，德国和美国都各有一套保障合意审事实根据的特殊机制。在美国，审判法院传讯之前控辩双方的证据博弈、刑事案件的过滤机制、贯穿全程的司法审查等确保了法院不可能仅凭

---

[1] See Thomas Weigend & Jenia Lontcheva Turner, "The Constitutionality of Negotiated Criminal Judgments in Germany", *German L. J.*, Vol. 15, No. 1 (2014), p. 85.

[2] 参见《德国刑事诉讼法典》第257条c。

[3] See Thomas Weigend & Jenia Lontcheva Turner, "The Constitutionality of Negotiated Criminal Judgments in Germany", *German L. J.*, Vol. 15, No. 1 (2014), p. 91.

[4] See Thomas Weigend & Jenia Lontcheva Turner, "The Constitutionality of Negotiated Criminal Judgments in Germany", *German L. J.*, Vol. 15, No. 1 (2014), p. 93.

[5] [德]霍劳尔："在试验台上的德国协商模式——在鼠疫和霍乱之间"，载《"中德刑事诉讼法学高端论坛"会议论文集》，2017年9月13日至14日，第170页。

[6] 参见史立梅："美国有罪答辩的事实基础制度对我国的启示"，载《国家检察官学院学报》2017年第1期，第34页。

有罪答辩定案。[1]而在德国，被追诉人作有罪供述是协议的必要内容，法官需要全面查阅卷宗，协商前辩方可以充分阅卷，多数案件需要辩护律师强制参与，这些规定均有利于保障协商性裁判的准确性。

我国《刑事诉讼法》并没有明确降低认罪认罚案件的证明标准。有论者认为，着眼于对冤错案件的防范，不应该降低法定的证明标准。[2]事实上，认罪认罚从宽程序的检察主导特征直接影响了审判环节的性质和功能，即不管认罪认罚案件最终在形式上适用何种庭审程序进行，其本质上均是以检察机关提出建议，法院加以审查和核准的方式进行的，审判在一定程度上转变为审核。法律虽未降低认罪认罚案件的证明标准，但却对证明标准的评判主体及方式进行了微妙调整，即由检察机关主导案件证据与事实的审查认定，而且，这一工作主要是在审查起诉环节完成。对于认罪认罚案件，与非认罪认罚案件一样，在审查起诉环节，检察机关必须查明"犯罪事实、情节是否清楚""证据是否确实、充分""犯罪性质和罪名的认定是否正确""有无遗漏罪行和其他应当追究刑事责任的人"及"是否属于不应追究刑事责任的情形"等。相应地，法院不再担负通过庭审查明案件事实的主要责任。法院的工作重点是审查认罪认罚的自愿性和具结书内容的真实性与合法性，其对案件事实的心证要求也应与非认罪认罚案件有所不同：只要在确保被追诉人自愿认罪认罚、具结书依法制作并真实反映了被追诉人的意思的基础上，有足够的证据使法院合理地相信被追诉人实施了犯罪行为即可。一言以蔽之，同德国认罪协商改革中的争论非常相似，证明标准保持说反映出的只是合意式庭审理念与我国传统审判原则之间的紧张关系，以及被传统审判原则影响多年的法律人在推行合意式庭审中试图兼顾二者的纠结心态和理想愿景。事实上，认罪认罚案件既不应该也无必要与非认罪认罚案件一样，将对案件事实与证据的法庭调查与法庭辩论作为庭审的重心，要求庭审遵循完全一致的事实认定标准。

然而，即便是认罪认罚案件中法院的真实责任有所减轻，心证标准有所改变，法院终归还是负有一定的真实责任，需要保障认罪认罚的真实性。但在法庭调查和辩论程序简化乃至省略，特别是在速裁程序中法院还应当当庭宣判的情况下，法院该通过何种途径审查控辩合意的事实基础呢？最现实的选择可能就是充分运用庭前阅卷。作为一个法律虽无明文要求但法院却不可能省略的环

---

[1] 参见王禄生：《美国司法体制的数据观察》，法律出版社 2018 年版，第 174 页。
[2] 参见肖沛权："论认罪认罚案件的证明标准"，载《法学杂志》2019 年第 10 期，第 24 页。

节，认罪认罚案件的庭前阅卷最能体现法院的真实责任。合意式庭审事实审功能的弱化意味着法官在开庭之前就需要通过阅卷等基本完成案件的书面审理，就案件的事实认定方面的问题得出初步的结论，乃至如有些法院的做法，庭前就已草拟好裁判意见。[1] 其实，由于《刑事诉讼法》对书面证据的证据能力和证明力持肯定态度，我国的刑事庭审一直采取的都是庭外阅卷加庭审的二元构造，并形成了一种以案卷笔录为中心的裁判模式，只不过认罪认罚案件的审理对二者的功能进行了更加清晰地区分，对阅卷之独立的事实审功能更加倚重。有论者认为，法官预先阅读卷宗，容易对被追诉人形成先入为主的有罪预断，导致庭审流于形式，因此谓之全卷移送制度的重大积弊。[2] 在庭审实质化改革的试点中，为了避免预断，也有法院尝试要求除程序法官外的其他合议庭成员庭前不阅卷。[3] 但在合意式庭审程序模式下，庭前预断不仅不再是问题，反而是其完整的认罪认罚真实性保障机制的必要组成部分。

五、合意式庭审中的裁判权限

合意案件对庭审程序的简化也涉及法官的裁判权限。主流观点认为，作为一种"公力合作模式"，协商性司法的本质就是刑事追诉机构与被追诉人通过协商与妥协来决定被追诉人的刑事责任。[4] 没有法院对妥协方案的认可或接受，协商性司法就不可能实现。因此，法院愿意在一定程度上与控诉机关分享裁判权是协商性司法的前提，也是合意案件庭审简化的根基。

但难题在于，过于强调合意或协议对裁判的制约虽可大大简化庭审程序，但容易导致对裁判权的不当压制及案件处理的过度行政化，进而撼动审判中心的法治原则，反之，过于弱化合意或协议对裁判的制约则会破坏协商的动力机制，无以实现庭审的简化。因此，尽管在不同的法律体系中法官对协议过程的参与或干涉程度有巨大差异，如在英美法系的辩诉交易制度中，法官通常不参与交易过程，只扮演消极的审查者，而在大陆法系的认罪协商制度中，法官则被鼓励参与协商，甚至辩方只能和法官协商。但是，在限制合意式庭审中法官

---

〔1〕 参见胡云腾主编：《认罪认罚从宽制度的理解与适用》，人民法院出版社2018年版，第294页。

〔2〕 陈瑞华：《刑事诉讼的中国模式》，法律出版社2018年版，第267页。

〔3〕 参见石凌云："庭审实质化改革背景下法官庭前阅卷制度反思"，载《西南石油大学学报（社会科学版）》2016年第6期，第51页。

〔4〕 陈瑞华："刑事诉讼的公力合作模式——量刑协商制度在中国的兴起"，载《法学论坛》2019年第4期，第5页。

裁判权的基本思路大体一致：实践中，法官不会轻易拒绝协议，庭审有时更像是"走过场"，协议的内容很大程度上成为"终局性裁决"。[1]而在法律上，法官有选择接受或拒绝协议的权力，不会仅仅因为合意而背负必须批准的义务，[2]极少有国家在形式上直接否定法官的裁判权。

与域外基于默契的柔性制约不同，我国《刑事诉讼法》第201条明确规定了基于控辩合意的指控意见（指控罪名和量刑建议）对于法院裁判的制约力，即，原则上，人民法院均应采纳检察机关的指控意见；如果存在五种法定情形之一的，可以不采纳指控意见；在人民法院认为量刑建议明显不当，或者辩方对量刑建议提出异议时，应给予检察机关调整量刑建议的机会。综观五种法定例外情形，前三种均已不再符合认罪认罚从宽制度的适用条件，第五种是兜底条款，只有第四种情形，即"起诉指控的罪名与审理认定的罪名不一致"是符合适用条件前提下的一个具体的例外。《刑事诉讼法》第201条至少包含了三层意思：（1）法院在对符合认罪认罚从宽制度适用条件的案件依法作出判决时，一般应当采纳检察机关指控的罪名，除非起诉指控的罪名与审理认定的罪名不一致。该规定看似与《高法解释》第295条第1款第2项"……指控的罪名不当的，应当依据法律和审理认定的事实作出有罪判决"的要求一致，但事实上还是带有明显的支持采纳的偏向性。在认罪认罚案件中，法院虽然同样有保证罪名认定准确性的义务，但合意式庭审事实审功能的简化乃至省略大大减少了法院经审理认定新罪名的可能性。而且，法院拒绝采纳指控罪名的另一重阻力在于：一旦拒绝采纳指控罪名，"人民检察院基于原指控的罪名提出的量刑建议也不再具有参考价值"，[3]相当于彻底否定了控辩合意，案件也就很难再按照合意式庭审程序进行。（2）对于符合认罪认罚制度适用条件的案件，人民法院在依法作出判决时一般应当采纳人民检察院提出的量刑建议，除非量刑建议明

---

[1]〔瑞士〕古尔蒂斯·里恩：《美国和欧洲的检察官——瑞士、法国和德国的比较分析》，王新玥、陈涛等译，法律出版社2019年版，第8页。

[2]《美国联邦刑事诉讼规则》第11条（c）（3）（A）项规定：在本规则第11条（c）（1）（A）项或（C）项所载明的辩审协议的内容范围内，法院可以接受、拒绝，或者等待审阅判决前调查报告之后再做决定。而《德国刑事诉讼法典》第257条c也赋予了法官对辩审协议较为宽松的背离权。

[3] 王爱立：《中华人民共和国刑事诉讼法修改条文解读》，中国法制出版社2018年版，第144页。但值得一提的是，《指导意见》第40条第2款规定："对于人民检察院起诉指控的事实清楚，量刑建议适当，但指控的罪名与审理认定的罪名不一致的，人民法院可以听取人民检察院、被告人及其辩护人对审理认定罪名的意见，依法作出裁判。"该条指出了另外一种特殊情形：拒绝采纳检察机关的指控罪名，但依然采纳检察机关提出的量刑建议。

显不当,且人民检察院拒不调整或调整后仍然明显不当。据此,法院无权在量刑建议仅仅存在微小偏差或不太适当时予以拒绝。而且,即便法院经审理认为量刑建议明显不当,也不能直接拒绝,而应给予检察机关调整量刑建议的机会。但需要注意,《指导意见》第40条刻意强调了法院对量刑建议的审查职责,并且提出,只有"量刑建议适当的",人民法院才应当采纳。显然,该条解释与《刑事诉讼法》第201条的立法精神并不一致,甚至与《指导意见》第41条法院只在量刑建议明显不当时才告知检察机关调整的规定自相矛盾。(3)对于符合认罪认罚从宽制度适用条件的案件,法院一般应当作出有罪判决。《刑事诉讼法》第201条"一般应当采纳"指控意见的前提当然就是法院需要作出有罪判决。证据不足并没有被明确列为例外情形之一,最多被解释入"其他可能影响公正审判的情形"的兜底条款。尽管按照《指导意见》的要求,对于被追诉人虽认罪认罚,但证据不足而不能认定其有罪的,法院应依法宣告其无罪。但是,至少在适用速裁程序和简易程序审理的认罪认罚案件中,这种情况几乎很难发生,因为"证据充分"是这两种主要的合意审程序适用的前提条件之一。

不难看出,在规范层面,我国赋予了基于合意的指控意见对于法院裁判的刚性制约力,不仅突显了合意式庭审中法官角色从裁判者到审核者的过渡,更为紧要的是,它还直接限定了法官审核结论的倾向性。不可否认,该种立法方式可以增强被追诉人从宽利益的确定性和可预期性,确保制度层面从宽承诺的兑现,强化对被追诉人认罪认罚和同意程序简化的激励。但其负面效果也不容小觑,有可能减弱法院对量刑建议审查的全面性、实质性和有效性,削弱法院防范非自愿认罪和量刑不公的终局把关作用。[1]这也许正是《指导意见》第40条以"适当性审查""拒绝采纳时的说理"等柔化指控意见制约力的原因所在。

此外,还应注意,指控意见对裁判刚性制约力的规定调整了刑事诉讼的基本权力配置,使得合意式庭审在某种程度上变成了对指控意见的审核,而检察机关成为一定意义上的"裁判者"。在错案责任终身追究的背景下,对于法院而言,这种改变的主要障碍可能不在于是否愿意"放权",而是如何分配错案责任。在层层把关式的诉讼模式下,在三机关分工负责、配合制约的诉讼原则下,各专门机关的根本诉讼任务相同,专门机关的权力也无高低之分,一旦发生错案,各机关相应承担在各自主持的诉讼环节把关不力的责任,不会因为审

---

[1] 参见闫召华:"论认罪认罚案件量刑建议的裁判制约力",载《中国刑事法杂志》2020年第1期,第22-23页。

判属于最后一道防线就认定法院负主要责任，同样，也不宜以"没有检察机关的错捕错诉就没有冤假错案"为据，想当然地认为检察机关是刑事错案的第一责任人。[1]认罪认罚案件诉讼程序虽然在整体上依然符合层层把关的诉讼构造，但不管在事实认定、法律适用、权利保障还是程序推进方面都带有明显的检察主导特征，这决定了，对于合意型的冤错案件，检察机关确实应该承担起主导者的责任，而法院则承担审核者的责任，而不应该是一般意义的裁判责任。按照"权责一致"理念的要求，多大的权力对应着多大的责任，如果让审核者继续承担审判者的责任和风险，法院就会无所适从，既有可能增大检察机关权力失范的风险，也有可能迫使法院不得不以审判的方式进行审核，有违合意审程序的初衷。

当前，以"庭审实质化"为要旨的"以审判为中心"的诉讼制度改革正如火如荼地推进，而以合意式庭审为重要内容的认罪认罚从宽制度改革通常被视为一种配套措施。合意式庭审着眼于"简案快审"，提高诉讼效率，优化刑事司法权的配置，而庭审实质化则是为了促进"繁案精审"，推进严格司法。一个立足于合意，一个立足于对抗，两者的用力方向看似不同，但其实并无对立。在案多人少的矛盾之下，没有"简案快审"无以实现"繁案精审"，而做不到"繁案精审"则不区分繁简的快审也必然丧失正当性。合意式庭审毕竟只是应对司法超负荷的无奈选择，其存在的目的不仅不是否定贯彻庭审实质化要求的对抗式庭审，反而是要维护这种现代法治社会基本审判构造的有效运作。但当前的困境是，我国的庭审程序改革是从层层把关式的传统诉讼模式出发的，"优化司法职权配置"和"推进严格司法"需要同步进行，也就是说，合意审程序改革是在对抗审的基本理念和规则尚不健全的情况下推进的。合意式庭审的过度"简化"有可能伤及庭审实质化改革的内核，妨碍严格司法之理念与规则的构建，而过于强调合意式庭审的实质化则会导致"简而不简"，难以满足对合意式庭审繁简分流功能的现实期待。这就要求我们必须在程序分型、权利保障、事实认定、裁判权限等各个方面，谨慎区分哪些可以在合意式庭审中简化或特别化处理，哪些则是不能触碰的底线，最终在政策协调、价值权衡、效果评估的基础上构建我国多层次的庭审程序体系。

---

[1] 娄凤才：" 检察机关是刑事错案的第一责任人"，载《检察日报》2020年3月11日，第3版。

第三节　强制措施的轻缓：认罪认罚案件的非羁押化

尽管受法律传统、司法理念、诉讼构造等因素的影响，各国认罪案件从快从宽处理的模式并不完全相同，但在运作程序上几乎都有一个共同特征，即尽量以非羁押的方式进行。近年来，我国也在推进刑事诉讼中认罪认罚从宽制度的完善，不断健全认罪案件和不认罪案件的分流机制。而且，立法者也注意到了认罪认罚被追诉人的羁押问题。2018年《刑事诉讼法》第81条第2款规定："批准或者决定逮捕，应当将犯罪嫌疑人、被告人涉嫌犯罪的性质、情节，认罪认罚等情况，作为是否可能发生社会危险性的考虑因素。"而《指导意见》更是用3个条文细化了认罪认罚案件强制措施的适用问题，其主旨就是尽量减少认罪认罚案件羁押性强制措施的采用。据最新的统计，伴随着认罪认罚从宽制度的广泛适用，"审前羁押率从2000年的96.8%降至2020年的53%"。[1]但仍需要深入思考的问题是，在认罪认罚从宽制度改革之前，在决定采用羁押性强制措施时，我国是否考虑了认罪因素？现在为什么强调要降低认罪认罚案件的羁押率？促进认罪认罚案件的非羁押化有无正当性？在当前的条件下，又该如何进一步促进认罪认罚案件的非羁押化？本节拟对这些问题作一初步探讨。

一、我国认罪案件羁押化及其成因

在法治发达国家，未决羁押通常被视为一项特别措施，其适用不是一项原则，而只能是一种例外。法国自19世纪末就开始朝自由方向改革先行羁押制度，以减少实行未决羁押的情形。2005年，在623 005个被定罪的人中，只有35 309人适用了先行羁押，约占5.7%。从1999年至2007年，每十万法国人中先行羁押的人数一直在27.1到34.5之间波动。[2]不管是从绝对数量还是从占比来看，德国的待审羁押率都要比法国还低，在相同时期内，每十万德国人中待审羁押人数的波动范围仅在16到21.9之间。在英国，每十万人审前羁押数

---

[1] 参见2020年《最高人民检察院工作报告》（第十三届全国人民代表大会第四次会议，张军，2021年3月8日）。

[2] 如无特别标注，所有欧盟成员国未决羁押数据均来自于：A. M. van Kalmthout, et al. Pre-trial Detention in the European Union, Nijmegen: Wolf Legal Publishers, 2009, pp. 33-938。需注意的是，该书中统计的未决羁押者包括未受审的、已受审未作出判决的、已判决而被告人提出上诉的或者尚在法定上诉期内的所有被羁押者。

长期稳定在 23.6 到 25 之间。在意大利，预防性羁押的适用率相对较高，但每十万意大利人预防性羁押人数也被控制在 34.4 到 48.2 之间。据统计，2007 年，所有欧盟成员国十万人审前羁押率平均约为 29.8，其中，爱沙尼亚、卢森堡、斯洛伐克审前羁押率最高，分别为 69.6、59.8 和 53.9，而芬兰、塞浦路斯、罗马尼亚较低，分别为 9.6、13.1 和 14.6。美国的情况比较特殊，近年来，受非法移民等特定案件的影响，联邦司法系统审前羁押率呈上升趋势，2012 年达到 66.6%。[1]但美国的很多州还是在坚定不移地促进审前释放。以康涅狄格州的纽黑文市为例，绝大多数被逮捕人通过警察现场签发传票、出具书面出庭承诺或提交保释金而释放，"只有 11% 的被告人被羁押到最后处理"，其中，审前羁押两天以上的仅占 6.1%。[2]

然而，与上述多数国家的实践不同，我国的刑事诉讼却形成了对未决羁押的路径依赖。最高人民检察院的工作报告显示，[3]1993 年至 2001 年九年间，全国检察机关批准、决定逮捕的犯罪嫌疑人与提起公诉的被告人的比率即捕诉比竟有七个年头超过了 100%。虽然 2002 年以后，这一数字在整体上呈现出不断下降趋势。特别是在 2012 年《刑事诉讼法》实施后，2013 年度、2014 年度、2015 年度捕诉比分别降为 65.4%、62.5%、62.8%，[4]但仍然保持在 60% 以上。如果考虑到捕后变更强制措施、捕后不起诉、部分直诉案件法院在审判阶段决定逮捕等情形，刑事案件中单纯的逮捕适用率肯定会比捕诉比还要高。而从每十万人逮捕的平均适用人数看，自 1996 年以来，我国的未决羁押率也一直在高位徘徊。2007 年到 2009 年还一度超越 70%，适用率最低的 1997 年也达到了 43.5%。而且，耐人寻味的是，就变化趋势而言，每十万人平均逮捕率与捕诉比截然不同，并没有表现出明显的下降势头，而是一种周期性的波动（参见图 4-1）。此外，还必须指出，在我国，逮捕并不是唯一的羁押性强制措施。作为侦查主体可自行采用的临时剥夺被追诉者人身自由的强制方法，刑事拘留的时间最长可以达到 37 天，而其适用理由实质上却仅需要足够的犯罪嫌疑即可，且没有犯罪严重程度的限制或者必要性的要求，从而导致了实践中刑事拘留的普遍

---

[1] 数据来源于美国司法部官网发布的"*Federal Justice Statistics, 2012-Statistical Tables*"，载 http://www.bjs.gov/content/pub/pdf/fjs12st.pdf，最后访问日期：2016 年 5 月 5 日。

[2] [美] 马尔科姆·M. 菲利：《程序即是惩罚——基层刑事法院的案件处理》，魏晓娜译，中国政法大学出版社 2014 年版，第 191 页。

[3] 相关数据还参考了《中国法律年鉴》《中国统计年鉴》。

[4] 2015 年数据为检察机关批准逮捕人数及提起公诉人数之比。

适用，几乎成为逮捕的必经程序。尽管由于对犯罪的界定不同，单纯从数据上特别是从捕诉比、逮捕率等相对数值中比较中外羁押率的高低可能不太妥当，[1] 但在我国，羁押是原则，非羁押只是例外，羁押性强制措施的常态化适用是不争的事实，因此，在该种意义上，将我国刑事诉讼称为羁押性诉讼并不过分。

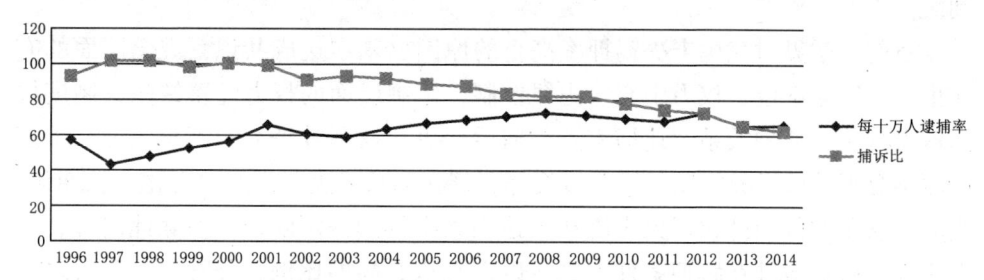

图 4-1　我国 1996 年至 2014 年每十万人平均逮捕率与捕诉比

那么，在这种羁押性诉讼中，公安司法机关决定采用拘留、逮捕时是否会考虑被追诉人认罪与否问题呢？答案显而易见。调研表明，侦查阶段初次讯问中犯罪嫌疑人的认罪率基本上保持在 70% 以上，而侦查终结时则可达到 90.4%。[2] 但同时，侦查机关却对 93% 以上的被追诉人采取了刑事拘留措施，个别地区的刑拘率甚至高达 97%，[3] 超过其他任何强制措施。这至少意味着，被追诉人是否认罪并不是侦查机关在把握拘留条件时关心的问题，大多数认罪的被追诉者，不管罪行轻重与否，刑事诉讼伊始，就被剥夺了人身自由。另一方面，上已述及，就捕诉比来说，逮捕在我国刑事诉讼中也有 60% 以上的适用率。而在审查起诉、审判阶段，犯罪嫌疑人、被告人的认罪率虽然可能会有所下降，但一般维持在 70% 左右。[4] 在部分地区，刑事审判程序中被告人认罪案件能占到所有审判案件的 85% 到 90%。[5] 换言之，在适用逮捕措施的案件中，认罪案件占有相当大的比重。这一点在北大法宝的案例与裁判文书库中也得到了印证。在其收录的 1 843 801 件刑事一审判决书中，采取逮捕措施的有 1 018 789 件，其中

---

[1] 参见张彬：《破解"羁押率"之惑》，《人民公安》2007 年第 18 期，第 17-18 页。
[2] 闫召华：《口供中心主义研究》，法律出版社 2013 年版，第 140 页。
[3] 孙长永、武小琳："新《刑事诉讼法》实施前后刑事拘留适用的基本情况、变化及完善——基于东、中、西部三个基层法院判决样本的实证研究"，载《甘肃社会科学》2015 年第 1 期，第 167 页。
[4] 段钰秋："新刑事诉讼法视野下被告人认罪制度研究"，载 http://www.scfzw.net/flfwmk/bencandy.php? fid=90&id=1953，最后访问日期：2016 年 3 月 29 日。
[5] 顾永忠："试论量刑与量刑程序涉及的关系"，载《人民检察》2009 年第 15 期，第 6 页。

认罪案件921 461件，占到了90.4%。而在所有刑事一审判决书中，认罪案件为1 681 154件，占比91.2%，其中，有921 461件采取了逮捕措施，占认罪案件的54.8%。[1]这进一步表明，是否认罪并非司法机关审查逮捕时考虑的关键因素，相当一部分认罪的犯罪嫌疑人、被告人，也需要在羁押中等待起诉和判决。

目前，学界对我国未决羁押率高企的原因已基本达成共识，观念层面的有罪推定、社会本位、权力中心、犯罪控制，体制层面的权力配置缺陷，制度层面诉讼构造、捕押关系、逮捕审查、捕后变更、权利救济上的不足，司法管理层面不合理绩效考核机制的刺激，等等，都在助长未决羁押的常态化、长期化。当然，认罪案件羁押化现象也能从上述因素中得到一定解释，但除此之外，笔者认为，认罪案件在羁押案件中之所以占有这么高的比例，公安司法机关之所以对于认罪认罚的被追诉人也倾向于采取羁押性强制措施，可以从公安司法人员的以下两种担心中进一步理解。

其一，担心翻供。这类担心和被追诉人认罪的自愿性有关。长期以来，在口供的获取上，我们采取的是"强制性的取供机制"。自2012年开始，《刑事诉讼法》虽然规定了"反对强迫任何人证实自己有罪"条款，但并没有将其规定为被追诉人的一种权利；虽然在取供行为规则层面反对强迫，但在非法证据排除规则中并不完全排除"强迫"获取的供述，更未确立非自愿性供述的排除规则；虽然法律上未明确犯罪嫌疑人不配合讯问的法律后果，但依然保留了其"如实回答侦查人员提问"的义务；虽然赋予了被讯问人一定的防御性权利，但原则上并不允许辩护律师等参与讯问程序。不难看出，《刑事诉讼法》确立的取供机制还是带有明显的强制性。而在"强制性取供机制"下，高认罪率的实现——尽管存在但——主要不是靠被追诉人出于悔罪等动机的道德自觉，或者"坦白从宽"的正面感召，而是倚重"抗拒从严"的反面震慑。口供的获取及其稳定性的维持一定程度上是借助于高强度的"思想工作"、封闭的讯问环境、有限的律师帮助权等，特别是剥夺人身自由导致的心理压力和信息不对称而实现的。这也是侦查机关不太青睐认罪认罚从宽制度的原因之一。但即便如此，伴随着诉讼阶段、讯问主体、讯问场所、讯问环境的改变，翻供现象还是比较常见，令公安司法机关备感头痛。而且，"新刑诉法放宽律师会见的限制后，办案单

---

[1] 数据来源于北大法宝案例与裁判文书库。在统计认罪案件数量时，先单独或交叉使用认罪、如实供述、坦白等关键词搜索，然后作了去重处理。

位特别是检察机关自侦部门普遍反映案件难办了……不少案件在律师会见后犯罪嫌疑人都出现翻供"。[1]因此，在这种情况下，不采取拘留、逮捕措施，可能会增大取供难度，而认罪后解除羁押措施，则极有可能加剧翻供现象。

其二，担心安全。"正是由于审前释放的安全性不能得到保障，才导致审前羁押的普遍适用。"[2]表面上看，认罪案件审前释放的安全性应该会高于不认罪案件。然而，在强迫性取供机制下，被追诉人认罪的动机异常复杂，认罪并不一定代表悔罪，不自愿的认罪肯定是不真诚的，而自愿的认罪也不一定真诚。事实上，被追诉人在非羁押性强制措施譬如取保候审中"随传随到"的保证，是以被追诉人的诚实守信为道德基础的，当然，也需要违法失信行为的防范及制裁机制的外在保障。但实践中，受社会环境等多种因素的影响，被取保候审人逃跑，打击报复被害人、举报人、控告人，毁灭、伪造证据，串供，干扰证人作证，再犯罪或实施其他危害社会的行为等诚信失范现象绝非个例。尤其是部分城市外来人口犯罪占很大比重，取保候审后很难再找到人，导致诉讼无法顺利推进。而对于这类"脱保"行为，公安司法机关却只能没收保证金，责令具结悔过，重新交纳保证金、提出保证人，或者变更强制措施。对于逃跑的，则只能重新缉捕。违法失信的成本极低。这也是制约公安司法机关对认罪的被追诉人非羁押措施适用率较低的一个重要因素。

二、认罪认罚案件非羁押化的理论根据

在所有刑事强制性措施中，羁押最具有侵犯性，也最能集中反映公民人身自由权、无罪推定原则与法治原则下有效推进刑事程序的客观需要之间的紧张关系。一面是保持自由的被告人核心利益，另一面则是控制犯罪、远离犯罪的公众利益。[3]在权力和权利的冲突与平衡中，刑事诉讼的非羁押化逐渐成为大势所趋。首先，人生而自由，而人身自由是自由的最基础性的内涵之一，从而在根本上构成对未决羁押的限制。国家虽然有实施刑事法的职责，并有权基于社会保护而干预公民的人身自由，但该权力的行使必须保持谦抑和节制，必须将干预的程度控制在可容忍的范围之内。故而，联合国《公民权利与政治权利国际公约》等国际公约将追诉人获得审前释放规定为对于公民权的一种最低限

---

[1] 孙长永、闫召华：“新刑诉法实施情况调研报告（2015）”，载孙长永主编：《刑事司法论丛》（第3卷），中国检察出版社2015年版，第305页。

[2] 史立梅等：《刑事诉讼审前羁押替代措施研究》，中国政法大学出版社2015年版，第4页。

[3] 参见[美]唐·布莱克：《社会学视野中的司法》，郭星华等译，法律出版社2002年版，第26页。

度的保障，并特别强调未决羁押应当作为例外或最后手段。其次，非羁押化是无罪推定原则的必然要求。只有处于非羁押状态，被追诉人辩护权的行使才不会受到妨碍，并避免遭受非法取供，以及因为尚未判决的罪名受到相当于重刑的处分，从而体现无罪推定原则在被追诉人程序地位保障上的根本意义。此外，未决羁押容易使司法者对被追诉人涉嫌罪行的严重程度及其人身危险性、社会危险性形成先入为主的认识，进而对审判结果产生负面影响。而非羁押化则有利于减少"沉锚效应"，确保定罪量刑程序的公正性。正因如此，对羁押替代措施的强化也被视为刑事强制措施体系现代化的主要特征之一。[1]

当然，以上关于无罪推定对于非羁押要求的分析是以控辩双方"对抗"的一般诉讼形态为前提的。然而，在认罪认罚案件中，这一前提可能并不存在。虽然各国在诉讼目的、诉讼构造上有一定差异，但是，从无罪推定、控辩平衡到不得强迫自证己罪、辩护原则，从对抗制下的交叉询问到审问制下法庭审理的结构原则，这些基本的诉讼原则和程序设置却反映出它们共同的着眼点，即"加强嫌疑人、被告人的防御权，使其尽量获得与国家追诉机关进行理性对抗的机会"，[2]进而为解决控辩双方争议的刑事责任问题提供一套正当程序。而认罪认罚必然会对着眼于"攻防"的刑事诉讼结构与形式产生直接影响。这是因为，被追诉人一旦选择自愿认罪认罚，接受控方的指控意见和量刑建议，双方的争议消除了或仅成为有限存在，那些在"对抗模式"中被刻意强调的无罪推定、平等武装、证据排除或使用禁止等就会失去意义，诉讼模式转变为"合意"或"合作"，刑事诉讼会以"非对抗"的特殊方式运行。很显然，在认罪认罚案件——这种控辩双方"合作"大于"对抗"的博弈格局中，非羁押化会获得更多的支撑点。具体而言，认罪认罚案件非羁押化的正当性集中体现在以下两个方面。

就未决羁押的实质条件而言，认罪认罚会直接降低羁押的必要性。除了作为未决羁押前提条件的"犯罪行为的重大嫌疑"外，各国决定羁押时的考量因素会有不同侧重，但通常不外乎两个要件：一是被指控的犯罪性质和严重程度。如果未决羁押与案件的性质和预期判处的刑罚不成比例，不得命令羁押，而当被追诉人具有某些特定重罪的重大嫌疑时，则可以直接命令羁押。二是被追诉

---

[1] 参见郭烁：《刑事强制措施体系研究——以非羁押性强制措施为重点》，中国法制出版社2013年版，第46页。

[2] 陈瑞华："义务本位主义的刑事诉讼模式——论'坦白从宽、抗拒从严'政策的程序效应"，载《清华法学》2008年第1期，第32页。

人的社会危险性，包括逃跑或隐匿的危险，妨碍查证、掩盖真相的危险，以及威胁社会、再犯新罪的危险。当然，这两个要件很难截然分开，在许多国家，涉嫌罪行的性质与情节本身就是确定其逃跑、掩盖真相、再犯危险需要考虑的因素之一。虽然被追诉人未来潜在危险的确定"本质上是一个猜测性的问题"，[1]但毫无疑问，与被追诉人的性格、前科、过往表现、家庭及社交情况等因素一样，被追诉人认罪认罚与否与其社会危险性密切相关。认罪认罚不仅有利于控方固定有罪证据，减弱被追诉人妨碍作证、掩盖事实真相的动机，也在一定程度上减少了其逃跑及重新犯罪的可能性。考虑到社会危险性决定因素的复杂性及对裁判理性的尊重，各国刑事诉讼法中一般并未直接建立起认罪与社会危险性的法律联系，但这并不妨碍实践中羁押官员重视认罪情况成为习惯。事实表明，不管该国有没有确立沉默权，在羁押官员面前选择沉默、否认或者避重就轻并不明智，因为，当羁押官员使用模糊标准预测社会危险性时，实质上就是在判断被追诉人是否值得信赖，而不认罪或者不全部认罪将会降低被告人的可信度。特别是在社群主义社会中，国家鼓励被追诉人"在认罪的时候要表现出真诚的悔意"，所以，认罪总是与认罚、悔罪联系在一起，认罪也被认为是"被告人的道德觉醒"，反映了"寻求受害人和社群的谅解"、接受矫正改造并回归社会的期望。[2]在我国，真诚悔罪更是认罪认罚的当然内涵，至少在司法解释层面对此提出了明确的要求，即认罚就是被追诉人"真诚悔罪，愿意接受处罚"。而出于真诚悔罪的认罪必然大幅降低逃跑、再犯、妨碍诉讼的危险。所以，不难理解，即使在认罪认罚从宽制度改革提出之前，为什么最高人民检察院颁布的几个与未决羁押相关的司法解释中，均将认罪、悔罪表现列为评价逮捕必要性，特别是其中的被追诉人社会危险性的重要因素之一。此外，认罪认罚还可以通过减少预期惩罚，改变逃跑、妨碍查证、再犯的机会成本，影响采取非羁押措施后的行动策略，进一步弱化被追诉人的社会危险性。

从刑事诉讼中专门机关与被追诉人的互动关系看，认罪认罚案件非羁押化符合社会交换理论，体现司法宽容精神，并能够在整体上提高诉讼经济。社会交换理论认为，"在彼此的交往中，人类往往受到对获得各种类型的社会报酬之

---

[1] [英]约翰·斯普莱克：《英国刑事诉讼程序》，徐美君、杨立涛译，中国人民大学出版社2006年版，第121页。

[2] 陆红、马磊："中国刑事案件中的认罪与裁决"，载《光华法学》（第七辑），法律出版社2013年版，第5页。

渴望的支配,由此发生的利益交换塑造着社会关系的结构"。[1]人们追求交往的报酬,并且为了得到报酬而愿意付出报酬,从而使社会交往表现为一个交换过程。而在刑事诉讼中,不管是国家,还是被追诉人,他们的诉讼目标只有通过与对方的互动才能达到,并且需要采取有助于实现这些目的的手段,于是,交换就成为专门机关与被追诉人对抗与合作的基础。对于国家而言,虽然不能仅因被追诉人不认罪认罚就加重处罚,但被追诉人认罪认罚不仅大大节约了国家的追诉成本,而且还"反映了被告人的悔罪心理,说明被告人很有可能早日回归社会",[2]作为一种交换,理应通过从宽处理作为报答性回应。辩诉交易制度的存在,已经使得控辩双方的交换在许多国家日益具有市场形式。国家可以用于交换认罪的"报酬"包括实体利益和程序利益。在实体利益方面,"有罪答辩会获得比无罪答辩后定罪更轻的判决,是一条根基稳固的普通法原则",[3]而大陆法系国家也会对认罪的被追诉人区分情况给予刑罚上的减免。而交换认罪的程序利益,可以是程序的简化,即对认罪案件采用省略预审、简化庭审,甚至是无须预审、无须开庭的速决机制,也可以是程序的轻缓化,即对认罪的被追诉人更多地适用附条件释放、无条件释放或者其他宽缓的非羁押保障措施。羁押、程序的拖延等程序"费用"本身可能不大,但在被追诉人眼中,"与定罪和量刑的实际影响相比","它们经常显得巍然耸立",[4]因而减少这些"费用"也对被追诉者有着更直接、更实际的吸引力。而且,实践中,羁押难免会被被控方"用作获取嫌疑人口供或者其更广泛合作的工具,嫌疑人受到如果不坦白交代就被审前羁押的威胁",[5]这本身就是控方的一种交换请求,非羁押化被控方更加明确地标示为认罪者的报酬。值得强调的是,认罪认罚从宽虽然不同于域外的辩诉交易,但在本质上也是一场博弈,而且是一场正和博弈。被告人以认罪认罚获取非羁押,而国家则以非羁押交换认罪认罚,尽管他们付出的成本和获取的好处不可能完全相同,但双方都能从交换中获益。亦即,认罪

---

[1] [美]彼得·M.布劳:《社会生活中的交换与权力》,商务印书馆2012年版,第57页。

[2] [德]托马斯·魏根特:《德国刑事诉讼程序》,岳礼玲、温小洁译,中国政法大学出版社2003年版,第82页。

[3] [英]约翰·斯普莱克:《英国刑事诉讼程序》,徐美君、杨立涛译,中国人民大学出版社2006年版,第507页。

[4] [美]马尔科姆·M.菲利:《程序即是惩罚——基层刑事法院的案件处理》,魏晓娜译,中国政法大学出版社2014年版,第188-189页。

[5] [德]托马斯·魏根特:《德国刑事诉讼程序》,岳礼玲、温小洁译,中国政法大学出版社2003年版,第98页。

认罚案件非羁押化——程序的轻缓和简易——不仅是被追诉人认罪认罚的报酬，也会给国家带来刑事司法边际成本的降低和法律资源配置的优化。

三、我国认罪认罚案件非羁押化的现实基础

认罪认罚会增强非羁押的正当性，而非羁押反过来又构成了对认罪认罚的有效激励。由此，认罪认罚案件非羁押化应是一种保障公正的前提下"简化简单多数"的比较有效的方式。就我国而言，认罪认罚案件非羁押化也是改变羁押性诉讼的必然逻辑，而且，当前的羁押常态化现象之下也正在凝聚自我解构的现实力量。

（一）实践条件："直诉"及"非羁押诉讼"的地方探索

虽然我国刑事诉讼中的逮捕率一直居高不下，但实践中，未经批准逮捕而由侦查机关直接移送审查起诉的案件也占有一定的比例，并且，还呈现出不断上升的趋势。这类案件一般被称为"直诉"案件。根据产生的原因不同，"直诉"案件表现为两种类型：一是"主动型直诉"，即侦查机关未呈请批准逮捕，在对犯罪嫌疑人采取取保候审、监视居住后直接移送审查起诉，或者对已逮捕的犯罪嫌疑人，侦查机关变更为取保候审、监视居住后移送审查起诉；二是"被动型直诉"，即在侦查机关呈请批准逮捕而未如愿的情况下，转而对犯罪嫌疑人采取非羁押性强制措施后移送审查起诉。其中，"主动型直诉"主要适用于案情相对简单，犯罪情节轻微，犯罪嫌疑人认罪、悔罪，社会危险性小，侦查机关认为无逮捕必要的案件。

"非羁押性诉讼"是近年来检察机关在"主动型直诉"案件的基础上提出和推动的。先是部分地方（如江苏武进、广东梅州等）的检察机关，在改革阻力较小的自侦案件中，对于认罪的被追诉人，扩大非羁押性强制措施的适用，探索非羁押侦查和非羁押审查起诉，实行"敦促投案自首—适用非羁押强制措施—建议非羁押刑罚"的办案模式。[1] 后来，部分地区以检察机关为纽带，公、检、法三家积极参与，扩大非羁押诉讼适用的案件范围，并将其贯穿于侦查、审查起诉、审判等各个环节。如河南省公安司法机关就曾于 2011 年联合下

---

[1] 参见卢志坚、陈万州："非羁押侦查：一个基层检察院的尝试"，载《检察日报》2008 年 11 月 19 日，第 8 版；阚乃忠、胡沐沂："南京铁检：多方举措确保非羁押案件侦查效果"，载《检察日报》2009 年 5 月 24 日，第 3 版；朱香山等："办案'四大变化'得益'非羁押'——广东梅州推行职务犯罪侦查新模式"，载《检察日报》2009 年 7 月 20 日，第 2 版等。

发《关于在办理刑事案件中实行非羁押诉讼若干问题的规定（试行）》（以下简称《非羁押规定》），[1]为非羁押诉讼确立了一套系统的办案机制。而且，该规定第6条将非羁押诉讼的适用对象限于"如实供述犯罪事实，有悔罪表现"的犯罪嫌疑人、被告人。

据报道，"非羁押诉讼"探索确实在一定程度上取得了预期成效。数据显示，自2006年至2010年，河南省郑州市人民检察院在试点期间，共适用"非羁押诉讼"16 143人，其中，公安机关取保直诉9041人，非羁押诉讼率由7.59%逐步上升到45.80%，[2]而未成年人被追诉人的羁押率则下降到50%左右。在《非羁押规定》颁行后，自2011年至2014年，河南全省检察环节非羁押诉讼率则分别为32.87%、39.39%、45.82%和45.26%。[3]而未决羁押率的降低也衍生出多重效果：[4]动摇了"构罪即捕""以捕代侦"观念，非羁押案件的轻刑率占提起公诉案件的近八成，而捕后轻刑率则明显下降，违法羁押、不当羁押现象显著减少；提高了悔罪率和刑事和解率，减少了对立面，促进了刑事矛盾解决方式的多元化；多名犯罪嫌疑人在政策的感召和家属的动员下，主动到公安机关投案自首；数百名未成年被追诉人，由于未被羁押而完成了学业，而非羁押诉讼也避免了交叉感染，未成年人犯罪现象也有所下降；适用了非羁押诉讼的案件"无一错案"，并且，还实现了"零信访""无脱逃""无重新犯罪"。

（二）法律支撑：强制措施适用原则和根据的调整

《刑事诉讼法》及相关的司法解释已经作了许多有利于认罪认罚案件非羁押化实现的制度调整，具体包括以下几个方面。

自2012年始，《刑事诉讼法》构建的强制措施制度更加强调对逮捕的审查和控制。首先，逮捕条件的设计体现了比例原则，并且将"社会危险性"细化规定为五种情形，进而也细化了逮捕与取保候审的"必要性"分界。其次，重

---

[1] 参见秦刚、吕峰："河南实行轻刑案件非羁押诉讼"，载《检察日报》2011年7月7日，第1版。

[2] 杨祖伟："批捕环节如何引导公安机关化解社会矛盾——对郑州市检察机关建立和完善'非羁押诉讼'机制的思考"，载《第六届国家高级检察官论坛论文集》，第75页。

[3] 参见2012年至2015年《河南省人民检察院工作报告》。

[4] 本段以下数据和资料参见邓红阳："万余名嫌犯不捕直诉无一错案的背后"，载《法制日报》2010年7月14日，第4版；陈宏钧等："河南郑州：'非羁押诉讼'四年探索成效多多"，载《检察日报》2011年7月31日，第3版；蒋剑华："对非羁押诉讼工作的分析与思考"，载《商丘师范学院学报》2014年第5期，第55页。

新定位监视居住,将"符合逮捕条件"规定为适用一般监视居住的前提,明确了监视居住作为羁押替代措施的性质。再次,针对实践中长期羁押、"一捕到底"现象,建立并不断完善捕后羁押必要性的持续审查机制,强化了对未决羁押的法律监督。复次,为了防止错捕、滥捕,增加了人民检察院审查批准逮捕时讯问犯罪嫌疑人、询问证人等诉讼参与人、听取辩护律师意见的规定。最后,将辩方申请解除超期强制措施的权利扩展为内容更加充实的申请变更强制措施权,并且还增加了有关机关对申请的处理程序的规定。以上法律调整既有实体层面的,又有程序、机制层面的,但宗旨是相同的,即,严格控制羁押性强制措施,强化羁押替代措施的适用。2018年《刑事诉讼法》将"认罪认罚"情况明确列为批准或决定逮捕时评价社会危险性的考虑因素之一。

《指导意见》除了重述《刑事诉讼法》第81条将"认罪认罚"情况纳入社会危险性的考虑因素之外,又对此进一步提出了三个方面的要求:(1)对于罪行较轻、采用非羁押性强制措施足以防止社会危险性的认罪认罚被追诉人,根据犯罪性质及可能判处的刑罚,依法可不适用羁押性强制措施。(2)被追诉人认罪认罚,公安机关认为罪行较轻、没有社会危险性的,应当不再提捕。对提请逮捕的,人民检察院认为没有社会危险性不需要逮捕的,应当不予批准。(3)已经逮捕的被追诉人认罪认罚的,司法机关应及时审查羁押的必要性,经审查认为没有继续羁押必要的,应当变更为取保候审或者监视居住。

其实,在认罪认罚从宽制度改革之前,认罪、悔罪也已经被纳入"社会危险性"的评价指标体系。2012年《刑事诉讼法》所列逮捕条件中"社会危险性"的五种情形在一定意义上均为犯罪嫌疑人、被告人不认罪或不悔罪的反映。因此,立法部门在解释这一条文时指出,"一些罪行虽然比较严重,但主观恶性不大,有悔罪表现,具备有效监护条件或者社会帮教措施"及"犯罪后能够如实交代罪行,认识自己行为的社会危害性、违法性"等,基本属于能够表明不会产生社会危险性的客观情形。[1]而《最高人民检察院关于在检察工作中贯彻宽严相济刑事司法政策的若干意见》也提出,在把握有无逮捕必要时,应当考虑"犯罪后是否具有认罪、悔罪表现";"对于轻微刑事案件中犯罪嫌疑人认罪悔过、赔礼道歉、积极赔偿损失并得到被害人谅解或者双方达成和解并切实履行,社会危害性不大的,可以依法不予逮捕或者不起诉"。同时,2012年《人

---

[1] 全国人大常委会法制工作委员会刑法室编著:《〈中华人民共和国刑事诉讼法〉释义及实用指南》,中国民主法制出版社2012年版,第196页。

民检察院刑事诉讼规则（试行）》第 144 条规定了六种涉嫌罪行较轻，可以作出不批准逮捕决定或不予逮捕的情形，其中有四项表述都反映了对被追诉人认罪、悔罪方面的要求，如"犯罪后自首、有立功表现或者积极退赃、赔偿损失、确有悔罪表现的"，"犯罪后有悔罪表现，有效控制损失或者积极赔偿的"，"犯罪嫌疑人与被害人双方根据刑事诉讼法的有关规定达成和解协议"，以及"未成年人犯罪嫌疑人或在校学生'本人有悔罪表现'，且其家庭、学校或相关组织具备监护、帮教条件的"。此外，《人民检察院办理羁押必要性审查案件规定（试行）》不仅在第 15 条将"悔罪表现"明确列为综合评估被追诉人继续羁押必要性的根据之一，更在第 18 条把"具有悔罪表现"规定为社会危险性较小、"可以向办案机关提出释放或者变更强制措施的建议"的十二种情形的前提条件。

（三）政策依据：宽严相济、认罪分流和慎捕政策

认罪认罚案件非羁押化也是落实当前刑事司法政策和改革举措的必然要求和当然结果。这些政策相互渗透，所形成的政策合力，不仅增强了认罪案件非羁押化的内在需求，也为认罪认罚案件非羁押化的稳步推进提供了有效的环境和契机。

一是宽严相济的刑事司法政策。在构建社会主义和谐社会和深化刑事司法改革的新形势下，党中央适时提出了宽严相济的刑事政策，强调根据个案情况，区别对待，当宽则宽，该严则严。随后，最高人民检察院、最高人民法院先后出台了贯彻实施宽严相济的意见。认罪认罚从宽制度其实就是宽严相济刑事司法政策的要求和体现。而在强制措施的适用上，同样应当贯彻宽严相济的精神，对于认罪认罚的被追诉人，可羁押也可不羁押的情况下不予羁押实质上也可以视为认罪认罚者的一种从宽利益。

二是认罪认罚案件从快处理的改革思路。我国在 1996 年《刑事诉讼法》中才开始规定简易程序，但并没有将认罪因素与简易程序直接联系在一起。2012 年《刑事诉讼法》在思路上开始出现重要调整，在繁简案件的确定上不再单纯考虑案件情节（可能判处的刑罚），转而以被追诉人是否"配合"为核心标准。而所谓的配合就是被追诉人认罪，对指控事实没有异议，以及同意适用简易程序。从法理上看，轻微刑事案件不一定简单，严重刑事案件不一定复杂，关键在于在主要事实或基本问题上控辩双方是否存在争议，因此，以被追诉人对指控的态度为标准更为合理。这也为 2018 年《刑事诉讼法》中认罪认罚案件快速

处理程序（速裁程序、简易程序、普通程序简化审）的构建奠定了坚实基础。但如果认罪认罚案件依然适用羁押性强制措施，特别是逮捕措施，不仅意味着对被追诉人的长期审前关押，逮捕的审批、变更流程本身就会占用较长时间。目前，不少地方正在试点"刑拘直诉""48 小时速裁"等程序，主要就是追求在刑拘乃至拘传的期限内走完刑事诉讼的全部流程，从而避开批捕程序，实现认罪认罚案件的极速处理。这类探索当然有助于促进认罪认罚案件的非羁押化。

三是"少捕、慎捕"政策。2007 年，为了在逮捕适用中落实宽严相济，《最高人民检察院关于在检察工作中贯彻宽严相济刑事司法政策的若干意见》中指出，必须"严格把握'有逮捕必要'的逮捕条件，慎重适用逮捕措施"，"能用其他强制措施的尽量使用其他强制措施"，"对于可捕可不捕的坚决不捕"。同样，2010 年，针对审判阶段的逮捕工作，最高人民法院《关于贯彻宽严相济刑事政策的若干意见》要求，如果采取非羁押性强制措施"足以防止发生社会危险性，且不影响刑事诉讼正常进行的，一般可不采取羁押措施"。对于"直诉"案件，"除存在被告人逃跑、串供、重新犯罪等具有人身危险性或者可能影响刑事诉讼正常进行的情形外，人民法院一般可不决定逮捕被告人"。而且，有意思的是，以上两个意见均将"拒不认罪悔罪"规定为应从严把握、从严处理的情形。2021 年 4 月，最高人民检察院发布的《"十四五"时期检察工作发展规划》中强调落实"少捕慎诉慎押"，除我国犯罪结构的变化，企业合规审查的需要，社会监控能力的提升以外，认罪认罚从宽制度的实施可谓最为重要的背景和动因。

四、我国认罪认罚案件非羁押化的深层障碍

实践中，面对认罪认罚的被追诉人，部分公安司法机关不愿"放"，不能"放"，也不敢"放"。而认罪认罚案件非羁押诉讼在各地的探索实践也并不尽如人意，"放"了后暴露出的问题比较多。概括起来，认罪认罚案件非羁押化在我国所面临的这些现实羁绊，主要表现为以下"四难"。

首先，获得认同难。在如何对待犯罪、如何对待认罪者上，"这种必须将所有犯罪连根拔起，所有的罪犯都必须受到惩罚的观念是深深扎根于中国基层人民心中的法律精神"。[1]认罪案件羁押的普遍化就反映出一种结果主义的价值

---

[1] 易延友：《中国刑诉与中国社会》，北京大学出版社 2010 年版，第 104-105 页。

观,即"以结果作为价值的唯一基础",将结果视为道德评价的最终尺度。[1]在结果主义者看来,未决羁押不仅有程序上的防范效果,还是一种有效的侦查手段及同犯罪作"斗争"的方式,而被追诉人认罪认罚不仅不会削弱,反而会增强在有罪判决前处以"重刑待遇"的正当性,而非羁押诉讼则容易与放纵犯罪、权钱交易、司法不公画等号。而且,在一个社群主义的社会中,在一个国家主义、集体主义成为主流价值评判标准的话语体系里,同时得到强化的还有群体利益的优位观。权力与权利、群体与个人、公共利益与个人权益明显处于不同位阶,在发生冲突时,通常是"以家为重""背私立公"。[2]因此,刑事诉讼中,在"惩罚犯罪""社会安宁""公共利益"这些崇高目标面前,对被追诉人——不管有没有认罪认罚——人身自由的限制或剥夺都是可以理解的。相反,非羁押化却很难找到有说服力的道德理由。甚至,在一些影响力大的案件中,审前释放被追诉人还可能会引起民愤,从而使整个刑事司法体系陷入被动。

其次,改变模式难。与"强制性取供机制"一样,未决羁押也属于"职权信赖"式刑事诉讼模式的一部分,而未决羁押的必要性实质上主要取决于专门机关的办案需要。因此,在羁押权配置上,担负控诉职能兼有侦监职能的检察机关负责逮捕及捕后羁押必要性的审查,而逮捕之外的其他剥夺或限制人身自由的强制措施侦查机关均可自行决定,几乎不受任何司法控制;在羁押实践中,"构罪即捕"则是对办案需要决定办案方式现象的最好注释。在这种彰显"职权信赖"的刑罚权实现程序中,被追诉人个体权利不仅无法形成对追诉权的反制,其存在和实现都还依赖于追诉权,恰如一个未成年人对于监护人的依赖。被追诉人的人身自由权等实体及诉讼权利虽然也会被关注,但其主体性却易被忽略。认罪认罚能否换取审前释放?在当前诉讼模式下,这是一个只有追诉者"综合权衡"后才能回答的问题。只要不改变诉讼模式,认罪认罚与未决羁押之间就很难建立起当然的交换关系,因为,总是处于"来源""方法""对象"地位的被追诉人没有交换的资本,而强势的追诉方可以利用天然的优势地位轻易维持较高的认罪认罚率,自然也就缺乏交换的动力。但诉讼模式应否改变、能否改变,绝非一个单纯的技术问题,它与国家权力的运行机制和社会治理方式紧密相关。

---

[1] [英]乔治·爱德华·摩尔:《伦理学原理》,长河译,上海世纪出版集团、上海人民出版社2003年版,第138页。

[2] 张岱年、方克立主编:《中国文化概论》,北京师范大学出版社1994年版,第359页。

再次，控制风险难。认罪认罚案件非羁押化能否防止被追诉人逃跑、掩盖真相或者重新犯罪的社会危险性，取决于被追诉人的个体因素和社会因素两大方面。被追诉人的性格、成长环境、婚姻状况、家庭关系、就业情况、先前记录、指控类型、到案方式、罪后表现等都对其社会危险性有所影响，但仅仅靠这些个体因素对社会危险性作出精确的评估和预测几乎是不可能的。美国纽约的维拉研究所等作过很多类似的尝试，但"总体来说，这些努力都黯然退场"。[1]我国也有论者试图借鉴美国经验，"用精算的方法"研究不同个体因素"影响取保候审成败的程度"，[2]统计数据虽然比较客观，但显然无法揭示相关因素对羁押与否的实际影响。而在这些个体因素中，认罪认罚对社会危险性的弱化作用也不能过高估计，这也是很多国家对特别严重犯罪规定径行逮捕的原因所在。除了个体因素，实践表明，专门机关与被追诉人（专门机关的权威）、社区与被追诉人（社区系统的健全）、社会与被追诉人（社会诚信体系及行为记录系统）这样三重互动关系在规制被追诉人行为方面起着更为关键的作用。然而，我国在非羁押化的社会支持体系上又极为欠缺。因此，目前，仅靠保证金或者保证人，并不能使认罪认罚非羁押化的社会危险变得确定、可控。而且，在我国，认罪认罚案件的非羁押化还需要面对一定的政策风险。着眼维稳大局是对刑事司法的基本要求，专门机关必须考虑办案的社会效果。而非羁押化很可能引起被害方的不满甚至怨恨，从而选择不断申诉、上访，或者采取其他过激行为，甚至引发群体性事件，制造新的不稳定因素。

最后，降低成本难。认罪认罚案件非羁押化对刑事诉讼运行成本的影响是复杂的。它可能通过减少羁押、对抗性诉辩等的费用降低专门机关的办案成本、被追诉人参与诉讼的边际成本，也可能因诉讼周期的延长、案件质量的下降而提高刑事诉讼的直接成本。从我国非羁押诉讼的实践看，普遍存在诉讼周期长、办案质量不高的问题。由于非羁押案件一般都是可能判处3年以下有期徒刑的轻微刑事案件，而公安司法机关通常会将司法资源向大案要案倾斜，对非羁押案件则缺乏足够重视，加之刑事诉讼法对这类案件的办案期限要求宽松，对公安机关的非羁押侦查甚至没有期限要求，导致部分办案人员任意拖延，无法再拖时后仓促办理。而较之于羁押案件，专门机关在非羁押案件的定性上往往也

---

〔1〕 [美]马尔科姆·M. 菲利：《程序即是惩罚——基层刑事法院的案件处理》，魏晓娜译，中国政法大学出版社2014年版，第218页。

〔2〕 张吉喜："如何客观评估'逮捕必要性'——基于3825件刑事案件的实证研究"，载《人民检察》2012年第7期，第68页。

比较随意，证据收集和固定上不及时、不全面，法律文书、卷宗制作上不完备、不规范，直接影响了办案质量。此外，我们还不能忽略被追诉人为了"购买自由"而付出的代价。认罪认罚案件非羁押化可能通过强化程序的自愿性减少错误成本、提高程序收益，但也可能通过"羁押即获自由"的内在强迫增加错误成本和道德成本，因为，认罪认罚通常都是在逮捕或羁押之后，"如果在答辩有罪后获得自由和主张审判权之后坐牢之间进行选择，这根本无须选择"。[1]当然，单纯从羁押的时间、释放的节点、认罪的时机等方面很难判断未决羁押对于被追诉人认罪认罚的确切影响，但可以肯定的是，对认罪认罚案件作非羁押化处理一旦成为原则，会反过来增进羁押对认罪认罚的强迫效果。

五、我国认罪案件非羁押化的方向与路径

（一）人权保障、犯罪控制与诉讼效率：认罪认罚案件非羁押化的价值平衡

在如何降低羁押率问题上，不少学者倾向于构建纯粹的新制度，认为应当彻底转变刑事诉讼的犯罪控制导向，确立被追诉人的审前释放权，建立起法院对未决羁押的严格的司法审查制度。诚然，"中国模式"不应成为拒斥变革的借口，但经验也反复提醒我们，借鉴域外经验虽然很有必要，但制度移植不可能是简单的照抄照搬。因此，上述论断需要进一步反思的是，刑事诉讼的犯罪控制导向真的非变不可吗？审前释放在我国是否适合被规定为一项权利？在当前司法权配置框架下，作为审查主体，人民法院难道肯定会比人民检察院更加独立、中立？甚至，更基本的问题，降低羁押率到底是为了什么？相对于立法，可以说，法律实践更能真实地反映出一国"国情、民心和理念的诸多侧面"。[2]这就要求，在决定羁押改革的路向时，必须考虑到我国的诉讼文化、权力与权利的关系、程序的定位、控制犯罪能力等整体的诉讼生态。降低羁押率说到底仅仅是价值实现的手段而不是最终目的。认罪认罚案件的非羁押化当然具有人权保障功能，但保障人权并不是认罪认罚案件非羁押化的唯一目的，只要制度设计足够合理，认罪认罚案件非羁押化同样可以增进犯罪控制、提高诉讼效率，进而实现国家与个人的"双赢"。譬如，最近发生的某影响力案件中，人们普遍质疑保释某些电信诈骗分子，其实，人们担心的可能不是审前释放本身，而

---

[1]〔美〕马尔科姆·M.菲利：《程序即是惩罚——基层刑事法院的案件处理》，魏晓娜译，中国政法大学出版社2014年版，第195页。

[2]〔意〕戴维·奈尔肯：《比较刑事司法论》，张明楷等译，清华大学出版社2004年版，第8页。

是担心最终使犯罪分子逍遥法外。如果认罪认罚案件的非羁押化同时能够保证更加高效、更为有力地追究犯罪，可能情况就会有所不同。"获得认同难"，也许只是因为不自觉地把"非羁押"置于了犯罪控制的对立面，把犯罪控制置于人权保障的对立面，为什么不能调整认罪认罚案件非羁押化使其符合结果主义价值观和群体利益优位观；"改变模式难"，也许只是因为先入为主地认为"模式"必须改变，为什么不能将非羁押化整合为"职权依赖"式刑事诉讼模式的有机组成部分。

(二) 实现认罪认罚案件非羁押化的具体路径

认罪认罚案件非羁押化要想真正融入我国特有的诉讼模式，获得广泛的社会认同，就需要尽量做到，认罪认罚是适格的，非羁押的决定程序是正当的，审前风险是可控的，犯罪控制依然有效，同时，不增加诉讼成本，甚至能有所减少。

1. 认罪认罚保障与审查机制

认罪认罚案件非羁押化既是认罪认罚案件诉讼程序的特征之一，也应该是我国认罪认罚从宽制度不可缺少的一环。而不管是对认罪认罚案件程序的简易化，还是对认罪认罚案件强制措施的轻缓化，都是以被追诉人认罪认罚为逻辑起点。因此，一个有效的认罪认罚保障与审查机制是认罪认罚案件非羁押化顺利推进的前提和基础。如果认罪认罚本身是非自愿的、不真诚的、被误导的、不真实的或者不稳定的，那么，非羁押化确实可能招致更大的诉讼风险和成本投入，这样的案件中对被追诉人处理得越快、越宽，可能越会离公正、人权等预期的价值目标越远，而以非羁押的方式从速、从宽的正当性也就会大打折扣。笔者认为，健全的认罪认罚保障与审查机制至少应该包含四个环节：第一个是认罪认罚的促进机制，即，或引导，或激励，为被追诉人提供有利于作出认罪认罚选择的环境和平台。根据被追诉人认罪认罚动因的不同，可以把认罪认罚的促进与生成机制进一步分为无条件认罪认罚的疏导机制和附条件认罪认罚的合意机制。第二个是认罪认罚的确认机制，即通过在侦查、审查起诉、审判等每一个诉讼阶段设置认罪认罚确认程序，为非羁押化等从宽、从速制度的启动设定明确的程序起点。第三个也是最重要的机制，即认罪认罚的保障机制，其通过（1）充分告知相关法律规定、被追诉人诉讼权利、非羁押化等从宽从速措施的确切内涵、认罪认罚的可能后果；（2）审查全案证据的印证关系；（3）调查或评估被追诉人的个体情况及罪后表现；（4）听取被追诉人及其辩护人的意见等，确保被追诉人认罪认罚的自愿性、明智性、真诚性和真实性。第四个是认罪认罚的反悔与机制，即为被追诉人认罪认罚的反悔与撤回、上诉、申诉等提供明确的途径和保障。

2. 非羁押化的实现及其形式

认罪认罚案件非羁押化的推进有赖于我国强制措施体系的调整。首先，应严格区分强制到案措施和强制候审措施。[1]可以考虑以拘留吸收拘传，改造为我国的强制到案措施，除自侦案件外，侦查机关拘留犯罪嫌疑人需经人民检察院批准，但允许侦查机关在紧急情况下实施无证拘留；将逮捕改造为我国的强制候审即未决羁押措施，其实施必须经人民检察院、人民法院决定或人民检察院批准。原则上，逮捕须以拘留为前提，这样既可以多一层审查把关，又可以在逮捕审查中凸显强制候审相对于强制到案的不同要求——羁押必要性。事实上，在认罪认罚案件中，逮捕的事实与证据条件相对容易满足，因此，认罪认罚案件不仅能大大减少侦查机关侦查初期的办案难度，从而使大幅缩短拘留时间成为可能，也使得审查、决定机关能有更多精力关注刑期和社会危险性条件，增加无逮捕必要的不捕的适用。当然，要想真正缩短拘留的时间，改变逮捕的性质，降低认罪认罚案件羁押率，必须修改逮捕条件，仅以"犯罪嫌疑"而非"犯罪事实"为适用前提，而侧重以"羁押必要"为逮捕理由。其次，不管是基于当事人申请，还是依职权启动，各专门机关原则上均可自主决定非羁押化的适用，但要接受检察机关的法律监督，并给予被追诉人寻求司法救济的机会。再次，进一步丰富取保候审的方式，并将无条件释放明确规定为非羁押化的具体形式之一。允许公安司法机关根据案件情况及被追诉人个体情况灵活确定取保候审的保证方式，可以"财保"，可以"人保"，对于认罪认罚的被追诉人也可以以保证书的形式具结释放，在确有必要时应允许同时采用多种保证方式。限制保证方式的并用容易使本来可以非羁押化的案件不得不采用羁押措施。而且，强制措施并不是每一个刑事案件所必须的，特别是对于轻微案件中认罪认罚的被追诉人，在特定情况下，完全可以适用附加一定条件（需要遵守的义务）甚至是不附加任何条件的审前释放。复次，合理确定被追诉人意见对非羁押化的实际影响。被追诉人认罪认罚可以削弱逮捕的理由，并为案件以非羁押的方式从速从宽办理提供正当根据，但如果被追诉人欠缺羁押的必要性，即便其不申请非羁押化措施甚至主动要求逮捕，案件也必须以非羁押的方式进行，

---

〔1〕 参见孙长永："比较法视野中的刑事强制措施"，载《法学研究》2005年第1期，第112页。

而不能以未决羁押预支刑罚。最后，通过"审批倾斜"和"多重说理"明确政策导向，在工作机制层面强化对认罪认罚案件羁押必要性的审查。其基本精神就是，除需径行逮捕的以外，要为逮捕认罪认罚被追诉人设置比非羁押化更多的机制障碍。譬如，在内部审批上，可以与现行做法反其道而行，规定批准或决定"逮捕"认罪认罚的被追诉人必须经过"三级审批""定期审查"等更为严格的程序，而不捕原则上可由主办人员独立决定。而所谓"多重说理"，既要求侦查机关提捕认罪认罚被追诉人时要说明理由，也要求检察机关在作出决定时说明理由；既要在不捕时说理，也要在批准或决定逮捕时说理，而且，说理还要更为充分；既要向公安机关说理，也要向被追诉人说理。"多重说理"要求对被追诉人的社会危险性进行准确、全面的调查和评估。

3. 审前释放风险控制机制

只有有效控制审前释放的诉讼风险，保证犯罪控制的有效性，兼顾刑事诉讼的社会效果，才能真正消除认罪认罚案件非羁押化的后顾之忧。笔者认为，我国审前释放的诉讼风险可大致分为掩盖真相的风险、逃匿的风险、再犯或继续危害社会的风险和被害方非理性申诉上访及社会舆论风险等四类。对这四类风险的控制，一方面依赖于社会危险性评估阶段定性与定量分析相结合的筛查过滤，另一方面也要仰仗审前释放后的应对机制。具体而言，对于掩盖真相的风险，可以通过从严把握认罪认罚案件非羁押化的事实条件予以防范，确保自愿供述得到了有效补强，或在不考虑口供的情况下依然形成相互印证的有罪证据体系，尽可能地消除被追诉人非羁押化后翻供、串供或妨碍作证的动机。对于逃匿的风险，部分地区试点的"手机定位"或"电子手环"等方式在防范被追诉人，特别是异地户籍被追诉人逃跑或隐匿上有一定效果，可作推广。此外，还可以考虑在刑法上增设脱保罪，追究脱保人的刑事责任，增加违法成本，抑制逃匿动机。对于再犯或继续危害社会的风险，可通过"禁止令"设定特殊义务，阻隔不良因素的刺激，同时加强有关机关对被追诉人非羁押化期间的监督管理，并引入"观护基地"、志愿者、公益组织等第三方力量的参与，尽量使认罪认罚的被追诉人在候审期间不脱离社会，在宽容的环境中矫正自己的犯罪心理。对于被害方非理性申诉上访及社会舆论风险，认罪认罚案件更有控制的便利条件。认罪悔罪的被追诉人通过赔礼道歉、赔偿损失可以获得被害人的谅解，或者达成和解，平复被害方的怨恨情绪，进而降低涉诉群体性事件及舆情事件发生的概率。而公安司法机关则可以在双方的沟通中发挥积极作用。当然，作为控制审前释放风险的治本之策，还是要"充分利用规范、组织和信息等社会控制机制提高社会管控能力",[1]构建社会信用体系,增强非羁押化的社会支撑。

4. 诉讼效率保障机制

为了在确保认罪认罚案件办案质量的同时,尽可能地提高办案效率,应以非羁押为基础,构建"全流程""多层次"的认罪认罚案件快速办理程序。当前"速裁程序"虽然在客观上可以减少羁押时间,但在羁押率上仍有降低空间,在强制措施的适用方面尚未充分体现出"从速、从宽"精神。如上所论,除了适用径行逮捕的情形外,非羁押理应成为认罪认罚案件快速办理程序的主旋律。而在简化办理以非羁押方式推进的认罪认罚案件时,一方面要尽量做到"全流程",即尽可能缩短每一个诉讼阶段,特别是侦查、审查起诉阶段的办理时间,明确限定非羁押案件,尤其是非羁押侦查的期限,尽可能缩短非羁押案件在专门机关内部流转造成的时间损耗。另一方面也要力求"多层次",即全面考虑各种不同的简化根据,进一步细化和丰富认罪认罚案件多元速办程序体系。可以考虑创设我国的刑事处罚令程序。同时,在程序适用上,赋予被追诉人更多的选择权,寻求程序正当化与程序简易化的最优结合点。

---

[1] 史立梅等:《刑事诉讼审前羁押替代措施研究》,中国政法大学出版社2015年版,第225页。

第五章
权利保障机制

认罪认罚案件诉讼程序的简化必然在一定程度上导致被追诉人诉讼权利的克减。鉴于此,除了给予被追诉人对应的认罪认罚利益外,还至少应该从三个方面增进被追诉人诉讼权利克减的正当性:一是确保被追诉人认罪认罚及程序选择的自愿性,充分尊重被追诉人的自由意志,重视听取被追诉人的意见。二是允许被追诉人认罪认罚后任意反悔,完整保留和全面保障权利型上诉机制,避免以"报复性抗诉""上诉理由审查制"等形式对被追诉人反悔上诉施加不合理限制。三是构建以值班律师、法律援助辩护律师、委托辩护人等为主体的错落有致、多元互补的法律帮助体系,确保被追诉人及时获得合理、有效的法律帮助。

第一节 认罪认罚自愿性的保障

在推进认罪认罚从宽制度改革的过程中,认罪认罚自愿性的保障可以说是最为陌生、最为复杂,当然也是最为关键的问题之一。之所以说其陌生,是因为,直到2018年修改《刑事诉讼法》之前,刑事诉讼法中都没有明确出现自愿性的字眼,相关司法解释及《认罪认罚从宽试点办法》中对自愿性也是语焉不详,对已经习惯了社会本位、义务本位和职权本位刑事诉讼模式的公安司法机关而言,自愿性及以之为基础的制度架构也许意味着一个崭新的话语体系;之所以说其复杂,是因为认罪认罚自愿性的概念抽象,影响自愿性的因素又有很多,很难建立客观化的评价标准,即便在美国,虽然确立认罪答辩自愿性和自白任意性规则已经五六十年,但联邦最高法院对于自愿性的认识依然充满犹疑、摇摆、困惑和反复;而之所以称其最为关键,则是因为,认罪认罚自愿性的引入,不仅仅牵涉从宽从简处理的正当性,还可能意味着对被追诉人意志自由、人格尊严和程序主体性的更多关注,进而助益于现代刑事诉讼理念的建立和我国刑事诉讼方式的转型。

一、何谓认罪认罚的自愿性

(一) 自愿性的界定

所谓自愿,按照《汉语大辞典》的解释,就是"自己愿意而没有强迫地去做"。认罪认罚的自愿性,从字面意义上理解,就是被追诉人不受任何形式的强迫和干预,在记忆力、理解力等未受伤害的情况下,完全出于自由意志,选择认罪认罚。《布莱克法律词典》就把自愿的供述解释为:"在没有任何利益的许诺或者惩罚的威胁,或者任何期望的情况下,自由地给出的口供。"[1]但是,很显然,这是一种理想情态。即便在生活中,绝对的自愿性也是不存在的,人们在作出取舍、实施行动时的自由意志总是会受到外部因素直接或间接的辐射、诱导、羁绊或压迫。正如卢梭所言,"人是生而自由的,但却无往不在枷锁之中"。[2]

而作为一种法律意义上的要求,认罪认罚的自愿性除了要面对上述"生活枷锁"之外,还要受制于制度局限,更体现出自愿的相对性。这种相对性使得认罪认罚自愿性的理论界定与实践辨识非常困难。半个世纪以来,美国联邦最高法院已经在几十个案件中就自白是否"自愿"作出过判定,但是,并没有形成一个具有普遍适用力的对自愿性的"万能定义"。事实上,美国联邦最高法院也一直回避对自愿性提供一个明确而完整的解释。在大法官弗兰克福特看来,"除了一个人在没有意识或者毒瘾发作,或者其他缺乏有意识选择能力的场合下,所有的有罪自白——即使是在被残忍对待下作出的——从被赋予选择机会的意义上来说,都是'自愿'的。另外,如果'自愿性'包含'全有全无'的原因认识时,那么问题在于,若没有警察的询问或其他行为,是否还会作出该陈述。根据该检验标准,没有一个陈述事实上是'自愿'的,因为很少有人会在警察没有采取某种措施时作出有罪自白"。[3]因此,在美国,自愿性成为一个需要法官结合案件整体情况、综合考虑多种价值作出判断的事实问题。被告人的特征,询问的过程,羁押时间的长短等,都可能会影响到是否自愿的最终认定,但没有任何一个因素成为唯一的决定性的标准。

被追诉人作出认罪认罚的选择时受到轻微、适度的心理压迫是难以避免的,

---

[1] Black's Law Dictionary(Ninth Edition),New York City:Thomson Reuters,2009,p.339.
[2] [法]卢梭:《社会契约论》,李平沤译,商务印书馆2011年版,第8页。
[3] 吴宏耀等译:《美国联邦宪法第四修正案:搜查与扣押》,中国人民公安大学出版社2010年版,第527-528页。

不能一概认为会影响到制度层面的自愿性。一方面，认罪认罚从宽制度本身就内含着一定的压迫因素。被追诉者认罪认罚就会得到从宽的处理，相反，如果不认罪不认罚，当然就得不到这样的优惠，这在客观上会导致"不配合从严"的"胁迫"效果。另一方面，不管采取何种诉讼构造，代表国家的专门机关与作为个体的被追诉人之间不可能完全平等，权力与权利之间博弈也好，合作也好，权力都占有一定的优势地位，而这一定程度上会压缩权利的自主空间。此外，讯问本身就带有一定的国家强制性，专门机关在讯问被追诉人或者与被追诉人沟通时，还可以在法律允许的范围内使用带有轻微压迫性质的讯问谋略或手段。

(二) 自愿性与相关范畴的关系

1. 自愿性与真实性

认罪认罚是否具有事实基础、是否真实是认罪认罚自愿性的一个重要的价值目标。在历史上，确保供述的可靠性曾经是英美法系国家供述自愿性规则的唯一目标，[1]"自愿"一词经常与"可靠""可信""真实"等混同使用。[2]这是因为，一个有正常记忆力和理解力的独立人格的人，在了解供认的性质和法律后果的前提下，在自由意志的支配下，作出的违背自我保护本能的不利于己的陈述，比强迫下的供述或者有利于己的辩解都更加可信。而相反，"捶楚之下，何求不得"，强迫得来的供述很容易冤枉无辜。非自愿的供述之所以要排除，也是由于该供述的可靠性无法得到保证。而且，用非自愿的程序标准去反向判断供述的自愿性，具有较强的可操作性，远比直接判断一份供述在实体上是否真实简单明了。但是，随着供述法理基础和刑事诉讼价值观的发展，供述自愿性逐渐有了独立于供述真实性的内涵。裁判者开始树立起这样的信念，即如果"认定自白是，或者可能是通过压迫或其他非法手段取得的，那么，无论他们自己想的是什么，哪怕他们相信自白是真实的，都应当忽略这个自白"。[3]当然，其实这也并未否认自愿性对真实性的保障作用。

但自愿的认罪认罚肯定真实吗？答案显然是否定的。无辜者完全有可能自

---

[1] See Mark Godsey, "Rethinkinig the Involuntary Confession Rule: Toward a Workable Test for Identifying Compelled Self-Incrimination", *California Law Review*, Vol. 93 (2005), pp. 481-482.

[2] See John Henry Wigmore, Evidence in Trials at Common Law (Volume 3), Boston: Little, Brown and Company, 1970, p. 350.

[3] [加] 艾琳·斯金尼德："处理自白的艺术——加拿大、英国、美国和澳大利亚自白法之比较"，载陈光中主编：《刑事一审程序与人权保障》，中国政法大学出版社2006年版，第295页。

诬有罪，自愿的认罪认罚也可能缺乏事实基础。就追诉程序的压迫性而言，有时，占尽主动的司法官员在运用辩诉交易或者认罪认罚从宽政策时会给无辜者制造一些压力，这种压力可能压倒不堪追诉程序折磨的无辜被追诉人的自由意志，迫使他们认罪，即便他们并未实施犯罪，或者仅仅实施了比被指控的罪行轻缓或与被指控罪行有别的犯罪行为。就被追诉者的主动选择而言，司法实践中为保护真犯而冒名顶替的案件时有发生；在一些共同犯罪案件中，也存在"舍卒保车"的现象。此外，人的不自觉的坦白的冲动（接受惩罚的需要）、心理上的脆弱或易受暗示性、迅速博取公众关注，以及某些心理不成熟也会促成无辜者的虚假供认。包括布朗登、戴维斯的报告在内的许多实证研究的成果表明，有心理障碍的人比常人更容易承认莫须有的罪名。

2. 自愿性与明知性

认罪认罚的自愿性经常与认罪认罚的明知性并列规定。例如，《美国联邦刑事诉讼规则》第11条要求，法院在接受被告人的有罪答辩前，必须亲自践行一系列事项，其中包括，"（d）保证被告人认罪答辩的自愿性；（c）确保被告人认罪答辩的明知性"，即被告人了解指控的性质及法定刑、享有的权利及认罪答辩的后果。[1]而作为供述自愿规则的一部分，《德国刑事诉讼法典》《法国刑事拘留法》等也都有类似效果的讯问前告知被追诉人权利的规定。实践中，各国司法机关通常将明知性作为自愿性审查的一个重要标准。事实上，明知性是自愿性的前提和基础，如果专门机关没有尽到应有的告知义务，或者被追诉人缺乏理解这些事实和权利的必要的信息材料和知识智力条件，而专门机关又没有通过指定值班律师或辩护律师等提供必要的法律帮助，即使被追诉人自愿认罪认罚，但由于基于盲目的意志自由，实质上也是虚假的自愿，这样的自愿认罪认罚既不理性、不明智，也很不稳定。

没有明知性肯定没有自愿性，但有了明知性也不一定确保自愿性。知悉指控性质、自己的权利和认罪认罚的后果仅仅是自愿性保障的一个环节，只是达成自愿性的必要条件，但却不是充分条件。

3. 自愿性与合法性

诚然，自愿性与合法性有明显的区别。采用非法手段或者违反法定程序促成认罪认罚，不一定侵害认罪认罚的自愿性，而依法促成认罪认罚，也未必就有自愿性。因此，各国在自愿性的评价机制中，通常采用合法性评价和自愿性

---

[1] Federal Rules of Criminal Procedure 11 (d), (c) (1) - (4).

综合裁量相结合的方式。美国、德国等无不如此。《法国刑事诉讼法》虽然并未像德国那样列举违法获取供述的情形，但"法国最高法院刑事庭很早通过一系列判例设定了口供获取的合法性框架"，将"以酷刑、非人道待遇以及毁誉的方式获取口供""未遵守程序保障获取的口供""卧底讯问"及"司法外口供"等明确列为非法口供获取方式，而且，根据实践发展，判例还在不断翻新非法取供方式。[1]可以肯定的一点是，认罪认罚的合法性问题，核心就是认罪认罚的自愿性问题。这也是在自愿性评价中，相对客观的合法性评价标准日益占据主导地位的原因。在美国，米兰达规则的出现被有些人解读为对供述自愿性标准的否定。其实，这是一种误解。米兰达规则所要维护的正是供述的自愿性，违反米兰达规则获取的供述被法律推定为不自愿。而且，米兰达规则并没有完全取代原有的自愿性综合衡量标准，而是与原标准相结合，形成了所谓的"双重准入检验"。[2]

（三）自愿性的表现与动因

由于自愿性概念比较模糊，像多数其他国家一样，我国司法机关在评价认罪认罚的自愿性时，也通常青睐于比较客观化的一些尺度或标准，比如说，被追诉人是否得到了权利告知，是否得到了有效的法律帮助，追诉机关有没有采取法律禁止的强迫性取供手段，被追诉人有无口头的认罪表示或认罪具结书，等等。这些外在的指标确实能在一定程度上反映认罪的自觉自主性。但是，认罪认罚自愿与否说到底是一个心理状态问题，虽然探究清楚被追诉人难以捉摸的内心真实想法是不现实的，但撕裂主客观的有机统一，完全忽略被追诉人内在心理因素的考察，无疑也会违背认罪认罚从宽制度的初衷。

被追诉人自愿认罪认罚的动因多种多样。归纳起来，主要不外乎以下两大方面。

其一是利益博弈。认罪认罚的自愿性很多是被追诉人"精心算计"的结果。趋利避害是人的本能反应，绝大多数被追诉人进入刑事诉讼程序后都有自我保护、逃避处罚的"畏罪心理、侥幸心理和对抗（对立）心理以及这些心理派生出来的其他拒供心理，如戒备、优势心理"。[3]是否认罪认罚，他们需要

---

[1] 参见施鹏鹏："口供的自由、自愿原则研究——法国模式及评价"，载《比较法研究》2017年第3期，第63-65页。

[2] Teller, Constitutional Criminal Procedure: Outline and Case Summaries, Teller Books, 2010, p.40.

[3] 王渤："犯罪嫌疑人自愿供述辨析"，载《河北法学》2014年第1期，第126页。

从正反两个方面评估认罪认罚与否的后果:(1)正面评估:认罪认罚能否带来自身利益的最大化,即司法机关从宽处理的"承诺"能否兑现,从宽的幅度是否达到了自己的心理预期。(2)反面评估:案件是否还具有对抗的现实条件,即自己作案是否足够隐蔽,追诉机关是否掌握了自己犯罪的关键证据,掌握了哪些犯罪的证据。如果丧失了对抗条件,拒绝认罪认罚也就没有太大意义,反而对自己有害。实践中的不认罪案件往往都是因为缺少直接证据。

其二是心理排解。刑事诉讼中,被追诉人的心理需求是复杂多变的,既有阻碍其认罪认罚的消极需求,当然也有有利于其自愿认罪认罚的积极需求。犯罪以后,个体的心理其实处于一种失衡的状态,恢复平衡的内在需求,就产生了认罪认罚的动机。特别是在一种孤立的处境中,愧疚、罪恶感和对可能的刑事处罚及自己前途的焦虑,会给其带来沉重的心理压力。为了缓解、释放压力,以求尽快解脱,获取心理的安宁,就会倾向于选择自愿认罪认罚。当然,不同"人格倾向"、不同"社会道德规范意识水平"的被追诉人,在刑事诉讼中自愿认罪认罚的心理需求上是有很大差别的。[1]但不管怎样,一旦进入刑事程序,特殊的时空条件、强化的心理事实必然会形成对被追诉人一定程度的心理限制。这是认罪认罚动机产生的基础,但也决定了自愿的相对性。

有一少部分的被追诉人,完全出于心理排解的需要和心理压力的驱使,或者主动投案,完全配合,或者被动归案后,完全放弃抵抗心理,主动"认罪认罚",从而使自愿性接近于不受外部干预的理想状态。根据是否具有悔罪心理,这些人至少又可以分为两种情况。(1)在内心良知和社会道德规范意识的作用下,为了洗刷心理上的罪恶感,减少悔过的心理焦虑感,而进行忏悔意义上的认罪认罚。这类个体不仅认罪,而且悔罪,通常也愿意向被害人赔礼道歉,尽全力赔偿被害人的损失。严格说来,只有这种形式的认罪认罚才符合立法精神。(2)"认罪认罚"仅仅是一种强烈的"自我肯定""自我防卫""自我实现"意识下的张扬和宣泄,虽然"认罪认罚",愿意配合,但通常将自己犯罪的原因归结为情景或客观因素,乃至将案发的责任转嫁给他人或社会,[2]认罪但不悔罪,对于刑罚通常持有一种无所谓的态度。

另有一部分被追诉人,完全基于"利益算计"而将"认罪认罚"作为自己

---

〔1〕 参见吴克利:《职务犯罪案件侦查讯问实务》,中国检察出版社2013年版,第53-55页。
〔2〕 参见闫召华:"论拒供困局及其突破",载《中国人民公安大学学报(社会科学版)》2011年第3期,第80页。

与公安司法机关博弈行动中的最优策略,其"自愿性"带有较强的外部受迫性。他们"认罪认罚"并不心甘情愿,而只是在以自己的标准认定,证据充分,抵赖无用,自己肯定会受到惩罚,然后,"两害相较取其轻",选择主动配合,借以得到从宽处理。而且,这类人在认罪时通常避重就轻,只承认公安机关拿到确凿证据而无可辩解的部分罪行。这类人的"认罪认罚"是纯粹表演性、技术性的,仅仅停留在语言层面,内心不悔罪反省,对被害人表面上道歉,但通常以赔偿能力为借口不承担实质上的赔偿责任。在"认罪认罚"后一旦得不到自己期待的从宽幅度,很容易选择反悔,并对一审判决提出上诉。

当然,更多被追诉人的"认罪认罚"则处于"自愿性"的中间形态。他们"认罪认罚"的动机,既有"认罪认罚"与否利益得失的考量,又有排解心理压力的需要,既有外部环境的压迫,又有内部因素的促成。这类人的"认罪认罚"也不一定建立在真诚悔罪的基础之上。

不同形式、不同层次的自愿性反映着被追诉人的人身危险性和特殊预防必要性上的差异,进而影响着认罪认罚从宽制度的适用条件以及程序从简和从宽处理的合理性、正当性。尽管不应该也不可能像有些学者主张的那样,明确"认罪认罚"自愿性的分级,并对不同层级的自愿性适用不同的从宽幅度。[1]但公安司法机关在理解和判定认罪认罚自愿性时,以主客观相统一的标准,才可能更加适当、准确。

二、从供述的自愿性到认罪认罚的自愿性

认罪认罚从宽制度适用实践及相关的理论研讨中,谈及自愿性保障,有人考虑的是供述的自愿性,有人论述的则是认罪认罚的自愿性。两种自愿性到底有无区别?对此,核心问题是对供述与认罪认罚两个关键范畴的理解与界定。从比较法视角看,其他国家也存在类似的问题,但处理的思路有些许差异。

在英美法国家,供述与有罪答辩在性质上截然不同。前者是一种证据,后者则是一种程序选择。作出符合自愿性要求的有罪供述仅仅意味着被追诉人对控诉己罪贡献了一份重要证据,而作出自愿的有罪答辩则不仅意味着诉讼程序上的重大转向,并在一定意义上直接决定了审判结果,实质上相当于被追诉人对自己定罪。通常在审判准备阶段,这些国家都设置有一个专门的传讯和答辩

---

[1] 参见虞惠静:"认罪认罚从宽制度下被告人的自愿性及其考察方式",载《中共南京市委党校学报》2017年第2期,第99-100页。

程序。在公开的法庭上，待起诉书被宣读后，由被告人自己选择作无罪答辩、有罪答辩或者其他类型的答辩（如不愿辩护也不承认有罪的答辩）。如果被告人选择作有罪答辩，就放弃了接受正式审判的权利，法院可以直接量刑。而且，对于法院基于有罪答辩作出的有罪判决，被告人的上诉权会受到严格限制。认罪答辩制度体现了当事人主义诉讼模式下程序上的当事人选择和推进主义。尽管实践中，被追诉人在侦查环节作出有罪供述后，通常都会选择在随后的答辩程序中答辩有罪。但是，有罪答辩不等于有罪供述，也不以之前作出有罪供述为前提，而有罪答辩后也不再有必要令被追诉人供述罪行。著名的阿尔弗德答辩是对二者关系的最好注释。在阿尔弗德案中，被告人否认自己谋杀，但慑于正式审判可能判处死刑，于是作出有罪答辩。之后，阿尔弗德上诉到美国联邦最高法院，提出自己的有罪答辩并非出于自愿，因而是无效的。但法院并没有支持阿尔弗德的主张，依据是，尽管阿尔弗德声称无罪，但其有罪答辩却是在得到了有效律师帮助的情况下，并充分考虑各项选择后自愿作出的。[1]

供述与认罪答辩在性质上的不同也决定了二者在自愿性保障侧重点上的差异。在美国，供述的自愿性主要涉及正当程序条款、不受强迫自证己罪特权、获得律师帮助权等，这也正是米兰达规则保障的重点。而认罪答辩的自愿性则除了上述权利外，还涉及由陪审团进行审判的权利、在审判中与控方证人进行对质与交叉询问的权利等美国宪法增修条文第6条规定的一系列权利。供述的自愿性通常在辩方提出非自愿性供述排除动议后审查，被认定为不自愿的供述将被排除，不能进入审判程序。而有罪答辩的自愿性则通常在被告人提出撤销答辩动议或者上诉后审查，违反自愿性要求的认罪答辩是无效的。被告人如果上诉，上诉法院很可能取消定罪并命令重审。

然而，在大陆法系国家，因为未对证据意义上的供述与认罪协商或认罪速裁程序中的认罪刻意区分，供述的自愿性与认罪的自愿性虽有区别，但常混用在一起。

德国最为典型。其刑事诉讼法中并没有规定类似于英美等国的传讯和答辩程序。开庭审理过程中，在检察官宣读起诉要旨之后，法官会告知被告人，"其有就公诉作出陈述或对案件保持沉默的自由"，如果被告人愿意陈述，则法官会就案件对其展开询问。[2] 被告人法庭上的陈述可以作为证据使用。2009年7

---

[1] See North Carolina v. Alford, 400 U.S. 25 (1970).
[2] 参见宗玉琨译注：《德国刑事诉讼法典》，知识产权出版社2013年版，第193页。

月,德国通过修法正式确立了认罪协商制度。但与辩诉交易不同的是,德国认罪协商只允许就刑罚及其执行方式及一些程序措施和行为达成协议,而这一切都以被告人自愿供述为前提。从这个角度看,认罪协商制度其实只是司法机关获取作为定罪根据之一的被告人自愿供述的方式,判决的事实基础不可能完全建立在一个单纯的协议之上。而且,认罪协商制度也没有特意凸显认罪对于案件繁简分流的意义,认罪协商之后的程序简化依然局限于原有的程序框架,不可能发生英美法系国家被告人有罪答辩后放弃正式审判程序的效果。正因如此,德国刑事诉讼法既未限制认罪协商适用的案件范围,也未限定认罪协商开展的阶段。

法国刑事诉讼在传统上也主要关注证据法意义上的供述自愿性,但近年来情况有些许改变。2004年3月,为了提高诉讼效率,法国创设了庭前认罪答辩程序。对于主刑当处5年以下监禁刑或罚金刑的轻罪案件,如果被告人声明认罪,检察官可以依职权或者应被告人申请,启动认罪速裁程序,对被告人提出减轻处罚的量刑建议,如被告人接受提议,检察官会向法院提出"认可申请",法院开庭听取当事人陈述后,如同意检察官的量刑建议,则可直接作出核准裁定。与德国不同,这套法国式辩诉交易制度有着相对独立的程序机制。这也导致,认罪答辩程序中的认罪声明具有相对的独立性,与该程序外的有罪供述在内容、形式和效果上都有一定的差异。在内容上,如果被告人已经作出有罪供述,检察官可以直接依职权启动认罪速裁程序,无须认罪声明;如被告人尚未供认有罪,检察官想依职权启动程序的话,就要通过协商的方式获得被告人的承认指控犯罪事实的认罪声明。如果被告人申请启动程序,不管之前有无供述,必须提交承认指控犯罪事实的认罪声明。即便是属于上述刑期范围内的案件,并非被告人作出有罪供述的就一定启动认罪速裁程序,检察官还要考虑被告人的认罪态度等因素,以避免认罪速裁程序成为毫无悔意的被告人获取轻判的工具。在形式上,《法国刑事诉讼法》要求,"声明必须以言辞形式作出,且律师必须在场",但在当事人申请启动认罪速裁程序的情况下,"认罪声明也可以书面形式作出",并以挂号信方式寄送给检察官。[1]在效果上,认罪声明允许法院以审核裁定的形式快速结案。在认罪速裁程序运行中,如果被告人拒绝了检察官的量刑建议,或者法院不认可检察官的申请,认罪声明及相关材料归于无效,但这并不影响认罪速裁程序外有罪供述的效力。而且,被告人认罪答辩程序中的认罪答辩内涵不仅仅包括认罪声明,还包括对检察官量刑建议的接受等。

---

[1] 参见施鹏鹏:《法律改革,走向新的程序平衡?》,中国政法大学出版社2013年版,第156页。

法院在审核阶段，除了对之前程序中有罪供述的真实性、自愿性的审查外，被告人认罪答辩的自愿性也是其着重审查的要点之一。

整体而言，我国在对待供述自愿性与认罚认罚自愿性之关系的态度上，与大陆法系国家更为接近，尤其神似于法国供述的自愿性与认罪答辩的自愿性的关系模式。《刑事诉讼法》及相关司法解释对两种自愿性均有规定。其在认罪认罚从宽适用条件中要求"犯罪嫌疑人、被告人自愿如实供述自己的罪行"，对特定情形下的撤销案件和不起诉中要求"自愿如实供述涉嫌犯罪的事实"，这些是在强调供述的自愿性。而相关法条也多次提到犯罪嫌疑人、被告人"自愿认罪认罚"或"愿意认罪认罚"，特别是，还明确要求人民法院审理认罪认罚案件，应当"审查认罪认罚的自愿性"。从这些规定不难看出，供述的自愿性与认罪认罚的自愿性虽然联系紧密，但在内涵上确实是有差异的。我们认为，从现有规定看，认罪认罚的自愿性较供述的自愿性有着更为丰富的内涵，主要包含以下四个层次。

一是自愿如实供述自己的罪行。供述自愿性是认罪认罚自愿性的基础，也是认罪认罚自愿性第一层次的要求。没有自愿如实供述罪行，就不可能适用认罪认罚从宽程序。没有供述的自愿性就不可能成立认罪认罚的自愿性。在我国的认罪认罚从宽制度中，认罪认罚自愿性与供述自愿性是两个不同位阶的概念，认罪认罚自愿性是上位概念，涵盖了供述的自愿性。

二是自愿认可"指控的犯罪事实"。即在自主意志下，"对指控的犯罪事实没有异议"。但对如何理解"对指控的犯罪事实没有异议"，其是否等同于"自愿如实供述自己的罪行"，该层次的自愿性是否独立于第一层次的自愿性，存在很大争议，争议的焦点在于"对指控的犯罪事实没有异议"是否包括承认指控的事实，但不认可指控的罪名。其实，早在2003年，《关于适用普通程序审理"被告人认罪案件"的若干意见（试行）》就提到，"被告人对被指控的基本犯罪事实无异议，并自愿认罪的第一审公诉案件，一般适用本意见审理"。2012年《刑事诉讼法》吸纳上述司法解释的精神，修改了简易程序的适用条件，增加要求"被告人承认自己所犯罪行，对指控的犯罪事实没有异议的"。有人认为，对该项规定的理解标准不宜过于严格，对指控的事实没有异议，仅对检察机关的指控罪名提出异议的，并不影响"对指控的犯罪事实没有异议"的认定。[1]

---

〔1〕参见王守安主编：《中国检察》（第24卷），中国检察出版社2015年版，第96页。相同观点还可参见孙谦同志"在检察机关刑事案件认罪认罚从宽制度试点工作部署会上的讲话"等。

有些司法机关就采取了这样的处理思路。[1]但也有人提出,所谓"对指控的犯罪事实没有异议",是指犯罪嫌疑人、被告人对自己被"指控的犯罪行为和犯罪证据都没有异议",如果其"对罪名或犯罪事实或证据提出异议的,都不属于没有异议"。[2]我们倾向于第二种观点。理由是,一方面,"对指控的犯罪事实没有异议"与"自愿如实供述所犯罪行"在文意上就有明显区别,如果抹杀文意上的差别,作一致解释,要求"对指控的犯罪事实没有异议"岂不多余。另一方面,对这类案件作程序简化甚至按速裁程序处理的主要根据就是控辩双方争议不大,易于审理,如果在基本的罪名认定问题上都无法达成一致意见,就草率适用简易程序或速裁程序审理,不利于维护被追诉人的实体权利和诉讼权利。《刑事诉讼法》第 223 条规定了不适用速裁程序审理的情形,其第 4 项"共同犯罪案件中部分被告人对指控的犯罪事实、罪名、量刑建议或者适用速裁程序有异议的",其实就已经暗含了对该问题的立法精神。实践中,即使被告人承认自己所犯罪行,对指控的犯罪事实没有异议,且人民检察院也建议适用简易程序,有的法院考虑到"公诉机关指控的罪名可能存在偏差","判决可能会变更罪名",将案件转为了普通程序办理。[3]应当说,这样的谨慎处理更加符合程序公正的要求。简而言之,"对指控的犯罪事实没有异议"不能简单等同于"如实供述罪行",它是指对指控意见的认可,追求的是控辩双方对于犯罪认定的无争议状态。这是诉讼程序简化的正当性根基。因此,自愿认可"指控的犯罪事实"与自愿如实供述是两个不同层面的要求。但值得注意的是,《刑事诉讼法》还在其他层面使用"自愿"一词,比如,其第 174 条规定,"犯罪嫌疑人自愿认罪,同意量刑建议和程序适用的,应当在辩护人或者值班律师在场的情况下签署认罪认罚具结书"。此处的"自愿认罪",同时包含了自愿如实供述和自愿认可"指控的犯罪事实"两个层面的要求。

三是自愿接受处罚。这是认罚的自愿性。我们注意到,有学者已经提出适度区分认罪自愿性和认罚自愿性的必要,并就该问题在实务工作者中进行了问卷调查。调查结果显示,有相当一部分人认为没有必要对二者进行区分或者仅

---

[1] 参见万毅等:《刑事诉讼法 2012 年修正案实施情况调研——以四川省眉山市人民检察院为样本》,上海三联书店 2015 年版,第 196 页。

[2] 参见国务院法制办公室编:《中华人民共和国刑事诉讼法注解与配套》,中国法制出版社 2013 年版,第 205 页;中国法制出版社编:《刑事诉讼法新解读》,中国法制出版社 2013 年版,第 243 页。

[3] 浙江省高级人民法院编:《案例指导》(2012~2013 年卷),中国法制出版社 2014 年版,第 52 页。

在必要时才区分。[1]毋庸置疑，认罪认罚是超越认罪的更高要求，如果被追诉人只认罪不认罚，显然无法适用狭义上的认罪认罚从宽制度。认罚，即愿意接受刑罚处罚，在程序意义上意味着控辩的对抗因素已经完全转化为合意，而在实体意义上则能反映出被追诉人认罪悔罪的态度，为诉讼程序的简化提供了正当性、可能性和现实性。因此，对于实现认罪认罚从宽制度的预设功能而言，认罚自愿性的重要意义丝毫不亚于认罪的自愿性。

四是自愿同意程序适用。《刑事诉讼法》并未在第15条认罪认罚从宽原则中明确提及被追诉人自愿同意程序适用的要求，仅从自愿认罪认罚的字面意思看，似乎并不包含自愿同意程序适用。理论上也确实可能存在这种情形，即被追诉人虽然自愿认罪认罚，但并不同意程序简化，或者不同意专门机关程序适用的提议，对此，只要符合认罪认罚的实质条件，依然可以适用认罪认罚从宽制度。但需要特别注意的是，《刑事诉讼法》第174条明确规定，"犯罪嫌疑人自愿认罪，同意量刑建议和程序适用的，应当在辩护人或者值班律师在场的情况下签署认罪认罚具结书"。尽管不是所有案件都将签署具结书作为适用认罪认罚从宽制度的必要条件，但绝大多数案件中，都是需要签署具结书的，而签署具结书又要求被追诉人必须同意程序适用，这意味着，绝大多数认罪认罚案件都能满足自愿同意程序适用的要求。也就是说，自愿同意程序适用在经验层面已很大程度上成为自愿认罪认罚的内涵。

三、为何保障认罪认罚的自愿性

（一）自愿性确保程序从简的合法性

刑事诉讼是国家权力与公民权利关系最为紧张的领域之一。在现代文明社会，对于被追诉人而言，在被控告、限制甚至剥夺人身自由之前，最基本的也是最重要的权利就是获得正当法律程序的保护。因此，虽然各国在诉讼目的、诉讼构造上有一定差异，但是，从无罪推定、控辩平衡到不得强迫自证己罪、辩护原则，从对抗制下的交叉询问到审问制下法庭审理的结构原则，这些基本的诉讼原则和程序设置却反映出它们共同的着眼点，即"加强嫌疑人、被告人

---

[1] 卢君、谭中平："论审判环节被告人认罪认罚'自愿性'审查机制的构建"，载《法律适用》2017年第5期，第104页。据该文介绍，调查显示，"57.98%的受访者认为，原则上有必要区分审查认罪'自愿性'和认罚'自愿性'。33.85%的受访者认为，可以根据具体情况，在必要时区分审查。只有8.17%的受访者认为没有必要区分审查"。

的防御权,使其尽量获得与国家追诉机关进行理性对抗的机会",[1]进而为解决控辩双方争议的刑事责任问题提供一套正当程序。近年来,我国在《宪法》和《刑事诉讼法》中写入尊重和保障人权,完善律师辩护和法律援助制度,规定"不得强迫任何人证实自己有罪"条款,建立日趋严格的非法证据排除规则,强调捕后羁押必要性的持续审查,探索人民陪审员制度改革,推行讯问全程同步录音录像制度,等等,也正是为了强化人权的司法保障,通过程序正义实现实体公正。然而,事实上,上述程序或权利的设定通常是以控辩双方"对抗"的程序模式为前提的。但刑事诉讼的程序模式有很多种,对抗模式也"并不是每一种情形下的最佳程序模式"。[2]在自愿认罪认罚的案件中,自愿认罪认罚的事实必然会对着眼于"攻防"的刑事诉讼结构与形式产生直接影响,程序模式势必发生转化。因为,被追诉人一旦选择自愿认罪认罚,接受控方的指控,双方的争议消除了或仅成为有限的存在,那些在"争斗模式"中被刻意强调的无罪推定、平等武装、证据排除或使用禁止等就会变得在某种程度上失去意义,诉讼模式则从"争斗"转变为"合作",刑事诉讼会以"非对抗"的特殊方式运行。诉讼程序的简化意味着被追诉人程序权利的减让,被追诉人将无法得到那些在对抗模式下防御规则的有效保护,这必须以被追诉人自愿放弃为前提。正如西塞罗所言,"本质上正当的行为之所以是公正的,仅在于它是自愿的"。[3]"权利的自愿行使足以确立某个行为或交往的道德可容许性"。[4]但必须指出,自愿性并不能充分证明程序从简的正当性与合法性,因为,"对一个程序的自愿同意并不是程序的正义性的根本基础",[5]合作模式下的认罪认罚从宽程序要想真正获得合法性,还必须符合最低限度的道德标准。

---

[1] 陈瑞华:"义务本位主义的刑事诉讼模式——论'坦白从宽、抗拒从严'政策的程序效应",载《清华法学》2008年第1期,第32页。

[2] [美]迈克尔·D·贝勒斯:《程序正义——向个人的分配》,邓海平译,高等教育出版社2005年版,序言第2页。

[3] Cicero, the Loeb Classical Library (Volume XXL), Cambridge: Harvard University Press, 1997, p.29. 转引自王晓朝:"行善与作恶是自愿的吗——柏拉图、西塞罗、奥古斯丁的解答",载《道德与文明》2010年第4期,第47页。

[4] [美]迈克尔·D.贝勒斯:《程序正义——向个人的分配》,邓海平译,高等教育出版社2005年版,第6页。

[5] [美]迈克尔·D.贝勒斯:《程序正义——向个人的分配》,邓海平译,高等教育出版社2005年版,第7页。

(二) 自愿性增强强制措施从缓的正当性

对于自愿认罪认罚的被追诉人，一般而言，在程序措施上也可以更加宽缓，尽量采用非羁押化的强制措施，甚至不采用强制措施。这既是刑事强制措施谦抑性和比例原则的要求，也是自愿认罪认罚的逻辑结果。因此，《刑事诉讼法》第81条要求："批准或者决定逮捕，应当将犯罪嫌疑人、被告人涉嫌犯罪的性质、情节，认罪认罚等情况，作为是否可能发生社会危险性的考虑因素。"在此基础上，《指导意见》又提出了三个方面的要求：（1）对于罪行较轻、采用非羁押性强制措施足以防止社会危险性的认罪认罚被追诉人，根据犯罪性质及可能判处的刑罚，依法可不适用羁押性强制措施。（2）被追诉人认罪认罚，公安机关认为罪行较轻、没有社会危险性的，应当不再提捕。对提请逮捕的，人民检察院认为没有社会危险性不需要逮捕的，应当不予批准。（3）已经逮捕的被追诉人认罪认罚的，司法机关应及时审查羁押的必要性，经审查认为没有继续羁押必要的，应当变更为取保候审或者监视居住。

自愿认罪认罚必然直接降低羁押的必要性。与被追诉人的性格、前科、过往表现、家庭及社交情况等因素一样，被追诉人自愿认罪与否与其社会危险性密切相关。自愿认罪不仅有利于控方固定有罪证据，减弱被追诉人妨碍作证、掩盖事实真相的动机，也在一定程度上减少了其逃跑及重新犯罪的可能性。考虑到社会危险性决定因素的复杂性及对裁判理性的尊重，各国刑事诉讼法中一般并未直接建立起自愿认罪与社会危险性的法律联系，但这并不妨碍实践中羁押官员重视自愿认罪情况。当羁押官员使用模糊标准预测社会危险性时，实质上就是在判断被追诉人是否值得信赖，而不认罪或者不全部认罪将会降低被告人的可信度。特别是在社群主义社会中，国家鼓励被追诉人在自愿认罪的时候要表现出"真诚的悔意"，所以，自愿认罪总是与认罚、悔罪联系在一起，自愿认罪也被认为是"被告人的道德觉醒"，反映了"寻求受害人和社群的谅解"、接受矫正改造并回归社会的期望。[1]出于悔罪的自愿认罪必然大幅度降低逃跑、再犯、妨碍诉讼的危险。更何况，在认罪认罚从宽制度的适用中，增加了认罚的要求，而真诚悔罪又是认罚的当然内涵。自愿认罪认罚对被追诉人较低社会危险性的反映是不言而喻的，特别是在轻微案件中。

---

[1] 陆红、马磊："中国刑事案件中的认罪与裁决"，载《光华法学》2013年第0期，第5页。

(三) 自愿性增益从宽处理的合理性

对于自愿认罪认罚的被追诉人在实体上予以从宽处理是认罪认罚从宽制度的内核。它的合理性体现在：(1) 自愿认罪认罚降低了追诉成本，节约了司法资源，而从宽处罚则是国家对被追诉人的实体激励。从刑事诉讼中专门机关与被追诉人的互动关系看，对于自愿的认罪认罚予以从宽处理符合社会交换理论，体现司法宽容精神，并能够在整体上提高诉讼经济。社会交换理论认为，"在彼此的交往中，人类往往受到对获得各种类型的社会报酬之渴望的支配，由此发生的利益交换塑造着社会关系的结构"。[1]人们追求交往的报酬，并且为了得到报酬而愿意付出报酬，从而使社会交往表现为一个交换过程。而在刑事诉讼中，不管是国家，还是被追诉人，他们的诉讼目标只有通过与对方的互动才能达到，并且需要采取有助于实现这些目的的手段，于是，交换就成为专门机关与被追诉人对抗与合作的基础。对于国家而言，虽然不能仅因被追诉人不认罪就加重处罚，但被追诉人自愿认罪认罚毕竟大大节约了国家的追诉成本，作为一种交换，理应通过从宽处理作出奖励性回应。辩诉交易制度的存在，已经使得控辩双方的交换在许多国家日益具有市场形式。国家可以用于交换自愿认罪认罚的"报酬"包括程序利益和实体利益。交换认罪的程序利益，可以是程序的简化，也可以是强制措施的轻缓。而在实体利益方面，"有罪答辩会获得比无罪答辩后定罪更轻的判决，是一条根基稳固的普通法原则"，[2]而大陆法系国家也会对认罪的被追诉人区分情况给予刑罚上的折扣或减免。值得强调的是，我国的认罪认罚从宽虽然不同于域外的辩诉交易，但在本质上也是一场博弈，而且是一场正和博弈。被追诉人以自愿认罪认罚获取量刑折扣，而国家则以轻缓的量刑交换自愿认罪认罚，尽管他们付出的成本和获取的好处不可能完全相同，但双方都能从交换中获益。换言之，自愿认罪认罚案件从宽处理，不仅仅是被告人自愿认罪认罚的报酬，也会给国家带来刑事司法边际成本的降低和法律资源配置的优化。[3](2) 自愿认罪认罚的被追诉人较之于不认罪者，是满足了真诚悔罪的要求，表明其特殊预防必要性的降低，"说明被告人很有可能早日

---

  [1] [美] 彼得·M. 布劳：《社会生活中的交换与权力》，李国武译，商务印书馆2012年版，第57页。
  [2] [英] 约翰·斯普莱克：《英国刑事诉讼程序》，徐美君、杨立涛译，中国人民大学出版社2006年版，第507页。
  [3] 参见同召华："'从速兼从宽'：认罪案件非羁押化研究"，载《上海政法学院学报（法治论丛）》2017年第3期，第87-88页。

回归社会"。[1]因此,从宽处理自愿认罪认罚者能够实现刑罚法律效果与社会效果的统一。

(四) 自愿性提高有罪供述的真实性

一般而言,在自主自愿的情况下,无辜者不会自诬罪行。尽管根据英国学者伯特和麦考林等的实证研究,"一些被告可能为了某些附带利益(如判处较轻刑罚)而承认他们没有犯的罪……18%的被告涉嫌供认他们从未犯下的罪行"。[2]但是,出现这些特例主要是因为来自警方的过大压力和不当劝说,或者是不太常见的动机,并不符合"趋利避害"的人类天性。依照美国的传闻证据规则,被告人审判外的自愿有罪供述既可以以"反对方当事人的自认"成为传闻的豁免从而具有可采性,又可以在符合条件时以"不利于己的陈述"成为传闻的例外而获得可采性。虽然两种情形下审判外的自愿有罪供述获得可采性的理论基础不完全一致,但相同点是:"一个具有理性之人在明知自己的陈述会使自己遭受不利后果的情况下仍然作出了这一陈述,显然是因为他相信其所述内容的真实性。"[3]事实上,即便是那些真正的犯罪分子,在畏罪、侥幸、逆反及一些反常心理的作用下和出于对某些现实问题的担心,"一般都不会供认自己的罪行,除非那些在实施犯罪时被当场抓获的人"。[4]因此,供述动机必须达到一定的强度,才能克服被追诉者供述的心理障碍,该过程也是一种天然的保障供述真实性、防冤避错的机制。这也足以解释为什么侦查机关总是轻易相信自愿的有罪供述而不去认真审查它的真实性。相反,如果利用酷刑或者其他强迫手段,追诉机关可以得到任何想要的有罪供述。强迫得来的供述也可能是真实的,但由于被讯问者丧失了意志自由,供述真实与否很难判断。可以说,在导致冤假错案的虚假供述中,主要都是强迫获取的有罪供述。

---

〔1〕 [德]托马斯·魏根特:《德国刑事诉讼程序》,岳礼玲、温小洁译,中国政法大学出版社2003年版,第82页。

〔2〕 [英] Gisli H. Gudjonsson:《审讯和供述心理学手册》,乐国安等译,中国轻工业出版社2008年版,第364页。

〔3〕 易延友:"传闻法则:历史、规则、原理与发展趋势——兼对我国'传闻法则移植论'之探讨",载《清华法学》2008年第4期,第83页、第90页。

〔4〕 [美]弗雷德·英博:《审讯与供述》,何家弘等译,群众出版社1992年版,第5页。

四、认罪认罚自愿性保障的现状：进步与不足

(一) 认罪认罚自愿性保障方面取得的成绩

从《刑事诉讼法》《指导意见》《高法解释》《人民检察院刑事诉讼规则》《公安机关办理刑事案件程序规定》及各地制定的认罪认罚从宽制度实施细则看，我国在认罪认罚自愿性保障方面已基本上实现了有法可依，初步建立起了一套由不同层级的规范性文件构成的认罪认罚自愿性保障机制。整体上看，这套机制主要由以下几个方面构成：(1) 明确"自愿性"原则，同时将"自愿认罪认罚"规定为认罪认罚从宽制度适用的条件。(2) 明确各个诉讼阶段专门机关认罪认罚自愿性的保障与审查职责，建立了全流程的权利告知制度和听取意见机制。(3) 建立了自愿认罪认罚的反悔与撤销机制，以及非自愿认罪认罚的退出和程序转化机制。(4) 建立了值班律师制度，明确了认罪认罚案件中值班律师的职责和权利，完善了认罪认罚案件的法律援助辩护制度。(5) 明确认罪认罚从宽制度实施的监督机关，建立了强迫认罪认罚的防范机制与救济程序。而调研发现，各地在贯彻这些规则时，结合本地情况，边行边试，通过一段时间的探索，已经在自愿性的保障与审查工作方面取得了一定的成效。

(1) 在办理认罪认罚案件时基本能够做到全流程的权利告知与听取意见。在侦查阶段，侦查机关通常会在第一次讯问时就向犯罪嫌疑人出示"犯罪嫌疑人权利义务告知书"和"认罪认罚从宽制度告知书"，书面进行权利告知，并由其签署后附卷。在移送起诉前，预审部门一般会再次提审讯问，进行权利告知，确认自愿认罪情况，听取犯罪嫌疑人的意见，并记录在卷。犯罪嫌疑人自愿认罪的情况会在起诉意见书中注明。为了提高适用率，促进自愿认罪认罚，部分侦查机关还在羁押场所针对未决羁押人员进行认罪认罚从宽政策的宣传。此外，侦查机关普遍反映，由于认罚涉及量刑问题，主要由检察机关主导，基本上不会在侦查阶段开展"认罚"的相关工作。

在审查起诉阶段，人民检察院对于可以启动或者公安机关已经启动认罪认罚从宽程序的案件，也会告知犯罪嫌疑人诉讼权利和相关的法律后果，听取犯罪嫌疑人、辩护人或值班律师的意见，并将相关意见附卷。在起诉书中，对于自愿认罪认罚情况，一般有两种体现方式。一种在表述上较为严谨，首先在案由和案件来源部分写明：本院受理后，已告知被告人有权委托辩护人和认罪认罚可能导致的法律后果，依法讯问了被告人，听取了被告人及其值班律师（或

辩护人）的意见，审查了全部案卷材料；被告人同意本案适用速裁程序（或简易程序）审理。同时，在指控的根据与理由部分写明："鉴于被告人自愿如实供述自己的罪行，已签署认罪认罚具结书，可以从轻处罚，建议判处……"另一种则表述得非常简单，仅在指控的根据与理由部分注明："鉴于被告人自愿认罪认罚，建议对其判处……"检察机关通常将"认罪认罚具结书""值班律师（辩护人）法律意见书"等反映认罪认罚自愿性、真实性的材料附卷移送。

人民法院在受理案件后，通常会在送达起诉书副本等材料时，同时送达权利义务告知书，告知认罪认罚的法律后果。在开庭时，也会讯问确认自愿认罪认罚的情况。通过三个阶段的权利告知，基本能够保证被追诉人自愿认罪认罚建立在明知之上。

但是，在对"听取意见"的理解上，不同地区的公安司法机关态度不一。比如，就量刑建议的形成问题，有的检察人员认为，检察机关代表国家拟定了量刑建议，一旦拟定就不能根据被追诉人或辩护人意见任意调整，被追诉人或者同意，或者不同意，同意的则认罪认罚，不同意的，则是认罪不认罚，不适用认罪认罚从宽制度。但也有司法人员认为，推行认罪认罚协商特别是量刑协商有利于充分保障认罪认罚的自愿性，激励那些本来不认罪或者不全部认罪的被追诉人自愿认罪。个别法院甚至正在探索"先定罪、后量刑"的"后置式协商"。

（2）以"是否"或"有无异议"式问答作为自愿性检测的主要方式，以阅卷作为自愿性审查的辅助手段。实践中，司法机关在审查认罪认罚的自愿性时通常采用两种途径：一是讯问。法官或检察官在对被追诉人进行权利告知之后，讯问被追诉人是否自愿签署认罪认罚具结书，是否同意适用认罪认罚从宽制度，对指控的犯罪事实有无异议，是否同意适用速裁程序（简易程序或普通程序简化审理），是否得到了有效的法律帮助，对选择认罪认罚及其法律后果是否明知等。统计发现，2017年3月至2020年3月，在中国裁判文书网发布的速裁案件判决书中，提及被告人自愿认罪或自愿认罪认罚的约占29.74%。而其他判决书中往往以"同意"或"没有异议"表达认罪认罚从宽的自愿性。当然，表达方式的不同与对自愿性的内涵理解有关，但与自愿性的重视程度没有直接联系，不能说采用"同意"或"没有异议"这种表达方式与明确提到"自愿认罪"相比就降低了对自愿性审查的标准。因此，有人根据上述表述方式的差异进而归纳出某些法院在速裁程序和简易程序中刻意采用了不同的自愿性审查标准是缺乏说服力的。[1]二是阅卷,审查相关书面材料。一方面,司法机关要审查认罪认罚具结书的内容和制作程序是否合乎规定,签署具结书时辩护人或值班律师是否在场并在具结书上签名,确认被告人认罪认罚是在获得律师帮助的情况下作出的自主选择。另一方面,通过阅卷,审查有无强迫取供行为。司法机关通常重点审查被追诉人进入看守所羁押后制作的讯问笔录,结合出入看守所的体检笔录,确定有无刑讯逼供、威胁、引诱等违法行为,办案机关是否履行了告知义务。由于自愿性审查的主观标准的复杂性,以讯问排除"异议情形",以阅卷排除强迫取供行为,即从反面的一些相对较为客观的尺度评价自愿性,"问题就会简单很多",[2]具有一定的现实合理性。

(3)初步建立了值班律师法律帮助机制,辩护律师的参与率也在稳步提升。在我们国家,"很多案件的犯罪嫌疑人都是初中以下的文化水平,这些人对证据、法律、司法程序等的理解很困难",要加倍保障他们"不被强迫被诱惑认罪"。[3]对这些人提供适当的法律帮助非常必要。目前,各地已普遍建立起值班律师库和公、检、法、司快速联动的法律帮助机制,并在看守所、法院设立驻所律师和驻院律师的情况下,在检察院增设了值班律师工作站,以方便不在押被追诉人现场接受值班律师的帮助,从而实现了认罪认罚案件法律帮助从侦查阶段、审查起诉阶段至审判阶段的全覆盖。实践中,值班律师提供的法律帮助主要包括:具结书签署时在场;向被追诉人提供法律咨询,告知权利及认罪认罚的性质、法律后果;必要时,向专门机关提出建议或意见等。由于认罪认罚从宽制度适用的基本都是案情简单、事实争议不大的案件,被追诉人又认罪,所以,辩护律师的参与率总体上不是太高。据 S 市 B 区统计,认罪认罚案件中,有辩护律师的案件比例约为 20%。但有的地区扩大了强制法律援助辩护的范围,参与率就相对高一些。如在 G 市 Y 区,案件进入审查起诉阶段后,若认罪认罚的被追诉人未委托辩护人,并可能判处 3 年以上有期徒刑的,检察机关将通知法律援助机构为其指定法律援助律师提供辩护。为此,该区财政部门还拨付了一百多万元的专项经费,实现了此类案件法律援助律师 100% 的出庭率。

---

[1] 卢君、谭中平:"论审判环节被告人认罪认罚'自愿性'审查机制的构建",载《法律适用》2017 年第 5 期,第 104 页。

[2] 孔冠颖:"认罪认罚自愿性判断标准及其保障",载《国家检察官学院学报》2017 年第 1 期,第 21 页。

[3] 张伟杰:"从宽如何防范'花钱买刑'?",载《工人日报》2016 年 9 月 3 日,第 5 版。

(二) 存在的突出问题

(1) 被追诉人知情权保障乏力。"知情"是"自愿"的前提,被追诉人自愿认罪认罚所依赖的"知情"至少应该包括三个方面。一是知道法律的具体规定,二是知道自己认罪认罚的性质和法律后果,三是知道案件事实情况,特别是控诉机关掌握的证据。但调研发现,现在唯一能够得到有效保障的可能只有第一个方面的知情权,第二个方面、第三个方面的知情权保障效果不佳。虽然《刑事诉讼法》及《指导意见》等均强调了专门机关的告知义务,但从要求告知的内容看,公安机关需要告知的是"犯罪嫌疑人享有的诉讼权利,如实供述自己罪行可以从宽处理和认罪认罚的法律规定",检察机关和审判机关需要告知的是被追诉人"享有的诉讼权利和认罪认罚的法律规定"。也就是说,专门机关只要告知被追诉人相关的法律规定,无须结合个案的具体情况告知认罪认罚的性质和法律后果,即可满足法律上的告知要求。而在实践中,专门机关即便告知被追诉人认罪认罚之后可能的法律后果,通常也缺乏应有的明确性和完整性。[1] 其实,告知法律规定方面,专门机关通常采用书面集中告知的方式,要求被追诉人较短时间内阅读完权利义务告知书并签字,即使在值班律师或辩护律师的帮助之下,能真正理解认罪认罚从宽制度内涵的被追诉人恐怕也只是少数。至于案件的证据情况,由于不属于强制告知的内容,专门机关几乎很少告知被追诉人。而且,《刑事诉讼法》并没有明确赋予被追诉人阅卷权。而《指导意见》第29条虽然提及,"人民检察院可以针对案件具体情况,探索证据开示制度,保障犯罪嫌疑人的知情权和认罪认罚的真实性及自愿性"。但该机制目前尚处于探索、谋划阶段,并未成形。因此,被追诉人不仅不能理解认罪认罚的内涵及后果,也很难了解案件的证据情况,控辩双方信息不对称,对被追诉人认罪认罚的自愿性形成较大制约。

(2) 自愿性的审查形式化。如上所述,阅卷和讯问是自愿性审查的两种主要方式。但事实表明,阅卷的方式很少也很难发现自愿性问题,而庭审中的自愿性审查也往往流于形式。目前,绝大多数认罪认罚案件都适用了速裁程序或简易程序,庭审已简化到无可再简的程度。不难理解,为何不少法官、检察官也认为这种庭审没有实际价值,应代之以书面审理。

庭审实践中,认罪认罚自愿性审查的内容不可谓不全面。但问题是,权利

---

[1] 参见孙长永:"比较法视野下认罪认罚案件被告人的上诉权",载《比较法研究》2019年第3期,第49页。

义务告知书和认罪认罚从宽制度告知书的内容是否详尽合理？被告人的选择是否是在获得了有效的法律帮助的情况下作出的？被告人真的理解认罪与认可指控的犯罪事实、自愿与强迫、认罪和认罚的区别吗？被告人在认罪认罚时是否知悉必要的证据信息？被告人理解认罪认罚的法律后果吗？这种机械发问有没有可能发现被告人虽口头认罪认罚但实质上不明知、不理智、受迫的可能性？退而言之，即使法官经过庭上讯问，发现被告人虽然表面认罪认罚但其实不自愿，是否可能、是否愿意拒绝被告人的认罪认罚？如果这些问题的答案有一个是否定的，即便法庭上被告人对法官的讯问都作出完全肯定的回答，这样的自愿性审查也难以触及实质问题。所以，把认罪认罚的自愿性确立为审查对象乃至庭审的重点只是第一步，[1]关键还在于如何正确理解自愿性，如何确定行之有效的自愿性审查机制。

（3）法律帮助实际效果不佳。法律帮助是被追诉人认罪认罚自愿性保障的重要环节，但该制度在实践中并未达到预期目的。第一，值班律师定位不明。值班律师是定位为被追诉人的法律帮助者，还是辩护律师？其在提供法律帮助后能否接受委托成为被追诉人的辩护律师？值班律师到底应该享有哪些诉讼权利？其与办案单位是何种关系？对这些问题，公安司法机关包括值班律师自己都不清楚，导致值班律师履职时经常感到无所适从。第二，值班律师参与不足。[2]实践中，即便赋予值班律师阅卷权，值班律师也基本不会进行阅卷等工作，主要是提供一般性法律知识的告知，或者根据被追诉人的主观陈述解答法律咨询。个别值班律师都不清楚自己的工作性质，不理解认罪认罚从宽制度的内涵，也不了解规范化的量刑标准，在被追诉人询问量刑问题时，只是以检察机关的量刑建议笼统回复。根据要求，被追诉人签署具结书时，辩护人或值班律师必须在场，但是值班律师由于不了解案情，对被追诉人的个人情况也是知之不多，其在被追诉人签署具结书时，所能发挥的通常仅仅是见证作用。有值班律师反映，①如果值班律师仅发挥见证作用，社工或者其他公民都可以替代，安排值班律师是不是在浪费司法资源？②值班律师作为一个见证者在场，而且，需要在具结书上签字，但其实并没有也很难发挥实质性的作用，在这种情况下，如果被追诉人签署的具结书存在问题，值班律师是否需要承担责任？该承担何种

---

[1] 参见陈瑞华："认罪认罚从宽制度的若干争议问题"，载《中国法学》2017年第1期，第38页。
[2] 李立家："我国法律援助值班律师制度的设想与实践——以从刑事案件速裁程序到认罪认罚从宽制度的变化为视角"，载《中国司法》2017年第6期，第49页。

责任？第三，还有值班律师提出，即使想尽职尽责，也有力使不出。因为短时间内很难与被追诉人建立信任关系，再加之部分地区值班律师会见在押被追诉人存在障碍，也接触不到案件卷宗材料，难以提出有价值的法律意见。而被追诉人普遍文化水平低，不清楚程序性质和流程，不在乎诉讼权利，只关心最终量刑问题。第四，值班律师工作动力不足。由于认罪认罚案件数量众多，值班律师的工作量很大，尤其是伴随着制度的完善，值班律师的工作也开始逐步超出"法律咨询"的范畴。然而，目前值班律师的工作经费是按照"法律咨询"类支出，不到法律援助经费标准的一半，每案次的报酬只有几十元，很难激励值班律师工作的积极性。第五，值班律师通常介入比较晚，而且，主要在审查起诉阶段，侦查阶段、审判阶段的参与率非常低。第六，辩护律师发挥的实际作用也不大。很多辩护律师尚未适应认罪认罚从宽制度改革带来的诉讼重心的转变，不重视审前与被追诉人及专门机关的沟通交流，也找不准认罪认罚案件辩护工作的重点，只能提出一些无足轻重的辩护意见，不能充分发挥辩护人在保障认罪认罚自愿性方面的作用。

(4) 对上诉权的不合理限制。提高效率，缓解案件快速增长与司法资源供应不足的矛盾，是认罪认罚从宽制度改革的关键诉求之一。但如果被告人选择了上诉，这一诉求无疑将难以实现。实践中，有些认罪认罚的被告人，在法院作出采纳量刑建议的判决后依然提起上诉。对此，部分地方的检察院以抗诉作为应对手段，而且，有些抗诉还得到了法院的支持。[1]相当一部分检察官认为，对于被追诉人以留所服刑为目的的技术型上诉或侥幸获得更轻判罚的"假上诉"应当提起抗诉，以让那些被误导的被追诉人认识到，投机性上诉不仅捞不到好处，"反倒增加了刑期，最终被从重判刑，还会被移送监狱"，达到"抗一案警示一片"的目的。[2]然而，以惩罚或震慑上诉为目的提出抗诉，本质上就是以上诉作为抗诉对象的报复性抗诉，其根本就没有考虑判决本身是不是存在错误。如果判决本身没有错误，特别是那些留所服刑为目的的技术型上诉，被追诉人可能并没有改变认罪认罚的态度，在这种情况下提出抗诉显然于法无据。一旦允许这种不考虑判决本身是否错误的抗诉，检察机关很容易放宽所有

---

〔1〕参见张丽霞："认罪认罚案件上诉与抗诉的法理辨析"，载《中国人民公安大学学报（社会科学版）》2020年第1期，第85页。

〔2〕邱春艳："把'救心''传道'的好制度落得更好——张军就认罪认罚从宽制度实践中的热点难点问题回应社会关切"，载 https://www.spp.gov.cn/spp/tt/202102/t20210221_509442.shtml，最后访问日期：2021年5月2日。

认罪认罚上诉案件的抗诉标准,这将彻底架空上诉不加刑原则和权利型上诉制,从而在实质上剥夺被追诉人的上诉权。允许任意反悔是我国立法及司法解释对待被追诉人反悔的基本态度,这也是被追诉人认罪认罚自愿性的最基本的要求和最重要的保障。既然允许任意反悔,那么在被追诉人反悔后不允许其提起上诉显然不是一种实事求是的态度。

五、认罪认罚自愿性保障的制度基础与深层障碍

(一)制度基础

就大的制度环境而言,当前,认罪认罚自愿性的保障有很多有利的支撑因素。

其一,我国已确立中国式的"不强迫自证己罪"原则。自革命根据地时期开始,"重证据,重调查研究,反对逼供"就成为一项重要的刑事司法政策。新中国成立后,我国签署并批准了《联合国反酷刑公约》,根据该公约第2条的规定,应采取包括立法、司法等在内的一切必要措施,防止出现施行酷刑的行为。1979年《刑事诉讼法》第32条、1996年《刑事诉讼法》第43条均明确要求,公安司法机关应依法收集各种证据,"严禁刑讯逼供和以威胁、引诱、欺骗以及其他非法的方法收集证据"。两法又分别在第10条第3款和第14条第3款赋予了诉讼参与人对公安司法人员侵权行为的控告权。为了进一步遏制刑讯等非法取供行为,2012年《刑事诉讼法》结合我国国情,在原来的取证禁止性规定的基础上规定,"不得强迫任何人证实自己有罪"。2018年《刑事诉讼法》则正式确立了认罪认罚从宽原则,并在多个条文中明确提及了自愿供述、自愿认罪认罚。事实上,这一过程总体上与法治发达国家从废刑讯到反强迫再到正式确立供述自愿原则及沉默权的历程是一致的。可以说,2018年《刑事诉讼法》明确规定"自愿"本身就是一个重大进步,凸显了被追诉人的诉讼主体地位以及我国刑事诉讼人权保障水平的提升。

其二,我国已初步建立以排除刑讯获取的供述为重点的非法证据排除规则。《联合国反酷刑公约》第15条要求,确保酷刑获得的陈述不被援用。因此,从理论上而言,《联合国反酷刑公约》第15条是我国排除非自愿供述的最早的法律根据之一。1996年《刑事诉讼法》修正后,最高人民法院和最高人民检察院在各自的司法解释中原则性地规定,确认为非法言词证据的,不能作为指控犯罪或定罪的根据。2010年5月发布的《关于办理刑事案件排除非法证据若干问题的规定》对非法证据的排除从实体到程序方面作了较为详细的规定。2012年《刑事诉讼法》修正时，以上述规定为基础，用五个条文专门规定了非法证据的排除问题，重点排除刑讯获取的供述。针对非法证据排除规则在实施中暴露出的突出问题，特别是启动难、证明难、排除难问题，党的十八届三中全会和十八届四中全会分别提出严格实行非法证据排除规则以及健全落实非法证据排除规则的制度。为了贯彻中央精神，2017年6月印发的《严格排除非法证据规定》，进一步细化了非法证据的范围和认定标准，明确了排除的程序和公安司法机关在排除程序中的职责分工，增强了程序的可操作性。特别是在排除范围上，将违法使用戒具规定为暴力方法，将采用严重威胁或非法拘禁等非法限制人身自由的方法收集的证据，纳入排除范围，并且规定了重复供述的排除问题。更为难能可贵的是，在界定刑讯、威胁时，于"剧烈痛苦"标准之后，同时使用了"违背意愿作出的供述"这样的表述，直接体现出对供述自愿性标准的引入。

其三，我国的刑事辩护制度、值班律师制度及法律援助制度也在逐步健全。法律帮助人的有效参与是认罪认罚自愿性保障的关键，特别是在我国，被追诉人的法律意识、文化水平普遍较低，而公安司法机关在刑事诉讼中又比较强势，没有法律帮助人的参与，被追诉人与专门机关很难进行有效的沟通。而经过数十年的发展，我国的刑事辩护制度日趋完善，听取辩护人意见成为许多重要刑事诉讼环节的强制要求，曾经长期困扰辩护律师的会见难、阅卷难问题已经在很大程度上得到解决。为了提高辩护律师的参与率，2017年10月，最高人民法院、司法部印发《关于开展刑事案件律师辩护全覆盖试点工作的办法》，开始在八个省、市开展审判阶段律师辩护全覆盖的试点。之后，基于试点取得的良好成效，2018年12月，最高人民法院、司法部又延长了试点期，并将试点范围扩大到全国31个省（自治区、直辖市）和新疆生产建设兵团。[1]其实，针对实践中辩护人参与率不高的问题，司法部早在2006年就着手与商务部、联合国开发计划署合作，在河南修武县开展法律援助值班律师制度试点，并推动河南省从"最先试点"到"全面覆盖"，率先形成了一套健全的工作体系。[2] 2010年后，上海浦东区也开始作相关探索。2014年8月，《速裁程序试点办法》

---

〔1〕 参见最高人民法院、司法部《关于扩大刑事案件律师辩护全覆盖试点范围的通知》。

〔2〕 王林园："河南：值班律师制度形成健全体系"，载 http://www.ha.xinhuanet.com/news/20170211/3651089_c.html，最后访问日期：2017年8月6日。

中首次明确提出建立法律援助值班律师制度。2016年7月,《关于推进以审判为中心的刑事诉讼制度改革的意见》再次强调,通过在看守所和法院派驻值班律师,为被追诉人提供法律帮助。2016年11月,《认罪认罚从宽试点办法》规定了提供值班律师的条件、值班律师的职能及在相关环节听取值班律师的意见,值班律师制度被明确引入认罪认罚从宽制度。2017年8月,《关于开展法律援助值班律师工作的意见》出台,进一步推动了值班律师制度的规范化、具体化。2018年《刑事诉讼法》及《指导意见》中关于认罪认罚案件值班律师的规定基本上是上述规定的经验总结。此外,我国的法律援助制度也在不断完善,法律援助立法已进入快车道。2021年8月20日,十三届全国人大常委会第三十次会议表决通过了《中华人民共和国法律援助法》。该法明确了法律援助的概念及法律援助的提供主体,拓展了社会力量参与法律援助的渠道,适当扩大了法律援助的范围,健全了值班律师法律帮助的相关内容,规范了法律援助的程序,提高了法律援助经费的保障水平,完善了法律援助的补贴标准,建立了法律援助质量评估与监督机制。特别是,该法还规定,对可能被判处无期徒刑、死刑的人,以及死刑复核案件的被告人提供法律援助辩护时,应当指派具有三年以上相关执业经历的律师担任辩护人;公安司法机关通知法律援助机构指派律师担任辩护人时,不得限制或者损害犯罪嫌疑人、被害人委托辩护人的权利。这些规定无疑都有利于保障认罪认罚案件法律帮助的有效性。

其四,讯问全程同步录音录像制度日渐成熟。自20世纪90年代中期,检察机关就开始尝试在职务犯罪侦查讯问中探索全程同步录音录像制度。1998年《公安机关办理刑事案件程序规定》已经提到,讯问时"可以根据需要录音、录像"。1999年《人民检察院刑事诉讼规则》也提出类似要求,即讯问被追诉人时,可同时采用录音、录像的记录方式。2004年,公安部首次提出,"要对命案、黑社会性质等重大案件的讯问进行全程录音录像"。[1]2005年,最高人民检察院开始着力在职务犯罪侦讯中全面推行全程同步录音录像,并出台了专门的规范性文件。2007年,《关于进一步严格依法办案确保办理死刑案件质量的意见》规定,讯问可能判处死刑的犯罪嫌疑人,在文字记录的基础上,可以根据需要录音录像。在立足实际、总结经验的基础上,自2012年《刑事诉讼法》根据案件严重程度提出了不同要求,即一般案件,可以录音或者录像,重

---

[1] 周斌:"全程录音录像可让刑讯逼供'见光死'——既保障犯罪嫌疑人权益又可证明办案人员清白",载《法制日报》2011年9月7日,第5版。

大犯罪案件，应当录音或者录像。此后，各地开始大力推进相关工作。调研显示，目前，地方各级检察机关和大部分公安机关均已建成了具有同步录音录像功能审讯室的办案工作区，至少在法律要求和硬件配备方面，我国已处于世界领先水平。全程同步录音录像不仅可以规范讯问行为，防范强迫取供，还可为非法供述的排除固定证据，从而为自愿认罪认罚提供有力支撑。2020年底，最高人民检察院提出"探索对认罪认罚重要环节进行同步录音录像，确保程序公正、透明"。[1]此后，浙江省宁波市、四川省阆中市等地纷纷出台认罪认罚案件"控辩协商"全程同步录音录像的工作规定，旨在通过提高"控辩协商"的透明度和公信力的方式，切实保障被追诉人认罪认罚的真实性和自愿性。[2]

(二) 深层障碍

虽然我国《刑事诉讼法》规定了"不得强迫任何人证实自己有罪"，强化了对于被追诉人辩护权等诉讼权利的保障和主体地位的尊重，强调对于刑讯、严重威胁等非法手段获取的证据的排除，但整体上看，我国的刑事取供机制乃至刑事诉讼方式依然带有明显的强制性，构成了认罪认罚自愿性保障的内在阻碍。具体表现在以下几个方面。

(1) 虽然规定了"不得强迫任何人证实自己有罪"，但并没有将其规定为被追诉人的一种权利或特权。我国的"不得强迫任何人证实自己有罪"与国际司法准则意义上的反对强迫自证己罪原则有很大不同。立法者只是将该条款规定于证据一章取证的要求和限制规则中，只是作为非法证据排除规则的配套措施。[3]"不得强迫任何人证实自己有罪"的主语是"审判人员、检察人员、侦查人员"。该条款只是对公安司法人员取证行为的规制，只是"对司法机关

---

[1] 周斌："探索认罪认罚重要环节同步录音录像"，载 https://www.sohu.com/a/436941788_162758，最后访问日期：2021年4月2日。

[2] 参见黄程："全市首例认罪认罚控辩协商全程同步进行录音录像"，载 https://m.gmw.cn/baijia/2021-03/02/1302142454.html，最后访问日期：2021年4月2日；曹颖颖："四川阆中：规范认罪认罚案件同步录音录像工作"，载 https://baijiahao.baidu.com/s?id=1700802723693531735&wfr=spider&for=pc，最后访问日期：2021年4月2日。

[3] 参见王尚新、李寿伟主编：《〈关于修改刑事诉讼法的决定〉释解与适用》，人民法院出版社2012年版，第45页。《关于〈中华人民共和国刑事诉讼法修正案（草案）〉的说明》中，立法机关将增加该条款仅仅视为完善非法证据排除制度的措施之一："为从制度上进一步遏制刑讯逼供和其他非法收集证据的行为，维护司法公正和刑事诉讼参与人的合法权利，有必要在法律中对非法证据的排除作出明确规定。据此，修正案草案在刑事诉讼法规定严禁刑讯逼供的基础上，增加不得强迫任何人证实自己有罪的规定……"

收集口供的原则性要求",只是"从原则和理念上进一步强化对于刑讯逼供的严格禁止",[1]主要着眼于职权行为的规范性。要求公安司法人员"不得强迫"并不必然意味着被追诉者有权"不被强迫",因为"强迫"并不止于取证手段的强迫。换言之,在我国,被追诉人目前并不享有完整意义上的"不被强迫"或者"不自我控告"的权利。[2]

(2)未规定沉默权,恰恰相反,却规定了犯罪嫌疑人如实回答侦查人员提问的义务。"不得强迫任何人证实自己有罪"入法后,部分学者一度认为我国已在法律上确立了沉默权,至少是"默示的沉默权制度",[3]或"中国式的沉默权制度",[4]但这种理解显然有些一厢情愿。就立法背景和目的而言,《刑事诉讼法》第52条之所以采取"犹抱琵琶半遮面"的表达方式以及《刑事诉讼法》第120条之所以保留"如实回答"义务,就是考虑到我国确立沉默权的条件尚不成熟,是对当前"国情""民心"的反映。《刑事诉讼法》再修改的研讨中,学界要求废除"如实回答"义务、确立沉默权的呼声很高,然而,该建议遭遇了来自实务部门的强大阻力。公安司法机关依然习惯于口供中心主义的诉讼方式,作为沉默权主观羁绊的深层逻辑仍然根深蒂固,在这种情况下,即使规定沉默权,也有可能徒具形骸。更何况,保障人权的水平需要与打击犯罪的能力相适应,民众也不能接受没有稳定的程序公正。这是立法者在沉默权问题上不敢急功冒进的原因。"不得强迫任何人证实自己有罪"条款并没有给予被追诉者拒绝回答或保持沉默的权利。相反,"如实回答"义务实质上构成了对拒绝回答或保持沉默权的明确否定。在面对侦查人员的讯问时,除了自证有罪或无罪辩解,至少在法律层面上没有提供能保护被追诉人自由意志的其他选择。因此,"不得强迫任何人证实自己有罪"条款与"如实回答"义务并不矛盾。前者是为了进一步防止和遏制刑讯逼供而对司法机关提出的"一个刚性的、严格的要求",可以说是"我国刑事诉讼法一贯坚持的精神"。[5]其针对的主要是强迫取供手段,并没有免除被追诉人接受讯问和如实供述的义务。而后者则要

---

[1] 全国人大常委会法制工作委员会刑法室编:《关于修改中华人民共和国刑事诉讼法的决定——条文说明、立法理由及相关规定》,北京大学出版社2012年版,第45页。

[2] 参见赵占坤、梁岩:"论对'不强迫自证有罪'条款的几种误读",载孙长永主编:《刑事司法论丛》(第2卷),中国检察出版社2014年版,第151页。

[3] 何家弘:"中国已确立沉默权制度",载《人民法院报》2012年8月1日,第6版。

[4] 万毅:"论'不强迫自证其罪'条款的解释与适用——《刑事诉讼法》解释的策略与技术",载《法学论坛》2012年第3期,第31-32页。

[5] 郎胜主编:《中华人民共和国刑事诉讼法修改与适用》,新华出版社2012年版,第117页。

求在回答侦查人员提问时，应根据客观情况，有问必答，不能沉默，也不能说谎。当然，要求被追诉人履行该义务不能借助于"刑讯"等强迫手段。[1]二者并不冲突，反而在"督促主动供述"的立法精神上达成了统一。

（3）我国的非法言词证据排除规则并未将自愿性作为排除的主要标准。非法证据排除规则仅将非法言词证据限于采用刑讯等非法手段逼取的口供和采用暴力、威胁等非法手段取得的证人证言、被害人陈述。即便如此，实施效果也并不乐观。特别是，采取疲劳讯问等变相刑讯或威胁、引诱、欺骗等方式获取的言词证据很难被排除。《严格排除非法证据规定》虽然在排除的非法言词证据的范围上有所细化和扩展，但还是存在不少问题：①在细化排除范围的同时，未提及以引诱、欺骗的方式所获言词证据的排除问题，可能加剧实践中的诱供、骗供现象。②并未将疲劳讯问所获供述等明确列入排除范围。③"剧烈痛苦"规则依然是主导的排除标准，自愿性虽有提及但没有独立地位。④虽将非法拘禁等非法限制人身自由的方法纳入排除范围，但并未吸收其他司法解释和文件中已经出现的一些严重侵犯被追诉人诉讼权利而应排除证据的情形。⑤重复供述的排除仅限于刑讯逼供引发的。⑥将排除范围内的威胁方法限定为以暴力或者严重损害本人及其近亲属合法权益等严重情形。这意味着，大量非自愿的供述仍然可能成为定案的根据。

《刑事诉讼法》之所以规定"不得强迫任何人证实自己有罪"而非不强迫自证其罪原则，之所以没有废除"如实回答"义务，之所以将提审犯罪嫌疑人作为审查起诉的基本方式，将讯问被告人作为法庭审理的基础和主线，之所以将非法供述的排除标准要求得如此宽松，正如，它既反对有罪推定，也不明确无罪推定，原因之一就是，按照我们的诉讼目的论和价值观，刑事诉讼要"追求客观真实"，而被追诉人则是发现客观真实的重要途径和证据来源。而另一方面，《刑事诉讼法》之所以通过"如实回答"强调犯罪嫌疑人的配合义务，之所以将"不强迫自证有罪"仅规定为"取证手段禁止"，也是为了让刑罚权实现得更加顺畅和圆满。[2]一言以蔽之，我国的刑事诉讼依然带有"行政性治罪程序"的色彩，采取的是一种"职权信赖式"的诉讼模式。

当前，认罪认罚自愿性的保障机制，就是在上述"强制型"诉讼机制之下

---

[1] 参见赵占坤、梁岩："论对'不强迫自证有罪'条款的几种误读"，载孙长永主编：《刑事司法论丛》（第2卷），中国检察出版社2014年版，第155–156页。

[2] 参见赵占坤、梁岩："论对'不强迫自证有罪'条款的几种误读"，载孙长永主编：《刑事司法论丛》（第2卷），中国检察出版社2014年版，第161页。

展开的，属于我国"职权信赖式"刑事诉讼模式的一部分。在这种彰显"职权信赖"的刑罚权实现程序中，被追诉人个体权利不仅无法形成对追诉权的反制，其存在和实现都还依赖于追诉权。被追诉人的人身自由权等实体及诉讼权利虽然也会被关注，但其主体性有时被忽略，人格尊严权等精神层面的权利有时被蔑视，即被追诉人有时很难被真正视为一个具有独立自我意识和人格的诉讼主体。认罪认罚能否换取从宽处理，以及能够换取多大程度的从宽，在当前诉讼模式下，是一个只有司法机关"综合权衡"后才能决定的问题。只要不改变诉讼模式，认罪认罚与从宽处理之间就很难建立起自主自愿的交换或者协商关系，因为，总是处于"来源""方法""对象"地位的被追诉人缺少协商或交换的资本，[1]而较为强势的公安司法机关，特别是公安机关和检察院，通过未达到"剧烈痛苦"程度的"强迫"或内在的程序强制就可以维持较高的认罪率，就会缺少通过合作获取自愿认罪认罚的动力。由此，"剧烈痛苦"不仅是非法供述排除的标准，也易成为衡量供述乃至认罪认罚自愿性的标准。

六、如何构建认罪认罚自愿性的保障机制

就认罪认罚自愿性的保障模式而言，世界上大多数国家采用的是以权利抗衡与权力保障相结合，而以权利抗衡为主的模式，即赋予被追诉人沉默权、获得权利告知权、要求律师在场权等足以和追诉方抗衡的防御性权利，使得追诉方只有两种选择，或者谨守界限，放弃供述，或者以合法的利益，交换被追诉人放弃权利，获取自愿供述。而如上所述，我国不管是对一般案件中供述的自愿性的保障，还是对认罪认罚案件中认罪认罚的自愿性的保障，主要采取的还是权力关照模式，即，一方面加强"对审讯权力的控制，在制度层面弱化了审讯过程的强迫性"，[2]另一方面，发挥审讯权力的道德自觉，不采用控制被追诉人意志自由的取供手段，保证自愿供述。从长远来看，选择前一种模式应该是大势所趋。但从我国刑事司法的现实条件看，在很长的一段时间内，"权力保障模式"在认罪认罚自愿性的保障上依然会占主导地位。因此，以下关于完善认罪认罚自愿性保障机制的建议也将从两个层面分析。

---

〔1〕 参见闫召华："'从速兼从宽'：认罪案件非羁押化研究"，载《上海政法学院学报（法治论丛）》2017年第3期，第92页。

〔2〕 马静华："供述自愿性的权力保障模式"，载《法学研究》2013年第3期，第163页。

(一) 远期目标：权利制衡为主的自愿性保障

1. 非自愿认罪认罚的防范机制

(1) 确立真正意义上的"不得强迫自证己罪"原则，规定沉默权，废除"如实回答"义务。将"不得强迫任何人自证己罪"规定在《刑事诉讼法》总则第一章基本原则部分，甚至可以考虑规定在《宪法》中。明确任何人没有义务证明自己有罪或无罪，在接受讯问时，被追诉人除了说出自己的身份信息，不需要违背自己的意愿陈述任何事项，除法律规定的少数例外情形，被追诉人无须担心自己的沉默会招致不利的推论。公安司法人员须在每个阶段的首次讯问前告知被追诉人这一权利，否则，获取的供述不能作为定案的根据。只有确立了被追诉人的沉默权，即拒绝回答讯问的权利，才能使被追诉人在说与不说、认罪与不认罪、合作与对抗问题上有选择的自由，才能真正形成"坦白从宽、抗拒无罪、沉默是权"的司法理念。[1]在法律意义上，认罪的自愿性必须以被追诉人享有认罪与否的权利为前提，而"如实回答"义务恰恰否定了这种权利，所以，"如实回答"义务之下，尽管存在事实上的"自愿认罪"，法律意义上的"自愿认罪"似乎不存在。(2) 为了在程序上充分保障被追诉人决定陈述与否时的意志自由，应当在保留现有的强制法律援助辩护规定的基础上，保障在每一个诉讼阶段每一个未委托辩护人的被追诉人有权获得法律帮助。并且规定，讯问时被追诉人有权要求自己的辩护律师在场，或者退一步规定，在讯问前或者讯问的间歇，被追诉人有权同自己的律师交谈。(3) 确立供述自愿性规则。通过保障供述自愿性的要求及非自愿供述的排除，为被追诉人提供免受强制陈述的特殊保护。将自愿性规定为供述的核心要求和基本属性，改造《刑事诉讼法》第52条的禁止性规定，要求不得采用侵犯被追诉人意志自由的措施获取供述。同时，将非自愿性作为供述排除的独立根据，以实现取供禁止与供述排除范围的大致统一。非自愿的供述即便真实，也不能采信，自愿的供述即便不合法，也可以在综合权衡后，采纳为定案根据。

2. 自愿认罪认罚的激励机制

被追诉人一旦选择认罪认罚，就意味着放弃了沉默权等一系列防御性权利，从而也减少了公安司法机关的指控障碍和定罪障碍。不能否认部分被追诉人认

---

[1] 梁成意："沉默权入法之证成与自愿供述制度之构建——关于完善《中华人民共和国刑事诉讼法修正案（草案）》第一百一十七条的思考"，载《四川师范大学学报（社会科学版）》2012年第2期，第27页。

罪认罚的动机完全出于心灵救赎等内在心理因素的促动，主动认罪认罚，属于较高层次的自愿性。但是，自愿认罪认罚的动因并不排斥外部的合理激励。各国最常见的自愿认罪的激励措施就是量刑减让。如在英国，为了鼓励被追诉人合作，只要其在罪状认否程序中答辩有罪，法官在量刑时就会从轻考虑。《美国联邦量刑指南》中，也将是否"承认责任"作为一种重要的"调整因素"。[1]大陆法系国家更是如此。如果说法官的量刑裁量尚难以给被追诉者确定的减刑预期的话，英、美等国的辩诉交易则被认为是激励有罪答辩的最佳设计。控辩双方"协商议价"，被追诉人可通过答辩有罪获得较少、较低的指控或者较轻的处罚，从而使得被追诉人在认罪认罚的选择上更加自由、更加主动。近年来，大陆法系国家借鉴英美经验，也开始创建具有本国特色的"辩诉交易"制度，如德国的"认罪协商"、法国的庭前认罪答辩程序等。反观我国，坦白从宽政策也好，认罪认罚从宽制度也好，以从宽处理激励自愿认罪认罚均是其基本思路。然而，长期以来，是否从宽、如何从宽带有极大的不确定性，缺少一个从宽"承诺"的兑现机制，被追诉人对公安司法机关从宽"承诺"不信任，而在强制型取供机制之下，被追诉人在认罪与否问题上又没有多少选择的余地，认罪认罚的自愿性必然成为空中楼阁。调研中发现，试点之初，有些公安机关和检察院认为认罪认罚从宽制度反而增加了单位时间内的工作量，因而对适用该制度态度上并不积极。我们认为，导致这种现象的一个非常重要的原因，就是在现有的刑事诉讼方式和取供机制之下，获取有罪供述不存在太大困难，追诉机关当然也就缺少采用合作模式——这种在他们看来降低身价同时也更加麻烦的取供替代措施的动力。但一旦确立了沉默权，鼓励合作可能就会成为追诉机关主动获取认罪认罚的唯一途径。但要想使激励有效，就必须确保被追诉人产生对认罪认罚利益的稳定预期。这一方面要赋予激励认罪认罚的专门机关作出从宽"承诺"的权力，另一方面还要构建从宽"承诺"的即时或跨阶段的"兑现"机制。

（二）近期改革建议：权力关照模式下的自愿性保障

1. 确保认罪认罚的明知性

自愿性是以明知性为前提的，明知性也是自愿性的应有之义。根据调研情况，对明知性的保障，当前急需做三个方面的工作。一是细化和充实权利告知的内容。如上所述，很多地方的"权利告知书"和"认罪认罚从宽告知书"对

---

[1] [美]约书亚·德雷斯勒、艾伦·C.迈克尔斯：《美国刑事诉讼法精解》（第二卷·刑事审判），魏晓娜译，北京大学出版社2009年版，第337页。

于被追诉人的权利和认罪认罚导致的法律后果的表述都相当粗陋,在权利方面很少涉及与认罪认罚自愿性有关的诉讼权利,在法律后果上多简单告知认罪认罚后从宽处理。这对自愿性的保障显然是远远不够的。权利告知书中应强调被追诉人享有"不受强迫证实自己有罪"的权利,"不受刑讯等非法手段"对待的权利,或要求排除自己在刑讯、非法限制人身自由、严重威胁等非法取供手段下作出的有罪供述及重复性供述的权利。在法律后果上,应在告知从宽处理的同时,侧重告知认罪认罚导致的不利法律后果,包括可能被判处的罪名,建议的刑期,是否建议适用缓刑,程序的简化及由此带来的诉讼权利的限制等。司法机关还可以告知认罪认罚和不认罪认罚在量刑上的差别即从宽的大致幅度,更有利于促进被追诉人自愿认罪。二是在权利告知的主体上,除公安司法机关之外,可以考虑包括辩护律师或值班律师。公安司法机关对于认罪认罚从宽制度的适用,在态度上很难客观,考虑到程序简化,法院一般都会积极促成,而对拒绝认罪认罚的被追诉人有一定的抵触心理,追诉机关可选择不适用认罪认罚从宽程序,但一旦选择启动,也都是积极促成的心态。因此,在权利和法律后果的告知上,都"不由自主"地倾向于选择性的告知。而辩护律师或值班律师则可能更多地从被追诉人利益方面考虑问题,在权利告知上也会重视一些防御性权利和认罪认罚后的不利后果,从而弥补公安司法机关权利告知上的偏差。三是尽量保证被追诉人对证据情况的知悉权。被追诉人只有充分了解案件证据情况,才能使认罪认罚与否的选择更加明智。保证被追诉人证据知悉权可以考虑通过检察院的证据展示,或者辩护人或值班律师阅卷后的情况告知两种途径实现。条件成熟后,也可以考虑直接赋予被追诉人阅卷权。

2. 重视法官对自愿性的综合审查

较之于追诉机关,法官对于认罪认罚自愿性的司法审查具有天然优势和法理基础,但目前通过法庭上的简单询问这种形式化的审查很难满足自愿性保障的要求。要想做到对自愿性的综合实质审查,至少应当考虑:(1)增强自愿性审查的程序独立性。开庭后,法官对于认罪认罚自愿性的审查应当在一般性的身份查明、合议庭组成、权利告知后单独进行,应当把自愿性审查作为认罪认罚案件庭审的独立环节,特别是在适用速裁程序和简易程序的案件中,应把认罪认罚自愿性的审查作为庭审的核心任务。而且,如上所述,认罪认罚的自愿性与供述的自愿性尽管联系密切,但却不是同一个问题,认罪认罚的自愿性内涵更加丰富,不能以供述的自愿性审查替代认罪认罚的自愿性审查。(2)在审查标准上,应当适度关注内在的自愿性。在自愿性的评测标准上,既有外在的、相对客观的一些标准，也有一些内在的尺度。尽管采用外在的标准，比如公安司法机关是否采用了强制取供手段，是否尽到了权利告知义务等，更加简便可行。但外在标准不足以反映自愿性的不同状态、不同层次，甚至都不一定反映是否自愿。因此，完全忽略内在的、主观性的评价标准是不可行的。法院在审查时必须结合阅卷、讯问、询问和释明，综合考虑被追诉人案后表现、前科情况、被害人意见、本人性格等因素，评估其人身危险性和特殊预防必要性，进而衡量其认罪认罚的动机，以主客观相统一的标准，审查自愿性。（3）在审查方法上，以自愿性辅助判断真实性，以真实性印证自愿性。虽然自愿的供述不一定真实，真实的供述也不一定是自愿作出的。但是，毕竟自愿的供述大多数情况下更加可信，而《刑事诉讼法》对于认罪认罚从宽制度适用条件的要求之一又是"自愿如实供述自己的罪行"，即如实供述是认定自愿性的基础，因此，与真实性审查相结合，可以使法官更加全面、更加准确地把握自愿性。（4）区分自愿性的保障与审查，强化专门机关的分工制约。认罪认罚自愿性的保障问题上，也应当充分贯彻三机关分工负责、相互配合、相互制约原则，实现对保障权、审查权的合理控制。一般而言，检察机关在审查起诉阶段启动认罪认罚从宽制度，检察机关在讯问被追诉人、听取被追诉人意见、要求签署具结书时必须充分履行自愿性的保障责任，而到了审判环节，法官履行自愿性的审查责任，对认罪认罚自愿性进一步把关。需要注意的是，对于审判阶段被追诉人才认罪认罚的，《高法解释》规定，法院可直接依法作出从宽判决，而无需再经历量刑建议、具结书签署等环节，如此处理看似高效，实则打破了专门机关的分工制约关系，使得法院既负责保障，又负责审查，容易导致权力失范。

3. 增强合意因素，减少程序的内在强迫性

刑事诉讼程序带有一定的强制性是难免的。而我国的刑事诉讼模式和取供机制的强制性更为明显。在认罪认罚从宽制度的适用中，公安司法机关占据一定的主导和优势地位，而被追诉人只能适应权力机关的程序安排。比如主流的观点依然认为，是否认罪认罚由被追诉人自愿选择，但是否从宽决定于司法机关的裁量权力；部分检察官提出，虽然在形成量刑建议时可能听取被追诉人及其辩护人、值班律师的意见，但后者的意见仅供检察机关参考，并不能左右量刑建议。公安司法人员的这些做法本质上是由我国的刑事诉讼模式所决定的。这种内在的强迫性很容易压垮被追诉人在认罪认罚问题上的自由意志。所以，可以考虑增加听取意见环节的合意性质，强化专门机关与被追诉人及其法律帮助人的沟通。在严格强制获取的供述的"排非"标准的同时，减少通过激励获

取供述的成本,对在更早的诉讼阶段、环节适用认罪认罚从宽建立起明确的制度导向。但是,在理解我国认罪认罚从宽制度中的合意因素时,需要特别注意:(1)合意不仅仅是单纯的专门机关与被追诉人意思表示的一致,在我国,认罪认罚不仅仅是一种意思表示,还包括了对真诚悔罪——一种心理状态的要求。不能为了表面的合意,而降低认罪认罚的实质要求。不悔罪的认罪认罚,即便自愿,也不符合认罪认罚从宽制度的适用条件。(2)合意必须建立在事实基础之上,专门机关作出决定的根据只能是事实和法律,被追诉人的意见只有在有合理根据时才应听取。专门机关不应该单纯基于被追诉人的态度而置事实和法律于不顾,不能仅仅为了获得被追诉人自愿认罪认罚的表态而漠视公正底线,毫无原则地提高从宽利益。(3)个别地方探索的庭审阶段的"后置式协商",即在合议庭确认犯罪事实成立且被告人自愿认罪的基础上,再由控辩双方就量刑部分进行"协商",这种做法弊端明显。因为,虽然名义上称为"协商",但在法官明确指出肯定会判被追诉人有罪的情况下,在法官过于强烈的程序适用倾向和对量刑沟通过于积极地参与之下,很容易影响被追诉人认罪认罚的自愿性。

4. 完善被追诉人的诉讼权利,强化认罪认罚自愿性的程序保障

具体而言:首先,确保被追诉人获得实质性的法律帮助。目前,全面推行强制辩护不太现实,但考虑到合作式诉讼的要求,可探索进一步拓展法律援助辩护的范围,提高辩护律师在认罪认罚案件中,特别是在认罪认罚案件侦查环节、审查起诉环节的参与率。值班律师仍应定位为被追诉人的法律帮助者,不同于辩护律师。但是,应当进一步充实值班律师的权利,清晰厘定值班律师的职责,明确规定值班律师应当享有的权利和不应享有的权利,通过培训帮助值班律师了解常见案由的规范化量刑标准,建立健全值班律师的工作机制和服务流程,提高值班律师的薪酬标准,调动值班律师工作的积极性。明确辩护律师相对于值班律师的优位性,即在已有辩护律师的情况下,值班律师应及时退出,不能以值班律师代替辩护律师。还应完善值班律师与辩护律师的衔接机制。其次,全面推行认罪认罚案件听取意见环节的全程同步录音录像制度。尽管实践中存在选择性录制、选择性提交等问题,但不可否认,全程录音录像仍是防范强迫认罪认罚,保障自愿性的有效举措之一。通过记录听取意见过程,不仅可为追诉方证明认罪认罚的自愿性提供证据,也能为司法人员审查认罪认罚的自愿性提供材料支撑。再次,强化对非自愿供述的排除。近年来,采用"刑讯"等"硬强迫"取供手段的越来越少,但侦讯实践中疲劳讯问、骗供诱供等"软强迫"取供手段还比较常见。这些手段在某些情况下足以压垮被追诉人陈述时

的自由意志。非法证据排除规则虽然没有明确规定通过这些"软强迫"手段获取供述的排除，但也并不是一概不排除。需要法官在个案中，区分情况，灵活判断。法官在判断时，除了考虑"痛苦"程度外，还应该更加重视"自愿性"标准，对通过"软强迫"获取的供述，以是否自愿作为排除与否的决定性因素。最后，充分保障被追诉人的反悔权。允许认罪认罚后反悔是被追诉人认罪认罚自愿性的最基本、最重要的保障，甚至可以说，"认"与"不认"、原来"不认"后来"认"与原来"认"后来又"不认"均是自愿认罪认罚的当然内涵。而且，在我国认罪认罚有真诚悔罪要求，这里的认罪悔罪是言与行的统一，是外显与内在、行为与心理的统一。换言之，被追诉人认罪认罚是不可能靠专门机关"逼"出来的。一旦被追诉人反悔，就其当前的认罚状态而言，通常就很难再违心地认定其构成"真诚悔罪"或强令其不能悔罪。在悔罪的要求之下，反悔与其说是被追诉人的一种权利，不如说是一个事实，专门机关即便不乐见、不鼓励，但也不能无视或禁止，而必须承认或尊重。

第二节 认罪认罚案件法律帮助的层次与限度

保障认罪认罚的被追诉人获得专业的法律帮助，不管是对于被追诉人合法权益的维护，还是之于专门机关对案件的公正处理而言，都具有至关重要的意义。然而，与对抗式程序模式下法律帮助主要着眼于强化被追诉人的对抗能力不同，在认罪认罚从宽制度实施程序——这样一种合作式程序模式中，法律帮助重在增强被追诉人的合作能力。不少人凭直觉认为，在对抗式程序模式下，被追诉人对于法律帮助的需求会更加强烈，法律帮助人也有更多的作用空间，因此，伴随着认罪认罚从宽制度适用率的日益上升，辩护人在刑事案件中的参与率肯定会有所减少。但事实并非如此，统计发现，自认罪认罚从宽制度试点以来，辩护人的参与率不仅没有减少，反而有显著提升：从 2015 年的 38.2%，跃增为 2019 年、2020 年的 60.9%。[1] 这至少表明，认罪认罚法律帮助的意义

---

[1] 笔者对北大法宝法律数据库收集的基层法院一审刑事判决书进行了统计分析，发现 2012 年辩护人参与刑事案件的比率为 40.6%，2013 年为 41.8%，2014 年为 39.4%，2015 年为 38.2%，2016 年为 38.8%，2017 年为 38.6%，2018 年为 49.9%，2019 年为 60.9%，2020 年为 60.9%。统计的基本方法为，先搜索确定每一年度基层法院一审刑事案件判决书的数量，再对上述搜索结果以"辩护人"为关键词确定提及"辩护人"的判决书数量，进而算出辩护人参与刑事案件的比率。值得一提的是，用这一统计方法算出的 2021 年辩护人的参与率仅约为 38%。但由于 2021 年的判决书上传的还比较少，尚不足往年总量的 5%，这一比率可能参考价值有限。

得到了实践认可。当然，认罪认罚从宽制度实施程序中的法律帮助，确实面临着一些独特的情境与问题，并因而需要一些特殊的功能安排和制度设计。其最大的特殊性在于，被追诉人认罪认罚实质上就是在很大程度上自愿"放弃辩护"，在这种情况下，该不该"放弃"或者如何"放弃"等成为法律帮助的核心议题。而由此衍生的问题是，过度的法律帮助会不会影响认罪认罚从宽制度的效率和矫治目标，而这些目标通常是否契合被追诉人的从宽利益？到底该不该赋予值班律师辩护人的地位与权利？又该如何区分值班律师与辩护律师的职责，以及如何确定值班律师职责与权利的对应关系？理解并处理好这些问题，是完善认罪认罚案件法律帮助制度的关键。

一、认罪认罚案件法律帮助的必要与限制

较之于不认罪认罚者，认罪认罚的被追诉人更需要法律帮助。[1]这主要是因为：一方面，我国的认罪认罚从宽制度本质上采取的是一种职权从宽模式，被追诉人通过认罪认罚，争取得到专门机关的从宽处理。在职权从宽模式之下，追诉人与被追诉人的关系并不是处于平等地位的法律主体。对于被追诉人而言，不认罪、不认罚当然就得不到从宽利益，而得不到从宽利益就是一种事实上的从严处理。换言之，作为一种行动选择，被追诉人认罪认罚并不是在完全自由自主的场景下作出的，选择作无罪、罪轻或从轻、减轻的辩护通常意味着直接放弃认罪认罚利益，乃至接受从严处理。更何况，一般情况下，被追诉人在作出这种选择时，人身处于专门机关的控制之下，既不了解案件的证据情况，还负有"如实回答提问"的法律义务。显然，这些压力不仅极大地威胁着被追诉人内心抉择的自愿性，[2]甚至使得制度化的认罪认罚自愿性都很难实现。[3]而一旦侵犯了自愿性，就会影响认罪认罚的真实性，并且从根本上动摇认罪认罚从宽制度的正当性。在这种情况下，既了解案情又有专业素养的法律帮助人的参与成为必要。法律帮助人的信息、知识和能力支持不仅可以让被追诉人的认罪

---

[1] 当然，法律帮助人的价值不仅体现于被追诉人的权益保障上，其在监督认罪认罚从宽制度实施中的专门机关等方面也有独特意义。参见陈文聪："值班律师制度的反思与重构"，载《中国律师》2016年第10期，第72页。

[2] 这些压力的难以避免其实也意味着认罪认罚的自愿性总是相对的、有限的。参见闫召华："论认罪认罚的自愿性及其保障"，载《人大法律评论》2018年第1期，第169页。

[3] 所谓制度化的自愿性，主要是指被追诉人在认罪认罚时了解指控的性质，明晰认罪认罚的法律后果等。参见孔冠颖："认罪认罚自愿性判断标准及其保障"，载《国家检察官学院学报》2017年第1期，第21页。

认罚更加理性、明智，从而增强认罪认罚的自愿性，保障认罪认罚的真实性，防止冤假错案，而且还可以通过独立的辩护意见为被追诉人争取更大的合法利益。因为，至少从规范层面看，即便法律帮助人提出无罪、罪轻或从轻、减轻的辩护意见，也不一定影响到被追诉人的认罪认罚利益，这使得辩方在确定辩护方案时多了一种可选策略。另一方面，虽然按照《刑事诉讼法》的要求，被追诉人认罪认罚是适用认罪认罚从宽制度的前提，只有在被追诉人认罪认罚之后，检察机关才应当"告知其享有的诉讼权利和认罪认罚的法律规定"，听取被追诉人及相关主体对特定事项的意见，并且提出量刑建议。但事实上，认罪认罚特别是认罚，通常是在控辩的动态沟通中形成的。也就是说，通过控辩沟通，被追诉人有可能从开始的不认罚转变为后来的认罚，或者由开始的概括认罚（愿意接受处罚）转变为后来的具体认罚（接受具体的量刑建议），但不管怎样，在检察机关提出具体的量刑建议之前，被追诉人具体认罚（接受具体的量刑建议）始终处于这一稳定状态是不可能的。尽管专门机关在与被追诉人沟通时采取的是听取意见模式，[1]不同于交易模式下对控方利益及其逐利动机的认可，听取意见模式强调专门机关的客观义务，强调应以事实与法律作为相关决定的依据与准绳，但是，被追诉人提出的意见及其沟通能力依然会对认罪认罚的达成过程及其从宽利益产生重大影响。而法律帮助人无疑可以弥补被追诉人的信息不对称与沟通能力的不足，在认罪认罚的控辩沟通中发挥积极作用。此外，被追诉人行使程序选择权时，由于涉及重要诉讼权利的放弃，也尤为需要专业法律人的帮助。

然而，法律帮助人的介入也有可能对认罪认罚从宽制度的功能实现产生不利影响。首先，也是最为突出的一点，全面而实质化的法律帮助可能妨碍认罪认罚案件的诉讼效率，从而违背其从简从快、增速提效的价值目标。简化诉讼程序、促进繁简分流是认罪认罚从宽制度设计的初衷之一。检察机关适用认罪认罚从宽制度办理的案件，起诉到法院后适用速裁程序和简易程序审理的案件已近80%。[2]特别是适用速裁程序办理的案件，不仅会压缩各个阶段的法定办案期限，也会省略一些重要的办案环节。但法律帮助人介入后，按照《刑事诉讼法》及相关司法解释的要求，各专门机关在各自主持的诉讼阶段都须保障法

---

〔1〕 参见闫召华："听取意见式司法的理性建构——以认罪认罚从宽制度为中心"，载《法制与社会发展》2019年第4期，第56页。

〔2〕 参见苗生明："兼顾办案质量与效率 推动落实速裁程序"，载https://baijiahao.baidu.com/s?id=1680696388619432898&wfr=spider&for=pc，最后访问日期：2021年4月9日。

律帮助人依法行使会见、在场、阅卷等诉讼权利，都须听取或在法律帮助人提出要求时听取其意见并记录在案。如果法律帮助人勤勉尽责，以所谓的有效辩护标准提供实质化的法律帮助，势必延缓诉讼进程，增加诉讼成本。也很难想象，在全面而又实质化的法律帮助之下，专门机关还能进一步简化速裁程序，探索所谓的"刑拘直诉""一站式执法"[1]"48小时速办"[2]等极简程序。其次，全面而实质化的法律帮助有可能不利于被追诉人的真诚悔罪，从而影响认罪认罚从宽制度教育改造犯罪人、预防其再犯罪的目的。认罪认罚从宽制度"不仅仅是为了及时有效惩治犯罪，也更强调犯罪人的认罪悔罪态度"，这也是其与域外的刑事协商或交易制度的重大区别之一。所谓的认罚就是指被追诉人"真诚悔罪，愿意接受处罚"。所以，追求认罚重在使被追诉人认识到自身的罪过，形成悔悟心理，进而促使其改过自新。然而，法律帮助的重心是对被追诉人在定罪量刑及程序方面合法权益的维护。辩护律师的核心职责是发现指控的问题，从而提出有利于被追诉人的辩护意见，而不是配合指控，劝导认罪。即使是值班律师，也是以"供给法律知识的准确性与充分性""程序权益维护的及时性""在场义务的实质性""法律意见的针对性和建设性"等作为衡量其是否勤勉尽责的标准。[3]归根结底，法律帮助制度本身就是围绕控辩对抗而构建的，其对抗式的思维和意见当然有碍被追诉人确立合作的态度及认罪悔罪。而且，也应当看到，全面而实质化的法律帮助只是在特定情况下可能对认罪认罚从宽制度的贯彻落实产生不利影响，而法律帮助的形式化对于认罪认罚从宽制度的实施更是有害无益。它不仅无助于被追诉人，还可能误导专门机关，徒增诉讼成本。

一言以蔽之，越全面、越实质化的法律帮助越有利于维护被追诉人的合法权益，越有利于事实认定的准确性，但却有可能会给效率和悔罪等制度目标的实现制造障碍。所以，合理的选择是为认罪认罚的被追诉人提供适度的法律帮助。而在把握法律帮助的合理限度时，由于有利实现的制度目标和不利实现的制度目标均是多元的，不能简单地归纳为公正与效率的冲突，因此也不能简单

---

[1] 陈东升、王春："浦江公安开启一站式执法办案新模式刑事案件速裁48小时内完成整个诉讼程序"，载http://www.legaldaily.com.cn/locality/content/2018-08/09/content_7615271.htm?node=31997，最后访问日期：2021年4月9日。

[2] 李阳："48小时！全流程审结醉驾案——北京海淀法院刑事案件速裁再提速"，载https://www.chinacourt.org/article/detail/2017/07/id/2908050.shtml，最后访问日期：2021年4月9日。

[3] 马明亮："论值班律师的勤勉尽责义务"，载《华东政法大学学报》2020年第3期，第43页。

适用我国解决价值冲突的主导思路——公正优先、兼顾效率。应结合实体公正和程序正义的基本要求、认罪认罚从宽制度的特点以及案件的不同类型等因素，合理设置认罪认罚法律帮助的保障与限制措施，具体来说，包括以下几个方面。

其一，根据案件类型，有区别地规定法律帮助人参与的重点环节。如在醉驾等简单、轻微的认罪认罚案件中，可以将最低限度的法律帮助保障限于具结书签署环节，法律帮助人只在此环节中向专门机关及被追诉人了解案件情况，向专门机关提出意见，并解答被追诉人的法律咨询，告知被追诉人认罪认罚的法律后果。

其二，明确认罪认罚案件法律帮助人的基本职责。与非认罪认罚案件不同，认罪认罚案件法律帮助人最为基本的职责主要应有两个：一是确保被追诉人的认罪认罚是在了解认罪认罚从宽制度，明确认罪认罚的法律后果的前提下作出的，并且没有发现专门机关强迫、威胁、引诱、欺骗被追诉人认罪认罚的迹象或证据，防止非自愿认罪认罚。二是基于对重点环节的参与，把握认罪认罚的事实基础，避免虚假认罪认罚。

其三，促使认罪认罚案件的法律帮助人树立一定的非对抗意识。所谓的非对抗意识，是指将认罪认罚的事实基础和自愿性作为底线，在不违反底线要求的前提下，着眼于维护被追诉人的认罪认罚利益，法律帮助人不宜以量刑建议方面的细小偏差、指控证据上的细微瑕疵等为由劝说被追诉人拒绝认罪认罚。认罪认罚案件中的法律帮助人也应该理解认罪认罚从宽制度的法律逻辑和社会意义，在谨守职责底线的前提下，树立促成控辩合作、促成被追诉人认罪悔罪的意识。近年来，美国一个主要为贫穷的被追诉人提供法律帮助的公益性辩护项目（Georgia Justice Project）基于基督教教义中的一些实践准则，倡导以道德上的宗教救赎改变被追诉人的生活。具体的途径是，在以法律机制处理案件之前，鼓励被追诉人通过向被害人及其家属写信寻求原谅等方式认罪悔罪。[1]其实，在我国的认罪认罚从宽制度中，法律帮助人参与对认罪认罚者的"教育救赎"可能更有条件。而且，只要守住职责底线，法律帮助人鼓励被追诉人认罪悔罪未尝不是"根据事实和法律"，提出有利于被追诉人的材料和意见，维护被追诉人的合法权益，这与刑事诉讼法规定的值班律师及辩护人的职责

---

〔1〕 See Cheryl G. Bader, "Forgive Me Victim for I Have Sinned: Why Repentance and the Criminal Justice System Do Not Mix A Lesson from Jewish Law", *Fordham Urban Law Journal*, Vol. 31, No. 1 (Nov., 2003), p. 69.

并不矛盾。

其四，也是最为重要的一点是，区分法律帮助的类型，形成法律帮助的层次，结合案件的性质、繁简程度及被追诉人的需求，构建差异化的法律帮助体系；充分保障被追诉人委托辩护人的权利，符合强制辩护情形时及时指定辩护律师，在被追诉人没有辩护人的情况下，确保每一个案件都有值班律师在重点环节的参与。值得注意的是，有论者虽然看到了值班律师与辩护律师法律帮助的层次性，但却忽略了认罪认罚案件法律帮助需求的层次性，认为值班律师的法律帮助与认罪认罚从宽制度不契合，认罪认罚案件需要的是能够全面了解案情、深度介入诉讼并为被追诉人提供实质性帮助的辩护律师，进而主张将值班律师制度与认罪认罚从宽制度解绑，[1]这种观点显然是以偏概全的。

二、认罪认罚案件法律帮助的层次：值班律师与辩护律师职责区分的必要性

对于认罪认罚案件中值班律师的定位，学界认识不一。有人提出，"文理解释下的法律帮助天然涵盖了辩护的内容"，"体系解释下的法律帮助与辩护不是非此即彼的关系"，"目的解释下的法律帮助应当具有辩护的色彩"，"比较解释下的法律帮助的内涵指向辩护"，因此，要实现值班律师法律帮助的实质化和有效化，"根本途径就是值班律师的辩护人化"。[2]也有很多学者从"需要"和"意义"出发，呼吁将值班律师定位为辩护人。[3]还有论者基于"我国司法体制发展的必要要求"和"国际社会的通行做法"提出，值班律师应当具有辩护人身份，不过其是一种特殊的辩护律师，并建议将值班律师改称"值班辩护人"。[4]笔者理解这类主张的出发点，但纠结于值班律师是否具有辩护人的身份，似乎对于解决实践问题并无多少助益。这就类似于纠结辩护是不是一种法律帮助一样，《刑事诉讼法》在使用"法律帮助"一词时，有时是在广义上使

---

〔1〕 参见林艺芳："值班律师再审视：与认罪认罚从宽的捆绑与解绑"，载《湘潭大学学报（哲学社会科学版）》2020年第4期，第40页。

〔2〕 哈腾："辩护人抑或'法律帮助者'？——值班律师制度在认罪认罚程序中的运行现状与理论反思"，载《法治论坛》2018年第2期，第404-407页。

〔3〕 相关论述可参见程衍："论值班律师制度的价值与完善"，载《法学杂志》2017年第4期，第121页；闵春雷："认罪认罚案件中的有效辩护"，载《当代法学》2017年第4期，第31页；谭世贵、赖建平："'刑事诉讼制度改革背景下值班律师制度的构建'研讨会综述"，载《中国司法》2017年第6期，第24页等。

〔4〕 高一飞："名称之辩：将值班律师改名为值班辩护人的立法建议"，载《四川大学学报（哲学社会科学版）》2019年第4期，第129-133页。

用,有时则是专指值班律师的法律帮助。而《指导意见》在使用"法律帮助"一词时都是在狭义上,即值班律师法律帮助的意义上使用,但显然不能否认辩护也是一种广义上的法律帮助。更有意思的是,《指导意见》在规定值班律师的法律帮助时,将其放在被追诉人的辩护权保障一节之中。事实上,关键问题不在于是否应该根据值班律师权利及其履职的辩护性质赋予其辩护人的名分,而在于确立其辩护人的名分之后,是否根据其辩护人的名分赋予其辩护律师应当享有的全部权利。而笔者认为,不管是否赋予值班律师以辩护人的名分,值班律师与辩护律师的职责和权利应当有所区分。

之所以需要严格区分值班律师与辩护律师的职责与权利,主要基于以下几点考虑。

首先是认罪认罚从宽制度的效率取向。上已述及,实现繁简分流和程序简化是认罪认罚从宽制度改革的重要初衷之一。认罪认罚法律帮助固然重要,但如果一刀切地追求刑事辩护全部案件、全流程的覆盖,不仅成本在现阶段难以承受,而且,在诸如醉驾之类的简单轻微的认罪认罚案件中强调刑事辩护的全覆盖似乎也没有太大必要,反而有可能妨碍效率目标的实现。

其次是值班律师制度的"值班"特点。顾名思义,值班律师是以值班的形式提供法律帮助的律师。因此,按照《关于开展法律援助值班律师工作的意见》的规定,"法律援助机构在人民法院、看守所派驻值班律师,为没有辩护人的犯罪嫌疑人、刑事被告人提供法律帮助";"法律援助机构可以根据人民法院、人民检察院、看守所实际工作需要,通过设立法律援助工作站派驻值班律师或及时安排值班律师等形式提供法律帮助"。也就是说,值班律师主要是针对没有委托辩护人的被追诉人所作的一种应急性的制度安排,以确保被追诉人临时获得初步的或最低限度的法律帮助。有论者就此将值班律师比喻为急诊科医生。[1]值班律师的值班性意味着,它只适合被赋予值班状态下方便行使的权利和职责。[2]如果值班律师完全享有和辩护律师一样的权利,值班律师存在的基础也就荡然无存,值班律师制度将被架空。[3]那时就不是值班律师是否改名为

---

〔1〕 王迎龙:"法律援助立法视野下值班律师的身份与功能探讨",载《中国司法》2020 年第 6 期,第 89 页。

〔2〕 参见高一飞:"名称之辩:将值班律师改名为值班辩护人的立法建议",载《四川大学学报(哲学社会科学版)》2019 年第 4 期,第 133 页。

〔3〕 参见詹建红:"刑事案件律师辩护何以全覆盖——以值班律师角色定位为中心的思考",载《法学论坛》2019 年第 4 期,第 22 页。

"值班辩护人"的问题了,而变成了单纯的刑事辩护全覆盖问题,认罪认罚案件法律帮助也将彻底走向一元化,没有层次之分。这恐怕并不符合立法本意。保证有效辩护的最佳方式也许不是实现值班律师的辩护人化,而是应该扩大法律援助辩护的范围。

再次是相关文件及立法中对值班律师与辩护人职责的刻意区分。事实上,相关改革文件及法律规定中已经对值班律师与辩护人的职责刻意进行了区分。《速裁程序试点办法》中已经提及了值班律师,但强调一些重要的诉讼权利只有辩护人才能享有。[1] 2015年中共中央办公厅、国务院办公厅印发的《关于完善法律援助制度的意见》将法律援助值班律师与法律援助辩护并列为两项相对独立的法律援助工作。《认罪认罚从宽试点办法》限定值班律师的职责为被追诉人提供法律咨询、程序选择、申请变更强制措施等,以及向专门机关提出意见和在被追诉人签署具结书时在场。2017年《关于开展法律援助值班律师工作的意见》再次明确了认罪认罚案件中法律援助值班律师的工作职责,并且强调法律援助值班律师不提供出庭服务,符合条件的被追诉人可以依申请或通知获得法律援助辩护。2018年《刑事诉讼法》及《指导意见》中关于认罪认罚案件值班律师的规定基本上是上述规定的经验总结。

最后是域外的通行做法。如上所述,有论者试图以国际社会的通行做法为据论证将值班律师视为辩护人的正当性,并提到,"英国值班律师是从事辩护的'事务律师'","加拿大值班律师拥有参加庭审外的所有辩护权","日本将咨询律师与指定辩护律师合称值班律师"。诚如其所言,在这些国家,值班律师所享有的权利与辩护律师在辩护性上并无本质差异,"但因为其岗位的限制,实际行使的权利与普通的辩护律师有差异",值班律师的职责不是由其所行使的权利的辩护性所决定的,"而是由设置值班岗位的目的决定的"。其实,相比于值班律师履职行为的辩护性,域外诸国值班律师与辩护律师职责的差异性更值得关注。不难看出,这些国家在提供法律帮助时奉行的基本上都是多元化、差异化的思路,不同环节、不同阶段、不同岗位的法律帮助人拥有的权利和职责并不相同。

值得强调的是,有不少论者以实践中值班律师法律帮助的立场偏差(沦为

---

[1] 《速裁程序试点办法》第4条规定:"建立法律援助值班律师制度,法律援助机构在人民法院、看守所派驻法律援助值班律师。犯罪嫌疑人、被告人申请提供法律援助的,应当为其指派法律援助值班律师。"其第5条第2款规定:"辩护人认为案件符合速裁程序适用条件的,经犯罪嫌疑人同意,可以建议人民检察院按速裁案件办理。"

犯罪嫌疑人被迫认罪认罚合法化、自愿化的背书者）或形式化质疑"值班律师非辩护人化"的改革思路，[1]认为实现值班律师的辩护人化，才是有效法律帮助的生成路径。[2]但其实这是将应然层面和实然层面的问题混在了一起。值班律师法律帮助的形式化现象出现的原因是极为复杂的，值班律师身份及权利的设定只是因素之一，但并不是最重要的因素。否则，就很难理解现阶段同样存在的法律援助辩护的形式化问题。一旦在法律层面明确并细化了认罪认罚中值班律师的特定权利和职责，值班律师只要依法勤勉地行使了权利，履行了职责，就应该视为为追诉人提供了有效法律帮助，而不应该苛求值班律师必须为被追诉人提供有效辩护。

三、值班律师与辩护律师职责区分的整体思路与具体标准

（一）"防""争"之别：整体的区分思路

2018年《刑事诉讼法》第36条规定了刑事诉讼中值班律师的法律帮助职责，即提供法律咨询、程序选择建议、申请变更强制措施，以及对案件处理提出意见等。但具体到认罪认罚案件中的值班律师，只是提及了检察机关在审查起诉时，应听取值班律师的意见；犯罪嫌疑人在签署具结书时，应由值班律师在场。虽然从中能够看出值班律师的职责与辩护律师职责确有不同，但区分二者职责的思路以及值班律师具体的职责和权利并不明确。鉴于此，《指导意见》辟出一节用了六个条文专门规定认罪认罚案件的辩护权保障问题，而在这六个条文中，只有一条规定了辩护人的职责，另外五条主要都是针对值班律师的法律帮助问题。

总的看来，较之于《刑事诉讼法》，《指导意见》在值班律师规定上的进步主要体现在五个方面。（1）进一步明确了法律帮助的宗旨是确保被追诉人"了解认罪认罚的性质和法律后果，自愿认罪认罚"，而值班律师的职责为"维护犯罪嫌疑人、被告人的合法权益，确保犯罪嫌疑人、被告人在充分了解认罪认罚性质和法律后果的情况下，自愿认罪认罚"。（2）进一步明确了值班律师的职责范围，具体包括"提供法律咨询""提出程序适用的建议""帮助申请变更

---

[1] 参见刘方权："认罪认罚从宽制度的建设路径——基于刑事速裁程序试点经验的研究"，载《中国刑事法杂志》2017年第3期，第93页。

[2] 参见吴高庆、钱文杰："论认罪认罚从宽案件中的法律帮助律师——以H市F区的《实施细则》为切入"，载《政法学刊》2018年第2期，第24-28页。

强制措施""对人民检察院认定罪名、量刑建议提出意见""就案件处理，向人民法院、人民检察院、公安机关提出意见""引导、帮助犯罪嫌疑人、被告人及其近亲属申请法律援助"，以及"法律法规规定的其他事项"。(3) 进一步充实了值班律师的诉讼权利，明确赋予了值班律师会见权和阅卷权。(4) 具体规定了值班律师的派驻、不同诉讼阶段的衔接及拒绝值班律师法律帮助的处理问题。(5) 明确规定了认罪认罚案件辩护人的职责，即"应当与犯罪嫌疑人、被告人就是否认罪认罚进行沟通，提供法律咨询和帮助，并就定罪量刑、诉讼程序适用等向办案机关提出意见"。

但应当看到，《指导意见》中的规定仍然存在一定的不足。一是值班律师的职责与权利并不匹配。由于其第12条在规定值班律师的职责时所用的"维护犯罪嫌疑人、被告人的合法权益"一说较为笼统，同时考虑到其第10条规定的法律帮助的宗旨，值班律师整体职责最终落脚于确保被追诉人在充分了解认罪认罚性质和法律后果的情况下，自愿认罪认罚。但是，从其列举的值班律师的七项具体职责以及值班律师的诉讼权利（特别是阅卷权等）来看，值班律师的职责远不止于对被追诉人认罪认罚自愿性的保障。二是值班律师的职责与辩护人的职责区分界限仍然模糊。对比《指导意见》第12条与第15条的规定，不难发现，其对辩护律师职责的描述中与值班律师职责的不同之处仅仅是辩护律师"应当与犯罪嫌疑人、被告人就是否认罪认罚进行沟通"。但这一点其实很难全面反映二者的职责差别。三是由于对值班律师的整体职责概括得较为简单、偏狭、笼统，导致值班律师的具体任务及诉讼权利缺乏明确的职责指向。

笔者认为，正如上述规范性文件中有关值班律师的具体职责和权利的规定所反映出的，值班律师的职责不应当仅仅限于保障认罪认罚的自愿性，还应当包括保障认罪认罚的真实性以及保障被追诉人的认罪认罚利益等。其在职责范围的广度上与辩护律师并没有太大差别。但从创立值班律师制度的初衷看，值班律师主要提供"初步、低限度服务"，"不能取代辩护律师对案件办理作实质性深度介入"。[1] 也就是说，值班律师与辩护律师的职责差别主要在于法律帮助的深度。考虑到值班律师初步性、应急性的特点，值班律师的保障职责只能限定于一定的程度上。值班律师在法律帮助的广度和深度上是难以兼得的。[2]

---

[1] 司法部政府网："司法部负责人在就关于开展法律援助值班律师工作答记者问"，载 http://www.moj.gov.cn/news/content/2017-08/28/zcjd_5270.html，最后访问日期：2021年4月10日。

[2] 参见韩旭："2018年刑诉法中认罪认罚从宽制度"，载《法治研究》2019年第1期，第38页。

辩护律师的职责可以概括为一个"争"字，而值班律师的职责可以凝练为一个"防"字。所谓的"争"，即积极争取，深度介入，自接受委托或指派时起，主动全程介入认罪认罚的全过程，通过与被追诉人及专门机关的沟通，以及相关证据材料的收集与运用等，为被追诉人争取最大的从宽利益。而所谓的"防"，是指防范、预防，即通过在重点环节的值班式的参与，提供最低限度的法律帮助，防止非自愿、虚假的认罪认罚，防止专门机关任意侵害被追诉人的从宽利益。当然，职责的差异也决定了二者必然在诉讼权利上有所不同。因为有些权利只有在积极主动的"进攻性"法律帮助时才有必要赋予。有论者提出，"诉讼地位并不完全决定诉讼权利，尽管值班律师不是辩护人，是法律帮助人，但是同样应当享有和辩护律师相同的诉讼权利"。[1]这种论点的失误之处就在于只看到了值班律师与辩护律师职责范围的广度之似，而没有关注到深度之别，没有注意到"争""防"的不同特性对于诉讼权利的差别要求。

（二）具体的区分标准

1. 值班律师的职责及应被赋予的权利

值班律师诉讼权利的决定应当围绕值班律师的职责定位展开，而且，必须明确建立起具体职责与其支撑权利的对应关系。值班律师的职责大概可以分为保障认罪认罚自愿性、保障认罪认罚真实性、保障从宽利益以及保障自我的履职四个方面。相应地，其支撑权利也主要体现为这四个维度。

（1）保障认罪认罚自愿性职责及权利支撑。值班律师最基本的职责就是确保被追诉人了解认罪认罚的性质及其法律后果，以保障被追诉人认罪认罚的自愿性。而值班律师履行这一职责的途径主要是通过与被追诉人沟通，告知认罪认罚从宽的相关规定、被追诉人享有的权利以及其可能的行动选择及其法律后果。为此，《刑事诉讼法》第174条第1款赋予了值班律师在场权，即犯罪嫌疑人在签署具结书时应至少由值班律师在场。值班律师在场既保证了与被追诉人的沟通机会，又形成了对专门机关的监督，成为当前认罪认罚自愿性的最低限度也是最核心的保障措施。之所以称其为最基础、最低限度的措施，是因为，值班律师的其他职责和权利通常取决于被追诉人本人意愿或值班律师的勤勉程度，而值班律师在场则是一项强制性规定，只要被追诉人没有辩护人，就必须确保其在签署具结书时有值班律师在场。此外，《刑事诉讼法》第36条第2款

---

[1] 蔡元培："法律帮助的理念误区与教义形塑"，载《宁夏社会科学》2021年第1期，第96页。

还规定了被追诉人的约见权：相关机关应当告知被追诉人有权约见值班律师，并为被追诉人约见值班律师提供便利。该规定也能保障被追诉人与值班律师的沟通机会，方便值班律师履行告知义务。但需要注意的是，《刑事诉讼法》只是赋予了被追诉人约见权，而未赋予值班律师会见权。而《指导意见》对此有所突破，明确赋予了值班律师会见权。问题是，值班律师到底该不该享有会见权呢？笔者认为，这取决于对值班律师法律帮助初步性的理解。值班律师确实有保障认罪认罚自愿性的职责，但从立法的精神看，并不是要值班律师拼尽全力、不遗余力保障认罪认罚自愿性，而只须借助在场、响应被追诉人的约见等有限的机会履行保障职责。值班律师所能提供的，毕竟只是一种初步的、应急性的法律帮助。赋予值班律师会见权，当然更有利于认罪认罚自愿性等的保障，但实质上增加了法律帮助的程度，使其成为超越最低限度或初步性的法律帮助，可能引发上述过度法律帮助之负面效果。

（2）保障认罪认罚真实性职责及权利支撑。与对认罪认罚自愿性保障的极为重视和明确强调不同，《刑事诉讼法》及相关司法解释并没有明确规定值班律师保障认罪认罚真实性、避免虚假认罪认罚的职责。但相关条文其实隐含了对值班律师认罪认罚真实性保障职责的关注。《刑事诉讼法》第173条第2款规定，犯罪嫌疑人认罪认罚的，检察机关应当听取值班律师对"涉嫌的犯罪事实、罪名及适用的法律规定"等事项的意见；第3款又规定，检察机关听取值班律师意见的，应当提前为值班律师了解案件有关情况提供必要的便利。显然，这里的事项涉及认罪认罚的事实基础及其定性问题。当然，值班律师保障认罪认罚真实性的职责带有一定的任意性，并不是必须履行的。该项职责的实现至少依赖两项支撑性权利，一是提出意见的权利，二是了解案情的权利。不了解案情，肯定没有办法提出有关案情的意见。值班律师又该如何了解案情呢？《刑事诉讼法》并没有明确规定，但从其第173条等的表述看，值班律师所享有的权利非常接近《刑事诉讼法》第38条赋予侦查阶段辩护律师的一项权利：向专门机关了解犯罪嫌疑人涉嫌的罪名和案件有关情况。这一权利显然不同于阅卷权，它主要是由专门机关向值班律师介绍案件的有关情况。前者是对案件证据与事实的全面审阅，后者则是对案件有关情况的简要了解。当然，除了向专门机关了解案件情况，值班律师还可以通过与被追诉人的沟通了解案情。但值班律师对案情的了解只是一种初步的、粗略的了解，而其对认罪认罚真实性的保障也是以此为限的。《指导意见》明确赋予值班律师阅卷权，初衷无疑是好的。但值得考量的是，这是否仍然属于初步性、应急性法律帮助的范畴？这是否符合值班律师值班性的特点？这是否是将辩护律师的责任转嫁给了值班律师，从而混淆了值班律师与辩护律师的功能分野？[1]更不用说，在当前的值班律师的法律定位及制度安排之下，值班律师又何来充足的动力去行使这项权利。[2]

（3）保障从宽利益职责及权利支撑。《刑事诉讼法》第36条及第173条第2款同时也体现了值班律师在保障被追诉人认罪认罚利益方面的职责。根据上述规定，值班律师可以就"从轻、减轻或者免除处罚等从宽处罚的建议""认罪认罚后案件审理适用的程序"等向专门机关提出意见，也可以为被追诉人申请变更强制措施。但从立法精神看，值班律师的这一职责及其支撑权利受到了三重限制：第一，在保障被追诉人的从宽利益时，值班律师通常是以尊重被追诉人的自愿认罪认罚为前提，而不必如辩护人一样，需要与被追诉人"就是否认罪认罚进行沟通"。第二，值班律师在保障被追诉人的从宽利益时，至少根据《刑事诉讼法》的规定，对案情的了解途径有限，提出的意见不一定建立在全面了解案情的基础之上。第三，在保障被追诉人的利益时，值班律师主要是以"防"为主，重点在于通过有限参与，并根据自己的执业经验，发现专门机关在确定被追诉人的从宽利益时明显有悖法律及政策的情形，避免专门机关"欺人以无知"，而不是必须进行积极地量刑"协商"。当然，当值班律师发现被追诉人需要辩护人的帮助，才能更好地维护其从宽利益及其他合法权益时，值班律师应当引导、帮助被追诉人及其近亲属申请法律援助辩护或委托辩护人。此外，考虑到构建值班律师与被追诉人信任关系的制度需要，同辩护律师一样，值班律师应被赋予保密权，即除法定特殊情形外，其对在执业活动中知悉的被追诉人的有关情况和信息，有权予以保密。

（4）自我的履职保障及其权利支撑。值班律师虽然由法律援助机构派驻，在专门机关值守，但值班律师不是专门机关的附庸，也不是客观中立的"官署"，而是被追诉人的法律帮助人。值班律师既要尊重事实与法律，也要在其职责范围内，"忠"于被追诉人，维护被追诉人的合法权益。为了充分保障其执业权利，值班律师同样应被赋予申诉和控告权，即如果值班律师认为专门机关

---

[1] 有论者提出："值班律师如果无法作为辩护律师，继而无法全程充分行使辩护权，仅停留在法律帮助层面，无法主动会见当事人、无法阅卷等，导致其发挥的作用有限，对有效辩护的贡献也相对较小。"该观点以有效辩护的要求衡量值班律师，显然混淆了值班律师与辩护律师的职责和功能。参见樊崇义："2018年《刑事诉讼法》最新修改解读"，载《中国法律评论》2018年第6期，第11页。

[2] 有学者调研发现，部分试点单位早已赋予值班律师阅卷权乃至调查取证权，但鲜有值班律师去阅卷和调查取证的情形。参见周新："值班律师参与认罪认罚案件的实践性反思"，载《法学论坛》2019年第4期，第43页。

及其工作人员阻碍其依法行使诉讼权利的,有权向同级或者上一级人民检察院申诉或者控告。对于值班律师的诉求,人民检察院应当及时进行审查,并分情形予以处理。

2. 不宜赋予值班律师的权利

其实,会见权、阅卷权尚介于"防""争"之间,是否应当赋予值班律师会见权、阅卷权,取决于规则制定者对值班律师法律帮助程度的理解。〔1〕赋予值班律师会见权、阅卷权,意味着增加值班律师法律帮助的深度,同时意味着需要更大的资源投入及对认罪认罚从宽制度效率目标的限制。但这并不是说,规则制定者可以完全无视值班律师法律帮助的"临时性""有限性",〔2〕完全漠视值班律师与辩护律师的职责差异,直接将辩护律师享有的所有诉讼权利直接赋予值班律师。如果这样的话,值班律师制度也就完全可以被法律援助辩护律师替代,只需扩大法律援助辩护律师的覆盖范围即可。但不管是从认罪认罚从宽制度的功能预期、诉讼法理,抑或是从当下的国情看,这种不分情形、不分层次,同时强化认罪认罚法律帮助的广度和深度的做法不尽合理。考虑到值班律师与辩护律师职责上的"防""争"之别以及认罪认罚从宽制度的特点,某些更多体现"争"和深度介入的进攻性辩护权利,如调查取证权(申请取证权、申请调取证据权)、出庭辩护权、上诉权及代为申诉、控告权等,目前尚不适合赋予值班律师。

(1) 调查取证权及相关权利。有论者主张将调查取证权及相关权利纳为《刑事诉讼法》第173条第3款提到的"必要的便利"。〔3〕对此,笔者不敢苟同。事实上,作为最能体现辩护深度及辩护人勤勉度的权利,调查取证权(申请取证权、申请调取证据权)等暂时不宜赋予值班律师。主要原因有三:其一,值班律师的法律帮助以"防"为主,其对案件的了解主要通过与被追诉人沟通以及向专门机关了解案情。当然,也可能会更进一步,根据《指导意见》的规定,要求阅卷。尽管如上所述,阅卷对值班律师法律帮助的初步性、应急性有所冲击,但在一定意义上也可以解释为值班律师值班岗位上的职责,甚至可以

---

〔1〕 值得一提的是,《法律援助值班律师工作办法》虽然赋予了值班律师会见权和阅卷权,但较之于辩护律师,依然不是完整赋予,作了诸多限制。

〔2〕 韩旭:"认罪认罚从宽案件中有效法律帮助问题研究",载《法学杂志》2021年第3期,第3-4页。

〔3〕 参见蔡元培:"法律帮助实质化视野下值班律师诉讼权利研究",载《环球法律评论》2021年第2期,第157页。

理解为专门机关需要为值班律师了解案情提供的必要便利，值班律师想要通过阅卷了解案情时，"应当没有法律障碍"。[1]只要有相对便捷的机制支撑，应当不会对值班律师的存续基础产生颠覆性影响。而且，一旦赋予值班律师会见权、阅卷权，作为配套，赋予值班律师核实证据权也就没有太大障碍。然而，调查取证类的权利是带有强烈主动性、进攻性、对抗性的辩护权利，将大为突破值班律师法律帮助的"防"的特点，消除认罪认罚案件法律帮助的层次性。其二，调查取证类权利的行使耗时耗力，需要值班律师付出更多的时间，而专门机关要为值班律师调查取证提供便利的话，也要为其留出足够的履职期限，但这既不契合值班律师岗位的值班性，也势必拉长认罪认罚案件的办理时限，影响速裁程序特别是目前正在试点的刑拘直诉等极简程序的适用。其三，认罪认罚案件通常是案件事实清楚、证据方面也不存在多大问题的案件，特别是适用速裁程序的案件，案件既简单、又轻微，这也是此类案件只需提供值班律师帮助而非法律援助辩护的基础之一。在这种情况下，并无必要赋予值班律师调查取证类权利。

（2）出庭辩护权。出庭辩护权，即参与法庭调查权、辩论权也不宜赋予值班律师。这是因为：第一，法庭辩护是辩护人的核心权利，也是标志性权利，是值班律师与辩护人职责的重要区别之一。参与庭审质证和辩论需要辩护人的细致阅卷、全面沟通、深度介入，苛求只负有初步法律帮助责任的值班律师做到这一点无异于缘木求鱼。第二，值班律师的法律帮助强调的是对重点环节的参与而不是全流程参与。因此，根据法律规定，只有具结书签署时值班律师在场及检察机关审查起诉时听取值班律师意见是强制性的，而其他环节的法律帮助都带有任意性，只要被追诉人不要求，可以不提供，即便主动提供，被追诉人也可以拒绝。而之所以将具结书签署时在场作为值班律师的必要参与环节，就是因为，一般而言，在认罪认罚从宽制度实施程序中，检察机关所主导的具结书签署环节是重中之重。[2]而法律帮助的重心也已经转移到了审前阶段，特别是审查起诉阶段。而且，由于程序重心的转移，导致庭审的任务着重于认罪认罚的自愿性及具结书合法性、真实性的审查，法庭调查、法庭辩论不再是控辩双方倚重的角力场，甚至在一些案件中可以被简化乃至省略。故此，赋予值

---

[1] 胡铭："律师在认罪认罚从宽制度中的定位及其完善——以Z省H市为例的实证分析"，载《中国刑事法杂志》2018年第5期，第125页。

[2] 参见闫召华："检察主导：认罪认罚从宽程序模式的构建"，载《现代法学》2020年第4期，第37页。

班律师出庭辩护权也没有太大实际意义。

（3）上诉权及代为申诉、控告权。在2018年《刑事诉讼法》修改一审稿中，曾在列举值班律师的职责时，将"代理申诉、控告"纳入其中，但随后的二审稿、三审稿直至最终的《刑事诉讼法》修正案出台，又删除了"代理申诉、控告"。而且，同时也将一审稿中的值班律师"提供辩护"的表述改为了"提供法律帮助"。[1]2018年《刑事诉讼法》更是没有调整辩护人及近亲属享有基于被告人同意的上诉权，将其扩展适用于值班律师。在上述"变"与"不变"之间，可能反映出以下考量：第一，虽然值班律师的职责不应当只限于程序性的法律帮助，也可以涵盖认罪认罚真实性保障、从宽利益保障等实体性的内容。但是，值班律师毕竟只是法律帮助人，甚至都不属于《刑事诉讼法》明确列举的诉讼参与人的范围。其服务的对象带有不特定性，"值班律师与当事人之间的关系是一种松散型的法律服务关系"，[2]所以，只适宜提供基础性的法律帮助。而且，值班律师提供帮助与被追诉人接受帮助都不是基于二者之间的充分信任关系。而代为申诉、控告和提起上诉需要对案件的深入了解、持续跟进和全身投入，显然已经超出了基础性法律帮助的范围。第二，值班律师虽然在提供法律帮助时也有可能在必要时离开值班场所，但其值班性决定了，值班律师通常是在一定的时间段同时向不特定的被追诉人，即以一对多的方式提供法律帮助。然而，一般而言，代为申诉、控告和提起上诉是一种持续性的法律服务。如果赋予其代为申诉、控告权及上诉权的话，可能会强化值班律师法律服务的专属性，大大影响值班律师在一定时间段内的服务数量，从而需要大幅增加值班律师人力资源方面的投入，而这在当前可能缺乏可行性。第三，如果值班律师在提供法律帮助时，发现被追诉人确需代为申诉、控告或在上诉问题上需要深度支持的，可以引导或帮助被追诉人委托辩护人或者获取法律援助辩护，而不必越俎代庖，代行辩护律师的职责。

四、值班律师的跨阶段帮助及其与辩护律师的对接

（一）值班律师的跨阶段帮助

由于我国的刑事诉讼特有的特征，而认罪认罚从宽制度的适用也可能在侦

---

[1] 参见王琦："刑诉法修正案草案二审 调整值班律师职责"，载https://baijiahao.baidu.com/s?id=1609965772336366616&wfr=spider&for=pc，最后访问日期：2021年4月10日。

[2] 汪海燕："三重悖离：认罪认罚从宽程序中值班律师制度的困境"，载《法学杂志》2019年第12期，第19页。

查、审查起诉、审判中的任一诉讼阶段启动,这导致值班律师的介入也带有阶段性。随之而来的问题是,作为临时性、应急性法律帮助的提供者,值班律师能否在职责范围内,为被追诉人提供跨越诉讼阶段的连续性法律帮助呢?有论者提出,鉴于连续性法律帮助有利于值班律师熟悉案情及培养值班律师与被追诉人的信任关系,因此,应尽可能地由同一值班律师对不同阶段的被追诉人提供法律帮助。[1]该种意见似乎也得到官方认可。《指导意见》第13条及《法律援助值班律师工作办法》第11条均规定,对于被羁押的被追诉人,在不同诉讼阶段,可以由派驻看守所的同一值班律师提供法律帮助;对于未被羁押的被追诉人,前一诉讼阶段的值班律师可以在后续诉讼阶段继续为被追诉人提供法律帮助。但笔者认为,该思路看似简便易行,而且由了解案情的值班律师为被追诉人提供连续性的法律帮助不仅高效,似乎也更有利于保障被追诉人的合法权益,但存在以下两点不足。

一是未充分考虑和尊重被追诉人本人的意愿。上述两个条文在表述"肯定"态度时均使用了"可以"一词,对于被羁押的被追诉人,用的是"可以由",对于未被羁押的被追诉人,用的则是"值班律师可以"。显然,"可以由"似乎强调的是专门机关在安排值班律师上的裁量权力,而"值班律师可以"主语虽是值班律师,其实凸显的还是专门机关的决定权。两个条文均未考虑被追诉人本人的意愿:如果被追诉人不同意由同一值班律师提供法律帮助,专门机关能否强行决定?如果被追诉人要求由同一值班律师提供法律帮助,专门机关能否拒绝而另行指派值班律师?鉴于认罪认罚从宽制度实施程序的合作性特点及其对被追诉人认罪认罚及程序选择自主权的尊重,在值班律师的选定上,也应充分尊重被追诉人意愿。被追诉人应当在一定程度上享有自主选择权,除非法律规定的值班律师强制参与的情形,被追诉人有权拒绝法律帮助;专门机关在决定由同一值班律师为被追诉人提供跨阶段的法律帮助时,也应该基于被追诉人的要求或同意。

二是容易限制值班律师选派的灵活性,掩盖不同诉讼阶段值班律师法律帮助的特点。上述两个条文的表述有将同一值班律师的连续性法律帮助原则化的倾向,但这既可能给值班律师的选派工作造成了不必要的麻烦,也忽略了不同案件、不同阶段连续性法律帮助的必要性。一方面,就其对值班律师选派的影

---

[1] 参见韩旭:"认罪认罚从宽案件中有效法律帮助问题研究",载《法学杂志》2021年第3期,第8页。

响而言，不管是采用现场值班、电话值班还是网络值班，不管司法行政机关和法律援助机构如何安排值班律师的值班频次，达到同一值班律师能够服务于不同诉讼阶段的被追诉人这一目标，不仅要求值班律师根据案件发展始终处于随时待命状态，也对司法行政机关和法律援助机构如何安排值班律师的值班频次和调派资源提出了更高要求。[1]而且，过度追求值班律师的同一性，还很可能影响后续诉讼阶段法律帮助的及时性。另一方面，就同一值班律师连续性法律帮助的必要性而言，虽然根据相关规定，值班律师的法律帮助是覆盖各个主要诉讼阶段的，但每个诉讼阶段的法律帮助都有自己的特点。单就《刑事诉讼法》对认罪认罚案件值班律师的要求来看，其主要看重的还是审查起诉阶段的值班律师参与，而对侦查阶段、审判阶段的值班律师参与，没有提出任何特别的要求。而按照《法律援助值班律师工作办法》第6条第2款、第21条等的规定，值班律师只能自审查起诉之日起才可以查阅案卷材料、了解案情，在侦查阶段，值班律师只可以向侦查机关了解被追诉人涉嫌的罪名及案件有关情况。其实，在不了解具体案情的情况下，值班律师在侦查阶段所能提供的法律帮助只能是程序性的，比如向被追诉人解读相关政策及法律规定，很难提供"提出法律意见"乃至"程序选择的建议"等涉及实质案情的法律帮助。故而，强调后续的诉讼阶段仍由侦查阶段的值班律师提供法律帮助并没有太大意义。审查起诉阶段值班律师可以通过阅卷详细了解案情，这是不是意味着由其承担审判阶段的法律帮助任务效果更好呢？其实也不一定。如果审查起诉阶段的值班律师并没有与被追诉人建立起信任关系，说不定在审判阶段更换一个值班律师更能起到多人协力的保障效果。而且，已经在审查起诉阶段具结的被追诉人，到了审判阶段一般不会再提出约见值班律师的要求，[2]而要求约见的时候，多是因为对审查起诉阶段值班律师参与下的控辩沟通结果仍有异议，在这种情况下，也不太适合指派同一值班律师。易言之，最合适的做法还是将选择权交给被追诉人。

---

[1] 但在当前，值班律师的供需矛盾尚十分突出，表现为"总体供给不充分，地区供给不均衡"。参见吴宏耀、徐艺宁："值班律师制度的保障机制研究"，载《中国司法》2020年第10期，第77页。亦可参见王迎龙："值班律师制度的结构性分析——以'有权获得法律帮助'为理论线索"，载《内蒙古社会科学（汉文版）》2020年第5期，第98页。

[2] 部分地区的统计结果显示，审判阶段值班律师的参与率尚不及审查起诉阶段的十分之一。参见唐晔旎："刑事案件律师辩护全覆盖的实践和思考——以杭州市为例"，载李昌盛主编：《刑事司法论丛》（第6卷），中国检察出版社2019年版，第152页。

（二）值班律师与辩护律师的对接

1. 值班律师向辩护律师的转化

有论者提出，如果值班律师不跟案，不提供连续性的法律帮助，那么即使赋予其会见权、阅卷权，也很难行使，而如果采取跟案制，又不太符合值班特性，不具有可操作性，为解决该矛盾，"应当允许值班律师在特定案件中转化为法律援助辩护律师，甚至允许值班律师接受当事人及其近亲属的委托，担任其委托辩护人"。[1]但笔者认为，对此，不可一概而论。诚然，在特定情况下，如果值班律师认为被追诉人符合强制法律援助辩护或者申请法律援助辩护的条件，有义务向被追诉人释明，告知专门机关，并引导或者协助被追诉人获得或申请法律援助辩护。而在法律援助机构确定法律援助辩护律师时，也可以优先考虑指派该案的值班律师。这正是值班律师、辩护律师二元法律帮助体系互通互补的优势所在。然而，在是否允许值班律师接受被追诉人委托成为其委托辩护律师问题上应当特别谨慎。由于指定的值班律师与委托的辩护律师在工作任务及酬劳上的明显差异，如果允许值班律师被委托为辩护律师，很容易刺激值班律师的逐利动机。而在该动机的影响下，值班律师有可能说服被追诉人在本不需要辩护律师介入的案件中委托值班律师为辩护律师，而且，为了促成委托，有可能刻意降低值班律师法律帮助的质量。如此一来，承担值班律师等工作有可能成为其"招揽生意"的途径，这不仅会使认罪认罚案件的办理由简变繁，违背改革初衷，还可能直接损害被追诉人的认罪认罚利益。同样的道理，一般情况下，也不应当允许值班律师直接帮助被追诉人寻找或确定需要委托的辩护律师。

而且，需要注意，不管是值班律师转化为法律援助辩护律师，抑或转化为委托辩护律师，都可能面临"利益冲突"问题。[2]因为，值班律师的工作通常是"一对多"的，甚至可能一名值班律师同时服务于同一案件的多名被追诉人，同一律所的不同值班律师也可能同时服务于同一案件的多名被追诉人，而辩护律师的工作则具有特定性、单一性的要求，辩护律师与律师事务所也都有

---

[1] 汪海燕："三重悖离：认罪认罚从宽程序中值班律师制度的困境"，载《法学杂志》2019年第12期，第21页。持相似观点的还有樊崇义等："依托认罪认罚从宽 完善值班律师制度——中国政法大学关于福建值班律师制度试行情况的调研报告"，载《人民法院报》2017年12月28日，第8版等。

[2] 参见詹建红："刑事案件律师辩护何以全覆盖——以值班律师角色定位为中心的思考"，载《法学论坛》2019年第4期，第22页。

"利益冲突"的执业限制，因此，值班律师转化为辩护律师，有可能引发违规执业风险。即使允许转化，必须以不存在"利益冲突"为前提。

2. 值班律师与辩护律师的衔接

为了促进值班律师与辩护律师的有序衔接，应当在司法解释或其他规范性文件中进一步明确值班律师的四项衔接义务：（1）对案件及被追诉人需求的初步审查任务。通过与被追诉人沟通，以及"了解案件有关情况"等，判断案件是否在事实、法律定性及法律适用方面明显存在问题，判断被追诉人需要何种程度的法律帮助，进而判断上述问题和需求是否已超越值班律师法律帮助的职责范围。（2）对被追诉人的释明义务。向被追诉人解释值班律师与辩护律师职责差别，帮助其分析所需法律帮助的层次和途径，并在其寻求辩护律师的帮助时提供引导或协助。（3）告知义务。及时将需要转化法律帮助层次的相关情况转告专门机关以及指派值班律师的法律援助机构。（4）交接义务。同辩护律师交接工作，告知辩护律师自己已经提供的法律帮助，案件进展情况及对自己对案件相关问题的意见，协助辩护律师快速了解案件进程。

值得强调的是，值班律师与辩护律师提供的是不同层次的法律帮助，值班律师的法律帮助是基础性的，不能替代辩护律师的帮助，而辩护律师的法律帮助则带有全面性和实质性，可以涵盖值班律师的法律帮助。在同时具备两个层次法律帮助的保障条件时，辩护律师具有优先性。值班律师只是服务于认罪认罚案件中没有辩护律师及其他非律师辩护人的被追诉人，一旦被追诉人获得了法律援助辩护，或者委托了辩护律师，值班律师就应及时退出，不应替代辩护律师参加法律上规定应由辩护人或值班律师参与的诉讼环节，不管该参与是否出自专门机关的要求。而且，只要被追诉人有委托辩护人的确定意向或者正在办理委托辩护人的手续，在这一过程中，值班律师可以继续向被追诉人提供法律帮助，但原则上专门机关不应继续推进那些要求强制性法律帮助的重要诉讼环节，以免损害被追诉人获得更好的法律帮助的权利。实践中，个别专门机关在明知被追诉人有委托辩护人意向，甚至已经委托了辩护律师的情况下，依然安排值班律师参与具结书的签署，有规避辩护律师的法律帮助之嫌，"是一种严重违法行为"。[1] 在这种情况下，应当赋予被追诉人及其辩护律师要求重新进行具结的权利。

---

[1] 韩旭："认罪认罚从宽案件中有效法律帮助问题研究"，载《法学杂志》2021年第3期，第10页。

不少人呼吁应当进一步扩大值班律师的权利范围。[1]在这些人看来，与辩护律师一样，值班律师的出现也是为了维护被追诉人的合法权益，值班律师的权利越充分，值班律师法律帮助的有效度越高，对被追诉人也越为有利。固然，维护被追诉人合法权益是值班律师与辩护律师的共同职责，这也是二者同属于认罪认罚案件法律帮助体系的根源所在。但从深层的制度来源看，值班律师制度源于法律援助的国家义务与被追诉人最低限度法律帮助权。因此，值班律师亦有不同于辩护律师的特殊定位和特定职责，从而与辩护律师形成二元互补的关系。我们显然不能用有效辩护的标准要求值班律师，正如我们不能用值班律师的有效法律帮助的标准要求辩护律师一样。将辩护律师的权利全部赋予值班律师，或者实现值班律师的辩护人化，表面上是在强化值班律师制度，实则是在消除值班律师相对于辩护律师的特异性，进而以"釜底抽薪"的方式"摧毁"值班律师制度。只有进一步明确值班律师与辩护律师的职责及权利差异，使二者各司其职、各守其责、各行其权，才能更"错落有致"地满足被追诉人的法律帮助需求，并更好地实现认罪认罚从宽制度的预期功能。

第三节 认罪认罚后"反悔"的保障与规制

认罪认罚从宽是一套旨在督促和激励被追诉人主动认罪、真诚悔罪、配合追诉，借以提升诉讼效率、改善诉讼效果的制度安排。对于该制度所追求的价值目标而言，不管是诉讼效率的提高，还是诉讼效果的改善，均以被追诉人与专门机关在不同程度上的合作为基础。但个案的复杂性、诉讼的动态性等决定了，在认罪认罚案件中，双方合作的意愿和态度很难始终如一，被追诉人完全有可能推翻之前的认罪认罚。在这种情况下，如果不允许被追诉人反悔，则很容易影响认罪认罚的自主性、自愿性，但如果不施加任何限制，不对被追诉人反悔规定任何负面效果，似乎又可能纵容其投机取巧、不当得利，严重影响认罪认罚从宽制度的实施效果。实践中，如何处理被追诉人反悔（特别是"反悔"上诉）问题专门机关的做法不一，而学界对此也存在很多争论。可以说，"反悔"的保障与规制问题最为集中地体现了我国认罪认罚从宽制度设计中价值取舍方面的难点与亮点，不能正确认识、合理解决反悔问题也就不可能从

---

[1] 参见卫跃宁、严泽岷："值班律师如何更好地履行工作职责——以《法律援助值班律师工作办法》为视角"，载《中国司法》2020年第10期，第82页。

"中国智慧""中国方案"的高度真正地理解、贯彻我国的认罪认罚从宽制度。

一、认罪认罚后应否允许"反悔"

(一) 认罪认罚从宽制度语境下被追诉人反悔的特殊性

几乎没有人否认，被追诉人认罪认罚之后是可以反悔的。区别就是，有人认为，应当对反悔施加一定的限制，有人则认为，应当赋予被追诉人无限制的反悔权。事实上，不管承认反悔是否是被追诉人的一项权利，与辩诉交易、认罪协商模式下的反悔问题相比，认罪认罚从宽制度中的反悔问题都有着鲜明的本土特色。

其一，反悔的对象和内涵更加丰富。除同意程序简化以外，辩诉交易模式下，交易达成后可以成为被追诉人反悔对象的主要是被追诉人的有罪答辩。这是因为，该模式注重形式上的合意，被追诉人可以在作出有罪答辩的时候认罪，也可以作出实质不认罪的有罪答辩或不争答辩，[1]被追诉人的有罪答辩也只是其接受交易的意思表示。[2]在德国的认罪协商模式下，被追诉人的形式认罪和有罪供述捆绑在一起，[3]有罪供述也可能成为合意后反悔的对象。而在认罪认罚从宽制度中，认罪认罚的内涵具有多个层次，认罪既要求自愿如实供述，又要求承认指控的犯罪事实，认罚既可以表现为笼统意义上的愿意接受处罚，亦可以表现为具体意义上的接受量刑建议。这意味着，被追诉人的反悔也可以发生在多个层面：被追诉人可能悔罪，也可以悔罚；如果悔罪，可能只是推翻原来的有罪供述，也可能只是不承认指控的犯罪事实，或者既推翻有罪供述又对指控的犯罪事实提出异议；如果悔罚，可能只是反悔具体意义上的认罚，也可能笼统意义上都不再愿意接受处罚。

其二，反悔的效果更加复杂。认罪认罚从宽制度适用中，对于不同的反悔内容，反悔的效果也不相同。而且，反悔的效果还会受到我国特有的诉讼原则、制度的制约。以悔罪中对有罪供述的反悔——翻供为例。被追诉人当然可以翻供。这是因为，自愿供述原则决定了，被追诉人可以供述，不供述时也不受强

---

〔1〕 参见王兆鹏：《美国刑事诉讼法》，北京大学出版社 2014 年版，第 675 页。

〔2〕 See Brandon L. Garrett, "Why Plea Bargains Are Not Confessions", *William & Mary Law Review*, Vol. 57, No. 4（2016），p. 1415.

〔3〕 根据《德国刑事诉讼法典》第 257 条 c 要求，法院与被追诉人之间的任何认罪协议都必须包含供认。参见宗玉琨译注：《德国刑事诉讼法典》，知识产权出版社 2013 年版，第 205 页。

迫，被追诉人亦可以在供述之后推翻不供或再供。但需要注意的是，虽然翻供具有任意性，但翻供并不必然影响原先有罪供述的证据能力和证明力。换言之，原先的有罪供述能否作为定案的根据，不由被追诉人有罪供述后的主观态度决定，而是取决于原有罪供述获取程序的合法性及有罪供述与其他证据的印证关系。有人之所以认为被追诉人反悔后不宜继续使用其有罪供述，主要是基于"认罪认罚协商结果的司法契约性质"。[1]但这类观点显然忽略了两个事实，第一，被追诉人的有罪供述不一定是专门机关以从宽利益激励出来的，在不少案件中，被追诉人在侦查阶段就已经认罪，而案件在审查起诉阶段才启动认罪认罚从宽制度。第二，即便被追诉人的有罪供述是专门机关在拟启动认罪认罚从宽制度后以从宽利益激励出来的，专门机关与被追诉人就认罪认罚从宽所形成的诉讼关系也不是契约关系，即使到最后，专门机关不再适用认罪认罚从宽制度，或者未兑现或未全部兑现从宽利益，只要未在根本上影响有罪供述的自愿性，进而使取供变成诱供、骗供甚至逼供，则有罪供述不会仅因被追诉人反悔而不能使用。

(二) 为何应当允许认罪认罚者任意反悔

《刑事诉讼法》并没有明确规定被追诉人认罪认罚后的反悔问题，只是强调认罪认罚的"自愿性"。《指导意见》用专门一节规定了认罪认罚的反悔与撤回，但该节所有条文规定的都是专门机关在被追诉人反悔后的应对机制（或法律效果）。不难看出，允许任意反悔而非限制反悔就是我国立法及司法解释对待被追诉人反悔的基本态度。[2]允许认罪认罚后反悔是被追诉人认罪认罚自愿性的最基本、最重要的保障，甚至可以说，"认"与"不认"、原来"不认"后来"认"与原来"认"后来又"不认"均是自愿认罪认罚的当然内涵。正因如此，绝大多数人均认可被追诉人的"反悔权"，而个别反对"反悔权"的学者往往是源于对我国认罪认罚从宽制度根本性质的误读及对契约理论的误用，或者源自对"反悔权"的偏狭理解。[3]不过，主流观点认为，考虑到反悔可能的负面

---

[1] 田力男、杨振媛："认罪认罚反悔后有罪供述适用问题探究——以'司法契约'理论下有罪供述撤回为切入点"，载《公安学研究》2019年第4期，第77页。

[2] 参见高童非："契约模式抑或家长模式？——认罪认罚何以从宽的再反思"，载《中国刑事法杂志》2020年第2期，第130页。

[3] 有论者提出，基于契约不得随意违反原则、认罪认罚案件对事实基础的高要求及司法效率等，被追诉人一般不应当享有反悔权。而该论者持这一观点的另一重因素是其把"反悔权"理解为被追诉人享有的在自己反悔后反对专门机关使用因认罪认罚生成的不利证据或专门机关对反悔作不利评价的权利。参见秦宗文："认罪认罚案件被追诉人反悔问题研究"，载《内蒙古社会科学（汉文版）》2019年第3期，第130页。

效果,应当对认罪认罚后反悔施加一定的限制,乃至构建反悔正当性的认定标准及审查程序。[1]但问题是,个案中反悔的正当与否通常只能借助实质审查进行事后评价,而且,正当与否的标准既不好确定,又易被规避,因此,这种试图为反悔设置准入门槛以实现诉讼经济、拦截不当反悔的思路在司法实践中是行不通的。[2]

退一步讲,即便想控制反悔,只要不从制度层面改变认罪认罚的标准,对认罪认罚后的反悔就很难施加时间、次数或条件限制,也不可能禁止。原因在于,与辩诉交易、认罪协商制度只注重被追诉人对指控的犯罪事实外在的承认不同,认罪认罚从宽制度还要求被追诉人后悔、悔恨自己的犯罪行为并具有改恶从善的意愿。认罚不仅是一种口头表示,还要求能从认罚的行为表现中反映出被追诉人"真诚悔罪"的态度。而且,从立法精神看,认罪认罚中对被追诉人悔罪的要求不只是要求悔罪表现,本质上是要求悔罪心理和悔罪态度。悔罪是一种心理过程,"当这种心理过程外化,即悔罪心理呈现为具体的言语或行为时,就成为所谓的悔罪表现或悔改表现,而悔罪心理结合悔罪表现或悔改表现,即是被追诉人相对完整的悔罪态度"。[3]也就是说,这里的认罪悔罪是言与行的统一,是外显与内在、行为与心理的统一。而被追诉人的悔罪心理或悔罪态度是不可能靠专门机关"逼"出来的。一旦被追诉人反悔,就其当前的认罚状态而言,通常就很难再违心地认定其构成"真诚悔罪"或强令其不能悔罪。专门机关所能做的只能是根据反悔的具体情形决定是否继续推动认罪认罚从宽制度的适用,或者建议、确定合适的处罚。在悔罪的要求之下,在被追诉人以认罪悔罪争取从宽的制度思路之下,"反悔"与其说是被追诉人的一种权利,不如说是一个事实,专门机关即便不乐见、不鼓励,但也不能无视或禁止,而是必须承认或尊重,就像承认或尊重被追诉人一开始就拒绝认罪认罚的选择一样。

有人可能会担心,赋予被追诉人任意反悔权有可能极大影响诉讼效率,降低认罪认罚从宽制度的适用率。其实,这种担心虽可理解但实无必要。我们不可能为了追求效率而不顾认罪认罚的自愿性,更不会为了诉讼经济牺牲诉讼公

---

[1] 参见赵恒:"认罪认罚与刑事和解的衔接适用研究",载《环球法律评论》2019年第3期,第133页;马明亮:"认罪认罚从宽制度中的协议破裂与程序反转研究",载《法学家》2020年第2期,第118页。

[2] 参见樊学勇、胡鸿福:"被告人认罪认罚后反悔的几个问题——基于北京地区检察院、法院司法实践的分析",载《贵州民族大学学报(哲学社会科学版)》2020年第5期,第202页。

[3] 闫召华:"虚假的忏悔:技术性认罪认罚的隐忧及其应对",载《法制与社会发展》2020年第3期,第94页。

正。在认罪认罚案件的办理程序中，充分保障认罪认罚自愿性是提速增效的基础和前提。至于认罪认罚从宽制度的适用率，则是一个亟待理论澄清和实践调整的重大问题。因为如果严格按照认罪认罚从宽制度的适用条件，特别是严格适用其中的悔罪条件的话，认罪认罚从宽制度恐怕很难有现在80%以上的适用比率。现在的适用率应该不是认罪认罚从宽制度的正常状态，也就是说，目前适用了认罪认罚从宽制度的案件中可能有相当数量徒具其表的"技术性认罪认罚"存在。承认任意反悔，拒绝不悔罪的"认罪认罚"，其实是对立法的严格遵循，其所导致的认罪认罚从宽制度适用率的下降反而是回归常态。

（三）反悔与上诉、撤回

认罪认罚的反悔问题经常与认罪认罚后的上诉、撤回问题混为一谈，但其实这是三个既有密切联系，又有明显区别的概念。

就反悔与上诉而言。二者的联系表现在：认罪认罚后的上诉通常是被追诉人认罪认罚后反悔的结果和表现，而反悔则往往是被追诉人认罪认罚后上诉的内心起因。在法律层面，被追诉人的反悔与上诉都没有理由上的限制。但二者的区别显而易见。在性质上，认罪认罚后可以反悔属于被追诉人在认罪认罚问题上享有意志自由（自由选择）权的当然效果，[1]是认罪认罚自愿性（不得强迫任何人认罪认罚）的必然要求。不管认罪认罚是专门机关尽力沟通、从宽激励乃至与被追诉人"协商"的结果，还是被追诉人积极主动的自愿选择，反悔都是被追诉人不容剥夺、不容禁止、没有时限的"自然权利"。对于被追诉人的反悔，立法者、司法者可以规定或者施加或不利或有利的法律效果，但被追诉人是否反悔本身不受立法者、司法者的强迫。而上诉则是法律赋予被追诉人的一项以判后救济为主旨的法律权利，不仅有明确的行使期限，还有权利对象、行使方式等方面的一系列限制。由于反悔的时间、阶段不同，被追诉人反悔后表达反悔意思的行为方式多种多样，在一审判决作出之前（包括审前阶段）多以翻供、对量刑建议提出异议、不同意程序简化等为主要表现方式，即便在一审判决作出之后，反悔的被追诉人也不一定必然提起上诉，而可能只是具有其他不认罪或不认罚的表现。而且，即使被追诉人提起上诉也不一定是反悔，被追诉人有可能只是出于留所服刑的目的，也有可能被追诉人自始就不符合认罪认罚的条件。

---

[1] 参见顾永忠："关于完善'认罪认罚从宽制度'的几个理论问题"，载《当代法学》2016年第6期，第133页。

就反悔与撤回而言，虽然二者通常都以不愿继续认罪认罚为意思表示，但前者侧重于被追诉人的动机和行为，后者则着重强调被追诉人的行为目的和预期效果。一般而言，撤回认罪认罚可以视为被追诉人反悔的明确表现，个别论者甚至仅将反悔理解为被追诉人撤回认罪认罚供述的权利，[1]但被追诉人反悔的动因其实异常复杂，被追诉人反悔不一定以撤回认罪认罚为目的，有些被追诉人的反悔并没有明确的效果期待。而且，被追诉人的反悔带有任意性，法律只能劝导而不能强制，但对于被追诉人能否撤回认罪认罚的问题，则属于反悔的法律效果范畴，法律可以进行明确的限定。例如，《指导意见》第 51 条、第 52 条、第 53 条分别对被追诉人在检察机关作出不起诉决定后、提前公诉前、一审判决前的反悔规定了处理机制，明确认可被追诉人反悔有可能产生具结书失效、不再适用认罪认罚从宽制度、转换诉讼程序等法律效果，实质上也是承认了一审判决前被追诉人对程序意义上的认罪、同意程序适用、认罚等的撤回权，但并未明确撤回有罪供述及一审判决后的撤回认罪认罚问题。可以说，法律及司法解释对于反悔效果的合理限定，正是法律劝导被追诉人认罪认罚且不轻易反悔的有效途径。

(四) 专门机关可否"反悔"

被追诉人在认罪认罚后可以反悔，那么，专门机关是否享有类似于被追诉人的"反悔权"呢，即专门机关在决定适用认罪认罚从宽制度之后，可否终止认罪认罚从宽制度的适用？对此，不可一概而论。该问题从根本上而言与专门机关可否拒绝被追诉人适用认罪认罚从宽制度的申请一样，其答案取决于认罪认罚从宽制度的性质——适用认罪认罚从宽制度到底是被追诉人的一种权利，还是专门机关的一项职权？如果属于被追诉人的权利，专门机关的"反悔"主要受被追诉人权利保障规范的约束；如果属于专门机关的职权，则专门机关的"反悔"主要应受职权行使规范的限制。

《刑事诉讼法》第 15 条规定，被追诉人自愿认罪认罚的，专门机关"可以依法从宽处理"。而按照《指导意见》的解释，"由于认罪认罚从宽制度没有适用罪名和可能判处刑罚的限定"，因此，专门机关不能因罪轻、罪重或者罪名特殊等原因而一般性地剥夺被追诉人"自愿认罪认罚获得从宽处理的机会"，但"可以"适用不是一律适用，个案中被追诉人认罪认罚后是否从宽，由专门机

---

[1] 参见何静："认罪认罚案件中被追诉人的反悔权及其限度"，载《东南大学学报（哲学社会科学版）》2019 年第 4 期，第 102 页。

关"根据案件具体情况决定"。由此不难看出，对于被追诉人而言，在是否认罪认罚的问题上，被追诉人有当然的主动权，这亦是认罪认罚自愿性的要求。但在是否从宽的问题上，专门机关掌握着决定权。被追诉人可以通过自愿的认罪认罚争取获得专门机关的从宽处理，[1]但争取获得仅仅意味着有获得从宽处理的机会，并不意味着必然能够获得从宽处理。相反，如果被追诉人认罪认罚不追求从宽处理，而是（在悔罪等心理的促动下）追求对自己从严处理，也并不意味着专门机关就必须对其从严，而不能从宽。认罪认罚从宽是我国宽严相济刑事政策的体现，而专门机关的职责就是要根据案件的具体情况，区别对待，"该宽则宽，当严则严，宽严适当，罚当其罪"。[2]而且，《刑事诉讼法》第15条确立的是"认罪认罚从宽原则"，本身就是专门机关职权行为的基本准则。因此，从立法精神看，认罪认罚从宽应是专门机关的职权，而不是被追诉人的权利。但需要强调的是，即便把认罪认罚从宽制度的适用界定为专门机关的职权，也不是说专门机关就可以任意拒绝适用或者终止适用认罪认罚从宽制度。因为，所谓的职权，是职责和权力的统称。对于专门机关而言，适用认罪认罚从宽，既是一种权力，也是一种责任。专门机关需要确保认罪认罚从宽制度的实施。[3]"可以从宽"中的"可以"所蕴含的裁量权其实只作用于是否存在虽认罪认罚，但尚不足以从宽或不适宜适用该制度的特殊情况的判断，而在一般情况下，只要被追诉人认罪认罚，专门机关就应当依法适用认罪认罚从宽制度。同理，在决定适用认罪认罚从宽制度后，专门机关除非发现不宜适用或不宜继续适用认罪认罚从宽制度的特殊情形或新情况，否则不能任意反悔，终止认罪认罚从宽制度的适用，也不能在没有合理根据及没有听取意见的情况下，任意调整业已获得被追诉人认同并成为其合理预期的从宽利益。

二、认罪认罚后是否应当限制上诉

认罪认罚案件一审判决作出后，如果被追诉人提出上诉，将使案件进入二审程序，而这无疑将极大制约认罪认罚从宽制度提速增效目标的实现。因此，不少人认为，应当限制乃至剥夺认罪认罚案件被追诉人的上诉权。但这些观点

---

[1] 参见胡云腾主编：《认罪认罚从宽制度的理解与适用》，人民法院出版社2018年版，第5页。

[2] 王爱立、雷建斌主编：《〈中华人民共和国刑事诉讼法〉释解与适用》，人民法院出版社2018年版，第21页。

[3] 王爱立、雷建斌主编：《〈中华人民共和国刑事诉讼法〉释解与适用》，人民法院出版社2018年版，第27页。

其实不能成立。

(一)"剥夺论"及其谬误

持"剥夺论"的人主张,应当确立认罪认罚案件一审终审制,即在立法上明确规定,"适用认罪认罚从宽制度办理的案件,被告人不得上诉"。[1]事实上,早在速裁程序试点期间就有人提出,适用速裁程序审理的案件,被追诉人的上诉,特别是基于反悔的上诉不应该得到法院支持。[2]"剥夺论"的论据不外乎以下五个方面:(1)剥夺上诉权可以提高认罪认罚案件的办理效率,避免司法资源的浪费。(2)认罪认罚具结书实质上就是专门机关与被追诉人之间的契约,被追诉人不仅认可指控意见,还同意了程序选择,对于法院在控辩双方"协商结论"的基础上作出的判决,应当视为被追诉人已自愿放弃了上诉权。[3](3)从逻辑上看,既然被追诉人认罪认罚是自愿的,那么就很少有人会提起上诉,而实践中,上诉率确实也不高,所以,如果采取一审终审,受此影响的被追诉人数量不会太多。(4)即便实行一审终审,被追诉人依然享有充分的权利保障机制,包括审前各阶段的权利告知、律师的有效法律帮助、法院对认罪认罚自愿性及具结书真实性、合法性的审查以及判决确有错误时的再审机制。(5)在实行辩诉交易或认罪协商制度的国家,也有不少严格限制上诉权、实行一审终审的范例。

上述说辞看似入情入理,实则经不起推敲。首先,效率确实是认罪认罚从宽制度的价值目标之一,但显然不是唯一的价值目标,甚至不能说是最重要的价值目标。在非认罪认罚案件实行一审终审,也能提高效率,但这显然是不正当的。故而,有说服力的价值分析路径绝非单一价值目标的一维考量,而是多种价值目标的综合权衡。其次,不管从具结书的文字表述及文化内涵看,还是深究认罪认罚从宽制度程序模式之"听取意见"的本质特征,具结书更适宜理解为"被追诉人对自愿认罪、接受量刑建议和同意程序适用的书面确认",也即"被追诉人的单方承诺书和忏悔书",而非契约。[4]我国的刑事司法制度没

---

[1] 赵树坤、徐艳霞:"认罪认罚从宽制中的'技术性上诉'",载《中国社会科学报》2018年7月11日,第5版。

[2] 参见陈卫东:"认罪认罚从宽制度研究",载《中国法学》2016年第2期,第62页。

[3] 参见沈亮:"关于刑事案件速裁程序试点若干问题的思考",载《法律适用》2016年第4期,第22页。

[4] 闫召华:"听取意见式司法的理性建构——以认罪认罚从宽制度为中心",载《法制与社会发展》2019年第4期,第61页。

有为控辩双方的平等协商提供必要条件,对被追诉人意见"听而不取"的现象并不鲜见,在这种情况下,由被追诉人签署具结书从而推断出其放弃上诉权,显然过于武断。再次,被追诉人在决定是否上诉时必然会首先考虑自己有没有这种救济权利以及在何种程度上享有这种权利,显而易见,关于上诉权的制度安排不仅影响了提起上诉的人,也会影响未提起上诉的人,不仅影响了被追诉人在上诉问题上的态度,也会影响其在适用认罪认罚从宽制度上的一系列抉择。因而,确立认罪认罚案件一审终审,其影响力绝不仅限于上诉率范围内的一小部分人,甚至也不仅限于认罪认罚的被追诉人,而会及于所有被追诉人。最后,我国的认罪认罚从宽制度确实从多个方面建立有对被追诉人认罪认罚自愿性的保障机制,而无限制的上诉权正是认罪认罚自愿性的保障机制之一。暂且不论剥夺上诉权对认罪认罚自愿性保障制度体系的深刻影响,这些应然的制度安排不能想当然地等同于实然的制度效果,在当前的刑事司法体制及诸多现实因素的制约下,被追诉人的知悉权能否得到充分保障?值班律师能不能提供实质性的法律帮助?法院的审查把关能不能落到实处?如果上述问题的答案不那么肯定,还有没有支持一审终审的底气?至于域外一审终审的范例,则只能作为未来完善我国上诉制度的一般参考而已,至少在当下,认罪认罚从宽制度本身就与辩诉交易有本质区别,加之制度环境各异,因此贸然"与国际接轨"可能会得不偿失。

(二)"限制论"及其局限

与"剥夺论"类似,"限制论"也认为,控制认罪认罚案件被告人的上诉权,"既是完善刑事诉讼中认罪认罚从宽制度的内在要求","也符合以审判为中心的刑事诉讼制度改革的趋势和刑事司法规律"。[1]然而,其考虑到,我国认罪认罚从宽制度运行的现实条件尚不理想,现阶段对认罪认罚案件被告人的上诉权严格控制比较困难,因此,与"剥夺论"不同,"限制论"主张应对认罪认罚案件被告人的上诉权施加一定的限制,既保障被告人的救济机会,又防止被告人滥用权利,从而实现公正与效率的动态平衡。在我国,被追诉人的上诉本来无需理由,只要合格主体在法定期间内上诉,必然引起二审程序,是一种典型的权利型上诉。而"限制论"的主流方案则是限制认罪认罚案件被告人的上诉理由,构建裁量型上诉,即通过立法或司法解释列举一些合理的上诉理由,只允许被告人在限定的理由范围内提起上诉,对不属于法定理由范围内的

---

[1] 孙长永:"比较法视野下认罪认罚案件被告人的上诉权",载《比较法研究》2019年第3期,第50页。

上诉,裁定不予受理。还有些更加谨慎的"限制论"者主张采用分步走的策略确立认罪认罚案件的裁量型上诉,当前,"应在速裁案件中率先引入上诉理由审核制",待积累了一定的经验以后,再将其推广适用于基层人民法院一审管辖的其他认罪认罚案件。[1]

以"上诉理由审核制"为代表的"限制论"貌似考虑周全,兼顾了理想与现实,实际上并不可行。一方面,从上诉理由审核的方法看,如果仅对上诉理由进行形式审核,很难应对理由名实不副的上诉,而如果要对上诉理由进行实质审核,审核本身就需要投入较多司法资源,理由审核可能比之后的二审审理都要复杂,如果再把握不好审核实质化的程度,既可能冲击二审的实质化,也不符合兼顾效率的改革导向。另一方面,从上诉理由审核的主体看,如果让原审人民法院审核,很难避免情绪化、报复性的决策,而如果让上一级人民法院审核,由于之前不了解案情,其审核特别是进行实质审核的成本较高,效果也不一定好。而且,对于认罪认罚案件的上诉,不管是原审人民法院审核,还是上一级人民法院审核,只要进行实质审核,都难以防范法院对该类上诉的"反感""排斥"立场,进而在该立场的影响下对于一些本属法定理由范围内的上诉作出不予受理的裁定,从而在实质上剥夺被告人的上诉权。

此外,还有一种限制被追诉人上诉权的方案是"协议放弃","即将放弃上诉作为认罪认罚案件中'从宽协商'的预设前提或最终的协商条款",[2]在具结书中要求自愿认罪认罚的被追诉人明确放弃上诉权,声明放弃后再提起上诉的,不予受理。这种做法虽然曾经在德国的认罪协商实践中较为流行,但我国被追诉方的地位及认罪认罚自愿性的保障机制与德国尚存在一定差距,在被追诉方相对弱势、认罪认罚自愿性保障机制尚不健全的情况下,很难有效保障"声明放弃"的自愿性,如果放弃上诉权的自愿性难以保障,无疑就会变成对被追诉人救济权的极大限制,以被追诉人自愿放弃为名变相取消了被追诉人的上诉权。

(三) 完整保留权利型上诉的必要性与正当性

在认罪认罚案件中,被追诉人的上诉权不仅不能限制,反而应更加重视、

---

[1] 牟绿叶:"我国刑事上诉制度多元化的建构路径——以认罪认罚案件为切入点",载《法学研究》2020年第2期,第125页。
[2] 董坤:"认罪认罚从宽案件中留所上诉问题研究",载《内蒙古社会科学(汉文版)》2019年第3期,第120页。

充分保障,在某种意义上甚至可以说,权利型上诉是认罪认罚从宽制度不可或缺的组成部分。

其一,权利型上诉是防范错误认罪认罚、避免冤假错案的重要机制。在认罪认罚案件的程序推进中,检察机关被赋予了主导性的地位。在这种检察主导的程序模式下,对于案件的证据审查和事实认定问题,审查起诉环节发挥着关键作用,审判环节只是审核把关。而法院在审查检察机关的指控事实和证据时,"方向特定,程序迅速,内容简略,结论受限"。[1]也就是说,在认罪认罚案件事实认定权的配置上,并没有过多强调审判中心或庭审实质化,三机关的制约关系也因对效率的强调而在一定程度上淡化,反而凸显出对于审查起诉环节的倚重,权力和责任都相对集中于检察机关。如果再将"捕诉合一"的改革以及检察机关的法律监督职责考虑在内,认罪认罚案件办理中的"起诉中心"特征会更加明显。毫无疑问,认罪认罚案件中,事实认定方式的转变确实提高了诉讼效率,但也可能增加案件发生冤错的风险。在这种情况下,如果剥夺或严格限制了被追诉人的上诉权,一审程序中的专门机关特别是检察机关很容易"无所畏惧""无所顾忌",滥用主导权,从而将认罪认罚案件中的事实保障置于"一家垄断""一裁终局"的危险境地。而不服判决的被追诉人也必然选择通过申诉、上访等其他途径寻求救济,成为社会的不稳定因素。而权利型上诉制的存在对于检察机关、对于一审都带有震慑、警示作用,[2]可以时刻提醒办理机关,程序再简化也不能放松对证据裁判原则的坚持和对证明标准的要求,事实认定和案件处理必须能够经受住二审程序的检验。

其二,权利型上诉是检验悔罪真诚度及认罪认罚从宽制度实施效果的重要标尺。在我国,对被追诉人的自愿认罪认罚不仅有真实性的要求,还有真诚性的要求。但是,如何判断被追诉人是否真诚悔罪,的确是一个比较困难的问题。这是因为,悔罪是一种极端复杂和个人化的心理状态,带有很强的隐秘性。虽然观察悔罪的惯常表现是探寻悔罪心理的重要途径,但有惯常表现不一定悔罪,没有惯常表现不一定不悔罪。正如不悔罪的人可以通过娴熟的演技让人误以为其悔罪一样,真诚悔罪的被追诉人也可能不会选择合适的方式来表达自

---

〔1〕 闫召华:"检察主导:认罪认罚从宽程序模式的构建",载《现代法学》2020年第4期,第49页。

〔2〕 参见闵丰锦:"认罪认罚何以上诉:以留所服刑为视角的实证考察",载《湖北社会科学》2019年第4期,第132页。

己的感情。[1]那些反对在刑事司法中考虑悔罪的人在很大程度上就是顾及了评估悔罪真诚性的难度。[2]然而,是否接受一审判罚是评价被追诉人悔罪真诚度的一个重要指标。尽管上诉与否与认罪认罚是否真诚没有必然联系,但如果被追诉人在可以提起权利型上诉的情况下,自愿放弃上诉权,无疑可以成为"真诚悔罪,自愿接受处罚"的一个有力的支撑性表现。在一定程度上也能表明认罪认罚从宽制度起到了教育矫正罪犯、提高诉讼效率的效果。相反,如果认罪认罚的被追诉人在一审判决后提起了上诉,则可能成为认罪认罚真诚性的否定性表现。需要注意,作为一种心理状态,认罪认罚的真诚性并非一成不变,在不同的诉讼阶段、不同的时间节点有可能出现动荡、反复,然而,权利型上诉就是构建在对这一常识的尊重之上的。而当事人是否上诉不仅可以用以评价其在一审判决后的悔罪状态,而且,还可以作为评价其在一审判决前悔罪状态的考量因素之一。

其三,权利型上诉是保障认罪认罚自愿性的有效措施。上已述及,允许任意反悔是我国立法及司法解释对待被追诉人反悔的基本态度,这也是被追诉人认罪认罚自愿性的最基本的要求和最重要的保障。而且,即便想控制反悔,也很难实现,因为,只要认罚中有"真诚悔罪"的要求,就不可能限制、禁止或强行改变被追诉人悔罪与否的心理状态。悔罪与否是专门机关必须正视、尊重的一种事实。而既然允许任意反悔,在被追诉人反悔后不允许其提起上诉显然就不是一种实事求是的态度,本质上是在强迫认罪认罚,或者说是在强迫悔罪。更何况,不管是从宏观的刑事诉讼制度与模式,还是从认罪认罚从宽的具体制度设计看,目前我国认罪认罚自愿性的保障机制都还很不健全,还离不开权利型上诉这个认罪认罚自愿性的最后保障手段。首先,我国的刑事诉讼模式整体而言还有很强的职权色彩,重视专门机关的分工配合、层层把关,对于被追诉人权利的保障也是"权力关照型"的,被追诉人的程序主体性较弱,权利型上诉是立法赋予被追诉人的为数不多的体现其程序主体性的权利,剥夺该权利可能导致其诉讼地位的恶化。其次,认罪认罚从宽制度在侦查阶段适用率不高,而大多数被追诉人在侦查阶段已经承认罪行,而且,侦查阶段的取供还主要依赖于带有内在强迫性的机制:强调被追诉人"如实回答侦查人员提问"的义

---

[1] 参见闫召华:"虚假的忏悔:技术性认罪认罚的隐忧及其应对",载《法制与社会发展》2020年第3期,第102页。

[2] See Jeffrie G. Murphy, "Well Excuse Me! Remorse, Apology, and Criminal Sentence", *Arizona State Law Journal*, Vol. 38, No. 2 (Jun., 2006), p.379.

务；讯问时不允许辩护律师在场；多数讯问是在被追诉人被羁押的状态下进行。再次，由于规则粗疏、定位不明、激励措施不到位等原因，虽然已经能够在形式上确保被追诉人依法获得值班律师乃至法律援助辩护律师的帮助，但是法律帮助的实质性、有效性不足。最后，专门机关的信息告知不明确、不完整，控辩双方信息不对称，被追诉人不仅很难了解案件的证据情况，也不易理解认罪认罚的内涵及后果，而法院在庭审阶段对认罪认罚自愿性的审查常常流于形式。实践表明，"自愿性保障欠缺"是被追诉人认罪认罚后提起上诉的重要原因之一。[1]

其四，且最为重要的一点是，认罪认罚者"滥用"上诉权的根源不是因为有权利型上诉制，而主要是因为其他制度的设计或运行上出现了问题。被追诉人不同的上诉动机能反映出的问题也不相同。被追诉人之所以提出以留所服刑为目的的技术型上诉，是因为我们的刑罚执行及衔接机制有"漏洞"可钻，如果完善了刑罚执行交付制度、减弱或消弭了不同执行场所的执行效果差异，或者通过二审书面审或所谓的"损失时间指令"制度[2]等消除了通过上诉拖延实际刑期的可能性，则很难想象被追诉人还会提出此类上诉。就此而言，留所服刑的上诉与其说是对权利型上诉的滥用，不如说是对相关规则的善用。[3]而对于那些为了侥幸获得更轻判罚而提出上诉的被追诉人而言，其之所以提出上诉，之所以存在这样的侥幸心理，恐怕与专门机关未尽到充分的释明、告知义务有关，与专门机关之前对认罪认罚真诚性审查的忽略有关，也与专门机关盲目追求认罪认罚的适用率、不惜降低认罪认罚的标准有关。换言之，此类上诉的形成不应归罪于权利型上诉和上诉不加刑原则，而主要是因为专门机关对认罪认罚从宽制度理解有误、贯彻不力。

三、认罪认罚案件能否以抗诉应对上诉

毋庸置疑，认罪认罚案件的一审判决当然可能存在需要检察机关提出抗诉的法定情形，比如当指控意见未被法院采纳而检察机关认为判决确有错误、检察机关认为一审程序有重大的程序性违法等。但目前实践中暴露出的一个突出

---

[1] 沈婷："认罪认罚从宽后反悔上诉问题研究"，载《中国检察官》2020年第13期，第42页。

[2] 英国的刑事上诉程序中，针对上诉人提出的毫无价值的技术型上诉，上诉期间内被羁押的时间不折抵刑期。此即为损失时间指令制度。参见［英］约翰·斯普莱克：《英国刑事诉讼程序》，徐美君、杨立涛译，中国人民大学出版社2006年版，第621页。

[3] 参见闵丰锦："认罪认罚何以上诉：以留所服刑为视角的实证考察"，载《湖北社会科学》2019年第4期，第134页。

问题是，一审判决采纳了指控意见，之后上诉人提起了上诉时，检察机关能否以抗诉作为应对的手段？对此，主要有否定论和肯定论两种对立观点。以下笔者将在对两种观点简要评析的基础上，提出一种更加符合我国立法精神和诉讼实际的处理方式，并介绍其理据。

（一）"否定论"之否定

有论者提出，"如果法院依照公诉机关认定的事实、证据，同意指控的罪名并且在量刑建议幅度内量刑，若非法院在审理过程中严重违反法律规定的诉讼程序的，公诉机关就不得提起抗诉。对确有错误的，检察机关只能通过审判监督程序解决"。[1]还有论者主张，应当借鉴《刑事诉讼法》第 201 条的立法范式，确立认罪认罚案件中检察机关"一般不应抗诉"原则，将认罪认罚从宽制度下抗诉权的行使限定在法律明文列举的"判决确有实体或程序错误"的情形，"切实避免以'一审判决量刑畸轻'的形式抗诉理由制衡认罪被告人的上诉权利"。[2]概而言之，该类否定以抗诉应对上诉做法正当性的观点的主要论据包括：(1) 认罪认罚具结书本质上是检察机关与被追诉人间的契约，既约束被追诉人，又约束检察机关。既然法院采纳了具结书中检察机关的指控意见，检察机关就不能"违约"提起抗诉。[3]而且，还有个别论者认为，作为一种契约，具结书对检察机关与被追诉人的约束力并不相同，对代表国家的检察机关的约束力明显大于对被追诉人的约束力。因此，检察机关不能通过抗诉随意变更具结书中的承诺，不能随意变更控诉。[4] (2) 认罪认罚案件被追诉人的上诉虽然有可能浪费司法资源，但上诉权是被追诉人的基本诉讼权利，而且，在公正与效率的权衡中，公正是优选项。检察机关因为被追诉人上诉而抗诉的做法"不仅剥夺了被告人的上诉权，损坏了二审程序的纠错功能，还容易造成冤错案件"。[5] (3) 在法院采纳指控意见的情况下仅因被追诉人上诉而抗诉，其针对的不是法院的错误判决，而是被追诉人的不诚信，属于一种报复性的抗诉，法院的判决

---

〔1〕王洋："认罪认罚从宽案件上诉问题研究"，载《中国政法大学学报》2019 年第 2 期，第 120 页。

〔2〕步洋洋："认罪认罚从宽制度下上诉权与抗诉权的关系论"，载《法学杂志》2021 年第 4 期，第 129 页。

〔3〕王洋："认罪认罚从宽案件上诉问题研究"，载《中国政法大学学报》2019 年第 2 期。

〔4〕参见马明亮："认罪认罚从宽制度中的协议破裂与程序反转研究"，载《法学家》2020 年第 2 期，第 121 页。

〔5〕连洋、马明亮、王佳："认罪认罚从宽案件中抗诉的冲突与规制——以全国 104 件抗诉案件为分析对象"，载《法律适用》2020 年第 14 期，第 92 页。

是根据检察机关指控意见作出的,并没有错误,检察机关抗诉于法无据。[1]
(4) 被追诉人上诉,即便是以量刑过重为由上诉,不一定就是不认罚。只要认罪认罚从宽制度适用程序正确、规范,如没有强迫讯问,保障了值班律师的帮助,被追诉人在客观行为上践行了"赔偿损失"等认罚的承诺,就是自愿认罪认罚。其判决后寻求更大从宽利益的上诉,也是趋利避害的人性使然。司法机关不应苛责其内心,强求其动机。[2]而且,通过后续的行为认定被追诉人认罪认罚动机不纯,是以事后行为反推当时的主观心态,明显不当。[3]此外,甚至有个别人赞成检察机关不宜提出抗诉,仅是因为顾虑到"抗诉后案件如果改判,对一审法院的判决质量会有不好的评价"。[4]

事实上,"否定论"的上述论据中,不管是对具结书契约性质及其效力的强调,还是对认罪认罚"内心"指向和"动机"等的淡化与漠视,都是源自对认罪认罚内涵及认罪认罚从宽制度基本适用条件的误解,没有认识到认罚之于认罪认罚从宽制度的特殊意义,更没有认识到认罚之真诚悔罪的独特要求。而如上所述,基于悔罪的认罪认罚不仅是立法的潜在要求,还已成为司法解释的明文规定。司法机关忽略悔罪要求,或者只对悔罪作形式化的理解,不仅会影响到认罪认罚从宽制度的法律效果与社会效果,而且还可能从根本上动摇该制度的价值导向和思想基础。悔罪态度虽然具有动态性、可变性,但同时亦有连续性、过程性,被追诉人的认罪认罚是否为技术性的,不仅可以表现在一审判决前,也有可能反映于一审判决之后,尽管不一定必然反映于上诉行为本身。因此,那种反对以事后行为反推当时心态的观点是站不住脚的。对于报复性抗诉的指责及剥夺上诉权的质疑其实是只看现象、未析本质。的确,上诉权是被追诉人的基本权利,但抗诉权也是检察机关的基本职权,不能仅仅因为担心对上诉权的影响,而在符合抗诉条件的情况下不依法行使抗诉权。诚然,如果不符合抗诉的条件,检察机关仅仅因为被追诉人上诉而提出抗诉,属于滥用抗诉权无疑。但是,认罪认罚案件上诉后的抗诉,即便是在一审判决采纳了指控意见的情况下,也完全有符合抗诉条件的可能,不一定就必然是专门机关的报复

---

[1] 参见徐曼俊、施李艳:"认罪认罚案件上诉、抗诉问题研究",载《上海公安学院学报》2020年第3期,第94页。

[2] 参见闵丰锦:"一般不应抗诉:认罪认罚后'毁约'上诉的检察谦抑",载《河南财经政法大学学报》2020年第3期,第126页。

[3] 参见王恩海:"认罪认罚动机不是抗诉理由",载《上海法治报》2019年4月24日,第B06版。

[4] 董斌:"认罪认罚案件能否上诉、抗诉",载《人民检察》2019年第10期,第34页。

和司法的霸凌。至于抗诉改判后对一审法院的不利影响，更不应该成为检察机关决定是否提起抗诉的决定因素。

（二）"肯定论"之不足

也有一部分人特别是一些检察官认为，在认罪认罚案件中，检察机关完全可以将抗诉用作应对被追诉人上诉的手段。而且，司法实践中，不少针对上诉提出的抗诉也得到了法院的支持。[1] 根据对抗诉标准和范围的不同理解，这些支持以抗诉应对上诉的观点还可以进一步划分为两种：一是整体肯定论，即认为检察机关有权对于认罪认罚案件一审判决在指控意见范围内的上诉提出抗诉；[2] 认罪认罚案件判决后提起上诉，"没有提出新的事实、证据的，检察机关应当提出抗诉"。[3] 二是局部肯定论。这类观点似乎更加理性，认为认罪认罚案件中的上诉、抗诉问题非常复杂，需要具体情况具体分析，不能一概而论，检察机关只能对所谓的"假上诉"或者说"空白上诉""技术型上诉"或投机性上诉等提起抗诉，"以助推认罪认罚从宽制度的良性运行"。[4] 还有人对投机性上诉划出了具体的标准，即被追诉人认罪认罚，"庭审采纳了确定刑量刑建议或者幅度刑的中线、低线量刑建议"，而被追诉人为了"留所服刑"或者"侥幸获得更轻判决"而提起上诉。[5]

总体而言，"肯定论"的立论点主要有四个：（1）认罪认罚从宽制度的适用本来是为了提高诉讼效率、节省司法资源、促进认罪伏法，而被追诉人一旦上诉，其制度初衷便不能实现，其效果甚至可能比不上未提出上诉的非认罪认罚案件。而以抗诉牵制上诉，突破上诉不加刑原则的限制，可以达到从重改判以惩罚被追诉人的目的。[6]（2）被追诉人的上诉特别是投机性上诉违反了认罪

---

〔1〕 参见张丽霞："认罪认罚案件上诉与抗诉的法理辨析"，载《中国人民公安大学学报（社会科学版）》2020年第1期，第85页。

〔2〕 参见谢其生："认罪认罚上诉案件的应对路径分析——以抗诉权的行使为视角"，载《第三届全国检察官阅读征文活动获奖文选》，中国知网2020年线上版，第11页。

〔3〕 朱孝清："如何对待被追诉人签署认罪认罚具结书后反悔"，载《检察日报》2019年8月28日，第3版。

〔4〕 苗生明："认罪认罚后反悔的评价与处理"，载《检察日报》2020年2月20日，第3版。

〔5〕 邱春艳："把'救心''传道'的好制度落得更好——张军就认罪认罚从宽制度实践中的热点难点问题回应社会关切"，载 https://www.spp.gov.cn/spp/tt/202102/t20210221_509442.shtml，最后访问日期：2021年5月2日。

〔6〕 参见张丽霞："认罪认罚案件上诉与抗诉的法理辨析"，载《中国人民公安大学学报（社会科学版）》2020年第1期，第88页。

认罚从宽程序中已经达成的协议，而"违约"行为必须付出代价。而被追诉人"违约"后，"具结书可被推定为无效，法院判决的依据也就不存在，原依托具结书的判决也被认定为无效"，检察机关此时抗诉针对的正是错误的判决，合乎法律要求。[1] (3) 被追诉人上诉表明其认罪悔罪和自愿受罚的意愿不真实，不符合认罪认罚从宽制度的适用条件，从宽处罚的判决不再符合罪刑相适应原则，因而是错误的，应当提出抗诉。[2] 正如某检察院在抗诉意见中指出的：被追诉人"缺乏诚信的投机行为，即说明其没有真实的认罪悔罪态度，失去了认罪从轻的前提，对于一审阶段对其从轻处罚的量刑应一并剥夺"。[3] (4) 对于投机性上诉不提起抗诉，是对其投机行为的变相鼓励，会滋生更多投机性上诉。而通过抗诉及二审法院改判更重处罚，可以让那些被误导的被追诉人认识到，投机性上诉不仅捞不到好处，"反倒增加了刑期，最终被从重判刑，还会被移送监狱"。而且，检察机关在之后办理类似情况案件时，还可充分利用这样的案例，达到"抗一案警示一片"、以抗诉杜绝投机性上诉进而无须再抗的目的。[4]

但"肯定论"的缺陷也非常明显：首先，在我国的认罪认罚从宽制度中，具结书在性质上根本就不是契约，不能简单套用契约或者违约责任理论分析认罪认罚案件的上诉、抗诉问题。其次，以惩罚或震慑上诉为目的提出抗诉，本质上就是以上诉作为抗诉对象的报复性抗诉，根本就没有考虑判决本身是不是存在错误。如果判决本身没有错误，特别是那些以留所服刑为目的的技术型上诉，被追诉人可能并没有改变认罪认罚的态度，在这种情况下提出抗诉显然于法无据。对此，有论者认为，这是立法缺陷使然，"现行刑事诉讼法尚未考虑到认罪认罚从宽制度需要一种不同于通常情形的抗诉"，因此，"为了适应认罪认罚从宽制度的需要"，未来应当对刑事诉讼法中的抗诉理由作相应的补充完善。[5] 但问题是，一旦在刑事诉讼法中确立针对上诉的抗诉作为一种独立类型的抗诉，

---

[1] 参见张丽霞："认罪认罚案件上诉与抗诉的法理辨析"，载《中国人民公安大学学报（社会科学版）》2020年第1期，第88-89页。

[2] 参见陈萍、陈曙光、何鑫鑫："认罪认罚案件中应强化检察机关的抗诉权保障"，载《人民检察》2020年第20期，第73页。

[3] (2016) 苏01刑终289号，上诉人陈某开设赌场一案的刑事裁定书。

[4] 邱春艳："把'救心''传道'的好制度落得更好——张军就认罪认罚从宽制度实践中的热点难点问题回应社会关切"，载 https://www.spp.gov.cn/spp/tt/202102/t20210221_509442.shtml，最后访问日期：2021年5月2日。

[5] 朱孝清："如何对待被追诉人签署认罪认罚具结书后反悔"，载《检察日报》2019年8月28日，第3版。

检察机关极有可能放宽所有认罪认罚上诉案件的抗诉标准，甚至不再考虑判决本身的错误与否，这将彻底架空上诉不加刑原则和权利型上诉制，从而剥夺被追诉人的上诉权。最后，被追诉人提起上诉并不能说明其在一审判决之前的认罪认罚就必然是不真实、不真诚的，而作为一审判决基础的只是判决前的事实，只要被追诉人在判决前符合认罪认罚的要求，就不能认为一审判决错误，进而以量刑畸轻或适用法律错误为由提出抗诉。

(三) 回归本性：区分情况，针对判决，当抗则抗，不可滥抗

我国的刑事诉讼具有层层把关的特征，而在这种具有鲜明的职权特色的诉讼模式中，对个体权利的保护与对专门机关职权的保障是相互促进、相辅相成的，过度强调职权保障而忽略个体权利保护则可能使诉讼程序演变为彻底的治罪程序，但过度强调个体权利保护而弱化职权保障亦将导致程序运行的无序、低效和粗陋，并最终损及个体权利，因为目前对于个体权利的保护主要还是依赖职权关照。在认罪认罚案件中，保护上诉权与保障抗诉权的关系同样如此。刑事诉讼法并没有对认罪认罚从宽制度适用中的上诉与抗诉作出任何特殊安排，因此，一方面，应当确保被追诉人可以无障碍地提出权利型上诉，以充分维护认罪认罚的自愿性和被追诉人审级救济途径的畅通。另一方面，也应当保障人民检察院依法行使抗诉权，以有效维护诉讼程序的合法性和判决结果的准确性。而所谓保障依法行使抗诉权，既不是强化认罪认罚中的抗诉权，从而变成对上诉权的不当抑制，也不是要求检察机关在行使抗诉权时更加谨慎、谦抑，从而助长上诉权的滥用，而是按照法定的抗诉标准，针对错误的一审判决，合理地使用抗诉权，当抗则抗，但不滥抗。

在认罪认罚案件中，对于法院判决采纳了检察机关指控意见而被追诉人提出上诉的情形，人民检察院是否应当提出抗诉，从根本上取决于一审判决有无错误。而在被追诉人上诉的情况下，认罪认罚案件的一审判决有无错误不可一概而论。被追诉人的上诉行为有可能基于不同的动机，其在一定程度上能够反映出被追诉人一审判决前的认罪认罚状况，但必须结合多种因素综合判断。不能想当然地认为只要被追诉人上诉了，就不认罪认罚了。也不能说，被追诉人现在提起上诉，就必然说明其原来不认罪认罚，进而推断原来的判决错了。认罪认罚始终处在一个动态的过程中，特别是如果将真诚悔罪的要求考虑在内，被追诉人有可能原来真认罪认罚，后来不认罪认罚；也有可能原来假认罪认罚，

后来不认罪认罚。就此而言，所谓的只要上诉就是反悔的观点[1]显然失之绝对了。对于不同性质的上诉，检察机关应当区别对待，灵活应对。

（1）反悔型上诉不可抗诉。被追诉人一审判决前真诚认罪认罚，但一审判决后悔罪或者悔罚的，一审的判决是基于当时被追诉人的认罪认罚状态作出的，也采纳了获得被追诉人认可的检察机关的指控意见，因此，并不存在错误。在这种情况下，检察机关无权抗诉。个别论者提出，裁判确有错误包括一种特殊情形，即"判决会因相关事实发生变化而变得有错误"，而被追诉人的上诉至少使得之前的"认罚"量刑事实消失，一审从宽处罚的依据不复存在，故而，一审判决变得畸轻了。[2]该论者所类比的是《人民检察院刑事诉讼规则》关于生效裁判抗诉条件中"原判决、裁定的主要事实依据被依法变更或者撤销的"情形。事实上，这两种情形并不相同，该检察规则的条文提到的"主要事实依据"中的"事实"是确定性的、不随时间而改变，后来才发现判断错误（因依据改变）应当纠正，即通过审判监督程序提出抗诉。而认罪认罚判决所要求的认罪认罚状态由于有极具动态性的真诚悔罪的要求，只能确定于一个时间节点，也就是说，在判决作出时符合认罪认罚要求即可认为判决的认定是准确的。对于一审判决错误与否的判断，不应根据一审判决后被追诉人的认罪认罚状态。如果不区分阶段、不区分时限地认定认罪认罚，会导致一系列问题。比如说，判决生效后，在执行阶段甚至执行完毕之后发现被追诉人不悔罪、威胁被害人，或者对法院的判决不满，该如何处理？原来的判决有无错误，该不该启动审判监督程序？如果采取这种以最新的状态评价先前判决的思路，将使法院的判决变得极不确定，损害即判力。

（2）误解型上诉不可抗诉。所谓的误解型上诉，主要指由于专门机关特别是检察机关在就幅度型量刑建议听取被追诉人意见时，解释或告知的工作不到位，导致最后判决的刑罚超过了被追诉人的心理预期，从而导致被追诉人以量刑偏重为由提出上诉。被追诉人的认罚既可能表现为概括的认罚，即表示愿意接受处罚，也可能表现为具体的认罚，即表示接受量刑建议或法院判罚，亦可

---

[1] 参见赵赤："对认罪认罚后'反悔'的案件提出抗诉应当慎重"，载《检察调研与指导》2017年第4期，第119页；岳阳、汪玫瑰、刘远歌："认罪认罚案件被告人上诉及其应对"，载《检察日报》2020年6月11日，第3版；沈婷："认罪认罚从宽后反悔上诉问题研究"，载《中国检察官》2020年第13期，第41页等。

[2] 孙长永、冯科臻："认罪认罚案件抗诉问题实证研究——基于102份裁判文书的分析"，载《西南政法大学学报》2020年第4期，第95页。

能是概括认罚和具体认罚的统一体。具体认罚必然意味着概括认罚，但没有具体认罚，只有概括认罚依然可以成立认罪认罚意义上的认罚。因此，被追诉人对量刑建议提出异议，乃至对判罚提出上诉，并不当然否定现在或者原来的认罚状态。如果由于专门机关的过失让被追诉人没有意识到在量刑建议的幅度内就高量刑的可能性，导致判罚后超过其心理预期，即属于误解。如果被追诉人明确知悉量刑建议的幅度内就高量刑的可能，在判罚后依然以量刑偏重为由提起上诉，则属于反悔。但不管是反悔，还是误解，都不否定原来的认罪认罚状态，一审判决不存在错误，因此，检察机关不能抗诉。

（3）技术型上诉不可抗诉。所谓的技术型上诉，指的是被追诉人对一审判决的定罪量刑并没有异议，仅是为了"留所服刑"等技术性目的而提起的上诉。一般而言，在技术型上诉中，被追诉人不管是判决之前，还是判决之后，依然是认罪认罚的，因此，一审判决也不存在错误，检察机关提出抗诉没有法律依据。当然，被追诉人提起技术型上诉确实属于对上诉权的滥用，浪费了司法资源，破坏了法律实施的严肃性，影响了认罪认罚从宽制度适用的效果，必须加以有效应对，不可助长被追诉人钻法律空子的风气。但应对的思路不应是报复性抗诉，检察机关作为法律监督机关，不能以违法对抗违法，以滥用抗诉权对付滥用上诉权。而是应该针对技术型上诉的原因，对相关法律规则查漏补缺，调整剩余刑期执行和刑罚执行衔接机制，增加上诉期间刑期折抵限制，缩短认罪认罚案件二审周期，彻底消除被追诉人技术型上诉的动机，达到釜底抽薪的效果。

（4）暴露型上诉应当抗诉。我国的认罪认罚要求真诚悔罪。如果检察机关有证据表明，提起上诉的被追诉人在一审判决前的认罪认罚就是技术性、表演性的，则一审判决就建立在对被追诉人认罪认罚状态的错误判断之上，被追诉人通过欺骗专门机关，不当获得了从宽判决，此时，一审判决是错误的，检察机关可以依法提出抗诉。在反悔型上诉中，被追诉人原本是真诚认罪认罚，判决后不再认罪认罚，但如果被追诉人原本就是虚假的认罪认罚，则根本就不存在反悔上诉的问题，而通过上诉等暴露出其一审判决前认罪认罚的技术性、表演性，因此称之为暴露型上诉。需要特别指出的是，反悔型上诉、误解型上诉、暴露型上诉以及技术型上诉主要是一种理论分型，服务于检察机关对认罪认罚案件上诉更加精细化地研判分析。但在规范层面或操作层次，从简便易行的角度考虑，面对被追诉人的上诉，检察机关在决定是否提出抗诉时，只需要确定被追诉人一审判决前的认罪认罚是否真正符合刑事诉讼法的要求即可，只要原认罪认罚符合要求，不管是反悔型上诉、误解型上诉，还是技术型上诉，都不能抗诉。只要原认罪认罚不符合要求，导致了判决错误，则可以提出抗诉。当然，检察机关在评价一审判决前的认罪认罚状态时，除了被追诉人上诉行为本身外，还要综合考虑多种因素，比如量刑建议是否是确定型的，或者一审判决的刑罚处于幅度型量刑建议的低线、中线还是高线，[1]判决前后被追诉人在悔罪方面的所有肯定性或否定性表现、专门机关告知义务的履行情况等。

值得注意的是，作为上诉应对机制的抗诉尽管本质上针对的是错误判决，但只能在被追诉人提起上诉后提出，只能决定于对上诉的研判之后，具有滞后性、被动性。如果被追诉人滥用上诉期限，即在上诉期限的最后时点才提起上诉，则检察机关匆忙之间可能无法应对。对此，一方面可以考虑调整上诉、抗诉的期限或者判决书向被追诉人、检察机关的送达时限，另一方面应建立上诉后法院及时告知检察机关的工作机制，以确保检察机关有充分的响应时间。

完全以契约的角度去理解反悔问题看似是与国际接轨，但实质上是泛化共性、掩盖个性，无视了认罪认罚从宽制度最能体现"中国智慧"的部分，即对被追诉人真诚悔罪的追求和重视。我国的认罪认罚从宽制度虽然吸收了辩诉交易制度的合理因素，但与辩诉交易存在质的差别。辩诉协议中处处渗透着契约精神，重视被追诉人有罪答辩的形式意义，不问有罪答辩的动机，甚至接受不承认自己有罪的有罪答辩。而我国的认罪认罚从宽制度，不仅要求认罪，还要求真诚悔罪、自愿接受处罚，不仅要求被追诉人形式上认罪，还要求其在内心有改恶从善的意愿。辩诉交易里的辩诉协议是平等主体之间自愿签署的双务合同，反映的是双方协商的过程与结果，而认罪认罚从宽制度中的具结书则是被追诉人对控诉的罪行、建议的刑罚、可能适用的诉讼程序的单方表态，反映的主要是被追诉人对罪行的反省与忏悔。辩诉交易制度中，控辩双方可以自愿就一切定罪、量刑等问题进行相当程度地自由协商，甚至可以不拘泥于客观事实，协商指控的罪数、罪名。而认罪认罚从宽制度中，专门机关的从宽决定则是"以事实为根据、以法律为准绳"，被追诉人的言行和意见只是作为决定根据的

---

[1] 需要特别注意，采纳了指控意见的实际判罚情况只是判断因素之一，而不能像有些论者所主张的，只要"庭审采纳了确定刑量刑建议或者幅度刑的中线、低线量刑建议"。参见邱春艳："把'救心''传道'的好制度落得更好——张军就认罪认罚从宽制度实践中的热点难点问题回应社会关切"，载https://www.spp.gov.cn/spp/tt/202102/t20210221_509442.shtml，最后访问日期：2021年5月2日。或者庭审采纳了精准量刑建议及在幅度型量刑建议低线量刑"而被追诉人上诉的（参见苗生明："认罪认罚后反悔的评价与处理"，载《检察日报》2020年2月20日，第3版），原则上均应提出抗诉。

"事实"因素之一，不仅不能置事实基础于不顾而协商定罪问题，在刑罚问题上专门机关也只不过是在有限的裁量空间内适当考量被追诉人基于合理根据的意见。只有理解了认罪认罚从宽制度与辩诉交易的本质区别，理解了认罪认罚从宽制度程序模式的特点，才能准确把握反悔的多重意义和独特内涵，构建起保障"真反悔"、规制"假反悔"的合理机制，为认罪案件的处理及刑事犯罪的社会治理贡献"中国方案"。

第六章

冲突疏解机制

就像对抗式司法不完全排斥合作一样，合作式司法中也并非全无冲突，但合作式司法注重管理和疏解冲突。认罪认罚从宽制度虽以合作为导向和主流，但在贯彻落实时亦不可避免存在冲突。这些冲突既可能发生于承担不同诉讼职能的诉讼主体之间（所谓的外部冲突），如"检""法"冲突，也可能发生在承担同一诉讼职能的诉讼主体内部（所谓的内部冲突），如辩护冲突。构建起有效的冲突疏解机制是减少程序内耗，保障认罪认罚从宽程序之合作性质及实施效果的关键。

第一节 "一般应当采纳"条款适用中"检法冲突"的应对

在非对抗的刑事司法中，在以合意促效率的导向之下，如何协调求刑权与裁判权的关系，使之既能减少法官的繁重审判负担，又不违反法官保留原则，此谓各国构建认罪案件替代程序时共同面临的一大难题。从典型国家通常的处理思路看，一方面，均适度容忍检察官自由裁量权和决策权的扩张，普遍认可检察官在替代程序中的核心作用，而实践中法官一般也不会拒绝控辩协议及检察官提出的处理意见，[1]法官主导案件解决之传统路径的普适性正在动摇。[2]另一方面，在刑事司法权的立法配置上又相当谨慎，鲜有国家直接在法律上赋予控辩协议或指控意见对法官裁判的刚性拘束力，或直接在法律中否定法官在替代性审判程序中独立的终局裁判权。

与域外类似制度相比，我国的认罪认罚从宽程序最富特点的规定之一就是通过2018年《刑事诉讼法》第201条直接在法律中明确了指控意见对法院的约

---

〔1〕 参见［瑞士］古尔蒂斯·里恩：《美国和欧洲的检察官——瑞士、法国和德国的比较分析》，王新玥、陈涛等译，法律出版社2019年版，第8页。

〔2〕 参见［美］艾瑞克·卢拉、［英］玛丽安·L. 韦德主编：《跨国视角下的检察官》，杨先德译，法律出版社2016年版，第7页。

束力,即法院在对认罪认罚案件依法作出判决时,除非具备几种法定的例外情形,一般应当采纳检察机关指控的罪名和提出的量刑建议。自2018年《刑事诉讼法》颁行以来,围绕第201条正当性的争论从未停歇。余金平交通肇事案中爆发的"检""法"冲突再次引发学界对该条文的现象级讨论。该案中,在援引第201条即认可余金平认罪认罚的前提下,一审法院拒绝了检察机关的缓刑建议,判处被告人实刑,而在检察院抗诉及被告人上诉后,二审法院更是加重了刑罚。有论者提出,"本案背后是法院与检察院就认罪认罚案件量刑权归属之争",而该案的判决则反映了法院对第201条"立法安排"的异议。[1]但在笔者看来,从法院的判决说理,以及围绕该案及第201条的相关学术论争看,对于第201条在认罪认罚从宽制度中的基本定位、"一般应当采纳"的真正内涵、第201条第1款之原则与例外的关系、第201条第1款与第2款的关系等最为基本的问题,各方理解极为混乱。也就是说,对第201条的"立法安排"是什么都尚未形成统一、清晰的认识。这又何尝不是"检""法"爆发冲突的原因之一。有鉴于此,本节拟在对《刑事诉讼法》第201条进行系统、深入地教义分析的基础上,全面梳理"一般应当采纳"条款适用中"检""法"冲突的类型与成因,以期有针对性地探索认罪认罚案件"检""法"冲突的化解之道。

一、第201条:"检""法"关系的制度陷阱?

认罪案件替代程序的本质是对正式审判程序乃至审判程序的放弃。以替代程序处理认罪案件必然会改变审判权以及控诉权的运行方式,也势必在事实上导致刑事司法权的让渡或移转,而司法者、立法者基本上对此持默认态度。然而,事实的默认显然不同于法律上的确认,替代程序不可能完全取代审判程序,也不可能完全颠覆刑事司法的基本原则,在刑事司法权的立法配置上依然需要遵循一些底线要求,如法官对定罪处刑权的保留。因为,一旦突破了这些底线,即便只是在替代程序中,也极易发生"蚁穴溃堤"效应,影响裁判权的独立性和权威性,进而动摇整个刑事司法体系的正当性。因此,各国在立法上处理替代程序中的"检""法"关系时都相当谨慎。《美国联邦刑事诉讼规则》第11(c)(3)(A)条规定,法官在对控辩双方达成的协议进行审查后,可以选择接受、拒绝或者推迟决定。也就是说,法官不会因为控辩合意就背负必须批准的

---

[1] 侣化强:"余金平案的历史意义与认罪认罚制度的完善",载http://www.jmkdwh.com/NewsDetail.aspx?ID=1668,最后访问日期:2020-05-09。

义务。而且，该规则也没有明确法官接受或拒绝控辩协议的标准，"完全留给法官自由裁量"。[1]与美国相似，《日本刑事诉讼法》建立的协议、合意制度中，法院既不介入诉辩交易，也不受合意内容的约束。[2]同样，在法国的事先认罪出庭程序中，根据《法国刑事诉讼法》第495-9条及第495-12条的规定，大审法院院长或院长委派的法官可以裁定认可检察官提议的刑罚，也可以裁定拒绝认可。[3]而《德国刑事诉讼法典》第257条c规定，认罪协商程序直接由法官主导，检察官仅以同意法院提议的形式参与，而且，该条还赋予了法院宽泛的背离承诺权。即使检察官拟对罪责轻微或积极悔悟的行为人作不起诉处理，特别是需要在不起诉的同时科处被指控人履行一定的负担或指示时，必须经过法院的同意。[4]可以说，这些规定均在不同程度上体现出对法官保留原则的尊重。

而在我国的刑事诉讼中，"检""法"关系颇为特殊。与域外控辩分立、审判中心的刑事诉讼结构不同，我国传统的刑事诉讼模式是流水线式的，在诉讼关系层面采取的则是专门机关与诉讼参与人的二元构造，"公""检""法"同为主导诉讼的专门机关，没有中心与辅助之分，只是分工不同。三机关"分工负责、互相配合、互相制约"不仅是刑事诉讼的基本原则，更是一项宪法原则。而宪法和刑事诉讼法之所以确立三机关原则，按照一种权威解释，既是强调"侦查、检察和审判权由公、检、法依法行使，其他机关、团体和个人无权行使"，又可以保障实现"惩罚犯罪、保护人民"的任务。[5]显然，顶层设计者更为看重的不是三机关的相互独立，而是三机关的共同使命，以及整体意义上刑事司法权的专属性。三机关原则决定了，"检""法"之间是分工、合作、制约的平权关系。而在刑事政策和社会观念层面，"检""法"又同为法律适用的司法机关，这无疑进一步增强了"检""法"的平等性和同质性。当然，宪法和刑事诉讼法也同时规定了检察监督原则，似乎在法律层面对检察机关的权力和地位有所突显。但在决定刑事诉讼中"检""法"关系的原则中，三机关原

---

[1] 王禄生：《美国司法体制的数据观察》，法律出版社2018年版，第167页。

[2] 参见［日］田口守一：《刑事诉讼法》，张凌、于秀峰译，法律出版社2019年版，第215页。

[3] 参见孙谦主编：《刑事审判制度 外国刑事诉讼法有关规定（下）》，中国检察出版社2017年版，第903-904页。

[4] 参见宗玉琨译注：《德国刑事诉讼法典》，知识产权出版社2013年版，第146-151页、第205页。

[5] 参见顾昂然：《〈中华人民共和国刑法〉〈中华人民共和国刑事诉讼法〉讲话》，法律出版社1997年版，第45-46页。

则发挥着更为基础和关键的作用。特别是在刑事个案的审判监督上，检察机关的监督权有被弱化为平权制约方式的倾向。值得一提的是，以审判为中心的诉讼制度改革在某种程度上构成了对三机关原则的挑战，甚至有论者认为二者的关系不可调和。[1]但正如习总书记在十八届四中全会《依法治国决定》说明中所强调的：三机关分工配合制约的关系，"是符合中国国情、具有中国特色的诉讼制度，必须坚持"。换言之，"以审判为中心"的诉讼制度改革也不会从根本上改变我国刑事诉讼中专门机关的基本权力配置，三机关原则反而会成为"以审判为中心"的诉讼制度改革的限度。

然而，伴随着认罪认罚从宽制度改革的推进，我国刑事诉讼（至少在认罪认罚案件）中的"检""法"关系发生了一些微妙的变化。2016年《认罪认罚从宽试点办法》第20条规定，对于认罪认罚案件，法院在依法作出判决时，除五种法定情形外，"一般应当采纳"检察院指控的罪名和量刑建议。第21条又规定了法院处理检察院不当量刑建议的程序和方法，指出，法院可以在建议检察院调整量刑建议而检察院不调整或者调整后仍然明显不当时，依法作出判决。2018年《刑事诉讼法》在吸收上述规定的基础上，增设第201条，并且将调整量刑建议明确为检察院的权力，进一步强调了法院只能在检察院行使或放弃量刑建议调整权之后依法判决。尽管按照参与立法者的解读，《刑事诉讼法》第201条第2款，即量刑建议明显不当时法院依法判决的规定，反映出"人民法院对量刑具有最终裁判权"，"体现了以审判为中心的原则"。[2]然而，第201条的主旨就是通过赋予指控意见一定的预决效力，明确认罪认罚案件指控权对裁判权的限制。不管是检察院指控的罪名，还是提出的量刑建议，法院采纳是原则，拒绝只是例外。该条规定限定了法院审查结论的倾向性，压缩了法院自由裁量的空间。而之所以如此规定，根据权威解释，这是"认罪认罚案件在程序上从简、实体上从宽的重要体现"，它一方面显示出认罪认罚的法律后果，即总体上人民法院会在案件的实体性判断上从宽把握，另一方面也能够建立被追诉人对从宽利益的直观和稳定的预期，激励被追诉人认罪认罚，促进认罪服判。[3]但不得不说，在法律上直接规定指控意见的裁判制约力显然有别于域外协商模

---

[1] 参见龙宗智："'以审判为中心'的改革及其限度"，载《中外法学》2015年第4期。

[2] 王爱立主编：《中华人民共和国刑事诉讼法修改条文解读》，中国法制出版社2018年版，第145页。

[3] 参见王爱立主编：《中华人民共和国刑事诉讼法修改条文解读》，中国法制出版社2018年版，第141-143页。

式下"事实上接受,规范中回避"的进路,因为法官普遍愿意接受辩诉协议只是一种实践选择,实践中检察官的法官化毕竟不同于在法律上承认检察裁判权。在法律中直接规定则很容易掉入大多数国家刻意避开的控审合一、以控代审的制度陷阱。不少论者也据此提出对第201条的质疑,认为"一般应当采纳"的要求实质上是以请求权或建议权僭越裁判权。而且,如果依上述权威解释者的思路,将最终裁判权归于法院理解为以审判为中心原则的基本要求,但以审判为中心原则只是以第201条的"例外规定"体现,"原则规定"又是否契合?只能以"例外规定"体现的原则还是不是原则?

当然,从我国"检""法"关系特殊性的视角看,第201条对控审分离或以审判为中心原则的冲击可能并没有质疑者想象的那么严重,质疑者的观点多是立足于所谓的基本法理而不是我国实际。事实上,第201条只是要求法院"一般应当采纳"检察院的指控意见而不是应当采纳,还是给法院留出了一定的裁量余地。而我国正在推进的"审判中心"也不同于域外的审判中心,它强调的是"最终裁判权"归属于法院,而不是一般意义上的裁判权归属于法院。规定第201条之后,"审判中心"所要求的"裁判结果产生于法庭"等并没有发生根本的变化。[1]而且,我国的"审判中心"建构在三机关分工、配合、制约原则之上,而该原则在对待专门机关的关系问题时其实是无中心的,甚至可以说是反中心的,这也决定了我国以审判为中心的诉讼制度改革的技术性特征。在三机关原则视野中,第201条规定只是对认罪认罚案件中检察院和法院的分工和权限稍作调整,调整之后依然是三机关分工、配合、制约的基本格局。

二、罪名选择冲突:第201条第1款"原则"与"例外"关系的厘定

在认罪认罚案件中,法院与检察院可能会在罪名的确定问题上产生不同意见,在这种情况下,检察机关指控的罪名对法院是否有约束力,法院能否变更指控罪名,这个在刑事司法实践中常见的老问题在认罪认罚案件中的解决思路会有所不同。按照《刑事诉讼法》第201条第1款的规定,办理认罪认罚案件时,法院一般应当采纳检察机关指控的罪名和量刑建议。该款的要旨就是强化认罪认罚案件中包括检察机关指控罪名在内的起诉(法律)意见对法院裁判的制约力,使其有别于非认罪认罚案件。通常认为,在不同的刑事司法体系中,

---

[1] 参见朱孝清:"刑事诉讼法第201条规定的合理性",载《检察日报》2019年11月7日,第3版。

起诉对于裁判的制约力也有很大差别。在英美法中，起诉中记载的诉因融事实与法律为一体，指控的罪名对于裁判者有很强的制约力，只有在裁判的罪行包含于指控罪行之中等特定情况下，法院才能在指控的同一事实的基础上变更指控罪名。[1]而在大陆法中，虽然法院的调查和裁判限于起诉的犯罪行为和人员范围内，但指控罪名被视为控方对法律的理解与适用，而适用法律是法官的权力，因此，指控罪名对法院没有拘束力。《德国刑事诉讼法典》第155条特意强调，在起诉的犯罪行为及人员范围内，"法院有权且有义务独立活动；尤其在刑法的适用上，不受提起的控告拘束"。[2]日本建立有较为特殊的诉因制度，可以通过诉因变更程序改变指控罪名，检察院可以申请追加或变更诉因，法院在必要时也可以直接命令检察官追加或变更诉因。[3]而且，日本学界通说认为，根据"以大兼小"原则，"不经过诉因变更程序也可以认定被缩小的诉因"。[4]就刑事案件中起诉对于裁判的制约力而言，我国的情形与德国的做法颇为相似，采取的是所谓的"自然事实同一说"，即在犯罪事实同一的范围内，法院有权作出不同于控方的法律判断，有权改变指控罪名。[5]而在《刑事诉讼法》增订第201条后，情况发生了些许变化：在认罪认罚案件中，法院的裁判不仅要受到起诉的犯罪行为和人员范围的限制，还会受到检察机关法律适用意见的约束，"一般应当采纳"成了法院对待指控罪名的应然态度。

然而，"一般应当采纳"只是第201条要求的法院对待检察院指控罪名的原则，"一般应当"显然有别于绝对应当。而且，第201条在规定该原则的同时，也列举了五种可不予采纳的例外情形，其中，第四种例外情形其实就是"检""法"的罪名选择冲突，即"起诉指控的罪名与审理认定的罪名不一致"。如果孤立地审视该种例外情形，很容易得出这样的结论：检察院的指控罪名对法院没有拘束力，在指控罪名的约束力方面，认罪认罚案件与其他案件没有任何区别。与此相似，个别参与立法者在解读该例外规定时指出："人民法院经过审理，案件事实清楚，证据确实充分，但是指控的罪名与审理认定的罪名不一致，

---

[1] 参见《美国联邦刑事诉讼规则》第31条c。孙谦主编：《刑事审判制度 外国刑事诉讼法有关规定（上）》，中国检察出版社2017年版，第585页。

[2] 宗玉琨译注：《德国刑事诉讼法典》，知识产权出版社2013年版，第155页。

[3] 参见《日本刑事诉讼法》第312条第1款、第2款。孙谦主编：《刑事审判制度 外国刑事诉讼法有关规定（上）》，中国检察出版社2017年版，第132页。

[4] [日]田口守一：《日本刑事诉讼法》，张凌、于秀峰译，法律出版社2019年版，第545页。

[5] 参见吴小军："法院变更指控罪名之程序"，载《人民司法（案例）》2018年第29期，第41页。

应当按照审理认定的罪名作出判决。"[1]其大意和《高法解释》第 295 条第 1 款第 2 项的内容基本一致，该条明确了罪名选择冲突时以审理认定的罪名为准的原则。也就是说，认罪认罚案件同样适用解决一般案件罪名选择冲突的处理原则。但笔者对此不敢苟同。一方面，纵观第 201 条第 1 款，"一般应当采纳"指控罪名是原则，指控罪名与审理认定罪名不一致时不采纳指控罪名是例外。与《高法解释》第 295 条第 1 款第 2 项相比，虽然核心要求没有变——罪名选择冲突时审理认定的罪名具有最终确定力，这也是法官保留原则的基本要求。然而，一旦将同样的要求放在原则——例外的规范表述框架下，其蕴含的行为模式必然会发生一定的变化：对于法院而言，按照第 201 条原则——例外式罪名确定规范模式的要求，面对认罪认罚案件，优先考虑的是采纳指控罪名，以实体性审查的放宽避免"检""法"的罪名选择冲突。只有在冲突不能避免，即在从快从宽的实体性审查中依然可以发现指控罪名不当，而宜认定为其他罪名时，才适用以审理认定的罪名为准的冲突法。另一方面，法院要想作出不同于指控罪名的罪名认定，不可能仅凭形式审查或者臆测，通常需要法院对全案事实与证据进行全面梳理、实质审查，然而，这样的前提条件在认罪认罚案件中可能并不具备。因为一个案件一旦适用认罪认罚从宽程序，特别是适用速裁程序后，法庭调查和法庭辩论均被省略，审判的重心转变为审查认罪认罚的自愿性以及具结书内容的真实性、合法性，不可能也不应该再像非认罪认罚案件一样事无巨细地审查案件的事实与证据。事实上，第 201 条第四种例外情形与前三种例外情形的思路是基本一致的，虽然都涉及案件的事实问题，但都属于可能不再符合认罪认罚从宽制度适用条件的特殊情形，都属于法院在审查中可以个别排除的特定情形，共同反映出法院在认罪认罚案件事实审中突出重点、反向排除式的思维方式。

值得注意的是，《指导意见》中并没有重述《刑事诉讼法》第 201 条第 1 款的规定，回避了指控罪名本身的裁判制约力问题，只在其第 40 条规定量刑建议的采纳原则时列举了与第 201 条第 1 款内容完全相同的五种例外情形，只将"检""法"的罪名选择冲突作为法院不采纳检察机关量刑建议的情形之一。而《指导意见》第 40 条其实提供了另一个理解《刑事诉讼法》第 201 条"一般应当采纳"指控罪名原则与罪名选择冲突时不采纳例外之关系的思路。也许，立

---

[1] 王爱立、雷建斌主编：《〈中华人民共和国刑事诉讼法〉释解与适用》，人民法院出版社 2018 年版，第 380 页。

法者在规定第四种例外情形时，更有可能只是针对量刑建议的采纳问题。因为，当法院不接受指控罪名时，"人民检察院基于原指控的罪名提出的量刑建议也不再具有参考价值"。[1] 如果第四种例外主要就是针对指控罪名的一般应当采纳原则，尽管我们还是可以按照上述"原则—例外"的规范框架去作合理而又特别化的理解，但在规定"一般应当采纳"的同时，又要求只要有不同认识就不采纳，不管是在立法技术上，还是在实际效果上，都值得考问。易言之，立法者规定第四种例外其实并不是要否定指控罪名的一般应当采纳原则，而主要是顾虑第四种例外情形下检察机关基于原指控罪名提出的量刑建议的合理性。

实践中，即使冲突不可避免，确需改变指控罪名，法院也应从认罪认罚从宽制度的立法精神出发，谨慎处理：（1）认罪认罚中的认罪最基本的要求是"认事"，但在部分情形中可能包括"认可构成犯罪"以及"认可指控罪名"，[2] 当然，"认罪名"可以是言不由衷型的，就像《指导意见》第 6 条提到的"虽然对行为性质提出辩解但表示接受司法机关认定意见"。那么，改变指控罪名是否会因否定"认罪"的成立从而一概排除认罪认罚从宽制度的适用呢？答案是否定的。改变指控罪名，不管是检察机关改变，还是法院直接改变，都不能由此轻易否定被追诉人的认罪认罚。因为，专门机关对罪名的改变不同于被追诉人对罪名的异议，被追诉人完全可能继续认可改变之后的罪名。就此而言，第 201 条第 1 款第四种例外明显不同于前三种例外，后者对认罪认罚从宽制度的适用性有一票否决效果。（2）对于认罪认罚案件而言，当发生了罪名选择冲突，法院直接改变罪名并不是最优选择。更为合理的做法是建议检察机关改变指控罪名，调整量刑建议，尽可能继续适用认罪认罚从宽程序。而如果法院选择直接改变罪名，通常意味着对认罪认罚从宽程序模式的否定，很可能需要转换程序，但不管采用何种程序，在判决前必须通过释明、听取意见、留出准备辩护时间等途径充分保障被追诉人的辩护权利，[3] 量刑时也依然需要考虑被追诉人的认罪认罚态度。

三、事实认定冲突：认罪认罚案件中法院的真实责任及其限度

法院对指控罪名和量刑建议的采纳是以认可指控事实为前提的，一旦"检"

---

[1] 王爱立、雷建斌主编：《〈中华人民共和国刑事诉讼法〉释解与适用》，人民法院出版社 2018 年版，第 380 页。

[2] 参见孙长永："认罪认罚从宽制度的基本内涵"，载《中国法学》2019 年第 3 期，第 208-209 页。

[3] 参见吴纪奎："法院变更指控罪名应充分保障被告人的辩护权"，载《人民司法（案例）》2016 年第 11 期，第 26 页。

"法"在事实认定方面产生分歧,"一般应当采纳"条款将难以落实。事实上,"一般应当采纳"条款本身就蕴含着检察院与法院在认罪认罚案件事实认定中的互动机制:对于已经获得被追诉人承认的检察机关指控的犯罪事实,法院一般应当认可,除非"被告人的行为不构成犯罪或者不应当追究其刑事责任""被告人违背意愿认罪认罚""被告人否认指控的犯罪事实",或者存在"其他可能影响公正审判的情形"。该条款塑造出了一种独具特点的事实认定程序和方式:"有所侧重的实质审查"。它既不同于美国辩诉交易制度中法官的形式审查——虽然要求法官必须审查被告人的有罪答辩是否具备事实基础,但并未对事实基础的主旨及如何审查提出具体要求,法官对事实基础的审查基本上是形式上的,主要方式是"在明确告知被告人伪证罪的责任之后要求检察官或者被告人复述案件事实",[1]很少超出指控书以及被追诉人答辩记录上的简单陈述的审查范围,[2]甚至允许法官接受被追诉人声称自己事实上无罪的有罪答辩。[3]也不同于德国协商式司法中法官基于全面调查原则的实质审查——将全面调查事实列为协商性裁判必须恪守的原则,视其为协商性裁判的合理基础,[4]要求法院裁判前应独立调查收集足够的事实根据,而不能仅靠控辩双方提供的事实定案。[5]而在第 201 条规定的"有所侧重的实质审查"模式中,法院的确负有实质审查责任,但并不需要对案件全面调查,只应针对涉及认罪认罚从宽制度适用性的几个重大事实问题进行排除性的审查。认罪认罚案件中"检""法"所谓事实认定上的冲突也主要应该发生在这几个重大问题上,特别是第 201 条第 1 款规定的第一种例外,即"是否构成犯罪"或"是否需要追究刑事责任"问题上。按照第 201 条的立法精神,法院应以从宽审查的原则尽量避免在其他案件事实认定上的"检""法"冲突。但是,当其他事实(比如是否构成自首、是否认定逃逸)认定冲突对量刑建议的合理性造成重大影响时,法院可以援用第 201 条第 2 款量刑问题上的"检""法"互动机制。

如何确定指控事实的范围是解决第 201 条适用中"检""法"事实认定冲

---

[1] 王禄生:《美国司法体制的数据观察》,法律出版社 2018 年版,第 161 页。

[2] Jenia Iontcheva Turner, "Judicial Participation in Plea Negotiations: A Comparative View", *Am. J. Comp. L.*, Vol. 54 (2006), pp. 212-213.

[3] North Carolina v. Alford, 400 U.S. 25, 38 (1970).

[4] See Thomas Weigend & Jenia Lontcheva Turner, "The Constitutionality of Negotiated Criminal Judgments in Germany", *German L. J.*, Vol. 15 (2014), p. 85.

[5] 参见《德国刑事诉讼法典》第 257 条 c。宗玉琨译注:《德国刑事诉讼法典》,知识产权出版社 2013 年版,第 204 页。

突的关键。法院是否可以直接增加被追诉人的罪数或罪名？法院是否可以在检察院未认定自首或肇事后逃逸的情况下自己直接认定，从而拒采量刑建议？这些都是实践中经常出现的问题，而解决这些问题均离不开对指控事实范围的确定。上已述及，在对控审同一的理解上，我国采取的是"自然事实同一说"，法院的审判被限制在检察机关指控的自然事实的范围内。而根据《高法解释》的相关规定，结合立法精神，此处的自然事实宜区分情况对待：首先要区分指控事实与证据事实。自然事实同一中的自然事实不可狭隘地理解为检察机关在起诉书"犯罪事实"部分归纳的事实，而应理解为控方提出且经法庭认证的证据材料中证明的事实，否则可能不当限制法院的审理范围。只要在证据材料证明的自然事实范围内，法院即使增改罪名或罪数也不违反控审同一。其次要区分定罪事实与量刑事实。原则上，法院发现可能影响定罪的新事实，主要是影响罪名或罪数的新事实，只能通过建议检察机关补充或者变更起诉解决。[1]而对于新的量刑事实，法律及相关司法解释中没有提出明确要求，标准至少相对宽松些。最后要区分有利于被告人的新事实或不利于被告人的新事实。部分有利于被告人的新定罪事实，比如说无罪的事实、减少罪数的事实，通常不会超出自然事实的范围；但部分有利于被告人的新定罪事实，比如说重罪变轻罪的事实，有可能超出自然事实的范围，如果超出，只能通过建议变更起诉的方式处理，法院不能直接根据新事实裁判。对于有利于被告人的新量刑事实，比如可能构成自首、立功之类的事实，法院的裁判可不受指控范围的限制，并应通知检察机关移送相关证据材料或建议补充侦查；对于不利于被告人的新量刑事实，比如构成肇事后逃逸的事实或否定成立自首、立功的事实等，根据控审同一的基本法理，法院应在指控的自然事实的范围内裁决，不宜自行调查认定。但只要不利于被告人的所谓的新量刑事实仍在自然事实的范围内，法院就可以认定处理。

值得思考的是，在我国《刑事诉讼法》没有明确降低认罪认罚案件证明标准的情况下，我们又该如何理解第201条规定的法院事实认定模式——"有所侧重的实质审查"的合理性。事实上，如上所述，认罪认罚从宽程序的检察主导特征直接影响了审判环节的性质和功能，审判在一定程度上转变为审核。法

---

[1] 有论者指出，在认罪认罚案件中，由于控辩双方对指控事实认识上的一致性，以及程序简化的考量，"法院没有权力要求检察机关补充或变更起诉，只能在检察机关指控的'人'或'事'范围内进行审判"。汪海燕："认罪认罚从宽制度中的检察机关主导责任"，载《中国刑事法杂志》2019年第6期，第53页。

律虽未降低认罪认罚案件的证明标准,但却对证明标准的评判主体及方式进行了微妙调整,即由检察机关主导案件证据与事实的审查认定,而且,这一工作主要是在审查起诉环节完成。相应地,法院不再担负通过庭审查明案件事实的主要责任。法院的工作重点是审查认罪认罚的自愿性和具结书内容的真实性与合法性,其对案件事实的心证要求也应与非认罪认罚案件有所不同:只要在确保被追诉人自愿认罪认罚、具结书依法制作并真实反映了被追诉人的意思的基础上,有足够的证据使法院合理地相信被追诉人实施了犯罪行为即可。认罪认罚案件既不应该也无必要与非认罪认罚案件一样,将对案件事实与证据的法庭调查与法庭辩论作为庭审的重心,要求庭审遵循完全一致的事实认定方式和标准。

四、量刑意见冲突:量刑建议的裁判拘束力

在认罪认罚案件中,量刑建议承载着激励被追诉人认罪和同意程序简化的重要功能,既关系到作为前提的"认罪认罚"的促成,又影响着作为结果的"从宽承诺"的兑现,本质上是控辩双方关于量刑的共同意见。[1]因此,"检""法"量刑意见上的冲突有可能动摇认罪认罚从宽制度赖以有效运行的根基。而第201条之所以规定"一般应当采纳"原则,赋予量刑建议一定的裁判拘束力,旨在创建一个诉判衔接、避免争议、消解冲突,以共同兑现被追诉人从宽利益的机制,尽量促进"检察机关量刑建议与审判机关量刑决定一致性的最大化"。[2]

(一)第201条第1款中的"原则"与"例外"

作为认罪认罚案件量刑建议约束量刑裁判的直接根据,《刑事诉讼法》第201条第1款规定,除非具备五种法定情形,人民法院在对认罪认罚案件依法作出判决时,"一般应当采纳"检察机关提出的量刑建议。"一般应当采纳"强调的是"一般应当",即人民法院原则上予以采纳,但不是"应当采纳"。[3]此处的"一般"首先针对的就是第201条第1款规定的五种不得采纳的例外情形。在第一种例外情形下,被追诉人本来不构成犯罪或者不需要追究刑事责任,被追诉人所认的罪或罚根本就不存在;第二种例外情形中,被追诉人认罪认罚违

---

〔1〕 参见闫召华:"论认罪认罚案件中量刑建议的裁判制约力",载《中国刑事法杂志》2020年第1期,第18-19页。

〔2〕 孔杰、王强、孙娟:"认罪认罚从宽制度中的量刑建议",载胡卫列、董桂文、韩大元主编:《认罪认罚从宽制度的理论与实践》,中国检察出版社2017年版,第499页。

〔3〕 参见胡云腾主编:《认罪认罚从宽制度的理解与适用》,人民法院出版社2018年版,第53页。

背了自己的真实意愿，即使签署了具结书，有认罪认罚之形，但实质上对指控事实、罪名或量刑建议都有不同意见，无认罪认罚之实；第三种例外情形则更是被追诉人对认罪认罚的直接否定，或是反悔审查起诉阶段自愿的认罪认罚，或是推翻审查起诉阶段的非自愿认罪认罚，不管是出于何种原因，都不再是认罪认罚案件；第四种情形下，法院不认可指控罪名，则被追诉人认罪认罚的对象也出现了问题，虽然有继续适用认罪认罚从宽制度的可能，但相当于重新启动认罪认罚从宽程序；第五种情形即"其他可能影响公正审判的情形"是一个兜底条款，主要包括的也都是那些因为限制被追诉人诉讼权利、违反诉讼基本原则或是出现了新的客观情况，从而影响了认罪认罚的自愿性、明智性或是认罪认罚从宽制度适用正当性的情形。综观五种例外情形，特别是前四种情形，其实多数已不具备"认罪认罚案件"的定性，不再符合认罪认罚从宽制度的适用条件。也就是说，"规定法院面对这些情形时拒采量刑建议，其用意不在否定量刑建议的约束力，而是为了凸显人民法院对认罪认罚案件基本适用条件的审查职责"。[1]就此而言，严格意义上，将这五种情形视为量刑建议刚性约束力的例外可能并不妥当，因为根据第201条的明确要求，"一般应当采纳"本来就是以成立适格的"认罪认罚案件"为前提的，前提不存在，自然就不应该有"一般应当采纳"原则的适用。故而，法院因出现这五种法定情形而不采纳量刑建议无可厚非，这主要是不适用认罪认罚从宽制度当然的法律后果。

（二）第201条第1款中的"原则"与第2款

"一般应当采纳"量刑建议中的"一般"还有意针对第201条第2款中提及的"量刑建议明显不当，或者被告人、辩护人对量刑建议提出异议"两种特殊情形。当被告人对量刑建议提出异议，一般都会影响认罪的认定，进而可能波及认罪认罚从宽制度的适用性，在这种情况下，法院不当然采纳量刑建议在基本原理上和上述五种例外情形并无太大差异。而当辩护人对量刑建议提出异议，第201条第2款直接赋予其"人民检察院不调整量刑建议时，人民法院应当依法判决"的效力。但是，由于辩护人的意见相对独立于被追诉人，认罚的成立也不以辩护人接受量刑建议为条件，而且，辩护人对量刑建议的异议本身也不一定合理，采用如此缺乏弹性的处理机制反而容易激起"检""法"冲突，妨碍认罪认罚从宽制度的适用，不利于保障被追诉人的从宽利益。相比而言，

---

[1] 闫召华："论认罪认罚案件中量刑建议的裁判制约力"，载《中国刑事法杂志》2020年第1期，第22页。

"量刑建议明显不当"情形更为直接地规定了量刑建议对量刑裁判的约束程度。该规定一方面体现了法院在量刑问题上的终局裁判权,另一方面则明确了法院无权在量刑建议仅仅存在微小偏差或不太适当时拒绝采纳。按照权威解读,此处所谓的"明显不当",主要是指"刑罚的主刑选择错误,刑罚的档次、量刑幅度畸重或者畸轻,适用附加刑错误,适用缓刑错误等"。[1]尽管已明确如此,实践中,是否属于"量刑建议明显不当",如何处理此类案件,依然是"认罪认罚案件量刑裁判中检、法两院争议最大的问题",[2]也是第 201 条的适用中最容易形成"检""法"冲突的问题之一。

(三) 第 201 条第 1 款中的"例外"与第 2 款

对余金平案"检""法"之争的讨论中,也暴露出另一个易被忽略的重要问题,即第 201 条第 1 款中的五种法定例外情形与第 2 款中"明显不当"情形的逻辑关系。有论者提出,法院不能抛开第 201 条第 1 款中的五种"例外"情形而直接引用第 2 款的"明显不当"情形,因为,第 1 款与第 2 款是继受关系,"满足第 1 款五种情形之一的,才有适用第 2 款的余地",第 1 款五种情形之外的情形,法院都应当采纳量刑建议。[3]但笔者认为,这显然是对第 1 款与第 2 款关系的误解。如上所述,第 1 款的五种法定情形严格说来主要是否定了"一般应当采纳"原则的适用前提,而并未否定"一般应当采纳"原则本身。仅就"一般应当采纳"原则在量刑建议方面的适用而言,第 2 款中的"明显不当"情形才是名副其实的例外情形。而且,第 1 款中的五种法定例外情形与第 2 款中的"明显不当"不仅在性质上有差异,在适用程序及法律效果上也不完全相同,如果适用第 1 款五种法定情形,则法院可以直接拒采指控意见,依法作出判决,但如果适用第 2 款中的"明显不当"情形,则法院在依法改判前必须先给检察机关留出调整量刑建议的机会,这决定了第 1 款的五种法定情形与第 2 款中的"明显不当"情形在适用上是相对独立的。事实上,从立法精神看,只有在不符合第 1 款五种法定情形的情况下,即在作为认罪认罚从宽制度适用前提的重大事项上不存在问题时,法院才宜单独考量量刑建议的适当性问题,才

---

[1] 王爱立主编:《中华人民共和国刑事诉讼法修改条文解读》,中国法制出版社 2018 年版,第 145 页。

[2] 孙长永:"认罪认罚案件'量刑从宽'若干问题探讨",载《法律适用》2019 年第 13 期,第 13 页。

[3] 郭烁等:"余金平交通肇事案中的法检之争",载 https://www.sohu.com/a/388552006_120058306,最后访问日期:2020 年 5 月 17 日。

应有第 2 款"明显不当"情形的适用。值得注意的是，有论者在解读第 1 款第五种法定情形时，将"量刑建议明显不当影响公正审判的，"[1]或者"被告人的行为依照修改后的刑法处罚更轻的"等列入其内，[2]可能不够妥当。第一种解读貌似与第 2 款"明显不当"情形保持一致，实则混淆了第 1 款与第 2 款的性质与程序。而第二种解读提到的情形，如果仅涉及量刑问题的话，尽管导致量刑建议不当的原因非常特殊——"刑法修改"，但完全可以直接援用第 2 款解决。而且，该种解读也没有顾及量刑建议不当的程度，如果量刑建议没有达到"明显不当"的程度，依然属于"一般应当采纳"的范围。申言之，不宜将单纯的量刑建议不当（或明显不当）解释在"其他影响公正审判的情形"之内。

（四）《刑事诉讼法》第 201 条与《指导意见》第 40 条

《指导意见》似乎刻意对作为"一般应当采纳"量刑建议原则之例外的"明显不当"基准进行了调整。该意见第 40 条特意强调了法院对量刑建议的审查职责，并且提出，只有"量刑建议适当的"，人民法院才应当采纳。诚然，从一般法理上讲，量刑裁判是属于法院的固有权力，而量刑建议只是检察机关的求刑申请，量刑建议是否适当，法院应该享有最终的裁判权。当"检""法"两家的量刑意见发生冲突时，求刑权当然应该服从于裁判权。但是，当该立场应用于认罪认罚案件时，必须充分考虑认罪认罚案件量刑建议机制的特殊性。不管是从激励与稳定被追诉人配合追诉的态度，辩方对量刑建议的认可，简化诉讼程序的角度看，还是从"检""法"共同承担的兑现从宽利益的法律义务的角度看，法院都不宜轻易否定检察机关的量刑建议。即使量刑建议稍有不当，但只要不是"明显不当"，法院就可以采纳。这恰是认罪认罚从宽制度改革以合意促效率的精髓所在。如果法院在办理认罪认罚案件时，如《指导意见》第 40 条所要求的，像办理其他案件一样，"有权力而且有义务从事实上和法律上进行全面审理"，[3]只对于"事实清楚，证据确实、充分，指控的罪名准确，量刑建议适当的"，才采纳量刑建议。那么，该条还同时规定不得采纳量刑建议的五种情形还有何意义？甚至，《指导意见》第 40 条的规定是否还有意义？显

---

[1] 胡云腾主编：《认罪认罚从宽制度的理解与适用》，人民法院出版社 2018 年版，第 50 页。

[2] 王爱立主编：《中华人民共和国刑事诉讼法修改条文解读》，中国法制出版社 2018 年版，第 144–145 页。

[3] 孙长永："认罪认罚案件'量刑从宽'若干问题探讨"，载《法律适用》2019 年第 13 期，第 13 页。

然，该条司法解释与《刑事诉讼法》第 201 条的立法精神并不一致，也有悖于认罪认罚从宽制度改革的基本思路，甚至与《指导意见》第 41 条法院只在量刑建议明显不当时才告知检察机关调整的规定自相矛盾。

（五）冲突化解：量刑建议的被动调整

第 201 条并没有像刑事诉讼法修正草案一审稿中那样，将量刑建议明显不当单独列为不得采纳量刑建议的情形。而是将其放在第 2 款，并提供了一种化解"检""法"量刑意见冲突的途径——调整量刑建议。即便认为第 201 条第 2 款仍然在实质上认可量刑建议明显不当时不能采纳的原有规定，[1]但不同的是，该条款给了检察院一次补救机会，规定检察院有权在量刑建议被法院认为明显不当时调整量刑建议，法院在经审理认为量刑建议明显不当时不能直接拒绝采纳。只有在检察院拒不调整或者调整后仍然明显不当的，人民法院才可以不再受量刑建议的限制，依法作出判决。实践中，不管是检察院在接到法院量刑建议"明显不当"的告知时拒绝调整，抑或是法院不给检察院调整机会而直接判决，都不太符合立法精神。需要特别指出的是，一旦启动量刑建议的调整机制，必须重新听取辩方意见、更新具结书，特别是在建议的刑罚由轻调重的情况，可能损及被追诉人对专门机关的信任，必须征得被追诉人的自愿同意。当然，相对于对量刑建议的事后调整，更有效的化解"检""法"量刑意见冲突的方式是事前的防范。检察机关在提出量刑建议时应尽可能全面地调查量刑事实，充分听取各方意见，避免出现"明显不当"的量刑建议，而法院也应充分领会改革精神，谨慎认定量刑建议"明显不当"，充分尊重控辩合意，形成与检察机关之间的良性互动。

五、第 201 条适用中"检""法"冲突的根源

应当看到，在三机关"分工负责""互相配合""相互制约"的原则之下，在层层把关式的诉讼模式之下，检察院与法院之间在实践中是配合多于制约的。但"检""法"之间的这种默契状态是以"检""法"两家对法律和案件的认识一致为前提的，一旦认识上出现分歧，且无法通过沟通消除时，相互制约很容易演变为冲突和对抗。从本质上而言，实践中的"检""法"冲突在一定程度上是由我国特殊的"检""法"权力配置和运行制约机制决定的，检察院的

---

[1] 参见胡云腾主编：《认罪认罚从宽制度的理解与适用》，人民法院出版社 2018 年版，第 113 页。

司法解释权与法院的司法解释权之间，检察院带有司法性质的批捕权及控诉权与法院的司法裁判权之间，检察院的法律监督权与法院的终局审判权之间，均存在着较为明显的紧张关系。正因如此，刑事诉讼中的"检""法"冲突已经成为我国"法治进程中具有鲜明特征的现象之一"。〔1〕个案中"检""法"冲突的背后通常是诉讼主导权之争，认罪认罚案件中尤其如此。《刑事诉讼法》第201条在一定程度上改变了专门机关的权力配置，在限制法院裁量权的同时扩张了检察机关的诉讼权能。对于该规定的合理性，学界及实务界尚存有争论，个别法官对"一般应当采纳"的要求有强烈的抵触情绪。毫无疑问，这是导致第201条适用中"检""法"冲突的根本性因素之一。但除此之外，还有一些重要因素也在"检""法"冲突的形成中起到了推波助澜的作用。

（一）"检""法"不适应认罪认罚从宽制度改革带来的角色转变

认罪认罚从宽制度改革到底改变了什么？其实，不管是将其定位于"以审判为中心"的诉讼制度改革的配套措施，还是单纯视其为以三机关原则为基础的传统诉讼模式的细部完善，都不够准确。认罪认罚从宽制度改革不仅是宽严相济刑事司法政策的落实，也不仅仅是对诉讼原则或理念的抽象调整，而是融合了原则、规则和概念的重大变革。其所创立的认罪认罚从宽程序既在我国传统的职权诉讼的框架之下，又是对传统刑事诉讼程序的突破和创新，本质上属于检察主导的刑事案件处理模式。认罪认罚从宽程序的检察主导特征直接影响了审判环节的性质和功能，即不管认罪认罚案件最终在形式上适用何种审判程序（普通程序、简易程序或速裁程序）进行，其本质上均是以检察机关提出建议，法院加以审查和核准的方式进行的，审判在一定程度上转变为审核。在这一环节，法院的工作重点是审查认罪认罚的自愿性和具结书内容的真实性与合法性，其对案件事实或证据问题的关注点也与非认罪认罚案件有明显不同。因此，在速裁程序中，法庭调查和法庭辩论都可以省略。在普通程序或简易程序中，尽管可能还存在法庭调查和法庭辩论阶段，但审判的重心与速裁程序并无本质差异，只不过需要法院在行使审查职责时更加谨慎。与域外协商性司法引发的法官由"裁判者向审查者""中立者向合作者"的角色转变类似，〔2〕在我

---

〔1〕 盛雷鸣："关于检法冲突的法理分析"，载《上海政法学院学报（法治论丛）》2019年第2期，第48页。

〔2〕 王迎龙："认罪认罚从宽制度实行中法官角色的转变"，载《人民法院报》2020年4月24日，第5版。

国的认罪认罚从宽程序中，法院在某种意义上由裁判者变为了审查者，而检察机关则集追诉者、程序的启动与推动者、从宽利益的预决者等多种角色于一身，在认罪认罚案件的诉讼程序中居于主导乃至支配地位。[1]但遗憾的是，部分司法者特别是法官还认识不到或是不能适应或是刻意排斥这种角色转变，在审查证据、认定事实、定罪量刑时仍然将自己定位为如非认罪认罚案件中一样的裁判者角色。这样做当然要强于检察院疏于履行主导责任而法院审查又流于形式的"两不管"局面，在客观上有利于保障案件的办理质量，但也会模糊认罪认罚案件的审查重点，降低诉讼效率，有违改革初衷，而且，也很容易催生诉讼主导权之争，成为"检""法"冲突之源。

（二）认罪认罚从宽制度的粗疏

被追诉人认罪认罚是《刑事诉讼法》第201条适用的前提。根据《刑事诉讼法》第15条的规定，所谓认罪认罚，就是被追诉人自愿如实供述自己的罪行，承认指控的犯罪事实并愿意接受处罚。而《指导意见》又细化了认罪认罚的认定标准。但即便如此，由于认罪认罚规则整体上依然较为粗疏，相关规定也没有明确专门机关在认罪认罚案件中事实审查责任上的分工，在把握认罪认罚时，检察院与法院还是经常会在以下问题上出现分歧：自首中的如实供述罪行与认罪认罚中的如实供述罪行是否一致？如实供述自己的罪行与承认指控的犯罪事实之间是何关系？如何界定影响认罪认定的"主要犯罪事实"和不影响认罪认定的"个别事实情节"？被追诉人认罪认罚但辩护人作无罪辩护时，还能否适用认罪认罚从宽制度？在被追诉人承认全部指控事实且被追诉人的供述与指控事实相一致的情况下，法院能于何种情形下不认定被追诉人"认罪"？在审判阶段被追诉人承认指控的犯罪事实，但不认可量刑建议而愿意接受法院处罚的，能否认定为认罪？真诚悔罪是不是认罪认罚认定的必要条件，法院能不能以欠缺该条件为由推翻检察机关的认罪认罚认定？被追诉人在侦查、审查起诉阶段没有认罪认罚，而是到审判阶段才认罪认罚的，是否还需要检察机关提出量刑建议，法院能否直接依法判决，是否需要签署具结书？如果需要，由哪个专门机关主持具结书的签署？是否能对被追诉人认罪认罚的"疑罪"案件启动认罪认罚从宽程序？检察院、法院谁享有或者各自享有何种程度上的认罪认罚认定权？第201条法院"一般应当采纳"的要求是否包括检察机关对认罪

---

[1] 参见闫召华：《听取意见式司法的理性建构——以认罪认罚从宽制度为中心》，载《法制与社会发展》2019年第4期，第75页。

认罚的认定？这类问题上的分歧归根结底均是由"检""法"对我国认罪认罚从宽的制度定位、适用条件及程序模式特别是程序主导权方面的认识差异引发的，甚至在最为基础性的问题——认罪认罚从宽的内涵上，"检""法"都尚未形成共识。[1]

（三）主体性、结构性因素的交叉影响

受到定罪量刑事实动态性、司法规则统一性、诉讼阶段性以及一些结构性因素、心理因素等的制约，"检""法"在如何适用认罪认罚从宽制度问题上产生不同认识是非常正常的。以量刑建议的采纳为例。即使在那些法院采纳了检察机关量刑建议的案件中，也不是说法院必然认可检察机关量刑建议的适当性。而在法院拒绝采纳检察机关量刑建议的认罪认罚案件中，通常是受到了以下一个或几个因素的影响：（1）量刑规则不统一，检察院和法院对于量刑规则的理解不统一。最高人民法院制定的相关量刑指导意见尚未明确认罪认罚的从宽幅度及认罪认罚与其他相关从宽情节的关系。而且，法院的量刑指导意见"对检察机关提出量刑建议有无约束力，还存在不同意见"。[2]虽然检察机关提出量刑建议时可以参考法院的量刑指导意见，但对于意见适用所涉及的"量刑起点所依据的犯罪构成事实""基准刑所赖以确定的其他犯罪事实"以及"宣告刑所据以形成的量刑情节"，极有可能与法院产生不同认识。[3]（2）量刑建议的形成中辩方的参与不充分。量刑建议形成中的控辩沟通在机制和效果上毕竟不同于庭审，被追诉人在审查起诉环节通常无法提出有效的量刑意见，而部分检察机关对辩护人的量刑意见也不够重视，从而影响了量刑建议的合意性，致使部分案件辩方在庭审时才提出新的量刑情节，或者对量刑建议提出异议。[4]（3）量刑建议所依据的情节或事实基础发生了变化。检察机关提出量刑建议依据的材料有可能不够准确、完整，而审判阶段也有可能出现新的量刑情节（如预缴了罚金、赔偿了损失），或者发现了新的量刑证据。（4）职能和立场的潜在影响。检察机关提出量刑建议时受制于刑事追诉立场，难以避免地带有偏向性，更多地考虑国家、社会利益和被害方需求，确定从宽幅度时更为谨慎克制。

---

[1] 认罪认罚从宽基本内涵在实践中的具体争议点可参见孙长永："认罪认罚从宽制度的基本内涵"，载《中国法学》2019年第3期，第204-220页。

[2] 胡云腾主编：《认罪认罚从宽制度的理解与适用》，人民法院出版社2018年版，第323页。

[3] 陈瑞华："论量刑建议"，载《政法论坛》2011年第2期，第21页。

[4] 闫召华："论认罪认罚案件中量刑建议的裁判制约力"，载《中国刑事法杂志》2020年第1期，第25页。

而法院立场相对中立,在庭审中掌握的量刑信息更为完整,更能兼顾各方的利益和诉求。此外,检察机关在量刑经验上与法院也存在差距,实践中检察机关提出的多数为幅度型且幅度较宽的量刑建议,有些甚至已经接近法定刑幅度,沦为无效建议。[1]

(四) 部门配套改革措施缺乏全局考量

近年来,特别是认罪认罚从宽制度正式入法以后,最高人民检察院一直致力于推进量刑建议的精准化,并将其视为实现认罪认罚从宽制度预设目标的必然要求和重要制度安排。[2]受此影响,《人民检察院刑事诉讼规则》及《指导意见》均要求,对于认罪认罚案件,检察机关一般应当提出确定刑量刑建议。然而,片面追求量刑建议的精准化可能是一个误区,正如片面追求幅度化的量刑建议一样。"两种量刑建议形式各有优势,但也都有缺陷。精准化的量刑建议虽然更符合提速增效的改革需求,但它是以建议立场的客观性、量刑信息的充分性、量刑情节的稳定性、量刑标准的明确性为前提的,但这一前提条件实践中并不总是具备,即使是类案判决的大数据分析也不可能完全替代个案情节的综合裁量。"[3]有人可能会以德国处罚令程序论证精准量刑建议的精准化是一种世界趋势。事实上,德国检察官在申请处罚令时虽然可以要求判处确定的法律处分,但该处分主要限于罚金以下,只有在被追诉人有辩护人且刑罚缓期执行时,可以扩展到1年以下自由刑。面对精准化的量刑建议,裁判意识强的法官很容易产生排斥心理。天津市、福建省福清市等地法院的认罪认罚从宽制度试点报告中均提到,"对某类案件要求一律提出精准量刑建议",或者过度追求量刑建议精准化,不符合量刑规律。[4]加之,不少检察机关又以量刑建议采纳率作为业务考核指标,并以抗诉作为制衡法院拒采量刑建议的手段,虽然这些措施以提高量刑上的控审合意为目标,但客观上可能会加剧裁判者的抵触情绪,为"检""法"冲突埋下伏笔。

---

[1] 参见胡云腾主编:《认罪认罚从宽制度的理解与适用》,人民法院出版社2018年版,第374页。
[2] 罗庆东:"以精准化量刑建议落实认罪认罚从宽",载《检察日报》2020年2月10日,第3版。
[3] 闫召华:"论认罪认罚案件中量刑建议的裁判制约力",载《中国刑事法杂志》2020年第1期,第28页。
[4] 胡云腾主编:《认罪认罚从宽制度的理解与适用》,人民法院出版社2018年版,第324页、第404页。

如果说认罪认罚从宽制度改革正在促进形成一种新的刑事诉讼范式,[1]那么,无疑,第 201 条通过确定认罪认罚案件中"检""法"在事实认定、罪名选择及量刑方面的行权关系理路,成了这种新的刑事诉讼范式的核心模块之一。在理解第 201 条要义的基础上,我们有必要对实践中两种颇有影响的认识保持警醒:一是彻底否定论,即认为第 201 条完全违背刑事诉讼法理,损害了法官保留原则,在世界各国也难寻先例,而这也是导致"检""法"冲突的根本原因。这种观点显然忽略了认罪认罚从宽制度改革的目的和背景,也没有看到域外协商性司法中一些检察主导的改革实践。如果按照这种观点,难寻先例的三机关原则也应当抛弃,但事实上,这恰恰是刑事诉讼中国模式的支撑原则,短期内不可能动摇,我国"以审判为中心"的诉讼制度改革和认罪认罚从宽制度改革也是以之为前提展开的。而第 201 条确定的行权模式同样符合三机关原则的基本要求。认罪认罚从宽制度改革实质上就是在诉讼法理与中国实际之间寻找最佳的结合点。二是过度解读论,即认为第 201 条将认罪认罚案件中的法官转变为类似于英美法系辩诉交易制度中的法官,法官由实质意义的裁判者变成了形式意义的审核者。诚然,世界上很多国家对于被追诉人认罪的轻微案件的处理机制中,都出现了检察官的法官化现象,个别国家甚至直接允许由检察官确定刑罚。[2]我国的认罪认罚从宽制度改革也在一定程度上扩充了检察权能,但就第 201 条确立的"检""法"关系而言,法官还是需要对认罪认罚案件及得到辩方认可的指控意见进行实质审查,只不过是有所侧重的实质审查,法官依然保有在第 1 款五种法定情形及第 2 款的不采纳情形下依法裁判的权力。事实上,"彻底否定论"和"过度解读论"有着紧密的辅承关系,彻底否定第 201 条通常都是基于对第 201 条的过度解读。而对于司法机关而言,充分认识第 201 条在认罪认罚从宽制度体系中的功能定位,恰当理解第 201 条的独特内涵,则是防范和化解第 201 条适用中"检""法"冲突的关键。

---

〔1〕 参见熊秋红:"比较法视野下的认罪认罚从宽制度——兼论刑事诉讼'第四范式'",载《比较法研究》2019 年第 5 期,第 2 页。

〔2〕 比如在瑞士创立的刑事处罚令程序中,刑事处罚令虽然不是一审判决,但相当于临时判决,"检察官全权审查案件并决定刑罚"。[瑞士]古尔蒂斯·里恩:《美国和欧洲的检察官——瑞士、法国和德国的比较分析》,王新玥、陈涛等译,法律出版社 2019 年版,第 176 页。

第二节　意见独立原则：认罪认罚案件辩护冲突的化解

刑事诉讼中，自行辩护和辩护人辩护是实现辩护权的两条并行不悖的途径。然而，被追诉人和辩护人的辩护意见并不总是协调一致的，难免会发生对立和冲突。譬如，被追诉人拒不认罪，但辩护人却坚持有罪辩护；被追诉人认罪，但辩护人却选择无罪辩护。对此，传统刑事诉讼理论强调辩护人的独立性，即辩护人并非被追诉人的代言人，其有权根据事实和法律提出自己的辩护意见，既不受专门机关的干涉，也独立于被追诉人。[1]作为该论点的典型反映，中华全国律师协会发布的2000年《律师办理刑事案件规范》第5条明确规定："律师担任辩护人或为犯罪嫌疑人提供法律帮助，依法独立进行诉讼活动，不受委托人的意志限制。"然而，部分人特别是一些执业律师认为，独立论过于理想化，在委托辩护中，被追诉人是辩护律师法律服务的消费者，因此，尊重和满足作为客户的被追诉人的诉求是第一位的。[2]似乎是受到了该观点的影响，2017年《律师办理刑事案件规范》第5条专门增加一款限制律师独立辩护的规定，要求律师在辩护时，"应当在法律和事实的基础上尊重当事人意见，按照有利于当事人的原则开展工作，不得违背当事人的意愿提出不利于当事人的辩护意见"。有论者还基于相似理路，提出了"协同性辩护理论"，其要旨是，辩护人应尽量形成与被追诉人一致的辩护思路，在无法说服被追诉人时，须尊重被追诉人意志。[3]这种凸显"被追诉人中心"的思路貌似合理简便，但其实很难真正解决辩护冲突。问题就在于，由谁以及依据何种标准评判是否有利于被追诉人，违背被追诉人意愿的辩护意见恰恰可能是有利于被追诉人的辩护意见。此外，对于辩护冲突，还有人倾向于接受兼顾辩护独立性和辩护协商性的"相对独立论"，[4]但遗憾的是，该论点既缺乏系统的理论建构，又不能提供完整并切实可行的冲突解决方案。实践中，对辩护冲突的解决依然认识不一、做法混乱。

---

〔1〕参见陈瑞华："独立辩护人理论的反思与重构"，载《政法论坛（中国政法大学学报）》2013年第6期，第13页。

〔2〕参见田文昌、陈瑞华：《田文昌、陈瑞华对话录——刑事辩护的中国经验》，北京大学出版社2012年版，第246-248页。

〔3〕陈瑞华："论协同性辩护理论"，载《浙江工商大学学报》2018年第3期，第10页。

〔4〕韩旭："被告人与律师之间的辩护冲突及其解决机制"，载《法学研究》2010年第6期，第152页。

而认罪认罚从宽制度改革使得辩护冲突问题更加复杂。认罪认罚从宽制度尤为注重专门机关与辩方的沟通和合意,不管是在认罪、认罚问题上,还是在程序选择上。一旦发生辩护冲突,极有可能成为控辩双方的沟通障碍,进而影响这种合意型诉讼的顺利推进。而在认罪认罚案件中,如下情形颇为常见:[1]被追诉人本不愿认罪,但在辩护人的规劝下认罪认罚;被追诉人自愿认罪,但辩护人认为指控事实、证据有问题;被追诉人认可量刑建议,但辩护人认为还有从轻空间,或者相反,辩护人认为量刑建议合情合理,但被追诉人仍不满意;被追诉人同意适用速裁程序,但辩护人却有异议,等等。问题是,辩护人能否在认罪认罚问题上提出不同意见?辩护人规劝被追诉人认罪认罚是否合理?是否会影响认罪认罚的自愿性?被追诉人认罪认罚,辩护人却坚持无罪、轻罪或证据存疑的辩护时,是否还符合认罪认罚从宽制度的适用条件?认罪的内涵中有无包含辩护人接受量刑建议?辩护人在认罪、认罚及程序问题上有不同意见时,会产生何种法律效果?特别是,在值班律师与被追诉人意见不同时,是否同样适用解决辩护冲突的原理和机制?针对这些亟待回答的问题,本节拟结合认罪认罚从宽制度的机理,在深入解读辩护冲突发生机制和存在逻辑的基础上,全面论证现行法律中隐喻的应对原则——意见独立,探寻有效协调认罪认罚案件中被追诉人和辩护人关系的思路。

一、意见独立:法律文本中的辩护冲突疏解思路

(一) 意见独立原则的根据与内涵

现行《刑事诉讼法》《中华人民共和国律师法》(以下简称《律师法》)及相关司法解释中的确没有一个条文明确提及辩护冲突,但这并不意味着立法未提供解决这一问题的整体思路。事实上,很多相关条文都涉及自行辩护与辩护人辩护的关系,隐含着立法者对辩护冲突的理性评价及应对理路。具体而言,它们主要集中在以下三个方面。

一是辩护人的职责。即通过强调辩护人诉讼地位的独立性,凸显辩护人意志的独立性,进而申明辩护人不是被追诉人的代言人,其辩护意见不应被被追诉人意志左右。根据《刑事诉讼法》第 37 条的要求,辩护人虽然与被追诉人共同承担辩护职能,虽然以维护被追诉人的合法权益为最终目的,并且只能提出

---

[1] 相关问题的调研情况可参见周新:"值班律师参与认罪认罚案件的实践性反思",载《法学论坛》2019 年第 4 期,第 42-43 页。

有利于被追诉人的材料和意见，但是其提出材料和意见的根据是事实和法律。《律师法》第 2 条、第 3 条虽然将维护当事人合法权益列为执业律师的首要职责，但同时也强调，它并非唯一职责，律师还应当维护法律的正确实施，维护社会公平正义，在执业时必须基于事实，恪守法律，接受国家、社会和当事人的监督。换言之，辩护人辩护带有一定的公共利益色彩，需要遵循"更高的行事准则"。[1]在具体案件中，哪些是需要辩护人维护的被追诉人利益，以及如何维护，需要辩护人基于事实和法律，依自己的意志独立作出选择和决定。在这个过程中，当然需要考虑被追诉人的诉求，但其并非决定性因素。如果辩护人仅仅是为了避免辩护冲突，刻意迎合被追诉人的态度和立场，显然有违辩护人的职责要求。

二是两种辩护意见的差异性。即通过区分被追诉人本人的辩护意见和辩护人辩护意见的内容、表达途径和作用机制，暗指辩护冲突存在的合理性，并在某种意义上揭示辩护冲突产生的必然性。根据《刑事诉讼法》第 88 条、第 118 条、第 161 条、第 173 条等的规定，被追诉人除了在法庭上直接表达辩护意见外，主要还是通过讯问环节行使辩护权：各个专门机关在相应诉讼阶段均有讯问职责，从而为被追诉人提供了辩解机会。而辩护人表达辩护意见则是借助于专门机关的听取意见机制：在案件侦查终结前、审查批准或决定逮捕期间、复核死刑期间，凡辩护律师提出要求的，均应听取其辩护意见；在审查起诉以及二审不开庭审理时，只要有辩护人，就应听取其意见；审判阶段更是毋庸赘言。"讯问"看重的是被追诉人作为证据来源的属性，被追诉人也多侧重于辩解事实，需要遵循"如实回答"要求，因此，自行辩护意见主要表现在作为证据的陈述笔录中。而"听取意见"则偏重实体或程序方面的法律处理建议，虽然也会以笔录或书面形式附卷，但不是证据，多为专门机关处理案件的参考。当然，个别情况下，专门机关对于被追诉人也会采取听取意见方式。2012 年《人民检察院刑事诉讼规则（试行）》第 306 条曾规定："在审查逮捕中对被拘留的犯罪嫌疑人不予讯问的，应当送达听取犯罪嫌疑人意见书，由犯罪嫌疑人填写后及时收回审查并附卷。"[2]实践中，该意见书主要是就之前供述是否属实、侦查活动有无违法情形、有无新事项需要当面向检察官反映等问题向被追诉人简要了解情况。[3]正是由于产生基础、内容、表达途径和作用机制上的各有侧

---

[1] 陈卫东主编：《刑事诉讼法理解与适用》，人民出版社 2012 年版，第 66 页。

[2] 需要注意，2019 年《人民检察院刑事诉讼规则》已将该条文删除。

[3] 参见陈学志、袁小丽："规范听取犯罪嫌疑人意见工作实证分析"，载《人民检察》2013 年第 19 期，第 58 页。

重,两种辩护意见出现差异乃至冲突是极为正常的,不管是对被追诉人合法权益的维护,还是对案件的公正处理而言,一味追求一致性并不一定是最佳选择。

三是被追诉人与辩护人关系的沟通或解除。这些规定可以直接或间接助益于辩护冲突的消解。如《关于依法保障律师执业权利的规定》第33条要求,在庭审中如果发生了供述出现重大改变、拒绝辩护等重大情形,在获得审判长许可后,允许辩护律师与被告人进行交流。其第34条又规定,当庭审中出现辩护律师拒绝为被告人辩护或被告人拒绝辩护律师为其辩护等严重影响庭审正常进行的情况时,允许辩护律师向法庭申请休庭。这无疑会为消除辩护冲突提供时间或机会。而《人民检察院刑事诉讼规则》第417条对控诉意见冲突的态度其实也同样可以成为应对辩护冲突的参考。根据该条要求,公诉人如果在法庭辩论中发现与被害人、诉讼代理人意见不一致,"应当认真听取被害人、诉讼代理人的意见,阐明自己的意见和理由"。此外,《刑事诉讼法》《律师法》还详细规定有拒绝辩护制度,着重解决因不信任而导致的辩护关系沟通失败问题,[1]当然也可成为应对部分尖锐辩护冲突的最后手段。

如果以整体性的视角观察上述规定,不难发现,在看似零散的法条下,贯穿着一个基本精神:辩护人的辩护意见独立于被追诉人的意见,二者即使发生冲突也有其内在合理性,如果通过沟通不能达成一致,只要被追诉人没有选择退出机制,辩护人就可坚持自己的辩护意见。这就是所谓的意见独立原则,或称之为辩护人辩护意见独立原则。该原则不仅适用于被追诉人与辩护人之间,同样也适用于被追诉人家属(含出资人)与辩护人之间,以及辩护人相互之间。意见独立原则蕴含着对不同诉讼主体在辩护冲突问题上的不同要求。对于专门机关而言,意见独立就是要尊重辩护意见的复杂性和多元化。对于辩护人而言,意见独立则是要坚持自己基于事实和法律的判断。而对于被追诉人而言,意见独立则意味着在解决辩护冲突问题上的主动权,因为被追诉人除了享有自由度更大的拒绝辩护权外,还享有一些不被辩护人意见左右的自主性权利。

(二)意见独立与权利行使:基于辩护主体的权利分型

从《刑事诉讼法》第37条对辩护人职责的规定看,提出有利于被追诉人的材料和意见是辩护人的核心任务,是维护被追诉人合法权益的基本途径,而辩护人诉讼权利的配置也完全是围绕这一职责而展开的。但应当注意,辩护意

---

[1] 参见吴超:"浅议犯罪嫌疑人、被告人拒绝辩护制度",载《中国检察官》2018年第1期,第47页。

有广义、狭义之分，提出有利于被追诉人的材料和意见中的意见是狭义上的，提出狭义上的辩护意见本身就是辩护人享有的一项诉讼权利。而广义上的辩护意见是指辩护人选择、提出和确定的用于辩护的所有想法、观点、思路、方案和策略，而且，偏重于支配客观行动的主观层面。意见独立原则其实正是基于广义上的辩护意见而提出的。虽然辩护意见与诉讼权利的关系非常密切，但适用于辩护冲突的意见独立原则并不能直接反映辩护主体在诉讼权利配置中的主从关系，也就是说，辩护人可以在辩护意见上"坚持己见"，但最终不一定能够将该意见实际兑现于诉讼权利。这要取决于辩护意见所涉及权利的归属情况（如图6-1所示）。

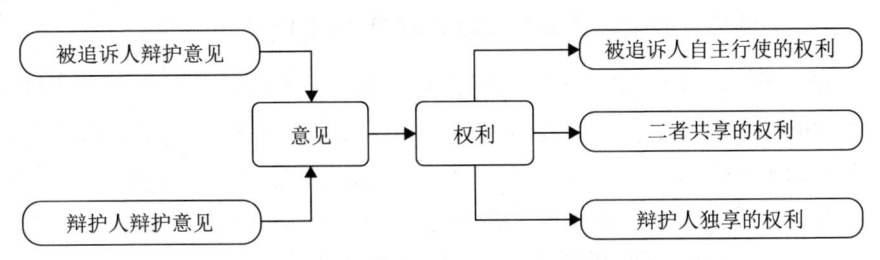

图6-1 辩护意见所涉及权利的归属情况

根据法律规定，辩护主体在我国刑事诉讼中所享有的诉讼权利可大致分为三种类型。其一是被追诉人自主行使的权利。主要包括同意适用速裁程序权、签署具结书权、庭审时的最后陈述权、不服未生效判决时的上诉权、不服生效裁判时的申诉权等。这些权利中有些身份属性极强，如自愿认罪权、最后陈述权，因而只能由被追诉人自主独立行使。而有些权利，如上诉权，经被追诉人同意或授权，可由辩护人行使或代为行使。其二是被追诉人和辩护人共享的权利，如申请回避和要求复议权、申请变更或解除强制措施权、提出辩护意见权、申请排除非法证据权、参与法庭调查或辩论权、申请证人或鉴定人出庭权、申请重新鉴定或勘验权、对专门机关相关违法行为的申诉或控告权等。这类权利由被追诉人和辩护人共同享有，各自决定，分别行使。其三是辩护人独享的权利，如阅卷权、会见权、申请调取证据权、《刑事诉讼法》第39条意义上的核实证据权、《刑事诉讼法》第43条意义上的调查取证权等。其中，核实证据权、调查取证权等只能由辩护律师行使。对于被追诉人自主行使的权利，辩护人有不同意见时，可以保留，但代行该类权利时须依被告人的意愿。对于辩护人独享或与被追诉人共享的权利，辩护人可依照自己的意见独立行使。

近年来，有不少学者开始反思独立辩护人理论所谓的缺陷及消极后果，并在借鉴域外经验的基础上，提出了以"权利保留论"[1]等为代表的被追诉人中心主义的辩护观，[2]或者有限的"被告中心主义辩护观"。[3]不可否认，被追诉人在辩护权行使中扮演着不可替代的角色，发挥着至关重要的作用。但我国的辩护冲突并非权利归属之争，只是意见冲突。意见独立原则重视的是辩护人的意志独立，而不是辩护人对辩护权行使的绝对主导。而立法对辩护权的分型与配置构成了意见独立原则的坚实根基。因为，从众多共享权利特别是辩护人独享权利的规定中，不仅看不到对辩护人意见独立的否定，反而能感受到对辩护人意见独立的极大倚重。

（三）意见独立原则在认罪认罚从宽制度中的体现

作为一项综合性的制度创新，认罪认罚从宽意味着刑事司法的结构性变革和一种新的刑事诉讼范式的形成。[4]该项改革虽然主要针对刑事诉讼中专门机关与辩方的关系模式，但势必会对辩方的内部关系造成一定影响。原因在于，由于涉及被追诉人对重要诉讼权利的放弃，相比于非认罪认罚案件，对被追诉人自愿、自主、自治的要求提高了，而对被追诉人自治权的强调，一方面要求被追诉人能够获得及时、充分、有效的法律帮助，另一方面也要求法律帮助者在履行职责时谨守合理界限，避免侵犯被追诉人的自治权。特别是在发生辩护冲突时，自治权与帮助权、被追诉人自主与辩护人独立的关系更难协调。事实上，如何解决辩护冲突，也是各国在推行合作式刑事诉讼的过程中共同面对的一个难题，在争议中引发了越来越多的关注。[5]

从我国认罪认罚从宽制度中的辩护关系规则看，在解决辩护冲突时，认罪

---

[1] 参见方柏兴："论辩护冲突中的权利保留原则——一种协调被告人与辩护律师关系的新思路"，载《当代法学》2016年第6期，第138页。

[2] 参见田文昌、陈瑞华：《刑事辩护的中国经验（增订本）》，北京大学出版社2013年版，第247页。

[3] 吴纪奎："从独立辩护观走向最低限度的被告中心主义辩护观——以辩护律师与被告人之间的辩护意见冲突为中心"，载《法学家》2011年第6期，第108页。

[4] 熊秋红："比较法视野下的认罪认罚从宽制度——兼论刑事诉讼'第四范式'"，载《比较法研究》2019年第5期，第2页。

[5] Gregory M. Gilchrist, "Counsel's Role in Bargaining for Trials", *Iowa Law Review*, Vol. 99, No. 5 (July 2014), pp. 1979-1998; Alexander Schemmel, Christian Corell, Natalie Richter, "Plea Bargaining in Criminal Proceedings: Changes to Criminal Defense Counsel Practice as a Result of the German Constitutional Court Verdict of 19 March 2013", *German Law Journal*, Vol. 15, No. 1 (2014), pp. 43-64.

认罚案件同样适用意见独立原则，而且，比非认罪认罚案件更为强调辩护人意见的独立性。首先，认罪认罚案件对听取辩护人意见的要求更加全面、具体。《刑事诉讼法》第173条明确列举了审查起诉时检察机关听取辩护人意见的事项范围，而且，还刻意区分了听取辩护人意见与听取犯罪嫌疑人意见。第224条又明确要求，适用速裁程序审理案件，既不能省略被告人最后陈述环节，也应当在判决宣告前听取辩护人的意见。而在认罪认罚从宽制度试点时，对于速裁审，还只是要求判决前应听取被告人最后陈述。其次，《刑事诉讼法》还规定了特定情形下辩护人异议的效果，如未成年犯罪嫌疑人的辩护人对认罪认罚有异议时对签署具结书要求的影响（第174条第2款），辩护人就量刑建议提出异议时对法院量刑裁判的影响（第201条第2款）等。最后，《刑事诉讼法》并未将辩护人认可指控事实列为适用认罪认罚从宽制度的必要条件，也即允许认罪认罚案件中辩护人作无罪或罪轻辩护，不少地区的认罪认罚从宽实施细则中还专门针对该种冲突规定了协调机制。个别地区甚至曾在试点办法中规定，如果犯罪主要事实清楚，证据基本确实充分的，即便被追诉人不认罪，只要辩护人提出申请的，也可启动"认罪认罚协商程序"。[1]概而言之，这一系列规定的要旨就是，在有辩护人参与的认罪认罚案件中，专门机关必须专门听取辩护人的意见；辩护人可以提出不同于被追诉人的辩护意见；辩护人的不同意见虽然不一定影响认罪认罚从宽制度的适用，但在法定情形下会引起特定的法律效果。

二、意见为何独立：认罪认罚案件中的正当性

在被追诉人认罪认罚或者同意程序选择时，为什么允许辩护人提出不同意见？在被追诉人不愿认罪认罚时，为什么又允许辩护人作有罪辩护或者建议被追诉人接受控方提议？可以预想，如同对独立辩护人理论的批判一样，意见独立原则的反对者可能会从三个方面提出质疑：（1）辩护权本源于被追诉人，辩护人的辩护权是被追诉人辩护权的派生权利，因而带有依附性，因此，辩护人的意志不可能独立于被追诉人意志。（2）辩护人的职责只是协助，不能代替被追诉人作出决定，不能越俎代庖，允许辩护人在认罪认罚问题上提出不同意见

---

[1] 参见深圳市宝安区《关于开展刑事案件认罪认罚从宽制度试点工作的实施办法（试行）》第7条，"公安机关、人民检察院、人民法院可以对下列案件开展认罪认罚协商：……（二）犯罪主要事实清楚、证据基本确实充分，犯罪嫌疑人不认罪，也不承认犯罪事实的案件，但辩护人或值班律师要求启动认罪认罚协商程序的"。

有违被追诉人的自主利益。(3) 允许辩护人提出不同意见势必导致辩护关系的内部冲突，进而抵消认罪认罚效果，影响辩护的有效性。而且，作为惯用例证，他们可能还会提到，域外特别是美国的辩护人独立，强调的只是辩护人独立于出资人或司法机关等，绝非独立于被追诉人。其实，自美国联邦最高法院在费雷塔案中高度肯定被追诉人的自主利益后，[1] 过去的几十年，情况已经发生显著改变，越来越多的下级法院将对案件的控制权从被追诉人转交给辩护人，[2] 这其中就包括在未经被告人同意的情况下作有罪辩护的权利。[3] 至于反对者的其他依据，也多是源自误解。

(一) 辩护人能否在认罪认罚等问题上提出不同意见

不可否认，被追诉人的辩护权带有本源性，在履行辩护职能时，辩护人是被追诉人的协助者。因此，很多国际公约对辩护人辩护的表述通常是："通过他选任的辩护人为他辩护，或者在他无资力的情况下，免费获得辩护人的协助。"[4]《德国刑事诉讼法典》则表述为"被追诉人可随时获得辩护人的协助"。[5] 在美国，被追诉人甚至有权自主决定放弃获得辩护人协助的宪法权利。协助者的角色定位也决定了辩护人的一些基本行为准则，譬如，致力于被追诉人合法利益的改善，对部分不利于被追诉人信息的消极隐瞒等。然而，这并不是说辩护人只是纯粹的被追诉人利益的代理人，只是辅助被追诉人达成其目的的手段，更不是说辩护意见的利与不利完全取决于被追诉人判断，辩护人必须受被追诉人意思的约束。辩护人的辅助性并未构成对其自主性功能和公法机能的否定，辩护人在服务被追诉人利益的同时不可能完全无视公共利益。事实上，没有哪个国家真正认可辩护人的私益代理人说。德国法院一直认为，辩护人不但要对被追诉人提供协助，"而且必须当作是一个非政府的司法机关来行为"，或者至少是一个"有限的机关"。[6] 美国的辩护人既是被追诉人利益的维护者，也被视为一个"法庭官员"（officer

---

[1] Faretta v. California, 422 U. S. 806, 834 (1975).

[2] Erica J. Hashimoto, "Resurrecting Autonomy: The Criminal Defendant's Right to Control the Case", *Boston University Law Review*, Vol. 90, No. 3 (June 2010), p. 1148.

[3] Gabriel J. Chin, "Pleading Guilty without Client Consent", *William & Mary Law Review*, Vol. 57, No. 4 (March 2016), pp. 1309-1342.

[4] 参见《欧洲人权公约》第 6 条第 3 项 c，以及《公民权利与政治权利国际公约》第 14 条第 3 项 d。

[5] 参见《德国刑事诉讼法典》第 137 条。

[6] [德] Werner Beulke: "德国刑事诉讼程序辩护人的功能及地位——至今仍具话题性的一个争论"，吴俊毅译，载《高大法学论丛》2010 年第 1 期，第 59 页。

of the court），他的行为必须符合法律和职业道德标准的要求。[1]英国出庭律师的独立性更高，他们的意见也不是形成于某个人的要求，没有人可以对出庭律师说，"你应该这样或那样做"。[2]我国的律师曾一度被规定为国家法律工作者。后来虽然对律师的定性转变为"为当事人提供法律服务的执业人员"，但一直将"维护法律正确实施，维护社会公平和正义"列为执业律师的法定职责。

而就整个司法体系的结构设计而言，正是法院、检察院和辩护人三个有机体的良性互动，确保了程序的正当性和诉讼目的的实现，因此，辩护人"负有相当程度的司法功能"。[3]令辩护人与被追诉人"沆瀣一气"，以使有罪者逃脱应有制裁，肯定不是辩护人制度的本旨。特别是在强制辩护的情况下，被追诉人甚至难以左右辩护人的去留，这显然无法通过民事契约来理解，而只能从辩护人的独立性方面解释。上已述及，认罪认罚案件更需要确保被追诉人获得法律帮助。也就是说，认罪认罚案件中必然会存在更多强制性的法律帮助。不管是强制性的法律援助辩护，还是强制性的值班律师参与，这些主体的存在确实着眼于被追诉人合法权益的维护，但他们同时还负有引导被追诉人自愿认罪认罚、现场见证具结书签署、监督专门机关办案程序合法性、"防范冤假错案"[4]"加强人权司法保障，促进司法公正"[5]等多项职责，其职能作用的发挥不可能完全以被追诉人意思为准。

作为自主的、带有公益色彩的诉讼参与人，辩护人需要遵守更高的行为准则。譬如，恪守法律，遵守职业道德和执业纪律，以事实为根据等。而且，正是因为这些苛刻的行为准则，辩护人才能享有阅卷权、调查权、不受监听的会见交流权等广泛的诉讼权利。当然，辩护人的辅助性和独立性是一个不可分割的整体，辩护人的双重属性共同塑造了辩护人的行为准则。因此，辩护人的每一个执业行为都要兼顾这两个方面的要求。以辩护人低度的真实义务为例，独立性决定了辩护人不能向专门机关撒谎，说出来的须均为真实情况，而辅助性则决定了辩护人并不需要将知道的所有真实情况都说出来。同样，辅助性决定了辩护人不能提出不

---

[1] Floyd Feeney, Joachim Herrmann, "One Case-Two Systems: A Comparative View of American and German Criminal Justice", New York: Transnational Publishers, Inc., 2015, p.376.

[2] 林钰雄：《刑事诉讼法（上册 总论篇）》，元照出版有限公司2013年版，第211页。

[3] 张丽卿：《刑事诉讼法理论与运用》，五南图书出版有限公司2003年版，第138页。

[4] 肖璐："认罪认罚从宽制度之律师辩护"，载《郑州大学学报（哲学社会科学版）》2017年第4期，第38页。

[5] 司法部："更好地发挥值班律师职能作用"，载http://mini.eastday.com/bdmip/190321193010929.html#，最后访问日期：2019年9月20日。

利于被追诉人的意见，独立性决定了辩护人可以提出不同于被追诉人的辩护意见。

（二）辩护人的不同意见是否会侵犯被追诉人自主认罪认罚的权利

被追诉人是诉讼后果的承担者，因而被赋予了一系列防御性权利。被追诉人有权自主地决定是否及如何行使这些权利，这就是所谓的被追诉人自主权，或称为被追诉人自行辩护、自我代表权。在无辩护人参与的案件中，自主权主要强调被追诉人自由决定所有防御性权利的行使，不受专门机关的干预。而一旦有辩护人参与，区分被追诉人与辩护人各自的权利边界就成为维护被追诉人自主权的一个关键问题。美国联邦最高法院曾经提出一个标准，即是否答辩认罪、放弃陪审团审判、放弃委托辩护、对质以及上诉等，这些是只能由被追诉人决定（ultimate authority）的"核心权利"或目的性权利，而选择目击证人、挑选陪审员等日常性辩护行为（day-to-day conduct of the defense）则可由辩护人自主决定。[1] 受此影响，有国内学者提出，那些体现被追诉人诉讼主体地位、与其实体性权益密切相关、牵涉其基本参与权和内心道德自由的权利，应该保留给被追诉人，只有那些技术性、日常性的权利可由辩护人自由行使。[2] 也有论者从辩护人视角将前一类权利归为辩护人的传来权利，而将后一类归为辩护人的固有权利。[3] 诚然，由权利性质衡量权利行使主体的思路有其合理性，但笔者认为，不能想当然地由此得出辩护人在认罪认罚问题上的不同意见会妨害被追诉人自主权的结论。上述思路有两个需要小心避开的逻辑陷阱。

其一，被追诉人自治权有无确定不变的标准和范围？譬如，涉及认罪认罚的问题是不是就一定属于只能由被追诉人自主决定的核心问题？答案无疑是否定的。如上所述，即便在特别强调被追诉人自主权的美国，被追诉人"核心权利"的范围也变动不居，而且总体趋向狭窄。美国联邦最高法院在费雷塔案中确立的被追诉人自主的原则和标准正随着越来越多不同意见的判决变得支离破碎。其中，尼克森案的判决最具颠覆性。在该案中，尼克森涉嫌谋杀，可能判死刑，其本人未作有罪答辩。但他的辩护律师在分析证据后认为，尼克森的犯罪事实不存在任何合理争议，遂在尼克森未置可否的情况下，在陪审团面前认可控罪，只作从轻辩护。最终，尼克森被判处死刑。针对该案，美国联邦最高

---

[1] See Gonzalez v. United States, 553 U.S. 242, 254-55 (2008).

[2] 参见方柏兴："论辩护冲突中的权利保留原则——一种协调被告人与辩护律师关系的新思路"，载《当代法学》2016年第6期，第139-142页。

[3] 参见陈朴生：《刑事诉讼法》，正中书局1970年印行，第45页。

法院指出，"辩护人虽然有义务向被追诉人解释他的辩护策略，但是无须获得被追诉人明确同意。辩护人选择有罪辩护，符合被追诉人设定的逃避死刑的辩护目标"。[1]美国联邦最高法院还特别强调，辩护人有罪辩护并不是代替被追诉人作有罪答辩，它并未影响被追诉人答辩无罪及接受正式审判的权利。[2]现在，许多下级法院已经将尼克森案的判决精神拓展适用于非死刑案件，[3]以及认罪议题外的各种核心权利议题。[4]而且，由于尼克森案的判决意见没有指明答辩有罪与有罪辩护的区分标准，导致部分美国法院甚至认为，尼克森案的精神就是，辩护人可以在未经被追诉人同意的情况下答辩有罪。[5]

可以说，每一个国家在不同历史时期对于被追诉人"核心权利"的理解都有差异。具体到我国，2012年后，被追诉人才有了程序选择权，才有了不受强迫证实自己有罪的权利。2018年后，被追诉人有了自愿选择适用认罪认罚从宽制度的权利。尽管如此，在认罪问题的性质上，我国仍和美国有重大区别。我国至今尚未确立沉默权，相反却规定了被追诉人"如实回答"提问的义务。尽管法律并没有明确被追诉人不回答或不如实回答的不利后果，还通过规定"不得强迫任何人证实自己有罪"强调专门机关取证时不能强迫，但"如实回答"义务至少在法律层面否定了（实际犯了罪的）被追诉人不认罪的权利，以及被追诉人撒谎的权利。因此，严格说来，我国的被追诉人没有完整的自愿选择认罪（坦白）与否的权利。更为重要的是，在我国，由于不存在美国式的罪状认否程序和有罪答辩制度，长期以来，认罪等同于有罪供述。尽管在认罪认罚从宽制度改革后，认罪增加了更多的程序内涵，但仍以本人如实供述罪行作为认

---

[1] Florida v. Nixon, 543 U. S. 175 (2004).

[2] 在这一点上，美国联邦最高法院还专门和另一个判例 [Brookhart v. Janis, 384 U. S. 1, 6-7 (1966)] 进行了区分。在 Brookhart v. Janis 一案中，被告人不愿作有罪答辩，但辩护人却同意 "prima facie trial"，在效果上等同于 "no contest plea"。法庭认为辩护人不能提交一个明显有违被追诉人意愿的答辩并代被追诉人放弃答辩无罪和接受正式审判的宪法权利。

[3] See, e. g., Monroe v. Dale, No. 05 Civ. 6704 (LAK), 2007 WL 1766770, at *7 (S. D. N. Y. June 17, 2007); Frascone v. Duncan, No. 01 Civ. 5924, 2005 WL 1404791, at *2 (S. D, N. Y. June 14, 2005); United States v. Larson, 66 M. J. 212, 218 (C. A. A. F. 2008); Hopkins v. United States, 84 A. 3d 62, 66 (D. C. 2014).

[4] See, e. g., United States v. Parker, 716 F. 3d 999, 1011 (7th Cir. 2013); United States v. Zepeda, 738 F. 3d 201, 207 (9th Cir. 2013); Hyde v. Branker, 286 F. App´x 822, 833 (4th Cir. 2008); United States v. Johnson, 677 F. 3d 138, 141-42 (3d Cir. 2012); State v. Overline, 296 P. 3d 420, 424 (Idaho App. 2012); Gonzalez v. United States, 553 U. S. 242, 250-51 (2008); United States v. Oakes, 680 F. 3d 1243, 1247-48 (10th Cir. 2012).

[5] See Nance v. Ozmint, 626 S. E. 2d 878, 880 (S. C. 2006).

罪的必要组成。在这种情况下,辩护人即便是想代替被追诉人认罪都不可能。因此,辩护人在是否构罪方面提出不同于被追诉人的辩护意见,对于我国被追诉人所谓的认罪自主,既没有侵权的对象,也没有侵权的机会,也就无以产生侵权的后果。

其二,辩护人是否只能行使日常性、技术性的权利?在涉及认罪的辩护冲突中,辩护人又是在行使何种权利?在美国,被追诉人的自主事项范围与辩护人在核心问题上的发言权整体上呈现出此消彼长之势。各级法院不断将辩护人能够行使的权利扩展于技术性权利之外,而被追诉人的自决权则被戴上越来越多的枷锁。[1]按美国法院的说法,"给予辩护人在案件关键事项上的控制权是实践需要,如果辩护人的每一个决定都要得到被追诉人的批准,审判程序就不可能有效运行"。[2]但值得强调的是,类似于美国的辩护权变迁过程并没有在我国发生。这当然不是说,被追诉人的自主性辩护在我国一直居于强势地位,而是因为,一直以来,我国对辩护权采取了列举式的立法方式,被追诉人和辩护人各自享有哪些权利一目了然,权利配置的思路也非常清晰。随着人权保障意识的增强,两类辩护主体的权利都在不断充实,而相对而言,辩护人特别是辩护律师的权利保障的进步更加明显。

从我国刑事诉讼法关于辩护权的具体规定看,对被追诉人与辩护人显然没有采取核心权利—日常权利的分权路线。辩护人不仅有权在案件实体处理上提出独立的辩护意见,也有权独立行使一些可能直接影响诉讼进程和结果的重要诉讼权利,如申请排除非法证据,甚至还可行使一些被追诉人都不享有的重要权利。辩护人的这些权利肯定无法用日常性、技术性权利概括,更不适宜用权利保留论者所谓的"默示同意说"解读。[3]当辩护人在是否认罪认罚问题上提出不同于被追诉人的辩护意见时,他既不是在行使程序意义上的选择权,也不是在实体意义上代替、强迫被追诉人认罪认罚或否定被追诉人的认罪认罚效果,而仅仅是向专门机关提供参考意见,是在履行辩护人的核心职责,是在行使被追诉人享有的提出意见的权利。

---

[1] Pamela R. Metzger, "Fear of Adversariness: Using Gideon to Restrict Defendants' Invocation of Adversary Procedures", YALE L. J., Vol. 122 (June 2013), p. 2556.

[2] See Gonzalez v. United States, 553 U. S. 242, 249 (2008).

[3] 参见方柏兴:"论辩护冲突中的权利保留原则——一种协调被告人与辩护律师关系的新思路",载《当代法学》2016年第6期,第141页。

(三) 什么才是认罪认罚案件中的有效辩护

反对论的提出者其实最担心的还是辩护人提出不同意见对认罪认罚案件整体辩护效果的影响。因为，在他们看来，（1）辩护人与被追诉人意见不同，各行其是，会削弱辩护效果，甚至可能导致无法适用认罪认罚从宽制度；（2）对于被追诉人与辩护人内部和谐关系的维系而言，特别是在委托辩护中，信任是基础，如果双方互相失去信任，辩护关系难以为继；（3）辩护人对于被追诉人负有忠诚义务，不能提出不利于被追诉人的意见。必须承认，如果单纯作为对辩护内部关系原理的描述来看的话，以上三个判断都是正确的，但以之作为不允许辩护人提出不同意见的理由却失之片面。

首先，有效的辩护不一定是与被追诉人的期待相一致的辩护，实践中被追诉人期待的认罪认罚利益经常是不合理的。辩护人的忠诚义务要求辩护人着眼于委托人合法利益的最大化，尽职尽责地通过自己的辩护活动维护被追诉人的合法权益，不发表不利于被追诉人的意见。但是，并不是像有些论者所言，"未经委托人的同意或者授权，律师不能从事任何违背委托人意志的辩护"。[1]辩护人没有义务事事按照委托人的指示和希望。"当辩护人认为满足被追诉人希望是不利甚于改善的，则他允许独立于委托人的意思坚持辩护的策略。"[2]在这种情况下，辩护人对不同辩护意见的坚持反而是其最忠诚于被追诉人的表现。当然，作为一种平衡，被追诉人可以行使拒绝辩护权——解除辩护关系并选任新的辩护人。

其次，有效的辩护须是有利于被追诉人的辩护，但是否有利于被追诉人不是完全取决于被追诉人自己的主观判断，认罪认罚也不一定是被追诉人的最佳选择。被追诉人与辩护人身份、立场、知识储备、专业能力、职责义务不同，因此，被追诉人的想法与辩护人的意见不一致是完全正常的。即便被追诉人自己具有法律知识，甚至是常年从事刑辩业务的律师，辩护人通常还是更有条件提出更有利于被追诉人的辩护意见。在发生意见冲突的情况下，如果辩护人一味屈从被追诉人，虽然实现了表面和谐，但实质上违反了有利当事人原则，也从根本上否定了辩护人存在的价值。当事人意志当然需要尊重，但这只是说辩护人要作必要的解释、沟通和说服工作，或者在合理的限度内调整意见，但并

---

[1] 陈瑞华：《刑事辩护的艺术》，北京大学出版社2018年版，第288页。
[2] [德] Werner Beulke："德国刑事诉讼程序辩护人的功能及地位——至今仍具话题性的一个争论"，吴俊毅译，载《高大法学论丛》2010年第1期，第70页。

不是无原则、无底线的满足和服从。在被追诉人利益与被追诉人意思冲突时，最能彰显辩护人独立辩护意见的价值。譬如，被追诉人为替亲人或朋友顶罪，或者出于其他多种考虑，而虚假供认自己未犯的罪行；被追诉人自认为作案时精神正常，事实上处于发病期间；现行犯在控方证据非常充分的情况下，拒不认罪。类似情形，"辩护人有可能乃至于有必要为被告利益但反于被告之意思而进行辩护"。[1]那种"除非解除委托关系，就必须和当事人意志保持一致"[2]的观念更多地反映出辩护人在现实压力下的妥协和惰性，既是对我国独具特点的辩护关系规则的无视，也完全混淆了刑事辩护和一般代理的界限。

再次，有效辩护不一定在客观上产生积极的辩护效果。发生在广东的雷某爱等涉嫌贪污、受贿案中，雷某爱已经认罪且清退了赃款，但辩护律师坚持无罪辩护，最终检察机关在撤回公诉后作出了不起诉决定。[3]像该案这样，虽然也存在辩护冲突，但被追诉人对这样的结果可能也乐见其成。然而，在实践中，决定刑事诉讼结果的因素有很多，辩护人的有利辩护意见不一定达到辩护人预期或者令被追诉人满意的辩护效果。在被追诉人利益与意思冲突时，辩护人虽坚持不同的辩护意见，但结果失败的也不鲜见。如在一些重罪案件中，辩护律师提出精神障碍辩护，申请对被追诉人进行精神病鉴定，但被追诉人却坚决反对，最后被追诉人被判极刑。美国的卡辛斯基案便是一个典型。[4]

最后，有效的辩护必须是有事实和法律基础的辩护。辩护人如果明知被追诉人的无罪辩护的诉求不可能得到司法机关支持，却迎合被追诉人意见，只是为了通过"精彩表演"而让被追诉人感觉到钱未白给、物有所值，最后可能陷被追诉人于更加不利的境地。不仅如此，以事实和法律为基础的要求决定了，如果案件只是定罪证据不足，辩护人就只能作证据不足、指控的犯罪不能成立的无罪辩护，而不能仅仅因为被追诉人意愿就选择不构成犯罪的无罪辩护。

---

[1] 林钰雄：《刑事诉讼法（上册 总论篇）》，元照出版有限公司2013年版，第212页。

[2] 田文昌律师认为："与当事人意志保持一致，才是辩护权的基本属性"。韩嘉毅大律师也提出："独立辩护原则不适用于当事人本人。……假如当事人执意要求辩护律师尊重自己的选择，包括对有罪的案件选择无罪辩护思路，或者对无罪的案件选择有罪辩护思路，律师能否违背当事人意志呢？答案是否定的，律师辩护权产生的基础在于当事人的委托，律师必须尊重委托人的意志。当然，律师与当事人在辩护思路方面经过协商无法达成一致的，还可以解除委托关系。"陈瑞华：《刑事辩护的艺术》，北京大学出版社2018年版，第290页。

[3] 参见王思鲁：《被告人自己都'认罪伏法'的巨额贪污、受贿案，律师成功无罪辩护》，载 http://www.sohu.com/a/154427922_742027，最后访问日期：2019年9月21日。

[4] 参见 [美] 蒙罗·H. 弗里德曼、阿贝·史密斯：《律师职业道德的底线》，王卫东译，北京大学出版社2009年版，第62页。

三、不同问题上的意见独立：机制与效果

一般而言，从辩护人形成独立意见，到充分地沟通、说服，再到独立意见的完善或坚持，甚或最后迫不得已引入退出机制，意见独立原则在实施中一般都会经历这样一个过程。然而，在认罪认罚案件中，对于不同的辩护议题，由于涉及不同性质的权利和诉讼规则，意见独立原则在实施机制和效果上也会有一定差异。

（一）认罪问题上的意见独立

被追诉人与辩护人在认罪问题上出现分歧主要有三种情形：被追诉人认罪，而辩护人作无罪之辩；被追诉人认此罪，而辩护人作彼罪之辩；被追诉人不认罪，而辩护人只作量刑之辩。当然，进一步区分的话，还包括被追诉人认数罪，而辩护人作部分无罪之辩；被追诉人认为自己根本不构成犯罪，辩护人认为只是证据不足，或者相反；被追诉人与辩护人对指控的罪名或犯罪事实上有不同意见。如上所述，辩护人在认罪问题上表达异议并不是在这一体现诉讼主体地位、事关其核心利益和道德自由的问题上代替被追诉人作出抉择，而仅仅是行使辩护人提出辩护意见的权利。值得注意的是，《刑事诉讼法》第 37 条在界定辩护人"提出被追诉人无罪、罪轻的材料和意见"活动的性质时，既没有使用"权利"，也没有使用"职责"，而是使用了"责任"一词，强调这是"辩护人分内应该做的事情"，[1]凸显了不可推卸、当为应为的义务色彩。

《刑事诉讼法》第 37 条同时也将辩护人提出材料和意见的方向限定为"无罪、罪轻"。这是否意味着在辩护冲突中，辩护人只能提出较被追诉人意见更轻的处理意见呢？如，被追诉人认重罪时，辩护人可作轻罪之辩，但被追诉人认轻罪时，辩护人却不能辩重罪。答案是否定的。事实上，该条要求的"无罪、罪轻"，主要是相对于控方的控诉意见而言的，也即，辩护人罪行之辩（如果有的话）须比指控的罪行轻，而不是一定比被追诉人辩解的罪行轻。只要在有利于被追诉人的原则之下，辩护人基于事实和法律，在认罪问题上提出较之于被追诉人或轻或重的辩护意见都是完全正当的。

就辩护人的不同意见对认罪认罚从宽制度适用性的影响而言，由于《刑事诉讼法》只是将被追诉人自愿认罪列为适用认罪认罚制度的必要条件，因此，

---

[1] 顾永忠等：《刑事辩护：国际标准与中国实践》，北京大学出版社 2012 年版，第 244 页。

只要被追诉人自愿认罪，即使辩护人作无罪辩护，也不影响该制度的适用。相反，如果被追诉人没有自愿认罪，即使辩护人作有罪辩护，也不能适用该制度。特别是前一种情况下，虽然辩护人的不同意见在法律上并不妨碍认罪认罚从宽制度的适用，但依然可能产生四重法律效果：（1）专门机关会加强对认罪自愿性、真实性、真诚性等的审查，而且，审查后极有可能改变对案件的整体认识，甚至认为案件不适宜适用认罪认罚从宽制度。在认罪认罚从宽制度改革试点期间，就有地方曾直接将辩护人作无罪辩护列为不适用认罪认罚从宽制度的情形之一。[1]（2）可能会影响庭审程序选择。辩护人作无罪辩护的案件，通常在事实或证据上都有争点，专门机关在审查后极有可能认为其不再符合适用速裁程序要求的"案件事实清楚，证据确实、充分"条件，甚至不再符合简易程序要求的"案件事实清楚、证据充分"条件。有部分地区在实施细则中明确规定，"辩护人进行无罪辩护，被告人不同意无罪意见，坚持认罪认罚的"，应当适用普通程序审理。[2]（3）可能会影响到量刑建议的提出与采纳。专门机关有可能将辩护人提出不同意见纳入"影响量刑的情节"，进而在量刑建议提出或采纳环节重点考量。部分地区曾在试点办法中将辩护人作无罪辩护规定为法院采纳检察机关量刑建议的例外情形。[3]（4）未成年人案件中会产生特殊影响。依《刑事诉讼法》第 174 条的要求，辩护人如对未成年人认罪认罚有异议，不需要签署认罪认罚具结书。该条的言外之意是，该种情况依然可以适用认罪认罚从宽制度。值得一提的是，这与《认罪认罚从宽试点办法》第 2 条的要求明显不同。按照后者的要求，若出现这种情况，则不能适用认罪认罚从宽制度。"考

---

[1] 参见济南市人民检察院、济南市中级人民法院《关于在刑事诉讼中开展认罪认罚从宽处理制度试点工作的办法（试行）》第 4 条，"具有下列情形之一的，不得适用认罪认罚从宽处理制度：……（五）犯罪嫌疑人提出无罪辩解或辩护人作无罪辩护的"；山东省济南市章丘区《关于适用"认罪认罚从宽"案件工作实施细则》第 5 条规定："具有下列情形之一的，不适用认罪认罚从宽制度：……（三）犯罪嫌疑人、被告人认罪，但经审查认为可能不构成犯罪，或者辩护人作无罪辩护的……"

[2] 参见 2019 年《江苏省高级人民法院关于办理认罪认罚刑事案件的指导意见》第 42 条："普通程序适用条件。对于被告人认罪认罚，案件事实清楚，证据确实、充分的案件，符合下列情形之一的，人民法院应当适用普通程序：（1）辩护人进行无罪辩护，被告人不同意无罪意见，坚持认罪认罚的……"需要指出的是，该指导意见将"案件事实清楚，证据确实、充分"列为所有案件适用认罪认罚从宽制度的必要前提条件其实并不符合法律要求。

[3] 参见 2017 年天津市《关于开展刑事案件认罪认罚从宽制度试点工作的实施细则（试行）》第 34 条规定："对于认罪认罚案件，人民法院依法作出判决时，一般应当采纳人民检察院指控的罪名和量刑建议，但具有下列情形的除外：……（五）辩护人作无罪辩护的，或者辩护人不认可具结书内容且被告人接受辩护人意见的……"

虑到未成年人的心智尚未成熟，认识能力有限，其认罪认罚的明智性很难保证，所以，即便其已认罪认罚，也只有在得到其法定代理人和辩护人的认可以后，才能确认认罪认罚符合该未成年人的利益。"鉴于此，《认罪认罚从宽试点办法》第 2 条的规定显然更加合理，而《刑事诉讼法》第 174 条的逻辑则与法定代理制度和强制辩护制度的设立宗旨相悖。[1]

实践中，认罪问题上的意见独立已经成为辩方特殊情况下的一种辩护策略，即辩方有可能为了谋求更好的辩护效果刻意制造辩护冲突。如在李庄涉嫌伪证罪一案中，二审时，李庄本人认罪，但辩护人却作无罪辩护，而且，辩护人的无罪辩护策略还得到了李庄的认可。[2]一般而言，当以意见独立作为辩护策略时，不管是被追诉人认罪、辩护人作无罪辩护，还是被追诉人不认罪、辩护人作有罪辩护，均是以一个辩护意见确保有罪判决下的最佳认罪利益，而以另一个辩护意见争取无罪判决，或者以此表明辩方的真正立场及从宽利诱下的暂时妥协，并为后续的申诉留出空间。但在认罪认罚案件中，这样的选择必须充分考虑上述四重法律效果。专门机关之所以青睐认罪认罚从宽制度，一个非常重要的因素就是辩方合作带来的诉讼效率的大幅提升，但意见独立策略无疑会增加案件复杂性，使得专门机关在审查事实、选择程序、确定从宽利益及评估案件的法律效果和社会影响时更加慎重，特别是当认识到辩方的策略意图时，极有可能排除认罪认罚从宽制度的适用或在量刑建议中存在不利体现，导致辩方在诉讼结果上得不偿失。

（二）认罚问题上的意见独立

认罪认罚案件的特点决定了，量刑交涉是认罪认罚案件辩护的核心内容，而且，交涉时间主要是在审查起诉阶段。[3]在量刑交涉中，被追诉人和辩护人有可能因量刑期待不同，进而在控方不愿意进一步调整量刑建议的情况下，在是否接受量刑建议问题上形成不同意见。认罚问题上的辩护冲突可能单独发生，但经常与认罪问题上的辩护冲突交织在一起。因为，辩护人惯于将法律上的争议、证据上的不足、事实上的疑点等，用作与控方进行量刑交涉的筹码，以放

---

[1] 闫召华：“听取意见式司法的理性建构——以认罪认罚从宽制度为中心"，载《法制与社会发展》2019 年第 4 期，第 73-74 页。

[2] 参见赵蕾、雷磊："李庄案辩护：荒诞的各说各话？"，载《南方周末》2010 年 8 月 12 日，第 A04 版。

[3] 参见李奋飞："论'交涉性辩护'——以认罪认罚从宽作为切入镜像"，载《法学论坛》2019 年第 4 期，第 32 页。

弃对定罪问题上的质疑来换取控方在量刑建议上的更大让步。

被追诉人是否自愿认罚或接受量刑建议是其作为诉讼主体的基本权利，如果被追诉人只认罪不认罚，即便辩护人认为量刑建议合情合理，也不符合认罪认罚从宽制度的适用条件。相反，如果被追诉人认罚，但辩护人不接受量刑建议，依然可以适用认罪认罚从宽制度。但需要指出，与认罪问题上意见独立的效果截然不同的是，按照《刑事诉讼法》第201条第2款规定，在审判阶段，如果辩护人对量刑建议提出异议的，人民检察院可以调整量刑建议，如果人民检察院不调整量刑建议的，人民法院应当依法作出判决。根据该规定，至少在审判阶段，辩护人对量刑建议提出异议显然已经超出了辩护人提出意见权的范围，而具有了某种强行性的法律后果，事实上已经形成了独立的权利属性，因此，将其界定为审判阶段量刑建议的异议权更为合适。但该规定似乎没有顾及量刑建议适当而辩护人的异议不合理的情况。

从上述辩护人异议条款的实施情况看，实践中，确实有辩护人在审判阶段对量刑建议提出异议，而且确实也有法院据此拒绝量刑建议而依法裁判。[1]但总体上看，因辩护人提出异议而调整量刑建议或导致法院依法判决的案件比较少见。究其原因，除却辩护人异议自身的不合理外，主要是与司法者对诉讼效率的追求有关。因为，不管是调整量刑建议，还是转换诉讼程序，都意味着司法者个人和整体司法资源的更多投入。笔者在广州某区观摩认罪认罚案件庭审时，曾亲眼看见过这样的情形：某辩护人在法庭上提出了应进一步从轻处理的意见，但随即遭到了法官的制止和严词训斥，最后辩护人不得已说自己没有意见了。基于同样动因，有些法官也比较排斥辩护人无异议而被追诉人有异议的情况。如在谢某危险驾驶一案中，被告人在庭审中对量刑建议提出异议，"辩称自己只是挪车，且经营有企业，若判处刑罚对企业有影响"，要求免予刑事处罚。但法官认为被告人的辩解不成立，依然按照认罪认罚程序采纳了检察院指控的罪名和量刑建议。[2]事实上，被追诉人不再认罚，可能已不符合认罪认

---

[1] 参见云南省禄丰县人民法院"肖某林寻衅滋事一审刑事判决书"[（2019）云2331刑初125号]。在该案中，云南省禄丰县人民检察院指控被告人肖某林犯寻衅滋事罪，并建议判处被告人肖某林有期徒刑6个月至1年零6个月。被告人肖某林及其指定辩护人对上述指控事实及罪名无异议。肖某林表示自愿认罪认罚。但辩护人认为，被告人肖某林自愿认罪，也取得了被害人的谅解，并积极主动地赔偿了被害人的损失，公诉机关也认可肖某林属于自首，其属于初犯、偶犯，有自首情节，得到了被害人谅解，有法定和酌定减轻的情节，建议判处被告人有期徒刑6个月，并适用缓刑。最后法院采纳了辩护人意见，判处被告人有期徒刑6个月，宣告缓刑1年。

[2] 参见湖北省十堰市茅箭区人民法院谢某危险驾驶一审刑事判决书[（2019）鄂0302刑初602号]。

从宽制度的适用条件。应当注意,认罪认罚案件庭审中,特别是适用简易程序或普通程序审理的案件,存在一些实际意义不大的假性独立意见,而且,还非常普遍。即,某些辩护人在庭审中提出初犯、偶犯、和解、自首等法定或酌定量刑情节,并请求法庭对被告人从轻处罚。〔1〕但其实,这些情节在检察机关形成量刑建议时早已考虑在内,根本不构成对量刑建议的异议,对此,法院通常的处理是既采纳辩护人意见,又采纳量刑建议。

有论者指出,由于《刑事诉讼法》要求被追诉人签署具结书时辩护人或者值班律师必须在场,而专门机关通常还会要求他们在具结书上签字,以证明他们同意被追诉人认罪认罚及相应的量刑建议。因而,辩护人同意后再提出异议,"显然是违反自我承诺的"。〔2〕固然,辩护人或值班律师在场是具结书签署的必备形式要件,具结书一般也有对辩护人或值班律师签字的要求,而且,具结书亦可能是专门机关与被追诉人及辩护人、值班律师沟通、交涉的产物。但是,具结书在性质上属于被追诉人的"单方声明书",〔3〕反映的是被追诉人自愿认罪、认罚、认程序的态度。辩护人或值班律师在场的基础功能是见证具结书的签署过程,震慑与遏制专门机关滥用信息不对称优势及威胁、引诱、欺骗被追诉人认罪认罚的冲动。当然,结合《刑事诉讼法》对辩护人和值班律师的职责规定,立法者也期待辩护人或值班律师在场时能够为被追诉人提供法律帮助,确保认罪认罚的自愿性和明智性。如果系统考量认罪认罚制度,甚至勉强也能将辩护人或值班律师在场时积极交涉以保障被追诉人的认罪认罚利益理解在立法精神之内。但将辩护人或值班律师在具结书上的签字理解为他们本人对指控意见和量刑建议的接受显然毫无根据。

(三)程序问题上的意见独立

认罪认罚案件的辩护人同样可以在程序问题上独立提出不同于被追诉人且可能产生一定法律效果的辩护意见。尽管法律有关辩护人职责的规定中更加突出实体辩护,但毕竟还是对辩护人的责任加上了"维护犯罪嫌疑人、被告人的诉讼权利"的要求。作为一种新兴的辩护形态,程序性辩护正越来越多地得到

---

〔1〕 参见山西省芮城县人民法院杨某军窝藏包庇案一审刑事判决书〔(2019)晋 0830 刑初 129 号〕;湖北省团风县人民法院柳某明交通肇事一审刑事判决书〔(2019)鄂 1121 刑初 106 号〕;湖南省长沙市芙蓉区人民法院罗某容留他人吸毒罪一审刑事判决书〔(2019)湘 0102 刑初 646 号〕等。

〔2〕 张雨佳:"认罪认罚案件 律师能否做无罪辩护",载 http://www.360doc.com/userhome.aspx?userid=40395189&cid=9,最后访问日期:2019 年 9 月 23 日。

〔3〕 胡云腾主编:《认罪认罚从宽制度的理解与适用》,人民法院出版社 2018 年版,第 97 页。

辩护人的青睐和专门机关的认同。广义上的程序性辩护包括辩护人在回避、管辖、强制措施、取证质证、辩护权保障等一系列问题提出请求、诉诸裁判的活动。[1]但在认罪认罚案件中,辩护人最为关注也最需要辩护人关注并提出独立意见的程序问题主要涉及三个方面,一是诉讼程序的选择问题,二是认罪认罚的自愿性保障问题,三是取保候审问题。

在诉讼程序的选择上,即认罪认罚案件到底适用速裁程序、简易程序还是普通程序简化审理,无疑专门机关享有最终决定权,而被追诉人则享有可自主决定是否"同意程序适用"的权利。辩护人虽然既无决定权,又无同意权,但依然独立地享有两种权利:一是对被追诉人程序选择的建议权。告知被追诉人适用不同程序的法律后果,向被追诉人提出程序选择的建议是辩护人的法定职责。被追诉人可以不采纳辩护人的建议,但辩护人不能不告知被追诉人可能的后果。二是对专门机关的程序选择提出意见权。根据《刑事诉讼法》第173条第2款规定,人民检察院应当就"认罪认罚后案件审理适用的程序"分别听取犯罪嫌疑人和辩护人或值班律师的意见。最高人民法院在《关于进一步推进案件繁简分流优化司法资源配置的若干意见》还专门强调,应"重视律师对案件繁简分流和诉讼程序选择的意见",这里的律师意见当然不局限于律师代被追诉人转达的意见,而更加侧重于律师的独立意见。[2]此外,部分文件还明确规定了辩护人(而非被追诉人)对专门机关在程序选择上的建议权。《速裁程序试点办法》第5条第2款规定,如辩护人认为案件符合速裁条件,经被追诉人同意后,可建议检察机关按速裁程序办理。而在司法部针对速裁程序试点的一个通知中也提到,辩护律师认为符合速裁条件时,应告知被追诉人并征求其意见,如被追诉人要求适用速裁程序,辩护律师应建议检察机关按速裁程序办理。[3]两个文件一个要求"可以建议",一个要求"应当建议",如果考虑到辩护人的独立性和意见独立原则,《速裁程序试点办法》的规定似乎更为合理。因为,当被追诉人认为符合速裁程序适用条件,但辩护人有不同意见时,辩护人在向检察机关转达被追诉人意见的同时,有权提出自己的不同意见,而不

---

[1] 参见陈瑞华:"程序性辩护的理论反思",载《法学家》2017年第1期,第109页。

[2] 最高人民法院《关于进一步推进案件繁简分流优化司法资源配置的若干意见》第21条规定:"发挥律师在诉讼中的作用。积极支持律师依法执业,保障律师执业权利,重视律师对案件繁简分流和诉讼程序选择的意见,积极推动律师参与调解、代理申诉等工作。"

[3] 参见《司法部关于切实发挥职能作用做好刑事案件速裁程序试点相关工作的通知》(2014年10月9日,司发通〔2014〕111号)。

是必须建议按速裁程序办理,因为建议权毕竟是辩护人自己的权利。当然,如果相反,被追诉人不同意适用速裁程序,辩护人即便有不同意见,也不能提出适用速裁程序的建议,因为速裁程序的适用以被追诉人同意为前提。显然,《速裁程序试点办法》的规定更好地兼顾了被追诉人的自主权和辩护人意见的独立性。

在认罪认罚的自愿性保障上,辩护人独立意见的作用更加难以替代。被追诉人面对错综的案情、复杂的规则和专业性极强的控诉意见,如何进行明智的选择以实现自身利益的最大化,如果没有辩护人特别是辩护律师的帮助几乎不可能实现。[1]自理论上而言,在被追诉人认罪认罚之前,辩护人可以通过认罪认罚规定的解读,量刑情节及量刑规范的阐述,以及核实证据等途径,直接或间接地打破被追诉人与专门机关的信息不对称,[2]确保被追诉人认罪认罚的明智和理性。但实践中,辩护人介入之前很多被追诉人已经认罪,甚至已经认罚。在这种情况下,即便被追诉人自认为认罪认罚未受强迫,但辩护人依然可以从专门机关讯问前是否全面告知了被追诉人权利及认罪认罚的法律规定,是否及时、有效地保障了被追诉人获得法律帮助的权利,被追诉人自身的认知水平,以及案卷材料中反映出来的其他情况等方面,就认罪认罚自愿性向专门机关提出意见。辩护人对追诉人认罪认罚自愿性的质疑通常出现于存在认罪认罚辩护冲突或者被追诉人认罪认罚后又反悔的案件。

由于法律将认罪认罚情况纳入了社会危险性的考虑因素,取保候审概率的提升也在一定程度上变成了被追诉人认罪认罚后的一种潜在利益。而在取保候审的申请上,被追诉人和辩护人也有可能意见不一。如果发生了意见冲突,辩护人能否自主申请?当被追诉人要求辩护人代为申请时,辩护人又能否以明显不符合条件为由予以拒绝?其实,这涉及意见独立原则与辩护权配置的基本关系问题。意见独立不等于权利支配,也不等于地位主导,它强调的只是辩护人意见的独立性。对于不同的权利行使形式,意见独立的要求和效果也有不同。以权利主体和行使主体的关系为标准,辩护人行使权利可分为两种基本形式:一是独立行使,即对于所有辩护人独享的权利或与被追诉人共享的权利,辩护人均可自主行使,如调查取证权,不受被追诉人意志的支配;二是代为行使,

---

[1] 参见顾永忠:"关于'完善认罪认罚从宽制度'的几个理论问题",载《当代法学》2016年第6期,第131页。

[2] 参见韩旭:"认罪认罚从宽 辩护律师应有效参与",载《四川法制报》2016年9月29日,第5版。

即对于被追诉人享有的自主性权利或其与辩护人共享的权利，只要是身份属性不强的，均可由辩护人代被追诉人行使。由于是代理性质，相关权利是以被追诉人名义行使，辩护人虽可有不同意见，但仍需按被追诉人要求完成代理事项。申请取保候审就是一项被追诉人和辩护人的共享权利，辩护人既可以以自己名义自主申请，也可以代被追诉人申请行使，但在代为申请时要受到被追诉人意志的限制。

四、意见独立原则的潜在风险及其控制

对于认罪认罚案件而言，意见独立原则的实效性是以辩护人尊重事实、遵守法律、忠实于当事人、能力适格、全面衡量和积极交涉等为前提的，一旦辩护人在这些方面不能达至要求、谨守界限，将直接影响乃至颠覆意见独立原则的效果。当前，在认罪认罚案件辩护中践行意见独立原则主要面临以下几种潜在风险。

其一是认罪认罚问题上的不当劝说风险。辩护人经常在认罪认罚问题上与被追诉人形成不同辩护意见，需要辩护人对被追诉人作一些沟通、劝说工作，以达成共识，形成辩护合力。不管是劝说被追诉人认罪认罚，还是劝说被追诉人不认可指控意见，如果辩护人把握不好度，很容易影响被追诉人认罪认罚的自愿性，既可能侵害被追诉人的合法权益，也很容易陷自己于违法失范的执业风险。

如果被追诉人不认罪认罚，辩护人当然可以选择去作一定的劝说工作，使被追诉人改变最初的想法，但是，一个底线性的要求是，辩护人这样选择必须是考虑到这样做更加有利于被追诉人，而不是追逐辩护人自己的利益，更不能为了控方的利益。在西方的辩诉交易或认罪协商模式下，已经暴露出类似问题。受契约化理念影响，参与交易或协商的各方都可能追逐自身利益：不仅官方可能利用信息优势、地位优势、权力优势，给出可能并不符合被追诉人利益的要约，就连辩护人也可能为了促成交易，快速处理复杂案件，而出卖被追诉人，劝说被追诉人接受一个糟糕方案。[1]据统计，在美国，接受辩诉交易而被定罪的无辜者甚至比重罪案件的被追诉人还要多，有些涉嫌重罪的无辜者之所以寻求交易而被判长期监禁，仅仅是为了避免被判无期徒刑或死刑。[2]我国的认罪

---

〔1〕 See Jenia Iontcheva Turner, "Effective Remedies for Ineffective Assistance", *WAKE FOREST L. REV.*, Vol. 48（2013）, pp. 949-954.

〔2〕 ［美］萨缪尔·格罗斯等："美国的无罪裁决——从1989年到2003年"，刘静坤译，载《中国刑事法杂志》2006年第6期，第115页。

认罚从宽采取的是听取意见的职权从宽模式。虽然职权从宽模式之下辩护人不可能产生交易模式中那种强烈的逐利动机,但不能说辩护人从被追诉人认罪认罚中就无利可逐。毕竟,在交涉型辩护与对抗式辩护、简化的诉讼程序与冗长的诉讼程序、确定的辩护效果与不确定的辩护效果之间,多数辩护人会倾向于前者。特别是在指定辩护的情况下,辩护人的倾向性可能会更加明显。然而,在尽力维护被追诉人合法权益这一核心职责的要求面前,辩护人必须遏制自身的逐利倾向,并以真正有利于被追诉人为标准,决定是否去作被追诉人的劝说工作。

如果被追诉人已经认罪认罚,辩护人能不能去做相反的说服呢?虽然都是从认到不认的劝说,但劝说不认罪和劝说不认罚在性质上有很大不同。只要辩护人的意见是合理的,劝说不认罚几乎没有任何法律障碍。因为量刑建议本身就是建议,在法院采纳之前,检察机关均可灵活调整。而且,量刑建议实质上也并非控诉机关的单方意见,而是控辩双方的联合提议,也因此才会产生对法院量刑裁判的强大拘束力。而量刑问题的专业性和量刑规则的复杂性决定了,辩护人在形成辩方对量刑建议的最终意见中必然发挥决定性作用。辩护人基于量刑情节,运用专业知识,向被追诉人指出量刑建议的不合理性,建议或代表被追诉人提出更有利于自己的量刑诉求,也是辩护人的职责所在。

相比而言,劝说不认罪问题就复杂很多。李庄涉嫌伪证罪一案中,辩护人教唆翻供问题就是一个争议焦点。而熊昕伪造证据案再次使该问题成为热点话题。不管是从犯罪构成角度的论证,[1]还是从证明学角度的剖析,[2]抑或是从律师执业权利保障角度的反思,[3]学界和律师界的压倒性意见似乎是,对辩护律师教唆翻供行为定罪是不妥当的。熊昕律师的辩护人甚至认为:辩护人"不被监听的秘密会见权,保护辩护人可以与被告人说一切话,包括辅导当事人如何……翻供",被追诉人"实行的狡辩或翻供行为都不具有可责性的情况下,所谓的教唆行为也不具有可责性"。[4]必须指出,这种观点完全无视辩护人的独立性和公益性,混淆了辩护人与被追诉人的权利义务。如上所述,由于负担

---

〔1〕 参见魏东:"辩护人伪造证据、妨害作证罪的三个问题——以李庄案为例",载《北方法学》2010年第6期,第86页。

〔2〕 参见龙宗智:"李庄案法理研判——主要从证据学的角度",载《法学》2010年第2期,第3页。

〔3〕 参见毛剑平:"李庄案与中国律师的坚守",载《中国律师》2011年第5期,第30页。

〔4〕 真辩网:"新时代李庄案,东湖区法院不接律师手续闹笑话",载 https://mp.weixin.qq.com/s/Y15ahQCSJq2K9mVBx86Ucw,最后访问日期:2019年9月24日。

"如实回答"的法律义务,在我国,即使是被追诉人,也没有撒谎的权利,其撒谎或者毫无根据的狡辩、翻供行为虽然不构成伪证罪,但极易导致事实上的不利推定和量刑上的不利影响。《刑法》第306条也仅仅提供了辩护人行为的一个刑法边界,而按照《刑事诉讼法》和《律师法》的要求,辩护人必须尊重事实,遵守法律,故意提供虚假证据或者威胁、利诱他人提供虚假证据或妨碍他人作证的,需要承担法律责任。当然,教唆翻供不一定就是教唆作假供,所以,在可责性问题上,确实应该区别情况。如果辩护人明知被追诉人原来的认罪可能符合真实情况,仍然教唆被追诉人推翻而作假供的,既违法,也有悖职业道德。如果辩护人明知被追诉人原来的认罪可能符合真实情况,但仍教唆被追诉人推翻而不作供述的,这种行为和直接教唆被追诉人不认罪一样,可能也会有法律上的可责性,因为辩护人实质上是在教唆被追诉人不履行"如实回答"的法律义务。当然,辩护人可以说服被追诉人推翻原来自己的虚假认罪,也可以针对刑讯逼供行为提出控告或申请排除非法证据。一言以蔽之,在被追诉人是否认罪问题上,辩护人应当在提出独立建议的基础上尽可能地尊重其自主性,把握好建议与教唆的界限。

其二是辩护人及值班律师的立场异化风险。2019年5月17日,在湖南省长沙市中级人民法院的一次庭审中,某辩护律师当庭训斥被告人:"你废话多不多"、"你烦不烦"、"你懂不懂啊"、"你以为无罪就无罪了"、"直播不直播不是你说了算的"、"我对当事人在庭审中的表现感到遗憾",等等。[1]庭审视频曝光后,舆论特别是律师界舆论一片哗然,很多人认为该辩护人的行为不可接受。的确,辩护人训斥被追诉人会给人不悦的感受,因为它呈现出了一个不太和谐的辩护关系,反映出了辩护人与被追诉人在辩护策略或意见上的尖锐冲突。然而,辩护冲突其实并不可怕,辩护人提出独立的辩护意见更是完全正当的,问题的关键在于,辩护人是否始终秉持着有利于被追诉人的原则,辩护人行使辩护权有没有影响被追诉人自主地行使诉讼权利,辩护人是否坚持了辩护人的应有立场。

辩护人既不是被追诉人,也不是法庭秩序的维护者,或者客观、中立的审判者,更不是控诉方。辩护人的应有立场是由辩护人的两大属性——辅助性和独立性共同建构的。辩护人的辅助性和辩护人的独立性相互依存:忽略了独立

---

[1] 律芽:"律师法庭上训斥当事人,做错了吗?",载 http://m.sohu.com/a/315272209_650902/,最后访问日期:2019年9月25日。

性，辩护人就会和被追诉人融为一体，以当事人利益为唯一追求，丧失原则、底线，而否认了辅助性，辩护人以维护法律的正确实施为唯一追求，则会成为公安司法机关的辅助者，或者沦为"法律的花瓶"，[1]甚至成为负有"打击犯罪"职责的国家法律工作者。[2]辩护人，不管来源于委托，还是指派，其独立性均是以辅助性为前提和基础的，辩护人可以独立地收集与运用证据，评价案件事实，形成法律意见，选择辩护策略，提出申请或抗辩，辩护人也需要独立地承担一些不同于被追诉人的法律义务或责任，但辩护人独立行使权利的目的是维护被追诉人的合法权益，辩护人承担和履行额外责任也应当以不损害被追诉人的利益为前提，辩护人独立履职也不应排斥与被追诉人的交流和沟通，这是辅助性的固有内涵，也是辩护之为辩护的必然要求。而辩护人的辅助性也必须以独立性为支撑，只有独立，才能体现辩护人的价值，才能更好地发挥辩护人的作用，更有力地维护被追诉人利益，才更有助于完整实现刑事诉讼的目的和功能。在辩护人的两大属性中，片面强调任何一个都有导致辩护人立场异化的风险。

对于辩护人的立场，特别是在发生辩护冲突的情况下，亦不可机械理解。辩护人当庭训斥被追诉人虽然方式欠妥，但不能说其立场就一定有问题。正如，不能仅仅因为辩护人在作轻罪辩护时主张被告构成轻罪就认定辩护人成为控诉者。有人提出：检察机关指控 A 重罪，辩护人认为构成 B 轻罪。辩护人"可以讲被追诉人不具备 A 罪的所有理由，甚至我们拿 B 罪做参考"，但从辩护人的嘴里"不能说出被告人不构成 A 罪而构成 B 罪的话"。因为辩护人不负责指控，不是公诉方。[3]这显然是对辩护人立场的教条化解读。"罪轻"辩护是实务中常见且为法律允许的辩护形式，基本的方式就是通过犯罪构成比较，以轻罪否定重罪。承认构成轻罪的目的是否定重罪，而非指控。如果"承认构成犯罪"就是指控的话，单纯的量刑辩护岂非都陷入了须以承认构成犯罪为前提的"指控"困境。评价辩护人立场是否转变为"控方"首先要放在指控意见与辩护人意见的对比中，而不宜孤立审视辩护人意见。并且，还需要综合衡量辩护的目

---

[1] 陈秋兰："'律师，不是法律的花瓶'——访'綦江彩虹桥案'辩护律师李盛祥"，载《中国律师》1999 年第 7 期，第 69 页。

[2] 苏忆："辩护人应该打击犯罪还是保护犯罪？——批判吴磊同志关于辩护人诉讼地位的错误观点"，载《法学研究》1958 年第 2 期，第 76 页。

[3] 邱军："被告人与辩护人意见不一致时的辩护策略分析"，载 http://blog.sina.com.cn/s/blog_61e8c4e30102xnil.html，最后访问日期：2019 年 9 月 25 日。

的、策略与效果。在王书金故意杀人案中,辩护人甚至采取了承认检察机关未起诉的罪行而博取重大立功免死的辩护策略,[1]恐怕很难认定为立场异化。

在认罪认罚案件中,与辩护人相同,值班律师应坚持为被追诉人独立提供法律帮助的立场。从立法对值班律师的定位看,其核心职责是在没有辩护人参与的案件中,为追诉人提供必要的法律帮助。值班律师不是辩护人,除非法律有特殊规定,不能当然享有辩护律师的权利,也不当然享有认罪认罚案件中辩护人的权利。那么,当值班律师与被追诉人发生意见冲突时该如何解决呢?对此,有人借鉴"协同性辩护理论",提出"协同性法律帮助"的概念,强调通过有效沟通,尽量避免冲突。[2]但如果冲突不可避免呢?难道值班律师一定要按照被追诉人意见提出意见?或者引入辩护退出机制,建立被追诉人拒绝值班律师制度?笔者认为,作为法律帮助者,值班律师虽然不是辩护人,但辩护与法律帮助在以专业能力服务被追诉人这一本性上是相同的。而且,至少在审查起诉阶段,《刑事诉讼法》赋予了其与辩护人相同的就认罪认罚及程序适用问题独立提出意见的权利,以及被追诉人签署具结书时在场的权利。因此,在提出法律意见,履行相应的法律帮助职责时,值班律师同样需要基于"辅助性"与"独立性"两大属性确定立场,在应对意见冲突时同样需要遵循意见独立原则。因此,认罪认罚案件中的值班律师如果把自己视为辩护人,虽缺乏法律根据,但立场没有错误,但如果自视为见证人、专门机关辅助人等,就是严重的立场问题,违背了立法本意。

其三是辩护效果上的失控风险。对一般案件而言,辩护人的能力、策略和意见虽然对诉讼结果有重要影响,但在控辩对抗的诉讼氛围下,受到一系列主、客观因素的制约,辩护效果带有较强的不确定性。然而,在认罪认罚案件中,诉讼以非对抗的方式进行,辩方可以与控诉机关直接就罪与罚问题进行一定意义上的沟通、交涉,而具结书中确认的交涉成果经法院采纳后又可直接转化为诉讼结果。对于辩方而言,认罪认罚从宽制度的最大优势就是可以有效避免辩护效果的不确定性带来的风险。但这是以控辩交涉的顺畅进行为前提的。一旦发生辩护冲突,特别是当辩护人在认罪问题上提出独立的辩护意见,譬如进行无罪辩护,很可能直接影响专门机关对案件事实状态的评价——至少不会轻易

---

[1] 参见张远南:"从控辩视角审视王书金故意杀人案",载《中国检察官》2013年第24期,第36页。

[2] 周新:"值班律师参与认罪认罚案件的实践性反思",载《法学论坛》2019年第4期,第46页。

评价为案件事实清楚，从而难以适用速裁程序或简易程序，这无疑会大大削弱专门机关适用认罪认罚从宽制度的动力。正因如此，个别地区在试点办法或实施细则中甚至直接要求，认罪认罚案件中被追诉人和辩护人的意见必须一致，如果被追诉人认罪认罚但辩护律师作罪轻或者无罪辩护的，就不再适用认罪认罚从宽制度。也就是说，即便被追诉人认罪认罚，只要辩护人作罪轻或无罪辩护，认罪认罚利益就可能不再通过交涉确定，被追诉人又要重新面对辩护效果不确定的风险。

当然，在不同的国家、不同的诉讼模式下，辩护人提出不同意见对诉讼结果的影响力是不同的。如在美国，虽然特别强调被追诉人的自我代表权，甚至将其提升到宪法基本权利的层次，但在诉讼实践，特别是在辩诉交易实践中，只要被追诉人没有提出明确的反对意见，辩护人就主导乃至垄断了同控方的谈判，从而可直接左右诉讼结果。之所以如此，固然和法律问题的专业性有关，但还有一个重要的因素是，相当一部分人认为，在没有辩护人的情况下，被追诉人确实享有对案件的自治权，然而，当被追诉人愿意接受辩护人的法律帮助，尤其是接受了指定辩护时，实质上已经放弃了自治利益。[1]而且，在美国的辩诉交易中，越来越多的检察官直接将被追诉人放弃将来可能提出的无效辩护抗辩作为交易的条件，[2]无疑进一步增强了辩护人意见的法律效果。而在我国，层层把关的诉讼模式下，辩护人辩护效果的可预期性就要强于域外的审判中心模式。更何况，认罪认罚从宽制度采取的又是听取意见模式，不管在制度的启动、程序的选择还是从宽利益的确定上，专门机关发挥着决定性作用，控辩交涉也并非平等协商，只是辩方向专门机关提出意见，而辩护人的意见也只是专门机关在不违反刑事法基本原则的前提下作出决定时的考量因素之一。所以，相对而言，辩护人意见对诉讼结果的影响较小。即便如此，辩护人的不同意见依然有可能导致一些消极的辩护效果，使得被追诉人错过认罪认罚利益，或者错过更好的认罪认罚利益，或者错过无罪或轻罪判决。对此，辩护人可以考虑借鉴美国的有效辩护标准，加强辩护行为的过程控制。重点是要确保在形成独立辩护意见的过程中，辩护人必须作了充分的调查、论证等准备工作，必须与被追诉人进行了充分地沟通、交流，也必须与专门机关进行了相应的交涉。其

---

〔1〕 See Andrew E. Taslitz, Judging Jena's D. A., "The Prosecutor and Racial Esteem", *HARv. C. R. - C. L. L. REV.*, Vol. 44（2009），p. 432.

〔2〕 See Peter A. Joy; Rodney J. Uphoff, "Systemic Barriers to Effective Assistance of Counsel in Plea Bargaining", *Iowa Law Review*, Vol. 99, No. 5（July 2014），p. 2106.

中，与被追诉人的沟通是意见独立的基础，而意见独立是以沟通失败为前提的，因此，辩护人在坚持独立的辩护意见前必须与被追诉人有充分的沟通。特别是在因被追诉人突然反悔而导致辩护冲突的情况下，辩护人必须与被追诉人沟通后再决定后续的辩护策略和意见。如果沟通失败，不管被追诉人是否明确反对辩护人的辩护意见，辩护人均可坚持自己的辩护意见，这正是意见独立原则的要旨。此外，辩护人应作好辩护工作的全程记录，以增强辩护行为有效度的可检测性。

五、不可滥用的退出机制

有论者视辩护律师拒绝辩护为解决辩护冲突的灵丹妙药，认为只要被追诉人不能接受辩护律师的意见，辩护律师可及时通过选择退出机制而达到化解冲突的目的。[1]对此笔者不敢苟同。首先，在法律援助辩护或者值班律师提供法律帮助的情况下，援助律师特别是值班律师有无拒绝权尚待法律进一步明确，就连被追诉人的拒绝权也受到很大限制。其次，实践中，辩护律师接受委托后以意见不一拒绝辩护的并不多见，最终只能以退出作为解决方法时，也主要是由被追诉人拒绝辩护，因为，如果被追诉人有拒绝辩护权而不选择拒绝辩护，表明其对辩护律师的不同意见至少还是默认的。再次，从相关立法看，《刑事诉讼法》规定了被追诉人可拒绝辩护人，但却未作相反规定。《律师法》则规定了律师拒绝辩护的一般禁止原则，[2]强调只能在有正当理由的情况下，律师才能拒绝辩护。而且，立法还明确了律师有权拒绝辩护的三种情形，即"委托事项违法、委托人利用律师提供的服务从事违法活动或者委托人故意隐瞒与案件有关的重要事实"。不少学者甚至认为，律师拒绝辩护的理由只能限定于这三种情况。[3]法律之所以严格限制律师的拒绝辩护，主要考虑到被追诉人在辩护关系中的弱势地位、律师拒绝辩护对被追诉人权利保障的不利影响及律师职业伦理的要求。律师有权拒绝辩护的三种情形其实都属于迫不得已的情况，如果继续辩护，将有违"以事实为根据，以法律为准绳"这一律师基本的执业原则。因此，即便要扩大律师拒绝辩护正当理由的范围，也应限于不可抗力、无法履

---

[1] 参见陈瑞华：《刑事辩护的艺术》，北京大学出版社2018年版，第298页。

[2] 参见欧卫安："试论律师拒绝辩护的禁止"，载《法学杂志》1999年第2期，第48页。

[3] 参见顾德仁、李胜雄："论律师的拒绝辩护权"，载《中共太原市委党校学报》2011年第2期，第77页；王玉国、张玲之："关于律师拒绝辩护或代理权的法律思考"，载《许昌师专学报》2000年第6期，第20页。

职等极其特殊的情形。如果只是辩护意见冲突，在我国听取意见的司法模式之下，其实并不影响辩护律师继续依法履职，维护被追诉人的合法权益。而且，如果将基于意见冲突的律师拒绝辩护正当化，也将大大增加辩护律师滥用拒绝权的可能性，不利于被追诉人的权益保障。事实上，对律师拒绝辩护权的严格限制也是国际通例。律师无正当理由地拒绝服务在国外一般都被视为违法或违反执业道德的行为。如《澳大利亚新南威尔士州律师规则》[1]第5.1条规定：律师必须完成协议要求的法律服务，除非双方协议解除、被当事人解雇或者基于正当理由并合理告知当事人。而根据权威解释，此处的正当理由仅限于因当事人不支付费用或坚持让律师以不适当、违法或违反执业道德的方式行事而导致律师无法继续履职，或者继续履职将严重影响律师的身体健康，以及律师或当事人死亡抑或罹患精神病等特殊情况。[2]可见，2017年《律师办理刑事案件规范》将意见冲突增列为律师拒绝辩护的正当理由之一，以及《高法解释》中赋予辩护人法庭审理过程中的无理由拒绝辩护权，有悖立法精神和基本法理。

---

[1] 除塔斯马尼亚州及西澳大利亚州以外，澳大利亚其他三个州和两个领地基本上也是如此规定。

[2] See Ainslie Lamb, John Littrich: Lawyers in Australia, Leichhardt: the Federation Press, 2011, p. 255.

第七章
合作式司法中的恢复逻辑

对悔罪的强调、对被害人的重视是我国认罪认罚从宽制度的一大特点，也是其与域外辩诉交易、认罪协商制度的重大区别，更是我国刑事诉讼制度对中国特色社会主义法治道路之"德治与法治相结合""法中有德""德中有法"特征的鲜明体现。域外的恢复性司法通常是游离于诉讼程序之外的，而我国则是在刑事和解及认罪认罚从宽制度中充分贯彻恢复性司法的理念。特别是在认罪认罚从宽制度改革推行之后，更是将恢复性司法充分融入合作式司法之中，在一定意义上实现了被追诉人、专门机关、被害人的三方合作。事实上，认罪认罚从宽制度中恢复逻辑的融入，已反过来影响到了和解程序。2012年《刑事诉讼法》创立的公诉案件刑事和解程序强调"被追诉人认罪悔罪""被追诉人通过悔罪表现取得被害人谅解""被害人请求或同意对被追诉人从宽处罚"三大要素，但这三大要素已经在很大程度上被认罪认罚从宽制度吸收，因此，可以说，在认罪认罚从宽制度完善之后，公诉案件刑事和解程序已基本丧失了独立存在的必要。

第一节 认罪认罚案件被害人的参与及其限度

在世界范围内，伴随着辩诉交易的盛行，刑事诉讼模式正在经历一场从对抗走向合作的深刻变革，并形成了一种以合作为主或者至少说是合作与对抗并存的刑事诉讼格局。而认罪认罚从宽制度的建立健全则体现出我国在这波刑事诉讼模式转型的大潮中构建合作式诉讼的努力。认罪认罚案件诉讼程序的简化，必然影响被害人部分诉讼权利的行使，但《刑事诉讼法》并没有实质性调整被害人在其中的角色定位及权利配置。[1]在认罪认罚案件的办理实践中，在如何

---

[1] 有论者认为，认罪认罚案件的程序简化既可能影响到被追诉人的权利，又可能影响到被害人的权利，但被追诉人的权利减损是以被追诉人自愿的程序选择权为前提的，是以获得从宽处理为对价的，而被害人的权利则是被动减损。就此而言，认罪认罚从宽程序中被害人的权利保障出现了某种程度的倒退。参见兰跃军："喜忧参半的被害人权益保护"，载http://bj.sqxb.com/2020/ltsl_1105/533.html，最后

对待被害人参与的问题上,依然是两种极端现象并存:[1]一种是奉行被追诉人意见至上,完全漠视被害人的程序意义,听取被害人意见亦流于形式;另一种则是极端重视被害人的意见,未取得被害人谅解或未达成刑事和解的,直接排除认罪认罚从宽制度的适用。上述现象呈现出对恢复性司法与合作式司法的简单割裂或僵硬绑定。显然,被害人如何参与认罪认罚案件诉讼程序不仅关涉被害人自身的权益,也势必影响被追诉人的权利以及认罪认罚从宽制度的功能实现。而目前亟待研究的问题是,认罪认罚案件诉讼程序到底该对被害人给予何种特殊考虑?如何把握被害人适度参与的界限?在合作式司法与恢复性司法的深度融合中,被害人参与又该扮演或者又能扮演何种角色?本节拟对这些问题作一初步探讨。

一、"合作"的"恢复性":认罪认罚案件为何更需要被害人参与

在 20 世纪中叶之前相当长的一段历史时期内,被害人在刑事诉讼中基本上成为"被遗忘的人"。[2]他们仅被视为应扮演证人角色的"私人当事人"或"第三方当事人",赋予其程序参与权会威胁刑事诉讼的目的和公共本质。[3]但应当看到,这一状况已然发生改变。在一波波被害人权利保护运动的影响下,刑事诉讼程序被不断改造得更加有利于满足被害人的需求,被害人也正日益增多,且可能影响国家或被追诉人利益的实体性和程序性权利而参与刑事诉讼的各个阶段。[4]联合国大会于 1985 年通过了《为罪行和滥用权力行为受害者取得公理的基本原则宣言》,为被害人权利提供了一个全球保护框架。同一时期,欧洲理事会通过了《欧洲关于暴力犯罪被害人补偿公约》(1983)。此后,欧洲联盟又先后颁布了《关于刑事程序中被害人地位的框架决议》(2001)、《关于刑事被害人补偿问题的指令》(2004)、《关于刑事被害人权利的指令》(2012,该

(接上页) 访问日期:2021 年 1 月 4 日。

[1] 参见李勤、黄元汉、黄丹丹:"认罪认罚从宽制度中被害人的地位研究——被害人加入博弈的规则建构",载胡云腾主编:《司法体制综合配套改革与刑事审判问题研究——全国法院第 30 届学术讨论会获奖论文集》(下),人民法院出版社 2019 年版,第 980 页。

[2] Paul G. Cassell, "Recognizing Victims in the Federal Rule of Criminal Procedure: Proposed Amendments in light of the Crime Victim's Rights Act", *Brigham Young University Law Review*, No. 4 (January 2005), p. 835.

[3] Jonathan Doak, "Victims' Rights in Criminal Trials: Prospects for Participation", *Journal of Law and Society*, V. 32, No. 2 (June 2005), p. 294.

[4] Tyrone Kirchengast, Victims and the Criminal Trial, London: Macmillan Publishers Ltd. , 2016, p. 1.

法首次规定了被害人获得恢复性司法服务的权利）以及《关于刑事被害人地位的框架决议》（2015）等，[1]构成了被害人权利保护的跨国区域性保护机制。而这些被害人权利保护的国际司法准则，均以保证被害人在刑事诉讼中的合理参与为核心内容。而且，各国现行法律也都开始普遍规定被害人的程序参与。早在20世纪末，美国已经有31个州将被害人的诉讼权利写入宪法，之后又在联邦层面形成了《刑事被害人权利法令》。[2]而德国也制定有专门的《被害人保护法》，其中细致规定了被害人的审前权利、审中权利以及审后权利。[3]日本除在刑事诉讼法中增加了对被害人的程序保护外，还在2000年颁行了《关于以保护犯罪被害人等为目的的刑事程序附属措施的法律》。[4]同样，法国也在2000年制定了《关于加强无罪推定及被害人权利保护的法律》。[5]

当然，上述改变是以各国在被害人参与刑事诉讼重要性上的诸多共识为基础的。这些重要性包括但不限于：防范被害人"二次被害"的需要；增进被害人实体权益保障的充分性；有利于查明案件真相，促进实体公正；增强程序的参与性，强化对公权力的制约等。毋庸讳言，这些重要性对于被害人参与合作式诉讼程序来说同样成立。越来越多的国家开始认识到，只要合作式诉讼合理设计和运行，不仅有益于被追诉人，还有利于被害人等其他诉讼参与人。[6]但合作式诉讼毕竟有特殊的价值导向，这势必影响被害人参与的目的、性质和功能。正是基于被害人参与合作式诉讼程序的一般及特殊意义，美国联邦以及大多数州均通过明确规定被害人与检察官的交流权或者被害人在法庭采纳辩诉协议之前获得听审权，赋予了被害人参加辩诉交易程序的权利。[7]而就我国认罪认罚案件诉讼程序来说，在恢复性司法的视角下，我们至少可以从以下三个方面理解被害人参与的特殊意义。

---

〔1〕 See Andre Klip, "On Victim's Rights and Its Impact on the Rights of the Accused", *European Journal of Crime, Criminal Law and Criminal Justice*, Vol. 23, No. 3 (2015), p. 177.

〔2〕 See Crime Victims Rights Act of 2004, https://www.justice.gov/usao/resources/crime-victims-rights-ombudsman, 2020-11-01.

〔3〕 参见裴蕾："德国：刑事被害人权利保护体系的构建"，载《检察日报》2020年10月20日，第3版。

〔4〕 参加张凌、于秀峰编译：《日本刑事诉讼法律总览》，人民法院出版社2017年版，第646页。

〔5〕 参见施鹏鹏：《法律改革，走向新的程序平衡？》，中国政法大学出版社2013年版，第323页。

〔6〕 See G. A. Martin chair, Report of the Attorney General's Advisory Committee on Charge Screening, Disclosure and Resolution Discussions, Toronto: Queen's Printer for Ontario, 1993, p. 281.

〔7〕 See Marie Manikis, "Recognizing Victims´ Role and Rights during Plea Bargaining: A Fair Deal for Victims of Crime", *Criminal Law Quarterly*, Vol. 58, No. 3 and 4 (May 2012), p. 415.

（一）程序简化下的被害恢复

被害恢复是恢复性司法的中心，亦是被害人"不可剥夺之权利"。[1]刑事被害人不仅有"恶有恶报"的报应需要，也有被害恢复的需要，即期待遭受的物质损失得到赔偿，受到的心理创伤得到抚慰，情绪状态能够恢复到案件发生之前。通常认为，报应需要主要通过诉讼程序（赋予被害人追诉方面的权利）满足，而被害恢复需要则是借助程序外的加害人—被害人的对话机制或者多方参与的"圆桌会议"实现。事实上，报应需要和被害恢复需要经常是胶结在一起的，报应需要得不到满足，被害恢复需要也注定难以实现，就此而言，被害恢复需要仍依赖于诉讼程序。不仅如此，在绝大多数情况下，特别是在公诉案件中，离开诉讼程序的支撑和专门机关的参与，完全依赖私人对话或民间调解实现被害恢复也是难以实现的。因为尊重被害人程序参与权本身就是被害人物质或精神恢复的必要且有效的手段。然而，效率是认罪认罚案件诉讼程序最重要的价值导向之一，而提高效率的途径主要就是通过强化专门机关与被追诉方的合作大幅简化诉讼程序。特别是在速裁程序中，法庭调查和法庭辩论等重要的庭审环节都可以省略，很容易对被害人参与诉讼的实质性造成不利影响，从而极大限制了需要依赖诉讼程序实现的被害恢复效果。在认罪认罚案件的简化处理程序中，几乎必然受到影响的被害人权利包括：获得信息告知或通知的及时与全面；提出意见的机会及充分性；获得法律帮助的机会；对被追诉人刑罚的合理期待；对程序适用和不起诉决定等的异议；参与庭审调查、法庭辩论的权利；申请抗诉的权利等。显然，程序的简化极有可能带来被害人诉讼地位的恶化。而仅以被追诉人的认罪认罚利益或社会利益的整体提升作为减损被害人权利的理由不具有足够的正当性。目前来看，较为可行的途径就是：（1）保证被害人对自身权利减损的知情、自愿性，（2）保证被害人在各方面的伤害受到更加充分的补偿，并且与其权利减损的程度成比例。简言之，就是需要被害人更为充分地参与认罪认罚案件诉讼程序。

（二）加害恢复与认罪认罚的悔罪要求

尽管合作式司法与恢复性司法建构于不同的刑事司法观和理论基础之上，但这些观念和理论往往只是视角不同，并不存在尖锐冲突，这也进一步说明了

---

[1]［加］欧文·沃勒：《被遗忘的犯罪被害人权利——回归公平与正义》，曹菁译，群众出版社2017年版，第108页。

二者融合的可能性。而二者融合的可行性则在于两种司法模式（如果将恢复性司法看作一种司法模式的话[1]）还有诸多相通之处，其中，最为重要的一个共同点是，不以对被追诉人施加严苛刑罚为主要目标，而是给予被追诉人更加宽容的对待，并由此放松对于严格精密的程序规则的要求。恢复性司法中对被追诉人的优待主要是出于"加害恢复"的考虑，即愈合犯罪人自己导致的创伤，以使其"从罪过和恐惧中解脱出来"，[2]重新回归社会并预防再犯。"恢复性干预确实也包含促使犯罪人转变的意义。"[3]而作为合作式司法的中国模式，认罪认罚从宽制度最大的特点之一就是同时关注到了"被害恢复"和"加害恢复"问题，并将二种恢复机制融合在一起，并集中体现为对被追诉人悔罪的要求。立法参与者特别指出，"认罪认罚从宽制度更强调犯罪人的认罪悔罪态度，更有利于其教育改造，实现预防再犯罪的刑罚目的"。[4]基于对立法精神的实质理解，《指导意见》第 7 条将认罚限定为被追诉人"真诚悔罪，愿意接受处罚"，并强调，认罚考察的重点就是被追诉人的悔罪态度和悔罪表现。然而，在没有被害人参与的情况下，悔罪的促成或检验几乎是不可能的。单纯地强调控辩合作只会催生越来越多缺乏悔意的技术性认罪认罚。"加害恢复"的每一个重要环节，如对行为后果的了解、接受羞恶和谴责、悔过自新等均依赖于被害人的深度介入。

（三）以社会恢复为导向的多元合作与冲突化解

"修复社会关系，维护社会稳定"和"减少矛盾对抗，促进社会和谐"是认罪认罚从宽制度的重要功能，[5]也是其与西方国家的辩诉交易、认罪协商等制度的根本区别之一。在最高人民法院对《关于授权在部分地区开展刑事案件认罪认罚从宽制度试点工作的决定（草案）》的说明中，周强院长在谈到认罪认罚从宽制度试点的必要性时，第一点强调的就是"及时有效惩罚犯罪，维护社会稳定的需要"。但是，认罪认罚从宽制度对"社会和谐稳定"的促进作用

---

[1] 当然，恢复性司法（restorative justice）的含义并不仅限于司法程序之内，正因如此，Restorative Justice 又被译为"修复式正义""复合公义"等。

[2] [英] 格里·约翰斯通：《恢复性司法：理念、价值与争议》，郝方昉译，中国人民公安大学出版社 2011 年版，第 3 页。

[3] [比利时] 洛德·沃尔格雷夫：《法与恢复性司法》，郝方昉、王洁译，中国人民公安大学出版社 2011 年版，第 43 页。

[4] 王爱立主编：《〈中华人民共和国刑事诉讼法〉修改与适用》，中国民主法制出版社 2018 年版，第 45 页。

[5] 胡云腾主编：《认罪认罚从宽制度的理解与适用》，人民法院出版社 2018 年版，序言第 4 页。

显然不能仅靠"及时有效惩罚犯罪"实现，其至少还需要借助两种途径：一是认罪认罚从宽对犯罪分子的分化瓦解功效。即"打击和孤立极少数，教育、感化和挽救大多数，最大限度地减少社会对立面"。[1]二是认罪认罚从宽对社会和谐氛围的引导和辐射作用。党的十八届四中全会首次提出"完善刑事诉讼中认罪认罚从宽制度"时，将其放在"保证公正司法，提高司法公信力"的主题之下，将认罪认罚从宽理解为促进公正司法的机制之一，并且提出，应重视司法公正对社会公正的引领作用，"努力让人民群众在每一个司法案件中感受到公平正义"。但这两种途径的通畅运行其实都离不开被害人的参与：如果只是犯罪分子改过、服判，诚然会减少一些社会对立面，但被害人的需求得不到应有的关注、满足，必然成为影响社会稳定的潜在风险，可能会增加社会对立面；人民群众对犯罪及其处理程序和结果的感受的确至关重要，但被害人是受到犯罪行为直接影响的人民群众，同被追诉人一样，被害人最需要在涉及自己切身利益的刑事案件中感受到公平正义。虽然被害人利益与保持秩序和降低对犯罪行为恐惧等的社会利益并不总是协调一致，[2]但可以肯定的是，没有被害恢复，就难有社会恢复，犯罪与社会的冲突化解是建立在犯罪人与被害人冲突化解的前提之下的。

二、"合作"的"恢复"限度：认罪认罚案件需要被害人何种程度的参与

关于合作式诉讼中的被害人参与，各国基本上已在两个方面达成共识：一是在强调专门机关与被追诉人的协商或合作时，必须确保被害人的利益得到考虑；二是在合作式诉讼中考虑被害人利益时，必须有所节制，几乎没有任何一个国家将被害人同意程序或满意协商结果作为程序适用或法院认可协商结果的必要条件。各国有关被害人参与合作式诉讼的具体规定均能直观地反映出立法者在被害人权利与被追诉人权利及其他诉讼价值间的艰难权衡，不同国家被害人参与规则上的差异集中表现为被害人参与限度的不同。因此，我们在各国的规则中经常看到类似的处理：（1）在被害人提供信息和意见上，一方面赋予被害人在量刑协议达成或被采纳之前提出影响性陈述的权利，但另一方面又通常将被害人影响性陈述的内容限制于关于其所遭受的犯罪行为所带来的损害。即

---

[1] 王爱立、雷建斌主编：《〈中华人民共和国刑事诉讼法〉释解与适用》，人民法院出版社 2018 年版，第 22 页。

[2] [英]格里·约翰斯通：《恢复性司法：理念、价值与争议》，郝方昉译，中国人民公安大学出版社 2011 年版，第 3 页。

便有些地方（如美国的密歇根州、明尼苏达州、肯塔基州等[1]）允许被害人陈述自己的观点和意见，也不会强制规定该种陈述的影响力，因为，在他们看来，允许在决定协商结论时考虑被害人受到的伤害是一回事，而允许被害人就辩诉交易陈述个人的观点，或者允许被害人控制辩诉交易的程序和结论是另外一回事。[2] 还有一些地方（如加拿大的曼尼托巴省）的法律仅要求检察官在作出有关辩诉交易的决定时征询被害人的意见，至于如何征询，以及征询哪些方面的意见都取决于专门机关的解释。[3] （2）在被害人获得信息或支持上：一方面确认被害人享有获得信息、建议或服务的权利，但另一方面又会严格限制专门机关提供信息、建议或服务的时段、形式和内容，通常停留在最低限度，或者要求至少在何种情况下才须提供。例如欧盟《关于被害人权利的指令》要求成员国需确保在释放被追诉人时通知被害人所有可提供的相关保护措施，但同时又规定这类信息至少在有危险或确定的伤害风险时必须提供，且该义务不适用于轻微犯罪或仅存在轻微伤害风险的情形。[4] （3）在被害人程序权利的保障与救济上：一方面规定被害人的程序权利，另一方面却并不明确规定当专门机关未履行相应的责任时被害人可以采取的救济措施。即使规定了被害人可以申请重新审查或者重启辩诉交易程序，也通常将被害人申请的时点限定于法院的采纳决定正式作出之前，[5] 通常不会赋予被害人对已作出的裁决提起上诉的权利（而是把该权利赋予公诉人，即便公诉人几乎不会提起这类上诉）。即使个别地方（如美国俄勒冈州[6]）允许被害人在裁决作出后提起上诉，一般也只能作为例外适用于极为特定的情况。（4）在设定合作式诉讼中被害人权利的限度时，经常谈及被追诉人的权利，而且，其基本逻辑几乎都是对被害人利益的保护不能侵害被追诉人的权利。但相反，在规定被追诉人权利时几乎不会谈

---

[1] 参见缪爱丽："美国的被害人影响性陈述制度研究"，载《法律适用》2012年第4期，第108页。

[2] See State of Oregon v. McDonnell, 794 P. 2d 780 (Or. 1990).

[3] See Marie Manikis, "Recognizing Victims' Role and Rights during Plea Bargaining: A Fair Deal for Victims of Crime", *Criminal Law Quarterly*, Vol. 58, No. 3 and 4 (May 2012), p. 414.

[4] See Andre Klip, "On Victim's Rights and Its Impact on the Rights of the Accused", *European Journal of Crime, Criminal Law and Criminal Justice*, Vol. 23, No. 3 (2015), p. 180.

[5] See Marie Manikis, "Recognizing Victims' Role and Rights during Plea Bargaining: A Fair Deal for Victims of Crime", *Criminal Law Quarterly*, Vol. 58, No. 3 and 4 (May 2012), pp. 438-439.

[6] 俄勒冈州最高法院针对2011年5月的一次中间上诉，认为被害人获得事先通知的宪法性权利已被侵犯，从而裁定量刑裁决无效，要求再次进行量刑听审，并保障被害人参加该程序并提出意见的权利。See State of Oregon v. Barrett, CC DI 10426M; SC S059423 (Supreme Court of the State of Oregon, May 2011).

及被害人的权利。

应当看到,各国之所以为被害人参与认罪协商程序设置一定的限度,均是因为在被害人利益之外,考虑到了需要平衡保护的诸多竞争性利益,主要包括被追诉人利益、公共利益,以及诉讼效率等程序利益。而各国认罪程序中被害人的诉讼地位及其程序参与权,也取决于在该国的诉讼环境、诉讼观念、诉讼模式下对被害人利益与其竞争性利益关系的主流理解。虽然这些竞争性利益同样也是非协商程序中被害人参与的限制因素,但显然,由于认罪协商程序"控辩合作"特点所蕴含的公共利益的妥协与让步,被追诉人自决权和从宽利益的凸显,以及对诉讼效率的刻意追求,导致被害人利益与其竞争性利益的关系格局极具特殊性,也因而需要特殊的利益平衡法则。作为一种合作式诉讼模式,我国的认罪认罚从宽制度在规定被害人参与时同样需要面对来自被追诉人利益、公共利益、诉讼效率等的三重限制,同样需要结合我国实际,在关系紧张的三组利益中寻找合理的平衡点。

(一)来自被追诉人利益的限制

虽然自理论上而言,被害人是犯罪行为的被害人,而不一定是涉嫌犯罪行为的被追诉人的被害人,因此,刑事诉讼的进行也不以确认被害人与被追诉人的确定联系为前提,但不管在规范层面,还是在实践层面,被害人参与刑事诉讼都会不可避免地影响到被追诉人的权利。被害人的积极参与,有可能妨碍被追诉人不被推定有罪的权利;被害人的经济损害,需要被追诉人补偿;被害人精神伤害的慰藉,也主要是从对被追诉人的严厉惩处或者被追诉人的真诚悔罪、赔礼道歉中获得;被害人的苛责,可能妨碍被追诉人获得从宽处理的权利;被害人的全面参与,可能增加被追诉人的程序折磨。可以说,被害人参与刑事诉讼的所有利益,如揭露事实、宣泄情绪的利益,个人获得补偿或修复的利益,获得尊重、免受程序伤害的利益等,几乎都需要被追诉人的承认或配合,或者以限制被追诉人利益的方式才可实现。但问题是,在国家提起的刑事诉讼中,弱势的被追诉方独立承担着维系基本诉讼结构的重要职能——辩护职能,因而理应被赋予特定的防御和救济权利,以维护控辩平衡,保障程序公正。而被害人所承担的诉讼职能则带有辅助性、依附性,显然,以牺牲基本诉讼职能为代价保障依附性的诉讼职能是得不偿失的。而且,与被追诉人利益对诉讼程序的高度依赖不同,被害人利益还有诉讼程序之外的实现途径。所以,在处理诉讼程序中被害人权利与被追诉人权利的冲突时,奉行被追诉人权利优先是有一定合理性的,即"纵使强化被害人法律地位,亦不得以弱化被告诉讼防御权方法达成"。[1]这也是很多国家没有赋予被害人诉讼当事人地位,或者虽然赋予其当事人地位也不会赋予其与被追诉人对等的诉讼权利的原因。[2]

但值得注意的是,上述分析是以对抗性诉讼为逻辑假设的,而在认罪认罚案件诉讼程序中,诉讼合作不仅体现为被追诉人与专门机关的合作,也体现为被追诉人与被害人的合作,被害人与被追诉人的利益冲突在很大程度上被淡化或者消解了,更多地呈现出两种利益的一致性:被追诉人通过自愿认罪放弃了不被推定有罪等诸多防御性权利,从而不排斥对被害人身份和地位的认可,也不否认被害人的控诉;被追诉人通过自愿认罚,真诚悔罪、赔礼道歉、赔偿损失等,不仅不排斥被害人的积极参与,还主动承担起对被害人的补偿或修复责任,最终,被害人获得了修复,被追诉人获得了从宽处理。这也进一步说明,"在认罪认罚案件诉讼程序中,被害人的法益和被追诉人的利益并不是此消彼长、天然对立的关系"。[3]当然,即便在认罪认罚案件诉讼程序中,被追诉人依然享有防御性权利,而且,还被强化了某些合作性权利,如提出意见的权利、获得值班律师帮助的权利、获得认罪认罚利益的权利、反悔和上诉的权利等,这些权利构成了认罪认罚案件诉讼程序的公正底线,而不限制这些权利也理所应当地成为强化被害人权益保护的底线。

(二) 来自公共利益的限制

犯罪既侵害了被害人的利益,也破坏了社会秩序与社会关系,其造成的损害带有"公私合一"的性质,因此,基于公共利益实现国家刑罚权的过程也同时表现为被害人利益的救济和修复过程,被害人利益与公共利益有一致性的一面。而公诉机关作为"公正客观的官署",[4]既要重点考量公共利益,还要代表被害人利益,同时又要兼顾被追诉人利益。在该种意义上,有论者将公诉机关

---

[1] 卢映洁、徐承荫:"论中国台湾地区犯罪被害人的诉讼参与制度",载《光华法学》第11辑,法律出版社2019年版,第11页。

[2] 有学者将被害人在刑事诉讼中的身份规定概括为四种模式,即"美国的证人模式""俄罗斯的当事人模式""德国的混合模式"和"中国澳门的辅助人模式"。但即便是当事人模式,也未享有完整意义上的当事人权利。参见裴仕彬:"刑事被害人身份困境及改革思路",载《社科纵横》2018年第11期,第86-87页。

[3] 黄明高:"认罪认罚从宽制度下的被害人权利保护",载《河南警察学院学报》2019年第1期,第96页。

[4] 林钰雄:《检察官论》,法律出版社2008年版,第7页。

称为被害人的代理人,[1]或者将公诉理解为被害人获得公力救济的一种方式。[2]然而,这并不意味着被害人利益与公共利益必然一致,相反,不一致性反而是两种利益的主要关系向度,二者在内容和实现程序上存在诸多差别。公诉机关从公共利益出发,在提起和支持公诉时首先需要考虑公共安全、社会秩序、犯罪控制,特别是在认罪认罚案件诉讼程序中,还要考虑宽严相济刑事政策的落实、司法资源的配置、程序的合作性等问题,而被害人关注的则是自身能得到的物质和精神损害的补偿以及对被追诉人的处理是否符合自己的情感期待。这决定了,在这类程序中,被害人利益与公共利益的冲突也是非常正常的。例如,行为人伤害了自己的亲属,随后表示认罪认罚,并真诚道歉,充分赔偿。被害人非常满意,请求不要追究行为人的刑事责任;而专门机关则认为,基于公共利益,行为人依然应当被定罪处刑,只不过可以从宽处理。在发生此类冲突的情况下,专门机关虽然应该充分听取被害人的意见,重视被害人的利益诉求,但绝不能损及作为权力运行核心标准的公共利益。传统恢复性司法理论的局限性之一就是仅仅将犯罪定义为"争议各方及其地方社区自己的'冲突'",并将被害人的需求视为解决冲突的出发点。[3]这种过分压制"公共利益"或"国家司法职能"的主张,很容易最终导致在某些案件中出现"刑事司法的私有化",国家通过将责任转移给个人或社区而放弃对社会利益乃至当事人利益的公共责任。[4]值得强调的是,刑事诉讼中的追诉权和审判权是由专门机关,或者更确切地说,是由专门机关的工作人员具体行使的,在行使的过程中必然会掺杂权力行使主体本身的利益,该利益不同于公共利益,因而不能简单将权力行使主体的利益替代公共利益。最近媒体曝光的多起认罪认罚案件中,被追诉人因为认罪认罚得到了从宽处理,被害人得到了充分赔偿从而对处理没有任何意见,专门机关也因案件的快速办理而得益,控、辩、审三方皆大欢喜,但案件却因为处罚过轻而遭到社会的普遍质疑。这是以被害人利益与权力行使主体利益以及被追诉人利益的表面和谐掩盖了对公共利益的忽视,破坏了实体公正。

---

[1] 参见胡铭:"审判中心与被害人权利保障中的利益衡量",载《政法论坛》2018年第1期,第65页。

[2] 参见徐岱、巴卓:"中国本土化下被害人权利保护及延展反思",载《吉林大学社会科学学报》2019年第6期,第40页。

[3] [英]格里·约翰斯通:《恢复性司法:理念、价值与争议》,郝方昉译,中国人民公安大学出版社2011年版,第106页。

[4] [英]詹姆斯·迪南:《解读被害人与恢复性司法》,刘仁文、林俊辉等译,中国人民公安大学出版社2009年版,第229页。

(三) 来自效率目标的限制

有论者认为，恢复性司法之所以对决策者有强大吸引力，就是因为面对与日俱增的刑事案件，恢复性司法提供了一种更加经济的犯罪追诉和控制方式。它一方面减少了控制犯罪的直接成本，同时，在权力的行使上也更为经济。[1]在后一点上，它与合作式司法有着相通之处，即均是以更小的国家权力介入，实现犯罪治理，减少程序乃至社会中的对抗因素。但需要特别注意的是，上述观点在使用"恢复性司法"这一概念时，将其视为一种独立于刑事司法程序的以社区为基础的冲突解决方式，但在我国，这一前提事实上并不存在。而且，即便是在那些将恢复性司法独立于刑事司法程序的法律体系中，也有相当一部分人认为，恢复性司法绝不经济，它"尽管可能更少地求诸政府，但是会更多地利用公共资源"。[2]我国推进认罪认罚从宽制度改革，的确是在对抗式司法之外探索一种更加尊重当事人（特别是被追诉人）程序参与权的司法模式——合作式司法，而强调被害人在认罪认罚从宽程序中适度而有效的参与并不是在合作式司法之外创立一种全新的冲突解决机制，只是进一步充实"合作"的内涵，以在合作式司法中体现恢复性司法的理念。但显然，所有以恢复性司法为目的而在合作式司法的必要程式外增加的程序机制都需要额外的成本支出。其中，最直接的成本至少包含三部分，其一是被追诉人与被害人的新增沟通成本，其二是专门机关与被害人的新增沟通成本，其三是专门机关与被追诉人以被害人为议题的新增沟通成本。而认罪认罚从宽制度改革又以提升诉讼效率为最基本的价值导向之一。因此，基于恢复理念而强化被害人的参与必然与认罪认罚从宽程序的效率追求之间存在紧张关系。对此，不管是牺牲被害人参与以确保效率，还是牺牲效率以彰显被害人参与，以这种"舍此救彼"的简单思路协调二者的关系是行不通的。而底线思维可能依然是最为合适的进路，即追求程序经济性的同时必须给被害人的陈述权、知情权和参与权等提供最低限度的保障，但在强化被害人的参与时必须兼顾程序的经济性。因为，这既牵涉认罪认罚从宽程序的制度功能，又牵涉被追诉人获得从快从简处理的权利，而且，及时获得恢复也符合被害人的利益。

---

[1] 参见［英］格里·约翰斯通：《恢复性司法：理念、价值与争议》，郝方昉译，中国人民公安大学出版社2011年版，第42页。

[2] ［英］格里·约翰斯通：《恢复性司法：理念、价值与争议》，郝方昉译，中国人民公安大学出版社2011年版，第32页。

三、无"恢复"的"合作":认罪认罚案件中的被害人缺位

整体而言,不管在认罪认罚从宽制度的立法中,抑或在认罪认罚案件的办理实践中,被害人的参与度均偏低。这既不能匹配于其当事人的诉讼地位,也未满足程序正义的基本要求,更遑论达致恢复性司法的深层目标。

(一)规范层面的被害人缺位

在改革之初,认罪认罚从宽制度中有关被害人的规定简单到了可谓"聊胜于无"的程度。《速裁程序试点办法》中涉及被害人的规定只有两条,一条是被追诉人与被害人未就赔偿损失等事项达成调解或者和解协议时不得适用速裁程序的规定,另一条则要求人民法院适用速裁程序审理案件时,应当听取被害人及其诉讼代理人的意见。相比而言,《认罪认罚从宽试点办法》有所发展,在保留上述速裁程序适用禁止条文的基础上,将听取被害人及其诉讼代理人意见的时间范围从审判阶段扩展到各主要诉讼阶段,将听取意见的主体从人民法院扩展到公安司法机关,并且,还要求专门机关将被追诉人与被害人的和解谅解情况作为量刑的重要考虑因素。但遗憾的是,即便是《认罪认罚从宽试点办法》中仅有的两条简单规定,2018年《刑事诉讼法》修改时,竟还是对听取意见条文作了一些删减,仅明确了审查起诉阶段人民检察院听取被害人及其诉讼代理人意见的要求(尽管细化了听取意见的事项范围)。不过,值得注意的是,《指导意见》在被害人参与方面的规定可圈可点。其针对被害人参与实践中暴露出的突出问题,不仅再次肯定了《认罪认罚从宽试点办法》中听取意见的要求,而且,还增加了专门机关积极促进和解谅解的规定,以及对被害人异议的处理机制。但即使如此,这些规定总的看来还是非常粗陋,没有达到对被害人最低限度的权利保障要求。概而言之,这些规定至少存在两个方面的突出问题,一是已有的条文过于粗疏,缺乏可操作性。如虽然规定了听取被害人意见,但没有细致规定由谁来听取,何时听取,听取什么,是否必须制作笔录,笔录是否附卷,以及如何规制听而不取,特别是没有规定当一个案件存在多名被害人时,听取意见要求的弹性、形式以及不同被害人意见冲突时的协调应对问题;虽然规定了专门机关促进和解谅解的义务,但既没有规定和解谅解特别是公诉案件刑事和解与认罪认罚从宽制度的衔接机制,也没有规定认罪认罚从宽程序中附带民事诉讼的调解与判决问题。二是遗漏规定了被害人许多重要的程序权利,譬如,(1)未规定被害人在必要时可获得值班律师等法律帮助的权利;

（2）未明确规定被害人的知情权，也没有规定专门机关在各主要诉讼阶段向被害人告知或释明相关法律规定以及案件办理进展等的法律义务；（3）未明确规定审判阶段特别是庭审程序中被害人的参与权，如被害人参与法庭调查、法庭辩论的权利，在指控的罪名与审理认定的罪名不一致时对审理认定的罪名提出意见的权利，对量刑建议特别是审判阶段调整后的量刑建议提出异议的权利等，对法院在审判阶段或二审程序中启动和适用认罪认罚从宽制度提出意见的权利；（4）未结合认罪认罚从宽程序的特点，规定被害人对强制措施确定、诉讼程序选择和实体处理有异议时可用的救济机制。

（二）实践层面的被害人参与不足

认罪认罚案件办理实践中也出现了被害人被边缘化的现象。据报道，某故意伤害案中，被追诉人面对公安司法机关时均表示愿意认罪认罚，但在庭审后，被害人向法院反映，被追诉人在取保候审期间多次到被害人家中恐吓骚扰，要求法院不再对被追诉人予以从轻处罚，但法院认为被追诉人符合认罪从宽的规定，拒绝改变从宽处理决定。由此导致被害人在案件判决后不断申诉上访。〔1〕有人可能认为，像该案这样在适用认罪认罚从宽制度时完全忽视被害人的只是个别的极端情况。的确，单从相关法律文书中被害人的"出镜"频次看，被害人参与认罪认罚案件诉讼程序的情况似乎还不至于如此不堪。统计发现，在中国裁判文书网收录的自 2018 年以来认罪认罚案件的 1 098 972 份判决书中，提及和解或谅解的有 277 077 份，占比约为 25.21%。无讼网收录的判决书所反映的情况与此大致相仿，在该网收录的自 2018 年至 2020 年的 730 713 份认罪认罚案件判决书中，提及和解或谅解的 183 451 份，约占判决总数的 25.11%。〔2〕也就是说，在一部分认罪认罚案件的处理中，被害人的态度及行为还是成了裁判

---

〔1〕参见王瑞君："'认罪从宽'实体法视角的解读及司法适用研究"，载《政治与法律》2016 年第 5 期，第 108 页。

〔2〕需要注意，笔者是以关键词搜索的方法进行的统计，即先以认罪认罚为关键词搜索所谓的认罪认罚案件判决书数，再分别以和解、谅解、和解—谅解为关键词在认罪认罚案件判决书中统计谈及和解的认罪认罚判决数、谈及谅解的认罪认罚判决书以及既谈及和解又谈及谅解的认罪认罚判决书，然后，再以谈及和解的认罪认罚判决书加上谈及谅解的认罪认罚判决书并减去既谈及和解又谈及谅解的认罪认罚判决书，得出谈及和解或谅解的认罪认罚判决书。因此，笔者统计的精准度可能会受到关键词因素的影响，但比随机抽选型的统计更加准确些。有论者以随机抽选的方式研究了 149 个认罪认罚案件判决书，结果发现，其中通过积极赔偿被害人损失并取得被害人谅解的案件占到了 58.39%。参见王亚娇："认罪认罚从宽制度改革中被害人权利的保障——基于 149 个试点案例的实证分析"，载《司法改革论评》2018 年第 1 期，第 234 页。

中的考量因素。

然而，在理解这些数据时，有三点不容忽略：（1）考虑了被害人态度的认罪认罚案件只占了一小部分，而多达 3/4 的认罪认罚案件的判决书中并没有体现出被害人的程序参与或权利影响。（2）除了在被害人陈述中作为证据的来源外，被害人参与认罪认罚案件诉讼程序的方式主要就是和解或谅解。除了和解协议或谅解书外，不管是在被追诉人认罪认罚的具结书中，还是在公安机关的起诉意见书、检察机关的起诉决定书或不起诉决定书中，抑或是在法院的判决书、公安司法机关的强制措施决定书中，以及在其他案卷材料中，很难找到被害人程序参与或权利表达的记录，甚至难以找到公安司法机关听取被害人及其诉讼代理人意见的记录。和解或谅解也通常可以以一种非正式或诉讼外的方式达成，而被害人基本上是被排除于快速办理程序之外。而且，一般而言，即便存在所谓的和解或谅解，真正受重视的也仅仅是体现被害人基本态度的和解或谅解本身，而不是被害人在和解或谅解中的程序参与或者是被害人在和解或谅解后对案件处理提出的具体意见。（3）多数法律文书在表述和解或谅解的方式是：积极赔偿被害人的损失，与被害人达成和解或者取得被害人的谅解。这表明，实践中的和解或谅解所倚重的还是赔偿而不是修复，它不太关注被追诉人是否真诚悔罪，当然也不太关心被害人是否真正发自内心地谅解了被追诉人的罪行。换言之，这是以对经济赔偿的强调掩盖了对精神修复的模式。被害人在和解或谅解中可能只是得到了表面上的尊重。

值得思考的是，到底是何种原因导致被害人在认罪认罚案件办理中整体上较低的参与率和参与度呢？笔者认为，对此，至少可以从以下三个角度认识。

其一，就公安司法机关而言。一方面，我国《刑事诉讼法》虽然明确了被害人作为当事人的诉讼地位，但实质上并没有赋予其完整意义上的当事人权利，也无视了认罪认罚从宽制度对被害人已有权利的冲击。而立法者的态度经放大又进一步传递给了公安司法机关。实践中，公安司法机关通常只赋予被害人以证人甚至比证人还低的法律地位，缺乏与被害人沟通的制度激励，[1]在观念上也不太重视被害人的程序参与。另一方面，目前，由于在侦查阶段启动认罪认罚从宽制度的案件并不多，但绝大多数被追诉人在侦查阶段已经承认罪行，"因此，等到审查起诉阶段或审判阶段再启动认罪认罚从宽制度，根本就没有了以

---

[1] 参见闫召华："沟通理论视阈中的被害人参与——以侦查阶段为中心的分析"，载《中国刑事法杂志》2010 年第 1 期，第 78 页。

从宽激励认罪的必要,多数只是以从宽来交换被追诉人同意程序简化或更好的配合态度"。[1]也就是说,司法机关多数是着眼于诉讼效率才适用认罪认罚从宽制度的,而强调被害人参与的话,特别是如果强调恢复性司法的话,势必增加沟通成本,提高合意难度,降低诉讼效率,这有悖于制度选择的初衷。

其二,就被追诉人而言。如果只要求其与司法机关形成合意,被追诉人则只需付出一份能让司法机关满意的"对价",即便是技术性的认罪认罚也无不可,但如果强调被害人参与或者被害恢复,被追诉人必须要额外满足被害人的诉讼期待,认罪认罚的内在要求提高了,而被追诉人获得从宽处理及从宽幅度的不确定性也相应增加。而且,被害人的参与也会导致沟通过程延长,这意味着被追诉人可能会遭受更多的程序"折磨"及附随后果。此外,部分司法机关及被追诉人之所以不欢迎被害人参与认罪认罚从宽程序,还有一个重要考虑就是,他们认为,个案中,"恢复"的合理限度难以把握,而被害人往往受立场限制,提出一些不合理的诉求,妨碍控辩合意,导致认罪认罚从宽制度根本无法适用。

其三,被害人在认罪认罚从宽程序中的参与率和参与度与案件类型及被害人自身情况也密切相关。通常而言,在有直接被害人的案件中,被害人遭受人身损害的案件(比如交通肇事案、故意伤害案等)中,被害人参与认罪认罚案件诉讼程序的欲望更加强烈,而像盗窃案等侵财类案件,不管追赃能否弥补其财产损失,被害人普遍缺少参与程序的欲望。而且,被害人的性格、素养及其对金钱赔偿、心理修复的看法等也都会对其是否参与认罪认罚案件诉讼程序及参与的程度产生直接影响。比如,实践中,被害人对于量刑的意见基本上都是请求从轻或者从重处罚,很少有人能对应判刑期提出于法有据的具体意见。[2]

四、以"恢复"之名:认罪认罚案件被害人的过度参与

当前,《刑事诉讼法》及相关司法解释对被害人参与认罪认罚案件诉讼程序的基本要求是:司法机关在办理认罪认罚案件过程中,应当听取被害方的意见,并应将被追诉人是否与被害方达成和解或者赔偿被害人损失,取得被害方谅解作为量刑的重要考虑因素;被害人的异议不必然影响认罪认罚从宽制度的

---

[1] 参见闫召华:"虚假的忏悔:技术性认罪认罚的隐忧及其应对",载《法制与社会发展》2020年第3期,第100页。

[2] 参见苏素专、洪文海:"认罪认罚从宽制度下被害人参与的实证考察",载《福建法学》2017年第4期,第61页。

适用。然而，在部分案件特别是一些具有较高社会影响力的案件中，司法机关对被害人参与的理解有时会走向另一个极端。譬如，在某故意伤害（轻伤）案件中，被追诉人自侦查阶段就表示认罪认罚，并愿意赔偿被害人损失。但被害人在发现被追诉人家境不错后，漫天要价，并且不作丝毫让步，被追诉人最终难以得到从宽处理。[1]在聂某某故意杀人案中，一审时，聂某某认罪并愿意向被害方赔偿四五十万元，但被害人家属不接受，聂某某被判处死刑立即执行。二审时，被害人家属愿意接受被告方90万元的赔偿（但仍不愿出谅解书），法院改判聂某某死刑缓期2年执行。[2]在玛莎拉蒂撞人案中，谭某某认罪认罚，但死者家属坚决不要一分钱赔偿，只求判被告人谭某某死刑，而重伤者家属治病救人急需用钱，愿意接受被告人赔偿，后经各方努力，被告人巨额赔偿被害方，并达成和解协议，谭某某最终被法院以以危险方法危害公共安全罪判处无期徒刑。[3]

很难想象，如果被害人家属仍不接受聂某某90万元的赔偿，聂某某能否被改判死刑缓期执行。也很难想象，如果死者家属和重伤者家属都一致不接受赔偿，法院敢判谭某某无期徒刑，或者相反，如果死者家属和重伤者家属一开始都一致接受赔偿，该案还是否能成为难办案件。在这些案件中，被害人的态度已绝非相关司法解释中所定位的酌定量刑情节或参酌意见那么简单，而成为制约能否适用认罪认罚从宽制度的关键因素乃至必要条件。申言之，司法机关处理这些案件的基本逻辑是：只要被害人愿意接受赔偿，不管其是否谅解被追诉人，也不管赔偿数额的合理性，都不妨碍认罪认罚从宽制度的适用；只要被害人愿意谅解或和解，不管被害人是否出于真心，以及被追诉人有没有赔偿或修复，也都可以适用认罪认罚从宽制度；但只要被害人不愿意接受赔偿且不愿意谅解，不管这是由于被害方的漫天要价得不到满足，或者是因为被害方合理的赔偿要求依然超过了被追诉人的赔偿能力，再或者是被害方出于报复、泄愤且鄙夷金钱赔偿的心理需要，则一概不适用认罪认罚从宽制度。

公安司法机关之所以在部分案件中极为重视被害人对适用认罪认罚从宽制

---

[1] 参见刘少军：“认罪认罚从宽制度中的被害人权利保护研究”，载《中国刑事法杂志》2017年第3期，第126页。

[2] 参见郑莉莉：“聂李强终审改判死缓原因 90 万赔偿不是减刑理由”，载 http://www.mnw.cn/news/shehui/1930967.html，最后访问日期：2021 年 3 月 6 日。

[3] 参见豫法阳光：“河南永城'玛莎拉蒂撞宝马案'宣判，审判长答记者问”，载 https://www.huanqiu.com/a/3fb6de/40acFRR1CMP？agt＝804，最后访问日期：2021 年 3 月 6 日。

度的接受或认可,概而言之,不外乎以下三种考虑。

一是对办案社会效果的强调。强调法律效果与社会效果的统一是人民司法的优良传统之一。所谓社会效果,"是指人民法院通过对个案的审理使社会了解、理解、认同并支持其裁判,从而完成法律评价的社会承认"[1]人民司法能否贴近人民关键就是看办案的社会效果。刑事案件办理涉及的国家机关众多,涉及的利益冲突复杂,群众和舆论的关注度高,更需注意办案的社会效果。故此,司法机关也一直以化解社会矛盾、维护社会稳定作为对刑事司法的基本要求。而完善认罪认罚从宽制度的要旨之一就在于"及时有效修复受损社会关系,推动社会矛盾化解,促进和谐社会建设"。[2]如果在办理认罪认罚案件特别是高影响力案件时忽视被害人诉求,很容易引发被害方的不满甚至怨恨,从而促使其不断申诉、上访,或者采取其他过激行为,甚至可能引发群体性事件,成为新的不稳定因素。因此,不少司法机关在适用认罪认罚从宽制度之前都要进行风险评估预警,对可能诱发信访、缠访等不良社会影响的,及时应对和控制。个别地区的"认罪认罚从宽制度试点办法"中还曾明确规定,当事人有缠诉倾向的案件,一概不适用认罪认罚从宽制度。[3]

二是对悔罪要求的形式化理解。如上所述,要求悔罪是认罪认罚从宽制度与域外的辩诉交易或认罪协商制度最根本的区别之一。按照《指导意见》的要求,所谓的认罚,就是指被追诉人"真诚悔罪,愿意接受处罚",被追诉人的悔罪态度和悔罪表现是"认罚"考察的重点。然而,作为一种心理状态,悔罪是极端复杂和个人化的,且带有较强的隐秘性、反复性、融合性,很难被简化为一个具有普遍适用性的固定不变的程式,也很难考察判断。[4]那些反对在刑事司法中考虑悔罪的人在很大程度上就是考虑到了评估悔罪真诚性的难度。[5]在这种情况下,公安司法人员实践中通常将被追诉人内在的悔罪态度(心理)

---

[1] 吴捍卫:"在办案中如何实现法律效果和社会效果的有机统一",载 http://hnsqzy. hncourt. gov. cn/public/detail. php? id=152,最后访问日期:2021年3月7日。

[2] 张仁平:"办案效率提高了,社会效果更好了——福建:认罪认罚从宽试点成效明显",载《检察日报》2018年4月4日,第2版。

[3] 例如深圳市宝安区人民法院《关于开展刑事案件认罪认罚从宽制度试点工作的实施办法(试行)》第4条规定:"具有下列情形之一的,不应当适用认罪认罚从宽制度:……(三)当事人有缠诉倾向的案件;……"

[4] 参见闫召华:"虚假的忏悔:技术性认罪认罚的隐忧及其应对",载《法制与社会发展》2020年第3期,第101页。

[5] See Jeffrie G. Murphy, "Well Excuse Me! Remorse, Apology, and Criminal Sentence", *Arizona State Law Journal*, Vol. 38, No. 2 (Jun., 2006), p. 379.

固化为其外显的悔罪表现，特别是被追诉人案发后或诉讼中对被害人的行为表现，如赔偿损失、赔礼道歉等，并且将被害人的接受或认可作为认定被追诉人悔罪表现成立或真诚悔罪的要件。

三是对个案中被害人权益的关照。被害人参与欲望强烈的案件一般都是其个人权益受到严重侵害、亟待补偿或救济的案件。而危害后果的严重性也是部分案件能够成为高影响力案件的重要原因。不仅社会舆论同情这些案件中的被害人，公安司法机关也尤为重视这类案件中被害人合法权益的保障。仍以玛莎拉蒂撞人案为例。该案造成两死一重伤，给被害人及其亲属造成了巨大的经济损失。正是出于对被害方利益的关注，在被害方诉求不一的情况下，司法机关"进行了大量的调解工作"，促使"当事人双方达成了和解协议，并赔偿到位"，对于重伤的被害人，司法机关还"继续协调有关部门积极救治，最大限度给予司法人文关怀"。[1] 而按照一种比较权威的解释，《刑事诉讼法》之所以将被追诉人与被害方"没有就附带民事诉讼赔偿等事项达成调解或者和解协议"列为不适用速裁程序的情形之一，也是考虑到，适用速裁程序，应当充分保障包括被害人在内的当事人的诉讼权利；"速裁程序作为简化高效的诉讼程序，不能以牺牲被害人的合法权利为代价"。[2]

将被害人表面上的接受或认可视为认罪认罚从宽制度适用的必要条件，甚至在某种意义上让被害人决定是否从宽处理，看似是对合作式司法之恢复性功能的重视，但实质上与作为另一个极端的完全忽略被害人一样，均是恢复性理念尚未真正融入合作式司法的体现。而且，无视被害人参与主要损及被害人权益和司法公正，而盲目强调被害人参与则可能造成"三败俱伤"的局面。首先是损害被追诉人利益。被害人漫天要价，被追诉人为了得到从宽处理而被迫接受被害人不合理的诉求，或者是，由于被害人的经济诉求超越了被追诉人的赔偿能力，导致被追诉人无法承受，进而没有办法得到从宽处理。前一种情形有损被追诉人的经济利益，后一种情形则有损被追诉人的认罪认罚利益。而从加害恢复的角度看，单纯的因赔偿获得减刑不仅不会增强悔罪的内在需要，反而有可能发生"外部因素"的"过度调整"，有碍于悔罪这种内在需要的形成。被追诉人难以由此认识到自己的道德失败，进而发生基于负罪感的内在转变，

---

[1] 赵栋梁："河南'玛莎拉蒂醉驾案'一审宣判——被告人谭明明被判无期 另2名被告人获刑3年缓刑3年"，载《人民法院报》2020年11月7日，第3版。

[2] 王爱立、雷建斌主编：《〈中华人民共和国刑事诉讼法〉释解与适用》，人民法院出版社2018年版，第422页。

却容易把从宽理解为犯罪成本的降低或者赔偿的对价,甚至是自己全力博弈的"战果",刑罚也就很难对被追诉人产生预防再犯的作用。其次是损害被害人利益。从被害恢复的角度看,被追诉人对被害人进行充分的经济赔偿或者应被害人要求对被追诉人施加严厉的刑罚,在弥补被害人受到的经济损失和心理伤害上是有一定作用的,但不能说充分赔偿或严厉刑罚肯定能抚慰被害人的心理创伤,帮助被害人找回对生活的自控感。恰恰相反,如果只强调赔偿或处罚,不重视被追诉人与被害人的情感互动,很难给被害人带来被害认知和自我感觉方面的整体性转变。特别是在只有巨额赔偿、被追诉人不真诚悔罪的情况下,被害人即便接受赔偿,也不一定减少对被追诉人的怨恨感,甚至还可能强化被害人心理上的自我否定、无助感,冲击被害人正常的是非观,导致被害人在诉讼过程中的"再次被害"。[1]最后是损害司法公正。不关注被追诉人是否真诚悔罪以及被害人是否真心谅解,只强调表面上的"悔罪表现"或见之于外的"谅解书",只要具备这些形式要件,就机械套用同样的从宽标准,这既有悖于认罪认罚从宽制度的创设目的,也不符合宽严相济及罪责刑相适应的基本要求,看似各方皆大欢喜,实则有损司法公正。尤其是,如果过于看重赔偿损失这一情节,就会不当放大被追诉人的赔偿能力对裁判结果的影响,易造成"花钱买刑"或"以钱抵刑",影响法律适用的平等性。

五、"恢复性合作":认罪认罚案件被害人参与权的理性建构

上已述及,实践中,即便是有被害人的案件,在适用认罪认罚从宽制度时,被害人的参与似乎也并不是必不可少的。甚至可以说,被害人在认罪认罚从宽程序中的缺位颇为常见。究其原因,有的是因为公安司法机关对被害人的无视,有的则因为被害人自己弃权。这种现象很容易给人以被害人参与无关紧要或可有可无的错误印象。事实上,忽略被害人绝不应该成为认罪认罚案件诉讼程序的常态。缺少了被害人,不仅影响其自身的权益保障,还会导致对被追诉人认罚或悔罪的审查变得更加困难,并使认罪认罚从宽制度"保障权利""化解矛盾""促进和谐"的目标成为空中楼阁。而且,从恢复性司法的视角看,被害人的参与也是实现被害恢复、加害恢复和社会恢复的关键。被害人参与由此成了合作式司法与恢复式司法两种司法理念和模式的连接点。当然,《易经》有

---

[1] [英]詹姆斯·迪南:《解读被害人与恢复性司法》,刘仁文、林俊辉等译,中国人民公安大学出版社2009年版,第15页。

云:"凡事有度,过犹不及。"被害人的缺位固然不妥,被害人的过度参与同样有诸多弊害。被害人在认罪认罚案件诉讼程序中扮演的角色应当恰如其分,发挥的作用也应该在合理的限度之内。基于上文中的分析,概而言之,在认罪认罚从宽制度适用中,对于被害人参与的理性态度应该是:重视听取被害人的意见,但是否采纳取决于意见是否合理;重视被害人的利益和态度,但也同时需要兼顾被追诉人利益和公共利益,不能以被害人同意或满意作为适用认罪认罚从宽制度的必要条件;重视被害人的程序参与,但也不能由此导致程序的过分拖延,妨碍认罪认罚案件快速办理程序的提速增效功能。《指导意见》从"听取意见""促进和解谅解""被害方异议的处理"等三个方面规定了被害人的参与问题。但对于被害方权益保障机制的系统构建而言,仅靠这三个粗陋的条文显然是远远不够的。当务之急,需要在立法或司法解释中明确被害人在认罪认罚从宽制度适用中的核心权利或底线权利,并建立起相对健全的权利保障和救济机制。

(一) 被害人在认罪认罚从宽制度适用中的底线权利

(1) 知情权。对于涉及自己的认罪认罚案件在办理过程中的所有相关信息,被害人(或被害方)有着内在的、强烈的知悉需要。在公安司法人员眼中,一个认罪认罚案件的裁决结果可能只是日程表上的一项工作,但被害人会以之衡量自己受到的伤害。得不到自己案件的关键信息,被害人很容易会感到孤立、困惑,进而承受由被公安司法机关漠视而带来的二次伤害。在认罪认罚案件中,被害人有权知情的关键信息主要包括:被追诉人的认罪认罚情况及认罪认罚从宽程序的启动信息;认罪认罚案件办理的大致流程、期限及当前所处的阶段;指控的罪名、提出的量刑建议及最终的裁决结果;专门机关与被追诉人的沟通情况及从宽处理的根据;被害人在诉讼中的角色、作用和权利,特别是权利行使的方式等。值得强调的是,由于被害人是当事人,关于案件的事实与证据情况,也理所当然应当属于被害人有权知情的范围。而且,对于被害人而言,认罪认罚案件处理结果(尤其是具结书的内容)及其根据的信息固然重要,但认罪认罚案件办理的过程信息更加关键。只有了解了过程信息,被害人才更容易接受案件的处理结果,而且,只有及时了解了过程信息,被害人才有可能及时地行使自己的权利,有效地参与程序,维护自己的利益。

(2) 陈述及提出意见权。《欧洲理事会关于刑事诉讼中被害人地位的框架决议》第3条、第4条等强调,刑事诉讼中必须确保被害人可以发出声音和提供证据，为此，需要确认被害人一种内涵更加广泛的信息权，即一种基于信息传递的理解与被理解的权利。[1]上述规定反映出了被害人应当享有的信息权的两个方向，一是获得信息的权利，即前述的知情权；二是输入信息的权利，即就事实作出陈述和对案件处理提出意见的权利。被害人的陈述权，主要陈述被害人自己的受害情况，这既是一种权利，被害人可以藉此寻求修复、补偿及更加公正的处理结果；这也同时是被害人作为知情者的一种"作证"义务。被害人的陈述是确认案件事实的重要根据之一。在认罪认罚案件中，被害人的陈述对于防范被追诉人的虚假认罪认罚尤为重要。除了陈述受害情况之外，被害人还应当被赋予就罪名、刑罚、程序适用等提出意见的权利。有域外的论者认为，被害人输入的信息最有意义的也是应该对定罪量刑发挥影响的应仅是其就受害过程的陈述，被害人的个人意见无关紧要，不是定罪量刑需要考虑的相关因素。考虑被害人的个人意见会影响司法独立，使个体的主观认识不当介入公共决策过程。[2]但在我国，该论点并不成立。认罪认罚从宽制度化解矛盾的特殊定位及对办案社会效果等的强调，强化了专门机关听取被害人意见的正当性。更何况，在层层把关和职权从宽的程序模式下，被害人的意见只是专门机关的考量因素之一，最终是否采纳，取决于被害人意见的合理性，或者更确切地说，取决于被害人意见有无事实和法律根据。实质上，最终作为专门机关决策根据的还是事实和法律。

（3）受偿权。被害人对自己因犯罪行为受到的伤害获得赔偿或补偿是一种不证自明的权利。认罪认罚从宽制度特殊的功能定位决定了认罪认罚案件中被害人的受偿权应当受到更全面、更充分的重视。一方面，就赔偿或补偿的主体而言，不仅犯罪行为人及应当承担赔偿责任的第三方须向被害人及其家属作出公平赔偿，而且，当无法从犯罪行为人或第三方得到充分赔偿时，国家也承担一定的补偿责任，被害人应能从政府、社区、社会机构及其他途径获得必要的救助。当然，这其实只是联合国《为罪行和滥用权力行为受害者取得公理的基本原则宣言》中确立的被害人应当享有的基本权利。[3]另一方面，就受偿的范

---

[1] See Irene Wieczorek, "A Needed Balance between Security, Liberty and Justice: Positive Signals Arrive from the Field of Victims' Rights", *European Criminal Law Review*, No. 2 (August 2012), p. 149.

[2] See Marie Manikis, "Recognizing Victims' Role and Rights during Plea Bargaining: A Fair Deal for Victims of Crime", *Criminal Law Quarterly*, Vol. 58, No. 3 and 4 (May 2012), p. 420.

[3] 参见吴啟铮："刑事被害人权利保护：国际司法准则与跨国法律框架"，载《中国刑事法杂志》2008年第6期，第109-110页。

围而言,不仅包括对被害人的经济性补偿或物质损失的修复,还应当包括修复被害人在心理、社会关系等方面受到的损害。尽管物质赔偿也是不可缺少的,但是"犯罪所造成的最大伤害是对我们对于秩序的信念和个人自主的观念的打击",因此,赔偿主体还应当设法修复被害人对于秩序和个人自主权的观念。[1]事实上,一般情况下,赔偿物质损失可以视为修复被害人精神伤害的一种方式。在恢复式司法的倡导者看来,物质损失赔偿的价值主要在于它的象征性,即便赔偿主体不能赔偿被害人的全部物质损失,但只要以其行为表明其愿意赔偿,就有助于修复被害人的心理伤害和关系伤害。[2]相反,赔偿主体虽有能力赔偿而拒不赔偿或拒不充分赔偿,或者赔偿主体虽然充分赔偿了被害人但其他行为表明其对罪行毫无悔意,对被害人毫无歉意,被害人只能感到被进一步冒犯。这也是《指导意见》第7条第2款将此类情形不认定为"认罚"进而排除适用认罪认罚从宽制度的内在原因之一。

(4) 接受调解及达成谅解、和解权。被害人尽管可以就程序选择或法律适用方面提出意见,但其对认罪认罚案件处理结果的影响主要是通过影响作为案件处理根据的"事实"(既包括定罪事实又包括量刑事实) 发挥作用的。被害人对受害情况的陈述既影响"指控罪名"的确定及"认罪"的认定,也影响刑罚的判定。而更为紧要的是,作为一种量刑事实,案发后被害人对待被追诉人的态度也会成为公安司法机关从宽处罚的重要考虑因素。这些态度包括是否愿意与被追诉人达成和解协议、调解协议或者谅解被追诉人。从对从宽幅度的影响力度看,被害人的态度至少可以区分为三个层次:一是愿意接受赔偿或调解,但不愿意谅解被追诉人;二是愿意谅解被追诉人;三是不仅愿意谅解被追诉人,而且愿与被追诉人达成和解协议。值得强调的是,虽然实践中赔偿损失是促成被害人和解、谅解的重要因素,但它并不是不可或缺的因素。换言之,被追诉人即便没有赔偿,被害人愿意谅解、和解也无可厚非。其实,这里更加看重的还是被害人心理和关系层面的修复。实践中,不少公安司法机关促成的和解谅解,主要通过以协调赔偿为内容的被害人与被追诉人"背对背"式的沟通,这极不利于被害人心理与关系层面的修复。因此,有论者提出应当赋予被害人要

---

[1] 参见 [英] 格里·约翰斯通:《恢复性司法:理念、价值与争议》,郝方昉译,中国人民公安大学出版社2011年版,第95页。

[2] 参见 [英] 格里·约翰斯通:《恢复性司法:理念、价值与争议》,郝方昉译,中国人民公安大学出版社2011年版,第96页。

求被追诉人"当面认罪认罚"的权利,[1]笔者对此深表赞同。当然,这绝不是说,未能达成和解、调解、谅解绝不能从宽。如果被追诉人修复态度积极,只是因为被害人的诉求不合理而未达成谅解、调解、和解,则依然可对被追诉人适度从宽。《指导意见》第18条则强调了另一种情况:"犯罪嫌疑人、被告人认罪认罚,但没有退赃退赔、赔偿损失,未能与被害方达成调解或者和解协议的,从宽时应当予以酌减。"但在理解该规定时需要特别注意,如果被追诉人有能力赔偿而拒赔,从而导致未能达成调解、谅解或和解的,根本就不符合"认罚"条件。

(二)权利的保障与救济

为确保被害人在认罪认罚案件诉讼程序中的核心权利得到落实,还应从以下四个方面构建其核心权利的保障和救济机制。

首先也是最为重要的是旨在强化专门机关告知与说理为重点的沟通机制。实践中,被害方在诉讼程序中表现出的不满与对抗几乎都可以在不同程度上从沟通失效中得到诠释。[2]建立沟通机制就是在专门机关(以及被追诉人)与被害人之间搭建一条方便信息输出—输入的通道。该机制不仅服务于被害人向诉讼程序输入信息,包括被害人行使陈述权、提出意见权或异议权等,更为关键的是,它还能服务于专门机关输出信息(告知与说理)和被害人接纳信息,满足被害人的知情权。鉴于我国的刑事诉讼模式是层层把关式的,专门机关与被害人的沟通机制也应该是贯穿于诉讼全流程的。公安司法机关在各自主持的诉讼阶段均负有与被害人沟通的义务。特别是在庭审阶段,认罪认罚案件有可能简化乃至省略了基础庭审环节——被害人本可依赖的参与机制,法院必须为被害人提供替代的沟通机制,畅通信息传递的途径。当然,在被害人众多或被害人难以寻找、确定的案件中,公安司法机关的沟通义务可以适度减免。

其次是记录机制。公安司法机关不仅要作好与被害人的有效、公正的沟通,还要以笔录、同步录音录像等方式固定好双方沟通的过程,以保障沟通过程的透明性、可审查性。记录专门机关与被害人沟通情况的相关材料应当附卷并随

---

[1] 参见李勤、费元汉、黄丹丹:"认罪认罚从宽制度中被害人的地位研究——被害人加入博弈的规则建构",载胡云腾主编:《司法体制综合配套改革与刑事审判问题研究——全国法院第30届学术讨论会获奖论文集(下)》,人民法院出版社2019年版,第986页。

[2] 参见闫召华:"沟通理论视阈中的被害人参与——以侦查阶段为中心的分析",载《中国刑事法杂志》2010年第1期,第79页。

案移送。在部分实行辩诉交易的国家,早就意识到了这套机制在确保被害人参与协商过程及其利益得到充分考虑方面的有效性。[1]而且,只要记录机制健全,就可以省去专门机关与被害人沟通中的很多重复性工作,减少因被害人参与所导致的程序拖延,与认罪认罚从宽制度的效率指向契合。

再次是法律援助机制。上已述及,在法律援助问题上,现行立法忽视了被害人。《刑事诉讼法》规定了被追诉人申请指派辩护律师及在特定情形下获得强制辩护的权利,但没有规定被害人申请指派诉讼代理人的权利。《指导意见》中只是强调保障被追诉人获得有效法律帮助。《法律援助值班律师工作办法》中的值班律师仅指为没有辩护人的被追诉人提供法律帮助的律师。事实上,被害人可能同样需要法律援助。为认罪认罚案件中的被害人提供法律援助看似增加司法投入,实质上反而会减少沟通成本,提高诉讼效率,在提高被害人参与有效度的同时,降低维稳风险。

最后是申诉及申请抗诉机制。当被害人认为认罪认罚案件的相关处理损害了自己的权益时,应当被赋予可行的救济途径。在认罪认罚案件的办理过程中,被害人如果认为专门机关阻碍其依法行使权利的,有权向人民检察院申诉或者控告。在专门机关依法对认罪认罚的被追诉人作出不起诉决定或者从宽判决之后,被害人如果认为该裁决损及自己的合法权益时,也可以提出申诉或申请抗诉,乃至在符合条件时提出自诉。而通常能够成为被害人申诉或申请抗诉的正当理由应当包括:被追诉人得到从宽裁决后不再兑现原来的赔偿承诺;被追诉人在得到从宽裁决后威胁、恐吓被害人及其家属;被害人提出可能影响定罪量刑的新的受害事实等。

诚然,作为两种兴起时间和背景均不相同的司法理念,恢复性司法和合作式司法在基本定位上存在一定差异,一个立足于加害人—侵害人的沟通,一个则着眼于专门机关与被追诉人的合作;一个强调冲突治理的社会参会,一个则依赖纠纷解决的国家主导。但也应当看到,两种司法理念存在诸多相通之处:二者都秉持非对抗式的矛盾化解思路;二者都认同不应对犯罪人以一种完全敌对的方式,简单地进行"惩罚式隔离";二者都反对非输即赢、严格竞争的零和博弈,反对专门机关在处理方案上的独裁专断,而看重妥协、平衡之下的双赢乃至多赢;二者都倡导让犯罪者主动承担修复伤害的责任,将强制因素限制

---

[1] See Marie Manikis, "Recognizing Victims' Role and Rights during Plea Bargaining: A Fair Deal for Victims of Crime", *Criminal Law Quarterly*, Vol. 58, No. 3 and 4 (May 2012), p. 425.

到最小；二者都在从边缘走向主流。这意味着，如果将恢复性司法视为一种灵活的司法理念，而不是一种僵硬的独立于诉讼程序之外的司法模式，则其完全有融入合作式司法的必要性及可行性。特别是在我国独具特色的合作式司法——认罪认罚从宽制度中，不仅不会排斥恢复性司法，其对认罚、悔罪、和解谅解等的重视，还能为恢复性司法提供更加广阔的生存空间，通过兼顾"恢复正义"的多元合作，被害人利益、被追诉人利益及公共利益在非对抗的诉讼程序中得到均衡考虑，在准确有效惩罚犯罪的同时，修复社会关系，促进社会和谐，更好地回应人民群众对刑事司法公正的期盼。

第二节 技术性认罪认罚的隐忧及其防治

自开展认罪认罚从宽制度改革试点以来，特别是 2018 年《刑事诉讼法》在立法层面正式确立该制度后，认罪认罚案件在刑事案件中的占比迅猛提升，个别省份已经超过 80%。[1] 不可否认，从一些显性指标或立法期待的视角看，在认罪认罚从宽的诉讼原则和程序模式下，刑事诉讼的运作呈现出了一种合作下的多赢局面：被追诉人可以获得更大的量刑折扣，同时少受一些程序"折磨"；专门机关可以提高办案效率，并减少上诉、申诉等引发的追责风险；国家可以更为准确、及时地惩罚犯罪，节约司法资源，促进程序立法的科学化和治理方式的现代化；社会可以化解矛盾，消弭戾气，促进和谐。然而，在这一貌似皆大欢喜的局面中，极易被忽略却至关重要的问题是，到底有多少被追诉人是基于悔悟而认罪认罚？如果被追诉人的认罪认罚只是一场口服心不服的精致表演，那么，从宽还是否正当？或者，在这种情况下，被追诉人是否应该得到与基于悔罪的认罪认罚同样的量刑折扣？究竟是因被追诉人悔罪而对其予以从宽，还是以从宽激励悔罪？从宽真的能激励悔罪吗？激励机制会以何种方式作用于认罪认罚者的内心抉择？认罪认罚是否以悔罪为前提条件？真诚悔罪与虚假悔罪又该如何区分？不悔罪的认罪认罚，即所谓的技术性认罪认罚，会对该制度的实施效果产生何种影响？立法者、司法者又当如何应对？事实上，对悔罪的定位构成了我国认罪认罚从宽的理念及制度建构的核心议题。漠视这一议题不仅会制约认罪认罚从宽制度的内在完善，而且极有可能使该制度的实践运作背离

---

[1] 参见史兆琨、李立峰："敢用愿用安心用 切实履行主导责任——探访重庆认罪认罚从宽制度适用情况"，载《检察日报》2019 年 11 月 7 日，第 2 版。

立法预期，导致功能异化，最终得不偿失。

一、反对"技术性"：认罪认罚中的悔罪要求

（一）何为悔罪

悔罪，顾名思义，是指既认识到自己有罪，又对自己的罪过抱有悔意，即"悔恨所犯的罪过"。[1]具体到刑事法领域，悔罪可以被理解为被追诉人"对自己犯罪行为的后悔、悔恨"[2]及改恶从善的意愿。良知是悔罪的道德起源，当然，悔罪也会受到罪过的严重性、受害人情况等因素的影响。良知的个体差异以及个案的千差万别决定了悔罪亦有程度之分，而不只是简单的全有全无（all-or-nothing）状态。[3]基督教的伦理传统看重悔罪内涵中的从罪恶到正常的切实转变，[4]但在牛津大学塔西乌拉斯教授看来，这种转变可能只是悔罪的一种完美形态。他认为，悔罪是行为人对其不道德行为的适当的内在反应，悔罪由诸多的要素构成，包括负罪感、自我谴责、忏悔与道歉、对错误的道德补偿以及不再犯类似罪行的决心。其适当性体现于悔罪者先前行为本身的错误，并因此区别于遗憾或失望，而其内在性则强调悔罪来自内心驱动，而不是考虑到悔罪的实际效果。[5]事实上，塔西乌拉斯理解的悔罪在某些方面已经超越了心理反应范围。

我国刑事立法涉及悔罪的条文极少，且没有对悔罪内涵的明确界定，对相关概念的使用也较为混乱。在《刑法》和《刑事诉讼法》的相关条文中，两处使用"真诚悔罪"，两处使用"悔罪表现"，两处使用"悔改"，两处谈及"悔改表现"，另有两处规定了"具结悔过"。鉴于此，笔者认为，从心理反应层面认识悔罪，可能更容易厘清其与相关范畴的关系。换言之，即便悔罪是一个过程，也宜被视为一种心理过程，当这种心理过程外化，即悔罪心理呈现为具体的言语或行为时，就成为所谓的悔罪表现或悔改表现，而悔罪心理结合悔罪表

---

[1] 商务印书馆辞书研究中心：《新华词典》，商务印书馆2013年版，第439页。
[2] 张明楷："论犯罪后的态度对量刑的影响"，载《法学杂志》2015年第9期，第4页。
[3] See John Tasioulas, "Repentance and the Liberal State", *Ohio State Journal of Criminal Law*, Vol. 4, No. 2（Spring, 2007）, p. 490.
[4] See Alexander Chitov, "The Communicative Theory of Punishment and Repentance", *Law: Journal of the Higher School of Economics*, Vol. 2018, No. 4 (2018), p. 166.
[5] See John Tasioulas, "Repentance and the Liberal State", *Ohio State Journal of Criminal Law*, Vol. 4, No. 2（Spring, 2007）, p. 488.

现或悔改表现,即是被追诉人相对完整的悔罪态度。

(二) 认罪与悔罪

在我国,认罪可以有不同的表现形式,例如自首、坦白、当庭自愿认罪等,其要旨均为如实供述自己的罪行。同这些认罪形式相比,认罪认罚从宽制度中的认罪在内涵上更加特定化,即除了要求被追诉人如实供述自己的罪行外,还要求其承认被指控的犯罪事实。但不管是自主供述罪行,还是承认被指控的事实,认罪的要求都是针对被追诉人的外在行为,而不问其自主供述或承认罪行的内心起因。也就是说,被追诉人是否悔罪并不是认罪的必备条件,不悔罪不会影响认罪的成立。当然,这并不意味着认罪与悔罪关系疏松。恰恰相反,认罪与悔罪至少在三个方面紧密胶结在一起。

第一,在实践中,认罪经常伴随着悔罪,而有无悔罪直接反映着被追诉人对犯罪的不同态度及不同的主观恶性和矫正难度,因此,有无悔罪会导致认罪在从宽幅度上得到不同的评价。此外,在特定情况下,依据《刑事诉讼法》第112条的"不予立案"情形、第177条的酌定不起诉、第182条的"特殊撤案"和"特殊不起诉"以及《刑法》第13条的但书规定,悔罪甚至有可能起到出罪的效果。[1]

第二,认罪可能促进悔罪。借助供述罪行时的言语和情感,认罪可以成为被追诉人改恶从善的自我提醒或暗示,[2]从而强化被追诉人的自控能力,减轻其追求放纵行为的冲动,鼓励被追诉人"悔"过自新。有社会心理学领域的实证研究表明,认罪对被追诉人随后的影响在很大程度上取决于认罪前被追诉人对自己罪过的严重性的评估,供认严重罪行能促进悔罪,而供认较轻的罪行反而容易导致故态复萌。[3]

第三,虽然认罪不要求必须悔罪,但悔罪却必须以对罪过的承认为前提。如果行为人不认可自己有罪过,那么,其也就不可能产生基于良知的负罪感,自我谴责或改正意愿等就更无从谈起。但需要注意,此处的认可罪过关注的还是心理层面,不同于行为层面的向专门机关承认罪行,也不同于认可被指控的

---

[1] 参见陈娜、赵运锋:"定罪阶段的悔罪问题研究",载《政法学刊》2018年第3期,第65页。

[2] See Koo M. & Fishbach A., "Dynamics of Self-regulation: How (un-) Accomplished Goal Actions Affect Motivation", *Journal of Personality and Social Psychology*, Vol. 94, No. 2 (Mar., 2008), p. 183.

[3] See Michael L. Lowe & Kelly L. Haws, "Confession and Self-Control: A Prelude to Repentance or Relapse?", *Journal of Personality and Social Psychology*, Vol. 116, No. 4 (2019), p. 563.

犯罪的性质或罪名。在实践中,部分人在犯罪后内心悔恨,也可能有悔罪表现(如补偿被害人),但却没有选择投案认罪。

(三) 认罚与悔罪

认罪认罚从宽制度中的认罚是指愿意接受处罚,其核心是自愿接受刑事处罚,特别是认可检察机关提出的量刑建议。至于认罚是否包含退赃退赔、赔礼道歉等要求,学界和实务界对此还存在不同认识。但与认罪一样,不管在程序法意义上如何扩展认罚的内涵,如果仅从法律的形式要求看,那么,认罚其实也没有明确要求被追诉人必须悔罪。而认罚行为与悔罪心理之间的关系也较为复杂。一方面,悔罪者不一定认罚。一般来说,在赎罪的心态下,悔罪者通常会选择全盘接受处罚,因此,认罚可能是悔罪的一个重要表现。但是,并不是所有的悔罪者都愿意承担自己的罪过责任。有的人悔罪恰是出于对惩罚的恐惧,或者是为了免于惩罚。[1]另一方面,认罚者也不一定悔罪。被追诉人的外在行为不一定能准确反映其真实的心理状态。一种可能且常见的情形是,被追诉人接受惩罚,内心却并不认可支撑惩罚的裁判逻辑,认罚更多只是一个"纸牌游戏中对政府的策略性举措"。[2]尤其是在某些复仇式犯罪中,被追诉人自愿认罪认罚,甚至愿意赔偿损失,但依然坚信被害人是咎由自取,自己所作所为问心无愧。而当被害人本身有罪过时,被追诉人的无悔心理还能在部分社会认同中得到进一步强化。

然而,仅根据法条的字面意思对认罚与悔罪的关系作形式解释显然是不够的,只有结合认罪认罚从宽制度改革的时代背景、价值取向,才可能作出更为准确的诠释。显而易见,增加"认罚"的要求是认罪认罚从宽制度与我国已有的认罪从宽制度的重大区别之一。自改革之初,中央政法委、最高人民法院、最高人民检察院在定位改革目标时,就将"自愿接受处罚"与"自愿认罪""积极退赃退赔"等并列,作为提高诉讼效率、实现繁简分流的发力点。[3]按照有关立法人员的说法,认罚一般是指被追诉人"对司法机关根据其犯罪事实、

---

[1] See Alexander Chitov, "The Communicative Theory of Punishment and Repentance", *Law*: *Journal of the Higher School of Economics*, Vol. 2018, No. 4 (2018), p. 170.

[2] Sherry F. Colb, "Oil and Water: Why Retribution and Repentance Do Not Mix", *Quinnipac Law Review*, Vol. 22, No. 59 (2003), p. 69.

[3] 参见孟建柱:"完善司法管理体制和司法权力运行机制",载《人民日报》2014年11月7日,第6版。

情节、认罪、悔罪、赔偿或者和解等情况所给予的刑罚表示明确接受"。[1]并且，该立法人员在区分认罪认罚从宽制度与速裁程序的功能时还刻意指出，"认罪认罚从宽制度更强调犯罪人的认罪悔罪态度，更有利于其教育改造，实现预防再犯罪的刑罚目的"。[2]不难看出，顶层设计者之所以增加认罚规定，主要是考虑到了认罚的双重意义：在程序意义上，认罚体现了被追诉人更好地配合追诉的态度，减少了程序的对抗性，增强了程序从速、从简的合理性；在实体意义上，认罚表明了被追诉人更低的人身危险性和更好的改造条件，不仅有利于对犯罪的特殊预防，[3]而且使得从宽处罚更具正当性。事实上，顶层设计者所期待的认罚在程序和实体上的双重意义都可能属于悔罪的表现或效果，认罚的规定其实暗含着对悔罪的要求。不悔罪的认罚并不符合认罪认罚从宽制度语境下的认罚的内涵。

值得一提的是，伴随着《指导意见》的出台，认罚的悔罪要求已经由暗含转为明确规定，尽管这一规定还只是停留在指导意见型司法解释的层面。基于对立法精神的实质理解，该意见第7条将认罚限定为被追诉人"真诚悔罪，愿意接受处罚"，并强调，认罚考察的重点就是被追诉人的悔罪态度和悔罪表现。如果被追诉人实施了反映其没有悔罪态度的行为，譬如有赔偿能力而不赔偿被害人，那么，就不能对其适用认罪认罚从宽制度。

（四）交易模式中的悔罪定位：一个对比

由于悔罪是涉及良知、道德、伦理、宗教等的一个复杂现象，因此，不同国家的刑事司法制度、不同的诉讼模式对悔罪有着不同的认识和定位。犹太的法律与宗教对悔罪有着截然不同的态度：悔罪只能影响神罚，而不能影响刑罚。古犹太法甚至完全禁止在刑事诉讼中使用自白。[4]犹太法认为，人类的本性决定了其难以逃避罪恶，而上帝则提供了悔罪——救赎罪恶的途径。[5]对此，还

---

[1] 王爱立主编：《中华人民共和国刑事诉讼法释义》，法律出版社2018年版，第27页。

[2] 王爱立：《〈中华人民共和国刑事诉讼法〉修改与适用》，中国民主法制出版社2018年版，第45页。

[3] 参见万毅："悔罪者方从宽：认罪认罚从宽制度的实质解释——基于规范实务操作的角度"，载《人民检察》2018年第21期，第37页。

[4] See Cheryl G. Bader, "Forgive Me Victim for I Have Sinned: Why Repentance and the Criminal Justice System Do Not Mix-A Lesson from Jewish Law", *Fordham Urban Law Journal*, Vol. 31, No. 1 (Nov., 2003), p. 69.

[5] See Samuel J. Levine, "Teshuva: A Look at Repentance, Forgiveness and Atonement in Jewish Law and Philosophy and American Legal Thought", *Fordham Urban Law Journal*, Vol. 27, No. 5 (Jun., 2000), p. 1679.

第七章 合作式司法中的恢复逻辑

存在两种思路大相径庭的解释：第一，只有神才存在对人类的怜悯，而怜悯不应该是定罪量刑考量的事项；第二，就像古罗马的腐败法官接受谄媚或贿赂一样，上帝接受悔罪是因为这样做更符合上帝自己的利益，而司法则不允许如此。[1]

犹太法对自白的决绝态度与美国刑事司法对自白的高度重视形成鲜明对比。尽管美国有沉默权，但是在辩诉交易的激励或者说压迫下，选择沉默的被追诉人只是极少数。当然，自白并不等于悔罪。而且，正如有些美国学者所指出的，辩诉交易中的有罪答辩只是被追诉人接受交易的意思表示，连自白都不是。[2]美国联邦最高法院甚至接受被追诉人事实上不认罪的有罪答辩——阿尔弗德答辩。[3]近年来，美国一个主要为贫穷被追诉人提供法律帮助的公益性辩护项目（Georgia Justice Project）基于基督教教义中的一些实践准则，倡导以道德上的宗教救赎改变被追诉人的生活。具体的途径是，在以法律机制处理案件之前，鼓励被追诉人通过向被害人及其家属写信寻求原谅等方式认罪悔罪。[4]但该项目也遭受了诸多质疑。因为在很多人看来，刑事司法并不是用来鼓励被追诉人追求赎罪免罪的。在美国，不管被追诉人出于何种动机，祈求被害人原谅本身就可以成为证明被追诉人有罪的合格证据。[5]而在德国的认罪协商中，法官承诺在量刑上给予回报，交换的也只是被追诉人就核心事实作出供述。[6]至于被追诉人是否真诚悔罪，不会影响认罪协议的达成。与美国一样，在德国的刑事司法中，被追诉人的悔罪表现顶多算是确定官方交易对价或法官量刑的一个酌定因素。

---

〔1〕 See Shoval Shafat, "Why Repentance Affects Divine Punishment but Not Human Punishment?", *Journal of Law*, Vol. 4, No. 1（Dec., 2015）, p. 96.

〔2〕 See Brandon L. Garrett, "Why Plea Bargains Are Not Confessions", *William & Mary Law Review*, Vol. 57, No. 4（Mar., 2016）, p. 1415.

〔3〕 参见［美］John H. Blume & Rebecca K. Helm："'认假罪'：那些事实无罪的有罪答辩人"，郭烁、刘欢译，载《中国刑事法杂志》2017年第5期，第129页。

〔4〕 See Cheryl G. Bader, "Forgive Me Victim for I Have Sinned: Why Repentance and the Criminal Justice System Do Not Mix-A Lesson from Jewish Law", *Fordham Urban Law Journal*, Vol. 31, No. 1（Nov., 2003）, p. 69.

〔5〕 See Douglas B. Ammar, "Forgiveness and the Law: A Redemptive Opportunity", *Fordham Urban Law Journal*, Vol. 27, No. 5（2000）, p. 1596.

〔6〕 参见［德］乌尔弗里德·诺伊曼："德国刑事诉讼法的基本原则和制度"，韩阳译，载彭海青、吕泽华、［德］彼得·吉勒斯编著：《德国司法危机与改革——中德司法改革比较与相互启示》，法律出版社2018年版，第20页。

二、技术性认罪认罚的消极影响

所谓技术性认罪认罚，是指被追诉人虽认罪认罚但不悔罪。一般而言，技术性认罪认罚带有一定的表演性，被追诉人表面接受定罪与处罚，内心却并不认同。但是在个别情况下，技术性认罪认罚也表现为，被追诉人在法律层面对定罪与处罚真心接受，在道德层面或自己的行为准则层面却并不认为自己有错，也不愿意在之后有所改变。上已述及，悔罪是适用认罪认罚从宽制度的内在要求。正如《指导意见》所强调的，被追诉人的悔罪态度和悔罪表现是认罚考察的重点。因为缺乏悔罪的心理支撑，技术性认罪认罚在本质上并不符合认罪认罚从宽制度的适用条件。技术性认罪认罚的滋生及泛滥不仅影响认罪认罚从宽制度实施的法律效果与社会效果，而且有可能从根本上动摇该制度的价值导向和思想基础，最终很有可能演变为以激励未来更多犯罪为代价提高当前追诉犯罪的效率，以回避或掩盖犯罪引发的社会矛盾的方式治理矛盾，以突破刑事司法基本原则和牺牲社会公正为代价实现具体案件诉讼参与人的多方"共赢"。

首先，技术性认罪认罚有碍惩罚犯罪的有效性。"准确有效惩罚犯罪"[1]或"及时有效惩罚犯罪"[2]是认罪认罚从宽制度改革的重要目标。其中，惩罚犯罪的有效性当然包括实体法层面刑罚的特殊预防效果。刑罚表达了国家和社会对被追诉人犯罪行为的谴责。不管在理解刑罚的目的时持何种理念，对于被追诉人的心性塑造而言，刑罚在客观上通常导致两种后果：一是促使被追诉人反思自己的错误，形成悔罪心理，进而产生向善的改变；二是增加被追诉人的对抗情绪和反社会心理，强化其再犯倾向。第二种结果的出现无疑宣告了刑罚的失败。因此，悔罪对于犯罪个体的道德完善，进而对刑罚的功能实现至关重要。虽然罪行已经结束，但是邪念可能依然存于内心，仍然需要通过悔罪加以修复。通过悔罪，被追诉人不仅用适当的价值完成了自我重建，而且能在一定程度上消除与社会的裂痕，恢复失去的声望。[3] 彻底的悔罪能够确保被追诉人

---

[1] 胡云腾："准确适用认罪认罚从宽制度 在更高层次上实现刑事司法公正与效率相统一"，载胡云腾主编：《认罪认罚从宽制度的理解与适用》，人民法院出版社2018年版，序言第4页。

[2] 周强："对《关于授权在部分地区开展刑事案件认罪认罚从宽制度试点工作的决定（草案）》的说明"，载 http://www.npc.gov.cn/wxzl/gongbao/2016-10/12/content_2007460.htm，最后访问日期：2019年11月28日。

[3] See John Tasioulas, "Repentance and the Liberal State", *Ohio State Journal of Criminal Law*, Vol. 4, No. 2 (Spring, 2007), p. 493.

不再走上犯罪道路。相反，如果被追诉人仅仅从刑罚中读取到了社会的否定，或仅仅承认自己违反了法律，而不理解所判刑罚是自己罪行的应有后果，没有认识到自己的道德失败，没有发生基于负罪感的内在转变，那么，刑罚之于被追诉人的意义必将大打折扣。当然，在实践中，被追诉人有可能缺乏道德自知和自我改变的能力。他可能感觉到，他所实施的犯罪对他自己而言也是陌生的，不能反映他自己的性格。在这种情况下，施加刑罚向被追诉人传递的信息是，他是一个邪恶或卑劣的人，这不仅不会挽救被追诉人，反而可能给予其严重的挫败感，剥夺他的自我认同。[1]特别是在技术性认罪认罚案件中，不悔罪的认罪认罚者通常把从宽理解为犯罪成本的降低，或者配合追诉的对价，甚至是自己全力博弈的"战果"，而不会将其视为值得感恩的国家怜悯，更不会由此增强悔罪的动力。故而，很难期待刑罚能对技术性认罪认罚的被追诉人产生预防再犯的作用。

其次，技术性认罪认罚有损从宽的正当性，也威胁到罪责刑相适应原则。认罪认罚从宽的根本目的是确保专门机关"依法、及时、公正履行追诉、惩罚犯罪的职责"，被追诉人"只是通过认罪认罚来争取从宽"。[2]但在已有认罪从宽、自首从宽、和解从宽等制度的情况下，为何要创立认罪认罚这一独立的、能够为被追诉人带来更大量刑折扣的从宽情节呢？其实，创立认罪认罚的关键就在于，绑定了认罚的认罪通常能够反映出被追诉人更好的认罪态度——悔罪。从实体法角度而言，反映悔罪态度的认罪认罚能够表明被追诉人的人身危险性显著降低，因此，具有更大的特别预防及人格改造价值。而在程序法意义上，在悔罪心理支配下的认罪认罚体现了被追诉人对专门机关追诉活动的充分配合，不仅有效消除了定罪的障碍，还一并以合意的方式解决了量刑问题。质言之，之所以将认罪认罚纳为从宽量刑情节，就是因为悔罪在促使被追诉人发生从内向外的转变等方面，发挥了刑罚所无法替代的作用。而一旦脱离悔罪态度，认罪认罚在实体法上将变得了无新意，在程序法上也会直接影响其本身的自愿性、真实性，从而侵蚀其作为独立的从宽量刑情节的根基。而且，在实体法层面，不悔罪的认罪认罚所反映的被追诉人的主观恶性及人身危险性可能丝毫不低于既不认罪又不认罚。当然，至少在程序法层面，不悔罪的认罪认罚还是要胜于

---

[1] See Rinat Kitai-Sangero & Itay Lipschits, "The Place of Repentance in Retributive Sentencing", *International Journal of Punishment and Sentencing*, Vol. 7, No. 4 (2011), p. 136.

[2] 胡云腾主编：《认罪认罚从宽制度的理解与适用》，人民法院出版社2018年版，第5页。

连表面上都不愿意配合专门机关的既不认罪也不认罚,因此,与坦白、自首、当庭自愿认罪或者只认罪不认罚一样,在量刑时,不悔罪的认罪认罚也应当作为从宽情节予以综合考量。但是,如果专门机关疏于关注被追诉人的悔罪态度,不区分基于真诚悔罪的认罪认罚与技术性认罪认罚,对认罪认罚者机械套用同样的从宽标准,那么,这既有悖于立法目的,也不符合宽严相济及罪责刑相适应原则的要求。

再次,技术性认罪认罚不利于被害恢复。悔罪之所以能成为决定认罪认罚性质及从宽幅度的一个重要标尺,很大程度上是因为其对被犯罪破坏的人际关系的恢复。在宏观层面,它有助于恢复被追诉人与家庭成员及其他社会成员之间的关系;在微观层面,它能促进被追诉人—被害人关系的恢复。相对于获得经济赔偿和对被追诉人施加严厉刑罚,被害人通常更期望被追诉人能够同时表露出悔罪和同情。[1]有些犯罪给被害人带来的心理伤害可能比身体伤害或物质损失尤甚,特别是当被追诉人曾是被害人所信任的人时。[2]悔罪虽然不能消除物理伤害,却能抚慰被害人的内心创伤。真诚悔罪的被追诉人能够直面和尊重被害人的怨恨,帮助被害人找回对生活的自控感,重树自信。悔罪是被追诉人寻求被害人谅解和被害人能够谅解被追诉人的基础。[3]悔罪与谅解作为被追诉人与被害人之间的情感互动,不管对于被追诉人,还是对于被害人,均蕴藏着强大的恢复性力量。正因如此,认罪认罚从宽制度的适用虽然并不以被害人同意为前提,但却非常重视被害人对被追诉人悔罪表现的态度。《指导意见》在被害方权益保护部分特意强调,属于公诉案件和解程序适用范围的认罪认罚案件,专门机关应当积极促进和解;对于其他认罪认罚案件,专门机关也可以促进被追诉人通过多种方式获得谅解;而是否达成和解,是否取得谅解,将作为是否从宽处罚的重要考虑因素。但在技术性认罪认罚情况下,由于被追诉人没有真诚悔罪,因此,即便案件范围适格,此类案件也不符合公诉案件和解程序适用的首要法定条件。而且,虽然不能说没有被追诉人的真诚悔罪,就绝对无法获得被害人的真诚谅解,但在大多数情况下,如果被追诉人与被害人具备充

---

[1] See B. Douglas Robbins, "Resurrection from a Death Sentence: Why Capital Sentences Should Be Commuted Upon the Occasion of an Authentic Ethical Transformation", *University of Pennsylvania Law Review*, Vol. 149, No. 4 (Apr., 2001), p. 1155.

[2] See Geoffrey Scarre, *After Evil: Responding to Wrongdoing*, London: Taylor & Francis Ltd, 2004, p. 24.

[3] See Rinat Kitai-Sangero & Itay Lipschits, "The Place of Repentance in Retributive Sentencing", *International Journal of Punishment and Sentencing*, Vol. 7, No. 4 (2011), p. 127.

分的沟通条件，那么，被追诉人的负罪感与被害人的怨恨感就会呈现负相关。技术性认罪认罚至多只能减轻被害人的怨恨感，但很难给其带来被害认知和自我感觉方面的整体性转变。

复次，技术性认罪认罚也会影响惩罚犯罪的准确性。被追诉人通常在两种心态下选择技术性认罪认罚：一是虽不悔罪但坦然面对、甘受惩罚，二是不悔罪并且精心算计、少受惩罚。在后一种心态下，被追诉人的认罪认罚是"作为复杂的成本收益权衡过程进行研判后"[1]的行动策略，带有很强的表演性、迷惑性。情况往往是被追诉人表现出来的认罪态度越好，表面上越配合专门机关的工作，在供述犯罪时就越容易少供、漏供、避重就轻、避主认从；在退赃退赔、赔偿损失上表现得越主动，在转移财产、逃避经济责任上就越隐蔽、越积极。而面对技术性认罪认罚，专门机关很容易放松防范和戒备心理，降低定案的证据要求和证明标准，从而不能全面、准确地查明案件事实。况且，对于认罪认罚案件，由于追求从简从速，因此，传统的三机关分工制约、多重审查模式也难以发挥出在非认罪认罚案件中所能发挥的层层把关作用。

最后，技术性认罪认罚还可能加剧认罪认罚从宽制度实施过程中出现的一些负面的社会效果。自开展认罪认罚从宽制度改革试点以来，对其实施效果，社会上一直存在两种质疑：一是刑罚过度轻缓，如何避免放纵犯罪？据统计，在试点期间，认罪认罚案件的非监禁刑适用率达到了 37.2%。[2]在个别地方，认罪认罚案件的非监禁刑适用率甚至已高达 64.4%。[3]认罪认罚确实应当从宽，但从宽是否应该有个限度？到底该基于何种标准判处缓刑？二是认罚赔偿从宽会不会出现"花钱买刑"的情形？试点情况表明，被追诉人赔偿损失对其最终被判处的刑罚有着直接、重要的影响。充分的赔偿不仅能为被追诉人带来更大的宽宥，而且也使附带民事诉讼原告人的上诉率明显降低。但这样是否会导致具有不同赔偿能力的人在法律适用上的不平等？是否应当考虑赔偿的意愿？可以说，在技术性认罪认罚的情况下，上述质疑都将变得更加合理。这是因为，如果被追诉人毫不悔罪，那么，专门机关极为看重并视为改革成效的非监禁刑适用率或者息诉服判率又有多大意义？

---

[1] 崔凯、魏建文：“虚假认罪认罚的制度风险与排除”，载《人民检察》2017 年第 19 期，第 53 页。

[2] 参见周强 2019 年 10 月 23 日所作的《最高人民法院关于加强刑事审判工作情况的报告》。

[3] 参见杨立新：《认罪认罚从宽制度试点总结报告》，载胡云腾主编：《认罪认罚从宽制度的理解与适用》，人民法院出版社 2018 年版，第 271 页。

三、技术性认罪认罚的发生逻辑

较之于域外的交易模式，重视悔罪是我国认罪认罚从宽制度的一大特色。但从该制度的运行实践看，相当一部分认罪认罚案件属于技术性认罪认罚，并没有达到适用该制度所要求的被追诉人真诚悔罪的实质条件。技术性认罪认罚的出现及其常态化原因，可以从以下五个方面进行认识。

第一，认罪认罚制度具有内在强迫性。悔罪的最基本要素是对自己罪过的自愿认可。但从我国目前的制度供给看，保障认罪认罚的自愿性尚困难重重。就认罪而言，按照立法的逻辑，认罪认罚从宽不是专门机关以从宽交换认罪，而是被追诉人以认罪争取从宽，[1]不是谈了条件再认罪，而是认罪后再谈条件，认罪是从宽的前提。此外，在实践中，认罪认罚从宽制度在侦查阶段的实施情况并不乐观，侦查阶段启动认罪认罚从宽制度的并不多，但绝大多数被追诉人在侦查阶段已经承认罪行，等到审查起诉阶段或审判阶段再启动认罪认罚从宽制度，根本就没有了以从宽激励认罪的必要，多数只是以从宽来交换被追诉人同意程序简化或更好的配合态度。而在侦查阶段，获取被追诉人的有罪供述还是更多地依赖于带有内在强迫性的传统机制：法律虽然规定了不得强迫任何人证实自己有罪，但依然保留了被追诉人"如实回答"侦查人员提问的义务；虽然建立了非法供述排除规则，但对刑讯外的非法方法采取了非常严格的解释，并且未将违反法定程序取供列为独立的排除根据；虽然限定了讯问的地点和程序，但并没有严格限制羁押讯问，且不允许辩护律师在场，这便导致获取口供的讯问多数是在被追诉人被限制自由且孤立无援的状态下进行的。就认罚而言，与认罪一样，按照《刑事诉讼法》第 173 条和第 176 条的要求，只有在被追诉人认罚的前提下，人民检察院才应当提出量刑建议，才能够就特定事项听取意见。这表面上是在强调认罚的主动性，从而凸显被追诉人自发的悔罪心理，实质上是在固化认罚的启动模式，反映了被追诉人受职权关照的弱势地位。再加上控辩信息不对称及认罪认罚利益的"官方定价"模式，[2]认罚的自愿性必然受到制约。此外，从整体上看，在顶层的大力推动和基层的积极参与下，认罪认罚从宽制度不仅适用率高，而且从宽的幅度大，认罪认罚与不认罪

---

〔1〕参见胡云腾主编：《认罪认罚从宽制度的理解与适用》，人民法院出版社 2018 年版，第 5 页。

〔2〕参见闫召华："听取意见式司法的理性建构——以认罪认罚从宽制度为中心"，载《法制与社会发展》2019 年第 4 期，第 62 页。

认罚的法律后果的差异愈加明显,这无疑也会转化为对被追诉人认罪认罚的潜在压迫。

第二,专门机关对认罪认罚的理解过于形式化。在刑事司法中,悔罪心理只有外化为具体的语言或行为才有可能被专门机关认识和认定,这些反映悔罪心理的语言或行为就是悔罪表现,在影响量刑的意义上,也被称为悔罪情节。但问题是,悔罪表现对悔罪心理的反映是或然性的,悔罪表现可以反映悔罪心理,但并不必然反映悔罪心理,正如悔罪通常表现为被追诉人认罪认罚,但被追诉人认罪认罚却不代表其一定悔罪。当惯常认为的悔罪表现缺乏悔罪心理的支撑时,就很难再将其视为真正的悔罪表现。因此,法律及相关司法解释关于"悔罪表现"的诸多具体规定均体现了内在心理与外部表现的一体性。例如,自首要求被追诉人投案的"自动"性;当庭认罪及认罪认罚强调被追诉人的"自愿"性;救助被害人、退赃退赔和赔偿被害人损失注重被追诉人的"积极"性;预缴罚金重视被追诉人的"主动"性。但在实践中,部分专门机关在适用认罪认罚从宽制度时,割裂了悔罪的主客观一致性,过于看重悔罪表现的外在形式,[1]只考虑被追诉人有没有认罪,是否同意量刑建议,有没有签署具结书,有无赔偿被害人,有无和解协议,有无谅解书等,而不深究被追诉人行为的主观方面,不考虑被追诉人认罪认罚是否仅仅是出于功利主义的算计,为了减轻罪责,逃避责任。这种形式主义的司法取向只是形式化地审查了悔罪行为的自愿性,有意无意地降低了对悔罪表现的自动性、主动性、积极性的要求,忽略了对悔罪表现之下的悔罪心理的综合权衡,根本不具备甄别技术性认罪认罚的意识和能力,最终反而成为对技术性认罪认罚的变相激励。

第三,对真诚悔罪的判断比较困难。作为一种心理状态,悔罪是极端复杂和个人化的,很难被简化为一个具有普遍适用性的固定不变的程式。可以说,反对在刑事司法中考虑悔罪的人在很大程度上就是考虑到了评估悔罪真诚性的难度。[2]首先,真诚悔罪的判断难体现在心理问题的隐秘性上。迈蒙尼德斯在《悔罪法则》中谈到如何识别忏悔者时说:"能探知隐秘的人将证明他绝不会再重返罪恶。"[3]然而,在刑事诉讼相对较短的时限内,如何才能进入他人的内

---

[1] 参见王薇:"论悔罪表现",湘潭大学2011年硕士学位论文,第20页。

[2] See Jeffrie G. Murphy, "Well Excuse Me! Remorse, Apology, and Criminal Sentence", *Arizona State Law Journal*, Vol. 38, No. 2 (Jun., 2006), p. 379.

[3] See Rinat Kitai-Sangero & Itay Lipschits, "The Place of Repentance in Retributive Sentencing", *International Journal of Punishment and Sentencing*, Vol. 7, No. 4 (2011), p. 122.

心世界或灵魂深处？谁才能胜任那个神秘的探知者？当然，观察有无悔罪的惯常表现是探寻悔罪心理的一个途径，但困难在于，有惯常表现也不一定是悔罪，没有惯常表现也不一定不是悔罪。其次，纯粹的悔罪心理是不存在的，在实践中，其经常与后悔、遗憾、悲伤、耻辱、愤怒、焦虑、困惑等情绪或感觉混杂在一起，但悔罪与这些情绪存在着易被无视的细微差别。譬如，后悔可以出于功利主义的动机，而悔罪则出于道德失败的内化；遗憾无关行为本身的对错，而悔罪须有罪过行为；耻辱感主要基于社会关系中的外部评价，而支撑悔罪的负罪感则主要基于个人的良知；悲伤可以主要指向行为的后果，而悔罪则指向罪过行为本身。再次，悔罪因人而异，悔罪的过程、方式和程度直接受到个人的性格、知识、能力等因素的影响。在认罪认罚时，有人考虑得深入，有人考虑得肤浅，还有些被追诉人自己都不清楚，为何认罪认罚，自己经受的痛苦来自于个人良知，还是外部压力，自己是不是真的悔罪。同时，正如不悔罪的人可以通过娴熟的演技让人误以为其悔罪一样，真诚悔罪的被追诉人也可能不会选择合适的方式来表达自己的感情。在个别情况下，被追诉人还会通过冷漠甚至傲慢的表现来掩盖自己的悔罪心理。[1]最后，真诚悔罪的判断难也部分源自于悔罪心理的反复性。没有任何经验证据表明，真诚悔罪和再犯之间有必然联系。既然人的心理状态并非一成不变，那么，被追诉人在真诚悔罪之后也有可能重新再犯。有论者认为，悔罪也可能会强化负罪感，进而刺激行为人重走旧路，"邪恶的人生活中的每一天都充满悔恨"。[2]这种屡悔屡犯的悔罪与能将被追诉人彻底从旧有的错误行为方式中解放出来的悔罪的差别就在于悔罪的程度。

第四，激励机制有"过度调整"的嫌疑。站在被追诉人的视角，认罪认罚从宽无疑是一种自愿认罪认罚的激励机制。但关于人的本能冲动理论的研究成果表明，简单化地为某种行为设置预期激励不仅不会增强人们实施特定行为的内在需要，反而有碍于这种内在需要的形成。在相关实验中，"那些因被提前告知将因实施某种行为而获得奖励进而实施了特定行为的人，在下一轮不存在奖励制度时反而失去了行为的动力；相反，那些从未被提前告知奖励机制而实施了特定行为的人，一直维持着实施行为的内在冲动，不管他们后来是否得到意

---

[1] See Martha Grace Duncan, "So Young and so Untender: Remorseless Children and the Expectations of the Law", *Columbia Law Review*, Vol. 102, No. 6 (Oct., 2002), p. 147.

[2] See Rinat Kitai-Sangero & Itay Lipschits, "The Place of Repentance in Retributive Sentencing", *International Journal of Punishment and Sentencing*, Vol. 7, No. 4 (2011), p. 125.

外奖励"。[1]很多社会心理学家还发展出了解释这一实验结果的系统理论——"过度调整假设"（overjustification hypothesis）。该理论认为，当某人实施某一行为时，她会以观察行动中的其他人的方式观察自己。然后，她会从观察中得出自己喜欢什么或不喜欢什么的推论。该推论将会强化或者减弱她自己关于喜欢什么或者不喜欢什么的态度。如果她的行为被外部因素"过度调整"，那么，她就会将自己的行为归因于这些外部因素，而非自己的内在需要。[2]如果被追诉人选择认罪认罚仅仅是为了追求从宽处罚的利益，那么，从宽处罚就很容易成为过度调整被追诉人行为方式的外部因素，这反而会掩盖和抑制被追诉人出于悔罪而认罪认罚的内在动力。并且从宽幅度越大，抑制作用可能就越明显。

第五，报应刑观念根深蒂固。报应观在中国的传统思想和文化中一直居于举足轻重的地位。直到今天，不管在解读刑罚的正当性时，理论界如何在报应论、目的论以及各种综合论之间莫衷一是地论争，作为一种朴素的正义观，报应观依然具有深厚的群众基础，集中反映着相当一部分民众对"罪与罚"的基本认知，也直接影响着专门机关在刑事司法上的价值取向。[3]然而，在报应主义的刑罚观与对悔罪的追求之间，存在着不易调和的逻辑冲突：报应观看重的是被追诉人过去的犯罪行为，而悔罪则面向将来，因为在大多数情况下，悔罪不管多么真诚，都不能改变已经发生的错误，特别是在被追诉人与被害人不具备沟通条件的案件中；在报应观看来，每个人都应当对自己的犯罪行为承受处罚，但在提倡悔罪的理念中，惩罚一个已经内心弃恶从善的人，即便不可避免，也应该与惩罚没有改变的被追诉人有所区别；强烈的报应观还可能促使民众由对被追诉人的犯罪行为的否定转为对其本人人格的全盘否定，这种态度甚至有可能延展到刑罚执行完毕之后，这便导致已经付出代价的被追诉人依然无法被社会接受，而悔罪的最大目标就是赎罪和挽救，使被追诉人再融入社会。此外，与激励可能抑制悔罪的内在需求相仿，作为一种外部压力，报应性刑罚反而可能会强化被追诉人再次实施犯罪的内在需要。[4]通过告知被追诉人他的行为是

---

[1] Richard M. Ryan & Edward L. Deci, "Self-Determination Theory and the Facilitation of Intrinsic Motivation, Social Development, and Well-Being", *American Psychologist*, Vol. 55, No. 1 (Feb., 2000), p. 69.

[2] Sherry F. Colb, "Oil and Water: Why Retribution and Repentance Do Not Mix", *Quinnipac Law Review*, Vol. 22, No. 1 (2003), p. 81.

[3] 参见吕丽、郭庭宇："报应观对中国古代司法理念的影响"，载《吉林广播电视大学学报》2018年第8期，第80页。

[4] Sherry F. Colb, "Oil and Water: Why Retribution and Repentance Do Not Mix", *Quinnipac Law Review*, Vol. 22, No. 1 (2003), p. 83.

犯罪，他被处罚也是罪有应得，报应性的刑罚向被追诉人传递了社会对他的愤慨和谴责，该信息很难为悔罪创造条件，却很容易激起被追诉人的不满和愤怒，使其为犯罪行为的合理性寻找更多的辩词或借口，增强其再犯的行为倾向。

四、虚假抑或真诚：如何突破识别困境

如上所述，真诚悔罪的判断难是导致技术性认罪认罚泛滥的原因之一。内心世界的隐秘性决定了，公安司法人员在评价被追诉人是否悔罪及悔罪的真诚度时，只能依据形之于外的言语或行为。而内在想法与外部表现的对应关系的复杂性又决定了，我们很难为是否真诚悔罪确立一个完全客观的强行性标准，而只能依赖于酌情裁量。但值得强调的是，被追诉人的言语或行为既有可能反映其悔罪心理，也有可能反映其不悔罪的态度。这事实上为技术性认罪认罚的识别提供了更为丰富的素材，也相应地要求公安司法人员必须从悔罪的支撑性表现和否定性表现两大角度全面关注、综合权衡，基于相关材料所反映的被追诉人的性格特点，根据常识、常情、常理，结合自己的个案观察和办案经验，对认罪认罚的被追诉人是否真诚悔罪作出更加贴近事实的判断。

（一）支撑性表现

所谓支撑性表现，是指有利于悔罪心理认定的被追诉人的言语或行为。以相对于犯罪的表现时机为标准，支撑性表现可以被分为罪中表现和罪后表现。前者主要包括自动中止犯罪，积极抢救被害人，采取措施防止危害后果的扩大等。后者主要发生于犯罪完成后，又可按时间段进一步细分为追诉期间（定罪之前）的支撑性表现、服刑期间的支撑性表现及刑罚执行完毕之后的支撑性表现等。不同时间节点的支撑性表现也具有不同的法律意义：罪中表现和追诉期间的支撑性表现既可以影响量刑，也可以影响定罪；服刑期间的支撑性表现则是减刑、假释的重要依据；刑罚执行完毕之后的支撑性表现虽然不再影响个案的处理，但正因如此，反而具有更高的真诚度和可信性。以实际反映的悔罪心理的具体构成要素为标准，支撑性表现可以分为认可罪过表现、悔恨表现和改过表现。如实供述罪行、承认指控事实、认可刑事处罚、愿意承担民事赔偿责任等均属认可罪过表现。主动停止侵害、赔礼道歉、积极退赃退赔、抢救被害人、挽回损失等属于悔恨表现。而改过表现则主要指接受教育改造、改变处事原则、调整行为方式。当然，有时候一个悔罪表现也有可能同时反映了悔罪心理的多个要素。

一般情况下，考虑到相关表现对定罪量刑的影响，出于趋利避害的本性，被追诉人即使不悔罪，对于自己的不悔罪心理也会刻意隐藏，甚至会以若干支撑性表现故意混淆真相。例如，同其他支撑性表现一样，坦白的真实动因在刑事程序中是很难被查清的，如果每个被追诉人都知道坦白从宽，那么，情况更是如此。[1]因此，支撑性表现很容易被滥用，成为悔罪的伪装。"一个悔罪可能是骗局，悔罪者是一个优秀的欺骗艺术家，他看起来是在真诚地悔恨，使别人信服，而实际上他毫无悔意。"[2]就像陀思妥耶夫斯基的《罪与罚》中的主人公拉斯柯尔尼科夫的经历一样：他主动到警察局供认谋杀，尽管已经有人对该案错误地承担了责任。在庭审时，拉斯柯尔尼科夫说是悔罪促使自己供认罪行。但事实上，他之所以供认罪行，是出于悔罪之外的复杂心理动因，他还是在为自己的罪行寻找合理化的借口。直至在监狱服刑时，他才在一次怪梦后，真正认识到自己的行为和行为准则的谬误，并寻找到内心的平静，实现了内在改变。但在庭审时，包括法官在内的旁观者恐怕都很难仅从外在表现，就对他的悔罪动机提出质疑。[3]针对支撑性表现对悔罪心理的薄弱的反应能力问题，有学者主张引入被害人谅解这一更加明确的司法标准，即将被害人谅解作为悔罪影响定罪量刑的必需的程序要件。[4]但很多人对此并不赞同。[5]被害人谅解虽然更易被评估，引入被害人谅解也有利于保护被害人的权利，但过度强调被害人的态度对定罪量刑的影响，不管是对被追诉人，还是对整个司法体系而言，都缺乏正当性。而且，引入被害人谅解并没有真正地改进悔罪真诚性的评价方法，而只是将评价的权力转移给了被害人。

(二) 否定性表现

所有对认定被追诉人的悔罪心理起到否定或消解效果的表现，均可被称为否定性表现。否定性表现又可被分为消极的否定性表现和积极的否定性表现。前者是指没有实施或没有积极、完整地实施惯常的悔罪行为的表现，比如没有

---

[1] 参见[德]汉斯·海因里希·耶赛克、托马斯·魏根特：《德国刑法教科书》，徐久生译，中国法制出版社2017年版，第1196页。

[2] 王立峰："论悔罪"，载《中国刑事法杂志》2006年第3期，第55页。

[3] 参见[俄]陀思妥耶夫斯基：《罪与罚》，朱海观、王汶译，人民文学出版社2016年版。

[4] See Stephanos Bibas, "Forgiveness in Criminal Procedure", *Ohio State Journal of Criminal Law*, Vol. 4, No. 2 (Spring, 2007), p. 332.

[5] See Ross London, *Crime, Punishment, and Restorative Justice: A Framework for Restoring Trust*, Eugene: Wipf and Stock Publishers, 2014, p. 42.

退赃退赔，没有赔偿被害人损失，没有向被害人赔礼道歉，此类情形也可以被认为是"缺乏悔罪表现"。后者则是指被追诉人积极实施某一反映其不具备悔罪心理的行为的表现，比如，《指导意见》提及的被追诉人"暗中串供""干扰证人作证""毁灭、伪造证据""隐匿、转移财产，有赔偿能力而不赔偿损失"等，此类情形亦可被称为"不悔罪表现"。狭义上的否定性表现主要指"不悔罪表现"。有些否定性表现则介于"缺乏悔罪表现"与"不悔罪表现"之间，例如，被追诉人时供时翻，有罪供述不稳定。

一般而言，因客观原因导致的被追诉人缺少某个具体的悔罪表现，例如，被追诉人因缺乏经济能力而没有赔偿被害人的损失，或者虽尽其所能，但仍不能满足被害人的赔偿要求，并不影响对被追诉人真诚悔罪的认定。而因主观原因导致的被追诉人缺少某一悔罪表现，例如，没有如实交代主要犯罪事实之外的个别事实情节，则需要结合个案情况对其进行分析，只要在其他方面具备了足以反映其悔罪心理的表现，也可以认定其是真诚悔罪。被追诉人彻底交代罪行，完全配合专门机关的工作，这当然是真诚悔罪的理想状态，但在实践中，对被追诉人的要求不能过于苛刻，有必要将有一定真诚度的认罪认罚与纯粹的技术性认罪认罚或者不认罪认罚区别对待。以司法解释规定的"送首"为例。虽然亲友主动报案后将犯罪嫌疑人送公安司法机关投案的行为，与犯罪嫌疑人自己主动投案的行为所反映的悔罪心理有程度上的差异，但也不能说，该行为就丝毫没有体现犯罪嫌疑人的悔罪心态，从而不将其认定为悔罪情节。因为犯罪嫌疑人对亲友的"送公投案"行为毕竟还是抱了配合的态度的，其并没有提出激烈反对或作出积极反抗，这同亲友将犯罪嫌疑人捆绑后送去投案的行为有着显著差异。从后一种行为中，确实难以窥测到犯罪嫌疑人的内心悔悟。相反，将后一种情况视为犯罪嫌疑人的"不悔罪表现"，似乎更为贴切。

与"缺乏悔罪表现"相比，"不悔罪表现"对悔罪的认定有直接和重大的影响。"不悔罪表现"通常表明，被追诉人"不但没有积极地配合司法机关，而且已经开始突破法律的底线，可能会破坏刑事诉讼的进程，妨碍司法公正"，因此，其与"缺乏悔罪表现""显然存在本质的区别"。[1]与悔罪表现虽多但真诚悔罪的结论依然难以确定不同，"不悔罪表现"经常能起到"一票否决"的效果。

---

[1] 刘哲：《检察再出发》，清华大学出版社2018年版，第224页。

（三）几种易被误解的影响因素

在对真诚悔罪的认定及对技术性认罪认罚的识别中，被追诉人的部分言语或行为，如辩解、祈求轻判、不同意适用速裁程序或简易程序等，是否能够反映其悔罪及真诚度，是支撑性表现，还是否定性表现，学界对此颇具争议。

诚然，为自己的罪行辩解是被追诉人依法行使辩护权的应有之义，但认罪认罚的内核就是被追诉人对辩护权在一定程度上的自我放弃，而悔罪的基本前提也是被追诉人认可自己的罪过。如果被追诉人不能如实供述自己的主要罪行，不承认被指控的主要犯罪事实，那么，就达不到认罪认罚的形式要求。如果被追诉人仅致力于为自己的罪行寻找说辞，只是将罪行的实施归结于外部因素，而不能从内心认识到自己的错误所在，并产生悔恨情绪和改正意愿，那么，也很难称得上真诚悔罪。在宁波市中级人民法院审理的一个减刑案件中，因罪犯庄某在庭审中公开表示不服原审判决认定的事实，法院认定其不具有减刑所要求的"确有悔改表现"条件，未予批准减刑。[1]因此，虽然不能一概而论地认为，所有辩解都在根本上否定了悔罪的真诚性，但也不能盲目声称，"悔罪表现与被告人行使辩解权之间没有根本上的冲突"，[2]真诚悔罪下的辩解必须被限定在特定的范围内：如实供述主要犯罪事实，或承认被指控的主要犯罪事实，仅对个别事实情节提出异议，或者如实供述自己的行为或承认司法机关指控的事实，仅对行为的性质提出辩解。如果被追诉人涉嫌数罪，那么，仅供述或承认被指控的部分罪名的犯罪事实，不仅会影响对全案"认罪"的认定，而且对于其不认可的罪名的犯罪事实部分，也自无悔罪可言。

认罪认罚的被追诉人也可以在量刑建议或量刑裁判的形成中提出自己的意见，《指导意见》等一些官方文件甚至还使用了"协商"一词。如果被追诉人祈求轻判是指不愿接受刑事处罚，那么，这当然就不再符合认罚的基本条件。但问题是，在量刑建议的形成过程中，被追诉人通过提出量刑意见追逐更轻的判罚，是否违背了认罪认罚中的悔罪要求？有人认为，真诚悔罪的被追诉人为了赎罪会主动要求应得的全部惩罚，祈求怜悯则体现了其悔罪的虚伪；[3]对于

---

[1] 参见曾娇艳："减刑案件中认罪悔罪的判断与处理"，载《人民司法（案例版）》2016年第20期，第63页。

[2] 杨燮蛟："被告人悔罪表现与行使辩解权"，载《江苏警官学院学报》2004年第3期，第73页。

[3] See Paul H. Robinson, "The Virtues of Restorative Process, The Vices of 'Restorative Justice'", *Utah Law Review*, Vol. 2003, No. 1 (2003), p. 383.

真诚悔罪的被追诉人而言，负罪感比自我原谅更为适当，而负罪感会让被追诉人对惩罚感觉到罪有应得。[1]但如果考虑到悔罪动因的复杂性，那么就会发现，只要被追诉人祈求轻判就将其视为悔罪不真诚的推论失之绝对。真诚悔罪的人也有提出正当要求的必要和权利，悔罪以及相伴而生的痛苦构成了合适的惩罚或至少是合适惩罚的一部分，祈求减少刑事处罚可能更有利于已处于新的道德状态的被追诉人有更多的时间和机会行善赎罪。[2]而且，虽然纯粹的功利动机不会催生真诚的悔罪，但功利动机可以相伴于来自道德或良知的内在悔罪动力，并且可能强化那些真诚度较低的悔罪。

是否同意适用简式诉讼程序虽然可能对被追诉人配合追诉和主动担责的态度有所反映，进而可以被作为衡量被追诉人悔罪真诚度的众多指标之一，但其与被追诉人是否悔罪并没有必然联系。曾有论者提出，认罪认罚中的"罚""一般应当是指法院适用简化诉讼程序审理案件以后可能判处的刑罚"，因此，认罚要求被追诉人必须同意适用速裁程序、简易程序或普通程序简化审程序。[3]但在《指导意见》出台之后，官方对于认罚与同意程序的关系的认识逐渐明确：被追诉人不同意适用简式诉讼程序，不影响认罚的认定。而认罚中的悔罪意蕴重视的也只是被追诉人对实体处罚（罪过责任）的真心认可的态度。退一步说，即便将同意程序适用视为认罚的要求，其也不是悔罪的必备要素。

五、技术性认罪认罚的规制

技术性认罪认罚具有内在性、过程性及动态性三大特点，这也相应要求，对技术性认罪认罚的应对至少应树立三大理念，即内外结合、过程治理、动态调整。内外结合，是指专门机关不仅应关注认罪认罚的形式要件，还应以"形神兼备"的要求，综合考量被追诉人认罪认罚的内心起因。过程治理，则是以"过程—事件"的视角把握技术性认罪认罚的发生、发展，既要重视对真诚悔罪的督促和技术性认罪认罚的防范，以求拔本塞源，又不可忽略对技术性认罪认罚的准确识别、及时处理，作到批郤导窾。而同样重要的是，是否真诚悔罪是被追诉人的一种流动的心理状态，不宜根据某一个诉讼阶段或者某一个时间

---

[1] See Michael S. Moore, *Placing Blame: A Theory of the Criminal Law*, Oxford: Oxford University Press, 2010, p.148.

[2] See Jeffrie G. Murphy, *Getting Even: Forgiveness and Its Limits*, Oxford: Oxford University Press, 2003, pp.46-53.

[3] 参见孙长永："认罪认罚从宽制度的基本内涵"，载《中国法学》2019年第3期，第214页。

节点被追诉人的特定表现，作出"一劳永逸"的静态认定，而应前后贯通，动态观察，灵活调整。在理念更新的基础上，可以考虑从以下四大方面系统地构筑技术性认罪认罚的防控机制。

一是实现真诚悔罪、认罪认罚的悔罪内涵及其识别原则的法定化。由于刑事法缺乏对悔罪的明确定位，因此，在司法实践中，对于认罪认罚中是否包含悔罪，如何认定悔罪表现，悔罪表现应在多大程度上影响量刑等问题，不同司法机关在理解上会有很大差异，这便导致法律适用上的随意性较大。由此可知，立法上的粗疏也是滋生技术性认罪认罚的重要原因。为此，当务之急就是要结合认罪认罚从宽制度的改革完善，实现真诚悔罪及其识别原则的法定化。具体而言，在刑事诉讼法上，应当将真诚悔罪明确列为认罪认罚的构成要件，将之作为适用认罪认罚从宽制度的前提。换言之，只有真诚悔罪的认罪认罚，才可以被依法从宽处理。同样，刑法中也应当在引入认罪认罚概念、强调认罪认罚之悔罪内涵、悔罪情节法定化的基础上，将认罪认罚确立为法定从宽量刑情节，明确规定，对认罪认罚者依法可以从轻或者减轻处罚。同时，在最高司法机关的量刑指导意见中，可以详细地归纳列举悔罪的支撑性表现和否定性表现，规定衡量取舍的原则和基准，同时协调好认罪认罚与悔罪、自首、坦白等其他量刑情节的关系，避免量刑时的混淆、遗漏或重复评价。此外，还可以在量刑指导意见层面，秉着主客观相结合的原则，进一步细化在运用悔罪真诚性主要指标时所需要具体考量的因素，以方便专门机关更为准确地使用各种变量评估被追诉人的悔罪指数。[1]譬如，就供述而言，这些因素包括被追诉人在各个诉讼阶段的供述是否稳定和一致；是完全主动的供述，还是专门机关引导之下的被动供述；供述的是否是专门机关已经掌握的事实；是羁押讯问下的供述，还是人身自由未受限制时的供述。就退赃退赔而言，是主动退还，还是被动退还；是一次性全部退还，还是分批次退还；是以自己的财产退还，还是由亲属代为退还；是尽己所能无法退还，还是有退还意愿但没有退还能力。就悔罪表达而言，是言词悔罪，还是书面悔罪；是当庭公开悔罪，还是在讯问场所悔罪，或只向被害方悔罪；是笼统的悔罪，还是有具体内容的悔罪；悔罪表达中有无包含反映悔罪心理的完整要素等。

---

〔1〕 有论者在研究社区服刑人员的悔罪程度时，将社区服刑人员的悔罪意愿具体化为若干指标，利用多元线性回归分析方法对影响社区服刑人员的悔罪程度的相关因素进行了检验。该思路对于真诚悔罪的司法认定有借鉴意义。参见陈娜："社区服刑人员悔罪程度及影响因素实证研究——基于上海的问卷调查"，载《法学论坛》2016 年第 5 期，第 90-98 页。

二是完善认罪认罚从宽与刑事和解的衔接机制，通过多元沟通机制督促真诚悔罪，加强对技术性认罪认罚的防范。正如"过度调整"理论所揭示的那样，是否真诚悔罪是一种内在的心理状态，仅靠外部的压力，不管是刑罚或者强迫的取供机制，还是从宽或者激励型的取供方法，最后都只会强化被追诉人对外部因素的路径依赖，反而会阻碍被追诉人的内心调整。整体而言，被追诉人主要通过两条途径实现对自己罪过在认识上的彻底转变，第一条是自我反省，第二条则是在非受压的相对自在状态下，与外界的信息沟通。前者是被追诉人内心的"开悟"或"启悟"，是基于并超越感性经验的灵性体会，带有冥契主义的神秘色彩。[1]后者则是在充分尊重被追诉人主体性的前提下，有效利用人际沟通中的逻辑或情感力量，加快自我反省的进程。当然，第二条途径终归还是要依赖于第一条途径发挥作用。在刑事诉讼过程中，对于被追诉人悔罪心理的形成而言，三组沟通关系至关重要。首先是专门机关与被追诉人之间的沟通。通过刑罚告知被追诉人其行为已经构成应受处罚的犯罪，或者通过从宽处罚告知被追诉人，因为其认罪认罚被给予了一定宽宥，对被追诉人的良知觉醒是远远不够的。专门机关有必要在被追诉人认罪认罚后（或在宣判时），通过专门的教化（教育）环节，使被追诉人在道德层面认识到错误的根源，产生负罪感，增强责任意识。其次是被害方与被追诉人之间的沟通。悔罪可以博得被害方的理解和谅解，而被害方的谅解也能促进悔罪，但如果缺少沟通机制，那么，这种情感互动将很难实现。在实践中，不少案件在被害方与被追诉人未谋一面的情况下就达成了和解，二者即便有沟通，也只是在赔偿金额上讨价还价，双方大多都是出于功利的动机，基本没有任何情感的交流，也没有相互体验与抚慰对方遭受的痛苦，这样的和解很容易沦为"花钱买刑"，向双方传递的基本都是错误信息。最后是被追诉人家庭成员或社区与被追诉人之间的沟通。该种沟通重在使被追诉人重新尊重社会规则，认识到家庭和社区对其的理解、支持和包容，增强弃恶从善、复归社会的信心和欲望。

三是构建相对独立的认罪认罚真诚性保障程序。现行的认罪认罚从宽程序注重保障认罪认罚的自愿性。自愿性与真诚性本质上同为被追诉人认罪认罚时的心理状态，也同为"程序从简和从宽处理的合理性、正当性"[2]的基础，在

---

[1] 参见汪聂才："沉思与慧观：奥古斯丁的冥契主义思想"，载《现代哲学》2018年第5期，第94-95页。

[2] 闫召华："论认罪认罚的自愿性及其保障"，载《人大法律评论》2018年第1期，第171页。

内涵上有一定的交叉,真诚性须以自愿性为前提。应当说,认罪认罚自愿性的保障机制通过避免强迫因素的"过度调整",有助于保障被追诉人认罪认罚的真诚性。但自愿性不能替代真诚性,自愿的认罪认罚不一定就是基于真诚悔罪的认罪认罚。强调认罪认罚的真诚性其实是对认罪认罚时的心理、态度提出了更高、更为具体的要求。因此,有必要在自愿性保障机制的基础上,构建贯穿于刑事诉讼全过程的认罪认罚真诚性保障程序。该程序至少应由告知、听取意见、表现审查三个环节组成。在告知环节,重点不是告知被追诉人其所享有的诉讼权利,而是由专门机关向被追诉人释明认罪认罚从宽的悔罪要求,具体犯罪对个人、家庭以及整个社会的直接或间接的危害后果等。在告知内容上与上文谈及的认罪认罚后的教化有相通之处,但由于告知环节通常处于讯问初始阶段(认罪认罚之前),因此,必须防止先入为主的有罪推定。在听取意见环节,专门机关应围绕被追诉人是否真诚悔罪,听取被追诉人、辩护人或者值班律师、被害人及其诉讼代理人的意见,特别是听取有关被追诉人是否直接表示悔罪及被害人是否直接表示谅解方面的意见。在表现审查环节,专门机关应结合关于被追诉人悔罪的全部支撑性的或否定性的行为表现,充分考虑心理因素,以主客观相统一的标准,对被追诉人的认罪认罚是否属于技术性认罪认罚作出适当、准确的判定。当然,如果只关注犯罪事实和被追诉人犯罪后的外在言行,而不了解被追诉人的性格、品行等个人情况,想探究其认罪认罚的真实心态是非常困难的。从长远看,不管是作为认罪认罚真诚性审查的配套机制,还是作为量刑程序的有机组成部分,关于被追诉人的社会调查评估制度都非常有必要建立起来:通过对被追诉人的个人性格特征、成长经历、家庭及社会关系、单位表现等进行深入、细致的调查,形成关于被追诉人的调查报告,并以之作为判断被追诉人的悔罪表现的重要根据。

四是明确技术性认罪认罚的法律后果。认罪认罚从宽制度有广义和狭义两种理解。广义上的认罪认罚从宽包含了自首从宽、坦白从宽等已有的认罪从宽机制。而狭义上的认罪认罚从宽则仅指既认罪又认罚的从宽,是包含了真诚悔罪要求的从宽。技术性认罪认罚不符合狭义的认罪认罚从宽的实质条件,因而,一旦被追诉人的认罪认罚被确认为是技术性认罪认罚,即虽然有认罪认罚之形,但并无真诚悔罪,那么,被追诉人就不应得到适格认罪认罚才享有的实体上的从宽利益,不应再套用认罪认罚这一从宽处罚情节。但是,不管是否真诚悔罪,被追诉人能够自愿认罪,并表示愿意接受处罚,就已经属于较好的认罪态度,构成了一种从宽情节。如果单纯考虑该情节所反映的认罪态度的层级,那么,该种情节的从宽幅度应该介于自愿认罪情节（或坦白情节）与认罪认罚情节之间。当然，司法机关还需要兼顾被追诉人的到案方式、技术性认罪认罚的时间节点及稳定性、个案社会危害性等情况，最终确定是否及如何从宽。此外，技术性认罪认罚的确认还将引起一系列程序性法律后果。譬如，不再适用《刑事诉讼法》第174条的规定——要求被追诉人在辩护人或值班律师在场的情况下签署具结书；不再适用第176条检察机关须就认罪认罚提出量刑建议和随案移送相关材料的规定；不再适用第190条对认罪认罚案件开庭审查的要求；也不再适用第201条认罪认罚案件量刑建议对量刑裁判的刚性制约规则。而且，由于速裁程序是狭义的认罪认罚案件的专属审判程序，因此，技术性认罪认罚也不能适用速裁程序。如果已经适用速裁程序的，那么，原则上应当转换程序重新审理。

跋
繁华落尽见真淳

本书是我负责的国家社会科学基金一般项目的结题成果。我在 2015 年申请这个项目时，《中共中央关于全面推进依法治国若干重大问题的决定》刚刚提出"完善刑事诉讼法中认罪认罚从宽制度"。和很多人一样，当时我也不太明白认罪认罚从宽到底是什么意思，和原来的坦白从宽、认罪从宽到底有啥区别，之所以以此为题主要出于对认罪认罚新提法的困惑，以及多年来对口供问题的兴趣。没想到申请过程非常顺利，该项目也成为最早专门研究此问题的国家级课题之一。正因此，在立项后，中央有关部门也与我有过联络，并表达出合作研究、快出成果的意愿。我当然清楚这里面蕴含的机遇与便利，但我这个人性格上有点自由散漫，特别是在学术研究上，喜欢遵循自己的慢节奏，不太愿意受严格期限的重压，也不太愿意循途守辙、规行矩步，所以，最终选择了一个人慢慢研究，从立项到成书，整整拖了六年之久。

而更让我在申请项目之初万万没有想到的是，自己不经意间甚至可以说是有意避开热门的一个选题，后来竟然会成为刑事诉讼法学研究的热点，短短几年间直接以之为题的论文达到了两千余篇，上至学界大咖，下至学术民工，没有写过相关文章都不好意思说自己是刑诉圈里的人。其实，跟风一直以来是我比较反感的，但这次还是不小心被吹进了风中。然而，越是喧嚣的时候越是要更加清醒。在各界瞩目、全民热议认罪认罚从宽时，最需要反思的是，我们是否给予了这个制度不尽合理的定位与期待？认罪认罚从宽制度过高适用率的背后有没有可能是对该制度的异化与曲解？面对认罪认罚从宽制度，我们最需要的不是盲目肯定，当然也不是简单否定，而是合理把握、理性评价，最终从一种运动式的狂热返璞归真、回归常态。

在对认罪认罚从宽制度展开研究时，我所坚持的基本路径就是：面对中国问题——遵循中国思路——形成中国方案。在确定中国思路、形成中国方案的时候，不可能完全抛开基本的诉讼法理和法治经验。说到底，刑事诉讼法学研究同样贯穿着哲学家冯契所谓的"中西古今"问题，即"怎样有分析地学习西方先进的文化，批判继承自己的民族传统，以便会通中西，正确地回答当前的现实问题"。只有做到"古为今用、洋为中用，融通各种资源"，才能真正推进知识、理论和方法的创新。但借鉴的落脚点只能是中国的现实、问题、思路和方案，而且，我们的思路和方案既要能克服民族局限性，又要能保持和发扬民族特色。一次闲聊时有朋友曾问起，我在文章中提炼出的一些所谓的中国模式、中国智慧，自己真的相信吗？还是只当作一场不需要立场和底线的学术游戏？我的答案当然是相信。我一直认为，做学问和做人一样，都要认真。只有真切地感受到现实问题，感到苦恼、困惑，进而产生解决问题的冲动，并在这种内心冲动和时代责任感的驱使下，去作一些有学术增量的探索，才能真正体味到"不吐不快""一吐为快"的价值和乐趣。一句话，不管能不能做大学问，但至少要做真学问。

有人说，对于认罪认罚从宽的研讨会很快降温。也有人说，在将来很长的一段时期内，认罪认罚从宽都将是我国刑事诉讼的一个重要议题，有关认罪认罚从宽的争论才刚刚开始。不管怎样，我个人对认罪认罚从宽制度会给予持久的关注，而本书只能算是近年来我对该问题粗浅思考的一个阶段性总结。虽然本人在写作中已尽到最大努力，但不管在材料、观点，还是在内容的体系性方面，该书都还有很大的完善空间，恳请读者批评指正。本书的写作得到了西南政法大学诉讼法与司法改革研究中心主任孙长永教授的悉心指导，而本书的顺利出版则离不开中国政法大学国家法律援助研究院吴宏耀教授、孙道萃老师的大力支持，在此一并致以衷心感谢。此外，还要特别感谢中国政法大学出版社的编辑团队，他们认真、细致的编辑工作让本书至少在形式上看起来已非常完美。

与学术结缘是一种宿命。只有在书桌前看书写作时，"我才是完整的，安静的，快乐的"。不管结果如何，"再没有任何一件事情让我如此付出，坚持，感恩，期待"。在此，我想用海子《祖国，或以梦为马》里的一句诗作为结语，献给那些我所敬仰的崇尚"士以弘道"，信奉"板凳要坐十年冷，文章不写一句空"的执着坚守者。"万人都要将火熄灭/我一人独将此火高高举起/此火为大/开花落英于神圣的祖国/和所有以梦为马的诗人一样/我借此火得度一生的茫茫黑夜。"

闫召华
2021年7月于西南政法大学敬业楼